राजा राममोहन राय

जीवन और दर्शन

राजा राममोहन राय

जीवन और दर्शन

कार्तिक चन्द्र दत्त

लोकभारती प्रकाशन

लोकभारती प्रकाशन
पहली मंजिल, दरबारी बिल्डिंग, महात्मा गांधी मार्ग
प्रयागराज-211 001
वेबसाइट : www.lokbhartiprakashan.com
ईमेल : info@lokbhartiprakashan.com

शाखाएँ : 1-बी, नेताजी सुभाष मार्ग, दरियागंज
नई दिल्ली-110 002
अशोक राजपथ, साइंस कॉलेज के सामने
पटना-800 006
1, अनमोल सोराबजी संतुक लेन, धोबी तलाव,
मरीन लाइंस, मुम्बई-400 002

प्रथम संस्करण : 1990
प्रथम संशोधित संस्करण : 2010
दूसरा संस्करण : 2017
पहली आवृत्ति : 2024

मूल्य : ₹1195

राजकमल प्रकाशन प्रा. लि.
नई दिल्ली-110 002 द्वारा मुद्रित

RAJA RAMMOHAN RAI
by Kartik Chandra Dutt

ISBN : 978-81-8031-545-9

ब्रिस्टल के म्यूजियम में राजा राममोहन का चित्रः कलाकार एच. पी. ब्रिग्स

ब्रिस्टल के अर्नेस वेल समाधि क्षेत्र में राममोहन का स्मारक

ब्रिस्टल के आर्नेस वेल समाधि स्थल पर लेखक

एक अज्ञात कलाकार द्वारा अंकित
चित्र की प्रतिलिपि

एक अज्ञात कलाकार द्वारा राजा राममोहन राय
के चित्र की प्रतिलिपि

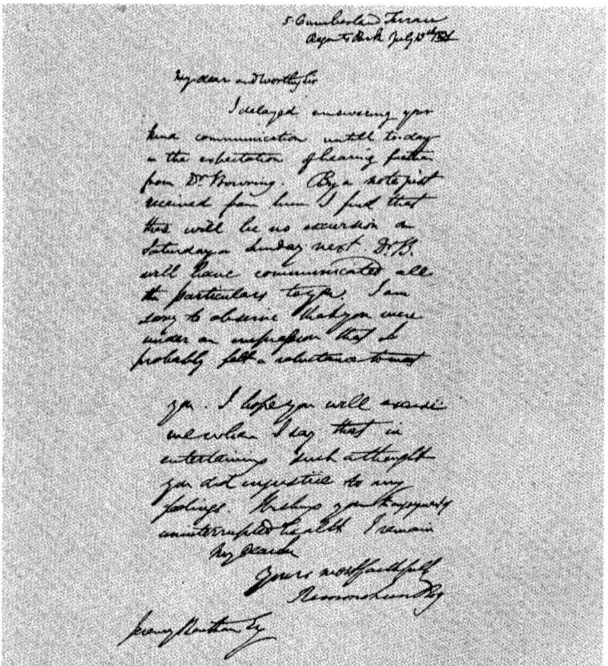

5 Cumberland Terrace
Regents Park July 13th 1831

My dear and Worthy Sir

I delayed answering your kind communication until today in the expectation of hearing further from Dr. Bowring. By a note just received from him I find that there will be no excursion on Saturday or Sunday next. Dr. B. will have communicated all the particulars to you. I am sorry to observe that you were under an impression that I probably felt a reluctance towards you. I hope you will credit me when I say that in entertaining such a thought you did injustice to my feelings. Wishing you the happiness and uninterrupted health I remain

My dear Sir

Yours most faithfully
Rammohun Roy

Jeremy Bentham Esq

राममोहन राय द्वारा प्रसिद्ध विद्वान और समाजशास्त्री जेरेमी बेन्थेम को लिखित पत्र की प्रतिलिपि (लन्दन 13 जुलाई 1831)

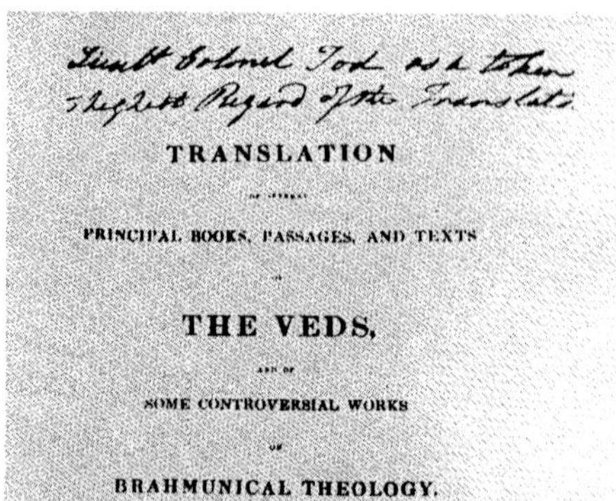

Lieut Colonel Tod as a token of the highest Regard of the Translator

TRANSLATION

OF SEVERAL

PRINCIPAL BOOKS, PASSAGES, AND TEXTS

OF

THE VEDS,

AND OF

SOME CONTROVERSIAL WORKS

ON

BRAHMUNICAL THEOLOGY.

BY

RAJAH RAMMOHUN ROY.

SECOND EDITION.

LONDON:
PARBURY, ALLEN, & CO.
LEADENHALL STREET.
1832.

लन्दन से प्रकाशित वेदों के अंगरेजी अनुवाद का मुख पृष्ठ

संशोधित नये संस्करण पर दो शब्द

इस पुस्तक का पहला संस्करण 1993 में प्रकाशित हुआ था। राजा राममोहन राय पर हिन्दी में किसी समकक्ष स्तरीय पुस्तक के अभाव में, यह पुस्तक जागरूक पाठकों, शोधकर्त्ताओं में काफी लोकप्रिय रही और प्रकाशक ने भी कई मुद्रण बेचे। इधर पिछले कई सालों से पुस्तक बाजार में नहीं है, लेकिन पुस्तक की माँग बराबर बने होने के कारण पुस्तक के संशोधित नये संस्करण का विचार बना। प्रकाशन संस्था के नये परिचालकों के आग्रह पर तय पाया गया कि नई सजधज के साथ पूरी तरह संशोधित संस्करण निकाला जाय।

राजा राममोहन राय 1772-1833 ई. का जीवन और विचार, आधुनिक काल के भारतीय इतिहास की ऐसी कड़ी है, जिसका महत्त्व हमेशा बना रहेगा। हमारे देश के धर्म, दर्शन, राजनीति, समाजनीति, समाज सुधार, अर्थनीति, शिक्षा, भाषा और साहित्य सभी पहलुओं पर राममोहन का योगदान और पहल, मील का पत्थर बने। भारतीय रेनांसाँ और स्वाधीनता संग्राम का श्रीगणेश उनके ही हाथों हुआ था, जब कि उन्होंने कोई लम्बी उम्र नहीं पायी, फिर भी वे अपने जीवन काल में ही किंवदन्ती पुरुष का दर्जा हासिल कर चुके थे। उनके कार्य और व्यक्तित्व का दबदबा सारे विश्व में फैला था। भारत सहित यूरोप और अमेरिका के विद्वत् समाज से उन्हें पूरा सम्मान मिला। उनकी पुस्तकों का अनुवाद अंग्रेजी के अलावा जर्मन, फ्रेंच, डच भाषाओं में उनके जीवनकाल में हो चुका था। आज भी उनके जीवन और दर्शन पर शोधकार्य जारी है।

इस नये संस्करण में पहले संस्करण की मुद्रण और प्रूफ की विसंगतियों को यथासंभव सुधारने का प्रयत्न किया गया है। काफी मेहनत से बने विषयानुक्रमणिका

का संयोजन पाठकों और शोधकर्ताओं के लिए उपयोगी सिद्ध होगा। इस संस्करण में लगे कुछ ऐतिहासिक चित्र और दस्तावेजों की प्रतिलिपि ने पुस्तकों की शोभा अवश्य ही बढ़ाई है।

आशा है, इस नये संशोधित, सचित्र संस्करण का पहले संस्करण के अनुरूप स्वागत होगा।

मई, 2008 —**कार्तिक चन्द्र दत्त**
विकासपुरी, नई दिल्ली

प्रथम संस्करण की भूमिका

आधुनिक भारत के निर्माता राजा राममोहन राय का जन्म इतिहास के ऐसे संक्रमण-काल में हुआ जब देश में चारों ओर अराजकता और राजनैतिक अस्थिरता व्याप्त थी। धार्मिक और सामाजिक स्तर पर संकीर्णता, अज्ञानता, और रूढ़िवादिता का सर्वत्र बोलबाला था। इधर दूसरी ओर, सात समुद्र पार से आये पश्चिमी सभ्यता ने व्यापारिक रास्ते से भारत की भूमि पर पाँव जमाना आरम्भ कर दिया था। इस नयी शक्ति और सभ्यता के आक्रमण से देश की राजनैतिक सत्ता के साथ, धर्म और शाश्वत संस्कृति को भी खतरा पैदा हो गया। ऐसे अन्धकाराच्छन्न समय में पूरे भारत में राममोहन एकमात्र व्यक्ति थे, जिन्होंने व्यक्तिगत स्तर पर संघर्ष के द्वारा धर्म, समाज, शिक्षा, संस्कृति, राजनीति, अर्थनीति यहाँ तक कि भाषा और साहित्य के क्षेत्र में सुधार या परिवर्तन के लिए शास्त्रार्थ, लेखों, रचनाओं और परिचर्चाओं का आयोजन किया। बुद्धिजीवी वर्ग को प्रेरित करने के लिए पत्र-पत्रिकाओं के द्वारा आन्दोलन का श्रीगणेश किया। ऐतिहासिक पृष्ठभूमि, सामाजिक परिप्रेक्ष्य और अपने सामंतवादी जमीदारी वर्ग-चरित्र के बावजूद राममोहन अपने समय में केवल मात्र सुधारक ही नहीं, बल्कि निस्सन्देह एक प्रगतिवादी और दूरदर्शी युगमनीषा थे।

यद्यपि आज का भारत राममोहन के समय से दो सौ वर्ष आगे निकल चुका है और राममोहन के समय में जिस औपनिवेशिक विदेशी साम्राज्य की स्थापना हुई थी उससे भी देश को मुक्त हुए चालीस साल बीत चुके हैं, फिर भी देश की मूल समस्याएँ आज भी मुँह बाये खड़ी हैं। सतियों की चिताएँ आज भी जलायी जा रही हैं और स्त्रियाँ आज भी दहेज की आग में झोंकी जा रही हैं। धर्म के नाम पर ढकोसला, व्यभिचार और संकीर्णता का बोलबाला आज भी है। साम्प्रदायिकता की समस्या से हम अभी तक जूझ रहे हैं। राष्ट्रीय और अन्तर्राष्ट्रीय स्तर पर, समस्याओं के बीहड़ जंगल में पथ की खोज आज भी जारी है। ऐसी परिस्थिति में राममोहन का विचार-दर्शन आज भी उतना ही प्रासंगिक है, जितना उनके जीवन काल में।

राममोहन के जीवन और कृतित्व पर उनके जीवन-काल से ही, विशेष रूप से विदेशों में विद्वानों ने ध्यान देना आरम्भ कर दिया था। उनके जीवन-काल में ही

इंग्लैण्ड और अमेरिका से उनकी अंग्रेजी रचनाओं के विदेशी संस्करण प्रकाशित हुए। जर्मन और डच अनुवाद भी उनके जीवन काल में ही प्रकाशित होने लगे थे। उनके व्यक्तित्व के बारे में, तत्कालीन विद्वानों, पर्यटकों और ईसाई पादरियों की पुस्तकों, संस्मरणों और लेखों में उल्लेख पाया जाता है। उनके यूरोप पहुँचने से पहले ही 'फ्रेंच एनसाइक्लोपीडिया' में उनकी रचनाओं और कार्यकलाप के बारे में विस्तृत प्रविष्टि छपी थी। इंग्लैण्ड के अतिरिक्त सुदूर अमेरिका के पत्र-पत्रिकाओं में भी, राममोहन के व्यक्तित्व और कृतित्व से सम्बन्धित सूचनाएँ छपी हैं।

पिछले दो सौ वर्षों में राममोहन पर भारतीय और विदेशी लेखकों की अंग्रेजी, बांग्ला और दूसरी भारतीय भाषाओं में सैकड़ों पुस्तकें प्रकाशित हुई हैं। पत्र-पत्रिकाओं में प्रकाशित लेखादि की संख्या का अनुमान लगाना कठिन है। अभी पिछले दशक में भी अंग्रेजी और बांग्ला में राममोहन पर कुछ महत्त्वपूर्ण पुस्तकों का प्रकाशन हुआ है। उनके जीवन के अछूते पहलुओं पर शोध जारी है और नये पहलुओं पर शोध-कार्य चल रहे हैं। उनके जीवन और कृतित्व का एक-एक पक्ष आज भी खोज की अपेक्षा रखता है। दुर्भाग्य से, उनके प्रारम्भिक जीवन के बारे में कई प्रामाणिक तथ्य उपलब्ध नहीं हो सके, यहाँ तक कि इंग्लैण्ड प्रवास-काल के सारे तथ्य और दस्तावेज भी उपलब्ध नहीं हैं। उनके द्वारा प्रकाशित कई पत्र-पत्रिकाओं की फाइलें अभी तक इतिहास के अन्धकार में छिपी पड़ी हैं। कितनी ही पुस्तिकाएँ, लेख, पत्रादि ऐसे हैं जिनका सन्दर्भ तो मिलता है, लेकिन वे उपलब्ध नहीं हैं। आशा की जाती है कि निकट भविष्य में उनके जीवन पर और भी प्रामाणिक सामग्री उपलब्ध होगी। सौभाग्य से विदेश यात्रा के दौरान मुझे ब्रिटिश म्यूजियम, लन्दन में कुछ दस्तावेज देखने तथा ब्रिस्टल में उस युगपुरुष की समाधि के दर्शन करने का अवसर मिला।

ऐसे महान युग-पुरुष के जीवन, व्यक्तित्व और कृतित्व पर दुर्भाग्य से हिन्दी में कोई उल्लेखनीय कार्य नहीं हुआ। दो-चार छोटी परिचयात्मक पुस्तक-पुस्तिकाओं के अलावा उन पर न कोई पूर्णांग जीवनी है और न कोई शोध कार्य। आधुनिक भारत के इतिहास में 'पुनर्जागरण' एक महत्त्वपूर्ण अध्याय है, जो प्रायः सभी विश्वविद्यालयों के पाठ्यक्रमों में सम्मिलित है। विद्वानों ने एक स्वर से यह स्वीकार किया है कि राममोहन ही भारतीय पुनर्जागरण के अग्रदूत थे। ऐसी स्थिति में हिन्दी भाषा में राममोहन विषयक पुस्तकों का अभाव बहुत खटकता है। वैसे जीवनी-साहित्य का अभाव तो हिन्दी में आरम्भ से रहा है। और तीस वर्षों से पुस्तकालयों से सम्बद्ध होने के कारण इस अभाव का अहसास मुझे हमेशा रहा है।

यद्यपि लेखन, सम्पादन और संकलन का मुझे कुछ अनुभव है लेकिन किसी युगपुरुष की जीवनी लिखने का यह मेरा पहला प्रयास है। यहाँ स्पष्ट कर देना उचित होगा कि यह कोई नया शोध-ग्रन्थ नहीं, और इस पुस्तक में मैंने राममोहन के बारे में

किन्हीं नयी अवधारणाओं और सिद्धान्तों को प्रतिपादित करने की कोशिश भी नहीं की है। प्रस्तुत पुस्तक सीधे-सीधे अब तक मुद्रित अंग्रेजी और बांग्ला में उपलब्ध प्रामाणिक ग्रन्थों और दस्तावेजों पर आधारित राममोहन राय पर एक पूर्णांग जीवनी है तथा भारतीय पुनर्जागरण के परिप्रेक्ष्य में धार्मिक, सामाजिक, राजनैतिक आन्दोलनों में राममोहन की भूमिका पर संक्षिप्त विवेचन है। जीवनी भाग के लिए मुख्यतः सोफिया डॉबसन कोलेट की अंग्रेजी पुस्तक और नगेन्द्रनाथ चट्टोपाध्याय की पुस्तक का आधार लिया गया है। इसके अतिरिक्त दर्जनों दूसरी पुस्तकों, पुस्तिकाओं और सन्दर्भ-ग्रन्थों का उपयोग किया गया है। मुख्यतः जिन सहयोगी पुस्तकों की सहायता ली गई है, उनका उल्लेख प्रत्येक अध्याय के अन्त में संदर्भ और टिप्पणियों में है। निर्वाचित संदर्भ-ग्रन्थों की सूची परिशिष्ट में दी गई है।

पुस्तक चार खण्डों में विभाजित है। पहला—देश-काल; दूसरा—जीवन-गाथा; तीसरा—दर्शन-दिग्दर्शन और चौथा—परिशिष्ट। पहले खण्ड में तत्कालीन भारत की ऐतिहासिक, धार्मिक, सामाजिक और आर्थिक परिस्थिति की संक्षिप्त रूप-रेखा खींची गयी है। दूसरा खण्ड मोटे तौर पर राममोहन के संघर्षमय जीवन की चमत्कारपूर्ण गाथा है। तीसरा खण्ड उनके कृतित्व और विचार दर्शन पर संक्षिप्त विवेचन से सम्बन्धित है। इस खण्ड में आलोचना के प्रसंग में कभी-कभी विचारों और घटनाओं की पुनरावृत्ति हो गई है जो एक सीमा तक अपरिहार्य थी, इससे बचा नहीं जा सका। परिशिष्ट खण्ड में कुछ अंग्रेजी दस्तावेज विद्यार्थियों, शोधकर्ताओं और जिज्ञासु पाठकों की सुविधा और सूचना को ध्यान में रखकर दिया गया है। पुस्तक में मूल अंग्रेजी उद्धरण भी इसी आवश्यकता को ध्यान में रखकर दिये गये हैं।

पुस्तक के लेखन कार्य में दो वर्ष से अधिक समय लग गया। नौकरी के साथ-साथ लेखन के लिए समय निकाल पाना कठिन काम था फिर भी कार्य पूरा हो गया तो इसका श्रेय मेरे मित्रों और शुभचिंतकों को है जो मुझे लगातार इस दिशा में प्रोत्साहित करते रहे। सबसे पहले मित्रवर डॉ. नामवर सिंह का उल्लेख आवश्यक है, जो मुझे हमेशा कुछ-न-कुछ लिखने के लिए प्रोत्साहित करते रहते हैं। इस पुस्तक लेखन में उनका आग्रह सर्वोपरि रहा है। धन्यवाद देने के पर्याप्त शब्द मेरे पास नहीं हैं, और यह मात्र औपचारिकता होगी। मेरे परममित्र श्री श. बालूराव इस कार्य में मुझे प्रत्येक पग पर हौसला बढ़ाते रहे। मित्र और सहकर्मी डॉ. रणजीत साहा ने अपनी व्यस्तता के बावजूद पाण्डुलिपि को देखकर आवश्यक सुधार किये और सुझाव दिये। सहयोग के लिए कृतज्ञता मात्र जाहिर कर सकता हूँ। मेरे अनुज कल्याण कुमार दत्त ने मेरे कार्य में महत्त्वपूर्ण सहयोग दिया। दिल्ली विश्वविद्यालय के डॉ. निरंजन चक्रवर्ती के सौजन्य से राममोहन पर 1859 में प्रकाशित बाङ्ला की एक दुष्प्राप्य पुस्तक देखने को मिली, जिसका हवाला संदर्भ-सूची में है।

इस यज्ञ की समाप्ति पर पुत्री नन्दिनी, पुत्र जयदेव और पत्नी वीथिका ने लम्बे धैर्य और उत्सुकता की स्थिति से मुक्ति पाकर राहत की साँस ली है। इनके सहयोग के बिना कार्य पूरा कर पाना असम्भव था। नन्दिनी ने टाइप-कापी मिलाने के कार्य में सक्रिय सहयोग दिया। लोकभारती प्रकाशन के श्री रमेशचन्द्र ग्रोवर को पुस्तक के सुरुचिपूर्ण प्रकाशन के लिए आंतरिक धन्यवाद देता हूँ।

राममोहन जैसे महान् व्यक्तित्व के जीवन वृत्त को समझने-परखने के लिए वृहत्तर पटल और बहुत बड़े परिदृश्य की आवश्यकता है। इस छोटी-सी पुस्तक में सम्पूर्ण विवेचन सम्भव नहीं। तुलनात्मक धर्म-दर्शन, राजनीति, समाज-सुधार तथा भाषा-साहित्य आदि प्रायः सभी क्षेत्रों में राममोहन की अगुआई एक आश्चर्यजनक घटना थी। उनके कर्ममय और चुनौतीपूर्ण जीवन दर्शन का प्रत्येक पक्ष शोध का विषय बन सकता है। राममोहन के जीवन और दर्शन के विभिन्न पक्षों की आज भी खोज जारी है और आशा की जा सकती है कि भविष्य में विद्वानों की इस ओर रुचि बढ़ेगी। प्रस्तुत पुस्तक के द्वारा हिन्दी के सुधी पाठकों और शोधकर्त्ताओं का ध्यान इस दिशा में आकर्षित करने में सफल हो सका तो अपना परिश्रम सार्थक समझूँगा।

15 अगस्त, 1990 ई0 **—कार्तिक चन्द्र दत्त**
नयी दिल्ली

विषय सूची

परिशिष्ट

राजा राममोहन राय
कालानुक्रमणिका

1757	पलासी का युद्ध, ब्रिटिश शासन की स्थापना।
1772	22 मई को राधानागर, कृष्णनगर, के निकट (जिला हुगली) पश्चिम बंगाल में राममोहन का जन्म। पिता रमाकान्त राय। जन्मतिथि के बारे में मतभेद। 1774, कई विद्वानों के अनुसार।
1780-82	अरबी-फारसी की शिक्षा के लिए पटना प्रवास। पहली पत्नी की मृत्यु के बाद दूसरा और फिर तीसरा विवाह।
1784	सर विलियम जोन्स द्वारा 'एशियाटिक सोसाइटी' की स्थापना।
1787	घर छोड़कर देश-विदेश की घुमक्कड़ी। तिब्बत की यात्रा।
1790-91	वाराणसी में प्रवास-काल।
1800	राममोहन के बड़े पुत्र राधाप्रसाद का जन्म। फोर्ट विलियम कालेज की स्थापना। बैप्टिस्ट मिशन, श्रीरामपुर की स्थापना।
1801	जोन डिगबी से राममोहन का प्रथम परिचय।
1803	ढाका-जलालपुर में कलक्टर टॉमस वुडफोर्ड के 'खासमुंशी' नियुक्त। पिता रमाकान्त की मृत्यु। नौकरी से त्यागपत्र। एक बार फिर मुर्शीदाबाद में वुडफोर्ड के दीवान नियुक्त।
1804	राममोहन की पहली पुस्तक 'तुहफात-उल-मुवाहहिदीन' का मुर्शीदाबाद से प्रकाशन।
1805-09	जोन डिगबी के दीवान के रूप में रामगढ़, भागलपुर और रंगपुर में।
1809	रंगपुर में। 1815 तक वहीं रहे।
1811	बड़े भाई जगमोहन की मृत्यु और उनकी विधवा पत्नी का सती होना।
1812	राममोहन के दूसरे पुत्र रमाप्रसाद का जन्म।
1814-15	ब्रिटिश सरकार की ओर से भूटान यात्रा। जोन डिगबी रंगपुर से चले गये। राममोहन रंगपुर छोड़कर कलकत्ता आ बसे। 'आत्मीय सभा' की स्थापना। 'वेदान्त ग्रन्थ' और 'वेदान्त सार' का प्रकाशन।

1816 वेदान्त सार का अंग्रेजी और बांग्ला अनुवाद। ईश, केन उपनिषदों का अंग्रेजी और बांग्ला अनुवाद।

1817 हिन्दू कालेज की स्थापना (20 जनवरी)। माण्डूक्य, मुण्डक और कठ उपनिषदों का बांग्ला, अंग्रेजी अनुवाद। 'अ डिफेन्स आफ हिन्दू थीइज्म' का प्रकाशन। मृत्युंजय विद्यालंकार के साथ शास्त्रार्थ।

1818 सती-प्रथा के विरुद्ध पहली पुस्तिका का प्रकाशन।

1819 सुब्रह्मण्य शास्त्री के साथ बिहारी लाल चौबे के घर पर प्रसिद्ध शास्त्रार्थ।

1820 सती-प्रथा के विरुद्ध दूसरी पुस्तिका का प्रकाशन। 'प्रीसेप्ट्स ऑफ जीसस' का प्रकाशन। 'अपील टू द क्रिश्चन पब्लिक' का प्रकाशन।

1821 क्रिश्चन पब्लिक के नाम दूसरी अपील का प्रकाशन। एडम साहब का यूनिटेरियनवाद स्वीकार करना। 'ब्राह्मनिकल मैगजीन' का प्रकाशन। यूनिटेरियन कमेटी की स्थापना। 'संवाद कौमुदी' का प्रकाशन आरम्भ।

1822 'मिरातुल अखबार' का प्रकाशन। विलियम एडम के साथ एंग्लो हिन्दू स्कूल की स्थापना।

1823 'फाइनल अपील टू क्रिश्चन पब्लिक' का प्रकाशन। प्रेस आर्डिनेन्स के विरुद्ध स्मारक-पत्र पेश। विरोध में 'मिरातुल अखबार' का प्रकाशन बन्द। पारिवारिक मुकदमों का दौर आरम्भ। अंग्रेजी और वैज्ञानिक शिक्षा के पक्ष में लार्ड आमहर्स्ट को लिखा प्रसिद्ध पत्र।

1824 रेवरेण्ड वेयर को भारत में ईसाई धर्म के बारे में पत्र।

1825-26 वेदान्त कालेज की स्थापना। अंग्रेजी भाषा में पहले बांग्ला व्याकरण का प्रकाशन। राममोहन के पुत्र राधाप्रसाद का घूसखोरी के मुकदमे में बरी होना।

1827 ब्रिटिश इंडियन यूनिटेरियन एसोसिएशन की स्थापना।

1828 एडम साहब का यूनिटेरियन एसोसिएशन से त्यागपत्र। लार्ड आमहर्स्ट भारत से विदा। लार्ड बेंटिक का भारत आगमन। ब्राह्मसमाज की स्थापना (20 अगस्त)।

1829 लार्ड बेंटिक द्वारा सती प्रथा उन्मूलन सम्बन्धी कानून जारी।

1830 सती-प्रथा उन्मूलन पर लार्ड बेन्टिक को बधाई पत्र (16 जनवरी)। दिल्ली के बादशाह द्वारा राममोहन को राजा की उपाधि, और एलची नियुक्त। आदि ब्राह्मसमाज भवन का उद्‌घाटन (23 जनवरी)। एलेक्जेण्डर डफ के स्कूल की स्थापना। इंग्लैण्ड के लिए रवाना (15 नवम्बर)।

1831 इंग्लैण्ड की भूमि पर उतरे, 8 अप्रैल (लिवरपूल)। मैनचेस्टर होते हुए लन्दन पहुँचे। रीजेण्ट स्ट्रीट में निवास। बाद में वेडफोर्ड स्ट्रीट में। यूनिटेरियन एसोसिएशन के समक्ष भाषण। ईस्ट इंडिया कम्पनी की भोज सभा में निमन्त्रण। इंग्लैण्ड के राजा से भेंट।

1832 पार्लियामेण्ट में रिफार्म बिल अनुबन्धित। भारत में यूरोपीय नागरिकों के बसने के प्रश्न पर दिया गया प्रसिद्ध वक्तव्य। पार्लियामेण्ट में भारत सम्बन्धी कई लेख और वक्तव्य पेश। पेरिस की यात्रा, सम्भवतः तीन महीने रहे।

1833 वापस लन्दन में। सती-प्रथा विरोधी कानून के विरुद्ध रूढ़िवादियों की अपील खारिज। ईस्ट इण्डिया कम्पनी बिल पास। सितम्बर में लन्दन से ब्रिस्टल रवाना। स्टेपलटन ग्रोव में निवास। 9 सितम्बर को रोगशय्या पर। 27 सितम्बर 1833 ई. की मृत्यु। कोठी के बगीचे में 18 अक्टूबर को समाधिस्थ किया गया। कोई दस वर्ष बाद 1843 में उनके अवशेषों को ब्रिस्टल के आनर्स बेल समाधि-क्षेत्र में दुबारा समाधिस्थ किया गया, जहाँ आज भी एक सुन्दर स्मारक खड़ा है।

•

राजा राममोहन राय

जीवन और दर्शन

देश-काल

अध्याय—1

राममोहन का भारत–देश-काल

पलासी-युद्ध (1757) के कोई पन्द्रह वर्ष बाद 1772 में भारत के बंगाल प्रदेश में एक ऐसे महापुरुष ने जन्म लिया, जिन्होंने बंगाल ही नहीं पूरे भारत के जीवन-प्रवाह को नवजागरण के आलोक से प्रकाशित किया। उन्होंने धर्म, साहित्य, संस्कृति, राजनीति, समाजनीति सभी क्षेत्रों में अपनी अमिट छाप छोड़ी। आज के आधुनिक भारत की जो भी उपलब्धियाँ हैं, उनमें राजा राममोहन के व्यक्तित्व या कृतित्व का कुछ न कुछ प्रभावी योगदान अवश्य रहा। महाकवि रवीन्द्रनाथ ने राममोहन को 'भारत पथिक' कहा था। इस अभिव्यक्ति का तात्पर्य गहरा है। वेद-उपनिषद् के काल से आधुनिक काल तक जो अन्तर्निहित उदार बौद्धिक तथा आध्यात्मिक धारा प्रवाहित रही है उस धारा के प्रवर्तकों में राममोहन का स्थान है। उस काल में जब भारत मध्ययुगीन अन्धकार के घटाटोप में डूबा हुआ था, अन्धकाराच्छन्न उस काल में राममोहन ने उस अन्धकार से मुक्ति पाने का अलोकमय पथ दिखाया। ऐसे एक महान व्यक्ति के जीवन और कार्यकलाप को समझने के लिए तत्कालीन भारत का इतिहास, समाज, राजनीति और परिस्थिति को समझना आवश्यक है। राममोहन जैसे बहुमुखी प्रतिभा सम्पन्न व्यक्ति का जीवन अनेकानेक विचित्र विषयों और वस्तुओं से जुड़ा हुआ था। कोई भी व्यक्ति व्यक्तिगत साधना के अलावा सम्पूर्ण समाज, देश और काल का प्रतिनिधि है। उस काल और समाज के परिप्रेक्ष्य में उस व्यक्ति के जीवन का अध्ययन ही वैज्ञानिक माना जाएगा, और इसी रास्ते से सही परिचय और मूल्यांकन हो सकता है।

आधुनिक युग और राममोहन के काल में अन्तर इतना अधिक है कि उस काल की भावनाएँ, विचार, जीवन-आदर्श, आर्थिक मान्यताएँ हमारे लिए धुँधली पड़ गई हैं। दो सौ वर्ष पूर्व का भारत हजारों वर्ष के संचित रूढ़ियों और अन्धविश्वासों में कितना डूबा था आज के बीसवीं शती के अन्तिम चरण में समझ पाना या सही चित्रण करना कठिन है। उस काल के भारत को जानने के लिए, उस काल की सामाजिक और राजनैतिक परिस्थिति को समझने के लिए सबसे पहले उस काल के सामाजिक और राजनैतिक इतिहास का जायजा लेना होगा। आइये इतिहास के पन्ने पलटें—

ऐतिहासिक परिप्रेक्ष्य

औरंगजेब की मृत्यु का वर्ष था 1707। इसके बाद मुगल साम्राज्य का पतन इतनी तेजी से होने लगा कि देश के राजनैतिक केन्द्र दिल्ली का शासन नाममात्र को रह गया था। देश छोटे-छोटे सामन्तवादी राज्यों में बँटता जा रहा था। मुहम्मद शाह के काल में आकर अवध, बंगाल, हैदराबाद और कर्नाटक आदि वस्तुतः स्वतन्त्र मुस्लिम राज्य बन गए थे। मुगल साम्राज्य की शक्ति का यह हाल बना कि औरंगजेब की मृत्यु के केवल तीस वर्ष के भीतर लुटेरे नादिरशाह ने दिल्ली को 1739 में बुरी तरह लूट लिया। दिल्ली की गलियों में खून की नदियाँ बहीं। लेकिन किसी की हिम्मत न हुई कि उससे डटकर मुकाबला करे।

नादिरशाह के हमले ने वस्तुतः मुगल साम्राज्य पर ऐसी करारी चोट की थी कि उससे मुगल फिर कभी उबर न सके। उत्तर पश्चिमी सीमा प्रदेश बिल्कुल ही हाथ से निकल गया। पंजाब का पूरा प्रदेश पूरी तरह अराजकता और हमलों का शिकार बना। नादिरशाह की मृत्यु के बाद अहमदशाह अब्दाली ने पंजाब और बाद में दिल्ली तक का प्रदेश बार-बार लूटा।

अठारहवीं शताब्दी के अन्त में भारत विशेष रूप से उत्तरी भारत में सम्पूर्ण अराजक स्थिति में था। देश की हालत एक जंगल की तरह थी जहाँ खूँखार जानवरों की तरह छोटे-छोटे राजा, नवाब या सूबेदार अपने स्वार्थ के लिए एक दूसरे से लड़ रहे थे।[1] इस आपसी संघर्ष और झगड़ों में पूरा देश तबाह हो रहा था। लेकिन इस समय कोई भी ऐसा राजा या नेता पैदा नहीं हुआ जो पूरे देश को अपने झण्डे के नीचे संगठित कर सकता। इस अवस्था का नतीजा यह हुआ कि रुहेलखण्ड से आगे दिल्ली के मुगल साम्राज्य का शासन ही नहीं रह गया था। अवध, बिहार, बंगाल और उड़ीसा ने अपने को स्वतन्त्र घोषित कर दिया। राजपूताना और चम्बल का क्षेत्र भी मुगल शासन से मुक्त हो चुका था। विन्ध्याचल के दक्षिण के इलाके में मराठों ने पूरी तरह से अपना अधिकार जमा रखा था। वस्तुतः मुगल साम्राज्य दिल्ली और आगरा के आसपास के इलाके में सिमट कर रह गया था। मुगल साम्राज्य का शासन देश में अब केवल मात्र औपचारिक रह गया था, जो केवल खिताब और वजीफे बाँटने भर तक सीमित था।[2]

एक ओर शासन की शिथिलता ने साम्राज्य को भीतर से बुरी तरह कमजोर कर दिया तो दूसरी ओर राजकोष खाली होता जा रहा था। यहाँ तक कि साम्राज्य की रक्षा के लिए फौज के रख-रखाव के लिए भी धन नहीं रहा। इस प्रकार साम्राज्य के केन्द्र के रूप में दिल्ली का प्रभाव समाप्त हो गया।

मुगल शासन तो नाममात्र को रहा गया। शाहआलम के गद्दी पर आने के बाद से बंगाल की सूबेदारी मुर्शीद कुली खाँ, अलीवर्दी खाँ से होकर नज्मउद्दौला खाँ और

अन्त में सिराजउद्दौला तक आ पहुँची।

अठारहवीं शती में भारत की भूमि पर दो अलग-अलग आर्थिक और राजनैतिक व्यवस्थाओं की टक्कर हो रही थी। यूरोप के लोग अपनी विद्या और बुद्धि के जोर पर सारे व्यापार को अपने कब्जे में लेने की कोशिश कर रहे थे। इधर भारतीय अपने ह्रासोन्मुख सामन्तवादी व्यवस्था के घेरे में थे। पलासी के युद्ध ने यूरोपियन सैनिक शक्ति और अस्त्र-शस्त्रों की श्रेष्ठता को प्रमाणित कर दिया। शीघ्र ही यूरोपियनों की व्यापारिक बस्तियाँ सैनिक छावनी में बदलती जा रही थीं। यूरोपीय लोग एक ओर सफल व्यापारी थे तो दूसरी ओर सफल सैनिक, राजनीतिज्ञ, बाद में प्रशासक भी बने। इंग्लैण्ड और फ्रांस की राजनैतिक प्रतिस्पर्धा में इस देश की राजनीति भी उलझ गई। दक्षिण और पश्चिम भारत में फ्रांस, इंग्लैण्ड और मराठों के बीच काफी दिनों तक कशमकश चलती रही। इधर दिल्ली के बादशाह शाहआलम के 1765 के फरमान के द्वारा ईस्ट इण्डिया कम्पनी को सूबे बंगाल का दीवानी अधिकार प्राप्त हो गया। बदले में दिल्ली सल्तनत को सालाना कर की छोटी-सी राशि देने की बात तय हो गयी। राजस्व अदायगी और सुरक्षा की जिम्मेदारी कम्पनी को सौंप दी गयी। राजस्व का छोटा सा हिस्सा बंगाल की निजामत को भी मिलता रहा और बाकी सारा भाग कम्पनी के हिस्से का था। कम्पनी रातों-रात माला-माल हो गई। वारेन हेस्टिंग्स के राजत्व के दौरान ब्रिटिश शासन का और विस्तार हुआ। मराठों में फूट पड़ गई और उनका राज्य छोटे-छोटे टुकड़ों में बँट गया। मैसूर में हैदरअली की सारी उम्मीदों पर पानी फिर गया था। कार्नवालिस ने दक्षिणी राज्यों को हड़पने में और टीपू को हराने में सफलता प्राप्त की। अठारहवीं शताब्दी के अन्तिम चरण में सारा दक्षिण भारत वस्तुतः ईस्ट इण्डिया कम्पनी की छत्रछाया के नीचे आ गया। उत्तर भारत में बंगाल से लेकर मुगल साम्राज्य की राजधानी दिल्ली के दरवाजे तक अँग्रेजी साम्राज्य का प्रभुत्व फैल चुका था।

एक बार फिर सूबे बंगाल के इतिहास की ओर दृष्टि डाली जाए, क्योंकि अठारहवीं शती में ब्रिटिश साम्राज्य के विस्तार के इतिहास में तत्कालीन बंगाल का इतिहास सबसे महत्त्वपूर्ण है। यही साम्राज्य विस्तार की पहली सीढ़ी थी। वक्त गुजरते देर नहीं लगती। ईस्ट इण्डिया कम्पनी जो केवल व्यापार के लिए आई थी, सूबे बंगाल का शासक बन बैठी। मुर्शिदाबाद के नवाब केवल नाममात्र के सुल्तान बने रहे। 1765 के बादशाही फरमान का एक नतीजा यह हुआ कि ब्रिटिश व्यापारियों के अलावा जो दूसरे यूरोपीय व्यापारी जैसे डच, फ्रांसीसी, पुर्तगाली आदि थे, उन सभी के व्यापार में रुकावटें खड़ी होने लगीं। ये व्यापारी दो एक छोटे-छोटे केन्द्रों को छोड़ भाग खड़े हुए। विदेशी व्यापारियों में एक लम्बे समय तक कशमकश चलती रही थी। अन्त में ब्रिटिश व्यापारी अपने व्यापारिक संगठन, पूँजी नियोजन की क्षमता और व्यावसायिक निपुणता के कारण दूसरे यूरोपीय व्यापारियों को हटाने में समर्थ हुए।

धीरे-धीरे व्यापारिक शक्ति से राजनैतिक शक्ति में बदलने में भी कोई विशेष देर नहीं लगी। साथ ही देशी व्यापारियों की आर्थिक दुर्दशा का लाभ उठाकर देश का आर्थिक शोषण आरम्भ हो गया। 1757 में ब्रिटिश शासन की स्थापना के बाद केवल इतना लाभ हुआ कि देश में कुछ हद तक प्रशासनिक व्यवस्था कायम हुई। भारत भूमि पर ब्रिटिश व्यापारियों का एकछत्र और निरंकुश अधिकार बढ़ता गया। यह सारी घटना कुछ ही वर्षों के अन्दर हो गई। दिल्ली के मुगल शासक और सूबों के शासक सभी अपने व्यक्तिगत और पारिवारिक झगड़ों में या ऐशो-इशरत में पड़े थे। देश का शासन उनके बूते के बाहर की बात थी। सारे देश में न कहीं सुरक्षा थी न शान्ति। अराजकता का सर्वत्र बोलबाला था। मुगल शासन और बंगाल का नवाबी शासन अपनी अन्तिम घड़ियाँ गिन रहा था और चारों ओर भूख, अकाल, चोरी, डकैती का बोलबाला था।

1757 में पलासी के युद्ध में अँगरेजों की निर्णायक विजय ने ही ब्रिटिश साम्राज्य की नींव रखी। देश के दूसरे भागों में भी स्थिति अच्छी नहीं थी। मराठे और सिख यद्यपि बहादुर थे, लेकिन आपसी गुटबन्दी और झगड़ों में व्यस्त थे। यहाँ तक कि मराठा सिपाही लूट खसोट का सहारा लेकर बंगाल तक हमला कर रहे थे। सिख बराबर राजपूत और मुस्लिम राजाओं से उलझे हुए थे। इनमें किसी में भी शक्ति नहीं थी कि अँगरेजों की कूटनीति और राजनीति का मुकाबला कर सकें। एक के बाद दूसरा प्रदेश अँगरेजों के अधिकार में चला गया। देश की यह अराजक स्थिति, जहाँ सब एक दूसरे के शत्रु बने थे, अँगरेजों के लिए मुँह माँगी मुराद जैसी थी। वेलेज़ली ने कलकत्ते में आते ही मराठा सरदारों से, जो अभी तक शक्तिशाली थे, बातचीत शुरू कर दी। मराठे सरदारों के आपसी झगड़ों का फ़ायदा उठाते हुए अँगरेजों को उनसे लोहा लेने में कोई परेशानी नहीं हुई और धीरे-धीरे सारा मध्य देश अँगरेजों के अधीन आ गया।

ईस्ट इण्डिया कम्पनी का सूबे बंगाल की दीवानी अधिकार हासिल करने की घटना विश्व के इतिहास में अनोखी घटना थी। लोगों ने आश्चर्यचकित होकर देखा कि डेढ़ सौ वर्षों से जो फिरंगी व्यापार कर रहे थे, अचानक ही पलासी के युद्ध के बाद दीवान बन बैठे। कम्पनी दीवान तो बनी लेकिन प्रशासनिक कार्यों के लिए न उनके पास जन बल था, न ही अनुभव और न ही आवश्यक ज्ञान। कम्पनी के छोटे-मोटे गुमाश्ते और कारिन्दे, जो अब तक मसाले, कपड़े, सूत, शोरा आदि का व्यापार किया करते थे, अचानक राजस्व-कर वसूलने का अधिकार पा गए। देश के शासन की जिम्मेदारी मुर्शिदाबाद के नवाब के ऊपर ही रही जो अपने ऐशो-इशरत में डूबे पड़े थे। उन्हें भी अपने रेजा खाँ जैसे कारिन्दों पर भरोसा था। राममोहन के पूर्वज भी राजदरबार के आश्रय प्राप्त कर्मचारी ही थे, जिन्होंने धन-दौलत, जमीन-जायदाद काफी मात्रा में जमा कर लिया था। 1765 में कम्पनी ने सूबे बंगाल की दीवानी हासिल की थी। लगभग सत्तर वर्षों के भीतर 1835 तक कम्पनी का व्यावसायिक

स्वरूप समाप्त होकर शासक रूप पूरी तरह, पूरे भारत में स्थापित हो गया।[3]

बंगाल के पहले गवर्नर रॉबर्ट क्लाइव (1757 - 1760) के शासन काल के दौरान सूबे बंगाल के इलाके में कुछ कानूनी और प्रशासनिक व्यवस्था लौटी। इसी काल में सबसे पहले, अँगरेजी प्रभाव के कारण पश्चिमी ज्ञान का आलोक भारत में आना आरम्भ हो गया था। कम्पनी के दीवानी अधिकार प्राप्त करने के बाद 1765 में क्लाइव एक बार फिर बंगाल के गवर्नर बनकर आए और 1767 तक रहे। 1772 में जब वारेन हेस्टिंग्स गवर्नर बने उस समय कम्पनी की आर्थिक स्थिति बहुत ही खराब थी। ब्रिटिश पार्लियामेण्ट में क्लाइव पर महाभियोग का मुकदमा चल रहा था। 1773 तक क्लाइव को न केवल सारे अभियोगों से मुक्त कर दिया गया बल्कि, उनकी सेवाओं की प्रशंसा की गई। लेकिन इस मुकदमे ने क्लाइव को मानसिक रूप से तोड़ दिया था। 1774 में क्लाइव ने आत्महत्या कर ली थी।

1773 के रेगुलेशन एक्ट के बाद 1774 में हेस्टिंग्स गवर्नर जनरल बने। यह काल अँगरेजी साम्राज्य के पाँव जमाने का काल था। इसी काल में सबसे अधिक और जटिल राजनैतिक दाँव-पेंच खेले जा रहे थे और भारत के एक के बाद दूसरे प्रदेश अँगरेजी राज्य के एकाधिकार में चले आ रहे थे। इसी काल की एक मुख्य घटना थी, महाराज नन्दकुमार की फाँसी। नन्दकुमार ने हेस्टिंग्स के विरुद्ध मुन्नी बेगम से घूस लेने का आरोप लगाया था। हेस्टिंग्स के विरोधी मौका ढूँढ़ ही रहे थे लेकिन हेस्टिंग्स चतुर प्रशासक थे। नन्दकुमार के विरुद्ध कलकत्ते के किसी व्यापारी का जालसाजी का आरोप उनके पास आया था। इसी आरोप का सहारा लेकर नन्दकुमार के विरुद्ध मुकदमा चलाया गया और 1775 में फाँसी की सजा दे दी गई। हेस्टिंग्स साफ बच गए।[4]

बहुमुखी प्रतिभा के धनी हेस्टिंग्स, अपने समय के सबसे लोकप्रिय गवर्नर जनरल थे। उनके काल में ब्रिटिश साम्राज्य ने चहुँमुखी प्रगति की। राज्य विस्तार के साथ-साथ प्रशासनिक स्थिरता दृढ़तर होती जा रही थी। शिक्षा, संस्कृति और साहित्य के प्रसार और प्रचार के क्षेत्र में उन्होंने काफी कार्य किया। संस्कृत और फ़ारसी दोनों भाषाओं के प्राचीन साहित्य का अनुवाद करवाया। 1784 में एशियाटिक सोसायटी की स्थापना में सर विलियम जोन्स की पूरी मदद की। 1781 में उन्होंने अरबी-फ़ारसी के शिक्षा केन्द्र 'मुस्लिम मदरसा' की स्थापना की।

सार्वभौम अँगरेजी साम्राज्य की नींव लार्ड कार्नवालिस (1786-93) ने रखी थी। इसी नींव पर पक्की इमारत खड़ी की लार्ड वेलेजली ने।[5] कार्नवालिस ने ही राजस्व के लिए जमींदारी प्रथा और स्थाई बन्दोबस्त लागू कर दिया। इस प्रकार किसानों और सरकार के बीच एक जमींदार वर्ग को जन्म दिया, जो न केवल राजभक्त होंगे बल्कि

सरकारी खजाने में लगान या राजस्व को पहुँचाने की जिम्मेदारी भी लेंगे। कार्नवालिस ने ही धीरे-धीरे अँगरेज युवकों को भारत के प्रशासनिक पदों पर नियुक्त करना आरम्भ कर दिया था। वेलेजली के जमाने तक पूरा देश ब्रिटिश शासन के नीचे आ गया था। वेलेजली के जमाने की दो घटनाएँ महत्त्वपूर्ण रहीं, जो देश के सांस्कृतिक और धार्मिक इतिहास में अपना स्थान रखती हैं। पहला था कलकत्ते में फोर्ट विलियम कॉलेज की स्थापना और दूसरा श्रीरामपुर में बैप्टिस्ट मिशन की स्थापना। ये दोनों घटनाएँ राममोहन के जीवन और कार्यक्रम से काफी जुड़ी थीं, जिनका विवेचन यथास्थान किया जाएगा।

उस काल में पूरे भारत की राजनैतिक परिस्थिति को समझना भी आवश्यक है। वैसे सारे भारत में, अँगरेज शासित क्षेत्रों को छोड़कर जहाँ थोड़ी-बहुत प्रशासनिक स्थिरता थी, राजनैतिक और सामाजिक स्थिति डाँवाडोल और अस्थिर थी। देश के उत्तरी पश्चिम और दक्षिणी प्रदेशों में अभी लड़ाइयाँ जारी थीं। इन प्रदेशों के कई एक वीर योद्धा और शासक इतिहास में प्रसिद्धि पा चुके हैं। इनमें दिल्ली के शाहआलम दक्षिण के हैदरअली और टीपू सुलतान, मराठा नायक रघुनाथ राव और नाना फड़नवीस और सिख नेता महाराजा रणजीत सिंह अपनी-अपनी शक्ति के अनुसार अँगरेजों से टक्कर ले रहे थे। ये सभी अपनी व्यक्तिगत वीरता के लिए इतिहास के पन्नों में अमर हो चुके हैं, लेकिन इनके प्रयासों में एकजुट होकर लोहा लेने का मौका ही न था। इसी कारण अँगरेज अपनी कूटनीति और संगठन के कारण अपने प्रयासों में सफल हुए। इस अराजक और अस्थिर काल में पूरे भारत में मध्ययुगीन, सामन्तवादी आचार-विचार, धार्मिक पाखण्ड, कुरीतियाँ जीवन का अँग बनी हुई थीं। चारों ओर अज्ञान का अन्धकार व्याप्त था। इसी काल में सबसे पहले आधुनिक पश्चिमी ज्ञान का प्रकाश भी अँगरेज शासकों के और ईसाई मिशनरियों के माध्यम से फैलना आरम्भ हुआ। अँगरेजी शासन के साथ एक नए प्रकार की उपनिवेशीय संस्कृति ने जन्म लिया और नए जमींदार वर्ग तथा मध्यवर्ग का जन्म हुआ।

सामाजिक और धार्मिक परिस्थिति

इतिहास के इस कालखण्ड में देश और समाज, धर्म, सम्प्रदाय और जाति के आधार पर पूरी तरह विखण्डित था। देश की सामाजिक और वैचारिक एकता के पथ में यह विखण्डित समाज हमेशा बाधा बनकर आया है। यही सवाल अठारहवीं शताब्दी के भारत में भी मौजूद था। इसका समाधान हम लोग हमेशा खोजते रहे हैं। राममोहन ने भी सामाजिक और धार्मिक समन्वय की इसी खोज में सारा जीवन लगा दिया।

ग्राम-जीवन की आत्मनिर्भरता के होते हुए भी सामाजिक ठहराव और विखण्डन ही इस काल का मुख्य चित्र था। क्या हिन्दू, क्या मुसलमान, जात-पांत का यक्ष-प्रश्न समान रूप से समाज को चुनौतियाँ दे रहा था।

देश की जनता का सबसे बड़ा भाग पारम्परिक तरीकों से खेती-बाड़ी में लगा था तो कुछ लोग उद्योग और दूसरे व्यापार में लगे थे। गाँवों के सामाजिक जीवन के अलावा रियासतों और रजवाड़ों की राजधानियाँ और अनेक तीर्थस्थान सारे देश में फैले थे, जो सामाजिक और धार्मिक अनुष्ठानों और कार्यकलापों के केन्द्र थे। यही केन्द्र उस इलाके के सामाजिक जीवन को नियन्त्रित करते थे।

समाज में एक स्तर पर थोड़े से धनी लोग, राजदरबारी, अमीर-उमराव, जमींदार और व्यापारी भोगविलास में लगे थे, दूसरी ओर धार्मिक स्तर पर पाखण्डों और रीति-रिवाजों का बोलबाला था। फलस्वरूप इस काल में सांस्कृतिक, नैतिक और बौद्धिक स्तर पर देश अवनति की गहराइयों में पड़ा था। धार्मिक और सामाजिक उत्सवों के नाम फिजूलखर्ची का प्रचलन आम लोगों की आर्थिक अवस्था पर भारी चोट थी। उत्पादन के दकियानूसी तरीके, भोग-विलास, फिजूलखर्ची और जनसंख्या वृद्धि के कारण देश की आर्थिक स्थिति दिनोंदिन खराब होती जा रही थी।

समीक्ष्य काल में एक नौकरी पेशा मध्यवर्ग का जन्म हुआ। नवाबों के राजदरबारों, खजानों और अदालतों और दूसरे प्रशासनिक विभागों में इस वर्ग ने जन्म लेकर यूरोपीय व्यापारियों, व्यापारिक गद्दियों और बाद में ईस्ट इण्डिया कम्पनी के राजस्व विभाग, कारोबारी दफ्तरों में काम करना शुरू किया। इस वर्ग ने छोटे-बड़े शहरों, नए व्यापारिक केन्द्रों और बन्दरगाहों में बसना आरम्भ कर दिया था। यूरोपीय व्यापारियों के आगमन काल से नए बन्दरगाह और व्यापारिक केन्द्र खुले तो नौकरी-पेशा वर्ग के साथ-साथ नया मजदूर वर्ग भी जन्म लेने लगा। मध्यवर्ग का एक हिस्सा जो शिक्षा और संस्कृति की ओर झुका और देश में नई बौद्धिक चेतना को जागृत करने में सफल हुआ। इसी काल में शिक्षा और संस्कृति के नए केन्द्र बनने लगे थे।

अठारहवीं शती में सामाजिक जीवन में धर्म का स्थान बहुत ही महत्त्वपूर्ण था। हिन्दू, मुस्लिम दो प्रमुख धर्मों के अलावा सारा देश छोटे-छोटे धार्मिक सम्प्रदायों, मत-मतान्तरों और पन्थों में बँटा हुआ था। हिन्दू और मुसलमान सभी अपने-अपने धार्मिक रूढ़ियों और कर्मकाण्डों का कट्टरता से पालन करना अपना परम कर्तव्य मानते थे। इसमें एक प्रकार होड़-सी लगी होती। लोग जान की बाजी लगाने से भी नहीं चूकते। संकीर्णता ही धार्मिक जीवन की प्रमुख विशेषता थी। हिन्दुओं में वैष्णवों और शैवों के अलावा न जाने कितने छोटे-छोटे सम्प्रदाय बने हुए थे। मुसलमानों में भी शिया-सुन्नी सम्प्रदाय में अलगाव और टकराव बना रहा।

धार्मिक जीवन का केन्द्रीय पक्ष था अनुष्ठान और कर्मकाण्ड। इन्हीं को धर्म का पर्याय मान लिया गया था। इन अनुष्ठानों और धार्मिक कर्मकाण्डों में इतनी फिजूलखर्ची होती कि अन्दाजा लगाना मुश्किल है। जन्म से मृत्यु तक के सारे

अनुष्ठानों में, मन्दिर निर्माण, ब्राह्मण और साधु-सन्तों की सेवा, तीर्थ-यात्रा आदि असंख्य कार्यकलापों में धन खर्च करना ही धर्म का अँग समझा जाता था। मथुरा, वृन्दावन, पुरी, वाराणसी के अलावा सारे भारत में असंख्य तीर्थ स्थानों पर हिन्दू यात्री काफी धन खर्च करते। अन्धविश्वासों का बोलबाला था और इनको कायम रखने के लिए पुरोहित, ब्राह्मण, मुल्ला और मौलवी सभी ने अपनी-अपनी भूमिका पूरी तरह निभाई। ये ही प्रत्यक्ष या परोक्ष रूप से छूआछूत, जातिभेद और धार्मिक कट्टरता को तूल देते रहते। धार्मिक कट्टरता और पाखण्ड हिन्दू और मुसलमानों में समान रूप से विद्यमान थे। इस काल में जाति-भेद और छुआ-छूत के अलावा खान-पान के मामले में भी भारी नियम कानून प्रचलित थे। छोटी-छोटी धार्मिक गलतियों के लिए 'प्रायश्चित्त' करना पड़ता था। हिन्दू बहुधा वेदों और दूसरे शास्त्रों का हवाला देते लेकिन उनमें लिखे उपदेशों, तत्त्वों या विचारों की ओर ध्यान तक नहीं देते थे। धर्म की आड़ में सारे पाप-प्रमाद किए जाते। धार्मिक मठ और सम्प्रदायवाद का बोलबाला था। धार्मिक अन्धविश्वासों पर आधारित 'सती प्रथा' का प्रचार सारे उत्तर भारत में था जिसके विरुद्ध राममोहन ने आगे चलकर संघर्ष किया। यद्यपि प्राचीनकाल में भारत में नारी का स्थान सम्मानपूर्ण रहा लेकिन सत्रहवीं-अठारहवीं शती में नारी की स्थिति बहुत ही दयनीय हो गई थी। बहुविवाह, कुलीन प्रथा, बाल विवाह आदि आम कुरीतियाँ प्रचलित थीं। विधवाओं की दयनीय स्थिति इस काल की विडम्बना थी। पति की मृत्यु के बाद न तो परिवार में और न ही समाज में विधवाओं का कोई स्थान था। इस परिस्थिति ने शायद सहमरण या सती-प्रथा को बढ़ावा दिया। धार्मिक पाखण्डों और सामाजिक कुरीतियों के अलावा समस्त पददलित वर्गों के शोषण और अत्याचार के विरुद्ध राममोहन ने आजीवन आन्दोलन और संघर्ष किया। सामाजिक मुक्ति के लिए आधुनिक शिक्षा को एक समर्थ और सार्थक हथियार के रूप व्यवहार में लाने का बीड़ा राममोहन ने ही सबसे पहले उठाया।

आर्थिक परिस्थिति

राजनीतिक कारणों के अलावा समसामयिक आर्थिक परिस्थितियों और नीतियों पर उस काल विशेष की परिस्थिति या प्रगति निर्भर होती है। अठारहवीं शताब्दी के उत्तरार्ध में कई एक अर्थशास्त्री या समाजशास्त्री इस समस्या की ओर ध्यान देने लगे। इसी परिप्रेक्ष्य में उस काल की आर्थिक परिस्थिति पर विचार करना होगा। अन्तर्राष्ट्रीय व्यापार इस काल में ज्यों-ज्यों बढ़ने लगा, यूरोप के कल-कारखानों में उत्पन्न उपभोक्ता वस्तुओं के लिए नए-नए बाजारों की खोज आरम्भ हो गई। इसी समय व्यापारियों ने 'स्वतन्त्र व्यापार नीति' अपनाने के लिए नए पूँजीवादी देशों में नारे लगाना आरम्भ कर दिया था। शायद यही कारण था कि राममोहन भी देश के अशक्त और अविकसित मध्ययुगीन कुटीर उद्योग और कृषि पद्धति को हटाकर समृद्ध और

विकसित यूरोपीय उद्योग और कृषि पद्धति प्रवर्तित करना चाहते थे।

यद्यपि मुगल शासन की गिरती हुई हालत से देश के व्यापारिक-धन्धे, खेती-बाड़ी पर बुरा प्रभाव पड़ा फिर भी, मध्यवर्ग, कृषक और मजदूर, यूरोपियन व्यापारियों की अपेक्षा कोई बहुत बुरी हालत में नहीं थे। लेकिन ईस्ट इण्डिया कम्पनी के व्यापारिक एकाधिकार और आर्थिक शोषण से देश के आर्थिक सन्तुलन में फर्क पड़ने लगा। इसी काल में कलकत्ता बन्दरगाह व्यापार का प्रमुख केन्द्र बन गया। सारे पश्चिमी जगत से साहसिक व्यापारी धन कमाने के लिए यहाँ आना शुरू हो गए। मुस्लिम शासन के अन्तिम काल में व्यापार और उद्योग धन्धे, अराजकता, लड़ाइयों और प्रशासनिक अस्थिरता के कारण गिरते जा रहे थे। व्यापार में भी भ्रष्टाचार का बोलबाला था। ईस्ट इण्डिया कम्पनी तथा दूसरे व्यापारी जिनमें पुर्तगाली, डच, फ्रांसीसी आदि थे अपना कारोबार दिनोंदिन बढ़ाते चले जा रहे थे। उनके लिए यह देश 'सोने की चिड़िया' थी। इस होड़ में ईस्ट इण्डिया कम्पनी ने यहाँ अपना पाँव अब पूरी तरह जमा लिया।

भारत में ब्रिटिश साम्राज्य की स्थापना का तरीका इस देश के पहले सारे आक्रामकों और विजेताओं के तौर तरीकों से भिन्न था। जब अफगान या मुगल शासक इस देश में आए तो उस समय इस देश की कृषि और कुटीर आधारित आर्थिक परिस्थिति में कोई विशेष अन्तर नहीं आया। प्रशासनिक उथल-पुथल और युद्धों का प्रभाव केवल राजघरानों या शासक श्रेणी तक ही सीमित था। लेकिन ब्रिटिश शासन की स्थापना के साथ-साथ सामाजिक और आर्थिक क्षेत्रों में परिवर्तन आरम्भ हो गए। एक ओर नई आर्थिक और औद्योगिक क्रान्ति के दबाव के नीचे सामन्तवादी पुराना ढाँचा टूटना आरम्भ हो गया और दूसरी ओर नई वर्ग व्यवस्था और नई शक्तियाँ जन्म ले रही थीं।

भारत, जो आरम्भ से ही एक कृषिप्रधान देश रहा है, का मुख्य व्यवसाय खेती ही था लेकिन औद्योगिक क्षेत्र में भी पीछे नहीं था। खेती के अलावा कपड़ा बुनने का धन्धा कुटीर शिल्प के रूप में सर्वत्र प्रचलित था। भारत से कपड़ों का भारी निर्यात होता था। लेकिन ब्रिटिश व्यापारियों को कच्चे माल के लिए और ब्रिटेन के कारखानों में बने सामान को बेचने के लिए भारी बाज़ार और इलाका मिल गया, जिसके फलस्वरूप भारत का शोषण आरम्भ हो गया। ब्रिटेन में शिल्प-विप्लव के साथ मशीनी युग आरम्भ हो गया था। भारत में अपना राज्य जमाने के साथ-साथ उद्योग और कारखानों के मामले में ब्रिटिश शासक जो वस्तुतः व्यापारी ही थे, भारतीय कुटीर उद्योग को दबाने या समाप्त कर देने में सफल हो गए। भारत में कपड़ा उद्योग 18वीं शती तक काफी समृद्ध उद्योग था। मैनचेस्टर और लिवरपूल की मिलों में बने कपड़ों ने भारत के करघे बन्द करवा दिए। कपड़ा उद्योग से सम्बन्धित न जाने कितने सहायक छोटे-छोटे उद्योग समाप्त हो गए। देश के हजारों बुनकर भूखे मरने लगे।

देश का यह एक सम्पन्न कुटीर उद्योग अठारहवी शती के अन्त तक आखिरी साँस लेने लगा। यहाँ यह उल्लेख किया जा सकता है कि सन् 1815 में भी भारत से यूरोप को निर्यात किए गए कपड़े का मूल्य एक करोड़ तीस लाख रुपया था।[6] यह निर्यात घटते-घटते 1832 में, जब राममोहन ब्रिटिश पार्लियामेण्ट के सामने भारत की परिस्थिति के सम्बन्ध में गवाही दे रहे थे, मात्र दस लाख रुपये रह गया था। कुछ ही वर्षों में भारत से कपड़े का निर्यात बिल्कुल बन्द हो गया। 1800 ई0 तक भारत में विलायत से एक गज कपड़ा भी आयात नहीं होता था। 1814 ई0 में पहले-पहल मैनचेस्टर से भारत को कपड़ा आना आरम्भ हुआ। इसके साथ ही देश का आर्थिक पासा पलट गया। कृषि और उद्योग का सन्तुलन इसी कालान्तर में नष्ट हो गया। पश्चिमी विज्ञान और तकनीकी विद्या, मशीन और कल-कारखानों के सहारे हमारी आर्थिक व्यवस्था पर पूरी तरह हावी हो गई। ईस्ट इण्डिया कम्पनी की समृद्धि के साथ जब हमारे कुटीर उद्योग समाप्त होने लगे तो कारीगर लोग फिर से खेती का पेशा अपनाने पर मजबूर हुए या गाँवों को छोड़कर नौकरी की खोज में शहरों की ओर भागने लगे। भारत इस चरण में आकर फिर से इसी अविकसित खेती पर निर्भर रहने लगा। इसी अवधि में देश को लगातार कई भयंकर अकालों का सामना करना पड़ा, लाखों लोग भूखों मर गए। देश की आर्थिक स्थिति सम्पूर्ण रूप से ध्वस्त हो गई। एक समृद्ध देश गरीबी के शिकंजों में फँसता चला गया।

देश का शोषण जब अपनी चरम अवस्था में था, उस समय राममोहन कच्ची उम्र के छोटे से बालक थे।

अन्तर्राष्ट्रीय परिस्थिति

बंगाल या भारत में 1772 तक का काल इतिहास की न जाने कितनी अजीबो-गरीब घटनाओं का साक्षी है। लेकिन ठीक इसी काल में पश्चिमी जगत की बौद्धिक, सांस्कृतिक और राजनैतिक अवस्था का विश्लेषण करना आवश्यक है। क्योंकि आगे चलकर हम देखेंगे कि राममोहन की विचारधारा के अनेक स्रोतों का उद्‌गम पश्चिम ही था। उन्होंने अपने जीवन काल में यूरोप और अमेरिका की बहुत-सी घटनाओं के बारे में तीव्र प्रतिक्रिया व्यक्त की थी। 1772 में जब राममोहन का जन्म हुआ था, उसी समय फ्रांस में राज्य क्रान्ति का परिवेश बनना आरम्भ हो गया था। कुछ वर्षों बाद लूई सोलह को प्रायश्चित्त अवश्य करना पड़ा। राममोहन जब 20 वर्ष के थे उस समय (1792) फ्रांसीसी क्रान्ति का आर्तनाद सुनाई दिया। नेपोलियन का उत्थान और पतन भी राममोहन के जीवन काल में घटित हो रहा था। इस दौरान यूरोप भारी उथल-पुथल से गुजर रहा था और भारत के शासक भी नए दृष्टिकोण को अपनाने लगे थे। इंग्लैण्ड में आर्थिक और प्रशासनिक स्तर पर परिवर्तन हो रहे थे, साथ ही बौद्धिक स्तर पर भारी परिवर्तन के आसार दीखने लगे। औद्योगिक

क्रान्ति अठारहवीं शताब्दी के मध्य से ही गतिशील होने लगा था। इंग्लैण्ड धीरे-धीरे औद्योगिक देश के रूप में परिवर्तित होता जा रहा था। यह विज्ञान, तकनीकी और औद्योगिक क्षेत्र में यूरोप में सबसे आगे था। कारखानों की स्थापना, पूँजी निवेश और धन-दौलत की निरन्तर वृद्धि ने इंग्लैण्ड की सामाजिक और आर्थिक स्थिति को पूरी तरह बदल दिया।

दूसरी ओर यूरोप में ही, फ्रांस में व्यक्ति स्वतन्त्रता और बौद्धिक क्रान्ति का श्रीगणेश हो रहा था। समानता, स्वतन्त्रता और मैत्री के नारे लगाये जा रहे थे। इस प्रकार दो अलग-अलग क्रान्तियाँ यूरोप में घटित हो रही थीं। इसी के फलस्वरूप गरीबी, बौद्धिक दासता और सत्तावाद के विरुद्ध राष्ट्रीयता का जन्म हुआ। यूरोप में वाल्टेयर, रूसो, कांट जैसे महापुरुषों ने अपना प्रभाव फैलाया, तो इंग्लैण्ड में वर्ड्सवर्थ जैसे कवि, एडम स्मिथ और बेन्थम जैसे अर्थशास्त्रियों और दर्शनशास्त्रियों ने जन्म लिया।

राममोहन की उम्र जब केवल चार वर्ष की थी, 1776 में अमेरिका में ब्रिटिश गुलामी की जंजीरें तोड़ने के लिए संघर्ष शुरू हो गया था। 1789 में स्वतन्त्र संयुक्त राज्य अमेरिका की स्थापना हुई। इस घटना ने फ्रांसीसी क्रान्ति को आगे बढ़ाने में सहायता की थी। वैचारिक स्तर पर इसी काल में नए विचारों का जन्म भी हो रहा था। मनुष्य की अस्मिता, व्यक्तिगत स्वतन्त्रता, राष्ट्रीयता, लोकतन्त्र आदि समाजवादी विचारों के आधुनिक अर्थ ढूँढ़े जा रहे थे। *टॉमस पेइन* के *'राइट्स ऑफ मैन'* (1791) और *'ऐज आफ रीजन'* (1794) जैसी पुस्तकों का प्रभाव सारे पश्चिम जगत पर हुआ। इन पुस्तकों की विचारधारा की लहरें सात समुद्र पार भारत के तट पर भी आ पहुँचीं। भारत के बुद्धिजीवी युवक काफी उत्तेजित हो उठे थे। *'ऐज आफ़ रीज़न'* की सैकड़ों कापियाँ जब कलकत्ते पहुँचीं तो हाथों हाथ बिक गई। राममोहन को भारत में इस *'एज आफ़ रीज़न'* का जनक कहा जा सकता है। पाश्चात्य के जिन मनीषियों ने राममोहन के विचारों को सबसे अधिक प्रभावित किया, उनमें *बेन्थम, ह्यूम, रिकार्डो, जेम्स मिल, जॉन स्टूअर्ट मिल* जैसे महारथियों की पुस्तकें और विचार थे। अठारहवीं शती के दूसरे चरण में इंग्लैण्ड में जो औद्योगिक क्रान्ति हुई, उसके पीछे वैज्ञानिक और तकनीकी आविष्कारों का हाथ था। मशीन का प्रयोग धीरे-धीरे फैलता जा रहा था। उत्पादन का स्वरूप ही बदल गया। इसी के फलस्वरूप व्यापार का ढंग भी बदल गया। पूँजीवाद और बुर्जुआ अर्थनीति की जड़ें इसी काल में जमने लगीं। आधुनिक काल की राजनैतिक और सामाजिक विचाराधारा जैसे लोकतन्त्र और समाजवाद के बीज भी इसी काल में बोए गए।[7]

यूरोपीय सांस्कृतिक इतिहास में यह काल बहुत महत्त्वपूर्ण रहा है। रेनासां या पुनर्जागरण के चरण आगे बढ़ते जा रहे थे। एक ओर ग्रीक और लैटिन से क्लासिक्स का अनुवाद यूरोपीय भाषाओं में होने लगा दूसरी ओर मानव कार्य कलाप में धार्मिक

और लौकिक निरपेक्षता या मुक्ति की भावना का समावेश हुआ। विज्ञान और तकनीकी ज्ञान की ओर लोगों का ध्यान आकृष्ट हुआ। मानवतावाद और व्यक्ति स्वतन्त्रता का वैचारिक आधार इसी युग में बना। इसका प्रभाव अँगरेजों और अँगरेजी के माध्यम से भारत के तट पर भी पहुँचा। पुनर्जागरण की मशाल थोड़े से यूरोपीय विद्वान अपने साथ लेते आए थे। उसी मशाल को राममोहन ने आगे बढ़ाया। इस विषय पर आगे विस्तृत विवेचन किया जाएगा। 1765 में ईस्ट इण्डिया कम्पनी ने सूबे बंगाल की दीवानी हासिल की थी और इसके ठीक 70 वर्ष बाद 1835 तक कम्पनी अपने व्यापारी चोले को उतार कर, शासक बन बैठी। राममोहन का आरम्भिक जीवन इतिहास के इसी संक्रान्ति-काल से होकर बीता था। इसी काल में बंगाल और भारत अपने मध्ययुगीन अन्धकार से निकल कर आधुनिक युग के आलोक में प्रवेश कर रहा था। फ़ारसी और संस्कृत भाषा के बन्धन से मुक्त होकर अँगरेजी भाषा के माध्यम से पश्चिमी विचारधारा ज्ञान-विज्ञान का प्रचार और प्रसार आरम्भ हुआ। प्रेस की स्थापना भी इस काल की एक क्रान्तिकारी घटना थी। इसी काल में भारत की आधुनिक भाषाओं में सबसे पहले गद्य साहित्य का आरम्भ हुआ। राजनैतिक और अर्थनैतिक परिवर्तन ने एक ऐसे मध्यवर्ग को जन्म दिया जिसने आगे चल कर राजनैतिक और सामाजिक परिवर्तन के लिए महत्त्वपूर्ण कार्य किया। आधुनिक भारत के बौद्धिक, सामाजिक विकास में राममोहन और उनके सहयोगियों का स्थान सर्वोपरि और सर्वमान्य है।

यह पहले ही बताया जा चुका है कि राममोहन जब भारतीय-इतिहास के मन्च पर उतरे तब मुगल साम्राज्य का सूरज डूब रहा था। राजनैतिक, आर्थिक और सामाजिक अराजकता के बीच ब्रिटिश साम्राज्य की जड़ें मजबूत हो रही थीं। 1772 में जब राममोहन का जन्म हुआ उस समय वारेन हेस्टिंग्स गवर्नर जनरल के पद पर थे। वारेन हेस्टिंग्स स्वयं विद्वान् थे और उन्हें भारतीय साहित्य और संस्कृति से भारी लगाव हो गया। उन्हीं की प्रेरणा और प्रोत्साहन से भारतीय भाषाओं के साहित्य धर्म और संस्कृति के बारे में यूरोपीय विद्वानों की उत्सुकता बढ़ी। 1784 में एशियाटिक सोसाइटी की स्थापना में उनका पूरा सहयोग था। 1785 में *चार्ल्स विल्किन्स* ने भगवद्‌गीता का अँगरेजी अनुवाद किया और 1790 में *सर विलियम जोन्स* ने कालिदास के *अभिज्ञान शाकुन्तलम्* का अँग्रेजी अनुवाद किया। ये अनुवाद जब यूरोप पहुँचे तो पाश्चात्य विद्वत् समाज में हलचल मच गई। *श्लीगल, शोपेनहावर* और *गेटे* जैसे महापण्डित भारतीय साहित्य और संस्कृति की ओर आकृष्ट हुए। सन् 1800 में फोर्ट विलियम कॉलेज की स्थापना इस दिशा में एक मील का पत्थर सिद्ध हुआ। पाश्चात्य जगत द्वारा इस मान्यता का नतीजा यह हुआ कि भारतीय विद्वान् भी अपनी समृद्ध परम्परा और सांस्कृतिक धरोहर को पश्चिमी ज्ञान-विज्ञान के परिप्रेक्ष्य में विचारने लगे। राममोहन बुद्धिजीवियों की इस नई गोष्ठी के अगुआ बने।

सन्दर्भ और टिप्पणियाँ

1 Tara Chand : *Freedom Movement in India,* Vol. 1, Page 52.

2 वही, पृ. 53.

3. मुखोपाध्याय : *राममोहन ओ तत्कालीन समाज ओ साहित्य* (बांग्ला) पृ. 56

4. Dasqupta : *The life and times of Raja Rammohun Roy,* Vol, Page 29.

5. मुखोपाध्याय : *राममोहन ओ.....* (बांग्ला) पृ. 23.

6. वही, पृ. 26.

7. वही, पृ. 15.

जीवन-गाथा

अध्याय—2

पारिवारिक पृष्ठभूमि और जन्म

राममोहन ने अपने पारिवारिक इतिहास और जीवन के बारे में, अपने इंग्लैण्ड के प्रवास काल में अपने एक अँगरेज मित्र को पत्र लिखकर एक संक्षिप्त विवरण दिया था जो 'लन्दन एथेनेयम' और बाद में 'लिटरेरी गजट' में प्रकाशित हुआ। सामाजिक, धार्मिक, साहित्यिक, राजनैतिक विषयों पर लिखी पुस्तकों लेखों, समसामयिक पत्र-पत्रिकाओं में प्रकाशित समाचारों, सरकारी दस्तावेजों और समसामयिक विशिष्ट लोगों के विवरणों के अलावा यही उनका एकमात्र आत्म परिचयात्मक दस्तावेज है। अतः यहाँ पूरे अँगरेजी पत्र[1] का अनुवाद उद्धृत करना उपयुक्त होगा।

"......आपने प्रायः मेरे जीवन का संक्षिप्त विवरण लिख भेजने के लिए अनुरोध किया था। इसलिए मैं प्रसन्नतापूर्वक अपने जीवन का अत्यन्त संक्षिप्त विवरण दे रहा हूँ।

"मेरे पूर्वज उच्च कुल के ब्राह्मण थे और स्मरणातीत काल से वे वंशानुसार धार्मिक कृत्यों में अब से पाँच पुरखे पहले तक लगे थे। कोई डेढ़ सौ वर्ष पहले ये लोग जजमानी और पण्डिताई छोड़कर व्यावसायिक कार्यों के द्वारा पारिवारिक समृद्धि की ओर बढ़े। उनके वंशज तभी से इन्हीं रास्तों पर चलकर, जैसा राजदरबारों के भाग्य में होता है, कभी सफलता, कभी विफलता, कभी समृद्धि और कभी गरीबी, कभी सम्मानित और कभी अपमानित होते रहे। लेकिन मेरे मातामह (नाना) के वंशज पारम्परिक जजमानी ही करते थे और इस पेशे में उनसे श्रेष्ठ कोई भी नहीं था। वे हाल तक धार्मिक कार्यों और उपासना में ही लगे रहे। सांसारिक उच्चाकांक्षाओं और वैभव की अपेक्षा वे आत्मिक-शान्ति को श्रेयकर समझते थे।

"अपनी पैतृक वंश-परम्परा के अनुसार और पिता की इच्छानुसार मैंने फ़ारसी और अरबी भाषाओं में शिक्षा प्राप्त की, क्योंकि मुस्लिम राजदरबारों से सम्बद्ध लोगों के लिए यह आवश्यक था। अपने ननिहाल की परम्परा के अनुसार मैंने संस्कृत और उसमें लिखे धार्मिक ग्रन्थों का भी अध्ययन किया क्योंकि हिन्दुओं में धार्मिक ग्रन्थ, शास्त्र और साहित्य इसी भाषा में लिखे हैं।

"मैं जब केवल सोलह वर्ष का था उसी समय मैंने हिन्दुओं में प्रचलित मूर्तिपूजा के विरोध में एक लेख प्रस्तुत किया। लेख और मेरे-ज्ञात विचारों से परिचित होने पर मेरे निकट सम्बन्धियों से जब मेरा मतभेद आरम्भ हो गया तो मैं देश-भ्रमण पर निकल पड़ा। कई प्रदेशों की यात्रा के बाद भारत में ब्रिटिश साम्राज्य की स्थापना से आहत होकर, मैंने भारत से बाहर के कई देशों की भी यात्रा की। जब मैं बीस वर्ष का था उस समय मेरे पिता ने मुझे वापस बुला भेजा और मैं दुबारा उनका प्रियपात्र बना। इसी समय से मैं पहले-पहल यूरोप-वासियों के सम्पर्क में आया और जल्दी ही उनके विधि-विधान और सरकारी प्रशासन के बारे में जानकारी प्राप्त की। उन लोगों को अकसर अधिक बुद्धिमान, संयमी और व्यावहारिक पाकर मेरे मन में उन लोगों के प्रति जो पूर्वाग्रह था, उसे मैंने छोड़ दिया और मेरा झुकाव उनकी ओर बढ़ने लगा। मुझे विश्वास होने लगा कि यह विदेशी दासता देशवासियों की हालत सुधारने में सहायक सिद्ध होगी। मैं धीरे-धीरे उन लोगों का विश्वासपात्र बना, शासकीस स्तर पर भी। मूर्तिपूजा और अन्धविश्वासों के बारे में ब्राह्मणों के साथ लगातार विरोध और वाद-विवाद होने, मेरे विधवाओं को जलाने की प्रथा का विरोध करने के कारण मेरी उन लोगों से शत्रुता बढ़ती चली गई और मेरे परिवार के लोगों में उनके प्रभाव के कारण, मेरे पिता एक बार फिर खुलेआम मेरे विरोधी हो गए। फिर भी थोड़ी-बहुत आर्थिक मदद करते रहते थे।

"पिता की मृत्यु के बाद मैंने मूर्तिपूजा के विरुद्ध आन्दोलन और अधिक तीव्रता और हिम्मत के साथ शुरू कर दिया। इस समय भारत में छपाई की सुविधा का लाभ उठाकर मैंने लोगों में फैले भ्रम के विरोध में पुस्तकें और लेख देशी और विदेशी भाषाओं में प्रकाशित किए। इससे मेरे विरुद्ध ऐसी उत्तेजना फैली कि केवल दो या तीन स्कॉट बन्धुओं को छोड़कर जिनका और जिनके देश का मैं बड़ा आभार मानता हूँ, सभी मेरा साथ छोड़ गए।

"इन वाद-विवादों में मैंने ब्राह्मणवाद का नहीं, बल्कि केवल उसमें पैदा हुई विकृतियों का विरोध किया था। मैंने इतना भर दिखाने की कोशिश की थी कि ब्राह्मणों की मूर्तिपूजा उनके पूर्वजों की धार्मिक पद्धतियों के न केवल विपरीत है बल्कि धर्मशास्त्रों में प्रतिपादित जिन सिद्धान्तों और शास्त्रों को वे मानने का दावा करते हैं, उनके प्रतिकूल हैं। मेरे विचारों का विरोध और भारी आक्रमण के बावजूद मेरे कुछ अपने लोगों ने और कुछ प्रतिष्ठित व्यक्तियों ने मेरी भावनाओं और विचारों को अपनाना शुरू कर दिया।

" इस समय मेरे मन में यूरोप परिभ्रमण की तीव्र इच्छा पैदा हुई, जिससे वहाँ के आचार-व्यवहार, धर्म, राजनैतिक संस्थाओं के बारे में व्यक्तिगत रूप से

अधिकाधिक ज्ञान प्राप्त कर सकूँ। लेकिन मैं इस योजना को तब तक कार्यान्वित नहीं कर सका जब तक मेरे समान विचार वाले मित्रों और सहयोगियों की संख्या पर्याप्त नहीं हो गई। आखिरकार जब मेरी आशाएँ किसी सीमा तक पूरी हो गई, तो मैं नवम्बर 1830 को इंग्लैण्ड की यात्रा पर रवाना हुआ। क्योंकि इसी समय ईस्ट इण्डिया कम्पनी के नए चार्टर, जिसके द्वारा भारतीयों की भावी शासन व्यवस्था, लम्बे समय तक चलने वाले भविष्य के सरकारी ढाँचे के बारे में होने वाली बहस में शामिल होने के विचार से और सती-दाह प्रथा निवारण के विरोध में किंग-काउंसिल में पेश की गई अपील की सुनवाई के समय उपस्थित रहने की इच्छा थी। इसके अलावा दिल्ली के बादशाह ने अधिकार हनन के मुद्दों पर ईस्ट इण्डिया कम्पनी के खिलाफ अपील करने के लिए मुझ पर भार सौंपा था। अतः मैं अप्रैल 1831 को इंग्लैण्ड पहुँच गया।"

"आशा है, मेरे इस संक्षिप्त विवरण के लिए क्षमा करेंगे, इस समय विस्तारपूर्वक लिखने का अवकाश नहीं है।"

यह रही संक्षिप्त आत्मजीवनी, उन्हीं की जबानी।

राजा राममोहन राय का जन्म पश्चिम बंगाल के हुगली जिले के खानाकुल कृष्ण नगर क्षेत्र के राधानगर गाँव में 22 मई 1772 में हुआ। जन्म-तिथि के बारे में विद्वानों में विशेष मतभेद नहीं है किन्तु जन्म-वर्ष के बारे में काफी मतभेद पाया जाता है। 1772 के अलावा, 1774 और 1780 के वर्ष भी अलग-अलग स्रोतों से पाया जाता है। वस्तुतः किसी न किसी सरकारी दस्तावेज में उनकी जन्म-तिथि होनी चाहिए थी लेकिन आज तक वह नहीं मिल पायी। विवाद 1772 और 1774 के बीच है। भारत सरकार ने इस विषय पर एक समिति का गठन भी किया था जिसने 1772 के पक्ष में निर्णय दिया था। लेकिन रवीन्द्रनाथ ठाकुर के पितामह द्वारकानाथ ठाकुर जो उनके परम मित्र थे और जिन्होंने ब्रिस्टल में उनकी समाधि पर स्मारक-प्रस्तर लगवाया था, उसमें 1774 वर्ष लिखा है। उनके प्रमुख जीवनीकार मिस सोफिया डॉबसन कोलेट, जिन्होंने बहुत परिश्रम करके उनकी जीवनी की सामग्री एकत्रित की थी, ने भी 1772 का वर्ष माना है। उनके जीवन के कालानुक्रम से 1772 का वर्ष सटीक बैठता है। इसके अतिरिक्त उनके परम मित्र जॉन डिगबी, राममोहन के पुत्र रमाप्रसाद राय और पौत्र ललित मोहन चट्टोपाध्याय तथा रवीन्द्रनाथ ठाकुर के पिता महर्षि देवेन्द्रनाथ ठाकुर आदि सभी ने इस तिथि और वर्ष के पक्ष में राय दी है।[2]

राममोहन के प्रपितामह कृष्णचन्द्र बन्द्योपाध्याय मुर्शिदाबाद जिले के शाँकासा गाँव के मूल निवासी थे। वे नवाबों के राजदरबार में नौकरी करते हुए 'राय' उपाधि से भूषित हुए। वंश वृक्ष के आधार पर यह कहा जाता है कि इनके पुरखे कन्नौज के प्रसिद्ध विद्वान भट्टनारायण के वंशज थे, जो बाद में कन्नौज से पूर्वी प्रदेश की ओर

स्थानान्तरित होकर अन्त में मुर्शिदाबाद में आ बसे। ये शाण्डिल्य गोत्र के ब्राह्मण थे। वस्तुतः राममोहन के पुरखों में से कई पीढ़ी पहले से ही पुरोहितगिरी या जजमानी का धन्धा छोड़कर राज दरबारों में नौकरी करने लगे थे। उनको नया पेशा काफी रास आया था। केवल सम्मान ही नहीं, कृष्णचन्द्र ने काफी धन-दौलत और जमीन-जायदाद भी एकत्रित की। कहा जाता है की एक बार जब वे नवाब की ओर से जमींदारी बन्दोबस्त करने के लिए वर्धमान के अधिकार क्षेत्र में खानाकुल-कृष्णनगर पहुँचे तो यह जगह उन्हें पसन्द आ गई। यहीं राधानगर में वे जायदाद खरीदकर बस गए। नए मकान के साथ ही उन्होंने गोपीनाथ का मन्दिर बनवाया। इसी से अनुमान लगाया जा सकता है कि वे वैष्णव थे। राधानगर में ही कृष्णचन्द्र ने जीवन के अन्तिम वर्ष बिताए। एक धनी जमींदार और धार्मिक व्यक्ति के रूप में उनकी प्रतिष्ठा थी।

कृष्णचन्द्र के तीन पुत्र थे अमरचन्द, हरिप्रसाद और ब्रजविनोद। छोटे पुत्र ब्रजविनोद ही पिता के पदचिह्नों पर चलकर मुर्शिदाबाद के नवाब के दरबार में ऊँचे पद पर नौकर रहे।[3] लेकिन बाद में मतभेद होने के कारण नौकरी से इस्तीफा देकर चले आए। ब्रजविनोद भी ऐश्वर्यशाली धार्मिक और परोपकारी थे। यह वंशपरम्परा, इतिहास के पन्नों से होती हुई बंगाल के नवाब सिराजुद्दौला के शासन काल में पहुँच गई। यद्यपि ब्रजविनोद सिराजुद्दौला की नौकरी से इस्तीफा देकर चले आए थे लेकिन फिर भी उन्होंने अपने सात पुत्री में से पाँचवें पुत्र रमाकान्त को परिवार की परम्परा के अनुसार सिराजुद्दौला के राजदरबार में नौकरी के लिए भेज दिया। रमाकान्त नवाब के पदाधिकारी के रूप में अधिक सफल हुए और काफी धन-दौलत और जमीन जायदाद जोड़ने में भी सफल हुए। लेकिन वे भी आखिरकार अपने पिता की तरह नौकरी छोड़कर चले आए। मुर्शिदाबाद की नौकरी छोड़ने के बाद रमाकान्त राधानगर लौट आए और बाद में वर्धमान के महाराज की जायदाद की देखभाल के लिए नियुक्त हुए। इसके अलावा उनकी अपनी पारिवारिक जायदाद का इन्तजाम भी कोई छोटा काम नहीं था।

यही रमाकान्त, राममोहन राय के पिता थे। रमाकान्त की तीन पत्नियाँ थीं मझली पत्नी तारिणी देवी से उनकी तीन सन्तान थीं—दो पुत्र और एक कन्या। पहला पुत्र जगमोहन और दूसरा राममोहन। पुत्री का नाम आज भी अज्ञात है। रमाकान्त की पहली पत्नी सुभद्रा देवी निसन्तान थी और सबसे छोटी-तीसरी पत्नी राममणी देवी से एक पुत्र रामलोचन थे। शायद दो पुत्रों की माँ होने के कारण या जो भी अन्य कारण रहे हो, तारिणी देवी जो 'फूलठाकुरानी' के नाम से ही परिवार में पुकारी जाती थीं, घर की सर्वेसर्वा मालकिन थीं। तारिणी देवी का पितृकुल शाक्त सम्प्रदाय में दीक्षित था। कठोर साम्प्रदायिक नियमों को तोड़कर कैसे वैष्णव के घर में एक शाक्त सम्प्रदाय की कन्या ब्याही गई, इसके बारे में कई रोचक किंवदन्तियाँ प्रसिद्ध हैं, जिनसे प्रमाणित इतना ही होता है कि तब भी इस प्रकार के अन्तर-साम्प्रदायिक विवाह होते

थे। कहानी कुछ इस प्रकार है—अपने अन्तिम समय में जैसा उस काल में प्रतिष्ठित लोगों में प्रचलित था, ब्रजविनोद गंगा के किनारे मृत्यु की प्रतीक्षा कर रहे थे। एक दिन श्रीरामपुर के चातरा इलाके के पण्डित श्याम भट्टाचार्य ने उनके पास आकर एक अनुरोध किया। श्याम भट्टाचार्य इलाके के प्रसिद्ध विद्वान और गुरु थे। ब्रजविनोद ने उनकी प्रार्थना स्वीकार कर ली, तो उन्होंने निवेदन किया कि वे अपनी पुत्री का विवाह उनके किसी एक पुत्र से करने की भीख चाहते हैं। श्याम भट्टाचार्य शाक्त थे, ब्रजविनोद वैष्णव और कुलीन वंशज। लेकिन गंगा के किनारे दिए गए वचन के अनुसार ब्रजविनोद ने अपने सभी बेटों के सामने प्रस्ताव रखा। केवल पुत्र रमाकान्त ही राजी हुए। तारिणी देवी से उनका विवाह हो गया, जिन्होंने राममोहन को जन्म दिया।[4]

तारिणी देवी के बारे में जीवनीकारों का मत है कि वे अनेक सदगुणों से युक्त, बुद्धिमान, चतुर, धर्मपरायणा और दृढ़ चरित्र की स्त्री थीं। उनका धर्मानुराग बहुत ही प्रबल था। अपने पति के जीवनकाल में भी तारिणी देवी ही वस्तुतः परिवार की वास्तविक संचालिका थीं। वे केवल पारिवारिक मामलों में ही नहीं, बल्कि ज़मीन जायदाद के मामले में भी अपनी दक्षता दिखाती रहीं। महापुरुषों के जीवन में अकसर माता के चारित्रिक गुणों का समावेश पाया जाता है। राममोहन इन सभी गुणों के सहज अधिकारी बने। तारिणी देवी की चारित्रिक दृढ़ता के बारे में कई कथाएँ प्रचलित हैं जिनमें एक यह कि बुढ़ापे में उन्होंने जगन्नाथपुरी की यात्रा की। तीर्थयात्रा में जाने के लिए कष्ट भोगने से ही पुण्य मिलता है, इस विचार से, धन-दौलत सामर्थ्य के बावजूद, उन्होंने अपनी यात्रा पैदल ही पूरी की।[5] नौकर-चाकर भी साथ नहीं रखे। अपने पति की मृत्यु के बाद उन्होंने जिस दृढ़ता और योग्यता से जमींदारी का संचालन किया वह वस्तुतः उनकी बुद्धिमानी और चारित्रिक दृढ़ता का ही परिचायक था। अपने विचारों और धर्मपरायणता के लिए उन्होंने अपने पुत्र के विचारों की भी परवाह नहीं की। धर्मविरोधी पुत्र राममोहन को पारिवारिक जायदाद के अधिकार से वंचित करने के लिए उन्होंने अपने बेटे के खिलाफ मुकदमा भी किया और अपने घर से निकाल भी दिया था।

तारिणी देवी जन्म से शाक्त धर्मावलम्बी परिवार से थीं लेकिन विवाह के बाद अपनी ससुराल के वैष्णव मत में पूरी तरह परिवर्तित हो गई थीं। वे इस परिवार के सारे धार्मिक आचार-विचार और परम्परा को पूरी तरह निभाती रहीं। अपनी माता के चरित्र का राममोहन के प्रारम्भिक जीवन पर काफी प्रभाव था। बचपन से ही राममोहन के मन में कुल देवता राधागोविन्द के प्रति भक्ति की मात्रा इतनी अधिक थी कि वे भागवत पुराण का एक अध्याय पाठ किए बिना जल भी नहीं पीते थे। उनके मित्र विलियम एडम ने 1826 में लिखा था कि चौदह वर्ष की आयु में एक बार राममोहन के मन में साधु बनकर घर छोड़ने की प्रबल इच्छा जगी लेकिन अपनी माता

के अनुरोध पर ही उन्होंने अपना यह विचार त्याग दिया था।[6]

यहाँ पर यह बतलाना आवश्यक है कि राममोहन के पिता रमाकान्त के साथ वर्धमान के राजाओं की जमींदारी के मामले में अकसर मतभेद होते रहे। तंग आकर वे कामकाज से उदासीन रहने लगे। घण्टों तुलसी के बगीचे में बैठ हरिनाम का जाप किया करते। अन्तिम दिनों वे राधानगर के पास ही, लांगुलपाड़ा में सपरिवार जा बसे थे। पिता के काल से चले आ रहे मतभेद के कारण राममोहन को भी वर्धमान के राजाओं के साथ कई मामलों-मुकदमों में फँसना पड़ा।

शिक्षा और प्रारम्भिक घुमक्कड़ी

ऐसे वैभवशाली और किसी सीमा तक रूढ़िवादी जमींदार परिवार में राममोहन का बचपन बीता। पिता ने शिक्षा के लिए उस समय की प्रथा और पारिवारिक प्रतिष्ठा के अनुसार सारी सुविधाएँ भी जुटा दीं। प्रचलित विधि के अनुसार, उनकी शिक्षा गाँव की पाठशाला से आरम्भ हुई। कहा जाता है कि वे बचपन से मेधावी और तीव्र स्मरणशक्ति के अधिकारी थे। बांग्ला के साथ-साथ फ़ारसी, जो उस समय की राजभाषा थी, की शिक्षा भी प्राप्त की। फ़ारसी वह किसी मौलवी से सीखने जाया करते। चूँकि परिवार में मुर्शिदाबाद के राजदरबार की नौकरी परम्परा के रूप में चली आ रही थी इसी से राममोहन के लिए फ़ारसी की पढ़ाई आवश्यक समझी गई। राजभाषा की पढ़ाई की सुविधाएँ गाँव में बहुत ही सीमित थीं लेकिन इसमें योग्यता प्राप्त करना उस समय महत्त्वपूर्ण समझा जाता था। इसीलिए राममोहन को फ़ारसी और अरबी की शिक्षा के लिए पटना भेज दिया गया। उन दिनों एक नौ-दस[7] वर्ष के बालक को इतनी दूर भेजना कोई सहज काम नहीं था। न रेलगाड़ी थी और न ही यातायात की अन्य सुविधाएँ। फिर भी राममोहन को घर से लगभग तीन सौ मील दूर पटना भेज दिया गया। पटना उस समय अरबी-फ़ारसी की शिक्षा का केन्द्र था। यहाँ प्रायः दो-तीन वर्ष रहकर राममोहन अरबी और फ़ारसी की योग्यता प्राप्त कर वापस घर लौट आए। पटना प्रवास-काल में राममोहन के विद्यार्थी जीवन का विवरण भी उपलब्ध नहीं है। फिर भी यह तो कहा ही जा सकता है कि राममोहन ने बहुत ही उत्साह से अरबी-फ़ारसी भाषा और इस्लामी धर्म दर्शन का अध्ययन किया होगा।

राममोहन को पटना भेजने के पीछे चाहे केवल व्यावहारिक उद्देश्य रहा हो लेकिन वहाँ भाषा अध्ययन के साथ राममोहन फ़ारसी सूफियों के रहस्यवादी कविता की ओर आकृष्ट हुए और यह आकर्षण आजीवन बना रहा। इसके अलावा यहीं उनका परिचय इस्लाम और उसके एकेश्वरवाद से हुआ। इसी समय उन्होंने इस्लाम और सूफी साहित्य का भी अध्ययन किया होगा। पटना में ही उनके मौलवियों और शिक्षकों ने पश्चिमी दर्शन और ज्ञान के बारे में भी प्राप्त करने में सहायता की थी। कुछ जीवनीकारों का मत है कि राममोहन ने युक्लिड और अरस्तू जैसे यूनानी दार्शनिकों को अरबी-अनुवाद के माध्यम से पढ़ा था।[7] सूफी साहित्य और धर्म का

उनके जीवन पर ऐसा प्रभाव पड़ा कि वे जीवन भर सादी, हाफिज, रूमी, शामी तबरेज़ जैसे सूफी कवियों की रचनाएँ पढ़ते रहे। उनकी कविताएँ उन्हें जुबानी याद थीं और जिन्हें वे अकसर उद्धृत करते थे। सूफ़ियों के विचार वेदान्त से मिलते हैं। लगता है उनके धार्मिक विचारों में परिवर्तन और सुधारों के पीछे इन विचारों का काफ़ी हाथ रहा। धार्मिक रूढ़ियों और मूर्तिपूजा-विरोध के बीज सम्भवतः इसी काल में बोए गए।

पटना प्रवास के बाद, कहा जाता है कि उनकी माता-पिता की इच्छानुसार उनको संस्कृत पढ़ने के लिए वाराणसी भेज दिया गया था।[8] उस समय उनकी उम्र केवल बारह वर्ष की थी। उनकी धार्मिक माता भला कैसे सहन करती कि एक ब्राह्मण का बेटा फ़ारसी और अरबी तो पढ़े लेकिन संस्कृत और हिन्दुओं के धार्मिक ग्रन्थों का अध्ययन न करे। काशी आकर थोड़े ही समय में उन्होंने हिन्दू धर्म शास्त्रों का सम्यक् अध्ययन और ज्ञान प्राप्त किया। इस्लाम के एकेश्वरवाद से उनका परिचय पटना में हो चुका था। उन्हें वेदान्त ब्रह्म में भी वहीं एकेश्वरवाद दिखाई दिया। जब राममोहन काशी से लौटे तो उनके चिन्तन और विचारधारा में भारी परिवर्तन हो चुका था।

यहाँ यह बताना आवश्यक है कि राममोहन, जो बाद में बहुविवाह के घोर विरोधी बने, अपने पिता की आज्ञा या उस काल की सामाजिक प्रथा के अनुसार उनका बहुत ही छोटी उम्र में विवाह करा दिया गया था। सम्भवतः नौ वर्ष की उम्र में उनका पहला विवाह हुआ। दुर्भाग्यवश पहली पत्नी का विवाह के कुछ ही दिनों के अनन्तर देहान्त हो गया। इस घटना का राममोहन के बालक मन पर शायद ही कोई प्रभाव पड़ा होगा। पारिवारिक स्तर पर भी घटना का विशेष मूल्य नहीं रहा होगा क्योंकि पहली पत्नी की मृत्यु के एक वर्ष के भीतर ही राममोहन का दूसरा ही नहीं बल्कि तीसरा विवाह भी सम्पन्न करा दिया गया। उस काल के कुलीन ब्राह्मणों में शायद यही प्रचलित रीति रही होगी। वस्तुतः राममोहन के बहुमुखी जीवन में उनकी पत्नियों की किसी विशेष भूमिका का विवरण नहीं मिलता। दूसरी पत्नी का नाम श्रीमती देवी और तीसरी का उमा देवी था। राममोहन के परिवार में ये दोनों बड़ी बहू और छोटी बहू के नाम से परिचित थीं।[9]

यह पहले ही बताया जा चुका है कि राममोहन में बचपन से ही धार्मिक रुझान पाया जाता था और वे बचपन में अनेक रीतियों और कर्मकाण्डों का निष्ठापूर्वक पालन करते थे। लेकिन पटना और बनारस की शिक्षा ने उनके युवक मन में हलचल सी पैदा कर दी थी। वे हिन्दू धर्म-दर्शन के प्रश्नों के समाधान में विचार-निमग्न रहने लगे। एक के बाद एक प्रश्न, एक के बाद एक संदेह उनके मन में उठने लगा। ये धार्मिक रूढ़ियाँ और कर्मकाण्ड, पाखण्ड और ढकोसले लगने लगे। मूर्तिपूजा क्या है? सच्चा धर्म क्या है? एक ओर मुस्लिम एकेश्वरवाद, सूफी रहस्यवाद और प्राचीन वेद उपनिषदों ने प्रश्न पर प्रश्न खड़े कर दिए। उनके विचारों में परिवर्तन के लक्षण

दिखाई पड़ने लगे। इसी अवधि में अकसर वे अपने पिता से इन प्रश्नों पर वाद-विवाद में उलझने लगे। रमाकान्त अपने बेटे के प्रचलित धर्म-विरोधी विचारों को सुनकर दुखी रहने लगे। आगे चलकर पिता-पुत्र में भारी मतभेद पैदा हो गए।

विलियम एडम ने राममोहन विषयक अपने संस्मरणों में उनको उद्धृत करते हुए लिखा था कि "एक दिन उनके पिता ने कहा कि मैं जब भी कोई तर्क तुम्हारे सामने रखता हूँ तुम हमेशा उसका उत्तर 'किन्तु-परन्तु' से आरम्भ करते हो।" अपने पिता के विचारों का खुलेआम विरोध न करते हुए भी वे बहुधा अपने सन्देह को हलकी-सी मुस्कुराहट के साथ पेश करने में हिचकते नहीं थे।[10] अन्त में ऐसी परिस्थिति पैदा हो गई कि राममोहन समझ नहीं पा रहे थे कि क्या करें? इसी समय उन्होंने प्रचलित धार्मिक पाखण्डों और मूर्तिपूजा के विरुद्ध *'हिन्दुओं की मूर्तिपूजा और धर्मप्रणाली'* नामक एक छोटी-सी पुस्तिका लिखी।[11] उनके आत्मपरिचयात्मक पत्र में इस पुस्तिका का उल्लेख है। इस पुस्तिका में लिखे विचारों से राममोहन के संस्कारवादी वैष्णव पिता अत्यन्त क्षुब्ध हुए और आखिरकार उनके आपसी सम्बन्धों में भारी दरार पड़ गई।

राममोहन के लन्दन प्रवास काल में उनके परम मित्रों में से डॉ. लान्ट कार्पेन्टर ने अपनी पुस्तक में इस घटना का वर्णन इस प्रकार दिया है:

> "पिता के अधिकारों का विरोध न करते हुए भी वे अकसर उनसे धार्मिक विश्वासों के बारे में प्रश्न पूछते रहते। उन्हें कोई सन्तोषपूर्ण उत्तर न मिलता और अन्त में केवल पन्द्रह वर्ष की छोटी-सी उम्र में उन्होंने घर छोड़ने की ठान ली और कुछ समय के लिए तिब्बत तक हो आए जिससे वहाँ वे एक दूसरे के बारे में जान सकें। उस देश में उन्होंने दो या तीन वर्ष बिताए।"[12]

डॉ. कार्पेन्टर ने एक टिप्पणी में यह व्यक्त किया था कि यह बयान उन्होंने स्वयं राममोहन से लन्दन में सुना था। बाद में यहीं एक बार फिर स्टेपलटन ग्रोव (ब्रिस्टल) में भी सुना।

राममोहन घर छोड़कर निकल पड़े। इस समय उनकी उम्र केवल पन्द्रह या सोलह वर्ष की रही होगी। भारत के कई प्रदेशों में घूमने के बाद हिमालय की ऊँची पहाड़ियों को पार कर सम्भवतः प्राचीन काल के मानसरोवर वाले तीर्थयात्रा पथ से होते हुए तिब्बत की भूमि पर भी पहुँचे। बौद्ध धर्म के प्रति स्वाभाविक जिज्ञासा ही इस यात्रा का कारण रहा हो या केवल घुमक्कड़ी। यह सब उस काल की घटना है जब न रेलगाड़ियाँ थीं, न मोटर और न ही और कोई आधुनिक साधन। आने-जाने के रास्ते बीहड़ जंगलों और दुर्गम घाटियों से होकर गुजरते थे। उनके तिब्बत पहुँचने और वहाँ रहने के बारे में कोई ठोस प्रमाण नहीं मिलते। कुछ विद्वानों ने इस पर सन्देह भी प्रकट किया है लेकिन उनके सभी जीवनीकार और कुछ मित्रों ने इस बारे

में पर्याप्त प्रमाणों के न होते हुए भी घटना को उनके जीवन-कथा का हिस्सा माना है। वस्तुतः उनके जीवन का यह भाग मुख्यतः किंवदन्तियों और अनुमानों पर ही आधारित है। राममोहन ने स्वयं कहीं भी जीवन के इस भाग के बारे में कोई विस्तृत विवरण नहीं छोड़ा। अपने आत्म परिचयात्मक पत्र में जिसका उद्धरण पहले दिया जा चुका है राममोहन ने लिखा था—"कई प्रदेशों की यात्रा के बाद भारत में ब्रिटिश साम्राज्य की स्थापना से आहत होकर भारत के बाहर के कई देशों की यात्रा की।"

उनके तिब्बती प्रवास काल के समय की एक कहानी प्रायः सभी जीवनीकारों ने उद्धृत की है। राममोहन ने जब तिब्बत में किसी जीवित लामा को भगवान् बुद्ध के रूप में पूजित होते देखा तो वे चकित रह गए। यह मूर्तिपूजा या अवतारवाद की पराकाष्ठा थी। इसके अलावा न जाने कितने संस्कारों, धार्मिक कुरीतियों और अन्धविश्वासों से उन्होंने उस पूरे सामन्तवादी समाज को डूबा देखा। वे कभी-कभी विरोधी विचारों को प्रकट कर ही देते थे। नतीजा यह हुआ कि तिब्बती धार्मिक पण्डे उनसे उलझ पड़े। तब उन्हें अपनी जान तक बचाना मुश्किल काम हो गया। कहा जाता है कि, एक तिब्बती स्त्री ने इस हालत में उनकी बड़ी मदद की और वे जान बचाकर भागने में सफल हुए।[13] इसी से वे सारी उम्र स्त्री जाति के प्रति कृतज्ञता जताने में कभी न चूके। उनके हिमालय पार के देशों के भ्रमण के बारे में कोई प्रामाणिक विवरण उपलब्ध नहीं हो सका है, फिर भी यह तय है कि तीन-चार वर्ष तक देश और विदेशों की यात्रा करके वे वापस लौट आए। पिता रमाकान्त भी बेटे के लिए स्वाभाविक रूप से चिन्तित थे और उनके आदमी राममोहन की खोज में लगे हुए थे। जो भी हो, राममोहन घर लौट आए और बाप-बेटे में फिर से मेल-मिलाप होने के आसार दिखने लगे।

राममोहन के तिब्बत प्रवास के बारे में कई एक विद्वानों ने सन्देह प्रकट किया है लेकिन डॉ. कार्पेन्टर ने स्पष्ट लिखा है कि उन्होंने स्वयं राममोहन से इस घटना का विवरण दो बार सुना था। इस वक्तव्य पर सन्देह करने का कोई कारण नहीं है।[14] अपने संस्मरणों में, रेवरेण्ड के. एस. मेकडोलैण्ड ने, जो कलकत्ता में 1879 में प्रकाशित हुआ, विवरण इस प्रकार है। "अपने पटना प्रवास-काल में उन्होंने बौद्ध धर्म के बारे में काफी सुना होगा...तिब्बत जाकर वे बौद्ध धर्म को निकट से जान सकते थे और साथ ही वहाँ के आदि निवासियों की पैशाचिक पूजा भी देख सके....।"

इसके अलावा उनकी फ़ारसी पुस्तक *'तुहफातुल मुबाहहिदीन'* की भूमिका में लिखा है "मैंने दुनिया के दूरदराज के इलाके में, मैदानों और पहाड़ों में दूर-दूर तक भ्रमण किया है...।" फ्रेंच विद्वान गार्साँ द तासी जो उनके समसामयिक विद्वान थे और जिनसे उनका पत्र व्यवहार भी था, ने भी उनके तिब्बत प्रवास के बारे में लिखा है।[15]

देश-विदेश के भ्रमण से लौटने के बाद राममोहन एक बार फिर पारिवारिक धन्धों के अलावा, धर्म दर्शन और धर्मशास्त्रों के अध्ययन में जुट गए। पिता के साथ एक

बार फिर से धर्म और धार्मिक आचार-व्यवहार के बारे में अकसर बहस होने लगी। मतभेद बढ़ते चले गए और वे एक बार फिर घर से निकाल दिए गए। इस बार वे बनारस चले गए। इसी बीच 1796 में राममोहन के पिता रमाकान्त ने अपनी जायदाद का बँटवारा अपने तीन पुत्रों के बीच कर दिया। इस बँटवारे के अनुसार लांगुलपाड़ा का मकान जगमोहन और राममोहन के हिस्से में संयुक्त रूप से आया। इसके अलावा कलकत्ते की जायदाद का हिस्सा भी राममोहन के हिस्से में आया लेकिन इस बँटवारे ने राममोहन को अपने परिवार से करीब-करीब अलग-थलग कर दिया। जायदाद के झमेलों से भी राममोहन किसी हद तक तंग आ गए थे। वर्धमान के राजघराने के साथ इन जायदाद के मामले में पहले से ही कई मुकद्दमे चल रहे थे। यहाँ तक कि वर्धमान राज द्वारा दायर किए गए मुकद्दमे में रमाकान्त को अदायगी न कर सकने के आरोप में थोड़े समय के लिए जेल जाना पड़ा।[16] रमाकान्त और राममोहन के बीच गहरे मतभेद थे, क्योंकि राममोहन को जायदाद के बन्दोबस्त में अपने पिता और भाइयों के अपनाए रास्ते पसन्द नहीं थे। इसी सिलसिले में जगमोहन को भी सजा भुगतनी पड़ी। रमाकान्त जैसे-तैसे जेल से छूट आए लेकिन अब वे पूरी तरह टूट चुके थे। 1803 में रमाकान्त चल बसे। यहाँ एक बात विशेष उल्लेखनीय है कि रमाकान्त ने अपने बेटों से, विशेष कर राममोहन के साथ मतभेद होते हुए भी जायदाद के बँटवारे के प्रश्न पर कोई भेदभाव नहीं बरता।

राममोहन के सहयोगी विलियम एडम ने अपने संस्मरणों में, जो 1826 में प्रकाशित हुए, लिखा था कि पिता से मतभेद के कारण राममोहन को कोई दस या बारह वर्ष तक वाराणसी में जाकर रहना पड़ा। उनके जीवनीकार मिस कोलेट ने भी इसका हवाला दिया है।[17] लेकिन इतने लम्बे समय तक बनारस में ठहरने की बात कोई जँचती नहीं क्योंकि बाद की शोध सूचनाओं से जाहिर है कि 1796 में जब रमाकान्त की जायदाद का बँटवारा हुआ उसके ठीक नौ महीने बाद राममोहन अपनी दोनों पत्नियों को अपनी माँ तारिणी देवी के जिम्मे छोड़कर लांगुलपाड़ा से कलकत्ते चले गए। वहाँ उन्होंने साहूकारी का व्यापार आरम्भ कर दिया। ईस्ट इण्डिया कम्पनी के बड़े-बड़े अफसर उनके ग्राहकों में थे। इस धन्धे में उन्होंने काफी धन कमाया।[18] इसके अलावा इस काल में उन्होंने कम्पनी के कागजात और हुण्डियों में भी धन लगाने का व्यापार किया। 1799 में उन्होंने गोविन्दपुर और रामेश्वरपुर के कुछ तालुके खरीदे थे। इसके बाद ही कुछ समय के लिए राममोहन पटना और वाराणसी चले गए। अपने व्यापार और जायदाद की देखरेख वे अपने एक विश्वस्त मित्र राजीव लोचन राय के जिम्मे छोड़ गए थे। 1800 में उनके पहले पुत्र राधाप्रसाद का जन्म हुआ।[19] उत्तर भारत में राममोहन का निवास काल बहुत अधिक दिन नहीं रहा। राममोहन ने उत्तर भारत में चाहे जितने ही दिन बिताए हों, यह स्पष्ट है कि वाराणसी में उन्होंने हिन्दू धर्म और शास्त्रों के अध्ययन में समय लगाया। प्रमाणों के आधार

पर अब यह बात सामने आ गई है कि 1800 के आसपास राममोहन कलकत्ता लौट आए थे। 1801 में पहले-पहल उनकी मित्रता जॉन डिगबी से हुई जो बाद में उनके अन्तरंग मित्र और शुभचिन्तक बने। डिगबी उन दिनों फोर्ट विलियम कॉलेज में स्नातक थे। इन्हीं प्रमाणों के आधार पर यह भी ज्ञात होता है कि इन्हीं दिनों राममोहन का फोर्ट विलियम कॉलेज, जिसकी स्थापना सन् 1800 में हो चुकी थी, से गहरे सम्बन्ध स्थापित हो गए थे। सदर दीवानी अदालत के मुख्य क़ाज़ी और फोर्ट विलियम कॉलेज के पण्डित और मौलवियों से राममोहन का अच्छा खासा परिचय हो गया था, और सभा राममोहन की योग्यता और चरित्र के कायल थे।[20]

सन्दर्भ और टिप्पणियाँ

1. Collet : *The life and letters of Raja Rammohun Roy,* ed.by Biswas and Ganguli (3rd ed. 1962n) P.P. 496-498.
   सम्पादकीय टिप्पणी के अनुसार यह पत्र मि. सैण्डफोर्ड आर्नट ने पहले पहल 5 अक्टूबर 1833 में लन्दन एथेनेयम (Athenaeumn) पत्रिका में प्रकाशित किया था। कहा जाता है कि यह पत्र राममोहन ने अपनी पेरिस यात्रा से पूर्व, कलकत्ते में अपने एक मित्र मि. गार्डन को लिखा था। जॉन हेयर ने इस पत्र की प्रामाणिकता पर सन्देह प्रकट किया था। डा. लान्ट कार्पेन्टर और मेरी कार्पेन्टर इस पत्र को एक महत्त्वपूर्ण दस्तावेज मानते हैं। मिस कोलेट (राममोहन के जीवनीकार) के विचार से यह पत्र जाली है। मैक्समुलर ने अपनी पुस्तक में लिखा था, " Whether the Rajah wrote or dictated the whole of it may be doubted but to reject the whole as a fabrication would be going much too far." (Biographical Essays)
2. Dasgupta B.N. : *Life and times of Rajah Rammohun Roy,* Vol. l. P. 79.
   लेखक के अनुसार 1774 के पक्ष में भी पर्याप्त तर्क पेश किए जा सकते हैं जिनमें प्रिंस द्वारकानाथ ठाकुर द्वारा स्थापित राममोहन के समाधि प्रस्तर का आलेख प्रमुख है। द्वारकानाथ राममोहन के परम मित्र और अनुयायी थे। इसके अतिरिक्त रेवरेण्ड लान्ट कार्पेन्टर और अलेक्सेण्डर डफ ने भी 1774 का वर्ष माना है।
3. Collet : P. 2. 8. 12. मिस कोलेट के अनुसार ब्रजविनोद मुर्शिदाबाद के नवाब सिराजुद्दौला के दरबार में थे। लेकिन सम्पादकों ने इस तथ्य को गलत कहा है। सम्पादकों के अनुसार ब्रजविनोद राय सिराजुद्दौला के पूर्वज नवाब अलीवर्दी खाँ के दरबारी थे। उन्होंने दिल्ली के बादशाह आलम

द्वितीय की भी सेवा की थी जिसका जिक्र मुगल बादशाह अकबर द्वितीय के राममोहन को लिखे पत्र (1828) में था।

कुछ विद्वानों का मत है कि ब्रजविनोद ने नवाबों के यहाँ नौकरी नहीं की।

4. नगेन्द्रनाथ चट्टोपाध्याय : *महात्मा राजा राममोहन रायेर जीवन चरित,* पाँचवाँ सं. 1928, पृ. 7; मिस कोलेट ने भी राममोहन की जीवनी में इस घटना का वर्णन दिया है।
5. वही, पृ. 7-8.
6. वही, पृ. 9.
7. वही, पृ. 9 में लिखा है कि राममोहन ने अपने घर पर ही फ़ारसी शिक्षा प्राप्त की थी लेकिन उस भाषा में अधिक ज्ञान प्राप्त करने और अरबी भाषा की शिक्षा प्राप्त करने के लिए नौ वर्ष की उम्र में उनके पिता रमाकान्त राय ने उनको पटना भेज दिया। वहाँ कोई दो तीन वर्ष रहकर उन्होंने अरबी भाषा में युक्लिड और आरिस्टाटल के ग्रन्थों का अध्ययन किया। मिस कोलेट ने आगे लिखा है कि यहीं उनका कुरान से पहला परिचय हुआ (कोलेट, पृ. 5)। Iqbal Singh. *Rammohun Roy* पृ. 31 में लिखा है कि नौ-दस वर्ष के बालक से ऐसी आशा करना युक्तिपूर्ण नहीं कहा जाएगा।
8. वही, पृ. 10 पर लिखा है, "पटना में फ़ारसी और अरबी की शिक्षा समाप्त होने पर रमाकान्त राय ने उनको संस्कृत शास्त्र के अध्ययन के लिये बारह वर्ष की उम्र में काशी भेज दिया। यहाँ उन्होंने थोड़े ही समय में प्राचीन वैदिक शास्त्रों का आश्चर्यजनक तरीके से शीघ्र ही ज्ञान प्राप्त किया।
9. बागची, पृ. 36.
10. Collet: पृ. 7.
11. चट्टोपाध्यायः पृ. 10.
12. Carpentar, Lant : *'Review of the Labours, opinions and character of Ram Mohun Roy'* 1833 पृ. 101-102.
13. चट्टोपाध्याय : पृ. 11. लेखक ने कुमारी कार्पेन्टर को उद्धृत करके लिखा है, "राममोहन राय का कोमल और भावुक हृदय, चालीस वर्ष बाद भी अत्यन्त आग्रह के साथ उन घटनाओं का स्मरण करता था। उन्होंने स्वयं कहा था कि तिब्बत की नारियों के स्नेहपूर्ण व्यवहार के लिए वे हमेशा नारी जाति के प्रति श्रद्धा और कृतज्ञता अनुभव करते हैं।"
14. Collet : पृ. 7-8 डा. कार्पेन्टर को उद्धृत करते हुए लिखा है,

   "With out disputing the authority of his father, he often sought from him information as to the reason of his faith; he obtained no safisfaction; and he at last determined at the early age of 15, to leave the parental home, and sojouran for a time in Tibet, that he might see another form of religious faith....."

15. Collet : पृ. 13 में सम्पादकीय टिप्पणी में जोड़ा गया है " In the Arabic preface to his persian tract *Tuhfatul Mawahhidin* Rammohun makes a further reference to his early travels in the following words" I travelled in the remotest parts of the world, in plains as well as in hilly lands...."
16. Iqbal Singh : *Rammohun Roy* (1982" ed.) पृ. 28.
17. Collet : पृ. 8.
18. Collet : पृ. 14. सम्पादकों ने अपनी टिप्पणी में लिखा है कि राममोहन ने कलकत्ते में साहूकारी का धन्धा आरम्भ किया..... और कम्पनी की हुण्डियों में धन लगा रहे थे। (Chanda and Majumdar : *Letters and documents,* pp. 136,184.) 1799 में राममोहन ने गोविन्दपुर और रामेश्वरपुर नाम के दो ताल्लुक खरीदे थे जिनसे उनको सालाना साढ़े पाँच हजार रुपये की आमदनी होने लगी थी।
19. Collet : पृ. 15. सम्पादकीय टिप्पणी में लिखा है कि विश्वास किया जाता है कि राधाप्रसाद का जन्म जुलाई 1800 में हुआ। इस तिथि के बारे में भी कुछ मतान्तर हैं।
20. Collet : पृ. 15. सम्पादकीय टिप्पणी देखें।

•

अध्याय 3

उद्योग-पर्व : कम्पनी की नौकरी

मार्च 1803 में हम राममोहन को टॉमस वुडफोर्ड जो ढाका-जलालपुर (बांग्ला देश) के कलक्टर थे, के अधीन दीवान या ख़ास मुंशी के पद पर काम करते हुए पाते हैं। राममोहन के साथ वुडफोर्ड का परिचय कलकत्ते से ही था। शोध सूचनाओं के आधार पर स्पष्ट है कि 1795-97 तक अपनी जायदाद के प्रशासन में लगे रहे। 1797-98 में वे अकसर साहूकारी के काम के लिए कलकत्ता जाया करते थे। इस समय वे वाराणसी में संस्कृत शास्त्रों के अध्ययन के लिए चले गए। सम्भवतः वे 1801 के आसपास बनारस से लौट आए थे। लगता है इसी समय राममोहन का कलकत्ते में डिगबी साहब से परिचय हुआ, और यहीं वुडफोर्ड साहब से भी परिचय हुआ। कहा जाता है कि उन्होंने वुडफोर्ड साहब को पाँच हजार रुपये का कर्ज दिया था।[1] बाद में वुडफोर्ड जब (ढाका-जलालपुर में) कलक्टर बने तो राममोहन को अपने साथ कचहरी के 'खास मुंशी' के रूप में नियुक्त किया। लेकिन अभी नौकरी करते हुए राममोहन को सिर्फ दो ही महीने हुए थे कि वर्धमान से उनके पिता रमाकान्त की कठिन बीमारी का समाचार आ पहुँचा। नौकरी से त्यागपत्र देकर राममोहन सीधे पिता की मृत्युशय्या के पास पहुँचे।[2] सन्तोष की बात थी कि पिता-पुत्र में मतभेद होते हुए भी राममोहन अन्तिम समय में वहाँ उपस्थित हो सके। रमाकान्त की मृत्यु 1803 में हो गई। यहाँ पर एक घटना का उल्लेख करना आवश्यक है। पिता की मृत्यु के बाद श्राद्धादि कार्यक्रमों में राममोहन अपने धार्मिक विचारों के अनुरूप, सम्मिलित नहीं हुए। उनके भाई जगमोहन उस समय जायदाद के मुकद्दमे में हारकर जेल की हवा खा रहे थे। सौतेले भाई रामलोचन ने श्राद्ध संस्कार पूरे किए। कहा जाता है कि राममोहन ने बाद में कलकत्ता जाकर अपने वैदिक शास्त्रीय विचारों के अनुसार अलग से श्राद्धसंस्कार सम्पन्न किए।[3]

पहले ही बताया गया है कि रमाकान्त ने अपनी जायदाद का बँटवारा अपनी मृत्यु से पहले ही कर दिया था। राममोहन को भी उनके हिस्से से वंचित नहीं किया

गया था लेकिन माता-पिता के रूढ़िवादी विचारों के विरोधी होने के कारण उन्होंने उस जायदाद पर लगभग बीस वर्ष तक अपना अधिकार नहीं जताया। उनकी माता फूलठाकुरानी जब तक जीवित रहीं पूरी जायदाद की संरक्षिका बनी रहीं।[4] वस्तुतः जब राममोहन ने मूर्तिपूजा के विरुद्ध खुले रूप से 'जिहाद' की घोषणा की तो उनकी माता उनसे इतनी दुखी हुईं कि उन्हें विधर्मी करार देकर जायदाद के अधिकार से वंचित करने के लिए उनके खिलाफ मुकद्दमा ठोक दिया। वर्षों मुकद्दमा चलता रहा लेकिन उनके विधर्मी होने का आरोप किसी भी अदालत में प्रमाणित नहीं हो सका। राममोहन यदि स्वार्थी होते तो जायदाद के खातिर अपनी माता से समझौता कर लेते। लेकिन उन्होंने ऐसा नहीं किया और जायदाद उनकी माँ के संरक्षण में रही। यहाँ पर यह बताना भी आवश्यक है कि अपने वाराणसी के प्रवास के दौरान आर्थिक कठिनाइयों के बावजूद उन्होंने अपने पिता से सहायता नहीं माँगी।

उसी वर्ष 1803 अगस्त में टामस वुडफोर्ड, जिनके खास मुंशी के रूप में राममोहन कुछ महीने काम कर चुके थे, की बदली, मुर्शिदाबाद की अदालत में हो गई। जो हेस्टिंग्स के जमाने तक बंगाल की राजधानी मानी जाती थी।

राममोहन एक बार फिर उनके निजी मुंशी नियुक्त हुए लेकिन इस बार भी वे अधिक दिनों तक इस नौकरी में रह न सके। वुडफोर्ड साहब का स्वास्थ्य ठीक नहीं चल रहा था। वे अकसर बीमार पड़ने लगे। 1805 की गर्मियों में वे लम्बे अवकाश पर स्वदेश लौट गए। इस प्रकार राममोहन का मुर्शिदाबाद प्रवास एक तरह से समाप्त हो गया लेकिन मुर्शिदाबाद में राममोहन का निवास एक विशेष घटना के कारण महत्त्वपूर्ण बन गया।

पिता की मृत्यु के उपरान्त राममोहन खुलकर अपने विचारों को प्रचारित करने के लिए आगे आए। यहीं 1804 में उनकी पहली पुस्तिका *"तुहफात-उल-मुवाहिद्दीन"*— एकेश्वरवादियों के लिए तोहफ़ा, का प्रकाशन हुआ। पुस्तिका फ़ारसी भाषा में थी; जो उस समय की राजभाषा या बुद्धिजीवियों की भाषा थी। भूमिका अरबी भाषा में थी। यह पुस्तिका मूर्तिपूजा और धार्मिक अन्धविश्वासों के विरुद्ध युद्ध घोषणा थी। इसमें उन्होंने प्रतिपादित किया कि सारे धर्मों का आधार एक ईश्वर है। वही इस विश्व का निर्माता और रक्षक है वही सत्य है। बाकी सारे धार्मिक संस्कार, लोकाचार और अन्धविश्वास सच्चे धर्म से दूर हैं। राममोहन के फ़ारसी-अरबी शिक्षा और पटना के इस्लामी शिक्षा का प्रभाव इस पुस्तिका में पूरी तरह देखा जा सकता है। कुछ 'असंगतियों के होते हुए भी पुस्तक में राममोहन की उभरती हुई विचार-धारा के मूल तत्त्वों का प्रकाश बखूबी हुआ है। इस पुस्तक का महत्त्व इस बात से है कि यह उनकी पहली प्रकाशित पुस्तक थी और उसमें आगे चलकर विकसित विचार धारा के अंकुर देखे जा सकते हैं। इस पुस्तक की भूमिका में उन्होंने एक और पुस्तक का जिक्र किया है जिसका शीर्षक था *'मनाजरात्-उल आदियान'* अर्थात् 'विविध धर्मों पर विचार'।

विद्वानों का विचार है कि शायद यह पुस्तक कुछ दिनों पहले लिखी गई थी। यह खेद का विषय है कि इस पुस्तक की कोई भी प्रति आज तक नहीं मिल सकी। शोधकर्त्ताओं की कोशिशें अभी तक सफल नहीं हो सकी हैं। यह पुस्तक कभी प्रकाशित हुई हो इन बारे में विद्वानों को सन्देह है। इसी से *"तुहफात-उल-मुवाहिद्दीन"* को ही उनकी पहली प्रकाशित पुस्तक समझना चाहिए।[5] यद्यपि उनके प्रमुख जीवनीकार मिस कोलेट ने इस पुस्तक को प्रौढ़ कृति नहीं माना है, लेकिन डॉ. ब्रजेन्द्रनाथ शील और काजी अब्दुल वहदू जैसे विद्वानों ने इस पुस्तक को राममोहन के विचारधारा की नींव माना है। इस पुस्तक में कोई धार्मिक प्रचार नहीं, वस्तुतः इसमें धार्मिक पाखण्डों के विरोध में बुद्धिवाद और एकेश्वरवाद का विवेचन प्रस्तुत किया गया है। राममोहन ने स्वयं लिखा है कि उन्होंने इस पुस्तक को स्वयं छपवाकर प्रकाशित किया। वस्तुतः इसमें इस्लाम के सूफी सम्प्रदाय के विचारों और भावनाओं का सम्यक् समावेश पाया जाता है। सूफ़ी सन्तों और कवियों में सादी, रूमी और हाफ़िज़ के मानवतावाद से राममोहन बहुत ही प्रभावित थे।

राममोहन ने अरबी और फ़ारसी भाषा में कितनी पुस्तकों की रचना की, इस बारे में शोधकर्ताओं में मतभेद पाया जाता है। कुछ विद्वानों का मत है कि राममोहन ने शायद *"तुहफात"* और *"मनाजरात्-उल-आदियान्"* के अतिरिक्त एक और पुस्तक फ़ारसी में लिखी थी जिसका हवाला उन्होंने *"अपील टू द क्रिश्चियन पब्लिक"* (1820) की भूमिका में दिया है। एक और पुस्तिका जो प्रकाश में आई है वह *"जवाब-इ-तुहफात उल मुवाहिद्दीन"* जो किसी अज्ञातनाम से प्रकाशित हुई थी। शीर्षक के विवरण में कहा गया है। **(an anonymous defence of Rammohun Roy's *Tuhfat-ul-Muwahhidin--against attack of Zoroastians*")** अनुमान है कि पुस्तक 1820 के लगभग कलकत्ते में प्रकाशित हुई थी और इसके लेखक राममोहन ही थे।[6]

राममोहन वुडफोर्ड के सहकारी के रूप में कार्य करते हुए अधिक दिनों तक मुर्शिदाबाद नहीं रह पाए। बात यों हुई कि 1805 के अगस्त में वुडफोर्ड बीमार पड़ गए और वे छुट्टी लेकर स्वदेश चले गए। राममोहन को फिर से नौकरी ढूँढ़ने की कोशिश करनी पड़ी। उन्हीं दिनों उनके पुराने मित्र डिगबी साहब जिनसे राममोहन का परिचय कलकत्ते में हो चुका था, रामगढ़, जो उन दिनों हज़ारीबाग ज़िले का सदर मुक़ाम था, वे मजिस्ट्रेट के पद पर आसीन थे। राममोहन को उन्होंने अपने निजी मुंशी के पद पर ले लिया। राममोहन के साथ डिगबी का यह परिचय उनके अधीन काम करते हुए, गहरी मित्रता में बदल गया था। इसके बाद के कोई दस वर्ष राममोहन का डिगबी के साथ निकट का सम्बन्ध बना रहा। डिगबी के साथ-साथ वे रामगढ़ से जसौर, वहाँ से भागलपुर और फिर वापस जसौर आए और अन्त में 1809 में रंगपुर आए। यहाँ डिगबी कलक्टर पद पर

पदोन्नत होकर आए। डिगबी के साथ राममोहन का यह निकट का सम्पर्क राममोहन के जीवन और विचारों के गठन में काफी महत्त्वपूर्ण स्थान रखता है। राममोहन के डिगबी के साथ का सम्पर्क वस्तुतः कुछ असाधारण था। राममोहन के बारे में लिखते हुए मोण्टगोमरी मार्टिन ने कोर्ट जर्नल में लिखा था कि राममोहन ने डिगबी के अधीन काम लेते समय शर्त रखी थी, कि वे दूसरे कर्मचारियों की तरह 'साहब' के सामने पेश होते समय खड़े नहीं रहेंगे जैसा कि उन दिनों नियम था।[7] इस तथ्य की प्रामाणिकता के बारे में कुछ कहना सम्भव नहीं लेकिन इतना प्रमाणित है कि डिगबी ने राममोहन के साथ अधीनस्थ कर्मचारी के रूप में कभी व्यवहार नहीं किया। वे हमेशा उनको एक परम मित्र का सम्मान देते थे। लगता है, डिगबी स्वयं एक दूरंदेशी और संवेदनशील व्यक्ति थे और उनको राममोहन की प्रतिभा और योग्यता को पहचानने में देर नहीं लगी। इसी से वे राममोहन को बराबरी का स्थान देने में नहीं हिचकिचाए। यह मित्रता बाद में फलप्रद सिद्ध हुई। कुछ विद्वानों के अनुसार वस्तुतः राममोहन को खोज निकालने का श्रेय डिगबी को ही जाता है जिन्होंने राममोहन को हमेशा उत्साहित किया और पश्चिम जगत् के विचार, दर्शन और बुद्धिवाद से राममोहन का परिचय कराया।

सन् 1805 में राममोहन ने डिगबी के अधीन नौकरी आरम्भ की थी, और डिगबी के साथ-साथ हजारीबाग जिले के रामगढ़, भागलपुर, जसौर और बाद में रंगपुर में रहे।[8] जसौर और रंगपुर आजकल बांग्लादेश के जिले हैं। डिगबी रामगढ़ में मजिस्ट्रेट के दफ्तर में रजिस्ट्रार थे और राममोहन उनके निजी मुंशी। यही पहले पहल राममोहन ने ईस्ट इण्डिया कम्पनी की नौकरी की। यहाँ कोई तीन महीने के लिए फौजदारी अदालत में 'शेरिस्तेदार' के पद पर काम किया। डिगबी ने इस समय थोड़े समय के लिए मजिस्ट्रेट के पद पर भी काम किया।[9] जसौर और भागलपुर में राममोहन कम्पनी की नौकरी नहीं बल्कि डिगबी साहब के निजी मुंशी के रूप में काम करते रहे। भागलपुर (1909) के जमाने की एक घटना मशहूर है।[10] सर फ्रेडरिक हेमिल्टन भागलपुर के कलक्टर थे। एक दिन राममोहन पालकी पर चढ़कर गंगा के घाट से शहर की ओर जा रहे थे। इधर हेमिल्टन साहब अपने घोड़े पर सैर को निकले थे। हो न हो वे उधर से गुजरे। जो देशी बाबू पालकी पर जा रहे थे वे साहब को देखकर उतरकर खड़े नहीं हुए। यही उस समय राजा-प्रजा का सम्बन्ध था। कलक्टर साहब आगबबूला हो गए। उन्होंने पालकी रुकवा दी और राममोहन को बुरा भला कहना आरम्भ कर दिया। राममोहन ने कुछ समझाने की कोशिश भी की लेकिन साहब का गुस्सा कैसे ठण्डा हो। राममोहन ने जब देखा कि समझाना व्यर्थ है तो वे हेमिल्टन साहब के सामने ही पालकी पर सवार होकर चल दिए। कलक्टर साहब तिलमिलाकर

रह गए। राममोहन भला इस अपमान को कैसे बरदाश्त करते। उन्होंने 12 अप्रैल 1809 को हेमिल्टन के व्यवहार के विरोध में, उस समय भारत के तत्कालीन गवर्नर जनरल लार्ड मिण्टो के पास एक लम्बी याचिका भेज दी। शायद यही उनकी पहली अँगरेज़ी रचना थी। इस अपील का नतीजा यह हुआ कि कलक्टर साहब को फटकार पड़ी, लेकिन कलकत्ते का अँगरेज़ा अमला राममोहन से नाराज हो गया। अँगरेज़ा शासकों का एक वर्ग जो भविष्य में भी राममोहन का विरोधी रहा, इसके पीछे भागलपुर वाली घटना की छाया अवश्य रही है। यह घटना राममोहन के साहस और स्वाभिमान की परिचायक थी, जो हम उनके आगे आने वाले जीवन-चरित्र में अकसर पाते हैं। याचिका लार्ड मिण्टो को सम्मान दिखाते हुए और मानव अधिकारों और सम्मान का संरक्षक कहते हुए, ब्रिटिश क़ानून की निरपेक्षता और न्यायप्रियता की दुहाई देकर प्रशंसात्मक वाक्यों से आरम्भ होती है। इसके पश्चात् उन्हें जिन परिस्थितियों में सर हेमिल्टन के हाथों अपमानित होना पड़ा उसका विवरण है। पत्र लम्बा है। कुछ प्रासंगिक अंशों का अनुवाद उद्धृत है।[11]

> ..."पिछली एक जनवरी को आपका आवेदक, जिसने भागलपुर में एक मकान किराये पर ले रखा है, नदी के घाट पर पहुँचा। शाम के कोई चार बजे जब आवेदक पालकी में चढ़कर घर की ओर जा रहा था तो सड़क के बाईं ओर कुछ ईंटों के ढेर पर सर फ्रेडरिक हेमिल्टन खड़े थे। पालकी का दरवाजा धूल से बचने के लिए बन्द था इसी से आवेदक ने महाशय को नहीं देखा और पालकी के आगे चल रहे चपरासी ने भी इस ओर ध्यान नहीं दिया और न ही आवेदक को सचेत किया। यह अनुमान लगाना कठिन था कि ईंटों के ढेर पर जिला के कलक्टर महोदय खड़े हैं।
>
> "ज्यों ही आवेदक की पालकी गुजरी सर फ्रेडरिक हेमिल्टन ने बार-बार चिल्लाकर मुझे पालकी से उतरने को कहा और साथ ही जिस अकथ्य भाषा में गाली-गलौज करना आरम्भ कर दिया उसका शब्दों में विवरण देना आपकी तौहीन करना होगा। एक नौकर ने, जो पालकी के पीछे चल रहा था, सर फ्रेडरिक हेमिल्टन को बताने की कोशिश की कि आवेदक का गुज़रते हुए उनकी ओर ध्यान नहीं गया, लेकिन महाशय बराबर गालियाँ बके जा रहे थे। जब पालकी, जहाँ सर फ्रेडरिक हेमिल्टन खड़े थे, वहाँ से कोई तीन सौ गज दूर निकल गई, तो वे अपना घोड़ा दौड़ाकर पालकी के सामने आ गए। आवेदक को उस समय पहले पहल मालूम हुआ कि जो महाशय घोड़े पर सवार होकर पालकी के सामने पधारे हैं, जिला कलक्टर हैं और उनके सम्मान में कुछ औपचारिक सम्मान-सूचक प्रदर्शन आवश्यक है।

"सम्मान दिखाते हुए आवेदक ने पालकी से उतरकर सर फ्रेडरिक हेमिल्टन को सलाम दिया और बताया कि अनिच्छापूर्वक अनादर दिखाने का कारण केवल यह था कि उन्होंने महाशय को देखा नहीं था (क्योंकि पालकी के दरवाजे बन्द थे) आवेदक ने साथ ही यह भी कहा कि पालकी का दरवाजा खुला भी होता तो भी कोई उनके जिला कलक्टर होने का अनुमान भला कैसे लगा सकता था...."

"बहस के दौरान हेमिल्टन साहब की नाराजगी को दूर करने, और क्षमा माँगने के बावजूद, महाशय ने गाली-गलौज जारी रखी।...आवेदक के इस अपमान की खबर सारे शहर में फैल गई..महामहिम अपने मानवीय गुणों और प्रबुद्ध ज्ञान के आधार पर आसानी से समझ सकेंगे कि किसी देशी प्रतिष्ठित सज्जन को इस प्रकार खुलेआम बेइज्जत होने पर कैसी यातना सहनी पड़ी होगी। यह बेइज्जती, एक अँगरेज महोदय द्वारा जो सरकारी अधिकारी हैं और उनके नाराजगी का चाहे जो भी कारण रहा हो, इस प्रकार का दुर्व्यवहार बेलगाम स्वेच्छाचार ही कहा जाएगा।"

पत्र में आगे अपनी पारिवारिक प्रतिष्ठा और पद का हवाला देते हुए उन्होंने लिखा था कि गवर्नर जनरल इस अनादर और अपमान सूचक दुर्व्यवहार के लिए सर फ्रेडरिक हेमिल्टन की निन्दा करेंगे और उचित व्यवस्था करेंगे।

इस आवेदन पत्र ने लार्ड मिन्टो और कलकत्ता के फोर्ट विलियम के अधिकारियों पर पर्याप्त प्रभाव डाला होगा क्योंकि लार्ड मिन्टो ने तत्काल अपने न्यायिक सचिव को भागलपुर के मजिस्ट्रेट से घटना की रिपोर्ट माँगने को कहा। 20 मई 1809 को मजिस्ट्रेट साहब ने मामले की रिपोर्ट भेजी, जिसके साथ सर हेमिल्टन साहब की सफाई का बयान भी संलग्न था। बयान में राममोहन राय को अपमानित या गाली-गलौज करने की बात से पूरी तरह इनकार किया गया। हेमिल्टन साहब के 'सच्चे और सही' बयान में कुछ ऐसे आरोप थे जो जाँच करने पर झूठे निकले। नतीजा यह हुआ कि घटना के बारे में हेमिल्टन साहब का बयान अधिकारियों का विश्वास प्राप्त न कर सका। इसी से 12 जून 1809 के पत्र में न्यायिक सचिव ने भागलपुर के मजिस्ट्रेट को लिखा कि वे आशा करते हैं कि सर फ्रेडरिक हेमिल्टन को आगाह किया जाएगा कि भविष्य में वे देशी लोगों के साथ वाद-विवाद में नहीं फँसेंगे।

डिगबी साहब कलक्टर के पद पर नियुक्त होकर रंगपुर चले आए तो उनके साथ राममोहन भी अक्टूबर 1809 को चले आए। डिगबी रंगपुर में 20 जुलाई 1814 तक रहे।[12] रंगपुर के कलक्टर बनने के बाद ही सम्भवतः नवम्बर 1809 में उन्होंने राममोहन को दीवान के पद पर नियुक्त किया। पद अस्थायी था क्योंकि कलकत्ता के 'बोर्ड ऑफ रेवेन्यू' ने नियुक्ति का अनुमोदन नहीं किया। कुछ विद्वानों के अनुसार

राममोहन ईस्ट इण्डिया कम्पनी के नहीं बल्कि डिगबी के निजी दीवान के रूप में कार्य करते रहे। वस्तुतः राममोहन की नियुक्ति का अनुमोदन पाने के लिए डिगबी साहब ने बड़ी कोशिश की थी लेकिन इसके बावजूद अनुमोदन न मिल सका। बाद की खोजों के आधार पर यह स्पष्ट है कि भागलपुर वाली घटना इसके पीछे थी। डिगबी और कलकत्ते में कम्पनी के डाइरेक्टरों के बीच का पत्र व्यवहार और दूसरे दस्तावेज़ों का जो विवरण उपलब्ध है, वह इस का प्रमाण है। इसके बाद डिगबी जब तक रहे उनके साथ राममोहन उनके निजी दीवान के रूप में नियुक्त रहे।[13] उपलब्ध विवरणों के आधार पर ज्ञात होता है कि राममोहन ने जीवन में केवल दो बार थोड़े समय के लिए कम्पनी की नौकरी की। बाकी समय वे डिगबी साहब के निजी दीवान के रूप में रहे। डिगबी जिस समय जसौर में थे उन दिनों राममोहन उनके खास फ़ारसी-मुंशी थे, इस बात का उल्लेख डिगबी साहब के एक पत्र में पाया जाता है। देशी लोगों के साथ कामकाज़ में सुविधा होने के कारण उस जमाने में अकसर अँगरेज अधिकारी बंगाली 'बाबू' नियुक्त करते थे, जिन्हें दीवान कहा जाता था। राममोहन भी 'डिगबी का दीवान' के रूप में परिचित थे।

रंगपुर में राममोहन ने कोई पाँच या छह वर्ष बिताए थे। यद्यपि उनका मुख्य समय डिगबी साहब की दीवानी में बीत्ता फिर भी इस दौरान उन्होंने अँगरेज़ी भाषा की शिक्षा के अलावा यूरोपीय इतिहास, विज्ञान, दर्शन शास्त्र का गहरा अध्ययन किया। डिगबी साहब, जिनके साथ उनका दोस्ताना रिश्ता बन गया था, उनकी इस मामले में काफी मदद की। डिगबी ने राममोहन के वेदान्त सार के अँगरेज़ी अनुवाद, जिसका प्रकाशन लन्दन से हुआ था, की भूमिका में लिखा है : उन्होंने बाईस वर्ष की आयु में सबसे पहले अँगरेज़ी पढ़ना आरम्भ किया था। लेकिन ध्यान लगाकर न पढ़ने के कारण, पाँच वर्ष बाद जब मेरे साथ परिचय हुआ उस समय वे मुश्किल से अँगरेज़ी बोल पाते थे। लेकिन शुद्ध अँगरेज़ी लिख नहीं पाते थे। लेकिन बाद में मेरे अँगरेज़ी पत्र-व्यवहार और यूरोपीय पत्र-पत्रिकाएँ पढ़ते-पढ़ते, और यूरोपीय लोगों से पत्र-व्यवहार करते हुए और बातचीत के द्वारा वे अँगरेज़ी में पारंगत हो गए। उसी भूमिका में उन्होंने लिखा है कि राममोहन यूरोपीय अख़बारों के शौकीन थे और फ्रांस आदि देशों की राजनीतिक घटनाओं के बारे में काफी दिलचस्पी लेते थे।[14]

रंगपुर के जमाने में नौकरी के अलावा वे अपने जीवन के प्रमुख उद्देश्य को भूले नहीं थे। उनके घर में अकसर शाम को धर्म विषयक आलोचना की बैठक हुआ करती। यहाँ भी वे मूर्तिपूजा के विरुद्ध और ब्रह्मज्ञान की आवश्यकता पर अपने विचारों का प्रचार करते। अभिजात वर्ग के बहुत से पढ़े-लिखे और सम्पन्न लोग इन बैठकों में शामिल होते थे। यहाँ तक कि कुछ मारवाड़ी और जैन धर्म

अनुयायी लोग भी आने लगे थे। इस तथ्य को भी मान लेने में आपत्ति नहीं है कि जैनियों के संसर्ग में आकर उन्होंने जैन धर्म के 'कल्पसूत्र' आदि से परिचय प्राप्त किया होगा। यहाँ भी उनके विरोधी खड़े हो गए। कुछ धार्मिक विषयों पर बहस और विवाद भी चले। इसी दौरान राममोहन विशिष्ट तान्त्रिक सन्त और अवधूत श्री हरिहरानन्द तीर्थस्वामी के निकट सम्पर्क में आए। कहा जाता है हिन्दू शास्त्रों के समझने, एकेश्वरवाद और ब्रह्मवाद के विवेचन में राममोहन की दीक्षा वस्तुतः हरिहरानन्द के द्वारा हुई। हरिहरानन्द से राममोहन का परिचय बचपन से ही था तब वे अवधूत नहीं बने थे। लेकिन रंगपुर में अवधूत हरिहरानन्द ने राममोहन के धार्मिक विचारों को सँजोने में भारी सहायता की। यहाँ तक कि जब राममोहन कलकत्ता आकर बस गए तो उन्होंने हरिहरानन्द को काशी से अपने पास बुलवा लिया।

हरिहरानन्द वामचारी तान्त्रिक संन्यासी थे। 'महानिर्वाण तन्त्र' के अनुसार ब्रह्मोपासना करते थे और अकसर राममोहन से शास्त्रार्थ में लगे रहते। इन्हीं हरिहरानन्द के छोटे भाई रामचन्द्र विद्यावागीश राममोहन के धार्मिक विचारों के प्रथम अनुयायी थे। जो बाद में ब्रह्म-समाज के प्रथम आचार्य के पद पर नियुक्त हुए थे। रंगपुर काल की एक और महत्त्वपूर्ण घटना थी, सरकारी दूत के रूप में उनकी भूटान की यात्रा। उन दिनों भूटान और कूचबिहार के बीच सीमा सम्बन्धी झगड़े काफ़ी दिनों से चले आ रहे थे। इधर ब्रिटिश सरकार नेपाल युद्ध में व्यस्त थी। इस समय सीमा पर शान्ति कायम रखना आवश्यक था। इसी कारण डिगबी के बाद रंगपुर के नए कलक्टर स्कॉट साहब ने राममोहन की सेवाएँ प्राप्त की। दस्तावेजों के आधार पर स्पष्ट है कि राममोहन को एक और भारतीय अफसर कृष्णकान्त बसु के साथ भूटान भेजा गया। राममोहन की योग्यता और ईमानदारी पर ब्रिटिश प्रशासन को इतना विश्वास था कि राममोहन को सीमा सम्बन्धी झगड़ों के निबटारे के लिए भूटान भेजा गया। उन्होंने भूटान की राजधानी पुनाख की यात्रा की। दस्तावेजों के आधार पर स्पष्ट है कि उनके साथ एक सहयोगी कृष्णकान्त वसु ही थे। भूटान सरकार का भी राममोहन पर पूरा विश्वास था जैसा कि भूटान के सरकारी दस्तावेजों से प्रमाणित होता है। एक पत्र में (पत्र संख्या 140 में) भूटान सरकार ने मि. स्कॉट को लिखा था कि यदि वे स्वयं न आ सकें तो राममोहन राय को भूटान भिजवाने की व्यवस्था करें। भूटान के राजा ने 12 नवम्बर 1815 को एक पत्र में, जो उन्होंने रंगपुर के मजिस्ट्रेट के नाम लिखा था राममोहन के कार्य की प्रशंसा की थी। यदि उनके तिब्बती यात्रा की कथा सही मानी जाए तो उस क्षेत्र में उनकी यह दूसरी यात्रा थी। उन दिनों भूटान की यात्रा बहुत ही बीहड़ जंगलों और खतरनाक पहाड़ों से होकर थी। भूटान मिशन की सफलता से शायद राममोहन के, भविष्य में किए गए ऐसे ही

राजनैतिक कार्यभार लेने का इशारा मिलता है। यह घटना 1814 के अन्तिम दिनों और 1815 के शुरू की है।[15] इस रंगपुर प्रवास के दौरान ही राममोहन ने पहले-पहल वेदान्त का बांग्ला और अँगरेज़ी अनुवाद आरम्भ किया था।

इसी दौरान उनके पारिवारिक जीवन में एक दो महत्त्वपूर्ण घटनाएँ घटी-जिनका वर्णन आवश्यक है। 1812 में राममोहन के बड़े भाई जगमोहन की मृत्यु हो गई। जगमोहन की तीन पत्नियों में एक राममोहन की विधवा भाभी अपने पति की चिता पर सती हो गई।[16] कहा जाता है कि राममोहन ने अपनी भाभी को समझाने की बहुत कोशिश की लेकिन सफल नहीं हुए। रूढ़िवादी समाज का दबाव भी जारी था। नतीजा यह हुआ कि जब चिता की आग धू-धू करके जल उठी तो उस बेचारी औरत ने चिता से निकलने की जी तोड़ कोशिश की। लाख चीखी चिल्लाई लेकिन नगाड़े और ढोल की आवाजों के बीच उसकी चीख दब गई। दूसरी ओर नाते-रिश्तेदार और पुरोहित बाँस के डंडों से उस देवी का शरीर दबाये हुए थे कि चिता से उठ न सके। यह था एक धार्मिक कृत्य! ऐसी नृशंसता के साथ वह जिन्दा जला दी गई। यह सब कुछ हुआ धर्म के नाम पर। राममोहन ने खड़े-खड़े सारा दृश्य देखा। उनका हृदय इस निर्ममता पर हाहाकार कर उठा। एक निरपराध स्त्री की रक्षा करने में वे अपने को असहाय पा रहे थे। उसी दिन उन्होंने प्रतिज्ञा की कि इस भयंकर और नृशंस निर्मम प्रथा को खत्म जरूर करेंगे।[17] इस घटना का विवरण राममोहन के एक और जीवनीकार नगेन्द्रनाथ चट्टोपाध्याय की पुस्तक में है—राजनारायण ने अपने पिता नन्दकिशोर वसु, जो राममोहन के निकटतम भक्तों में से थे इस घटना को सुना था। कुछ विद्वानों ने इस घटना की सच्चाई पर सन्देह किया है क्योंकि उनका मत है कि राममोहन अपने बड़े भाई की मृत्यु के समय घर से दूर रंगपुर में थे।[18] राममोहन ने अपनी प्रतिज्ञा पूरी की। उन्हीं के आन्दोलन का नतीजा यह हुआ कि इस घटना के कोई 17 वर्ष बाद, 4 दिसम्बर 1829 में सतीप्रथा का अन्त एक सरकारी अध्यादेश के द्वारा करा दिया गया।

रंगपुर काल के दौरान राममोहन ने नौकरी और साहूकारी के द्वारा काफी धन और जायदाद जमाकर लिया था। इस समय वे रंगपुर और कलकत्ता दोनों जगह अपना व्यापार चलाते थे। रंगपुर में उनके व्यापार की देखभाल भवानी घोष नामक एक व्यक्ति करते थे और कलकत्ते का व्यापार गोपीमोहन चट्टोपाध्याय के जिम्मे था। कहा जाता है कि रंगपुर छोड़कर जब राममोहन कलकत्ते में स्थायी तौर पर बस गए तब भी उनका साहूकारी व्यापार चलता रहा। इन थोड़े से वर्षों में तीन जमींदारी जायदाद (तालुक) खरीदे थे। पहला बीरलूक दूसरा कृष्णनगर जहानाबाद परगने में, और तीसरी जायदाद थी श्रीरामपुर भूरसूट परगने में।[19]

थोड़े से काल में इतनी जायदाद और धन-दौलत जमा करने के कारण कई लोगों

ने इस आर्थिक उन्नति के पीछे अनुचित उपाय का लांछन लगाने की भी कोशिश की थी लेकिन ब्रजेन्द्रनाथ वन्द्योपाध्याय के अनुसार सरकारी नौकरी के माध्यम से आय भला कितनी हो सकती थी। उन्होंने केवल दो वर्ष के करीब सरकारी नौकरी की थी। बाकी समय वे डिगबी साहब के निजी मुंशी रहे थे। वस्तुतः उनकी समृद्धि के पीछे साहूकारी और कम्पनी की हुण्डियों का व्यापार था।[20]

इस प्रकार जब राममोहन दिनो-दिन आर्थिक समृद्धि की ओर बढ़ रहे थे उन्हीं दिनों लांगुलपाड़ा में उनके परिवार के दूसरे लोग आर्थिक संकट से गुजरते हुए गरीबी की स्थिति में पहुँच गए थे। 1804 में जब राममोहन मुर्शिदाबाद में थे उस समय उनके बड़े भाई जगमोहन जायदाद के मामले में मिदनापुर की दीवानी जेल की हवा खा रहे थे। सरकारी खजाने में रुपए जमाकर छूटने के लिए उन्होंने राममोहन से एक हजार रुपये कर्ज लिया था। किश्तों में पूरी रकम चुकाने का वादा करके जेल से छूट कर आए। राममोहन की रकम जगमोहन चुका नहीं पाए। 1812 में उनकी मृत्यु हो गई। जगमोहन के नाबालिग पुत्र गोविन्द प्रसाद, अपने पिता की मृत्यु के बाद उनकी सम्पत्ति के उत्तराधिकारी बने। इसी बीच 1809-10 में राममोहन के सबसे छोटे भाई रामलोचन की भी मृत्यु हो गई थी। जब परिवार, ऐसे आर्थिक संकट और अस्तित्त्व के विघटन की स्थिति से गुजर रहा था उन दिनों राममोहन घर से दूर नौकरी और रोजगार के सिलसिले में जगह-जगह घूम रहे थे। राममोहन ने स्वयं स्वीकार किया था कि 1803 से 1814 तक वे केवल अपने भाइयों और माता से ही नहीं बल्कि अपने पुत्र-परिवार से भी दूर रहे।[21] इन दस वर्षों में 1805 से 1815 तक राममोहन डिगबी साहब के साथ अलग-अलग स्थानों पर कभी सरकारी और कभी गैर-सरकारी पदों पर काम करते रहे। इस दौरान वे लगातार अपने घर से दूर ही रहे। यहाँ तक कि उनकी दोनों पत्नियों और पुत्र के साथ भी उनका कोई विशेष सम्बन्ध रहा होगा ऐसा लगता नहीं है। अपनी माँ और परिवार के दूसरे लोगों से भी उसका अलगाव पूर्णतया स्पष्ट है। केवल जमींदारी के मामले में कभी घर पर आते रहे होंगे क्योंकि इसी दौरान उन्होंने और अधिक जायदाद बना ली थी। कलकत्ते में उनका साहूकारी का व्यापार अच्छा खासा चल रहा था लेकिन परिवार के वृत्त से वे पूरी तरह बाहर आ गए थे। भावुकता और बौद्धिकता के स्तर पर इन दस वर्षों में राममोहन में एक नया व्यक्तित्व उभर रहा था। 1812 में जब राममोहन के बड़े भाई की मृत्यु हुई उस समय लांगुलपाड़ा में उनका भतीजा गोविन्दप्रसाद 1817 तक उनके साथ संयुक्त परिवार की तरह ही रहा। इसी समय राममोहन, निकट के गाँव रघुनाथपुर में अपना नया मकान बनवाकर अलग जा बसे। ठीक इसी समय उनके भतीजे गोविन्दप्रसाद ने जायदाद पर अधिकार जमाने के लिए 23 जून 1817 को सुप्रीम कोर्ट में मुकद्दमा दायर किया था, जिसमें वे अपनी सारी कोशिशों के बावजूद हार गए थे, जिसका विवरण यथास्थान दिया जाएगा।

इन्हीं दिनों राममोहन ने अपने लड़के राधाप्रसाद का विवाह कराया। विवाह के समय उन्हें उनके धार्मिक विचारों के कारण काफ़ी सामाजिक विरोध का सामना करना पड़ा लेकिन फिर भी विवाह हो ही गया।

अपनी माता के साथ राममोहन का धार्मिक मुद्दों पर विरोध काफी दिनों से चल रहा था। हालत यहाँ तक पहुँची कि उन्होंने राममोहन को दोनों पत्नियों और पुत्रवधू सहित घर से निकाल देने की ठान ली। राममोहन ने सोचा कि चलो गाँव में ही दूसरा मकान बनवा लेंगे। लेकिन गाँव की जमींदारी माता के नाम थी भला वे विधर्मी को जगह क्यों देने लगीं। राममोहन गाँव से बाहर रघुनाथपुर में श्मशान भूमि के निकट अपना मकान बनवा कर रहने लगे।

सन्दर्भ और टिप्पणियाँ

1. Dasgupta , B.N. : *'Life and Times of Rajah Rammohun Roy'* Vol. 1 पृ. 120.
2. Collet : पृ. 15-16. सम्पादकीय टिप्पणी में कहा है कि ब्रजेन्द्रनाथ वन्द्योपाध्याय के अनुसार राममोहन अपने पिता की मृत्यु शय्या पर उपस्थित नहीं थे। फिर भी एडम साहब के व्यक्तिगत संस्मरणों की प्रमाणिकता भी विचारणीय है।
3. Dasgupta : पृ. 120.
4. चट्टोपाध्याय : पृ. 13. लिखा है कि रमाकान्त राय ने अपनी मृत्यु से दो वर्ष पूर्व अपनी सम्पत्ति का बँटवारा कर दिया था लेकिन राममोहन ने पिता की मृत्यु के बहुत दिनों बाद भी सम्पत्ति पर अधिकार नहीं जमाया। यद्यपि कानूनन वे सम्पत्ति के अधिकारी थे फिर भी यह उनकी माता के अधीन ही रहा। जमींदारी के प्रशासन में राममोहन ने कोई ढील नहीं बरती।
5. इस पुस्तक का अँगरेज़ी अनुवाद मौलवी उबैदुल्लाह, जो ढाका मदरसा के सुपरिन्टेन्डेन्ट थे, ने किया था। 1884 में साधारण ब्राह्म समाज कलकत्ता से प्रकाशित हुआ।
6. विश्वास दिलीप कुमार : *राममोहन समीक्षा* (बांग्ला) पृ. 576 में आलोचना करते हुए लिखा है कि इसकी एक प्रति लन्दन के ब्रिटिश म्यूजियम में उपलब्ध है। यद्यपि पुस्तिका में लेखक का नाम नहीं है फिर भी इसका उल्लेख राममोहन की रचनाओं की तालिका में संयोजित है। लेखक के अनुसार उपलब्ध प्रमाणों के आधार पर कहा जा सकता है कि इस पुस्तक के लेखक राममोहन स्वयं नहीं थे (पृ. 583) हो सकता है राममोहन के किसी विद्वान मित्र ने राममोहन के विचारों का समर्थन करते हुए 'तुहफात' के आलोचकों को 'जवाब' दिया होगा। रचना चाहे जिसकी भी रही हो, फिर

भी पुस्तिका का महत्त्व कम नहीं हो जाता। यह तय है कि पुस्तिका का लेखक राममोहन के निकट बन्धुओं या प्रशंसकों में से रहा होगा, जिसने बहुत ही योग्यता से राममोहन का पक्ष समर्थन किया।

7- **Collet** : पृ. 25 में लेखिका ने लिखा है कि राममोहन ने डिगबी साहब के साथ एक लिखित इकरारनामा किया था कि वे साधारण कर्मचारियों की तरह उनके सामने खड़े होकर पेश नहीं होंगे। नगेन्द्रनाथ चट्टोपाध्याय ने भी राममोहन की जीवनी में इस घटना का जिक्र किया है। इस घटना से केवल यही बात सामने आती है कि डिगबी साहब और राममोहन में मालिक-कर्मचारी के सम्बन्ध के अलावा गहरी मित्रता के सम्बन्ध थे और डिगबी साहब राममोहन का आदर करते थे।

8. वही, पृ. 37 देखें, सम्पादकीय टिप्पणी।

9. वही, पृ. 37 देखें, सम्पादकीय टिप्पणी।

10. वही पृ. 37-38 सम्पादकीय टिप्पणी में ब्रजेन्द्रनाथ बन्धोपाध्याय ने 'राममोहन राय' पृ. 24-28 का हवाला दिया है क्योंकि इन्होंने ही इस घटना को खोज निकाला था। **Dasgupta** पृ. 120 में लिखा है कि इस घटना से राममोहन की सार्वजनिक प्रतिष्ठा काफी बढ़ गई।

11. ब्रजेन्द्रनाथ वन्धोपाध्याय : *राममोहन राय,* पृ. 24-29 लेखक के विचार में इस अँगरेज़ी पत्र को लिखने में डिगबी साहब का हाथ था।

12. **Collet** : पृ. 38 देखें, सम्पादकीय टिप्पणी।

13. वही, पृ. 38. सम्पादकीय टिप्पणी में लिखा है कि ब्रजेन्द्रनाथ वन्धोपाध्याय के विचार से 1810 के बाद से 1814 तक राममोहन डिगबी साहब के साथ व्यक्तिगत रूप में नियुक्त रहे थे और उनको उदासी के राजकिशोर चौधरी की जायदाद की देखरेख का भार सौंपा गया था। इस कार्य पर वे डिगबी साहब के रंगपुर से जाने के बाद भी 1815 तक बने रहे।

14. **Collet** : पृ. 23-24

15. **Collet** : पृ. 39-40 सम्पादकीय टिप्पणी में लिखा है कि प्रसिद्ध इतिहासकार डा. सुरेन्द्रनाथ सेन ने राष्ट्रीय अभिलेखागार में से कुछ दस्तावेज ढूँढ़ निकाले, जो उस काल में भूटान और कूचबिहार के राजाओं के साथ ब्रिटिश सरकार ने आदान-प्रदान किया था। उनमें से चारों पत्रों में राममोहन राय का जिक्र आता है। इन्हीं सूत्रों से यह भी ज्ञात होता है कि इससे पहले भी राममोहन डिगबी साहब के साथ 1812 में भूटान, कूचबिहार की सीमा तक हो आए थे। राममोहन इस पद पर कोई 1815 के अन्तिम दिनों तक

नियुक्त रहे। इससे यही प्रमाणित होता है कि राममोहन सम्भवतः 1815 के अन्त में ही कलकत्ता आये होंगे।

16. Collet : पृ. 33. पाद टीका देखें।

17. Collet : पृ. 33-34 सम्पादकीय टिप्पणी (पृ. 58) में लिखा है कि राममोहन ने इस निर्मम सती प्रथा को अवश्य ही अपनी आँखों देखा होगा क्योंकि उन्होंने अपनी पुस्तक *'सहमरण विषये प्रवर्तक ओ निवर्तकेर द्वितीय सम्वाद'* में लिखा था कि विश्व के सारे लोग अन्धे नहीं हैं कि औरत को चिता पर जिन्दा जला देने का उद्देश्य न समझ सकें।

18. वन्द्योपाध्याय : *राममोहन राय,* पृ. 33-34 के अनुसार राममोहन का भानजा गुरुदास मुखोपाध्याय उनके साथ रंगपुर में रहता था। गुरुदास के पिता ने एक पत्र द्वारा राममोहन को उनके बड़े भाई जगमोहन की मृत्यु का समाचार भेजा था।

19. वही, पृ. 82

20. वही, पृ. 32

21. वही, पृ. 33

अध्याय—4

कलकत्ता—संघर्ष का आरम्भ

सन् 1814 में डिगबी साहब रंगपुर छोड़ आए थे। अस्वस्थता के कारण कम्पनी की नौकरी से त्यागपत्र देकर 1815 में स्वदेश चले गए। अब रंगपुर में राममोहन के लिए कोई विशेष आकर्षण नहीं रह गया था। यद्यपि रंगपुर में उनके दूसरे मित्र भी थे लेकिन डिगबी साहब का स्थान कोई भी पूरा न कर सका। वे डिगबी साहब के जितने निकट थे उतना और किसी के नहीं। इसी से उन्होंने कलकत्ता आकर बसने का निश्चय किया। इस प्रकार वे 1815 में कोई 42 या 43 वर्ष की प्रौढ़ आयु में ब्रिटिश भारत की राजधानी में आ बसे।[1] इसी समय वे पहली बार गाँव या कसबे के जीवन से निकलकर राजधानी के राष्ट्रीय जीवन में आ धमके। यह शहर उनके लिए कोई नया नहीं था। अपने कामकाज व्यापार और साहूकारी के काम में वे अकसर कलकत्ता आया-जाया करते थे। साहूकारी का व्यापार उनका अच्छा-खासा चल निकला था। वस्तुतः केवल व्यापार के लिए वे कलकत्ता नहीं आए। कलकत्ते में बसने के पीछे उनके कुछ और ही उद्देश्य थे, जो उनके आगे आने वाले जीवन और कार्यक्रमों से स्पष्ट हो जाएगा। आगामी सोलह वर्षों में कलकत्ता ही उनके कार्यक्रमों का केन्द्र बना रहा। राममोहन कलकत्ता आए तो पारिवारिक प्रतिष्ठा और आकर्षक व्यक्तित्व के कारण उन्हें यहाँ के प्रतिष्ठित समाज में स्थान बनाने में देर नहीं लगी। उनका प्रायः छह फुट लम्बा कद, तन्दुरुस्त शरीर, सुन्दर और आकर्षक चेहरा, उनके प्रतिभाशाली और प्रभावी व्यक्तित्व के अँग थे।

ऐसा जान पड़ता है कि राममोहन के पास कलकत्ते में दो मकान थे।[2] लेकिन वे मानिकतला इलाके की कोठी में ही मुख्यतः रहे। ऐसा अनुमान है कि इस मकान को बनाने में उनके चचेरे भाई रामतनुराय ने बड़ी सहायता की। पूरी कोठी अँगरेज़ी क़ायदे से सजाई गई थी।[3] दूसरा मकान चौरंगी इलाके में था।

मकान खरीद कर कलकत्ते में बसना राममोहन के लिए कोई मुश्किल काम नहीं था। वस्तुतः उनके सामने मुख्य प्रश्न यह था कि अपने उद्देश्यों की पूर्ति के लिए कैसे और कहाँ से कार्य आरम्भ किया जाए। उनका कार्य कितना कठिन और चुनौतियों से भरा था, इसका अन्दाजा लगाना, विशेषतः आज के जमाने में, असम्भव है। पहले अध्याय में उस काल के सामाजिक, धार्मिक और राजनैतिक स्थिति के बारे में संक्षेप में विवेचन किया जा चुका है। अज्ञानता और अन्ध-विश्वास के काले बादलों ने सारे आकाश को घेर लिया था। न तो पर्याप्त संख्या में छपी पुस्तकें ही थी और न समाचार-पत्र। मूर्तिपूजा अपने निकृष्टतम स्वरूप में विद्यमान थी। सामाजिक स्तर पर धार्मिक पाखण्डों की आड़ में बहु विवाह और शिशु-बलि के अलावा नारी जीवन का प्रचलित कलंक सतीप्रथा का बोलबाला था और जिसकी चिता की ज्वाला पूरे समाज को कलंक की आग में जला रही थी।

कलकत्ता आकर राममोहन ने मानो सारे देश के सामाजिक-जीवन का हृदय-स्पन्दन अनुभव किया। अनुभव किया कि पूरा समाज अज्ञानता और कुसंस्कारों के घने अन्धकार में डूबा है। सर्वत्र धार्मिक पाखण्ड और मूर्तिपूजा का बोलबाला है। प्राचीन भारत के शाश्वत धर्म, वेद और उपनिषदों को लोग भुला बैठे हैं। पुरोहित तन्त्र ने पूरे देश को जकड़ रखा है। वास्तविक धर्म क्या है इसकी ओर किसी का ध्यान नहीं। जात-पाँत और अस्पृश्यता से सारा हिन्दू समाज टुकड़े-टुकड़े हो गया है। नतीजा यह था कि लोग स्वतन्त्र चिन्तन की शक्ति भुला बैठे थे। हिन्दू समाज का नैतिक स्तर बहुत ही गिर चुका था। हिन्दू नारी का जीवन दयनीय असहाय अवस्था में था। इसके अलावा एक सामन्तवादी समाज और अर्थव्यवस्था को आधुनिक युग के दरवाजे तक लाकर खड़ा करने का प्रश्न था। ऐसी सामाजिक-व्यवस्था को पुनर्जीवित करने का बीड़ा उठाकर राममोहन ने कलकत्ते का जीवन आरम्भ किया। 1815 से 1830 तक कलकत्ता जीवन के ये पन्द्रह वर्ष सबसे कार्य-व्यस्त और महत्त्वपूर्ण वर्ष थे। इन पन्द्रह वर्षों में राममोहन इतने कार्यों में व्यस्त रहे कि उनका सिलसिलेवार विवरण देना भी कठिन है। उन्होंने जीवन और समाज के प्रायः प्रत्येक क्षेत्र में चाहे धार्मिक, सामाजिक, राजनैतिक या बौद्धिक हो, सभी क्षेत्रों में महत्त्वपूर्ण पथ प्रदर्शक की भूमिका निभाई। इसलिए इस काल का विवरण उनके कार्यक्रमों के आधार पर ही करना उचित होगा।

अठारहवीं शताब्दी के अन्त में और उन्नीसवीं शताब्दी के प्रारम्भ में कलकत्ता पूर्वी जगत का सबसे बड़ा व्यापारिक केन्द्र ही नहीं था बल्कि यह शहर पूर्वी और पश्चिमी ज्ञान-विज्ञान, विचार और दर्शन के आदान-प्रदान का केन्द्र बन गया था। मालवाही जहाजों से जहाँ व्यापारिक माल का आयात-निर्यात होता, वहीं विदेशी विचारधारा और यूरोपीय जागरण और औद्योगिक क्रान्ति के समाचार भी भारत भूमि पर पहुँचने लगे थे। इसी से एक नए बुद्धिजीवी वर्ग का जन्म होने लगा था। उस

काल में ब्रिटिश साम्राज्य की राजधानी कलकत्ता में पश्चिमी ज्ञान-विज्ञान और परिवर्तन की हवा चलनी शुरू हो गई थी। प्रतिष्ठित और शिक्षित हिन्दू परिवारों में उदारतावादी और कुछ सीमा तक प्रगतिवादी तत्त्वों ने जन्म लेना आरम्भ तो कर दिया था लेकिन इन सबके लिए कोई सार्वजनिक मंच या संस्था नहीं थी, जिसका सहारा लेकर कोई आन्दोलन खड़ा किया जा सके।

जब राममोहन कलकत्ता आकर बसे तो उन्होंने ही पहले-पहल एक संस्था को जन्म देने की कोशिश शुरू कर दी। वस्तुतः राममोहन ने रंगपुर प्रवास के दौरान ही एक ऐसी संस्था या समिति बनाने की चेष्टा की थी। वहाँ भी उनके चारों ओर कुछ प्रतिष्ठित और बौद्धिक लोगों का एक छोटा-सा वृत्त तैयार हो गया था। कलकत्ते में भी उन्होंने उसी तरीके को अपनाया और यह रंगपुर की बैठक के मुकाबिले कुछ अधिक सुव्यवस्थित तौर पर स्थापित हो गई। विद्वान, धनवान और प्रतिष्ठित व्यक्ति के रूप में वे समाज में परिचित थे। अकसर उनके पास धनी और प्रतिष्ठित लोग मुलाकात करने आते थें लेकिन जब उन्होंने पहले-पहल मूर्तिपूजा के विरुद्ध और एकेश्वरवाद पर अपने विचार पेश करना आरम्भ किया तो कई लोगों ने उनके पास आना धीरे-धीरे बन्द कर दिया। केवल थोड़े से व्यक्ति उनके पास रह गए, जिनमें द्वारकानाथ ठाकुर, राजा कालीकिंकर घोषाल, जयकृष्ण सिंह और गोपीनाथ मुंशी प्रमुख थे। 1815 में मानिकतला की कोठी में उन्होंने इन मित्रों के साथ ही 'आत्मीय सभा' अर्थात् मित्रों की सभा की स्थापना की।[4] 1815 के अन्तिम दिनों में राममोहन के मानिकतला वाली कोठी में हर हफ्ते कम से कम एक दिन एक छोटी-सी सभा आयोजित होने लगी। सभा का नामकरण भी कर दिया गया—'आत्मीय सभा' अर्थात् मित्रों की सभा। इस प्रयोग में राममोहन पूरी तरह सफल हुए। इस सभा का उद्देश्य था आध्यात्मिक उन्नति के साधनों पर विचार करना। सप्ताह में एक दिन इसकी बैठक हुआ करतीं। वेदों तथा दूसरे हिन्दू शास्त्रों से पाठ होता। वेदों और उपनिषदों की ऋचाओं का गायन होता और समसामयिक विषयों पर आलोचना। यह सभा कोई सार्वजनिक सभा नहीं थी। इसमें केवल राममोहन के व्यक्तिगत मित्र ही भाग लेते थे। उनमें गोपी मोहन ठाकुर, वृन्दावन मित्र, ब्रजमोहन मजूमदार और महाकवि रवीन्द्रनाथ के पितामह द्वारकानाथ ठाकुर जैसे प्रतिष्ठित लोग शामिल थे। वस्तुतः ये सारे लोग उस समय समाज के अगुआ और विशिष्ट नागरिक थे। इस संगठन के कार्य में एक व्यक्ति जो राममोहन की विशेष सहायता कर रहे थे वह थे, हरिहरानन्द तीर्थस्वामी[5] जिनके बारे में रंगपुर काल के प्रसंग में लिखा जा चुका है। ये काशी चले गए थे लेकिन राममोहन ने इन्हें कलकत्ता बुला लिया। ये राममोहन के साथ ही रहते। इन्हें अपनी तान्त्रिक साधना की पूरी छूट दी हुई थी। वस्तुतः राममोहन का हरिहरानन्द तीर्थस्वामी से बहुत ही पुराना बचपन का परिचय था। हरिहरानन्द संन्यासी जीवन के पूर्व नन्दकुमार विद्यालङ्कार के नाम से जाने जाते थे। बचपन की

मित्रता बराबर बनी रही और रंगपुर के बाद हरिहरानन्द हमेशा राममोहन के धार्मिक और सामाजिक कार्यक्रमों के निकट के सहयोगी रहे। राममोहन के मित्रों में एक और जहाँ हरिहरानन्द तीर्थस्वामी जैसे साधक थे तो डेविड हेयर जैसे विद्वान और सुधारक भी शामिल थे। उसी समय की एक पत्रिका में प्रकाशित 'आत्मीय सभा' के कार्यक्रम का विवरण कुछ इस प्रकार है:

'आत्मीय सभा' में सायंकाल वेद पाठ और ब्रह्मसंगीत होता लेकिन वेदों की व्याख्या नहीं की जाती। राजा (राममोहन) के गुरु श्रीयुत शिवप्रसाद मिश्र वेद पाठ करते और गोविन्द माल ब्रह्म संगीत का गायन करते। श्रीयुत द्वारकानाथ ठाकुर वहाँ समय-समय पर उपस्थित रहते थे। श्रीयुत ब्रजमोहन मजूमदार, राजनारायण सेन, रामनृसिंह मुखोपाध्याय, दयालचन्द्र चट्टोपाध्याय, हलधर बसु, नन्दकिशोर बसु (राजनारायण बसु के पिता) एवं मदनमोहन मजूमदार ने श्रद्धापूर्वक ब्रह्मोपासनारूप, परमधर्म को स्वीकार किया। इस धर्म के प्रति लोगों का विद्वेष समाप्त नहीं हुआ। लोग इन्हें स्वेच्छाचारी और नास्तिक आदि कहा करते। राममोहन के एक प्रिय मित्र ने इसे यहाँ तक बदनाम करने की कोशिश की कि आत्मीय सभा में गोहत्या की जाती है। जो उनके खुले विरोधी थे, अनेक प्रकार से विरोध करने की कोशिश करने लगे. .... ।[6] आत्मीय सभा की बैठकें कभी-कभी दूसरे सदस्यों के घरों में आयोजित होती। वृन्दावन मित्र के घर के अलावा राजा कालीकिंकर घोषाल के घर पर भी सभा की बैठक बुलाई जाती। बड़ा बाजार के बिहारी लाल चौबे के घर एक सभा की बैठक में सुब्रह्मण्य शास्त्री के साथ उनका प्रसिद्ध शास्त्रार्थ भी हुआ था जिसका विवरण आगे दिया जाएगा।

आत्मीय सभा का कार्यक्रम किसी विशेष जाति या धर्म के लिए सीमित नहीं था। इसके दरवाजे सभी के लिए खुले थे। डेविड हेयर जैसे सुधारक भी इस सभा में बिना किसी नियन्त्रण के आए थे और धीरे-धीरे राममोहन के निकटतम सहयोगी बने। डेविड हेयर वस्तुतः घड़ीसाजी का काम करते थे। व्यापार के सिलसिले में कलकत्ता आए थे। व्यापार अच्छा निकला और आमदनी की पक्की व्यवस्था हो गई तो उन्होंने अपना ध्यान समाजसुधार, शिक्षाप्रसार और धार्मिक प्रचार की ओर लगाया। शिक्षा विशेष रूप से अँगरेज़ी शिक्षा के प्रसार के लिए उन्होंने भारी प्रयत्न किया। सम्भवतः शिक्षा प्रसार के कार्य में सहयोगी ढूँढ़ने की कोशिश में ही हेयर साहब राममोहन के आत्मीय सभा में गए थे। शिक्षा के क्षेत्र में उनकी दिलचस्पी उन्हें राममोहन के पास ले आई क्योंकि वे समझ गए थे कि यह व्यक्ति उनके उद्देश्य की पूर्ति में सहायक हो सकता है। यद्यपि सभा में बिन बुलाए ही आए थे, लेकिन सभा के बनकर रह गए। राममोहन के साथ पूरे हेयर परिवार का घनिष्ठ सम्बन्ध जीवन भर बना रहा। शिक्षा के क्षेत्र में डेविड हेयर और राममोहन के योगदान का विवरण अगले पृष्ठों में दिया जाएगा। 'आत्मीय सभा' की स्थापना के साथ-साथ राममोहन ने हिन्दू धर्म

के मूल ग्रन्थों का बंग्ला, हिन्दी और अँगरेंजी में अनुवाद करने का बीड़ा उठाया। सौभाग्य से तब तक छापाखाने की सुविधा इस देश में उपलब्ध होने लगी थी। उस काल तक छापेखाने का प्रयोग मुख्य रूप से केवल ईसाई धर्म के प्रचार और प्रसार के लिए होता था। राममोहन ने पहले-पहल वेदों, उपनिषदों का अनुवाद करके छपवाकर जनता के बीच बँटवाना शुरू किया। इस प्रकार वे शाश्वत हिन्दू धर्म का स्वरूप साधारण जनता के सामने ले आए। मूर्तिपूजा और धार्मिक अन्धविश्वासों के विरुद्ध उनका यह पहला आक्रमण था। कलकत्ता और ब्रिटिश साम्राज्य के कोने-कोने में खलबली सी मच गई। शहर से लेकर सुदूर गाँवों में राममोहन की चर्चा होने लगी।

राममोहन समझ गए थे कि हिन्दू धर्म को अन्धविश्वास और रूढ़िवाद के शिकंजे से निकालने का एक मात्र उपाय प्राचीन वैदिक धर्म का सही विवेचन और प्रचार है। इस काल में जो यूरोपीय पर्यटक भारत आते वे हिन्दू धर्म के बाह्य स्वरूप को ही देख पाते और इसी को हिन्दू धर्म समझते। यूरोपीय मिशनरी वाले भी अपना पाँव जमाने की कोशिश कर रहे थे।

यह हम पहले ही जान चुके हैं कि मुर्शिदाबाद (1803) में उन्होंने धर्म के मूल तत्त्वों और अपने धार्मिक विचारों के बारे में एक पुस्तिका फ़ारसी में लिखी थी और रंगपुर के ज़माने में ही वेदान्त का अनुवाद कार्य आरम्भ कर दिया था। कलकत्ता आकर वे इस कार्य में जोर-शोर से लग गए। 1815 में उन्होंने वेदान्त का संस्कृत से बांग्ला अनुवाद कर वेदान्त ग्रन्थ या वेदान्त सूत्र का प्रकाशन किया। लेकिन विषय कठिन था इसलिए साधारण जनता के लिए उन्होंने 1816 में *'वेदान्तसार'* का प्रकाशन बांग्ला, हिन्दुस्तानी (हिन्दी) और अँगरेजी में कर दिया। इसके अतिरिक्त उन्होंने उपनिषदों का बांग्ला और अँगरेजी में अनुवाद प्रकाशित करना आरम्भ कर दिया। ये आरम्भिक अनुवाद चाहे किसी सीमा तक स्तरीय न भी रहे हों फिर भी इनके प्रकाशन के पीछे जो महत् उद्देश्य था, उससे इनकार नहीं किया जा सकता। इस योजना के पीछे उनका कोई व्यक्तिगत लाभ क्या हो सकता था भला? यह तय था कि इन अनुवादों के प्रकाशन से सारा रूढ़िवादी ब्राह्मण समाज बुरी तरह उनका विरोधी हो गया। उन्होंने केवल अनुवाद ही नहीं अपितु अपने खर्च पर प्रकाशित करके निःशुल्क जनता में बँटवाया। 1815 से 1816 के दौरान प्रकाशित वेदान्त और उपनिषदों की सूची इस प्रकार है :

बांग्ला अनुवाद : वेदान्त ग्रन्थ (सूत्र) 1815
वेदान्त सार 1816
तलबकारोपनिषद् 1816
ईशोपनिषद् 1816

कठोपनिषद् 1816
माण्डूक्योपनिषद् 1817
मुण्डकोपनिषद् 1819
आत्मानात्मविवेक (शंकराचार्यकृत) 1819

हिन्दुस्तानी (हिन्दी) अनुवाद : वेदान्त ग्रन्थ 1815
वेदान्त सार 1816

अँगरेज़ी अनुवाद : Translation of an abridgement of the Vedanta 1816

Translation of Kena Upanishad 1816

Translation of Mundaka Upanishad 1816

Translation of Kath Upanishad 1819

इसके अतिरिक्त 1817 मे ही *वेदान्त सार* का जर्मन अनुवाद जर्मनी[7] से प्रकाशित हो गया था। यह उनके पहले तीन चार वर्षों की कड़ी मेहनत का नतीजा था। इन सभी कृतियों में उन्होंने अपनी विस्तृत भूमिका और टीका टिप्पणियाँ पेश की और अपने इस लेखन कार्य के अलावा अब वे शास्त्रार्थ में अकसर व्यस्त रहने लगे थे क्योंकि अब उनके मूर्तिपूजा विरोधी विचार देश भर में प्रचारित हो चुके थे। उन्होंने 'वेदान्त सार' के अँगरेज़ी अनुवाद में एक महत्त्वपूर्ण भूमिका प्रदान की थी, जिसको हम उनके 'धर्मयुद्ध' की घोषणा कह सकते हैं। उक्त पुस्तक का शीर्षक इस दृष्टि से बहुत ही प्रासंगिक है।

"Translation of an Abridgement of the Vedant or Resolution of all the Vedas; the most celebrated and revered work of Brahminical theology establishing the Unity of Supreme Being and that he alone is the object of propitiation and Worship." Calcutta 1816.

अर्थात्, वेदान्त या वेदों के सिद्धान्तों का संक्षिप्त अनुवाद जो सर्वसम्मानित हिन्दू धर्म मीमांसा ग्रन्थों के आधार पर सर्वशक्तिमान ईश्वर की एकात्मता को प्रतिपादित करते हुए सिद्ध करता है कि वही एकमात्र पूजा या उपासना के योग्य है।

इस पुस्तक को पढ़कर ईसाई मिशनरी पादरी भी आश्चर्यचकित रह गये थे इसका प्रचार यूरोप में भी हुआ। उनकी पहली अँगरेज़ी पुस्तक की भूमिका में से प्रासंगिक अंश :

" My constant reflections to the inconvenient or rather injurious rites, introduced by the peculiar practice of Hindu idolatry, which more than and other Pagan Worship, destroys the texture of the society, together with compassion for my country men have compelled me to use every possible effort to awaken them from their dream of eÙkor : and by making them acquainted with their scriptures, enable them to contemplate with true devotion the unity and omnipresence of Nature's God."[8]

अर्थात्, " हिन्दू मूर्तिपूजा के विचित्र रीति-रिवाजों से उत्पन्न असुविधापूर्ण या हानिकारक अनुष्ठानों के बारे में सत्तू चिन्तन से मैं इस निष्कर्ष पर पहुँचा कि किसी भी दूसरे धर्म की अपेक्षा यह, हमारे समाज की संरचना को नष्ट किए दे रहा है। इसी से सहानुभूतिपूर्वक मैंने देशवासियों को इस भ्रान्ति के स्वप्नलोक से जगाने की हर सम्भव तरीके से चेष्टा की है। उनको अपने धर्मग्रन्थों का सम्यक् ज्ञान देकर सच्ची साधना का स्वरूप, प्रकृति और ईश्वर की सर्वव्यापकता से परिचित कराने की कोशिश कर रहा हूँ।"

इन पंक्तियों में राममोहन के धार्मिक आन्दोलन की रूपरेखा स्पष्ट हो जाती है। धार्मिक रीति-रिवाजों और मूर्तिपूजा के नाम पर प्रचलित पाखण्ड से हिन्दू धर्म को शुद्ध वैदिक धर्म की और मोड़ना ही उनका मुख्य उद्देश्य था। यहीं से उनके धार्मिक आन्दोलन का श्रीगणेश समझना चाहिए।

'वेदान्त सूत्र' और 'वेदान्त सार' के बाद उन्होंने उपनिषदों की ओर ध्यान दिया।

पाँच उपनिषदों का बांग्ला अनुवाद करके छपवा कर उन्होंने बँटवाया। 'केन उपनिषद्' की भूमिका में राममोहन ने कहा कि उन्होंने श्रीशंकराचार्य की व्याख्या के अनुरूप अनुवाद किया है: 'वेदों की प्रामाणिकता में जिनका विश्वास है वे अवश्य इसकी मान्यता को ग्रहण करेंगे। जिनके लिए वेद प्रामाणिक नहीं उनके साथ मेरा कोई वास्ता नहीं।" यह उन्होंने मूर्तिपूजक साकारवादियों को लक्ष्य करके लिखा था। साकारवादी हिन्दुओं के लिए वेदों को अस्वीकार करने का कोई रास्ता नहीं है। उपनिषद् वेदों की ही व्याख्या है।

'ईशोपनिषद् की भूमिका में राममोहन कहते हैं कि निराकार परमेश्वर की उपासना ही वेदान्त या उपनिषदों का मूल सिद्धान्त है। इसी उपनिषद् के अँगरेजी अनुवाद की भूमिका में भी उन्होंने साकारवादी मूर्तिपूजा की खासी खबर ली।

इन ग्रन्थों के प्रकाशन और राममोहन के दूसरे संस्कारविरोधी आन्दोलन के कारण प्रतिक्रियावादी, रूढ़िवादी हिन्दू समाज शास्त्रियों में राममोहन के विरुद्ध भारी विरोध शुरू हो गया। वेदों और शास्त्रों को पढ़ने और सुनने का अधिकार केवल ब्राह्मणों को था और मान्यता यही थी कि इनके सिवा दूसरे लोग इनका स्पर्श भी नहीं कर सकते। राममोहन इन शास्त्रों को साधारण भाषा में यहाँ तक कि म्लेच्छ भाषा में

अनुवाद करके साधारण जनता, यहाँ तक कि म्लेच्छों के हाथों में पहुँचा दिया। जिस 'ओम्' शब्द का उच्चारण करने पर शूद्रों की जीभ काट दी जाती थी, उस पवित्र शब्द को राममोहन ने सबके लिए सुलभ कर दिया। जिसने इतना अनर्थ किया वह न जाने हिन्दू धर्म को कहाँ ले जाएगा? घोर कलिकाल आ पहुँचा था। पण्डितों और पुरोहितों के क्रोध की सीमा न रही। जहाँ भी मौका मिलता राममोहन को जी भर कर गाली गलौज किया करते। यह वाद-विवाद दुश्मनी में बदल गया क्योंकि यह हिन्दू रूढ़िवादियों के स्वार्थ पर सीधा आक्रमण था।

आधुनिक शिक्षा की नींव

पहले ही लिखा जा चुका है कि इस काल में राममोहन ने धार्मिक और सामाजिक कुरीतियों के विरुद्ध जब एक के बाद दूसरे हमले आरम्भ किए तो कुछ प्रगतिवादी, बुद्धिजीवी लोग उनके साथ हो लिए। इनमें से कुछ विशिष्ट नागरिक भी थे। उनके साथ पाश्चात्य विचारों के प्रतिनिधि के रूप में प्रमुख सुधारक और शिक्षा प्रचारक डेविड हेयर जैसे विद्वान भी थे। जैसा हम जानते हैं कि हेयर 'आत्मीय सभा' में अनाहूत ही आए थे लेकिन बाद में राममोहन के मित्र और निकटतम सहयोगी बने। हेयर का 'आत्मीय सभा' मे आने का अपना उद्देश्य था। वे पश्चिमी अर्थात् अँग्रेजी शिक्षा के प्रचार के लिए साथियों की खोज में थे। आत्मीय सभा में जब धार्मिक और सामाजिक सुधारों के बारे में आलोचना का कार्य आरम्भ हुआ तो हेयर ने सुझाया कि अँगरेजी और आधुनिक शिक्षा ही इन बुराइयों को दूर कर सकती है। राममोहन के लिए यह सुझाव मानो उनके मन की ही बात हो। आत्मीय सभा ने त्तकाल इस ओर कार्य करने का आश्वासन दिया। डेविड हेयर पर सरकारी समर्थन और सहायता प्राप्त करने का भार सौंपा गया। राममोहन भी धन जुटाने और नागरिकों का समर्थन प्राप्त करने के कार्य में जी जान से लग गए। जल्दी ही महसूस किया कि धनी वर्ग तभी धन देने को राजी होंगे जब योजना को सरकारी या फोर्ट विलियम का आशीर्वाद प्राप्त होगा। अब किसी उदार सरकारी अफसर की खोज शुरू हुई जो, देशी लोगों की शिक्षा में विशेष दिलचस्पी रखता हो। सुप्रीम कोर्ट के चीफ जस्टिस सर एडवर्ड हाइड ईस्ट से राममोहन के 'आत्मीय सभा' के वैद्यनाथ मुखोपाध्याय और डेविड हेयर ने मुलाकात की । कहना न होगा कि सर एडवर्ड प्रस्ताव पर राजी हो गए। इस विषय में सर एडवर्ड का अपने मित्र को इंग्लैण्ड में लिखे एक पत्र का कुछ अंश इस ओर कुछ रोशनी डालेगा जो 16 मई 1816 को उन्होंने लिखा था :

> "......An interesting and curious scene has lately been exhibited here, which shows that all things pass under change in due season. About the beginning of May a Brahmin of Calcutta, whom I knew, and who is well known for his intelligence and active interference among

the principal Native inhabitants, and also intimate with many of our own gentleman of distinction, called upon me and informed me that many of the leading Hindus were desirous of forming an establishment for the education of their children in a liberal manner practiced by Europeans of condition, and desired that I would lend them my aid towards it, by having a meeting held under my sanction....'

इस पत्र से स्पष्ट होता है कि यह व्यक्ति विशेष, अर्थात् राममोहन, सर एडवर्ड से पश्चिमी वैज्ञानिक शिक्षा पद्धति पर आधारित एक शिक्षण संस्था की स्थापना के लिए पैरवी करने गए थे। सर एडवर्ड हाइड ईस्ट उदारवादी और सुसंस्कृत न्यायविद थे। वे प्रस्ताव पर राजी हो गए और उनके संरक्षण में एक सभा बुलाने का आयोजन चलने लगा। 16 मई 1816 को सर एडवर्ड के घर एक अँगरेजी स्कूल या कालेज की स्थापना के लिए सभा बुलाई गई जिसमें लगभग पचास विशिष्ट हिन्दू नागरिक उपस्थित हुए। उनमें कुछ पण्डित और विद्वान भी थे लेकिन इस सभा में न तो राममोहन उपस्थित थे और न ही डेविड हेयर। जिन दोनों व्यक्तियों ने इस कार्य के लिए दिन रात कड़ी मेहनत की वही दोनों वक्त आने पर हटकर किनारे खड़े हो गए। इसका कारण यह था कि कट्टरपन्थी हिन्दू नेताओं ने राममोहन के साथ एक ही कमेटी में सहयोग देने से अस्वीकार कर दिया यहाँ तक कि उन्होंने यह शर्त लगा दी कि राममोहन से चंदा भी न लिया जाये—सिर्फ इसलिए, चूँकि राममोहन ने धार्मिक पाखण्डों के खिलाफ़ अपना आक्रमण छेड़ रखा था। इस बारे में सर एडवर्ड के पत्र के कुछ और अंश प्रासंगिक हैं :

".....Talking afterwards with several of the company, before I proceeded to open the business of the day, I found that one of them in particular, a Brahmin of good caste, a man of wealth and influence, was mostly set against Rammohun Roy.... (who has lately written against Hindu idolatry and upbraids his countrymen pretty sharply). He expressed a hope that no subscription would be received from Rammohun Roy."[10]

जब सर एडवर्ड ने कहा कि मैं तो ईसाई हूँ, मुझसे चन्दा लेने में तुम्हें कुछ आपत्ति तो हो सकती है तो उन्होंने कहा—

".... No, not at all. We shall be glad of your money; but it is different thing with Rammohun Roy, who is a Hindu and yet has publicly reviled us and written against us and our religion..."[11]

राममोहन को जब पता चला कि हिन्दू समाज का एक प्रभावशाली वर्ग जिनकी सहायता और धन से हिन्दू कालेज की स्थापना हो सकती है, उनको नहीं चाहते तो

उन्होंने एक महान उद्देश्य की सफलता की खातिर अपने व्यक्तिगत स्वार्थ या मर्यादा की भी परवाह नहीं की। उन्होंने सर एडवर्ड हाइड ईस्ट को पत्र लिखकर यह सूचित कर दिया कि उनका नाम हिन्दू कॉलेज की कमेटी से निकाल दिया जाये जिससे कार्य-सिद्धि में कोई बाधा न पड़े। ऐसा ही निर्णय किया गया और 21 मई 1816 की सभा में। हिन्दू कॉलेज की कार्यकारिणी सभा बनाई गई, जिसमें आठ यूरोपियन और बीस भारतीय थे। धन इकट्ठा हो गया और 20 जनवरी 1817 को हिन्दू स्कूल जो बाद में हिन्दू कॉलेज और आज प्रेसीडेन्सी कॉलेज के नाम से प्रसिद्ध है की स्थापना हो गई। समारोह में सर एडवर्ड और डेविड हेयर के अलावा अनेक विशिष्ट देशी और विदेशी नागरिक उपस्थित थे। अनेक वक्ताओं ने भाषण दिए लेकिन किसी ने भी राममोहन का एक बार नाम तक नहीं लिया जिन्होंने इस योजना के पीछे अपनी पूरी शक्ति लगाई थी।[12] अकसर इस तथ्य को भुला दिया जाता है कि दीवान वैद्यनाथ मुखोपाध्याय, जिन्होंने इस संस्था की स्थापना में महत्त्वपूर्ण योगदान दिया था और इस संस्था के पहले देशी-सचिव नियुक्त हुए थे, वस्तुतः राममोहन के अन्तरंग सहयोगी थे और 'आत्मीय सभा' के आरम्भिक सदस्य भी। इसी से स्पष्ट है कि उन्होंने अवश्य ही इस कार्य में राममोहन से प्रेरणा और सलाह ली होगी।[13]

1817 में राममोहन कलकत्ता में दो वर्ष पूरे कर रहे थे। इस समय उन्होंने एक पत्र द्वारा अपने पुराने मित्र डिगबी साहब को अपने कार्यक्रम और उद्देश्यों का ब्योरा लिख भेजा था। इसी समय राममोहन ने *"वेदान्त सार"* और *"केन उपनिषद्"* के अँगरेजी अनुवादों की प्रतियाँ डिगबी के पास विलायत भेजी थी। इस अनुवादों का डिगबी ने लन्दन से 1817 में पुनर्मुद्रण कराया जिनकी भूमिका में राममोहन का परिचय देते हुए उस पत्र का उद्धरण दिया थाः

इस पत्र के प्रासंगिक अंशों का भावानुवाद नीचे दिया जा रहा है। पत्र राममोहन की चिन्तन और विचारधारा के विकास को समझने में सहायक होगा :-

> "आपके भारत छोड़ने के बाद, मुझे अपने कार्यक्रमों के बारे में संक्षिप्त विवरण भेजने का यह पहला सुयोग प्राप्त हुआ है। वास्तविक सच्चा धर्म क्या है, इस विषय पर सत्त अनुसन्धान और शोधकार्य के आधार पर मैं इस निष्कर्ष पर पहुँचा हूँ कि सम्भवतः ईसामसीह के उपदेश और ईसाई धर्म के सिद्धान्त, परिचित दूसरे धर्मों की अपेक्षा, नैतिक स्तर पर बुद्धि-सम्पन्न लोगों को अधिक ग्रहण योग्य लगे। मुझे यह भी प्रतीत होता है कि हिन्दू लोग स्वाभाविक रूप से अधिक अन्धविश्वासी और दयनीय स्थिति में हैं। वे अपने धार्मिक रीति-रिवाजों के पालन में और घरेलू आचार-व्यवहार में, पृथ्वी की दूसरी जातियों से पिछड़े हुए हैं। इसी से मैंने इन लोगों को इहलोक और परलोक में सुखी बनाने के उद्देश्य से, न केवल मूर्तिपूजा की विसंगतियों को दूर करने के लिए शास्त्रार्थ

का रास्ता अपनाया, बल्कि उनके सम्मानित पवित्र धर्मग्रन्थों में 'वेदान्त'' का बांग्ला और हिन्दुस्तानी में, तथा वेदों के कुछ अंश का अनुवाद प्रकाशित किया जिससे ईश्वर की एकरूपता और मूर्तिपूजा की विसंगतियों के बारे में उनका सन्देह दूर किया जा सके जैसा कि उनके धर्म-ग्रन्थों में स्पष्ट रूप से लिखा है। मेरी इन प्रचेष्टाओं की प्रारम्भिक स्थिति में स्वार्थी धार्मिक नेताओं और ब्राह्मण वर्ग से मुझे भयंकर विरोध का सामना करना पड़ा और मुझे मेरे निकटतम नाते रिश्तेदार भी छोड़ गए। फलस्वरूप मुझे बहुत ही निराशा हुई। उस संकट की घड़ी में मुझे केवल यूरोपीय लोगों में विशेष रूप से स्कॉटलैण्ड और इंग्लैण्ड के थोड़े से मित्रों से सहानुभूति और संवेदना मिली।

लेकिन अब मैं प्रसन्नतापूर्वक कह सकता हूँ कि अब मेरे कुछ अपने देशवासी भी अन्धविश्वासों से उबरकर सत्य की खोज में जुटे हैं और बहुतेरे जिनसे मेरा मतविरोध था अब मेरे समविचार वाले बन गए हैं। इस व्यस्ता के कारण मैं इच्छानुसार यूरोप रवाना नहीं हो सका लेकिन आपको विश्वास दिला सकता हूँ कि मैं शीघ्र ही इंग्लैण्ड के लिए रवाना हो जाऊँगा...।''[14]

इस पत्र से स्पष्ट है कि राममोहन के मन में विलायत जाने की इच्छा शुरू से ही थी और उनकी इस अभिलाषा के पूरे होने में काफी वर्ष लग गए। 1830 में वे इंग्लैण्ड की यात्रा पर जा सके।

डिगबी साहब एक बार फिर 1821-22 में हिन्दुस्तान लौट आए। इस बार वे वर्धमान में नियुक्त हुए। कहना न होगा कि राममोहन इस दौरान अकसर अपने पुराने मित्र से मिलते रहे होंगे।[15] दुर्भाग्यवश डिगबी 1824 ई. में बीमार पड़े और साल भर की छुट्टी पर लौटते हुए 'केप आफ गुड होप' (उत्तमाशा अन्तरीप) के आसपास उनका निधन हो गया।

रूढ़िग्रस्त समाज पर एक और आक्रमण

हम पहले ही देख चुके हैं कि राममोहन के बड़े भाई जगमोहन की मृत्यु पर उनकी पत्नी को उसी चिता में जला दिया गया था। इस घटना का राममोहन के हृदय पर ऐसा प्रभाव पड़ा कि उन्होंने इस प्रथा को समाप्त करने की प्रतिज्ञा की थी। यह किंवदन्ती सच हो या न हो, राममोहन इस बर्बर रीति के घोर विरोधी थे। इस पैशाचिक रीति का विरोध किसी न किसी रूप में हमेशा ही विद्यमान था। यहाँ तक कि मुगल बादशाह अकबर, जहाँगीर और औरंगजेब ने भी इस प्रथा को समाप्त करने की थोड़ी बहुत कोशिश की थी। मराठों में बाजीराव पेशवा ने अपने अधिकार क्षेत्र में सती प्रथा बन्द करवा दी थी।[16] लेकिन इन कोशिशों के बावजूद यह प्रथा चली आ रही थी और सत्रहवीं-अठारहवीं शताब्दी में जब देश में अराजक स्थिति विद्यमान थी तो यह पैशाचिक प्रथा और भी ज़ोरों पर थी। इसका प्रकोप मुख्यतः उत्तरी-पूर्वी

भारत और बंगाल क्षेत्र में अधिक था। यूरोपीयों का भारत में आगमन आरम्भ हुआ तो स्वाभाविक ही था कि उन लोगों का ध्यान इस ओर जाता। यहाँ तक कि 1510 में पुर्तगाली इलाकों में अलबुकर्क ने सती-प्रथा पर निषेधाज्ञा जारी करने की कोशिश की थी, बाद में, डच और फ्रांसीसियों ने इसकी रोकथाम के लिए कुछ प्रयास किए थे।[17] अँगरेजों ने जब देश पर अधिकार जमाया तो उनके सामने भी यह समस्या मुँह बाए खड़ी थी। प्रश्न यद्यपि मानवीय था लेकिन धर्म की आड़ होने के कारण अँगरेज शासक इस ओर हाथ बढ़ाने से घबराते थे। इस प्रसंग में जॉब चार्नक के बारे में किंवदन्ती मशहूर है[18] कि उन्होंने एक रूपवती स्त्री को सती होने से बचाया था और बाद में उसी स्त्री से विवाह भी किया।

इसी बीच यद्यपि यह प्रश्न काफी गम्भीर बनता जा रहा था, किन्तु 1812-13 तक कम्पनी तय नहीं कर पाई थी कि इस समस्या को कैसे हल किया जाए। आखिरकार सुप्रीम कोर्ट की आज्ञानुसार इस प्रथा को नियन्त्रित करने के उपाय मात्र सुझाये गए ताकि विधवा को उसकी इच्छा के विरुद्ध चिता में न झोंका जा सके। आश्चर्य की बात यह है कि इस सरकारी आदेश के विरुद्ध भी कुछ पुरानपन्थी और रूढ़िवादी लोग खड़े हो गए। उनकी दलील थी कि यह धर्म में खुल्लम खुल्ला हस्तक्षेप है। कम्पनी के पास रूढ़िवादियों की ओर से एक आवेदन पत्र भेजा गया। सम्भवतः यही कारण रहा होगा जिसके चलते राममोहन ने इस समस्या की ओर लोगों का ध्यान खींचने के लिए इस प्रथा के विरोध में एक और आवेदन पत्र नागरिकों की ओर से सरकार के पास भिजवा दिया। आवेदन पत्र राममोहन का ही लिखा हुआ था या नहीं इसमें सन्देह की गुंजाइश हो सकती है लेकिन पत्र उनके विचारों से प्रभावित अवश्य ही था। इस आवेदन में स्पष्ट कहा गया था :-

> ".....All these instances, your petitioners humbly submit, are murders according to every SHASTRA, as well as the commonsense of all nations."[19]

अर्थात् इस प्रथा को किसी भी शास्त्र या किसी भी सामान्य-ज्ञान के आधार पर केवल मात्र 'हत्या' ही कहा जाएगा।

यह घिनौनी प्रथा पूरे हिन्दू समाज के लिए कलंक का टीका थी। भारतीय नारी की दयनीय दशा मध्ययुगीन काल से ही चली आ रही थी। अठारहवीं सदी के अन्त में यह अवस्था विद्रूपता की चरम सीमा पर थी। राममोहन ने सती होने की घटनाएँ देखी-सुनी थीं। अपने बड़े भाई की पत्नी को भाई के साथ चिता पर जलाए जाते देखा था और तभी उन्होंने प्रतिज्ञा की थी कि इस निर्मम और हिंस्र प्रथा का अन्त करके रहेंगे। इस मध्ययुगीन प्रथा की नृशंसता की ओर सबसे पहले यूरोपीय मिशनरियों का ध्यान गया था। यद्यपि राममोहन के काल तक पहुँचते-पहुँचते अँगरेजी शासन के

पचास वर्ष पूरे हो चुके थे तथापि अँगरेज शासक इस प्रथा को उखाड़ फेंकने का साहस जुटा नहीं सके थे। उन्हें हमेशा डर लगा रहता कि ऐसी किसी भी कार्रवाई को धर्म में हस्तक्षेप न समझा जाए। ईस्ट इण्डिया कम्पनी उस समय राज्य विस्तार के काम में व्यस्त थी, इसी से वह फूँक-फूँककर कदम रखने की नीति पर चल रही थी। धर्म और धार्मिक मामले में हाथ लगाना नीति विरुद्ध था। हमेशा डर बना रहता कि कहीं विद्रोह न खड़ा हो जाए। श्रीरामपुर के ईसाई पादरी इस प्रथा के विरोध में दबी जुबान से प्रचार करते थे। कुछ अँगरेज राजकर्मचारी भी इस प्रथा को उखाड़ फेंकने के पक्ष में थे, लेकिन कुछ हो नहीं पा रहा था। इधर स्थिति कितनी भयंकर थी, इसका ब्योरा 1815 से 1818 तक कुछ जिलों में हुई सती की घटनाओं की सूची से स्पष्ट हो जाएगाः

	1815	1816	1817	1818	योग
कलकत्ता डिवीजन	253	289	442	544	1528
ढाका	31	24	52	58	165
मुर्शिदाबाद	11	21	42	30	104
पटना	20	29	49	57	155
बनारस	48	65	103	137	353
बरेली	15	13	19	13	60
	378	441	707	839	2365

आज जब हम इस भयंकर स्थिति पर विचार करते हैं तो दिल दहल उठता है। राममोहन को तभी लगा कि ये सब सती के नाम पर घटित हत्याएँ हैं, केवल सीधी हत्याएँ। शास्त्रों का बहाना वे मानने को तैयार नहीं थे। फिर क्या था उन्होंने इस विषय पर गहराई से अध्ययन आरम्भ कर दिया और इस कलंक के विरुद्ध लेखनी उठा ली। समाज के संस्कारवादी पुरोहितों के खिलाफ़ आवाज़ उठाने की हिम्मत केवल उन्हीं में थी। इस विषय पर उनकी पहली पुस्तिका *'सहमरण विषयक प्रवर्तक ओ निवर्तकेर सम्वाद'* का प्रकाशन 1818 में हुआ। पुस्तिका में राममोहन ने लोकाचार, शास्त्रीय ढकोसले और आधार-भूत शास्त्रीय व्याख्या के साथ इस प्रथा का तीव्र विरोध किया। प्रतिक्रियाशील हिन्दू समाज के संरक्षक परम्परा की दुहाई दे रहे थे। राममोहन ने उनको जवाब देते हुए लिखा 'कोई भी व्यक्ति जिसको लोकभय और धर्मभय है, वह कभी नहीं कहेगा कि परम्परा से स्त्री वध, मनुष्य वध और चोरी आदि करके कोई भी व्यक्ति निष्पाप बना रह सकता है।'' इस पुस्तक का अँगरेजी अनुवाद प्रकाशित करके राममोहन ने बँटवाया।

26 दिसम्बर 1818 के 'समाचार दर्पण' में इस पुस्तक के प्रकाशन का उल्लेख करते हुए लिखा था 'कलकत्ते के श्रीयुत राममोहन ने सहमरण के विषय में एक

पुस्तक लिख सर्वत्र प्रचारित किया है...। इसमें मोटे तौर पर यही लिखा है कि सहमरण के बारे में ठीक-ठीक विचार करें तो पाएँगे कि शास्त्रों में इस प्रथा के पक्ष में कहीं भी कुछ नहीं लिखा है।..."

इंग्लैण्ड से प्रकाशित *'एशियाटिक जर्नल'* के 19 जुलाई 1819 के अंक में यह तथ्य प्रकाशित हुआ जिसका भावानुवाद कुछ इस प्रकार है—

एक ब्राह्मण के छोटे से शोध-प्रबन्ध के प्रकाशन से चारों ओर सनसनी फैल गई है—यह सती प्रथा पर छोटी-सी पुस्तिका है।

इण्डिया गजट का कहना है 'हमें सूचित किया गया है इस छोटी-सी पुस्तिका (सती प्रथा पर) को दुबारा एक अखबार में छापा गया है। यह पुस्तिका कुछ समय से बांग्ला भाषा में छपवाकर बँटवाई जा रही है। यह देशी लोगों द्वारा ही परिचालित हो रहा है। राममोहन राय के परिश्रम से जो यह अतिरिक्त प्रचार किया जा रहा है उससे अवश्य ही लाभदायक फल निकलेगा और हमें प्रसन्नता है कि बांग्ला पत्रिका के परिचालक इस लेख को छापकर अपने देशवासियों की सेवा कर रहे हैं। इधर एक प्रभावशाली हिन्दू विद्वान ने घोषणा की है कि हैजा-महामारी से तब तक राहत नहीं मिल सकती जब तक क्रुद्ध देवी-देवताओं को पूजा-अर्चना से शान्त नहीं किया जाता....।'[21]

यह ठीक है कि राममोहन ने सती विषयक पहली पुस्तिका 1818 में प्रकाशित की थी लेकिन वस्तुतः उनका यह आन्दोलन कुछ वर्ष पहले ही आरम्भ हो गया था। श्रीमती फ्रांसीस कीथ मार्टिन ने *बंगाल हरकारू* में 1829 में प्रकाशित एक पत्र में इस बात की पुष्टि की है। उन्होंने लिखा था कि राममोहन पिछले अठारह वर्षों से बुद्धिमानी, साहस और शक्ति के साथ इस आन्दोलन में जुटे हैं।[21(a)]

राममोहन और उनके साथी प्रगतिवादियों के विरोध में कुछ प्रतिक्रियावादी हिन्दुओं की ओर से एक जवाबी अपील लार्ड हेस्टिंग्स के पास अगस्त 1818 को भेजी गई। उस समय कुछ हल्की पाबन्दियाँ थीं। 1819 में *इण्डिया ग़जट* में प्रकाशित एक पत्र से इस अपील के बारे में मालूम हुआ :

> In the Year 1818 a body of Hindoos prepared a petition to Government for the removal of existing restrictions on burning Widows....While another body petitioned for at least further resrictions, if not the total abrogation of the practice, upon the ground of its absolute illegality"[22]

राममोहन की सहमरण विषयक बांग्ला पुस्तिका के प्रकाशन और उसके अँगरेजी अनुवाद के प्रचार से कलकत्ता और बंगाल क्षेत्र के रूढ़िवादी कट्टर हिन्दुओं में रोष की लहर दौड़ गई। अब वे लोग एकजुट होकर राममोहन के प्रगतिवादी विचारों के

विरुद्ध खड़े हो गए। कलकत्ता के व्यापारी वर्ग के अगुआ कालाचाँद बसु के अनुरोध पर काशीनाथ तर्कवागीश ने सती प्रथा के पक्ष में एक पुस्तिका *'विधायक निषेधकेर सम्वाद'* 1819 में प्रकाशित की। यह पुस्तिका बिना किसी नाम से प्रकाशित हुई। राममोहन ने 1819 में ही इसके उत्तर में एक दूसरी पुस्तिका *'सहमरण विषये प्रवर्तक ओ निवर्तकेर द्वितीय सम्वाद'* और इसका अँगरेजी अनुवादः

'A second conference between an Advocate and an opponent of the practice of Burning widows alive' (Calcutta, Mission Press 1819) प्रकाशित किया।[23]

अँगरेजी अनुवाद का समर्पण To the most noble the Marchioness of Hastings.' अर्थात् बड़े लाट साहब लार्ड हेस्टिंग्स की पत्नी को जान-बूझकर किया गया समर्पण पृष्ठ की दूसरी ओर लिखा था : 'The following tract being the translation of a Bengalee essay, published sometime ago, as an appeal to reason in behalf of humanity I take the liberty to dedicate to YOUR LADY. SHIP for, to whose protection can any attempt to promote a benevolant purpose be with so much propriety committed ?[24] गवर्नर जनरल की पत्नी को किया गया समर्पण राममोहन की व्यवहार कुशलता का ही परिचायक था।

राममोहन ने काशीनाथ तर्कवागीश के तर्कजाल को एक से एक दलील देकर टुकड़े-टुकड़े कर दिया।

इस पुस्तक के प्रकाशन के काफी वर्षों बाद 1829 में राममोहन ने सतीदाह पर अन्तिम पुस्तिका लिखी। यद्यपि तब तक ब्रिटिश सरकार ने इस प्रथा पर रोक लगाने का फैसला कर लिया था, फिर भी इस पुस्तिका को लिखने के तात्कालिक कारण था *'समाचार चन्द्रिका'* में सतीप्रथा के पक्ष में प्रकाशित दो पत्र। इसके पश्चात् उनका अन्तिम लेख अँगरेजी में था जो उन्होंने ब्रिटिश पार्लियामेण्ट में पेश किया था।

1805 से 1830 तक पच्चीस वर्षों के दौरान ब्रिटिश सरकार ने किस प्रकार धर्म के नाम पर चलती इस नारी हत्या की प्रथा को बन्द किया यह एक लम्बा इतिहास है। अन्त में, 4 दिसम्बर 1829 को लार्ड बेन्टिक ने सतीप्रथा पर निषेधाज्ञा जारी करके इंग्लैण्ड में कम्पनी के डाइरेक्टरों के पास अपना फैसला लिख भेजा। इस घटना के बाद कुछ रूढ़िवादी हिन्दुओं ने एक बार फिर बड़े लाट साहब के पास आवेदन-पत्र भेजा। उसमें लिखा था— 'Some blasphemous persons whose minds are infected with atheism, misinterpret the meanings of text of several intelligent sages through their incompetence to understand the genuine construction of the law.'

कुछ विधर्मी लोग जिनका हृदय नास्तिकता के विष से जर्जरित है वे मुनि-ऋषियों द्वारा रचित शास्त्रों का गलत अर्थ लगाएँगे क्योंकि उनमें धर्म का मूल अर्थ समझने की शक्ति नहीं है।[25] यह था राममोहन और उनके साथियों पर सीधा आक्रमण।

बड़े लाट साहब ने इस अपील के उत्तर में लिखा कि उन्होंने सब कुछ समझ-बूझकर ही निषेधाज्ञा जारी की है और इस अपील को खारिज कर देना ही ब्रिटिश सरकार अपना परम कर्तव्य समझती है। यह उत्तर 14 जनवरी 1830 को सरकारी दफ्तर से भेजा गया।

सरकार की ओर से जो उत्तर मिला उसका अंश इस प्रकार है '.....have made it an urgent duty of the British Government to prevent the usage in support of which the petition has been preferred.'

....only confirmed the supposition that widows are not by the religious writings of the Hindoos commanded to destroy themselves. अर्थात् किसी भी हिन्दू शास्त्र में आत्महत्या का प्रावधान नहीं है।

उसी दौरान और भी प्रदर्शन हुए, जिनमें सरकार के सतीप्रथा विरोधी नीति का समर्थन किया गया। पहला था, कलकत्ते के ईसाई निवासियों की ओर से इस अपील पर आठ सौ लोगों के हस्ताक्षर थे और दूसरी अपील राममोहन और उनके सहयोगियों की ओर से पेश की गई। यह पत्र वस्तुतः राममोहन का लिखा हुआ था, जो टाउन हाल में 16 जनवरी 1830 को एक सभा बुला कर बड़े लाट साहब को अभिनन्दन-पत्र में रूप के पेश किया गया। इस पत्र में, इस महान कार्य के लिए हार्दिक कृतज्ञता का ज्ञापन किया गया।

अगले ही दिन राममोहन के विरोधी दल ने भी संस्कृत कालेज में एक सभा बुलाई और तय किया गया कि इंग्लैण्ड पार्लियामेण्ट के सामने अपनी अपील भेजेंगे। इस काल का विस्तृत विवरण यथास्थान दिया जाएगा।

सन्दर्भ और टिप्पणियाँ

1. Collet : पृ. 59 में राममोहन के कलकत्ता आने का वर्ष 1814 माना है। सम्पादकीय टिप्पणी में कहा गया है कि बाद में शोध कार्यों के आधार पर स्पष्ट है कि राममोहन नवम्बर 1815 से पहले कलकत्ता नहीं पहुँचे होंगे। (देखें पाद टीका)
2. मुखोपाध्याय : पृ. 78-79 के अनुसार 1814 के आसपास राममोहन ने दोनों मकान अँगरेज मालिकों से खरीदा था। वे मानिकतला के मकान में ही रहा करते थे।

3. Collet : पृ. 60. सम्पादकीय पाद टीका देखें।
4. मुखोपाध्याय : पृ. 82.
5. Collet : पृ. 101. सम्पादकीय टिप्पणी देखें। हरिहरानन्द हुगली जिला के पालपाड़ा गाँव के निवासी थे। साधु बनने के बाद वे जगह-जगह घूमते फिरे। रंगपुर में जाकर वे अपने बचपन के मित्र से फिर मिले। वे बाद में आत्मीय सभा की बैठकों में भाग लेते थे। तान्त्रिक संन्यासी होते हुए भी प्रगतिशील विचारों के पोषक थे। 1818 में उन्होंने सती प्रथा के विरुद्ध राममोहन का समर्थन किया था। उन्होंने *'कुलार्णव तन्त्र'* के नाम से *'महानिर्वाण तन्त्र'* की टीका प्रकाशित की थी। 1832 में उनकी बनारस में मृत्यु हुई।
6. मुखोपाध्याय : पृ. 82-83. *तत्त्वबोधिनी पत्रिका* से उद्धृत।
7. Collet : पृ. 98-99. सम्पादकीय टिप्पणी देखें।
8. Collet : पृ. 64. राममोहन की अँगरेजी रचनावली से उद्धृत।
9. Iqbal Singh : पृ. 126. इंग्लैण्ड में जे. एम. हेरिंगटन को लिखे पत्र में।
10. वही, पृ. 126
11. वही, पृ. 127.
12. वही, पृ. 128.
13. Collet : पृ. 104. सम्पादकीय टिप्पणी में (पृ. 103 में) योगेश चन्द्र बागाल के लेख *'The Origins Of The Hindu College'* से उद्धृत करते हुए आगे लिखा है कि अँगरेजी शिक्षा के लिए एक उच्च शिक्षा की संस्था की स्थापना का प्रस्ताव डेविड हेयर ने, राममोहन के घर पर मित्रों की छोटी-सी सभा में रखा गया था, जिसका समर्थन सभी उपस्थित व्यक्तियों ने किया।
14. Collet : पृ. 71-72. यह पत्र लन्दन से प्रकाशित *'Abridgment of the Vedant'* और *'Kena Upanishad'* की भूमिका में है, जिसका प्रकाशन 1817 में हुआ था। पत्र अवश्य ही 1816 के अन्तिम दिनों में या 1817 के आरम्भ में लिखा गया होगा। (सम्पादकीय टिप्पणी देखें)।
15. Collet : पृ. 72.
16. Iqbal Singh : पृ. 193.
17. वही, पृ. 193

18. वही, पृ. 194

19. Majumdar, J.K. : *'Rammohun Roy and Progressive movements in India'*. p. 116.

    'एशियाटिक जर्नल' के जुलाई 1819 के अंक में कलकत्ता के प्रतिष्ठित नागरिकों के द्वारा हस्ताक्षर युक्त एक आवेदन-पत्र जो गवर्नर जनरल को दिया गया था, प्रकाशित हुआ। मजूमदार के अनुसार यह आवेदन-पत्र सम्भवतः 1818 में पेश किया गया था। (पृ. 115)

20. Collet : पृ. 84.

21. Majumdar : पृ. 117-118.

21. Collet : पृ. 105-106.

22. वही, पृ. 113 *'इण्डिया गजट'* में प्रकाशित (27 मार्च 1818) 'हरिहरानन्द' के पत्र से।

23. मुखोपाध्याय : पृ. 318-319.

24. वहीं, पृ. 319 में उद्धृत।

25. वहीं. पृ. 321-322.

●

अध्याय—5

शास्त्रार्थ का युग–प्रथम चरण

एक बार फिर 1817 के काल में लौट आएँ। यह पहले ही कहा जा चुका है कि वेदान्त, उपनिषदों के अनुवाद, सती-प्रथा के विरुद्ध आन्दोलन ने राममोहन को वाद-विवाद और सामाजिक आन्दोलनों के बीच में खड़ा कर दिया था। जिन वेदों और शास्त्रों को ब्राह्मणों के सिवा किसी को पढ़ने या सुनने का अधिकार नहीं था, वही अब साधारण जनता के हाथों में आसानी से उपलब्ध था। रूढ़िवादियों के पैरों के नीचे से जमीन खिसकने लगी थी। दूसरी ओर सती-प्रथा के विरुद्ध आन्दोलन ने, जिसमें राममोहन ने तथाकथित शास्त्रों और उनके व्याख्याताओं को खुले आम चुनौती दी और जिसका आंशिक विवरण पिछले अध्याय में दिया जा चुका है। यहाँ तक कि गाली-गलौज और झूठे लांछन लगाना आरम्भ कर दिया। चारों ओर से राममोहन पर आक्रमण होने लगे। वस्तुतः राममोहन के लिए 1817 से 1824 का समय इन आक्रमणों से बचाव और प्रत्याक्रमण का काल था। इस काल में न जाने कितने ही पण्डितों और विद्वानों से वे पत्र, लेख, पुस्तिकाओं के प्रकाशन और शास्त्रार्थ सभाओं के द्वारा अपना आन्दोलन जारी रखे हुए थे। इस काल के पहले चरण में उनका संघर्ष हिन्दू रूढ़िवाद के खिलाफ़ था और दूसरे चरण में उन्होंने ईसाई धर्म प्रचारकों के विरुद्ध अपना आन्दोलन चलाए रखा। उनके प्रकाशनों और आन्दोलन की ख़बर देश के कोने-कोने में यहाँ तक कि इंग्लैण्ड, यूरोप और अमेरिका में फैलने लगी थी।

शास्त्रार्थ के इस दौर में सबसे पहला शास्त्रार्थ, जिसके बारे में बाद के शोधकर्त्ताओं ने खोज निकाला था वह था उनके अपने आत्मीय सभा के एक वरिष्ठ सदस्य उत्सवानन्द विद्यावागीश भट्टाचार्य के साथ। उत्सवानन्द वैष्णव पण्डित थे। बाद में, राममोहन के शिष्य और ब्रह्म समाज का मन्दिर स्थापित होने पर प्रमुख कार्यकर्ता बने।[1] उन्होंने अनेक तर्कों के द्वारा प्रतिपादित करने की कोशिश की कि राम मोहन के 'आत्मीय सभा' में जो एकेश्वरवाद और निराकार ब्रह्म के बारे में प्रचार होता है, वह शास्त्रसम्मत नहीं है। उत्सवानन्द विष्णु के भक्त थे इसी से उन्होंने पूरा प्रयत्न किया कि विष्णु ही भगवान का मुख्य स्वरूप हैं और इसी रूप की पूजा श्रेयस्कर है। राममोहन ने इसके उत्तर में शास्त्रों से उद्धृत करते हुए जो कुछ लिखा वह पहला

शास्त्रार्थ ग्रन्थ *'उत्सवानन्द विद्यावागीशेर सहित विचार'* 1816 में प्रकाशित हुआ इसकी प्रति, उत्सवानन्द का उत्तर और इसका प्रत्युत्तर ये तीनों पुस्तिकाएँ, श्री ब्रजेन्द्रनाथ बन्धोपाध्याय ने श्रीरामपुर कालेज पुस्तकालय में से ढूँढ़ निकाली थी।[2] ये बांग्ला लिपि में संस्कृत भाषा में है। उत्सवानन्द विद्यावागीश ने मई 1816 को कुछ प्रश्न अपने तर्क आत्मीय सभा में भिजवा दिए थे। प्रश्नों का उत्तर राममोहन ने संस्कृत में दिया था। यद्यपि पुस्तिकाओं में राममोहन राय का नाम नहीं है फिर भी यह स्पष्ट है कि इन पुस्तिकाओं के लेखक राममोहन ही हैं। कलकत्ता स्कूल बुक सोसाइटी के 1819-20 के वार्षिक विवरण के परिशिष्ट में देशी छापाखाना में मुद्रित पुस्तकों की तालिका में इन पुस्तिकाओं के नाम हैं और इनके लेखक का नाम राममोहन राय दिया हुआ हैं 19 नवम्बर 1816 के मद्रास कुरियर में राममोहन की पुस्तकों और कार्य पर एक प्रशंसात्मक सम्पादकीय टिप्पणी प्रकाशित हुई। इस सम्पादकीय की प्रतिक्रिया स्वरूप 26 दिसम्बर 1816 को उसी पत्रिका में एक तीव्र आलोचनात्मक लम्बा पत्र प्रकाशित हुआ। पत्र के लेखक थे मद्रास गवर्नमेण्ट कालेज के कोई अँगरेजी अध्यापक श्री शंकर शास्त्री। उन्होंने राममोहन के निराकार ब्रह्म की उपासना का उपहास करते हुए मूर्तिपूजा की पैरवी की। द्वैत और अद्वैत साधना की व्याख्या करते हुए अनुष्ठानों तथा धार्मिक रीति-रिवाजों के औचित्य की पैरवी करते हुए उन्होंने राममोहन की तीव्र आलोचना की। उन्होंने यहाँ तक कहा कि परब्रह्म या निराकार ब्रह्म की साधना से पहले देवी-देवताओं की पूजा या साधना ही सही रास्ता है।

राममोहन ने शंकर शास्त्री के पूरे पत्र को उद्धृत करते हुए एक सारगर्भित लेख "A Defence of Hindu Theism" हिन्दू ईश्वरवाद के पक्ष में, प्रकाशित किया। पत्र अँगरेजी में था तो राममोहन ने अँगरेजी में ही इसका उत्तर दिया। लेख के आरम्भ में ही क्षमा माँगते हुए यह लिखा कि दुख का विषय है कि हिन्दू धर्म पर वाद-विवाद उन्हें विदेशी भाषा में करना पड़ रहा है। इस पुस्तक में शंकर द्वारा उठाए गए सभी आपत्तियों का एक-एक करके शास्त्रीय तरीके से खण्डन किया। वैसे शंकर शास्त्री नामधारी व्यक्ति वस्तुतः कोई भारतीय था या छद्मवेशी कोई अँगरेज, इस बारे में सन्देह की गुंजाइश रही है। शंकर शास्त्री का पत्र पढ़कर राममोहन को सन्देह हुआ कि यह किसी अँगरेज छद्मनाम धारी व्यक्ति का लिखा हुआ होगा।

> "The letter is the production of an Englishman, whose literality, I suppose, has induced him to attempt an apology even for the absurd idolatry of his fellow creatures."

लेख में राममोहन ने प्रकृति में किस प्रकार ईश्वर का विश्वास दीख पड़ता है इसकी व्याख्या की है।

विद्वान सज्जन के इस कथन से, अदृश्य सर्वशक्तिमान परमात्मा के बारे में ज्ञान प्राप्त करने की असुविधाओं को पिछले कुछ श्लोकों में स्पष्ट किया गया है, से मैं सहमत हूँ। मेरे विचार में ईश्वरीय प्रकृति के बारे में ज्ञान प्राप्त करना कठिन ही नहीं, असम्भव-सा है। लेकिन मैं साहस के साथ कह सकता हूँ कि साधारण बुद्धिसम्पन्न और पूर्वाग्रह मुक्त मनुष्य के लिए सर्व-शक्तिमान ईश्वर की सत्ता को प्रकृति में खोज पाना कठिन नहीं। लेकिन यह सोचना कि कृत्रिम मूर्तियाँ मानवीय या ईश्वरीय गुणों से युक्त हो सकती हैं जैसा कि मूर्तिपूजक अकसर अपनी देवी-देवताओं की मूर्तियों के बारे में आरोपित करते हैं और आश्चर्यजनक रूप से विश्वास करते हैं कि गढ़ी हुई मूर्तियाँ धर्मानुष्ठानों के द्वारा संसार के निर्माता का स्थान ले सकती हैं—यह विचार युक्तिसंगत नहीं लगता।[3]

मूर्तिपूजा का विरोध करते हुए राममोहन ने आगे तर्क दिया कि जो निराकार का ध्यान करने में असमर्थ हैं उनके लिए शास्त्रों में साकार पूजा की व्यवस्था है लेकिन सारे मानव जाति में ऐसी कोई व्यवस्था है, यह सत्य नहीं। मुसलमानों में धनी-दरिद्र विद्वान-मूर्ख, यूरोप के प्रोटेस्टेण्ट ईसाई, भारत के कबीरपन्थी और नानक पन्थी सिख, सभी मूर्ति के बिना ही ईश्वर की पूजा करते हैं।[4]

शंकर शास्त्री यदि अँगरेज न भी रहे हों तो भी कैथलिक-ईसाई अवश्य थे, इसी से उन्होंने मूर्तिपूजा का समर्थन किया।[5] इसी सिलसिले में एक और घटना का विवरण देना प्रासंगिक होगा। कुछ विद्वानों का मत है। इस पत्र के लेखक और कोई नहीं, 'मदरास लिटरेरी सोसाइटी' के श्री एलिस थे। एलिस महोदय ने राममोहन पर वैदिक शास्त्रों की ठीक व्याख्या न करने और साहित्यिक जालसाजी का आरोप लगाया। 6 अगस्त 1817 को कलकत्ते के एशियाटिक सोसाइटी की एक सभा में एलिस साहब की ओर से एक लेख पढ़ा गया। इस लेख में एलिस साहब ने आरोप लगाया कि राममोहन ने दक्षिण भारत के किसी प्रक्षिप्त वेद ग्रन्थों के आधार पर वेदान्त की व्याख्या आदि प्रचारित की है। 'कलकत्ता मंथली जर्नल' के अगस्त 1817 के अंक में सभा में पढ़े गए लेख के बारे में रिपोर्ट छपी।[6] विवरण संक्षेप में कुछ इस प्रकार है:

1778 में पेरिस से वेदों के बारे में एक पुस्तक *'L Ezour Vedam'* प्रकाशित हुई । यह यह भारतीय विद्वानों द्वारा वेदों की व्याख्या का संस्कृत से फ्रांसीसी भाषा में अनुवाद था। लेकिन बाद की खोजों से ज्ञात हुआ पुस्तक जाली है और किसी ईसाई मिशनरी ने लिखी है। एलिस साहब ने यह भी बताया कि इस पुस्तक के हस्तलेख की प्रतिलिपि पाण्डिचेरी के कैथोलिक मिशनरियों के पास है। इसके अतिरिक्त कुछ और हस्तलेख भी हैं जिन सबका उद्देश्य हिन्दुओं के प्रचलित विश्वासों का खण्डन करना है। स्थानीय ईसाइयों का मत है, ये ईसाई पादरी Robertus de Nobilibus

के लिखे ग्रन्थ हैं। यह व्यक्ति हिन्दुओं और ईसाइयों में अपनी विद्वत्ता के लिए परिचित था। शायद इन ग्रन्थों की नकल और फ्रांसीसी अनुवाद ही पेरिस से प्रकाशित हुआ क्योंकि विषय वस्तु में भारी मेल है। इधर राममोहन के लेख भी धार्मिक विषयों पर उक्त ईसाई पादरी के विचारों से मिलते-जुलते हैं।

राममोहन पर विषयवस्तु और विचारों की चोरी का एलिस साहब का आरोप चाहे तर्क के आधार पर ठहरता न हो फिर भी यह स्पष्ट है कि मुख्य उद्देश्य राममोहन को बदनाम करना ही था। लेकिन 'Calcutta Monthly Journal' के अंक में राममोहन के पक्ष का समर्थन करते हुए और एलिस साहब के आरोपों का खण्डन करते हुए एक लेख प्रकाशित हुआ। इसमें स्पष्ट किया गया कि राममोहन का उद्देश्य हिन्दू धर्म सिद्धान्तों का खण्डन नहीं बल्कि हिन्दू धर्म के वास्तविक सिद्धान्तों को सही शब्दों में प्रस्तुत करना है जो एकेश्वरवाद पर आधारित है।[7]

शास्त्रार्थ का यह केवल आरम्भ मात्र था। 'मद्रास कुरियर' के पत्र के प्रकाशन के कुछ ही महीनों के फोर्ट विलियम कॉलेज के हेड पण्डित मृत्युञ्जय विद्यालङ्कार[8] ने बांग्ला और अँगरेजी में 'वेदान्त चन्द्रिका' और *'An Apology for the Present System of Hindu Worship'* के नाम से 1817 में एक पुस्तिका प्रकाशित की। इसमें राममोहन के विचारों की तीव्र समालोचना थी। इस लेख में कटु समालोचना के अलावा उपहास और व्यंग का सहारा लिया गया। राममोहन भला चुप रहने वाले कहाँ! उन्होंने एक काफी लम्बा उत्तर 'भट्टाचार्येर सहित विचार' प्रकाशित किया। इसका अँगरेजी संस्करण *'A Second Defence of the Monotheistical System of the Vedas'* भी प्रकाशित किया गया। इस लेख में उन्होंने और अधिक विद्वत्तापूर्ण तर्क पेश किए। कटूक्ति और व्यंग्य के बारे में उन्होंने लिखा 'हम लोगों के बारे में जो व्यंग्य, उपहास और कटूक्तिपूर्ण दोषारोपण भट्टाचार्य महोदय ने किया है उनका उत्तर न देने का कारण केवल इतना ही है कि परमार्थिक विषयों पर विचार करते समय कटूक्ति का प्रयोग उचित नहीं है। दूसरे, हम लोगों में ऐसी रीति नहीं है कि कटूक्ति के द्वारा कोई शास्त्रार्थ में जीत जाये। इसलिए मैं भट्टाचार्य की कटूक्तियों का उत्तर न देने का अपराधी हूँ।[9] राममोहन ने इस लेख में यह प्रतिपादित किया कि सम्पूर्ण हिन्दू शास्त्रों के अनुसार ब्रह्मोपासन ही श्रेष्ठ उपासना का स्वरूप है। *'वेदान्त चन्द्रिका'* में मुख्यतः मूर्तिपूजा और परम्पराओं का समर्थन किया गया था। यद्यपि पुस्तक के शीर्षक से लगता है मानो पुस्तकवेदान्त विषयक होगी। लेकिन पुस्तक में ऐसा कुछ नहीं है। तर्क इसी बात पर जुटाए गये हैं कि हिन्दू धर्म और समाज में प्रचलित धार्मिक रीति-रिवाज और संस्कार जैसे के तैसे कायम रखे जायें। मूर्तिपूजा के पक्ष में विद्यालङ्कार महोदय ने कई तर्क पेश किए जिनमें मुख्य तर्क यह था— यह सब परम्परा सिद्ध है और प्राचीनकाल से चला आ रहा है। इस तर्क के उत्तर में राममोहन ने लिखा कि प्राचीनकाल की अपेक्षा आधुनिक काल में मूर्तिपूजा का प्रचार

अधिक हुआ है। अधिकतर मन्दिरों का निर्माण पिछले सौ वर्षों में ही अधिक हुआ है। प्राचीनकाल में बहुत थोड़े मन्दिर थे। वस्तुतः देश में जब धन की वृद्धि होती है और ज्ञान का अभाव हुआ है वहीं परमार्थ की साधना शास्त्रीय ढंग से न होकर संस्कारों और लोकाचारों में बदल जाती है।

राममोहन ने *'भट्टाचार्येर सहित विचार'* का अँगरेजी अनुवाद विदेशी पाठकों के लिए *'A Second Defence of the Monotheistical System of the Vedas'* प्रकाशित किया था। ग्रन्थ में विज्ञापन में लिखा था For my Europeans readers I have thought it advisable to make some additional remarks to those contained in the Bengali publication which, I hope will tend to make my arguments more clear and intelligible to them than a bare translation would do.'[10]

अँगरेजी अनुवाद करने का मुख्य कारण यूरोपीय ईसाई पादरियों को हिन्दू धर्म के मूल तत्त्वों के बारे में सूचित करना था।

राममोहन के पक्ष का समर्थन करते हुए उनके ही शिष्य और मित्र ब्रजमोहन मजूमदार ने *'ब्रह्म पौत्तलिक सम्वाद'* नामक एक पुस्तिका 1820 में प्रकाशित की। ब्रजमोहन के घर पर 'आत्मीय सभा' की बैठकें हुआ करती थीं राममोहन पर जब चारों ओर से हमले शुरू हुए तो स्वाभाविक था कि उनके शिष्य उनका पक्ष समर्थन करते। इस पुस्तिका के रचयिता के बारे में कुछ विद्वानों का विचार है कि यह राममोहन का ही लिखा हुआ था जो उन्होंने ब्रजमोहन के नाम से प्रकाशित किया। पादरी लांग साहब की बांग्ला पुस्तकों की जो तालिका बनाई थी इसमें उस पुस्तक का लेखक राममोहन ही बताया गया है। राममोहन अकसर छद्मनाम से अपने लेखादि प्रकाशित करते थे। आश्चर्य नहीं कि इस पुस्तिका की रचना में राममोहन का हाथ रहा हो। इस पुस्तिका का अँगरेजी अनुवाद Deocar Schmidt नामक एक जर्मन विद्वान ने किया। शिमड् के साथ राममोहन का परिचय था। ग्रन्थ के अँगरेजी अनुवाद में उन्होंने राममोहन का सहयोग लिया था।[11] इस पुस्तक की भूरि-भूरि प्रशंसा करते हुए श्रीरामपुर के पादरियों की पत्रिका ' The Friend of India' (दिसम्बर 1820) ने लिखा—

'It is masterly exposure by a native, of the absurdities of the present Hindoo System....What European could have written a work equally delicate and equally..in its application?...... a native of India has been capable of producing so masterly a treatise by the pure force of unassisted genius.'[12]

इसके अलावा अकसर छोटे-मोटे धार्मिक वादानुवाद या शास्त्रार्थ चलते रहते। पण्डित शिवनाथ शास्त्री ने अपने *ब्रह्म समाज के इतिहास* में इन वादानुवादों का

सुन्दर विवरण कुछ इस प्रकार दिया हैः

कभी-कभी 'आत्मीय सभा' की बैठकों में दिलचस्प वादानुवाद या शास्त्रार्थ चलते रहते जिसमें बड़ी संख्या में लोग रुचि लेते थे। इनमें सबसे प्रमुख बैठक जो दिसम्बर 1816 में बड़ा बाजार के बिहारी लाल चौबे के घर पर हुई।[13] एक विद्वान तमिल (मद्रासी) पण्डित सुब्रह्मण्य शास्त्री जी अपनी विद्वत्ता के लिए प्रसिद्ध थे एक बड़ी सभा के सामने, जिसकी अध्यक्षता कट्टरपन्थी हिन्दुओं के अगुआ राधाकान्त देव जैसे विशिष्ट नागरिक कर रहे थे, के सामने राममोहन को शास्त्रार्थ के लिए ललकारा गया। राममोहन ने चुनौती को स्वीकार कर लिया। शास्त्रार्थ काफी लम्बा चला। अन्त में राममोहन ने विपक्षियों को पूरी तरह परास्त कर दिया। इस शास्त्रार्थ में उन्होंने अपने दलीलों के पक्ष में वेदों, उपनिषदों और दूसरे शास्त्रों से उद्धरण पेश किए।

सुब्रह्मण्य शास्त्री को दिया गया उत्तर, चार भाषाओं संस्कृत, बांग्ला, हिन्दी और अँगरेजी में प्रकाशित हुआ।[14] सुब्रह्मण्य शास्त्री के साथ हुए शास्त्रार्थ की पुस्तके कोई चार साल बाद 1820 ई0 में प्रकाशित हुई थी। घटना कुछ इस प्रकार थी : शास्त्री जी इस शास्त्रार्थ के बाद स्वदेश लौट गए थे। वहाँ से उन्होंने कलकत्ते के ब्राह्मण वर्ग को एक पत्र लिखा था। उसका कुछ अंश इस प्रकार है : 'वेदाध्ययन से ही व्यक्तियों को स्वर्ग या मोक्ष प्राप्त नहीं हो सकता और जिस व्यक्ति ने वेदों का अध्ययन किया है उसे ही केवल ब्रह्मविद्या का अधिकार है...एवं ब्रह्मज्ञान उत्पन्न होने से पूर्व वेदोक्त एवं स्मृति-उक्त कर्म आवश्यक हैं।'[15] पत्र संस्कृत भाषा में था और राममोहन ने इसका उत्तर भी संस्कृत में ही दिया और बाद में बांग्ला, अँगरेजी और हिन्दी में प्रकाशित किया। राममोहन ने सुब्रह्मण्य शास्त्री के प्रत्येक तर्क ब्रह्मसूत्र के शंकर भाष्य से उदाहरण देते हुए खण्डन किया। अँगरेजी अनुवाद का शीर्षक है :

"An Apology for the pursuit of final beatitude independently of Brahmanical observances' जो 1820 में प्रकाशित हुआ।

इसके अलावा इसी काल में एक चैतन्यपन्थी गोस्वामी के साथ भी शास्त्रार्थ चला। गोस्वामी जी ने वैष्णव धर्म का पक्ष लेकर कोई ग्यारह-बारह पृष्ठों का एक लम्बा पत्र राममोहन के पास भेजा। पत्र में उन्होंने अपना वास्तविक नाम नहीं दिया। गोस्वामीजी का असली नाम सम्भवतः 'रामगोपाल शर्मा' था।[16] कैलकटा स्कूल बुक सोसाइटी की पुस्तकों की तालिका में इस नाम का उल्लेख पाया जाता हैं। गोस्वामीजी ने शास्त्रों का मन्थन करके मूर्तिपूजा के पक्ष में दलील पेश की। उनका मुख्य तर्क था कि भागवत पुराण वेदान्तसूत्र का भाष्य ही है। राममोहन ने अपना उत्तर बहुत पाण्डित्यपूर्ण ढंग से दिया। बाद में यह *'गोस्वामीर सहित विचार'* शीर्षक से प्रकाशित हुआ। *भागवत पुराण* वेदान्त का भाष्य नहीं हो सकता, यह तर्क उन्होंने सशक्त ढंग

से प्रस्तुत किया। राममोहन ने कहा कि भागवत पुराण के बारे में विद्वानों में मतभेद पाया जाता है। इस पुस्तिका में राममोहन ने भागवत पुराण और शंकराचार्य के अद्वैतवाद का विस्तृत विवेचन किया है।

एक और महत्त्वपूर्ण शास्त्रार्थ पण्डित कविताकार के साथ हुआ। राममोहन ने *'कविताकारेर सहित विचार'* ग्रन्थ में शास्त्रीय प्रमाणों के आधार पर प्रमाणित करने का प्रयास किया, कि सर्वव्यापी परमेश्वर का ज्ञान श्रमण और मनन द्वारा ही होना चाहिए। वर्णाश्रम व्यवस्था इस प्रकार की साधना में सहायक हो सकती है लेकिन ऐसा होना आवश्यक नहीं।

कविताकार ने यहाँ तक लिखा था कि राममोहन के विचारों और ग्रन्थों के प्रकाशन से देश में अकाल और महामारी का प्रकोप हो रहा है। कुछ ऐसा हुआ कि 1817 में कासिम बाजार इलाके में महामारी के प्रकोप से इलाके के लोग गाँव और शहर छोड़कर भाग खड़े हुए थे। जसौर इलाके में प्लेग का प्रकोप फैला था। इसी से कविताकार इस निष्कर्ष पर पहुँचे कि राममोहन के धर्म विरुद्ध आचरण ही इन प्राकृतिक प्रकोपों का कारण है।

कविताकार ने यह भी आरोप लगाया कि राममोहन यवन और म्लेच्छों की तरह पहनावा पहनकर राजदरबार में जाते हैं। एक और मुख्य आरोप था कि राममोहन धार्मिक पुस्तकें छपवाकर बँटवाते हैं। यहाँ तक कि पाखण्डी, नास्तिक तथा अन्य विशेषणों से भूषित किया। इसके उत्तर में शास्त्र से उद्धृत करते हुए राममोहन ने कहा था कि वे पुस्तकों का प्रचार शास्त्रों के आज्ञानुसार ही कर रहे हैं :

वेदार्थ यज्ञशास्त्राणि धर्मशास्त्राणि चैव हि।
मूल्येन लैखायित्वा यो दद्यादेति सवै दिवं।।

अर्थात् जो व्यक्ति वेदार्थ, यज्ञशास्त्र और धर्मशास्त्र अपने व्यय पर लिखवाकर दान करते हैं, वह स्वर्ग प्राप्त करता है।

राममोहन के लिए इन आरोपों और गाली-गलौज का उत्तर देना बाएँ हाथ का खेल था। उन्होंने उत्तर देते हुए अन्तिम पंक्तियों में लिखा— 'हे परमेश्वर कविताकार को आत्मा और अनात्मा को समझने की बुद्धि दो, तभी कविताकार समझेंगे कि हम लोग उनके आत्मीय हैं या अनात्मीय।

इस खण्डन-मण्डन के शास्त्रीय तर्कयुद्ध के अलावा राममोहन इस काल में अपने विचारों के प्रचार में लगे रहे। कितनी ही बाधाएँ आईं लेकिन उन्हें अपने लक्ष्य से विचलित न कर सकीं। उनका शास्त्रार्थ और विचार विनिमय बराबर अपने अनुयायियों, भक्तों, मित्रों और विरोधियों के साथ चलता रहा। यही उनकी प्रमुख

दिनचर्या थी। अपनी जमींदारी और व्यावसायिक कार्यकलापों के अलावा वे इन धार्मिक और सामाजिक सुधारों की ओर ही लगे रहते।

सन्दर्भ और टिप्पणियाँ

1. मुखोपाध्याय : *राममोहन ओ तत्कालीन समाज ओ साहित्य* (बांग्ला) पृ. 254.
2. वही : पृ. 254. फुटनोट में ब्रजेन्द्रनाथ बन्द्योपाध्याय के राममोहन (पृ. 83) से उद्धृत करके बताया गया है कि ये पुस्तिकाएँ 'संस्कृत प्रेस' से 1816 में प्रकाशित हुई। श्रीरामपुर कॉलेज के पुस्तकालय में ये पुस्तिकाएँ उपलब्ध हैं।
3. वही : पृ. 268. राममोहन के *'A Defence of Hindoo Theism in Reply to an Attack of an Advocate for ldolatry at Madras.'* से उद्धृत।
4. वही : पृ. 268.
5. वही : पृ. 268
6. Majumdar : *'Progressive movements in India.'* पृ. 6-8. दस्तावेज नं. 4, राममोहन पर साहित्यिक जालसाजी का आरोप लगाया गया है।
7. वही : पृ. 8 दस्तावेज नं. 5, जिसमें राममोहन के पक्ष का समर्थन किया गया। दोनों लेख *'Calcutta Monthly Journal'* के अगस्त 1817 के अंक में प्रकाशित हुए थे।
8. Collet : *'Raja Rammohun Roy'* : पृ. 73. सम्पादकीय पाद टीका देखें। मृत्युञ्जय विद्यालङ्कार फोर्ट विलियम कॉलेज में कोई पन्द्रह वर्ष कार्यरत रहे (1801-1816) बाद में सुप्रीम कोर्ट के पण्डित नियुक्त हुए। ये अपने समय के बांग्ला और संस्कृत के प्रकाण्ड पण्डित थे। आधुनिक बांग्ला गद्य के निर्माताओं में राममोहन के साथ उनका नाम भी लिया जाता है।
9. मुखोपाध्याय : पृ. 258.
10. वही : पृ. 259-60. राममोहन के अँगरेजी से उद्धृत।
11. वही : पृ. 263. इस पुस्तक का एक और अनुवाद W. Morton ने 1843 में प्रकाशित किया था।

12. वही : पृ. 263. Stephen Hay की पुस्तक *'A Tract against the Prevailing System of Hindoo ldolatry'* से उद्धृत। लेखक ने टिप्पणी करते हुए आगे लिखा है राममोहन ने *'Precepts of Jesus'* लिखा। उस समय पादरी मार्शमैन ने राममोहन को *'Heathen'* काफिर या मूर्तिपूजक की संज्ञा दी थी।

13. Collet : पृ. 104. सम्पादकीय टिप्पणी में डॉ. हजारीप्रसाद द्विवेदी के एक लेख 'हिन्दी भाषाय राममोहन' से उद्धृत करते हुए लिखा है कि बिहारी लाल चौबे, भारतेन्दु हरिश्चन्द्र के सहयोगी हिन्दी कवि थे। प्रभात कुमार मुखोपाध्याय की पुस्तक में बिहारी लाल दुबे और बिहारीलाल चौबे दोनों नाम प्रयुक्त हैं।

14. Collet : पृ. 104.

15. मुखोपाध्याय : पृ. 253.

16. वही : पृ. 269.

•

अध्याय—6

शास्त्रार्थ का नया दौर–ईसाई पादरियों के साथ

इस तथ्य को मानने के पर्याप्त प्रमाण उपलब्ध हैं कि उन्नीसवीं सदी के पहले दशक में ही, श्रीरामपुर के बैप्टिस्ट मिशन के संस्थापक, संस्कृत और दूसरे भारतीय भाषाओं के पण्डित पादरी विलियम केरी से राममोहन का परिचय फोर्ट विलियम कालेज के माध्यम से हुआ।[1] केरी उन दिनों कालेज के अध्यापक थे। साथ ही कालेज के कई दूसरे अध्यापकों पण्डित और मौलवियों से राममोहन की घनिष्ठता के भी प्रमाण मिलते हैं। श्रीरामपुर के बैप्टिस्ट मिशन के पादरी ईसाई धर्म के प्रचार के लिए भारतीय और प्राच्य भाषाओं के अनुशीलन पर जोर दे रहे थे। राममोहन के संस्कृत, अरबी और फ़ारसी के ज्ञान और साथ ही अँगरेजी भाषा पर अधिकार ने, उनके मूर्तिपूजा विरोध और एकेश्वरवादी विचारों, ने अवश्य ईसाई पादरियों को उनकी ओर आकृष्ट किया होगा। राममोहन ने ईसाई धर्म दर्शन पर कब से अनुसन्धान आरम्भ किया, यह जानना सम्भव नहीं फिर भी अनुमान लगाया जा सकता है कि 1801 से 1807 के बीच केरी साहब द्वारा सम्पादित 'न्यू टेस्टामेण्ट' और 'ओल्ड टेस्टामेण्ट' के बांग्ला अनुवाद राममोहन ने अवश्य पढ़े होंगे। बैप्टिस्ट चर्च के अलावा एंग्लिकन चर्च के विशप मिडिलटन के साथ उनका सम्बन्ध 1814 के आस-पास स्थापित हो चुका था। 1815-16 तक राममोहन पण्डित और विद्वान के रूप में पूरी तरह प्रसिद्ध हो चुके थे इसलिए श्रीरामपुर मिशनरी के पादरियों के बीच उनकी खासी प्रतिष्ठा थी। सुप्रसिद्ध पादरी और संस्कृत विद्वान विलियम येट्स के अगस्त 1816 के एक पत्र के कुछ अंश का अनुवाद उद्धृत करना प्रासंगिक होगा :[2]

> "कोई एक वर्ष हुआ उनसे मेरा परिचय हुआ है। इससे पूर्व उनका शायद ही किसी से परिचय रहा हो, जो उनकी आत्मिक शान्ति की परवाह करता। .... वे एक बार श्रीरामपुर आए थे और कुछ ही हफ्तों में फिर आने का वादा कर गए हैं। उन्होंने ऑस्टेस (केरी) को स्कूल के लिए जमीन का टुकड़ा देने की पेशकश की थी...." ऑस्टेस केरी, विलियम केरी के भतीजे थे।[3]

श्रीरामपुर मिशन के 1816 के कार्य विवरण पुस्तिका (पीरियोडिकल अकाउन्ट) में राममोहन के बारे में जो विवरण है उससे राममोहन को एक ओर संस्कृत और फ़ारसी का विद्वान कहा है तो दूसरी ओर अँगरेजी और पश्चिमी ज्ञान-विज्ञान का ज्ञाता बताया गया था। विवरण इस प्रकार है :

"राममोहन राय कलकत्ते के धनी, ब्राह्मण और श्रद्धेय संस्कृत विद्वान हैं। फ़ारसी में इतने पारंगत हैं कि मौलवी राममोहन राय के नाम से मशहूर हैं। अँगरेजी शुद्ध लिखते हैं और अँगरेजी में विज्ञान और धार्मिक पुस्तकें सरलतापूर्वक पढ़ लेते हैं। इन्होंने एक दो दार्शनिक ग्रन्थों का संस्कृत से बांग्ला में अनुवाद किया है। वे आशा करते हैं कि इन ग्रन्थों के द्वारा वे देशवासियों को मूर्तिपूजा परित्याग करने में प्रेरित कर सकेंगे।

.... इस समय वे केवलमात्र ईश्वर उपासक हैं, और ईसा मसीह के प्रशंसक भी, लेकिन प्रायश्चित्त के बारे में तनिक भी चिन्तित नहीं। उन्होंने अपना धर्म नहीं छोड़ा है इसी से हिन्दू धनी परिवारों में बिना बाधा के आते-जाते हैं। वे बहुत सदाचारी कहे जाते हैं, लेकिन रूढ़िवादी हिन्दू उन्हें चरित्रहीन पापी समझते है।"[4]

इस व्यक्ति के बारे में श्री येट्स ने अगस्त 1816 के पत्र में जिसका हवाला ऊपर दिया जा चुका है लिखा था... "वे ऑस्टेस् (केरी) के घर आए थे, और पारिवारिक प्रार्थना सभा में शामिल होकर बहुत ही प्रसन्न हुए। ऑस्टेस् ने उन्हें डॉ. वाट की भजनावली की प्रति भेंट की । राममोहन ने कहा था कि वे इस पुस्तक को हमेशा अपने हृदय से लगाए रखेंगे।"

राममोहन अकसर धार्मिक विषयों पर आलोचना करने और आयोजित परिचर्चा में भाग लेने के लिए श्रीरामपुर जाया करते थे। यहीं उनका परिचय पादरी एडम, येट्स और मार्शमैन से हुआ। लेकिन राममोहन ने जब 1820 में *'The Precepts of Jesus'* के शीर्षक से ईसा के नीति वचनों का संकलन प्रकाशित किया तो यह मित्रता भारी वाद-विवाद में बदल गई। इस वाद-विवाद से सिलसिले में प्रमुख प्रकाशन और तिथियों का ब्यौरा इस प्रकार है :

1820 में *'प्रिसेप्टस आफ जीसेस'* का प्रकाशन।

1820 श्रीरामपुर मिशन की पत्रिका 'फ्रेण्ड आफ इण्डिया' में (फरवरी 1820) पुस्तक की आलोचना और सम्पादकीय टिप्पणीय प्रकाशित।

1820 इस आलोचना के उत्तर में राममोहन की ईसाई जनता के नाम पहली अपील *'An Appeal to the Christian Public'* का प्रकाशन।

1820 'अपील' का तीव्र विरोध करते हुए डॉ. मार्शमैन द्वारा 'फ्रेण्ड आफ इण्डिया' में लेख प्रकाशित।

1821 मार्शमैन का उत्तर देते हुए दूसरी अपील *'Second Appeal to the Christian Public'* का प्रकाशन ।

1821 मार्शमैन द्वारा 'फ्रेण्ड आफ इण्डिया' में विस्तृत आलोचना।

1823 राममोहन द्वारा अन्तिम अपील *'Final Appeal to the Christian Public'* का प्रकाशन।[5]

इस घटना के साथ हम राममोहन के जीवन और कार्यकलापों को एक नये परिदृश्य में देखा जा सकता है। उन्होंने 1817 में जॉन डिगबी को पत्र में लिखा था कि अपने सत्त अनुसन्धान और शोध से वह निर्णय पर पहुँचे हैं कि यीशू मसीह की धर्मशिक्षा मानव आचार-संहिता के लिए सबसे उपयुक्त हैं। बाइबिल को उसके मूल रूप में पढ़ने के लिए उन्होंने पूर्ण लगन और अध्यवसाय के साथ ग्रीक और हिब्रू भाषाओं का भी अध्ययन किया।[6] पादरी येट्स ने अपने संस्मरण में राममोहन के ग्रीक और लैटिन भाषा के ज्ञान का उल्लेख किया है।[7] भाषा ज्ञान कितना गहन था इस पर मतभेद हो सकता है किन्तु यह तय है उनके अपने कार्य के लिए पर्याप्त था। इन गहन अध्ययन का नतीजा था कि 1820 में उन्होंने *"The Precepts of Jesus, a guide to peace and happiness; extracted from the books of the New Testament, ascribed to the four Evangelists, with translations into Sanskrit and Bengali"* का प्रकाशन किया।

यह ईसामसीह के नीति वचनों का संग्रह था। राममोहन ने यह पुस्तक ईसाई धर्म की विशेषताओं से परिचित कराने के लिए लिखा था। इसको लिखते समय उनको 'ओल्ड टेस्टामेण्ट' के लिए हिब्रू और 'न्यू टेस्टामेण्ट' के लिए ग्रीक भाषा का गहरा अध्ययन करना पड़ा। यद्यपि वे स्वयं अपनी योग्यता की सीमाओं को पहचानते थे और यह उनके लिए गौरव का विषय था कि वे इस पुस्तक को लेकर ईसाई दुनिया के सामने साहस के साथ खड़े हो सके। इस पुस्तक के प्रकाशन के साथ ही ईसाई मिशनरियों के बीच में खलबली मच गई। भला एक देशी हिन्दू के द्वारा ईसाई धर्म, जो कि राजधर्म था, पर किसी पुस्तक को भला वे कैसे सहन कर सकते थे? राममोहन पर इस बार ईसाई पादरियों का हमला आरम्भ हो गया। राममोहन ने अपनी पुस्तक ईसा मसीह के नीति वचनों में मुख्यतः नैतिक शिक्षाओं का संकलन किया था क्योंकि उस समय भी ईसाई धर्म के अन्दर धर्म की कई रीतिरिवाजों और मान्यताओं के बारे में आपसी मतभेद थे। इसी से राममोहन ने इस पुस्तक की भूमिका में अपने उद्देश्य को स्पष्ट किया है :

> " I confine my attention at present to the task of laying before my fellow creatures the words of Christ, with a translation from English into Sanskrit and the language of Bengal. I feel persuaded that by seperating from the other matters in the New Testament, the moral precepts will be more likely to produce the desirable effect of improv-

ing the hearts and minds of men of different persuasion and degrees of understanding."[8]

—अर्थात् इस समय मेरा ध्यान केवल अपने लोगों के लिए ईसा मसीह के उपदेशों का अँगरेजी से संस्कृत और बांग्ला में अनुवाद करने में लगा है। मुझे पूर्ण विश्वास है कि न्यू टेस्टामेण्ट से अन्य विवरण पृथक् करके केवल नीति-वचनों का प्रभाव हृदय और मस्तिष्क की उन्नति में अधिक सहायक होगा।

उन्होंने यह भी लिखा कि उनके विचार अनुसार ईसाई धर्म विशेषतः ईसामसीह की शिक्षा, नैतिकता के मूल्यों पर अधिक खरे उतरते हैं, और बौद्धिक स्तर पर सर्वथा उपयुक्त जँचते हैं। यद्यपि उन्होंने इस पुस्तक की रचना मन की शान्ति और सुख की प्राप्ति के लिए किया था लेकिन इसके विपरीत उन्हें वाद-विवाद का सामना करना पड़ा। भूमिका और उपशीर्षक में यथा प्रस्तावित संस्कृत और बांग्ला के अनुवाद शायद कभी प्रकाशित नहीं हो पाए। यदि हुए भी होंगे तो प्रतियाँ आज तक उपलब्ध नहीं हो सकीं। मिस कोलेट ने शायद ठीक ही अन्दाजा लगाया था कि राममोहन के मन में ये अनुवाद प्रकाशित करने की इच्छा रही होगी लेकिन उनकी आशा शायद पूरी न हो सकी।[9] इसी बीच वे भारी वाद-विवाद में पूरी तरह डूब गए। लगभग इसी समय के आसपास सती प्रथा के विरोध में उनका *'सहमरण विषये प्रवर्त्तक निवर्तकेर द्वितीय सम्वाद'* का प्रकाशन भी हुआ। राममोहन एक ओर हिन्दू रूढ़िवादियों और दूसरी ओर ईसाई पादरियों के साथ एक ही समय में जूझ रहे थे। उनके ईसाई मित्र मुँह फुलाकर बैठ गए और ईसाई मिशनरी विशेषतः श्रीरामपुर के बैप्टिस्ट मिशन के पादरी उनके विरोधी बन बैठे। उन्होंने इस प्रकाशन को उनके अपने अधिकार क्षेत्र में हस्तक्षेप समझा। पुस्तक का प्रकाशन बैप्टिस्ट मिशन प्रेस से ही हुआ था। इस पुस्तक की समालोचना तत्काल ही बैप्टिस्ट मिशन की पत्रिका 'फ्रेण्ड ऑफ इण्डिया' में फरवरी 1820 में प्रकाशित हुआ। यद्यपि यह लेख छद्म नाम से प्रकाशित हुआ था लेकिन बाद की खोजों के आधार पर यह सिद्ध हो गया कि इस आलोचना के लेखक मिशन के पादरी Rev. Deocar Schmidt थे। पादरी शिमड जाति के जर्मन थे और जेना विश्वविद्यालय के विद्यार्थी रह चुके थे। बाद में लन्दन आकर 'चर्च मिशनरी सोसाइटी' के सदस्य बने। लन्दन में ही उन्होंने राममोहन के *वेदान्तसार* का अँगरेजी अनुवाद पढ़ा था। और जब उन्होंने देखा कि एक भारतीय ईसामसीह के नीति वचनों का प्रशंसक है तो उनको आशा बँधी थी कि यह व्यक्ति ईसाई धर्म अपनाने के उपयुक्त हैं। 1818 में शिमड मद्रास पहुँचे। वहीं से उन्होंने राममोहन को पत्र लिखा कि वे उनके प्रशंसकों में हैं और उनसे व्यक्तिगत रूप से परिचित होने के लिए आतुर हैं। 1819 में शिमड कलकत्ता बदली होकर चले आए। यहीं राममोहन से उनकी मुलाकात हुई। लेकिन इस मुलाकात से कोई विशेष आशा नहीं बँधी, क्योंकि राममोहन के मन में ईसामसीह के प्रति चाहे कितनी भी श्रद्धा रही हो उनका धर्म उन्हें आकर्षित

नहीं कर सका था।[10] शिमड का संकेत राममोहन के धर्म परिवर्तन की ओर था। इसीलिए *'प्रीसेप्ट्स आफ जीसस'* की आलोचना शिमड ने छद्मनाम से कुछ दुखी होकर किया था। आलोचना का मूल स्वर था 'Rammohun Roy would injure the cause of Christianity'. —राममोहन ईसाई धर्म के उद्देश्यों को हानि पहुँचा रहे हैं।

पत्रिका के ही सम्पादकीय में डॉ. जोशुआ मार्शमैन ने सम्पादकीय टिप्पणी में लिखा : 'An intelligent heathen, whose mind is as yet completely opposed to the grand design of the saviour becoming incarnate....' मुक्तिदाता ईसा मसीह के अवतार-रूप को समझने की शक्ति इस बुद्धिमान काफिर में नहीं है।

श्रीरामपुर के पादरियों ने इस पुस्तक को अपने धर्म के विरुद्ध एक विदेशी हस्तक्षेप समझा। आलोचना में 'विधर्मी' या 'काफिर' शब्द के कुरूचिपूर्ण प्रयोग और व्यक्तिगत हमले से राममोहन भी दुखी हुए।[11] राममोहन 'प्रीसेप्ट्स' पर हमले के लिए तैयार थे क्योंकि उन्हें आशा थी कि उनके अपने धर्म के प्राचीनपन्थी इस पर अवश्य हमला करेंगे कि क्योंकि इसको ईसाई धर्म की ओर राममोहन का झुकाव ही समझा जाएगा। लेकिन हमला जब श्रीरामपुर के बैप्टिस्ट पादरियों की ओर से आया तो राममोहन तनिक विचलित हो उठे क्योंकि उन्होंने ऐसी आशा बिल्कुल नहीं की थी। इसके विपरीत उन्हें अपने ईसाई बन्धुओं से उदारता की आशा थी। इसी से 'फ्रेण्ड आफ इण्डिया' में प्रकाशित समालोचना से उन्होंने आन्तरिक वेदना अनुभव की। इस अपमान को सहन करते हुए और अपने को सम्हालते हुए समालोचना का उत्तर लिखने के लिए तुरन्त ही बैठ गए और कुछ ही दिनों के पश्चात् लगभग बीस पृष्ठों का एक लेख, मार्शमैन और शिमड के समालोचना के उत्तर में, 'An Appeal to the Christian Public in Defence of the 'Precepts of Jesus' by a Friend of Truth.' प्रकाशित किया।

अपने व्यक्तिगत अपमान के बारे में लिखा.... 'मैं विनम्रतापूर्वक जनता के समक्ष इस गैर-ईसाई सुलभ असभ्य आचरण के विरोध में निवेदन करना चाहता हूँ, क्योंकि सम्पादक महोदय ने इस संकलन के विरुद्ध अपनी आपत्तियों को प्रस्तुत करते हुए व्यक्तिगत आरोप लगाया और संकलनकर्त्ता को 'हीदन' (काफिर) जैसे शब्दों से भूषित किया है। मैंने गैर-ईसाई सुलभ इसलिए कहा क्योंकि सम्पादक महोदय ने 'हीदन' शब्द का प्रयोग करके मेरे विचार से, ईसाई धर्म के मूल सिद्धान्त सत्य, दयालुता और उदारता का उल्लंघन किया है।[12] यह अपील इतनी सटीक, विद्धत्तापूर्ण और तर्कपूर्ण थी कि दोनों पादरी महोदय बगलें झाँकने लगे। वैसे राममोहन के इस उत्तर में कहीं भी किसी अनादर का भाव नहीं था।

मार्शमैन ने 1820 के 'फ्रेण्ड आफ इण्डिया' के मई अंक मे एक बार फिर राममोहन की दलीलों का खण्डन किया लेकिन इस बार की भाषा कुछ संयत थी। लेकिन यह लेख राममोहन के तर्कों के सामने कुछ भी नहीं था।

राममोहन ने 1821 में ईसाई जनता के लिए दूसरी अपील *(Second Appeal to the Christian Public)* प्रकाशित की । यह कोई सौ पृष्ठों का विचार ग्रन्थ था जिसमें उन्होंने ईसाई धर्म के मूल तत्त्वों की विस्तार से विवेचना किया। मिस कोलेट ने राममोहन की 'जीवनी' में इस अपील का सारांश दिया है, जिसका कुछ अंश प्रासंगिक होगा : 'राममोहन ने, 'न्यू टेस्टामेण्ट' के चमत्कारिक अंशों की विश्वसनीयता को चुनौती देने या उनको हिन्दू पौराणिक चमत्कारों के समकक्ष रखने की इच्छा न रखते हुए भी, ईसाई धर्म के प्रति आदर भाव के कारण ही उसको बहु-ईश्वरवाद के आरोप से मुक्त करना चाहा। उनके विचार से त्रित्ववाद भी मूलतः बहु-ईश्वरवाद का रूप है। डॉ. मार्शमैन के 'ओल्ड-टेस्टामेण्ट' पर आधारित त्रित्व रूप की व्याख्या का खण्डन करने में राममोहन को तनिक भी कठिनाई नहीं हुई। उन्होंने ईसाई धर्म के प्रारम्भिक काल का हवाला देते हुए स्पष्ट किया कि उस काल में भी 'परमपिता', 'पुत्र' और 'पवित्र आत्मा' जैसे त्रित्ववादी विषयों पर ईसा मसीह के शिष्यों के विचार कुछ भिन्न थे लेकिन विचारों की भिन्नता के लिए उन्हें धर्मच्युत नहीं किया गया।'[13]

दूसरी अपील विद्वत्तापूर्ण विवेचन के अतिरिक्त राममोहन के ईसा मसीह के प्रति गहरी श्रद्धा और आदर की ही परिचायक थी। एक बार फिर जून 1821 में डॉ. मार्शमैन ने इस 'दूसरी अपील' का उत्तर 'फ्रेण्ड ऑफ इण्डिया' में प्रकाशित किया यह उत्तर कोई 128 छपे हुए पृष्ठों में था। बैप्टिस्ट पादरी वर्ग राममोहन के उदारपन्थी विचारों को भला कैसे सहन करते। मार्शमैन ने 'त्रित्ववाद' और 'प्रायश्चित्त' पर राममोहन के विचारों का खण्डन करते हुए व्यंग्यात्मक भाव से लिखा है, 'ईसा मसीह उनको सद्बुद्धि दे।'

राममोहन समझ चुके थे कि मार्शमैन जैसे रूढ़िवादी पादरियों को ईसा मसीह का सही उपदेश समझाना सम्भव नही। इसी से उन्होंने इस विवाद को समाप्त करने के लिए सुविस्तृत लम्बा आलेख तैयार किया, जो लगभग 256 पृष्ठों में था। *'Final Appeal to the Christian Public in defence of the Precepts of Jesus.'* इसका प्रकाशन 1823 में हुआ। इस लेख में उनके विश्वास, उनकी गहरी समझ और ईमानदारी का पूरी तरह निर्वाह हुआ है। पहले की दोनों अपील बैप्टिस्ट मिशन प्रेस से छपी थीं। लेकिन जब यह अन्तिम अपील उन्होंने छपने के लिए भेजी तो प्रेस के पादरी अधिकारियों ने इस पुस्तक को छापने से इनकार कर दिया। इस अन्तिम पुस्तक के आरम्भ में दी गई सूचना से स्पष्ट होता है कि प्रेस के अधिकारियों द्वारा इंकार करने पर राममोहन को स्वयं टाइप खरीदकर इस पुस्तक को छापने की व्यवस्था करनी पड़ी। उस समय देश में छापाखाना अभी अपनी प्रारम्भिक अवस्था में था। केवल अँगरेजों द्वारा संचालित दो एक छापेखाने ही उपलब्ध थे। राममोहन के सामने अब एक नई समस्या खड़ी हो गई। लेख का प्रकाशन कैसे किया जाए? राममोहन

ने चुनौती को स्वीकार करते हुए धर्मतल्ला स्ट्रीट में यूनिटेरियन प्रेस की स्थापना की। राममोहन को इस तरह सबसे पहला स्वदेशी छापाखाना खोलने का श्रेय भी प्राप्त हुआ। अन्तिम अपील इसी प्रेस में छपकर प्रकाशित हुई।[14] इस अपील की भूमिका में उन्होंने लिखा—

......I feel myself obliged to lay before the public at large, this my self-defence. *'A Final Appeal to the Christian Public.''*[15] आत्मरक्षा के लिए मैं ईसाई जनता के नाम यह अन्तिम अपील पेश कर रहा हूँ।

इस अन्तिम अपील में राममोहन ने अपने पाण्डित्य और तर्कशक्ति का ऐसा परिचय दिया कि लोग चकित रह गए। राममोहन ने लेख में ग्रीक और हिब्रू से उद्धृतियाँ देकर अपना पक्ष प्रस्तुत किया। इस अन्तिम अपील के बावजूद डॉ. मार्शमैन 'फ्रैण्ड ऑफ इण्डिया' के पृष्ठों में अपना धर्मयुद्ध जारी रखे हुए थे। राम मोहन ने मुख्यतः ईसा मसीह के 'देवत्व' और 'प्रायश्चित्त' के सिद्धान्तों के विरुद्ध आक्रमण किया था। मार्शमैन ने दो लेख उक्त विषय के समर्थन में लिखे थे। राममोहन ने आगे इसका उत्तर नहीं दिया क्योंकि तब तक वे किसी दूसरे शास्त्रार्थ में फंस चुके थे। मार्शमैन को इस तर्क युद्ध में मुँह की खानी पड़ी, क्योंकि उस समय सारा जनमत स्पष्टतः राममोहन के पक्ष में गया। उस समय 17 मई 1824 के 'इण्डिया गजट' में अँगरेज सम्पादक ने अपने सम्पादकीय में टिप्पणी करते हुए लिखा कि राममोहन से धार्मिक विषयों में टक्कर लेने वाला इस देश में कोई नहीं है।[16]

इस तर्कयुद्ध के बारे में 'कलकत्ता जर्नल' ने 27 फरवरी 1823 के अंक में जो कुछ लिखा था उसका कुछ अंश का अनुवाद उद्धृत करना प्रासंगिक होगा : 'इस विशिष्ट विद्वान के लेखों से यूरोप और एशिया में दिलचस्पी पैदा हो गई है। इसी से हमारा कर्तव्य बनता है कि हम यथाशीघ्र अपने पाठकों को प्रस्तुत पुस्तक के बारे में, जो अभी-अभी छपकर आई है, अवगत कराएँ।...... इस प्रकार का शास्त्रार्थ जिसमें एक ओर अकेला एक देशी भारतीय सज्जन, जो निःसन्देह एक प्रकाण्ड विद्वान है और दूसरी ओर अँगरेज धार्मिक मिशनरियों की पूरी शक्ति है जिसमें कई विद्वान और धर्मपरायण व्यक्ति शामिल हैं। शाश्वत धर्म का समर्थक वर्ग इस शास्त्र-विवाद में अवश्य ही रुचि ले रहा है। हमें उस अकेले व्यक्ति के साहस की प्रशंसा करनी होगी जो इस असमान प्रतियोगिता में इतने सारे महारथियों के साथ अकेले एक सिद्धान्त के लिए जूझ रहा है।[17] इस सम्पादकीय टिप्पणी के साथ पत्रिका में 'तीसरी अपील' की पूरी भूमिका भी प्रकाशित हुई।

इस वाद-विवाद की गूँज विलायत, यूरोप के कई देशों और अमेरिका के ईसाई धार्मिक समाज में भी फैल गई थी। वस्तुतः वहाँ कुछ उदारपन्थी धार्मिक नेता ईसाई

धर्म की इस नई व्यवस्था को काफी महत्त्व दे रहे थे।

राममोहन ने *'प्रीसेप्ट्स ऑफ जीसेस'* का संकलन क्यों किया था, इसकी कैफियत उन्होंने 'पहले अपील' में ईसाई जनता के सामने पेश की थी। उन्हें आशा नहीं थी कि ईसाई पादरी उन पर इस तरह से हमला करेंगे। जब आक्रमण चला तो उन्होंने दूसरी और तीसरी अन्तिम अपील के माध्यम से इन आक्रमणों का यथोचित उत्तर दिया। उन्हीं दिनों जब वे ईसाई धर्म के गहन अध्ययन में लगे थे और शास्त्रार्थ चल रहा था उस समय उसके मन में बाइबिल पर शोध कार्य के लिए एक मासिक पत्रिका प्रकाशन का विचार आया था। 'अन्तिम अपील' के अन्तिम अध्याय में लिखा था— 'I therefore propose,...... to establish a monthly periodical publication, commencing from the month of April (1823), to be devoted to Biblical Criticism....'[18]

उनकी यह अभिलाषा पूरी नहीं हो सकी और न ही ईसाई पादरी ही इस प्रस्ताव को कार्यान्वित करने का साहस जुटा सके। सम्भवतः इसीलिए राममोहन एक आठ-आठ पृष्ठों की दो छोटी-छोटी पुस्तिकाएँ 1823 में प्रकाशित कीं, जिसमें ईसाई धर्म के त्रित्ववाद पर कुछ तर्कसंगत जिज्ञासाएँ की गई थीं। ये प्रश्न अवश्य ही ईसाई पादरियों को सम्बोधित थे। पुस्तिका का शीर्षक था : 'A Few Queries for the Serious Consideration of Trinitarians' इसके अतिरिक्त एक छोटी-सी पुस्तिका में दो परिसम्वाद 'The Dialogues' भी 1823 में ही प्रकाशित हुए। इनमें 'एक ईसाई पादरी और उनके तीन चीनी धर्मान्तरित शिष्यों के बीच कथोपकथन' अपनी व्यंग्यात्मक व्यंजना के लिए प्रसिद्ध है। परिसम्वाद के थोड़े से प्रासंगिक अंश का नमूना इस प्रकार है-

पादरी— अपने तीनों शिष्यों से प्रश्न करते हैं—अरे भई, ईश्वर एक है या अनेक?

पहले शिष्य—ने जवाब दिया, ईश्वर तीन है।

दूसरे शिष्य—बोला, ईश्वर दो हैं।

तीसरे शिष्य ने कहा, ईश्वर है ही नहीं।

प्रश्नोत्तर के आगे बढ़ने पर प्रथम शिष्य तर्क इस प्रकार देता है—आपने कहा था कि पिता ईश्वर और पुत्र ईश्वर है और 'होली गोस्ट' भी धर्मात्मा ईश्वर है, इसी से हमारी गिनती में एक, एक और एक मिलाकर अवश्य ही तीन बनते हैं।

पहले शिष्य को त्रित्ववाद की गूढ़ समस्या समझाने में असफल पाकर पादरी महोदय ने दूसरे शिष्य से प्रश्न किया— तुमने भला दो ईश्वर के होने की बात कैसे सोची?

द्वितीय शिष्य—यह सत्य है कि आपने दो ईश्वर होने की बात नहीं कही, लेकिन आपने जो कुछ कहा उसका तात्पर्य कुछ ऐसा ही है।...... हम लोग चीन देश के वासी हैं। .....आप ही ने उपदेश दिया था कि तीन व्यक्ति अलग-अलग पूर्ण ईश्वर है। इसके पश्चात् आपने यह भी बताया था कि इन तीनों में एक ईश्वर की बहुत दिन हुए पश्चिम के किसी देश में मृत्यु हो गई। इसी से मैं इस निश्चय पर पहुँचा कि दो ईश्वर अभी विद्यमान हैं।'

पादरी साहब सिर पीट कर रह गए। तीसरे शिष्य से जब यह पूछा गया कि तुम इस निष्कर्ष पर कैसे पहुँचे कि ईश्वर है ही नहीं तो उसका उत्तर और भी भयंकर था।

तीसरा शिष्य—आप पश्चिम के बुद्धिमान लोग हैं हम लोगों की तरह नहीं। आप लोगों की गूढ़ बातें हमारी समझ में नहीं आतीं क्योंकि आपने बार-बार कहा है कि एक ईश्वर के सिवा और कोई नहीं हैं और ईसामसीह ही वास्तविक ईश्वर थे। लेकिन कोई 1800 वर्ष पहले अरब सागर के किनारे यहूदियों ने उनको पेड़ से लटकाकर उनकी हत्या कर दी थी। अब महोदय स्वयं विचार करें कि भला 'ईश्वर नहीं है' के अलावा मैं और क्या उत्तर दे सकता हूँ।....[19]

ऊपर ईसाई त्रित्ववाद पर राममोहन की व्यंग्यात्मक आक्रमण का नमूना दिया गया। इस आलोचना में कोई एक मि. राईट ने भाग लिया था।[20]

अभी *'प्रीसेप्ट्स आफ जीसेस'* के प्रकाशन से उत्पन्न वाद-विवाद चल रहा था कि राममोहन को श्रीरामपुर के मिशनरियों की बांग्ला पत्रिका 'समाचार दर्पण' के साथ एक और तर्क युद्ध में उतरना पड़ा। इस पत्रिका के 14 जुलाई 1821 के अंक में किसी छद्म नामधारी 'हिन्दू धर्म विशेषज्ञ' ने वेदान्त, न्याय, मीमांसा, सांख्य, पुराण तन्त्र आदि विषयों पर कुछ तात्त्विक प्रश्न उठाते हुए हिन्दू धर्म और दर्शन की तीखी आलोचना प्रकाशित की।[21] इन्हीं दिनों 'फ्रेण्ड आफ इण्डिया' के साथ राममोहन का तर्क-वितर्क चल ही रहा था। यह तर्क-युद्ध अँगरेजी में था लेकिन अब बांग्ला के माध्यम से एक ओर मोर्चा खुल गया। आक्रमण सीधे-सीधे राममोहन पर था। लेख में छोटी-सी भूमिका के साथ छह अनुच्छेदों में प्रश्न उठाए गए। साथ ही विद्वान और पण्डितों से आग्रह किया गया कि इन प्रश्नों का सही उत्तर 'समाचार दर्पण' में प्रकाशित किया जाएगा। अनुमान लगाया जा सकता है कि इस लेख के प्रणेता सम्भवतः रेवरेण्ड शिमड ही रहे होंगे।

राममोहन जो हिन्दू धर्म को सुधार कर विश्वधर्म का स्वरूप देने की कोशिश में लगे थे तो इस आह्वान की उपेक्षा भला कैसे करते। उन्होंने 'शिवप्रसाद शर्मा' के छद्मनाम से 'समाचार दर्पण' के पास उत्तर भेज दिया। लेखनशैली और तर्क के ढंग को देखकर 'दर्पण' के सम्पादक वर्ग को समझने में जरा भी देर न लगी कि इस

विद्वत्तापूर्ण उत्तर का लेखक राममोहन के सिवा और कोई नहीं हो सकता। लेकिन इस उत्तर को छापने की उन्हें हिम्मत नहीं हुई, साथ ही वे अपना उत्तर छापने का वादा भी भूल गए। पहली सितम्बर 1821 के अंक में एक सूचना प्रकाशित हुई—'श्रीयुत शिवप्रसाद शर्मा द्वारा भेजा गया पत्र यहाँ पहुँचा है। इस पत्र को न छापने का कारण यह है कि पूर्वपक्ष के सिद्धान्तों के अतिरिक्त इसमें अनेक विसंगतियाँ हैं. .... ।'[22]

आगे यह सूचना थी कि वे चाहें तो पत्र अन्यत्र भी छपवा सकते हैं। इन विसंगतियों में एक था ईसाई धर्म के त्रित्ववाद पर आक्रमण, जो राममोहन ने हिन्दू धर्म दर्शन के पक्ष के समर्थन में किया था। 'समाचार दर्पण' के सम्पादक द्वारा इस पत्र को छापने से इनकार कर देने की इस घटना से राममोहन के मन में अपने ईसाई मित्रों की धार्मिक निरपेक्षता और सच्चाई के बारे में सन्देह पैदा हो गया।

इसी दौरान एक और घटना घटी जिसका विवरण राममोहन के मित्र एडम साहब के संस्मरणों से प्राप्त हुआ है। कलकत्ते के ऐंग्लिकन चर्च के बिशप हेनरी मार्टिन की मृत्यु के बाद डॉ. मिडलटन कलकत्ता के प्रथम बिशप नियुक्त हुए। उनके कार्यकाल में चर्च का काम काफी तेज हो गया था।[23] इधर राममोहन का ईसाई धर्म और बैप्टिस्ट मित्रों के साथ काफी घनिष्ठ सम्बन्ध हो गया था। मिडलटन साहब को उम्मीद बँधी थी कि राममोहन जैसा प्रभावशाली व्यक्ति जो अकसर चर्च में आया-जाया करता है अवश्य ही एक दिन ईसाई धर्म ग्रहण कर मुक्ति प्राप्त करेगा। उन्होंने राममोहन को प्रलोभन भी दिखाने की कोशिश की।

> " The grand career which would open to him by a change of faith.... He would be honoured in England, as well as in India, his name would descend to posterity as that of the modern apostle of India...."[24]

कहना न होगा कि कोशिश का फल उलटा हुआ। एडम साहब ने अपने राममोहन विषयक संस्मरणों में इस घटना का विवरण दिया है, जिसका सारांश इस प्रकार है—

> गर्मियों में एक दिन दोपहर के वक्त जब मैं सामान्यतः अपनी पढ़ाई में व्यस्त था, राममोहन मेरे दरवाजे पर हाजिर हुए। उनका ऐसे बेवक्त आना मुझे कुछ अजीब-सा लगा। बाद में मालूम हुआ कि वे बिशप मिडलटन के यहाँ से लौट रहे हैं। भरी दोपहरी में कुछ सुस्ताने और जलपान करने के लिये रुक गए, क्योंकि उनका घर बीचोबीच पड़ता था। वस्तुतः वे मानसिक रूप से परेशान नज़र आ रहे थे। सुस्ताने और जलपान करने के बाद राममोहन ने उनको बताया कि उनकी परेशानी का मुख्य कारण यह था कि मिडलटन साहब ने उनके साथ धार्मिक विषयों पर लम्बी बहस की और बाद में खुले तौर पर ईसाई

धर्म अपनाने के लिए अनुरोध किया क्योंकि उनका विचार था कि इससे राममोहन को इंग्लैण्ड और भारत में सम्मान तथा इस लोक और परलोक में सुख प्राप्त होगा। राममोहन, इस सीधे प्रलोभन से भारी दुखी हुए। उन्हें यह खुलेआम बेइज्जती लगी। राममोहन जैसे दृढ़ मानसिक और चारित्रिक गुण सम्पन्न व्यक्ति के लिए यह बहुत अपमानजनक प्रस्ताव था।[25]

एडम साहब ने ही लिखा है कि इसके पश्चात् राममोहन ने मिडलटन साहब से मिलना बिल्कुल बन्द कर दिया।[26] इतना ही नहीं अब उनमें अपने धर्म और संस्कृति की रक्षा करने का विचार और प्रबल हो उठा। बेप्टिस्ट मिशन की पत्रिका ने उनके उत्तर छापने से इनकार कर ही दिया था। इधर 'कलकत्ता जर्नल' जैसी पत्रिका ने धार्मिक बहस में पड़ने से इनकार कर दिया। राममोहन के लिए अब और कोई रास्ता बाकी नहीं था। उन्होंने अपनी पत्रिका प्रकाशित करने की ठान ली। 1821 में ही बांग्ला और अँगरेजी में 'ब्राह्मण सेवधि' और 'ब्राह्मनिकल मैगजीन' नाम से पत्रिका का प्रकाशन आरम्भ कर दिया। 'ब्राह्मनिकल मैगजीन' के शीर्षक के नीचे दी हुई विवरणात्मक व्याख्या इस प्रकार है: "The Missionary and the Brahmun, being a vindication of the Hindu religion against the attacks of Christian missionary."[27]

इस विवरण से स्पष्ट है कि पत्रिका का उद्देश्य ईसाई मिशनरियों के हिन्दू धर्म के विरुद्ध आक्रमण का प्रतिरोध करना ही था। पत्रिका के एक पृष्ठ में बांग्ला और उसके सामने वाले पृष्ठ में अँगरेजी अनुवाद छपते थे। पत्रिका के प्रकाशन के बारे में उन्होंने कारण स्पष्ट करते हुए लिखा था कि 'समाचार दर्पण' ने उनका उत्तर छापने से इनकार कर दिया तो उन्होंने पूरा वाद-विवाद अँगरेजी अनुवाद के साथ छापने का निश्चय किया। 1821 के सितम्बर में 'शिवप्रसाद शर्मा' के नाम से 'ब्राह्मण सेवधि' का प्रकाशन प्रारम्भ हुआ। प्रथम अंक में पत्रिका के उद्देश्यों पर जो लेख दिया गया था उसके कुछ अंश का भावानुवाद उद्धृत करना प्रासंगिक होगा—

'अँगरेजों को इस देश में शासन करते हुए पचास वर्ष से अधिक हो गए। पहले तीस वर्षों तक उनके वचन और व्यवहार से यही प्रसिद्ध था कि वे किसी के धर्म में हस्तक्षेप नहीं करते। सभी अपने-अपने धर्म का पालन करें यही उनकी कामना है..... लेकिन इधर कोई पिछले बीस वर्षों से कुछ अँगरेज जो मिशनरियों के नाम से परिचित हैं। हिन्दू और मुसलमानों में खुलेआम धर्म-परिवर्तन के लिए प्रचार कर रहे हैं।..... निन्दा, तिरस्कार या प्रलोभन दिखाकर धर्म प्रचार या प्रसार युक्तिपूर्ण या न्यायसंगत नहीं माना जा सकता, यदि तर्क द्वारा हिन्दू धर्म की हीनता और अपने धर्म के बड़प्पन को प्रमाणित कर सकें तो स्वेच्छा से बहुतेरे लोग उनके धर्म को स्वीकार करेंगे....सत्य और धर्म सर्वदा ही, ऐश्वर्य, सत्ता, ऊँचे पद और बड़े-बड़े महलों से जुड़ी होगी, ऐसा कोई नियम नहीं है। हाल ही

में श्रीरामपुर, मिशनरी ने हिन्दू धर्म और सारे शास्त्रों को असंगतिपूर्ण कहकर प्रकाशित किया था। उनके वे प्रश्न और उत्तर सहित यहाँ प्रकाशित हैं.... ।'

राममोहन ने इसके बाद उठाए गए छह महत्त्वपूर्ण प्रश्नों का उत्तर एक-एक करके दिया। 'ब्राह्मनिकल मैगजीन' और 'ब्राह्मण सेवधि' के अँगरेजी भाग के चार अंक और बांग्ला के कुल तीन अंक प्रकाशित हुए थे। इन सभी में लेखक का नाम दिया गया था, पण्डित शिवप्रसाद शर्मा, जबकि सभी को मालूम था कि ये और कोई नहीं, स्वयं राममोहन ही हैं। पहले दो अंकों में राममोहन 'समाचार दर्पण' में प्रकाशित हिन्दू धर्म विरोधी पूरा लेख और उसका उत्तर, जिसे 'समाचार दर्पण' ने छापने से इनकार कर दिया था, प्रकाशित किया। इस लेख में राममोहन ने वेदान्त में प्रतिपादित अद्वैतवाद और एकेश्वरवाद को सामने रखते हुए हिन्दू धर्म की ईसाई धर्म के साथ तुलनात्मक आलोचना प्रस्तुत की । इसी लेख में उन्होंने ओल्ड टेस्टामेण्ट की कुछ एक चमत्कारिक विश्वासों की भी आलोचना की। उन्होंने यह भी कहा कि वेदान्त समझने की क्षमता मिशनरियों में नहीं है। 'मैगजीन' के चौथे और अन्तिम अंक में पादरियों द्वारा वेदान्त में 'नास्तिकता' के आरोप का खण्डन करते हुए उन्होंने लिखा था :

> .....'अब मैं थोड़े शब्दों में मिशनरी सज्जनों की जानकारी के लिए अपने हिन्दू धर्म के बारे में कुछ कहना चाहूँगा। पवित्र वेदान्त में समाविष्ट हमारे प्राचीन धर्म के निर्देशानुसार, जिन्हें आधुनिक काल में लोग भुला बैठे हैं, एकमात्र सर्वशक्तिमान और सर्वव्यापी ईश्वर ही सब जीवों में प्राणसंचार करनेवाला और संसार के सभी जीवों को संचालित करता है। मूर्तिपूजा को चाहे किसी भी कृत्रिम, प्राकृतिक या काल्पनिक रूप में क्यों न हो, या तर्कजाल के किसी भी आवरण के पीछे क्यों न हो, हम अस्वीकार करते हैं। हम लोगों के लिए ईश्वर की वन्दना केवल मात्र दूसरे जीवों पर 'दया' या परोपकार ही है। शारीरिक अँग प्रत्यंग जैसे हाथ-पाँव सिर जिह्वा आदि की पूजा या किसी मंच या मन्दिर में ईश्वर की पूजा नहीं हो सकती।'[29]

'ब्राह्मण सेवधि' के तीसरे अंक में राममोहन ने ईसा मसीह के बारे में कुछ मूल प्रश्न उठाए। चूँकि ईसाई मिशनरियों ने हिन्दुओं के मूर्ति पूजा और रीति-रिवाजों पर तीव्र आक्रमण किया था इसीलिए अपने धर्म के बचाव के लिए राममोहन ने प्रत्याक्रमण आरम्भ किया। एक ओर 'ब्राह्मण सेवधि' और 'ब्राह्मनिकल मैगजीन' के अंक और दूसरी ओर 'अपील'। राममोहन के जीवन के कोई चार वर्ष 1820 से 1823 तक, ईसाई धर्म विषयक अध्ययन और शास्त्रार्थ में ही बीत गए। 1823 में ब्राह्मनिकल मैगजीन के अँगरेजी लेखों के नए संस्करण में राममोहन ने लिखा था कि उन्होंने 'मैगजीन' की तीसरी संख्या में जो प्रश्न उठाये थे उनका उत्तर पादरियों ने पिछले दो वर्षों में भी नहीं दिया। जब उत्तर नहीं आया तो यह सुनिश्चित हो गया

कि उनके पास कोई तर्कसंगत उत्तर नहीं है और उन लोगों ने राममोहन के तर्कों को स्वीकार कर लिया है। यह विवाद आगे 'ब्राह्मनिकल मैगजीन' के चौथे अंक में भी चलता रहा। आगे आने वाले समय में भी केशवचन्द्र सेन के जमाने तक यह विवाद चलता रहा।

सन्दर्भ और टिप्पणियाँ

1. विश्वास : *राममोहन समीक्षा* (बांग्ला) 1983 : पृ. 229 विलियम केरी 1801 से ही फोर्ट विलियम कालेज में संस्कृत और बांग्ला के अध्यापक नियुक्त हुए थे। अनुमान है कि 1803-04 में जब राममोहन की पुस्तक 'तुहफात' के प्रकाशन ने उनको अरबी-फ़ारसी के विद्वत मण्डली में पूरी तरह प्रतिष्ठित कर दिया था (पृ. 227) इसी से 'कालेज' के फ़ारसी विभाग के अध्यापक और विद्वान राममोहन के चरित्र शिक्षा और योग्यता के बारे में ऊँची धारणा पोषण करते थे। हिन्दुस्तानी या उर्दू के तत्कालीन श्रेष्ठ विद्वान गिल क्राइस्ट से भी राममोहन का घनिष्ठ परिचय था। गिलक्राइस्ट 1804 तक फोर्ट विलियम कालेज में अध्यापक थे। (पृ. 228)
2. Collet : *Rajah Rammohun Roy,* 3rd ed. 1962 (ed. Biswas and Ganguli) पृ. 114 उद्धृत पत्र में यह भी लिखा है कि राममोहन अकसर केरी साहब के साथ पारिवारिक प्रार्थना सभाओं में भाग लेते थे। ऑस्टेस केरी ने उन्हें बाइबिल के एक भजनावली का संग्रह भेंट किया, जिसे राममोहन हमेशा बहुमूल्य सम्पत्ति समझते थे।
3. विश्वास : पृ. 231.
4. Collet : 113-114 Periodical Accounts Relative to the Baptist Missionary Society Vol IV से उद्धृत।
5. वही : पृ. 156-161. सम्पादकीय टिप्पणी में उस काल के पत्र-पत्रिकाओं और दूसरे उपलब्ध दस्तावेजों के आधार पर इस वाद-विवाद के बारे में विस्तृत विवरण दिया गया है।
6. वही : पृ. 109 के अनुसार उन्होंने किसी यहूदी की सहायता से हिब्रू भाषा छह महीने के अन्दर सीख ली थी। इसी से ओल्ड और न्यू टेस्टामेण्ट में जानकारी हासिल करने में सफल हुए।
7. इक़बाल सिंह : *राममोहन राय* : पृ. 218.
8. Collet : पृ. 110-111, राममोहन 'प्रीसेप्ट्स' का बांग्ला और संस्कृत अनुवाद नहीं कर पाए थे।
9. वही : पृ. 112 'प्रीसेप्ट्स' और बाद में प्रकाशित दो 'अपील' लन्दन से एक साथ 1823 में प्रकाशित हुई थी। अन्तिम 'अपील' भी लन्दन से 1823 में

प्रकाशित हुई। (देखें पृ. 537)

10. मुखोपाध्याय : *राममोहन ओ तत्कालीन समाज ओ साहित्य* (बांग्ला) : 261-262 में Stephen Hay की पुस्तक से शिमड को उद्धृत करते हैं— ' Even when I resided in London, it was a matter of great joy to me that I should probably find an oportunity of forming an aquaintance with you and of conversing with you on the most important subject that can enter into the consideration of man.'
    राममोहन के 'वेदान्तसार' का जर्मन अनुवाद भी प्रकाशित हुआ था। अनुवादक शिमड ही थे या नहीं ठीक-ठीक तय नहीं हो सका है।
11. Collet : पृ. 115.
12. *इंगलिश वर्क्स*
13. Collet : पृ. 119-120.
14. वही : पृ. 157. सम्पादकीय टिप्पणी देखें।
15. *इंगलिश वर्क्स*
16. Majumdar : *Raja Rammohun Roy and Progressive Movements in India* : page. 72
17. वही : पृ. 507 'कलकत्ता जनरल' ने सम्पादकीय टिप्पणी के साथ 'फाइनल अपील' की पूरी भूमिका प्रकाशित की थी।
18. मुखोपाध्याय : पृ. 414 में *Final Appeal to Christialn Public'* से उद्धृत।
19. इंगलिश वर्क्स, Vol. 4, पृ. 75-79.
20. मुखोपाध्याय : पृ. 416.
21. Collet : पृ. 160.
22. वही : पृ. 160. ब्रजेन्द्रनाथ बन्द्योपाध्याय के *'सम्वादपत्रे सेकालेर कथा'* से उद्धृत।
23. मुखोपाध्याय : पृ. 427.
24. Collet : पृ. 125.
25. वही, पृ. 126
26. वही, पृ. 126
27. वही, पृ. 128
28. मुखोपाध्याय : पृ. 418-419 'ब्राह्मण सेवधि' राममोहन ग्रन्थावली से उद्धृत।
29. Collet : Page 142 ....' We reject idolatry in every form and under what so ever veil of sophistry it may be practiced either in adoration of an artificial, a natural or an imaginary object---'

●

अध्याय 7

आदम 'द्वितीय' का पतन–यूनिटेरियन कमेटी की स्थापना

'प्रीसेप्ट्स ऑफ जीसेस' के प्रकाशन ने जो तूफान 1821 में खड़ा किया था, वह करीब 1823 तक चलता रहा, जिसका विवरण पिछले अध्याय में दिया जा चुका है। इस काल में राममोहन स्वभावतः ईसाई धर्म और बाइबिल के गहन अध्ययन में लगे थे। यह भी विदित है कि उनका ईसाई पादरियों से मित्रता और निकट का सम्पर्क था और इस वाद-विवाद के दौरान वे ईसाई धर्म और ईसाइयों के और भी निकट आ गए। श्रीरामपुर मिशन के पादरियों में विलियम एडम और विलियम येट्स राममोहन के विशेष मित्र थे। एडम और येट्स दोनों अपनी विद्वत्ता और प्राच्य विद्या के ज्ञान के लिए प्रसिद्ध थे, और बांग्ला भाषा का खासा ज्ञान रखते थे। ये दोनों राममोहन के विचारों का आदर करते थे। ईसाई जनता के नाम दूसरी अपील के प्रकाशन के दिनों में ही राममोहन ने एक और महत्त्वपूर्ण योजना आरम्भ की। एडम साहब के संस्मरणों के अनुसार 'दूसरी अपील' के प्रकाशन के बाद राममोहन ने पादरी येट्स और एडम साहब के साथ मिलकर बाइबिल के चार गॉसपेल (सुसमाचार) का बांग्ला अनुवाद करना आरम्भ कर दिया।[1] अनुवाद की इस योजना के पीछे राममोहन की ईसामसीह और बाइबिल के व्यापक मानव-प्रेम की भावना के प्रति गहरी रुचि और आदर भावना का सूचक थी। उनकी तीव्र इच्छा थी कि आम जनता की भाषा में इस बहुमूल्य निधि को पेश किया जाए। इससे पहले बाइबिल का केरी साहब द्वारा किया गया अनुवाद उपलब्ध था। लेकिन राममोहन की धारणा थी कि ये अनुवाद कुछ जल्दीबाजी में किए गए थे इसीलिए भाव और भाषागत अशुद्धियाँ रह गई थी।[2] इसी बात को ध्यान में रखकर राममोहन अनुवाद की इस नई योजना में लगे। एडम साहब ने बैप्टिस मिशनरी सोसाइटी को 11 जून 1821 में लिखे पत्र में इस घटना का हवाला देते हुए लिखा था—'मैं पिछले कुछ दिनों से राममोहन राय और मि. येट्स के साथ चार गॉसपेल के बांग्ला अनुवाद के कार्य में व्यस्त हूँ। उन्होंने आगे लिखा था कि राममोहन के अनुसार डॉ. केरी और श्री एलरटन के दो बांग्ला अनुवादों में भाषा और मुहावरों की ढेरों अशुद्धियाँ हैं। इसी से फिर एक बार नए सिरे से अनुवाद करने के लिए राममोहन ने हमसे सहायता माँगी तो हम दोनों राजी हो गए।[3]

पादरी एडम के 30 सितम्बर 1822 के एक और पत्र के अनुसार—'मैं इस समय गॉसपेल के सेंट मैथ्यू के बांग्ला अनुवाद के कार्य में लगा हूँ जिसका प्रारम्भ राममोहन राय और रेवरेण्ड येट्स के साथ किया था लेकिन बाद में येट्स ने सहायता से इनकार कर दिया और अब केवल मेरे और राममोहन राय पर, कार्य पूरा करने की जिम्मेवारी है.... ।[4]

येट्स के साथ मतविरोध चौथे गॉसपेल के अनुवाद के समय आरम्भ हुआ। वह भी एक छोटे से ग्रीक 'पूर्वसर्ग' के अर्थ को लेकर। अनुवाद का कार्य रुक गया। येट्स साहब ने योजना से हाथ खींच लिया। इन्हीं दिनों एडम साहब और राममोहन के बीच ईसाई धर्म के त्रित्ववाद और एकेश्वरवाद पर अकसर लम्बी आलोचना चलती रहती। इस अनुवाद के सिलसिले में हुई लम्बी आलोचना के दौरान 'राममोहन अकसर कलम हाथ में थामे ध्यान से सब कुछ सुनते रहते और अकसर चुप ही रहते' लेकिन अन्तः इस बौद्धिक वाक प्रतियोगिता में राममोहन के तर्कों की जीत हुई। इन आलोचनाओं के दौरान पादरी एडम, राममोहन को ईसाई त्रित्ववाद के पक्ष में ले आने का सपना देख रहे थे। लेकिन पासा पलट गया। पादरी एडम ने अपने को 'यूनिटेरियन' या 'एकेश्वरवादी' घोषित कर दिया। एडम साहब के अपने मित्र को लिखे एक पत्र का अंश यहाँ उद्धृत करना प्रासंगिक होगा :

कलकत्ता 7 मई 1821, मि. विलियम एडम का पत्र मि. एन. राइट को : (अनुवाद)।

> 'इधर पिछले कई महीनों से जीसस क्राइस्ट के परम-देवत्व के सम्बन्ध में मेरे मन में कुछ संशय पैदा होना आरम्भ हो गया था। अकसर राममोहन राय के साथ विचार विनिमय के दौरान इस ओर संकेत किया गया। जबकि मेरा प्रयत्न राममोहन को हमारे अपने मत में परिवर्तित करना था और मि. येट्स भी इससे शामिल थे, लेकिन उन्हें भी इससे कठिनाई अनुभव होने लगी। तभी से मैंने इस विषय को ध्यान में रखकर अपनी धर्म पुस्तकों को एक बार फिर मेहनत से पढ़ना आरम्भ किया जिससे ईश्वरीय निर्देश या आलोक प्राप्त हो। लेकिन मुझे स्वीकार करने में जरा भी संकोच नहीं कि मैं हमारे धर्मतत्त्वों के विरुद्ध उठायी गई आपत्तियों को दूर करने में असमर्थ रहा। इसका अर्थ यह नहीं कि मुझे इन तत्त्वों को त्यागने में कठिनाई नहीं हुई। लेकिन विरोध में उठाई गई आपत्तियाँ, पक्ष में दिए गए तर्कों के मुकाबले मुझे पहाड़ के सामने राई बराबर लगीं।[5]

इस घटना से सारे समाज और पादरी मिशनरियों में खलबली मच गई। एडम साहब को बैप्टिस्ट मिशन से निकाला तो नहीं गया लेकिन उनका बैप्टिस्ट मिशन से सम्बन्ध टूट गया।

एडम साहब का मत परिवर्तन मिशनरियों के लिए भारी चोट थी। बैप्टिस्ट मिशनरी सोसाइटी के 1822 के दस्तावेजों से ये पंक्तियाँ प्रासंगिक हैं :

> "We mention with deep regret that Mr. William Adam has embraced opinion derogatory to honour of the Saviour denying the proper Divinity of our Lord Christ in consequence of which the connexion between him and the Society has been dissolved..."

हमें खेद के साथ सूचित करना पड़ रहा है कि विलियम एडम ने ऐसा मतवाद स्वीकार किया है जो हमारे त्राणकर्ता की प्रतिष्ठा के लिए अपमानजनक है। उन्होंने लार्ड क्राइस्ट के देवत्व को अस्वीकार किया है जिसके फलस्वरूप सोसाइटी और उनके बीच सम्बन्ध समाप्त कर दिया गया है। साथ ही यह भी अफवाह जोरों से फैली कि येट्स साहब भी धर्ममत परिवर्तन करने जा रहे हैं। येट्स साहब को इन अफवाहों का खण्डन करने के लिए एक वक्तव्य जारी करना पड़ा और बाद में ईसाई धर्म-शास्त्रों के पक्ष में कुछ लेख प्रकाशित किए।[6]

एडम साहब पर राममोहन का कितना प्रभाव था, इसका विवरण स्वयं एडम साहब ने अपने संस्मरण में दिया है:

> "I was never more thoroughly, deeply and constantly impressed than when in the presence of Rammohun Roy and in friendly and confidential converse with him, that I was in the presence of a man of natural and inherent genius of powerful understanding and of determined will, determined with singuler energy and uncontrollable self-direction to lofty and generous purposes..."[7]

अर्थात्—इससे पूर्व इतने सम्यक रूप से, इतनी गहराई से, और इतने अविच्छिन्न भाव से मैं किसी से प्रभावित नहीं हुआ जितना राममोहन राय के सान्निध्य में आकर, उनके साथ मैत्रीपूर्ण और विश्वसनीय वार्तालाप के दौरान हुआ। मुझे ऐसा लगा कि मैं एक ऐसे जन्मजात और स्वाभाविक रूप से प्रतिभावान व्यक्ति के सामने हूँ जो ऊँचे और उदार उद्देश्यों की प्राप्ति के लिए एकाग्रचित्त, अदम्य कर्मशक्ति का अधिकारी और अपने लक्ष्य के प्रति एकनिष्ठ है। चिन्तन, अनुभव, वाक् और कर्म में उनकी इतनी निष्ठा है कि लगता है इनके बगैर उनके लिए जीवित रहना सम्भव नहीं..उनके लिए विचार स्वातंत्र्य के बिना जीवन व्यर्थ है। स्वतन्त्रता से लगाव सम्भवतः उनकी आत्मा का प्रमुख स्वर है। केवल मात्र कर्म की स्वतन्त्रता नहीं विचारों की स्वतन्त्रता भी...।[8]

जब यह घटना हुई उस समय के यूरोपीय समाज में कैसी प्रतिक्रिया हुई होगी, इसका अन्दाजा लगाना आज सम्भव नहीं। राममोहन के हाथों एडम साहब का

धर्ममत परिवर्तन उस काल की प्रमुख और अनहोनी घटना मानी गई थी। आखिर एक हिन्दू विधर्मी ने एक माने हुए पादरी का मत परिवर्तन करा दिया था। स्थानीय ऐंग्लिकन चर्च और कलकत्ता के अँगरेजों ने 'दूसरा पतित आदम' (सेकेण्ड फालन एडम) कहकर मजाक उड़ाना शुरू कर दिया। लेकिन श्रीरामपुर के बैप्टिस्ट मिशनरियों के लिए यह कोई मजाक नहीं था। उनके लिए यह भारी अपमान और कलंक का विषय था। कहाँ वे राममोहन को ईसाई धर्म में दीक्षित कर ईसाई धर्म के प्रचार के लिए व्यवहार करना चाह रहे थे और कहाँ उनका अपना किला ही टूट-बिखर रहा था। इसी के फलस्वरूप 'बंगाल हरकारू' और 'समाचार दर्पण' के अंकों में हिन्दू धर्म और दर्शन के विरुद्ध जमकर लेख लिखे जा रहे थे और राममोहन को इनके उत्तर में हिन्दू धर्म के बारे में अपना विश्लेषण प्रस्तुत करना पड़ा, जिनका संक्षिप्त विवरण पहले ही दिया जा चुका है।

यूनिटेरियन कमेटी की स्थापना

1821 में ईसाई जनता के लिए प्रचारित 'दूसरी अपील' के तुरन्त बाद ही एडम साहब ने त्रित्ववाद से हटकर यूनिटेरियन या एकेश्वरवादी बनने की घोषणा की। राममोहन भी इस यूनिटेरियन गुट में शामिल थे। यह एक छोटा-सा दल था। राममोहन के पहल और सहयोग से सितम्बर 1821 में ही कलकत्ता में एडम साहब ने यूनिटेरियन कमेटी की स्थापना की। वस्तुतः इसके संस्थापक राममोहन और विलियम एडम दोनों ही थे। एडम साहब अपने मिशन से अलग होने के बाद राममोहन के प्रभाव में अधिकाधिक आते जा रहे थे। कलकत्ता के कई एक अभिजात लोग जिनमें राममोहन के कुछ मित्र भी शामिल थे, इस सोसाइटी की सभाओं में शामिल होते थे। कुछ अँगरेज भी इस संस्था के सदस्य थे लेकिन प्रायः सभी स्कॉटलैण्ड निवासी थे।[9] यूनिटेरियन कमेटी कोई बड़ी संस्था नहीं थी लेकिन यह एक सर्वदेशीय मंच था। कुछ प्रतिष्ठित भारतीय नागरिकों के अलावा व्यापारी वर्ग और सरकारी पदाधिकारियों के उदारपन्थी यूरोपीय नागरिक इस कमेटी में शामिल थे। इनमें से कुछ प्रमुख सदस्यों में जार्ज जेम्स गार्डन, व्यापारिक संस्था से सम्बन्धित, थियोडोर डिकेन्स, सुप्रीम कोर्ट के बैरिस्टर, और विलियम टेट वकील थे, इसके अतिरिक्त बी. डब्ल्यू मैकल्योड एक प्रमुख सर्जन और नार्मन कार जैसे सरकारी अफसर इस संस्था के सदस्य थे। प्रमुख भारतीय सदस्यों में राममोहन के अलावा उनके बड़े पुत्र राधा प्रसाद, प्रसन्नकुमार ठाकुर और द्वारकानाथ ठाकुर थे। भारतीय सदस्य प्रायः सभी राममोहन के 'आत्मीय सभा' के सदस्यों में से थे। सरकारी अमले के अँगरेज अफसर अकसर ऐंग्लिकन चर्च के साथ रहे हैं, फिर भी कुछ प्रभावशाली अँगरेज नागरिक इसके सदस्य बन गए। राममोहन ने सोसाइटी के लिए पाँच हजार रुपये दान दिए। राममोहन के मित्र प्रिंस द्वारकानाथ ठाकुर और प्रसन्नकुमार ने ढाई-ढाई हजार रुपये दिए। एडम साहब और राममोहन के अथक परिश्रम से

संस्था को प्रार्थना सभाओं के लिए धर्मतल्ला स्ट्रीट में एक मकान ले लिया गया। इन प्रार्थना सभाओं में एडम साहब पुरोहित या पादरी की भूमिका निभाते। राममोहन अपने मित्रों के साथ इन सभाओं में जाते थे। इस प्रकार कई वर्ष तक राममोहन इस देश में यूनिटेरियन धर्म प्रचार में प्रमुख सहायक की भूमिका निभाते रहे। इसी एकेश्वरवाद के प्रचार के लिए राममोहन को उन दिनों यूरोप और अमेरिका के ईसाई मिशनरियों और दूसरे लोगों से पत्र व्यवहार करते हुए पाते हैं। कुछ समय के लिए राममोहन ईसाई यूनिटेरियन विचारधारा के प्रबल समर्थक बन गए थे। उन्होंने यूनिटेरियन प्रेस की स्थापना की और अपने खर्च पर ढेर सारा साहित्य प्रकाशित कर बँटवाया। इसके अलावा इसी सोसाइटी द्वारा स्थापित एंग्लो-हिन्दू स्कूल भी पूरी तरह राममोहन के आर्थिक सहायता पर ही निर्भर थी।[10] यूनिटेरियन सोसाइटी भी आर्थिक तौर पर राममोहन के दान पर ही निर्भर थी। यूनिटेरियन सोसाइटी की स्थापना राममोहन के जीवन की एक महत्त्वपूर्ण घटना थी। यहाँ तक कि लोगों के मन में धारणा बन गई थी कि राममोहन एकेश्वरवादी ईसाई मत के परिपोषक हैं। एडम साहब की कोशिशों और राममोहन की लगन के बावजूद यूनिटेरियन एसोसियेशन के प्रचार और लोकप्रियता में कोई खास प्रगति नहीं हुई। राममोहन और एडम दोनों ही इस बात से काफी निराश हो रहे थे। 1823 और 1824 के दौरान एक ओर राममोहन अपने बेटे राधाप्रसाद के मुकदमों में बुरी तरह फँसे हुए थे तो दूसरी तरफ आत्मीय सभा और यूनिटेरियन एसोसियेशन के कार्य प्रायः ठप से होते जा रहे थे। राममोहन भी यूनिटेरियन कमेटी की प्रार्थना सभाओं में नहीं जा पाते थे। शुरू-शुरू में 20-25 के आस-पास लोग सभा में भाग लेते थे लेकिन बाद में एडम साहब को केवल एक-दो सदस्यों की उपस्थित से सन्तोष करना पड़ रहा था।[11] इस परिस्थिति पर पहुँचने से पहले 1827 में एडम साहब ने राममोहन की ही सलाह पर इस संस्था का नाम ब्रिटिश इण्डियन यूनिटेरियन एसोसिएशन रखा।[12] उद्देश्य था भारतीय और यूरोपीय समान विचार वाले व्यक्तियों को एक संस्था में ले आना। हिन्दू और ईसाई दोनों के लिए एक-ईश्वर स्वरूप की स्थापना ही उद्देश्य था। इस काल में राममोहन ने अमेरिका के बाल्टिमोर में एक सज्जन को पत्र लिखा था उसका कुछ अंश राममोहन के विचारों को स्पष्ट करता है :

"मुझे पूरी आशा है कि ईसाई धर्म के सच्चे स्वरूप को अब गैर ईसाई जैसे विचारों और ईसा मसीह के कुछ अनुयायियों द्वारा प्रचलित रीति-रिवाजों की आड़ में छिपाए रखा नहीं जा सकेगा, क्योंकि सत्य के अनुरागी अनेक लोग ईसा मसीह के धर्म को भ्रष्टाचार से मुक्त करने के लिए उत्साहपूर्वक कार्यरत हैं। मैं सत्य की शक्ति पर विश्वास रखता हूँ और मेरे विचार से अन्त में इसको अवश्य सफलता मिलेगी। संख्या की दृष्टि से हम लोग थोड़े हैं, लेकिन मुझे सूचित करने में प्रसन्नता हो रही

है कि हम में से किसी में भी उत्साह या निष्ठा का अभाव नहीं है।...ईसाई धर्म के बारे में मेरा स्पष्ट विचार है कि संसार के सारे जीवों को एक परम-पिता की सन्तान मान कर चलें तो सभी देश, जाति, रंग और मतवाद से ऊपर उठकर एक दूसरे से प्रेम का सम्बन्ध कायम कर सकते हैं।"[13]

सारी कोशिशों के बावजूद यूनिटेरियन आन्दोलन को सफलता नहीं मिल सकी। राममोहन ने 2 जुलाई 1823 को श्री सेमुअल स्मिथ को एक पत्र में लिखा था कि 'यूनिटेरियन' वाद के प्रचार में हमें निराशा का सामना करना पड़ रहा है और सफलता की थोड़ी भी उम्मीद नहीं है। राममोहन ने वस्तुतः अपनी आय का कोई एक तिहाई भाग इस परोपकार और धार्मिक कार्य में व्यय किया।[14]

सारी कोशिशों के बावजूद यूनिटेरियन एसोसियेशन को आशानुरूप सफलता नहीं मिल रही थी। राममोहन ने एडम साहब पर संस्था के संचालन का भार दे रखा था। पहले पहल केवल सुबह ही प्रार्थना सभा का आयोजन होता। बाद में सभाएँ शाम को होने लगी, लेकिन उपस्थित में कोई खास फर्क नहीं आया। एडम साहब ने एक अपने केन्द्र के प्रचार के लिए मद्रास जाने की सोची थी लेकिन राममोहन ने आर्थिक कारणों से प्रस्ताव नहीं माना।[15] इन्हीं बातों से धीरे-धीरे राममोहन और एडम साहब के बीच कुछ खिंचाव पैदा हो गया। एसोसिएशन की सफलता के लिए एडम साहब को पूरी तरह जिम्मेवार ठहराया नहीं जा सकता। लेकिन असफलता ही शायद निराशा का मुख्य कारण रही होगी। इस सतही मनमुटाव के होते हुए भी राममोहन का एडम साहब से लगाव इतना गहरा था कि राममोहन ने अपनी वसीयत में एडम साहब के परिवार के लिए आर्थिक व्यवस्था कर दी थी। यहाँ पर बताना आवश्यक है। कि कलकत्ता के यूनिटेरियन संस्था की स्थापना के कई वर्ष पहले मद्रास में एक साउथ इण्डियन यूनिटेरियन संस्था की स्थापना 1813 में हुई थी। इसके संस्थापक एक दक्षिण भारतीय (कर्नाटक के) ईसाई विलियम राबर्ट थे। धर्म परिवर्तन के बाद में ये धीरे-धीरे यूनिटेरियन मतावलम्बी बन गए। इन्होंने काफी परिश्रम करके दक्षिण भारतीय संस्था का गठन किया था। इनका इंग्लैण्ड की यूनिटेरियन संस्थाओं से भी सम्बन्ध रहा है। कलकत्ते की यूनिटेरियन कमेटी से इस संस्था का कभी सीधा सम्बन्ध नहीं रहा था। कलकत्ता की कमेटी और मद्रास की संस्था में विशेष अन्तर यह था कि मद्रास संस्था के सदस्य धर्म परिवर्तित ईसाई थे जबकि कलकत्ता की कमेटी में ईसाई और हिन्दू दोनों ही धर्म के लोग थे जो एकेश्वरवाद में विश्वास रखते थे। धर्म परिवर्तन संस्था का उद्देश्य नहीं था।[16] इसी दौरान राममोहन एडम साहब की सहायता से बाइबिल से 'सरमन ऑन द माउण्ट' का संस्कृत अनुवाद करने में लगे हुए थे। दुर्भाग्यवश इस अनुवाद की प्रति कहीं भी उपलब्ध नहीं है। यूनिटेरियन एसोसिएशन की असफलता में से कैसे ब्राह्म समाज का जन्म हुआ इसका विवरण यथास्थान दिया जाएगा।

मिशनरी पादरियों के साथ तर्क युद्ध के जमाने में उन्हें बीच-बीच में अपने धर्म के लोगों के साथ भी शास्त्रार्थ में लगना पड़ता था। इन्हीं दिनों कलकत्ता के ही काशीनाथ तर्कपंचानन ने राममोहन के सामने धर्म विषयक चार प्रश्नों का उत्तर एक पुस्तिका के रूप में *'चारि प्रश्नेतर उत्तर'* छपवाकर प्रकाशित किया। इन उत्तरों में राममोहन की धार्मिक परम्परा, रीति-रिवाजों और सही अर्थों में धार्मिक या शास्त्रीय नीतियों की व्याख्या थी। जब यह उत्तर प्रकाशित हुआ तो काशीनाथ तर्क पंचानन[17] महोदय बड़े नाराज़ हुए। उन्होंने 238 पृष्ठों की एक पुस्तक *'पाषण्ड पीड़ण'* के शीर्षक से प्रकाशित थी। इस पुस्तक में उन्होंने राममोहन को खुलकर गाली गलौज़ से भूषित किया। राममोहन भला कब चूकने वाले थे। 1883 में उन्होंने भी *'पथ्य प्रदान'* शीर्षक एक पुस्तिका प्रकाशित की। इसमें *'पाषण्ड पीड़णा'* के सारे आरोपों का एक-एक करके उत्तर दिया। ईसाई मिशनरियों के साथ अपने शास्त्रार्थ के अन्तिम वर्ष में वे एक नये तर्क युद्ध से जूझ रहे थे। डॉ. टाइटलर, कम्पनी के चिकित्सक और हिन्दू कालेज के शिक्षक थे। ये राममोहन के एकेश्वरवाद और यूनिटेरियन कमेटी आदि कार्यकलापों से बड़े अप्रसन्न थे। उन्होंने राममोहन को एक व्यक्तिगत पत्र लिखकर ईसाई धर्म की श्रेष्ठता और अलौकिक क्रियाओं और मूर्तिपूजा सम्बन्धी प्रश्न उठाते हुए हिन्दू धर्म की बुराइयों को प्रमाणित करने की कोशिश की और राममोहन को बहस के लिए ललकारा। राममोहन ने जवाब में केवल इतना लिखा कि धर्म सम्बन्धी विचार के लिए वे केवल अधिकारी धार्मिक व्यक्ति से ही बहस कर सकते हैं। दूसरों से इस विषय में वे पत्र व्यवहार करने के इच्छुक नहीं है। डॉ. टाइटलर को एक साधारण देशी व्यक्ति से ऐसे उत्तर की आशा नहीं थी, वे आगबबूला हो गए। उन्होंने 'बेंगल हरकारा' में बहुत ही कटु भाषा में एक पत्र छपवाया। अब राममोहन के पास उचित उत्तर देने के सिवा कोई रास्ता ही न था। उन्होंने अपना उत्तर 'हरकारा' के पास भिजवा दिया। 'हरकारा' और 'फ्रेण्ड आफ इण्डिया' दोनों ही राममोहन विरोधी पत्रिकाएँ थीं। हरकारा ने उत्तर छापने से इनकार कर दिया। पत्र 'रामदास' के नाम से भेजा गया था जबकि सभी जानते थे कि 'रामदास' और कोई नहीं स्वयं राममोहन ही हैं। राममोहन ने अपना उत्तर सीधे डाक में टाइटलर साहब के पास भिजवा दिया। इस प्रकार जो पत्र युद्ध चला वह बाद में राममोहन ने छपवाकर बँटवाया था।[18] 'रामदास' और टाइटलर के बीच बहस उस काल की दिलचस्प घटना थी। राममोहन के व्यंग्यपूर्ण उत्तरों का जवाब टाइलर साहब के पास नहीं था।

बैप्टिस्ट मिशनरियों के अलावा दूसरे ईसाई मतावलम्बियों से भी राममोहन ने धीरे-धीरे अपने घनिष्ठ सम्बन्ध बना लिए थे। विशेषरूप से इंग्लैण्ड और अमेरिका के यूनिटेरियन ईसाइयों से उनका अच्छा-खासा पत्र व्यवहार चलता

रहा। इसके अतिरिक्त एंग्लिकन चर्च और प्रेसबिटेरियन स्कॉटिश चर्च के कई पादरी उनके मित्रों में थे। स्कॉटिश चर्च के पादरियों से मित्रता के पीछे राममोहन का उद्देश्य शिक्षा के क्षेत्र में इन पादरियों का सहयोग प्राप्त करना था। स्कॉटिश पादरी शिक्षा के क्षेत्र में अपनी योग्यता और कार्यकुशलता के लिए प्रसिद्ध थे। पादरी एलेक्सेण्डर डफ के साथ राममोहन की मित्रता और शिक्षा प्रसार के कार्यों में उनके योगदान के बारे में यथास्थान विवरण दिया जाएगा।

राममोहन के यूनिटेरियन या एकेश्वरवादी विचारधारा ने उस काल में सुदूर अमेरिका में भी उनके प्रशंसक बना दिए थे। अन्तर्राष्ट्रीय यूनिटेरियन वर्ग के प्रमुख विद्वानों में इंग्लैण्ड के डॉ. टामस रीस, सर जान बोवरिंग, श्री डेल ओवन, डॉ. लान्ट कार्पेन्टर और डॉ. एस्लिन राममोहन के मित्रों में थे। अमेरिका के बल्टिमोर के पादरी स्पार्क्स के साथ राममोहन का पहला पत्र व्यवहार 1822 में हुआ था।[19] इसके अतिरिक्त अमेरिका के हार्वर्ड कालेज़ के यूनिटेरियन पादरी रेवरेण्ड हेनरी वेयर ने 1823 में राममोहन से भारत में ईसाई धर्म के प्रचार की सम्भावनाओं के बारे में एक लम्बे पत्र के साथ कुछ जिज्ञासाएँ भेजी थीं। इस पत्र का उत्तर देते हुए 2 फरवरी 1824 को राममोहन ने प्रसन्नता व्यक्त करते हुए लिखा था-उन्हें खुशी है कि अमेरिका की काफ़ी बड़ी जनता ईसा मसीह के धर्म के शुद्धिकरण के कार्य में जुटी हैं। उन्होंने ईसाई धर्म के प्रचार में जिन बाधाओं का सामना करना पड़ता है उनके मुख्य कारण में, यहाँ के लोगों का अपनी धर्म पुस्तकों के प्रति आस्था और जात खोने का भय आदि बताये थे।

भारत में ईसाई धर्म प्रचार की सम्भावनाओं के बारे में उत्तर देते हुए राममोहन ने लिखा था कि रूढ़िवादी पादरियों से यह कार्य सम्भव नहीं। इसके लिए शिक्षित, सुसंस्कृत शिक्षक भेजे जाने चाहिए जो अँगरेजी साहित्य और पाश्चात्य विज्ञान की शिक्षा दे सकें। राममोहन ने यह पत्र 1824 में लिखा था। विचारणीय है कि अँगरेज़ी और पाश्चात्य शिक्षा के बारे में लार्ड आमहर्स्ट को उनका प्रसिद्ध पत्र 1823 में लिखा गया था। इसी सम्बन्ध में मिस कोलेट ने अपनी पुस्तक में बिशप हेबर के एक पत्र का हवाला दिया है। हेबर ने यह पत्र कलकत्ता आने के ठीक छह दिन बाद 16 अक्टूबर, 1823 को इंग्लैण्ड के डीन सेन्ट ऑसफ को लिखा था।

"Our chief hinderences are some Deistical Brahmins who have left their old religion and desire to found a sect of their own, and some of those who are professedly engaged in the same work with ourselves, the Dissenters."[20]

स्पष्ट है कि यह इशारा राममोहन और उनके मित्रों की ओर था।

सन्दर्भ और टिप्पणियाँ

1. Iqbal Singh : *Rammohan Roy* : पृ. 254.
2. मुखोपाध्याय : *राममोहन ओ तत्कालीन समाज ओ साहित्य* (बांग्ला) : पृ. 432.
3. Collet : *Raja Rammohun Roy* : पृ. 122.
4. वही : पृ. 122. यह पत्र एडम साहब ने एडवर्ड पूले को लिखा था।
5. वही : 123-124 सम्पादकीय टिप्पणी (पृ. 159) में येट्स को राममोहन के बारे में उद्धृत करते हुए लिखा है "" He is one of the most learned men in Sanskrit and Arabic in Calcutta--" The Biographer of Yates adds." He not only studies scriptures diligently; but in 1820 afforded Mr Yates very effectual assistance in the translation of Gospels into Bengalee. By his aid considerable improvements were made. (Hoby : *Memoir of William Yates* से उद्धृत)
6. वही : पृ. 158-159. येट्स साहब ने बाद में राममोहन के 'अपीलों' का उत्तर देते हुए 'Essays in defence of important Scripture doctrine in reply to two Appeals' प्रकाशित किया जो 1822 में बैप्टिस्ट मिशन प्रेस से प्रकाशित हुआ था।
7. वही : पृ. 126-127 "A lecture on the life and labours of Rammohun Roy by W. Adam (1879) से उद्धृत।
8. वही : पृ. 131 एडम साहब ने 26 जून, 1827 को श्री आर. डटन को एक पत्र में लिखा था कि 'कमेटी की स्थापना 1821 में हुई।'
9. वही : पृ. 131. उक्त पत्र में यूनिटेरियन कमेटी के सदस्यों की जो सूची दी गई है उनमें प्रायः सभी अँग्रेज सदस्य स्काटिश जाति से सम्बन्धित थे।
10. वही : पृ. 132.
11. वही : पृ. 218.
12. वही : पृ. 218 डॉ. टकरमैन को लिखे एक पत्र का हवाला उद्धृत करते हुए लिखा है कि 30 दिसम्बर, 1827 में यूनिटेरियन कमेटी ने एक प्रस्ताव पास करके इसको और विस्तृत स्वरूप देने के लिए, इसका नामकरण 'ब्रिटिश इंडियन यूनिटेरियन एसोसिएशन' कर दिया।
13. वही : पृ.133. यह पत्र 27 अक्टूबर, 1822 को लिखा गया था। उसी व्यक्ति को एक और पत्र में 9 दिसम्बर, 1822 को उन्होंने लिखा था :

"...... Although our adversaries are both numerous and zealous as the adversaries of truth always have been, yet our prospects are by no means discouraging, if we only have means of following up what has alrady been done....."

14. वही : पृ. 134. श्री बकिंघम ने राममोहन के बारे में लिखा था: " He has done all this to the great detriment of his private interests, being rewarded by the coldness and jealousy of all the great functinaries of Church and State in India..... Out of a private fortune of which he devotes more than one- third to acts of the purest philonthropy and benevolence."
15. पृ. 218-219.
16. पृ. 163-166. सम्पादकीय टिप्पणी में दक्षिण भारतीय यूनिटेरियन संस्था के बारे में विस्तृत विवरण दिया गया है।
17. चट्टोपाध्याय : *महात्मा राममोहन रायेर जीवन चरित* (बांग्ला), पृ. 199. पाद-टिप्पणी में लिखा है कि काशीनाथ तर्क पंचानन बाद में संस्कृत कालेज के अध्यापक नियुक्त हुए थे।
18. मुखोपाध्याय : पृ. 412. राममोहन ने टाइटलर साहब के साथ अपना शास्त्रार्थ एक पुस्तिका के रूप में प्रकाशित किया था: A Vindication of the incarnation of the Deity, as the common basis of Hindooism and Christianity against the schismatic attacks of R Tytler, Esq. M.D..... by Ram Doss, Calcutta Printed by S. Smith and Co. Hurkaru Press, 1823.

    इस पुस्तक के समर्पण-पत्र में व्यंग्यात्मक नोट इस प्रकार है: 'To all believers in the Incarnation of the Deity.... all Belivers in the Manifestation of God in the flesh, whether Hindoo or Christian, might unite...... to check the alarming growth of the Unitarian heresy...."
19. Craford : *Rammohun Roy* : पृ. 60; B.C. Robertson's *Rammohun and American Unitarians* से उद्धृत।
20. Collet : पृ. 155.

●

अध्याय–8

पारिवारिक अशान्ति : मुकद्दमों का दौर

प्रायः महापुरुषों के व्यक्तिगत और सार्वजनिक जीवन में विरोधाभास पाया जाता है। राममोहन के जीवन में भी सामञ्जस्य का भारी अभाव रहा है। उनके जीवन में वस्तुतः दो धाराएँ समानान्तर रूप से प्रवाहित होती रही थीं। एक ओर था गौरवमय सार्वजनिक जीवन और दूसरी ओर पारिवारिक झगड़े और जमींदारी और जायदाद सम्बन्धी मुकद्दमों का ताँता। न जाने उनके जीवन का कितना बहुमूल्य समय इन झंझटों को सुलझाने में नष्ट हुआ।

1810 में रमाकान्त के पुत्र (तीसरी पत्नी से उत्पन्न) रामलोचन की मृत्यु हो गई और 1812 में राममोहन के बड़े भाई जगमोहन की भी मृत्यु हो गई। उनकी पत्नी सती प्रथा की भेंट हो गई। जगमोहन के पुत्र गोविन्दप्रसाद जायदाद के मालिक बने। लेकिन उसको इस कार्य के अनुपयुक्त पाकर राममोहन की माता तारिणी देवी ने जायदाद की रखवाली की जिम्मेदारी अपने ऊपर ले ली। जैसा हम पहले ही बता चुके हैं कि राममोहन और उनकी माँ के बीच विरोध शुरू से ही चल रहा था। यह पहले लिखा जा चुका है कि राममोहन को दूसरी बार जब घर से उनकी माता ने निकाल दिया तो उन्होंने इन पारिवारिक झगड़ों से बचने के लिए राधानगर के पास रघुनाथपुर में अपना अलग मकान बनवा लिया था। वहीं अपने परिवार के साथ जा बसे थे। इसी मकान में उनके छोटे पुत्र रमाप्रसाद का जन्म हुआ।[1] बाद में दोनों बेटों को लेकर वे कलकत्ते में बस गए। कभी-कभी रघुनाथपुर अवश्य जाया करते थे। इधर राममोहन ने हिन्दू धार्मिक रूढ़ियों के विरुद्ध अपना जिहाद छेड़ दिया तो तारिणी देवी अपने पोते गोविन्दप्रसाद के साथ एकजुट होकर राममोहन के खिलाफ साजिश करने लगीं।[2] उनकी माता का विचार था कि विधर्मी पुत्र का अनिष्ट करने से कोई पाप नहीं लगेगा और यह मत उन्होंने खुले आम व्यक्त किया। डॉ. कार्पेन्टर ने अपनी पुस्तक में लिखा था कि राममोहन धर्म और जाति दोनों से च्युत हुए हैं, बात को प्रमाणित करके उनको जायदाद के अधिकार से वंचित करना ही इस मुकद्दमे का उद्देश्य था। पादरी एडम साहब ने भी कुछ ऐसा ही विवरण अपने संस्मरणों में दिया था।[3] लेकिन मुकद्दमे का वास्तविक स्वरूप कुछ इस प्रकार था। जब मुकद्दमा दायर किया गया उस समय

राममोहन जिन जायदादों का उपभोग कर रहे थे, वे गोविन्द प्रसाद के अनुसार संयुक्त परिवार की जायदाद थी और इसमें उनका भी अधिकार था। राममोहन ने इस दावे का पूरी तरह खण्डन करते हुए कहा कि यह जायदाद उनकी निजी सम्पत्ति है। इनकी खरीद के समय वे परिवार से अलग हो चुके थे।[4]

जून, 1817 में गोविन्द प्रसाद ने अपने चाचा के विरुद्ध सुप्रीम कोर्ट में मुकद्दमा ठोंक दिया कि राममोहन की जायदाद में उसका आधा हिस्सा है। मुकद्दमा कोई ढाई साल तक चला। 1819 के दिसम्बर महीने में मामले का फैसला सुनाया गया। गोविन्द प्रसाद हार गए थे। उस समय गोविन्द प्रसाद की उम्र केवल 19 या 20 वर्ष रही होगी और वह नाबालिग ही थे। इसी से अनुमान किया जाता है कि वस्तुतः तारिणी देवी के उकसाने पर ही उन्होंने मुकद्दमा ठोंका था। मुकद्दमा हारने के बाद गोविन्द प्रसाद ने अपने चाचा के पास आकर माफी माँगी और स्वीकार किया कि उसने लोगों के मुख्यतः अपनी दादी के बहकावे में आकर यह मामला डाला था। गोविन्द्र प्रसाद ने अपने चाचा को पत्र में लिखा—

> 'श्री गोविन्द प्रसाद देव शर्मा प्रणाम करके और महाशय के चरणों में प्रार्थना करते हुए सेवक का निवेदन है कि मैंने दूसरे लोगों के बहकावे में आकर आपकी जायदाद का हिस्सा पाने के लिए सुप्रीम कोर्ट के इक्यूयिटी अदालत में मुकद्दमा दायर किया था। अब अनुभव करता हूँ कि मैं भ्रमवश इस मुकद्दमे में फँसा और दुख पा रहा हूँ। आपको खामख्वाह दुखी किया और खर्चे के नीचे डाला। आप मेरे पिता तुल्य हैं। यदि मेरे अपराधों को क्षमा करके मुझे अपने पास आने की आज्ञा दें तो उपस्थित होकर मैं सारी बातें आपसे निवेदन करूँगा।'[5]

मुकद्दमे की अन्तिम सुनवाई के दिन (10 दिसम्बर, 1819) गोविन्द प्रसाद अदालत में हाजिर नहीं हुए। मुकद्दमा खारिज हो गया। इसी सिलसिले में राममोहन के पक्ष से उनकी माता तारिणी देवी, जो गोविन्द प्रसाद की ओर से गवाह थीं, के जिरह के लिए बनाई गई प्रश्नावली की प्रति उपलब्ध है। मुकद्दमा खारिज हो गया। इसी से न तो तारिणी देवी को अपने पुत्र के विरुद्ध अदालत में खड़े होने का मौका मिला और न ही राममोहन के पक्ष को उनसे जिरह करने का मौका। लेकिन यह प्रश्नावली अपने आप में महत्त्वपूर्ण है क्योंकि यह दस्तावेज माता और पुत्र के बीच चले तीव्र धार्मिक मतभेद को स्पष्ट करता है। प्रश्नावली के कुछ रोचक और प्रासंगिक अंशों का अनुवाद उद्धृत है:[6]

> '..... क्या आपके पुत्र राममोहन के धार्मिक विचारों के कारण आपके साथ उनका मतभेद नहीं हुआ और आप जिस प्रकार से हिन्दू-धार्मिक पूजा-पाठ करने की इच्छा रखती हैं, उन्हें मानने से इनकार करने पर क्या आपने बदला लेने

की भावना से अपने पोते को उस पर मुकद्दमा दायर करने के लिए नहीं उकसाया?'

'......क्या आपने, वादी और अपने परिवार के दूसरे सम्बन्धियों ने, राममोहन कृत रचनाओं और धार्मिक विचारों के लिए उनके साथ सारे सम्बन्ध नहीं तोड़े?'

'.....क्या आपने बार-बार नहीं कहा कि आप राममोहन का सर्वनाश करना चाहती हैं और इसमें पाप लगने के बजाए, यदि राममोहन पूर्वजों के रीति-रिवाजों को फिर से ग्रहण नहीं करते हैं, तो उसका सर्वनाश होने पर मुझे पुण्य मिलेगा?'

'.....क्या आपने इस मुकद्दमे के आरम्भ होने पर प्रतिवादी के कलकत्ता स्थित शिमला की कोठी में जाकर देव-विग्रह की पूजा के लिए जमीन का टुकड़ा नहीं माँगा था? क्या प्रतिवादी ने उसके बदले आपको गरीबों की सहायता के लिए काफी धन देने की पेशकश नहीं की, और मूर्तिपूजा के लिए किसी प्रकार की सहायता देने से इनकार नहीं किया?....'

राममोहन की माता अदालत में उपस्थित नहीं हुई; अतः इन प्रश्नों का उनके पास क्या उत्तर रहा होगा, जानना सम्भव नहीं।

इस लम्बे मुकद्दमे की वजह से गोविन्द प्रसाद आर्थिक संकट में फँस गए थे। राममोहन को भी मानसिक अशान्ति और आर्थिक नुकसान उठाना पड़ा था। लेकिन जब गोविन्द प्रसाद उनकी शरण में आए तो अपनी उदार प्रकृति के कारण फिर क्षमा ही नहीं किया बल्कि गोविन्द प्रसाद के लिए जीविका का प्रबन्ध भी कर दिया। अपने मित्र डिगबी साहब, जो तब तक फिर एक बार भारत लौट आए थे, से कहलाकर गोविन्द प्रसाद को 'आबकारी दरोगा' की नौकरी दिलवा दी। डिगबी साहब ने अपने एक पत्र में इस घटना का जिक्र किया था।[7]

अप्रैल,1821 में गोविन्द प्रसाद की माँ दुर्गा देवी ने राममोहन के विरुद्ध एक और मुकद्दमा दायर किया। दावा किया गया कि रामेश्वरपुर और गोविन्दपुर के तालुकों की खरीद में उन्होंने साढ़े चार हजार रुपए दिए थे; अतः उन तालुकों पर उनका अधिकार माना जाए। यह मुकद्दमा भी गोविन्द प्रसाद की पूरी जानकारी के साथ दायर किया गया था। लेकिन मुकद्दमे की तारीख में जिन तीन गवाहों को उपस्थित होना था उनमें से एक भी गवाह हाजिर नहीं हुआ। मुकदमा नवम्बर, 1821 को हरजाने के साथ खारिज हो गया।[8]

एक और मुकद्दमा 1823 में वर्धमान के महाराजा तेजचन्द्र ने राममोहन के खिलाफ दायर किया जिसमें राममोहन के पिता ने किसी इकरारनामे के आधार पर जो 1797 में अनुबन्धित हुआ था पन्द्रह हजार रुपये का दावा ठोंक दिया। वस्तुतः इस मामले में भी कोई दम नहीं था। केवल राममोहन को परेशान करने की साजिश थी। राममोहन ने इस दावे के विरुद्ध बहुत ही जबरदस्त दलील पेश करते हुए कहा

कि यह सरासर जालसाजी है। उन्होंने यह भी कहा कि वे अपने पिता के परिवार से उनके जीवन-काल में ही अलग हो गए थे क्योंकि उनका रहन-सहन और विचार कुछ भिन्न थे और वे अपनी कमाई हुई आय पर ही बसर करते रहे हैं। इसलिए उनके पिता की जायदाद से उनका कोई सरोकार नहीं। मामला सदर दीवानी अदालत में खर्च के साथ खारिज हो गया।[9]

इसके साथ ही एक और मुकद्दमा राममोहन के पुत्र राधाप्रसाद के विरुद्ध भी दायर किया गया। वस्तुतः उस समय राधाप्रसाद वर्धमान के तहसील में डिगबी साहब के अधीन काम कर रहे थे। डिगबी 1819 में दोबारा भारत लौट आए थे और वर्धमान में कलक्टर नियुक्त हुए थे। राममोहन के साथ डिगबी के निकट सम्बन्धों के बारे में पहले ही लिखा जा चुका है। राधाप्रसाद की नौकरी से तहसील के बहुत से करिन्दे सख्त नाराज थे। उन लोगों ने साजिश करके राधाप्रसाद के खिलाफ 450 रुपये की घूस का आरोप लगाया। राधाप्रसाद ने इस्तीफा दे दिया। मामला काफी लम्बा चला। इससे वर्धमान के राजा इस मामले में पूरी तरह राधाप्रसाद के विरोधियों के साथ थे। मामला बाद में सदर निजामत अदालत के सामने गया। काफी परेशानियों के बाद राधाप्रसाद को 1826 में बेकसूर ठहराते हुए रिहा कर दिया गया। यह सारा मुकद्दमा जान-बूझ कर लम्बा खींचा गया। क्योंकि यह वस्तुतः राधाप्रसाद नहीं राममोहन को परेशान करने की कुछ भारतीयों और अँगरेजों की साजिश थी क्योंकि इसी बीच राममोहन ने हिन्दू कट्टरवादियों और ईसाई धर्म के कुछ पहलुओं की तीव्र आलोचना की थी, जिससे ये लोग उनके विरोधी हो गए थे।[10]

जब तक इन मुकद्दमों का सिलसिला खत्म हुआ तब तक राममोहन बुरी तरह थक चुके थे। लेकिन फिर भी अपने उद्देश्य को नहीं भूले। इस काल में भी वे महत्त्वपूर्ण धार्मिक, सामाजिक और राजनैतिक कार्यों में लगे रहे।

राममोहन की माता तारिणी देवी के अन्तिम दिनों के बारे में कुछ तथ्य जो प्रकाश में आए उनसे उनकी चारित्रिक दृढ़ता का परिचय मिलता है। पहले ही कहा जा चुका है कि तारिणी देवी ने अपने बेटे के विरुद्ध मुकद्दमा ही दायर नहीं करवाया बल्कि जी जान से मिटा डालने के लिए कोशिश की । लेकिन इस कोशिश में न केवल वह हार गई बल्कि अपनी सारी ताकत और धन-दौलत दाँव पर लगा बैठीं और गोविन्द प्रसाद की ही तरह कंगाली की अवस्था में पहुँच गईं। गोविन्द प्रसाद तो अपने चाचा से माफी माँगने चला गया लेकिन तारिणी देवी का स्वाभिमान इतना प्रबल था कि वे अपने बेटे के सामने आँचल पसारने को तैयार नहीं थीं। इस लम्बे मुकद्दमे और संघर्ष ने उनको मानसिक और शारीरिक रूप से तोड़कर रख दिया था। कहा जाता है कि 1820 के आसपास वे सब कुछ छोड़छाड़ कर पुरी धाम की ओर चल दीं—अकेले और पैदल। साथ में कोई नौकरानी तक नहीं। वहाँ रहते हुए वे रोज प्रातःकाल जगन्नाथ जी के मन्दिर में झाड़ू लगाया करतीं। कोई दो वर्ष बाद किसी भी वैष्णव

भक्त की मनोकामना के अनुरूप इसी तीर्थस्थान में 21 अप्रैल, 1822 को उनकी मृत्यु हो गई।[11]

राममोहन यद्यपि इन मुकद्दमों में जीत गए थे, लेकिन उनके मन में कोई विशेष आनन्द नहीं था। माँ को दुखी बनाकर भला उन्हें खुशी कैसे होती। आखिरकार वे सम्वेदनशील मुनष्य थे। वे अच्छी तरह समझते थे कि उन्होंने अपनी माँ का दिल दुखाया है। उनके लिए यह जीत भी हार ही थी। उनको इस बात का पश्चात्ताप हमेशा रहा। डॉ. कार्पेन्टर ने राममोहन की जीवनी में लिखा है कि राममोहन ने स्वयं उनसे कहा था कि तारिणी देवी का अपनी अन्तिम तीर्थयात्रा से पहले अपने बेटे के साथ फिर से समझौता हो गया था। आखिर माँ थी। उन्होंने न केवल अपने बेटे को क्षमा कर दिया बल्कि अपनी गलती भी स्वीकार कर ली। केवल इतना कहा— 'राममोहन, शायद तुम्हीं ठीक थे। मैं एक बूढ़ी कमजोर औरत हूँ इसलिए इन रीति-रिवाजों को छोड़ना सम्भव नहीं'। डॉ. कार्पेन्टर ने यह भी लिखा है कि राममोहन के मन में अपनी इस तेजस्विनी माँ के लिए भारी श्रद्धा और आदर की भावना थी। अपनी माँ के बारे में बताते हुए राममोहन की आँखें अकसर छलछला उठती थीं।[12]

सन्दर्भ और टिप्पणियाँ

1. चट्टोपाध्याय : *महात्मा राजाराममोहन रायेर चरित्* (1928 संस्करण) बांग्ला : पृ. 227।
2. Dasgupta : *Raja Ram Mohun Roy* V. 1' पृ. 182 लेखक के अनुसार तारिणी देवी ने ऐसा व्यक्तिगत आक्रोश के कारण ही किया। सम्पत्ति का कारण तो गौण रहा होगा।
3. बन्द्योपाध्याय : *राममोहन राय* (बांग्ला), पृ. 38
4. वही : पृ. 38.
5. वही : पृ. 39.
6. वही : पृ. 45-46 लेखक ने पृ. 44 में लिखा है, जब तक राममोहन नौकरी के सिलसिले में बाहर घूमते फिरे तब तक माता के साथ कोई विशेष मतभेद नहीं था। ज्यों ही उन्होंने कलकत्ता आकर वेदान्त और उपनिषदों पर पुस्तकें प्रकाशित की उसी समय में माँ के साथ मतभेद आरम्भ हो गया। *वेदान्त सार* के अँग्रेजी अनुवाद की भूमिका में उन्होंने लिखा था : "By taking the path which conscience and sincerity direct, I born a Brahman, have exposed myself to the complainings and reproaches even of some of my relations, whose prejudices are strong, whose temporal advantage depends upon the present system."

7. Iqbal Singh : *Ram Mohun Roy* (1983) पृ. 179 में डिगबी साहब के पत्र का अंश उद्धृत किया है: " Govindaprasad Roy ruined himself by an unsuccessful lawsuit in the Supreme Court which he had carried on during my absence in Europe against his uncle Ram Mohun Roy, the latter, after my return, for compassion for his nephew's distress, was induced to request me to give him a situation to keep him from starving.."
8. Collet : *Raja Rammohun Roy*, 1962 (ed. Biswas and Ganguli) पृ. 51. सम्पादकीय टिप्पणी देखें।
9. वही : पृ. 51-52
10. दासगुप्ता : पृ. 190
11. बन्द्योपाध्याय : पृ. 39
12. Collet : पृ. 50 सम्पादकीय टिप्पणी में डॉ. कार्पेन्टर की पुस्तक से उद्धृत करते हुए लिखा है : " The touching scene of her final farewell from her son is thus described by Dr. Carpenter— "It was with glistening eyes that he told us she had repented of her conduct towards him"

●

अध्याय–9

खोज के नए आयाम : पत्रकारिता और शिक्षा

जिस तूफानी काल का विवरण अब तक हम दे रहे थे उसी काल में राममोहन की बहुमुखी प्रतिभा ने दूसरे नए पथों की खोज जारी रखी। धार्मिक और सामाजिक क्षेत्र में वाद-विवादों और व्यस्त्ता के बावजूद वे शिक्षा और पत्रकारिता के क्षेत्र में भी हमारे पथ-प्रदर्शक थे।

हम जानते ही हैं कि जब बैप्टिस्ट मिशन ने उनकी पुस्तकों को छापने से इन्कार कर दिया तो उन्होंने यूनिटेरियन प्रेस की स्थापना की थी। इसी प्रकार जब मिशन के 'समाचार दर्पण' ने उनका उत्तर छापने से इनकार कर दिया तो उन्होंने 'ब्राह्मनिकल मैगजीन' और 'ब्राह्मण सेवधि' का प्रकाशन किया था। इस प्रकाशन के क्षेत्र में राममोहन कोई नए न थे। अपने धार्मिक वाद-विवाद के प्रचार और प्रसार के लिए उन्होंने प्रकाशन का कार्य काफी पहले से ही शुरू कर दिया था। जन-जागरण के लिए समाचारपत्र की भूमिका के बारे में भी वे काफी सजग थे। इसी से लार्ड वेलेजली के प्रेस सेंसर कानून में 1818 के संशोधित अधिनियम के द्वारा जब कुछ राहत मिली तो राममोहन ने देशी पत्रकारिता के गठन की ओर ध्यान दिया। यहाँ स्पष्ट करना आवश्यक है कि प्रेस-नियन्त्रण में जब कुछ ढील दी गई तो राजनैतिक पत्रकारिता का वातावरण बना और उदारपन्थी अँगरेजी पत्र 'कैलकटा जर्नल' का प्रकाशन भी इसी समय में आरम्भ हुआ। इस पत्रिका के सम्पादक सुप्रसिद्ध जेम्स सिल्क बकिंघम थे। इस पत्रिका की सफलता के पीछे सम्पादक महोदय के क्रान्तिकारी विचारों के अलावा राममोहन के साथ इनका मित्रता पूर्ण सहयोग भी एक कारण था। इन दोनों के विचारों में भारी समानता थी और इसमें कोई सन्देह नहीं कि राममोहन ने हमेशा बकिंघम साहब की पत्रिका को नैतिक सहयोग दिया। राममोहन 1818 से लेकर अगले पाँच वर्ष तक 'कैलकटा जर्नल' के पृष्ठों के द्वारा निरन्तर अपना सुधारवादी आन्दोलन चलाते रहे। लेकिन राममोहन अँगरेजी पत्रिका के प्रचार से सन्तोष न कर सके। उनको बांग्ला के माध्यम से साधारण जनता के समक्ष पहुँचना आवश्यक जान पड़ा।

1821 के अन्तिम दिनों 'कैलकटा जर्नल' में एक विज्ञापन प्रकाशित हुआ जिसमें लिखा था कि शीघ्र ही एक बांग्ला साप्ताहिक पत्रिका देशी लोगों द्वारा प्रकाशित होगी। इस पत्रिका का नाम रखा गया है, 'सम्वाद कौमुदी' और इसमें धार्मिक, राजनैतिक, सामाजिक विषयों के अतिरिक्त देश-विदेश की घटनाओं का समाचार दिया जाएगा।[1] इस पत्रिका का पहला अंक 4 दिसम्बर, 1821 को प्रकाशित हुआ। इसके पहले अंक में पत्रिका के उद्देश्यों का विवरण देते हुए बताया गया था कि यह पत्रिका, बंगाल की जनता के लिए, जनता की भलाई के लिए 'ध्रुवतारा' का काम करेगी।[2] साथ ही आशा व्यक्त की गई कि इस पत्रिका के फ़ारसी, हिन्दुस्तानी और अँगरेजी संस्करण भी प्रकाशित होंगे।[3] मिस कोलेट ने इस पत्रिका को देशी प्रबन्ध संचालित, देशी भाषा में प्रकाशित प्रथम पत्रिका लिखा है। वस्तुतः 'सम्वाद कौमुदी' से पहले तीन बांग्ला पत्रिकाओं—'दिग्दर्शन', 'बेंगाल गेजेटी' और 'समाचार दर्पण' का हवाला मिलता है।

'इस काल में बांग्ला भाषा में केवल तीन पत्रिकाएँ थीं—सभी 1818 ईस्वीं के अप्रैल-मई में प्रकाशित हुईं, पत्रिकाओं के नाम इस प्रकार थेः 'दिग्दर्शन' (मासिक), 'समाचार दर्पण' (साप्ताहिक) और 'बेंगाल गेजेटी'।[4] 'बेंगाल गेजेटी' कोई एक वर्ष चला और 1819 में इसका प्रकाशन बन्द हो गया। विशुद्ध समाचार पत्रिका के रूप में अब मैदान में केवल 'समाचार दर्पण' ही रह गया था। इनका प्रकाशन 1818 के मई में आरम्भ हुआ था। इस बात पर भी विवाद काफ़ी दिनों तक चलता रहा कि इनमें पहले किस पत्रिका का प्रकाशन आरम्भ हुआ। 'समाचार दर्पण' वस्तुतः श्रीरामपुर के ईसाई मिशनरियों की पत्रिका थी। इसी से इसको देशी पत्रिका कहना उचित नहीं है। बेंगाल गेजेटी' के संपादक थे—गंगाकिशोर भट्टाचार्य। इस पत्रिका के एक प्रमुख संचालक थे श्री हरचन्द्र राय, जो राममोहन के मित्र और 'आत्मीय सभा' के सदस्य थे। इसी से अनुमान लगाया जा सकता है कि इस पत्रिका के प्रकाशन में भी राममोहन का उत्साह और सहयोग रहा होगा। राममोहन का सतीविषयक पहला लेख भी इसी पत्रिका में प्रकाशित हुआ था।[5] अतः राममोहन को देशी (बांग्ला) पत्रकारिता का अग्रणी कहना किसी हद तक ठीक ही कहा जाएगा। 'कौमुदी' आरम्भ में प्रति मंगलवार को प्रकाशित होती थी लेकिन 16 मार्च, 1822 से इसका प्रकाशन प्रति शनिवार को होना आरम्भ हो गया। यह पत्रिका यों तो साधारण जनता के लिये थी लेकिन राममोहन शिक्षित वर्ग के लिए भी कुछ विचार और समाचार इस पत्रिका में दिया करते थे। इस पत्रिका के सम्पादक श्री भवानीचरण बन्द्योपाध्याय थे किन्तु वास्तविकता यह थी कि पत्रिका के सम्पादन और प्रकाशन का पूरा दायित्व राममोहन पर ही था। साथ ही यह भी सर्वविदित था कि 'कौमुदी' के लेख प्रायः राममोहन द्वारा ही लिखे होते थे। यद्यपि आरम्भ में 'कौमुदी' का प्रकाशन बांग्ला और अँगरेजी में करना निश्चित हुआ था, लेकिन बाद में केवल बांग्ला संस्करण ही प्रकाशित हुआ। पत्रिका का पहला अंक आठ पृष्ठों का था।

1822 में राममोहन ने फ़ारसी भाषा में एक और साप्ताहिक अखबार 'मिरातुल अखबार' का प्रकाशन आरम्भ किया।[6] यह हर शुक्रवार को निकलता था। इस 'अखबार' में कौमुदी ही की तरह देशी और विदेशी घटनाओं के समाचार रहते थे। 1822 के 'मिरातुल अखबार' के एक अंक में राममोहन ने आयरलैण्ड के कैथोलिक ईसाइयों की दुर्दशा पर एक लेख लिखा था, जो इंग्लैण्ड के राजा और राज-धर्म पर कड़ी चोट थी।[7] यह लेख शायद आयरिश राष्ट्रीयता के पक्ष में किसी भारतीय प्रवक्ता का पहला संवेदनापूर्ण बयान था। मिरातुल अखबार के 11 अक्तूबर, 1822 के एक दूसरे अंक में आयरलैण्ड में फैले असन्तोष और दुखद अवस्था पर एक आलेख प्रकाशित हुआ था।[8]

इस प्रकार के लेख जिनमें अकसर देशी और विदेशी घटनाओं के ब्योरे अखबार में प्रकाशित होते रहते, इनमें अकसर ब्रिटिश सरकार के बारे में समालोचनात्मक लेख भी रहते थे। यद्यपि इन पत्रिकाओं में ब्रिटिश सरकार के प्रति वफादारी ज़ाहिर करने में कोई कसर नहीं उठाई जाती थी फिर भी सरकार इस प्रकार के समालोचनाओं को भला कब तक सहन करती।

1822 के अन्त में, लार्ड हेस्टिंग्स का कार्यकाल समाप्त हो रहा था। कार्यवाहक गवर्नर जनरल जॉन एडम ने अपने नौकरशाही व्यवस्था को मजबूत बनाने के लिए प्रेस की स्वतन्त्रता पर रोक लगा दी। यहाँ तक कि अँगरेजी अखबारों के अँगरेजी सम्पादकों की वैचारिक स्वतन्त्रता पर भी अंकुश लगा दिया गया। 'कैलकटा जर्नल' के एक अंक में सरकारी अमले के व्यवहार के विरोध में कुछ लिखा गया तो उस पत्रिका पर रोक लगा दी गई। पत्रिका के सम्पादक श्री बकिंघम के सहयोगी आर्नट को कैद कर लिया गया और सीधे विलायत जाते हुए जहाज पर चढ़ाकर वापस भेज दिया गया। श्री बकिंघम के निर्वासन का नोटिस भी अचानक दे दिया गया। 14 मार्च, 1823 को कठोर प्रेस ऑर्डिनेन्स की घोषणा की गई।[9] घोषणा की भूमिका में कहा गया था :

> "Matters tending to bring the Government..... into hatred and contempt and to disturb the peace..... of society have of late been frequently published and circulated in news papers."

अर्थात् "सरकार के विरुद्ध घृणा और समाज में शान्ति भंग करने के उद्देश्य से अकसर पत्र-पत्रिकाओं में ऐसी सामग्री प्रकाशित की जा रही है .....।"

आर्डिनेन्स में यह प्रावधान रखा गया था कि आगे से कोई भी अखबार या पत्रिका गवर्नर के दफ्तर के चीफ सेक्रेटरी के हस्ताक्षरित लाइसेन्स के बिना प्रकाशित नहीं होगी।[10] कानून के अनुसार आर्डिनेन्स को अमल में लाने के लिए सुप्रीम कोर्ट से पारित होना आवश्यक था। 17 मार्च को इस काले ऑर्डिनेन्स के अनुमोदन के लिए

कोर्ट में पेश किया गया। 31 मार्च दिन सुनवाई के लिए तय किया गया।

इस प्रेस स्वतन्त्रता विरोधी अध्यादेश का विरोध करने के लिए जो लोग आगे आए उनमें राममोहन सबसे आगे थे। यह स्वाभाविक ही था कि राममोहन अपने मित्र बकिंघम साहब के निर्वासन और सरकारी अध्यादेश के विरुद्ध आन्दोलन खड़ा करते। इस कार्य में उनको अपने मित्र द्वारकानाथ ठाकुर से बराबर सहयोग मिलता रहा। कार्य सरल नहीं था और समय भी थोड़ा था। हालाँकि समाज के विशिष्ट यूरोपीय और भारतीय नागरिक इस अध्यादेश से नाराज थे, पर उनमें विरोध करने की हिम्मत नहीं थी। काफी भाग-दौड़ के बावजूद भी अध्यादेश विरोधी आवेदनपत्र के लिए पर्याप्त हस्ताक्षर प्राप्त करने में कठिनाई हो रही थी। राममोहन और उनके मित्रों ने अँगरेजी और बांग्ला में आवेदनपत्र तैयार किया और लोगों के हस्ताक्षर लेने का प्रयास आरम्भ किया। तैयारी में कुछ विलम्ब हो गया तो केवल पन्द्रह व्यक्तियों के हस्ताक्षर से पहला आवेदनपत्र पेश किया गया। अगले दिन एक दूसरा आवेदनपत्र राममोहन के पाँच सहयोगियों ने मिलकर सुप्रीम कोर्ट में पेश किया। इन आवेदनपत्रों के प्रणेता स्वयं राममोहन थे।[11] आवेदन पत्र में प्रेस की स्वतन्त्रता और उदार प्रेस कानून की सिफारिश की गई थी। अपने पक्ष की वकालत के लिए राममोहन ने ब्रिटिश-कानून और संविधान के ज्ञाता अँगरेज वकील मि. फरग्यूसन और मि. टरटन को नियुक्त किया था। ये दोनों सुप्रीम कोर्ट में 'कैलकटा जर्नल' के निर्वासित सम्पादक बकिंघम साहब का मुकदमा लड़ रहे थे लेकिन इन प्रयत्नों का भी विशेष लाभ नहीं हुआ। जज महोदय सर फ्रांसिस मैकनेटन कट्टरपन्थी विचारों के थे। उन्होंने इस विषय में कोई भी दलील सुनने से इनकार कर दिया और प्रेस अध्यादेश कानून पारित कर दिया। 5 अप्रैल को सरकारी गजट में सरकारी हुक्मनामा प्रकाशित हुआ।[12] इस प्रकार प्रेस सम्बन्धी उदार नीति का अन्त हो गया।

राममोहन और उनके सहयोगियों के लिए अब एकमात्र रास्ता यही था कि वे सीधे इंग्लैण्ड के राजा के पास आवेदनपत्र भेजते। राममोहन इस उपाय का प्रयोग करने से भी नहीं झिझके। उन्होंने 'किंग इन काउंसिल' के पास अपना आवेदन पत्र भेज दिया। यह अपील राममोहन द्वारा लिखे गए सारगर्भित अँगरेजी का सुन्दर नमूना है।[13] इस अपील ने भारत और इंग्लैण्ड में उनकी धाक जमा दी क्योंकि उस समय एक भारतीय के लिए विदेशी भाषा में प्रेस स्वाधीनता के पक्ष में ऐसे भावपूर्ण और विद्वत्तापूर्ण तर्क पेश करना एक असाधारण घटना थी।[14] यहाँ पर यह सूचना प्रासंगिक है कि बकिंघम साहब ने अपने निर्वासित और प्रेस आर्डिनेन्स के विरुद्ध जो मुकदमा दायर किया था, वह अन्त में प्रिवी काउंसिल में छह महीने चलने के बाद खारिज हो गया।

यद्यपि प्रेस कानून के पीछे सरकार का मुख्य उद्देश्य बकिंघम साहब के 'कैलकटा जर्नल' पर प्रतिबन्ध लगाना था, लेकिन वे देशी पत्रिकाओं में राममोहन के

'मिरातुल-अखबार' से भी संत्रस्त थे।[15] नागरिक अधिकार के इस हनन से राममोहन स्वभावतः विक्षुब्ध हुए। उन्होंने अपनी ओर से इस काले कानून का विरोध करने की ठानी। उन्होंने अपनी फ़ारसी भाषाई पत्रिका 'मिरातुल अखबार' का प्रकाशन बन्द करने का ऐलान कर दिया। उन्हें ऐसे दमघोंटू वातावरण में अखबार का चलाना सम्भव नहीं लगा। 4 अप्रैल, 1823 के 'अखबार' के आखिरी अंक में ऑर्डिनेन्स का हवाला देते हुए और पत्रिका को प्रकाशित करने में अपनी असमर्थता प्रकट करते हुए उन्होंने एक लम्बा महत्त्वपूर्ण सम्पादकीय लिखा था जिसका अँगरेजी अनुवाद 'कैलकटा जर्नल' के 10 अप्रैल के अंक में प्रकाशित हुआ था।[16] 'मिरातुल अखबार' का यह अन्तिम सम्पादकीय अग्रलेख राममोहन के समाचारपत्र की स्वाधीनता के पक्ष में एक महत्त्वपूर्ण दस्तावेज़ है। इसका अनुवाद इस प्रकार है :

> "पहले ही प्रकाशित किया था कि कौंसिल के महामान्य गवर्नर जनरल द्वारा पारित कानून और आदेश लागू किए गए हैं, जिसके फलस्वरूप इस शहर में पुलिस थाने में, मालिक के द्वारा हलफनामा पेश किए बिना और सरकार के प्रधान सचिव के पास से लाइसेन्स हासिल किए बिना किसी भी दैनिक, साप्ताहिक या सामयिक पत्रिका का प्रकाशन नहीं किया जाएगा। इसके बाद भी असन्तुष्ट होने पर गवर्नर जनरल इस लाइसेन्स को रद्द कर सकते हैं। अब मालूम हुआ है कि 31 मार्च को सुप्रीम कोर्ट के न्यायाधीश महोदय मान्यवर सर फ्रांसिस मैकनैटन ने इस कानून का अनुमोदन कर दिया है। इस हालत में कुछ विशेष कठिनाइयों की वजह से, मनुष्य समाज में सबसे छोटा होने पर भी, मैं अत्यन्त दुख और अनिच्छा से इस पत्रिका (मिरातुल-अखबार) का प्रकाशन बन्द कर रहा हूँ। कठिनाइयाँ ये हैं :
>
> "सबसे पहले प्रधान सचिव के साथ जिन यूरोपीय महोदयों का परिचय है उनके लिए नियमानुसार लाइसेन्स निकालना बहुत ही आसान काम होने पर भी, मुझ जैसे मामूली व्यक्ति के लिए दरबान और नौकरों के बीच में से निकलकर ऐसे ऊँचे पदाधिकारी तक पहुँचना, या पुलिस अदालत के दरवाजे तक भीड़ धकेल कर ऐसे उद्देश्य के लिए जाना, मेरे विचार से इसकी कोई सार्थकता नहीं। किसी ने कहा है :
>
> *'आब्रू कि-बा-सुद् खून इ जिगर दस्त् दिहद्।*
> *ब-उमेद-इ करक-इ, खाजाह, ब-दरबान मा .फ़रोश।।'*
>
> अर्थात् जो सम्मान हृदय के सैकड़ों रक्त बिन्दुओं की एवज़ में खरीदा जाता है, अरे लोगो, किसी का अनुग्रह पाने की खातिर दरबान के हाथों न बेचो।
>
> "दूसरे, खुली अदालत में आदरणीय विचारकों के सामने हलफनामा पेश करना समाज में हेय और अपमानजनक समझा जाता है। इसके अलावा

अखबार निकालने की कोई ऐसी आवश्यकता नहीं कि किसी काल्पनिक स्वामित्व को प्रमाणित करने के लिए गैर-कानूनी और घृणित काम किया जाए।"

"तीसरे, हलफनामा दाखिल करने की बदनामी और बेइज्जती उठाने के बाद भी लाइसेन्स ज़ब्त किया जा सकता है, इस आशंका के लिए कि समाज में अनादर का भागी होना पड़ेगा, मानसिक शान्ति पूरी तरह नष्ट हो जाएगी। मनुष्य स्वभावतः गलतियाँ करता है। सच्चाई कहते हुए उसे ऐसी भाषा का प्रयोग करना होगा जो सरकार को अरुचिकर लगेगी। इससे मैं कुछ कहने की अपेक्षा मौन रहना ही उचित समझता हूँ—

गदा-इ गोशा-नशिनी तू हाफ़िजा मा खरोश।

रुमूज़्-इ-मसलिहत-इ खेश् खुसरोयान् दानन्द।।

अरे हाफिज! तू एक गरीब भिखारी है, चुप ही रह।

अपनी राजनीति के गूढ़ तत्त्व राजा लोग ही समझते हैं।"[16]

'कैलकटा जर्नल' ने केवल 'मिरातुल' के अन्तिम अंक के सम्पादकीय का अनुवाद प्रकाशित किया बल्कि साथ ही 'मिरातुल' के बन्द हो जाने पर खेद प्रकट करते हुए लम्बी सम्पादकीय टिप्पणी भी लिखी थी।[18]

'मिरातुल-अखबार' बन्द हो गया। यहाँ पर एक बात ध्यान में रखने योग्य है कि 1835 तक राजभाषा फ़ारसी ही थी। सभी शिक्षित व्यक्ति फ़ारसी के ज्ञाता होते थे। राममोहन ने प्रेस ऑर्डिनेन्स के विरुद्ध अपना विरोध 'मिरात' तक ही सीमित रखा। 'सम्वाद कौमुदी' का प्रकाशन राममोहन के जीवन काल के बाद भी कई वर्षों तक जारी रहा।

प्रेस कानून के विरोध में राममोहन ने एक आवेदनपत्र इंग्लैण्ड के राजा के पास भी भेजा था, यह हम ऊपर लिख चुके हैं। यह आवेदनपत्र स्वाधीन पत्रकारिता के पक्ष में सम्भवतः पहला भारतीय विरोध था। उस 'मेमोरियल' में राममोहन ने यह दिखाने की कोशिश की थी कि इस ऑर्डिनेन्स से शिक्षा और ज्ञान के प्रसार में भारी बाधा पहुँचेगी। आम जनता की असुविधाओं और सरकारी कर्मचारियों के अन्याय के बारे में सरकार और न्याय के दरवाजे पर खबरों का पहुँचना बन्द हो जाएगा। राममोहन ने आगे जोड़ा कि मेरा अनुभव यह बताता है कि सरकार को मजबूत बनाने के लिए प्रबुद्ध प्रजा का होना आवश्यक है। यह आवेदनपत्र तथ्यपूर्ण और सारगर्भित दस्तावेज है, जिसकी तुलना प्रेस स्वाधीनता के पक्ष में मिल्टन के 'एरिओपेजिटिका' के साथ की गई है। इतने प्रयत्नों के बाद भी प्रिवी काउंसिल ने राममोहन का आवेदन खारिज कर दिया गया था।

पहले ही बताया जा चुका है कि 'समाचार दर्पण' पादरियों की पत्रिका थी, इसके अलावा भारतीय प्रबन्ध में प्रकाशित बांग्ला पत्रिका थी 'बेंगाल-गजेटी', जिसका

प्रकाशन 1818 में आरम्भ हुआ था और 1819 के मध्य में इसका प्रकाशन बन्द हो गया। केवल 'समाचार दर्पण' ही प्रकाशित होता रहा। एक भारतीय द्वारा प्रकाशित, भारतीय प्रेस से मुद्रित पत्रिका 'सम्वाद कौमुदी' ही सही अर्थों में पहली भारतीय पत्रिका कही जाएगी।[19] इसके संचालन और सम्पादन में राममोहन के साथ शुरू-शुरू में ताराचाँद दत्त और भवानीचरण बन्द्योपाध्याय थे। भवानीचरण एक विद्वान और अच्छे लेखक थे लेकिन सतीप्रथा के विरोध के प्रश्न को लेकर राममोहन के साथ उनका मतविरोध हो गया। उन्होंने 'सम्वाद कौमुदी' छोड़ कर विरोधी रूढ़िवादी हिन्दुओं के नेता राधाकान्त देव की पत्रिका 'समाचार चन्द्रिका' का सम्पादन करना आरम्भ कर दिया।

'सम्वाद कौमुदी' की फाइल आज भी उपलब्ध नहीं हो सकी है।[20] लेकिन दूसरे समसामयिक बांग्ला और अँगरेजी पत्र-पत्रिकाओं में छपी उद्धृतियों और अनुवादों से इस पत्रिका के बारे में कुछ तथ्य मालूम होते हैं। 'कैलकटा जर्नल' से अकसर 'कौमुदी' और 'मिरात' में से लम्बे उद्धरणों और विषय-सूची का अनुवाद प्रकाशित होता था। इन्हीं के आधार पर इन पत्रिकाओं में प्रकाशित सामग्री का जायजा लिया जा सकता है।[21]

शिक्षा के क्षेत्र में नये कदम

धाार्मिक विषयों, सामाजिक समस्याओं और स्कूल कालेज की स्थापना जैसे सभी विषय राममोहन के लिए एक महत् उद्देश्य की पूर्ति के साधन मात्र थे। जन-शिक्षा ही इसका मुख्य उद्देश्य था। जनजागरण और आधुनिकीकरण के लिए उन्होंने छापेखाने और पत्रकारिता का पूरी तरह प्रयोग किया । हिन्दू कालेज की स्थापना में राममोहन की भूमिका और डेविड हेयर के साथ अँगरेजी शिक्षा के क्षेत्र में उनके सहयोग के बारे में पहले ही लिखा जा चुका है। डेविड हेयर के हेयर स्कूल की स्थापना 1823 में हिन्दू कॉलेज के पास ही हुई। इसमें मुख्यतः अँगरेजी शिक्षा दी जाती थी। इस स्कूल की स्थापना और संचालन में राममोहन ने काफी आर्थिक सहायता दी थी।

1822 में उन्होंने अपने कुछ मित्रों की सहायता से एंग्लो-हिन्दू स्कूल की स्थापना की, जो मुख्यतः राममोहन की आर्थिक सहायता पर ही चलता था। स्कूल का उद्देश्य था—अँगरेजी शिक्षा का प्रसार। एडम साहब को स्कूल का पर्यवेक्षक (विजिटर) नियुक्त किया गया था। डेविड हेयर भी इस स्कूल की संचालन समिति से सम्बन्धित थे। स्कूल के बारे में विलियम एडम के, 1827 के एक वक्तव्य के अनुसार स्कूल में दो वेतनजीवी शिक्षक थे और लगभग 60 से 80 विद्यार्थी थे। शिक्षा का माध्यम अँगेरजी था। ईसाई धर्म की शिक्षा तो नहीं दी जाती थी फिर भी नीति और साधारण धार्मिक भावनाओं और आदर्शों की शिक्षा दी जाती थी।[22] इस स्कूल के छात्रों में

रवीन्द्रनाथ ठाकुर के पिता देवेन्द्रनाथ ठाकुर भी एक थे। यह पहले ही कहा जा चुका है कि देवेन्द्रनाथ के पिता प्रिंस द्वारकानाथ ठाकुर राममोहन के घनिष्ठ मित्रों में थे।[23] वस्तुतः एडम साहब स्कूल को सार्वजनिक और यूनिटेरियन कमेटी के संचालन अधीन लाना चाहते थे। लेकिन राममोहन इस प्रस्ताव पर राजी नहीं हुए। इस मतविरोध के कारण एडम साहब 1828 में स्कूल से अलग हो गए।[24]

1823 के आसपास जब राममोहन धार्मिक वाद-विवाद के घेरे में फँसे हुए थे, उसी समय शिक्षा के क्षेत्र में भी एक नया विवाद उठ खड़ा हुआ। घटना की पृष्ठभूमि में 1813 के ईस्ट इण्डिया कम्पनी की भारत में शिक्षा-सुधार के सम्बन्ध में लिया गया एक निर्णय था। इस निर्णय के अनुसार, भारतीय साहित्य के पुनरुद्धार, प्रोत्साहन और ब्रिटिश इलाके में वैज्ञानिक ज्ञान-प्रचार के लिए प्रतिवर्ष अनुमानतः एक लाख रुपया खर्च करना था। लेकिन वर्षों इस धन का कोई विशेष उपयोग नहीं हुआ। 1824 में कलकत्ते में संस्कृत कॉलेज की स्थापना में इस धन का उपयोग हुआ। इस समय कुछ विद्वान संस्कृत और अरबी शिक्षा के पक्ष में थे। लेकिन राममोहन ने 1823 में भारत की आगामी शिक्षा-नीति का क्या प्रारूप होना चाहिए, इस विषय पर एक लम्बा विचार पत्र तत्कालीन गवर्नर जनरल लार्ड आमहर्स्ट के पास भेजा। इस पत्र में उन्होंने संस्कृत कॉलेज की स्थापना का स्पष्ट विरोध किया। (दे. परिशिष्ट) उनके पत्र के कुछ अंशों का अनुवाद इस प्रकार है—

> "इस प्रकार देश के लोगों को अज्ञानता के अन्धकार में रखना ही यदि सरकार का उद्देश्य और नीति है तो प्राचीन संस्कृत भाषा की शिक्षा देने से अधिक उत्कृष्ट व्यवस्था और कोई नहीं है।..... इसके विपरीत, इस देश के लोगों की उन्नति ही जब सरकार का लक्ष्य है तो शिक्षा के सम्बन्ध में विकासशील और उदार नीति का अनुसरण करना आवश्यक है, दूसरे विषयों के साथ गणित, भौतिक और जीवविज्ञान, रसायनशास्त्र, शरीर विज्ञान और दूसरे आवश्यक विज्ञानों की शिक्षा दी जानी चाहिए..... अँगरेजी शिक्षा के लिए कॉलेज की स्थापना करके उसके साथ पुस्तकालय, वैज्ञानिक प्रयोग के यन्त्रादि और साज-सामान देने से ही इस उद्देश्य को सफलता मिल सकती है।"........[25]

इस पत्र में राममोहन ने बड़े व्यवस्थित ढंग से यह प्रस्ताव रखा था कि केवल संस्कृत और फ़ारसी शिक्षा से इस देश के लोगों को विशेष लाभ होने की सम्भावना नहीं है। अँगरेजी शिक्षा के बिना लोगों में फैले गहरे कुसंस्कार को उखाड़ फेंकना सम्भव नहीं। इसलिए हिन्दू-समाज की दयनीय अवस्था दूर नहीं हो पाएगी। कुसंस्कार के उन्मूलन और सामाजिक उन्नति के लिए पाश्चात्य ज्ञान-विज्ञान बहुत ही आवश्यक है। इस पत्र में पेश की गई दलीलों और विद्वत्तापूर्ण विवेचन से तत्कालीन यूरोपीय विद्वान भी चमत्कृत थे। विशप हेबर, जिनके माध्यम से उन्होंने यह पत्र लार्ड अमहर्स्ट के पास भेजा था, ने इस पत्र की बड़ी प्रशंसा की थी।[26]

भारत में अँगरेजी शिक्षा के प्रवर्त्तन के इतिहास में इस पत्र का बहुत महत्त्व माना जाता है। इस क्षेत्र के बारे में बिशप हेबर ने मार्च 1824 को लिखा था :

"देशी विद्वान राममोहन राय ने, जिन्हें कभी-कभी लोग बिना कारण ही 'ईसाई' कहते हैं, पिछले वर्ष मुझे प्राच्य विद्या प्रवर्त्तन के विरोध में एक लेख भेजा था ताकि मैं लेख लार्ड अमहर्स्ट तक पहुँचा दूँ। यह लेख अच्छी अँगरेजी, अच्छे विचार और सशक्त दलीलों के कारण कुतूहल पैदा करता है, क्योंकि लेख एक एशियावासी का है।"[27]

उस समय शिक्षा के बारे में राममोहन के आवेदन-पत्र को छोड़ और किसी का कोई भी आवेदन या प्रस्ताव-प्रारूप नहीं था। फलतः यह आवेदन-पत्र हैरिंगटन साहब के शिक्षाविषयक समिति में पेश किया गया, किन्तु राममोहन के आवेदन-पत्र को इसलिए खारिज कर दिया गया क्योंकि यह एक व्यक्तिगत पत्र था किसी संस्था या जन-संगठन की ओर से पेश नहीं हुआ था। हैरिंगटन साहब के विरोध के बावजूद लार्ड अमहर्स्ट राममोहन के विचारों के पक्ष में थे। लेकिन हेरिंगटन के अलावा विलसन भी संस्कृत और अरबी शिक्षा के पक्ष में थे। संस्कृत कॉलेज की स्थापना 1824 में हो तो गई लेकिन विवाद चलता रहा। शिक्षा के ही सम्बन्ध में कैम्ब्रिज (बोस्टन) के हेनरी बेयर को 1824 में लिखे एक एत्र में राममोहन ने जो कुछ लिखा था उसका अंश प्रसंग में उद्धृत करना प्रासंगिक होगा :

"....यही उपयुक्त होगा कि अधिक न भी हो तो कम से कम एक या दो सज्जन जो सच्चरित्र तथा अँगरेजी साहित्य और विज्ञान पढ़ाने की योग्यता रखते हों, को इस कार्य के लिए नियुक्त किया जाए। वे अशिक्षित अज्ञानी पीढ़ी में ज्ञान का संवर्धन कर सकेंगे। कृपया आप अपने मित्रों को ऐसे विचारशील योग्य शिक्षक भेजने के लिए प्रेरित करें जो यूरोपीय ज्ञान-विज्ञान के अतिरिक्त धार्मिक पाखण्डों से अलग सच्चे ईसाई धर्म और सदाचार की शिक्षा दे सकें।..... ।"[27(a)]

संस्कृत-अरबी-फ़ारसी और अँगरेजी शिक्षा का विवाद काफी दिनों तक चलता रहा। कोई बारह वर्ष बाद जब राममोहन की मृत्यु हो चुकी थी, 1835 में मैकले के अँगरेजी भाषा सम्बन्धी प्रस्ताव को लार्ड बेन्टिक ने पारित कर दिया। मैकले ने राममोहन के दलीलों को बहुत तर्कसंगत माना था। इस प्रकार देश में अँगरेजी शिक्षा का समारम्भ हुआ और फ़ारसी की जगह अँगरेजी भाषा के माध्यम से विज्ञान सम्बन्धी शिक्षा का प्रावधान किया गया।

अकसर यह प्रश्न पूछा जाता है कि राममोहन जैसे संस्कृत, हिन्दू धर्म और शास्त्रों के ज्ञाता ने संस्कृत कॉलेज की स्थापना का विरोध क्यों किया? वस्तुतः इस प्रश्न को वास्तविकता की पृष्ठभूमि पर देखना चाहिए। राममोहन के अनुसार इस देश की भलाई इसी में थी कि देश पश्चिमी ज्ञान-विज्ञान के समकक्ष हो। इसी से इन्होंने

गणित, विज्ञान, अर्थशास्त्र, राजनीति आदि आधुनिक विषयों की शिक्षा पर जोर दिया। संस्कृत और अरबी की शिक्षा के लिए देश में विद्यालयों, मकतबों की कोई कमी नहीं थी। देश के आधुनिकीकरण के प्रश्न पर उस काल में मननशील और दूरदर्शी एकमात्र व्यक्ति राममोहन ही थे।

वेदान्त कालेज की स्थापना

राममोहन ने 1826 में एक वेदान्त कॉलेज की भी स्थापना की थी। यह घटना उनके अँगरेजी शिक्षा के पक्ष में लिखे 1823 के पत्र के कुछ वर्षों बाद की है। कुछ लोगों को इस कालेज की स्थापना पर आश्चर्य हुआ; लेकिन लगता है इस कॉलेज की स्थापना के पीछे वेदान्त और दूसरे हिन्दू शास्त्रों का सही अध्ययन प्रसार रहा होगा। ईसाई मिशनरियों की रूढ़िवादी हिन्दुओं के हिन्दू धर्म सम्बन्धी विकृत प्रचार को रोकना ही इस कॉलेज का उद्देश्य था। इसके उद्देश्यों और अँगरेजी शिक्षा के उद्देश्यों में कहीं भी कोई अवरोध नहीं था। इस कालेज में वेदान्त और हिन्दू धर्मशास्त्रों के अलावा पाश्चात्य विज्ञान और संस्कृति की शिक्षा भी दी जाती थी। इस विद्यालय के बारे में विलियम एडम के 27 जुलाई, 1826 के पत्र में हवाला इस प्रकार है:

"थोड़े दिन हुए राममोहन राय ने एक छोटे-से, लेकिन सुन्दर विद्यालय की स्थापना की है। इसका नाम उन्होंने वेदान्त विद्यालय रखा है। इस समय थोड़े से विद्यार्थी एक प्रतिष्ठित पण्डित द्वारा संस्कृत सहित्य की शिक्षा प्राप्त करते हैं। हिन्दू एकेश्वरवाद का समर्थन और प्रचार ही इस विद्यालय का उद्देश्य है। राममोहन राय की इच्छा है कि इस विद्यालय में यूरोपीय ज्ञान-विज्ञान की शिक्षा भी दी जाए। बांग्ला और संस्कृत के माध्यम से ईसाई एकेश्वरवाद की शिक्षा देने की भी योजना है।"[28]

इस प्रकार राममोहन ने वस्तुतः रूढ़िवादी हिन्दू और रूढ़िवादी ईसाई धर्म का डटकर मुकाबला करने की ठान ली थी। एक ओर वेदान्त शिक्षा उनके लिए केवल हथियार मात्र थी, धार्मिक सुधारों के लिए, तो दूसरी ओर अँगरेजी शिक्षा देश के आधुनिकीकरण के लिए।

शिक्षा के क्षेत्र में उनका कार्य उनके कलकत्ता काल के अन्तिम दिनों तक चलता रहा। 1830 में स्काट पादरी एलेकजैन्डर डफ जब कलकत्ता पधारे तो उन्हीं के विवरण के अनुसार, वे राममोहन के पास परामर्श के लिए आए। यद्यपि डफ साहब का मूल उद्देश्य ईसाई धर्म का प्रचार ही था, फिर भी अँगरेजी शिक्षा के पुरोगामी कार्य के लिए वे सदा स्मरणीय रहेंगे। उन्होंने राममोहन से अपनी योजना के बारे में बातचीत की। हिन्दू मोहल्लों में मिशनरी स्कूल खोलना कोई आसान काम नहीं था। लेकिन राममोहन ने अनेक कठिनाइयों के होते हुए भी फिरंगी कमल बसु का मकान स्कूल के लिए तय कर दिया। स्कूल के लिए मकान तो मिल गया लेकिन इसके बाद विद्यार्थी जुटाने की समस्या थी। राममोहन ने अपने परिचित मित्रों के घर जा-जाकर

कुछ थोड़े से छात्र एकत्रित कर दिए। स्कूल के उद्घाटन के अवसर पर स्वयं उपस्थित होकर सबको उत्साहित किया। लेकिन एक बाधा फिर सामने खड़ी हुई। जब स्कूल के बच्चों में बाइबिल की प्रतियाँ बाँटी गईं तो बच्चे और उनके माता-पिता स्वभावतः घबराए कि बच्चों को ईसाई बनाने की साजिश तो नहीं। राममोहन को जब यह मालूम हुआ तो वे स्वयं स्कूल गए और छात्रों को सम्बोधित करते हुए कहा—"बाइबिल पढ़ने से ही लोग ईसाई नहीं बन जाते। डॉ. विलसन ने हिन्दू शास्त्रों का अध्ययन किया है लेकिन वे हिन्दू नहीं बने। मैंने स्वयं बहुत बार कुरान पढ़ी है फिर भी मुसलमान नहीं बना। मैंने स्वयं पूरी बाईबिल का अध्ययन किया है, फिर भी तुम्हें मालूम है कि मैं ईसाई नहीं हूँ। बाईबिल पढ़ने से डरो मत। पढ़ो और समझो।"[29]

छात्रों और उनके माता-पिताओं के मन में आशंका समाप्त हो गई। फिर भी महीनों राममोहन बराबर स्कूल जाकर स्वयं सारी प्रणाली देखते रहे। इस स्कूल की सफलता के बाद राममोहन के सहयोगी कालीनाथ राय चौधुरी के आग्रह पर डफ साहब ने कलकत्ता से बाहर टाकी में एक और स्कूल की स्थापना की थी जो बाद में एक सफल मिशनरी स्कूल बना। डफ साहब ने एक सभा में स्वीकारा था कि इस देश में आकर राममोहन राय से जितनी सहायता मिली उतनी अन्य किसी भारतीय या यूरोपीय सज्जन से नहीं मिली।[30]

सन्दर्भ और टिप्पणियाँ

1. Collet : *Raja Rammohun Roy* : pg. 168 की कुछ पंक्तियाँ इस प्रकार है:
   " In a copy of Mr Buckingham's Calcutta Journal in the latter part of 1821 appeared the "prospectus of a Bengalee weekly newspaper to be conducted by natives, printed and circulated in Bengalee and English" It was to be called Sambad Kaumudi or The moon of Intelligence." It was to deal with religious moral and political matters, domestic occurances, foreign as well as local intelligence"
2. वही : पृ. 169.
3. वही : पृ. 169.
4. मुखोपाध्याय : *राममोहन ओ तत्कालीन समाज ओ साहित्य (बांग्ला),* पृ. 113.
5. Collet : पृ. 204. सम्पादकीय टिप्पणी देखें।
6. वही, pg. 172. 'In the following year (1822) he started a weekly newspaper in persian Called Mirat-ul-Akhbar or Miror of Intelli-

gence. This came out on Fridays, as the Bengali organ on Tuesdays."

7. वही : पृ. 163. सम्पादकीय टिप्पणी देखें।
8. वही : पृ. 172.
9. Iqbal Singh : *Rammohun Roy* : pg 302.
10. Collet. pg 176
11. वही : पृ. 177 इस विद्वत्तापूर्ण आवेदनपत्र के बारे में मिस कोलेट ने लिखा था।

    " This memorial was attributed by its opponents to an English author, but was really, as was generally acknowledged later the work of Rammohun. It may be regarded as the *Areopagitica* of Indian History. Alike in diction and in argument, it forms a noble landmark in the progress of English Culture in the East."
12. Iqbal Singh : pg 304.
13. Collet : pg 180.
14. Collet : pg 206. सम्पादकीय टिप्पणी देखें।
15. मुखोपाध्याय : पृ. 132.
16. वही : पृ. 132
17. Majumdar : *Rammohun Roy and progressive movements in India* : pg. 322-323.
18. वही : 321-322 Calcutta Journal (10th april 1823) की सम्पादकीय टिप्पणी देखें—
19. मुखोपाध्याय : पृ. 129.
20. वही : पृ. 131.
21. मजूमदार : पृ. 285-296. कैलकटा जर्नल 31 जनवरी 1822 के अंक से आरम्भ होकर जून 1822 के अन्त तक लगातार 'सम्वाद कौमुदी' और 'मिरातुल-अखबार' के विषय-सूची और उद्धरणों का अनुवाद लगातार प्रकाशित होता रहा। इस पुस्तक में ये सारे उद्धरण एकत्रित किए गए हैं।
22. वही : पृ. 184
23. वही : पृ. 184 सम्पादकीय फुटनोट देखें। एंग्लो हिन्दू स्कूल के बारे में रोचक विवरण उनकी पत्रिकाओं में प्रकाशित होता रहा है। इन पत्रिकाओं

में ओरिएन्टल आवज़रवर, इण्डिया गजट, बेंगाल हरकारू, कैलकटा गजट, आदि पत्रिकाओं में प्रकाशित विवरणों के संकलन के लिए मजूमदार की पुस्तक में एकत्रित दस्तावेजों को देखें।

24. वही : पृ. 185.

25. मजूमदार : पृ. 250-252 पूरे पत्र के लिए परिशिष्ट देखें।

26. चट्टोपाध्याय : *महात्मा राजा राममोहन रायेर जीवन चरित* : पृ. 226.

27. Collet : पृ. 188.

27 (a). *English works* (Ed.J.C. Ghose), Vol. IV : पृ. 875-885 पूरे पत्र के लिए देखें।

28. Collet : पृ. 189

29. वही : पृ. 281.

30. चट्टोपाध्याय : पृ. 212-213.

●

अध्याय—10

ब्राह्म समाज की स्थापना : एक और पदाक्षेप

अब हम राममोहन के जीवन काल के एक और महत्त्वपूर्ण क्षेत्र में प्रवेश करते हैं। यह पहले ही लिखा जा चुका है कि जिस वर्ष राममोहन ने अपना कलकत्ता-जीवन आरम्भ किया था उसी वर्ष उन्होंने आत्मीय सभा की स्थापना की थी। इस सभा की नियमित बैठकें मानिकतला वाली कोठी में हुआ करती थीं और जो लगातार वर्षों तक चलती रहीं। यहाँ अलग-अलग विषयों पर आलोचना के अलावा वेद पाठ और ब्राह्म संगीत का गायन होता था। इस सभा के माध्यम से राममोहन ने अपने चारों ओर कई विशिष्ट लोगों का एक छोटा-सा समुदाय बना लिया था। एकेश्वरवादी उपासना का स्वरूप धीरे-धीरे चारों ओर प्रचारित होने लगा। यहाँ आकर कई नए लोग मित्र बने और कई दुश्मन बनकर निकल गए। कुछ लोगों ने राममोहन को विधर्मी, नास्तिक, ईसाई और न जाने क्या कुछ कहा।

1821 में राममोहन की सहायता और प्रेरणा से 'यूनिटेरियन कमेटी' की स्थापना हुई थी। आत्मीय सभा और यूनिटेरियन कमेटी की सभाएँ 1823 तक ठीक-ठाक चलती रही लेकिन इसी अवधि में आकर राममोहन और उनके बेटे राधा प्रसाद पारिवारिक मुकदमों में फँस गए। 'आत्मीय सभा' और 'यूनिटेरियन कमेटी' के कार्य-कलाप ढीले पढ़ गए। पारिवारिक मुकदमों में फँस कर राममोहन कई वर्षों तक अपने सार्वजनिक कार्य-कलाप से दूर रहने को बाध्य भी हुए थे लेकिन 1826 के आसपास जब उन्हें इन झंझटों से कुछ राहत मिली तो उन्होंने फिर से अपना प्रचार-कार्य और लेखन-कार्य आरम्भ किया। अगले ही वर्ष उन्होंने "A translation into English of a Sanskrit tract inculcating the divine worship" नामक एक पुस्तिका प्रकाशित की। यह वस्तुतः वेदों पर आधारित और गायत्री मन्त्र का विवेचन था। इसी समय वे एडम साहब के साथ मिलकर उन्होंने बाईबिल के *'सरमन आन द माउण्ट'* का संस्कृत अनुवाद-कार्य करना आरम्भ किया था[1] जो किन्हीं कारणों से पूरा न हो सका। 1827 के अन्तिम दिनों में उन्होंने एक और महत्त्वपूर्ण पुस्तिका प्रकाशित की। यह पुस्तिका चन्द्रशेखर देव के छद्म नाम से छपी। पुस्तिका थी—'Answer of a Hindoo to the question, why do you frequent unitarian places of worship instead of the numerously attended established churches.'[2] ये सारे कार्यक्रम उनके आन्दोलन का ही हिस्सा थे। इधर राममोहन यूनिटेरियन कमेटी

की सभाओं में व्यस्त रहते। वे अकसर अपने मित्रों को लेकर इन सभाओं में जाते। 1826 के आसपास 'आत्मीय सभा' और 'यूनिटेरियन कमेटी' प्रायः एक-दूसरे से मिल सी गई थी। यहाँ तक कि राम मोहन के प्रस्ताव पर कमेटी का नाम बदल कर 'ब्रिटिश इंडियन यूनिटेरियन एसोसिएशन' रख दिया गया। उद्देश्य था— समान विचार वाले एकेश्वरवादी अँगरेजों और भारतीयों को एक ही धार्मिक मंच पर एक-दूसरे के निकट लाना। इसमें द्वारकानाथ ठाकुर, प्रसन्नकुमार ठाकुर और राममोहन के पुत्र राधाप्रसाद भी थे। कुछ अँगरेज भी इसी संस्था के सदस्य थे। इस समय में राममोहन दो महान धार्मिक विचारों के बीच खड़े होकर एक नई राह ढूँढ़ रहे थे। फरवरी 1826 को डा. टकरमैन को पत्र लिखते हुए पादरी एडम ने लिखा था कि राममोहन ईसाई और हिन्दू दोनों ही हैं। He is both a Christian and a Hindoo, Christian with Christians and Hindu with Hindus although he may safely relinquish idolatry, he cannot safely profess Christianity."[3]

इसी पत्र में एडम साहब ने लिखा था कि राममोहन ने जिस आसानी से मूर्ति पूजा का त्याग किया है, उतनी ही सरलता से ईसाई धर्म ग्रहण करने को तत्पर नहीं हैं।

इधर एडम साहब 'यूनिटेरियन कमेटी' को यूनिटेरियन क्रिश्चियन चर्च का रूप देने की जी तोड़ कोशिश कर रहे थे। किसी सीमा तक एडम साहब और डॉ. टकरमैन को विश्वास हो चला था कि राममोहन ईसाइ एकेश्वरवाद के बहुत नजदीक पहुँच चुके हैं। एडम साहब अपने एक और पत्र में बताते हैं कि राममोहन आजकल किसी सभा में नहीं जाते, लेकिन यूनिटेरियन प्रार्थना सभा के फिर से आरम्भ होने पर अवश्य ही आने लगेंगे।[3] 1827 में जब 'यूनिटेरियन एसोसिएशन' को पुनर्जीवित किया गया तो राममोहन ने इसमें प्रमुख भाग लिया। एडम साहब इसमें दोबारा धर्म याजक के रूप में वापस आ गए थे। इसी बीच राममोहन के पुत्र राधाप्रसाद ने एंग्लो हिन्दू स्कूल के निकट के भवन के लिए जमीन का एक टुकड़ा दान करने का प्रस्ताव रखा।[5] भवन के निर्माण तक 'हरकारा' पत्रिका कार्यालय के भवन में एक कमरा किराये पर[6] लेकर 'यूनिटेरियन कमेटी' की प्रार्थना-सभाओं का संचालन आरम्भ हुआ। इस प्रार्थना-सभा का शुभारम्भ 3 अगस्त 1827 को एडम साहब के हाथों ही सम्पन्न हुआ। एडम साहब ने राममोहन के लिए लिखा था 'Rammohun is one of the warmest supporters.' लेकिन राममोहन ने देखा कि एडम साहब सीधे-सीधे एकेश्वरवाद का नहीं बल्कि ईसाई धर्म के ढाँचे में रहते हुए एकेश्वरवाद के ईसाई संस्करण का ही प्रचार कर रहे थे। राममोहन का विश्वास था कि उनका एकेश्वरवाद धर्म विशेष के साथ चिह्नित नहीं होगा। यह सम्पूर्ण रूप से धर्म निरपेक्ष और तर्कसंगत ब्रह्म ज्ञान पर आधारित होगा। धीरे-धीरे राममोहन एडम साहब के चर्च से अलग हटने लगे। उन्हें हिन्दू धर्म के अवतारवाद और ईसाई धर्म के देवत्ववाद में कोई विशेष अन्तर नहीं दीख पड़ा[7]

जबकि शुद्ध एकेश्वरवाद के लिए दोनों ही अग्रहणीय थे।

राममोहन अब समझ गए थे कि प्रत्येक राष्ट्र को अपनी-अपनी भाषा और धर्मग्रन्थों के माध्यम से साधना का अपना-अपना पथ निर्माण करना पड़ता है। प्रत्येक राष्ट्र अपने इतिहास से सम्बद्ध है।[8]

एक दिन राममोहन अपने मित्रों के साथ यूनिटेरियन एसोसिएशन की प्रार्थना-सभा से लौट रहे थे। रास्ते में उनके सहयोगी ताराचाँद चक्रवर्ती और चन्द्रशेखर देव ने सुझाया, "दीवान जी, हम लोग विदेशियों के प्रार्थना भवन में क्यों जाते हैं? हमें अपना भवन का निर्माण करना चाहिए।" बात राममोहन के मन में बैठ गई।[9] प्रस्ताव वस्तुतः 'ब्राह्म समाज' की स्थापना का मूल सूत्र था। यह घटना 1828 के आरम्भिक दिनों में कभी हुई होगी। राममोहन ने तुरन्त अपने निकट सहयोगियों जिनमें द्वारकानाथ ठाकुर, राय कालीनाथ मुंशी, प्रसन्नकुमार ठाकुर, मथुरानाथ मल्लिक आदि के साथ परामर्श किया।[10] अपने ही घर पर एक सभा में इस विषय पर अन्तिम निर्णय लिया गया। कई प्रस्तावों पर विचार करने के बाद तय किया गया कि जोड़ा साँको क्षेत्र के फिरंगी कमल बसु का मकान किराये पर लेकर प्रार्थना-भवन का शुभारम्भ किया जाए। 'आत्मीय सभा' की स्थापना के कोई तेरह वर्ष बाद 22 अगस्त 1828 को वही सभा, इसी किराये के नए मकान में नए नामकरण के साथ आरम्भ हुआ। नया नामकरण किया गया—'ब्राह्म सभा'। यही बाद में 'ब्राह्म समाज' के नाम से प्रसिद्ध हुआ। सभा के सदस्यों के लिए एक छोटी-सी पुस्तिका 'ब्राह्मोपासना' प्रकाशित की गई।[11] आरम्भिक प्रयासों से स्पष्ट है कि राममोहन का पूरा व्यक्तित्व धार्मिक भावना से अनुप्राणित रहा। इसी धार्मिक भावना के आवेश में उन्होंने अपने उद्देश्य की पूर्ति के लिए जी-जान से कार्य किया। 'आत्मीय सभा' से शुरू होकर 'ब्राह्म समाज' तक सफर उसी धार्मिक भावना का विकसित रूप था इस प्रकार एक नए धर्म विश्वास की नींव पड़ी।

हिन्दुओं के इस अलग प्रार्थना-भवन या संस्था की स्थापना के बारे में यह तथ्य भी महत्त्वपूर्ण है कि एडम साहब यूनिटेरियन संस्था को, जिसमें भारतीय और अँगरेज दोनों शामिल थे, सफलतापूर्वक चलाने में असमर्थ थे। हिन्दुओं को लग रहा था कि सारे कार्यक्रम और संस्कार ईसाई धर्म पर आधारित है और उनके वैदिक एकेश्वरवाद का सही प्रयोग या प्रचार नहीं हो रहा है। नतीजा यह था कि उपस्थिति दिन पर दिन कम होती जा रही थी। इस स्थिति से एडम साहब और राममोहन दोनों ही चिन्तित थे। एडम साहब के एक पत्र जो उन्होंने जॉन बोवरिंग साहब को लन्दन में फरवरी 1828 को लिखा था के कुछ अंश प्रासंगिक हैं :

> "पत्र समाप्त करने से पहले मैं बताना चाहता हूँ कि कलकत्ता के हिन्दू एकेश्वरवादियों को संगठित करने के उद्देश्य से एक संस्था की स्थापना करने

की कोशिश कर रहा हूँ जो ब्रिटिश इण्डियन ऐसोसिएशन की ही सम्पूरक संस्था होगी। हिन्दू जनता में एकेश्वरवाद का प्रचार, पुस्तक-पुस्तिकाओं का प्रकाशन और धार्मिक प्रचार ही संस्था का उद्देश्य होगा। ईसाई धर्म के विरुद्ध प्रतिकूल प्रभाव को रोकने के लिए आवश्यक है कि इस समय ईसाई धर्म को दूर ही रखा जाए।"[12]

राममोहन और उनके सहयोगी मित्रों के बीच समाज की स्थापना के बारे में जो फैसला लिया गया, उसका विवरण भी एडम साहब के एक पत्र में है, जो उन्होंने जनवरी 1829 को डॉ. टकरमैन को लिखा था :

> "इसके अनुरूप एक हिन्दू एकेश्वरवादी संस्था की स्थापना हुई है, जिसका उद्देश्य सुनिश्चित रूप से हिन्दू धर्म से सम्बद्ध है, ईसाई धर्म से नहीं। अर्थात् वेदों के ईश्वरीय सिद्धान्तों पर एकेश्वरवाद की शिक्षा और आचरण, ईसाई धर्मशास्त्रों पर आधारित नहीं। मैंने राममोहन तथा दूसरे देशी मित्रों को स्पष्ट कह दिया है कि इस आधार का अनुमोदन नहीं कर सकता।"[13]

यद्यपि इस प्रकार के पृथक हिन्दू एकेश्वरवादियों की संस्था बनाने के पक्ष में एडम साहब नहीं थे फिर भी उन्होंने इसको ईसाई धर्म की ओर पहला कदम समझकर इसका अनुमोदन किया। यहाँ तक कि अपनी 'यूनिटेरियन कमेटी' को नई संस्था के लिए पाँच सौ रुपये अनुदान देने की सिफारिश की। कभी-कभी स्वयं भी इस संस्था की सभाओं में शामिल होते थे।[14] इस प्रकार एडम साहब ने नए हिन्दू एकेश्वरवादियों के समाज की स्थापना का श्रेय अपने ऊपर लेने की कोशिश की। लेकिन मिस कोलेट के अनुसार ब्राह्म समाज के अलावा एडम साहब द्वारा संस्थापित सारी संस्थाओं की स्थापना का वास्तविक श्रेय राममोहन को ही जाता है। कोई यह कैसे भूल सकता है कि 'आत्मीय सभा' की स्थापना राममोहन ने 1815 में ही की थी और एडम साहब को एकेश्वरवादी बनाने का श्रेय भी राममोहन को ही था।[15] इसी धारा की अन्तिम कड़ी थी, ब्राह्म समाज की स्थापना, जिसका सम्पूर्ण श्रेय सर्वप्रथम राममोहन को और फिर उनके सहयोगियों को, जिनमें एडम साहब भी थे—जाता है। उनके धार्मिक सुधारवाद का यह सफल प्रयास था। यह स्वाभाविक ही था कि 'ब्राह्म समाज' की स्थापना के बाद एडम साहब और दूसरे यूरोपीय मिशनरी बन्धुओं का पूरी तरह से मोह भंग हो गया, वस्तुतः उनकी सारी आशाओं पर पानी फिर गया। यह बात ध्यान देने योग्य है कि इन ईसाई बन्धुओं ने धर्म प्रचार के जोश में राममोहन को अकसर गलत समझा।[16]

फिरंगी कमल बसु के किराये के मकान में 20 अगस्त 1828 को बड़े धूमधाम के साथ 'ब्राह्म समाज' का उद्घाटन-समारोह मनाया गया। मिस कोलेट के अनुसार आरम्भ में इस संस्था का नामकरण 'ब्राह्म समाज' हुआ था लेकिन बाद में शोध कार्यों

के आधार पर प्रमाणित हो चुका है कि इस धर्म सभा का नामकरण 'ब्राह्म समाज' ही किया गया था। कई लोगों ने और तत्कालीन कई पत्र-पत्रिकाओं में इसका उल्लेख ब्राह्म सभा के नाम से अवश्य ही किया था। प्रमाणस्वरूप पहले दिन के प्रार्थना उपदेश की मुद्रित प्रति में स्पष्टतः 'ब्राह्म समाज' लिखा है। इसके अतिरिक्त ब्राह्म समाज के भवन के लिए खरीदे गए जमीन के विक्रयपत्र में भी 'ब्राह्म समाज' ही लिखा है।[17] इससे यह स्पष्ट हो जाता है कि इस संस्था का आधिकारिक नाम 'ब्रह्म' या 'ब्राह्म समाज' ही था— अर्थात् ब्रह्म के उपासकों का समाज।

तत्कालीन पत्र-पत्रिकाओं पर इस समाज की स्थापना पर भारी प्रतिक्रिया हुई। 'जान बुल', 'इण्डिया गजट', 'बेंगल क्रानिकल' जैसी पत्रिकाओं में आलोचना, लेख और पत्र आदि छपते रहे।[18] देशी भाषाओं की पत्र-पत्रिकाओं में भी संस्था की स्थापना पर लेख आदि लिखे गए।

समाज के प्रथम उपदेशक थे रामचन्द्र विद्यावागीश, जो राममोहन के गुरु और सहयोगी हरिहरानन्द तीर्थस्वामी के छोटे भाई थे। पहले प्रवचन का विषय था—निराकार ईश्वर की आध्यात्मिक साधना का स्वरूप। वेद, उपनिषद् और दूसरे हिन्दू धर्मशास्त्रों से उदाहरण और उद्धृतियाँ देकर प्रवचन सम्पन्न किया गया। सभा का अन्त ब्रह्म संगीत के साथ हुआ। इस पहले दिन के प्रवचन का अँग्रेजी रूपान्तर ताराचन्द चक्रवर्ती ने किया, जो बाद में प्रकाशित हुआ। ताराचन्द चक्रवर्ती ही समाज के पहले सचिव नियुक्त किए गए थे। एडम साहब ने अपने एक पत्र में इन प्रार्थना-सभाओं का विवरण दिया है जो प्रत्येक शनिवार शाम को 7 से 9 बजे तक चलता रहता।[19] सभा के प्रारम्भ में वेद और उपनिषद् से मन्त्रों का उच्चारण किया जाता। इसके पश्चात् रामचन्द्र विद्यावागीश महोदय प्रवचन और श्लोकों की व्याख्या आदि करते और 'ब्राह्म संगीत' के साथ सभा समाप्त होती। कार्यक्रम मुख्यतः बांग्ला और संस्कृत में सम्पन्न होता। बीच-बीच में वाद्य संगीत भी सम्मिलित किया जाता। वेद-पाठ के लिए दो तेलुगु ब्राह्मण नियुक्त थे।

कलकत्ता के 'जान बुल' अखबार में 13 अगस्त को इस संस्था की स्थापना का समाचार प्रकाशित हुआ। 'जान बुल' ने निराशापूर्ण लहजे में टिप्पणी की—उदारपन्थी हिन्दू यूनिटेरियन एकेश्वरवाद से खिसककर शुद्ध देवतावाद की ओर चले गए हैं।[20] भारत को ईसाई बनाने में राममोहन के सहयोग की आशा टूट चुकी।[21] एडम साहब को भी घोर निराशा हुई होगी, इसमें आश्चर्य की कोई बात नहीं।

यूरोपियनों के लिए यह घटना कितनी ही निराशाजनक क्यों न रही हो लेकिन उदारपन्थी प्रगतिशील शिक्षित हिन्दुओं के लिए यह एक उत्साहवर्द्धक और महत्त्वपूर्ण घटना थी। समाज के सदस्यों की संख्या दिनोंदिन बढ़ने लगी। चन्दे के द्वारा पर्याप्त धनराशि एकत्रित होना आरम्भ हो गया। इस प्रकार एक ओर जहाँ 'यूनिटेरियन

एसोसिएशन' दिन पर दिन अवनति के पथ पर जा रहा था, वहाँ 'ब्राह्म समाज' उत्तरोतर उन्नति के पथ पर अग्रसर हो रहा था। धीरे-धीरे इस 'समाज' को धार्मिक और सामाजिक मान्यता प्राप्त होने लगी।

समाज की स्थापना के कुछ ही दिनों में काफी धन एकत्रित हो गया तो राममोहन ने एक जमीन का टुकड़ा ढूँढ़ना शुरू किया जिस पर सभा के प्रार्थना-भवन का निर्माण किया जा सके। आखिरकार चितपुर रोड पर एक जमीन का टुकड़ा मिल गया और जून 1829 को उक्त जमीन खरीद ली गई।[22] ज़मीन के पट्टे के अनुसार यह ज़मीन द्वारकानाथ ठाकुर, बाबू कालीनाथ राय, प्रसन्न कुमार ठाकुर, रामचन्द्र विद्यावागीश और दीवान राममोहन राय के नाम पर संयुक्त रूप से खरीदी गई थी।

भवन निर्माण का काम भी तत्काल ही शुरू हो गया था क्योंकि 23 जनवरी 1830 को नए भवन का उद्घाटन हुआ। इस घटना के ठीक एक सप्ताह पहले 16 जनवरी को 'समाचार दर्पण' में यह समाचार प्रकाशित हुआ—

"चितपुर की सड़क पर एक नई धर्मशाला बनी है। पिछले सोमवार के इण्डिया गजट ने लिखा कि कुछ थोड़े से गुणवान और धनी हिन्दुओं ने एकत्रित होकर चितपुर की सड़क पर जमीन खरीदी है और उस पर धर्मार्थ एक भवन का निर्माण करा रहे हैं।"........ इसके अतिरिक्त विभिन्न अँग्रेजी पत्र-पत्रिकाओं में 'ब्रह्म समाज' की स्थापना की अलग-अलग प्रतिक्रिया प्रकाशित हुई। 'जान बुल' के अलावा 'इण्डिया गजट', 'हरकारा' और 'क्रानिकल' में भी लेख और पत्र प्रकाशित हुए। केवल अँग्रेजी समाचारपत्र ही नहीं बल्कि बांग्ला समाचारपत्रों विशेषकर राममोहन के विपक्षी गुट, 'धर्म सभा' की पत्रिका 'समाचार चन्द्रिका' में भी ब्राह्म समाज की स्थापना की तीव्र समालोचना प्रकाशित हुई। स्वाभाविक ही था कि राममोहन की 'सम्वाद कौमुदी' में ब्राह्म समाज के पक्ष में लेख प्रकाशित होते।

भवन के उद्घाटन-समारोह के दिन एकमात्र अँगरेज सज्जन मोंटगुमरी मार्टिन उपस्थित थे। उन्होंने अपनी पुस्तक *'हिस्ट्री आफ ब्रिटिश कॉलोनिज'* में ब्रह्म समाज के संस्थापना-समारोह का विवरण दिया है :

> "1830 में यह समाज राममोहन राय द्वारा प्रतिष्ठित हुआ। प्रस्तुत पुस्तक के लेखक उस समय उनके साथ थे। समारोह में वे ही एकमात्र यूरोपीय थे, जो उपस्थित थे। इस अवसर पर कोई पाँच सौ हिन्दू समारोह में उपस्थित थे। सभी ब्राह्मणों को काफी धन बाँटा गया था।"[23]

अब प्रश्न उठता है कि इस नए धर्म-समाज की स्थापना के पीछे उनका क्या उद्देश्य था? ब्रह्म समाज के उद्देश्यों की बहुत ही सुन्दर व्याख्या 'समाज' के नए भवन के न्यास-संलेख (ट्रस्ट डीड) में उपलब्ध है। इस न्यास-संलेख के मूल अँगरेजी से कुछ अंश उद्धृत करना उपयुक्त होगा :

' For the worship and adoration of the eternal, unsearchable and immutable being who is the author and preserver of the universe, but not under or by any other name, designation or title, used, for and applied to any particular being or beings by any man or set of men whatsoever."

अर्थात् उपासना का देवता कौन है? वह ब्रह्माण्ड का स्रष्टा, अनादि, अनन्त , अगम्य और अपरिवर्तनीय परमेश्वर ही पूज्य है। किसी प्रकार के साम्प्रदायिक नाम से यह उपासना नहीं की जाएगी। आगे बताया गया है :

जाति, धर्म, सम्प्रदाय या सामाजिक पद का कोई भेदभाव नहीं बरता जाएगा। प्रत्येक व्यक्ति को यहाँ उपासना का समान अधिकार होगा। केवल भद्र विधि से श्रद्धा और भक्ति के साथ प्रार्थना में शामिल होना है। आगे और लिखा है—

......." For a place of public meeting of all sorts and description of people without distinction, as shall behave and conduct themselves in an orderly, sober, religious and devout manner"

उपासना का स्वरूप क्या होगा, इस विषय में 'संलेख' में स्पष्ट लिखा है। यहाँ कोई चित्र, मूर्ति या प्रतिकृति का उपयोग नहीं किया जाएगा। कोई प्रसाद नहीं चढ़ेगा, किसी प्रकार बलि-कर्म नहीं होगा। यहाँ प्राणी हिंसा का कोई स्थान नहीं। किसी प्रकार का खान-पान यहाँ वर्जित है। प्रार्थना-गृह के अन्दर ऐसा कुछ नहीं किया जाएगा। प्रार्थना-प्रणाली में ये सारी चीजें निषिद्ध मानी जाएँगी। किसी भी सम्प्रदाय विशेष के उपास्य किसी जीव, पदार्थ या मानव के बारे में यहाँ किसी भाषण या संगीत में कोई आक्षेप, अनादर या घृणा का भाव नहीं जताया जाएगा। यहाँ केवल जगत के स्रष्टा, पालनहार, निराकार परमेश्वर की उपासना की जाएगी। ऐसे भाषण, प्रार्थना और संगीत होंगे जो प्रेम, भक्ति, दया और विभिन्न धर्मों के बीच सद्भाव और एकता को बढ़ावा दें।

"That no graven image statue or sculpture, carving painting, picture portrait or the likeness of anything shall be admitted within the said messuages, building, land, tenements, hereditaments and premises and that no sacrifice, offering or oblation of any kind or of anything shall ever be permitted therein , and that no animal or living creature shall within or on the said messuage...... be deprived of life, either for religious purposes or for food and that no eating or drinking.... that no sermon, preaching, discourse, prayer or hymns, be delivered, made, or used in such worship, but such as have a tendency to the promotion of the contemplation of the author and Preserver of universe, to the promotion of Charity, morality, piety, benevolence, virtue and strengthening of the bonds of union between men of all religious persuasions, and creeds......"[24]

कहा जाता है कि इस न्यास-संलेख और आचार संहिता के लेखक स्वयं राममोहन थे। ब्रह्म समाज के उद्देश्य और उपासना और प्रार्थना के स्वरूप के बारे में इस 'संलेख' में बहुत ही स्पष्ट उल्लेख है। संदेह की कहीं भी गुँजाइश नहीं।

किन्हीं-किन्हीं पुस्तकों में 'ब्राह्म-समाज' के सही नामकरण के बारे में कुछ मत-विरोध है। कुछ लोगों का मत है कि यह 'आत्मीय सभा' ही कालान्तर में 'ब्राह्म सभा' के नाम से प्रचलित हुई। वस्तुतः 20 अगस्त, 1828 को समाज के पहले दिन के मुद्रित उपदेश पुटी में 'ब्राह्म समाज' लिखा है। लेकिन नए भवन के न्यास-संलेख में 'ब्राह्म समाज' नाम दिया गया है। 'ब्राह्म सभा' का उल्लेख कहीं नहीं मिलता। वैसे राममोहन कभी-कभी अपने पत्रों में 'ब्राह्म सभा' लिखना पसन्द करते थे। अधिकृत नाम 'ब्राह्म समाज' ही था। जनता में अकसर इस संस्था को 'ब्राह्म सभा' के नाम से सम्बोधित किया जाता रहा और कुछ समय तक दोनों ही नाम साथ-साथ प्रचलित रहे।

'समाज' के उद्देश्य के बारे में भी आलोचना हम पहले कर चुके हैं। राममोहन इस निराकार सत्य को ढूँढ़ने के लिए न जाने कहाँ-कहाँ घूमते फिरे, कैसे-कैसे तर्क-वितर्क में फँसे, विश्व के सारे प्रमुख धर्म-ग्रन्थों और सम्बन्धित धर्म-दर्शनों का अध्ययन ही नहीं किया बल्कि उन्हें पूरी तरह आत्मसात किया और अन्त में आकर उनका स्वप्न इस रूप में साकार हुआ। एक नए धर्म-समाज की स्थापना हुई। इस नए समाज का प्रचार और प्रसार तेजी से होने लगा। प्रगतिशील युवक वर्ग भी इस ओर खिंचने लगा। फलस्वरूप सारा समाज उदारपन्थी और अनुदारपन्थी गुटों में बँटने लगा। हालत यहाँ तक पहुँची कि परिवारों में मतभेद दिखाई पड़ने लगे। पिता-पुत्र में मतभेद होने लगे। राममोहन ने 'सम्वाद कौमुदी' निकाला तो रूढ़िवादी विरोधियों ने 'सम्वाद चंद्रिका' का प्रकाशन आरम्भ कर दिया। 'ब्राह्म समाज' के विरोध में 'धर्म सभा' की स्थापना की गई। धर्म सभा का एकमात्र उद्देश्य था—राममोहन और उनके ब्राह्म समाज का विरोध। 'धर्म सभा' के सभापति थे—राजा राधाकान्त देव और कुछ धनी व्यापारी वर्ग। इन लोगों ने जरा सी देर में लाखों रुपया जुटा लिया। कलकत्ता शहर में धर्म सभा और ब्राह्म समाज के चलते भारी विवाद खड़ा हो गया। कभी-कभी ऐसा लगता था कि धर्म सभा वाले राममोहन और उनके ब्राह्म समाज को खत्म करके ही दम लेंगे। लोगों के घर जा-जाकर विरोधी प्रचार चल रहा था । लोगों को धर्मच्युत करने की धमकी दी जा रही थी। इन बातों के बावजूद भी 'ब्राह्म समाज' की जनप्रियता दिनोंदिन बढ़ती जा रही थी। जोड़ासाँको का ठाकुर-परिवार राममोहन का साथ बराबर देता रहा।

यहाँ पर एक प्रश्न उठता है कि राममोहन और एडम साहब जो वर्षों घनिष्ठ मित्र, सहयोगी और सार्वजनिक जीवन में साथ-साथ कार्य करते रहे, एक ऐसी स्थिति में कैसे पहुँच गए कि दोनों को अलग-अलग रास्ते चुनने पड़े?[25] वस्तुतः उन दिनों की चारित्रिक और उद्देश्यों की भिन्नता के कारण यह कभी न कभी होना ही था। एडम साहब पहले एक ईसाई धर्मयाजक और कट्टर ईसाई थे। त्रित्ववाद से एकेश्वरवाद की ओर उनका परिवर्तन भी ईसाई धर्म के भीतर रहकर ही था। वहाँ अपने धर्म से बाहर निकलने का या ईसाई के मूल तत्त्वों को नकारने का प्रश्न ही नहीं था। यूनिटेरियन संस्था स्थापित करने की आड़ में उनका-उद्देश्य भी एकेश्वरवादी ईसाई धर्म का प्रचार ही था। उनके लिए ईसा मसीह से श्रेष्ठ और कोई नहीं था। बाइबिल के समकक्ष और कोई धर्मग्रन्थ नहीं था। प्रश्न उठता है कि राममोहन ने, जो शुद्ध वेद और उपनिषदों पर आधारित एकेश्वरवाद के समर्थक थे, यूनिटेरियन कमेटी की स्थापना के लिए इतने प्रयत्नशील क्यों रहे?

वस्तुतः वेदान्त दर्शन ने राममोहन को बहुत ही प्रभावित किया था। उन्हें धर्म और ईसाई के सार्वभौमिक सत्ता की एकता पर पूर्ण विश्वास था। इसी कारण उन्होंने इस्लाम धर्म-दर्शन का अध्ययन किया और बाद में बाइबिल और ईसाई धर्म के मूल तत्त्वों का भी गहरा अध्ययन किया। उन्हें सभी धर्मों में एकेश्वरवाद के तत्त्व दिखाई दिए। इसी से यूनिटेरियन की स्थापना में उनका भरपूर सहयोग स्वाभाविक था। एक जगह उन्होंने लिखा भी था। "We should feel no reluctance to co-operate with them in religious matters, merely because they consider Jesus Christ as the Messenger of God and their Spiritual Teacher, for oneness in the object of worship and sameness in religious practice should produce attachment between the worshippers."[26]

वे यूनिटेरियन संस्था को दिए जा रहे सहयोग के बारे में उन्होंने कहा है कि यूनिटेरियनवादी ईश्वर के एकत्व पर विश्वास रखते हैं और बहुदेवता का खण्डन करते हैं और मैं इसी में विश्वास रखता हूँ।

वस्तुतः एडम साहब ने राममोहन को समझने में गलती की। एडम साहब आखिर तक अपने मन में आशा सँजोए रहे कि राममोहन एक न एक दिन ईसाई धर्म की निहित सच्चाई से प्रभावित होकर अपने को पूर्ण रूप से धर्मान्तरित कर लेंगे। यहीं उन्होंने गलती की। ब्राह्म समाज की स्थापना वस्तुतः राममोहन के सर्व धर्म समन्वय और धार्मिक सुधारवाद का मूर्त अभिव्यक्ति थी। इसके द्वारा उन्होंने धार्मिक संकीर्णता से उठकर एक सार्वभौमिक धार्मिक संस्था को जन्म दिया।

नतीजा यह हुआ कि धार्मिक स्तर पर राममोहन और एडम साहब का परस्पर सहयोग यहाँ पर आकर समाप्त हो गया। फिर भी यह दोनों में मित्रता और एक दूसरे

के प्रति आदर का भाव हमेशा बना रहा। हम पहले ही बता चुके हैं कि राममोहन ने अपनी वसीयत में एडम साहब और उनके परिवार के लिए आर्थिक व्यवस्था कर रखी थी।[27] एडम साहब ने राममोहन की मृत्यु के लगभग बारह वर्ष बाद बोस्टन (अमरीका) में राममोहन के बारे में एक भाषण में श्रद्धाँजलि देते हुए उनकी भारी प्रशंसा की थी।

यहाँ यह बताना भी आवश्यक है कि राममोहन 1830 में इंग्लैण्ड के लिए रवाना हो गए जबकि एडम साहब 1838 तक भारत में रहे। लार्ड बेन्टिक ने 1835 में उन्हें बंगाल, बिहार और उड़ीसा का वर्नाकुलर शिक्षा आयुक्त नियुक्त किया था। उन्होंने 1835 और 1838 में शिक्षा विषयक दो महत्त्वपूर्ण रिपोर्टें प्रस्तुत की थीं।[28]

सन्दर्भ और टिप्पणियाँ

1. Collet : *राजाराममोहन राय* : पृ. 216
2. वही : पृ. 217.
3. वही : पृ. 210 मिस कोलेट की पुस्तक में पृ. 210-212 तक एडम साहब के कई पत्र उद्धृत किए गए हैं। इन पत्रों से स्पष्ट है कि ईसाई मिशनरियों की कोशिशों के बावजूद, वे राममोहन को ईसाई धर्म में दीक्षित करने में पूरी तरह असफल रहे।
4. वही : पृ. 215.
5. वही : पृ. 215.
6. वही : पृ. 215.
7. मुखोपाध्याय : *राममोहन ओ तत्कालीन समाज ओ साहित्य* (बांग्ला) पृ. 437।
8. वही : पृ. 437.
9. Collet : पृ. 220 पाद टिप्पणी में लिखा है। 'The following is taken from little stories about Rammohun Roy (second part) from the *Tattvabodhini* No. 445...... The recounter, Babu Rajnarayan Bose, whose father was a deciple and coadjutor of Rommohun Roy states..... " These anecdotes and others taken from the lips of my father."
10. चट्टोपाध्याय : *महात्मा राजा राममोहन रायेर जीवन चरित* : पृ. 160.
11. मुखोपाध्याय : पृ. 287.
12. Collet : पृ. 221-222.

13. वही : पृ. 222.
14. वही : पृ. 223.
15. वही : पृ. 223. पुस्तक के सम्पादकीय टिप्पणी में (पृ. 242-248) राममोहन और एडम साहब के विचारों की भिन्नता का विस्तार से आलोचना की गई है।
16. वही : पृ. 212. सम्पादकीय टिप्पणी देखें।
17. चट्टोपाध्याय : पृ. 161 में विक्रयपत्र की पूरी प्रतिलिपि उद्धृत है।
18. मजूमदार : *राजा राममोहन राय एण्ड प्रोग्रेसिव मूवमेन्ट्स इन इण्डिया* : पृ. 82‘86 में कई अँगरेजी पत्रिकाओं में प्रकाशित लेखों और पत्रों का संकलन किया है।
19. Collet : पृ. 225-226.
20. वही : पृ. 226.
21. मजूमदार : पृ. 85-86. ‘जान बुल’ में छपे लेख को देखें।
22. चट्टोपाध्याय : पृ. 161.
23. वही : पृ. 163.
24. कोलेट : पृ. 468- 477. परिशिष्ट में ट्रस्ट डीड की पूरी प्रतिलिपि देखें।
25. वही : पृ. 242. सम्पादकीय टिप्पणी में कारणों पर विशद विवेचन प्रस्तुत किया गया है।
26. वही पृ. 243 सम्पादकीय टिप्पणी में राममोहन की रचनावली से उद्धृत किया गया है।
27. वही : पृ. 215.
28. वही : पृ. 218 सम्पादकीय टिप्पणी देखें ।

अध्याय–11

कलकत्ता काल–अन्तिम चरण : सती प्रथा का अन्त

अब हम राममोहन के जीवन के सर्वाधिक महत्त्वपूर्ण काल के अन्तिम चरण में पहुँच चुके हैं जब वह कलकत्ता में विद्यमान थे। 1818 में ब्राह्म समाज की स्थापना हुई। 1830 के अन्तिम महीनों में वे इंग्लैण्ड की ओर रवाना हो गए थे। इन दो वर्षों में राममोहन और भी विभिन्न सामाजिक और राष्ट्रीय कार्यों में व्यस्त रहे।

पहले ही उनके सतीदाह विरोधी आन्दोलन का विवरण देते हुए यह बताया जा चुका है कि 'ब्राह्म सभा' और 'धर्म सभा' के बीच विवाद का मुख्य विषय था–सतीप्रथा। लार्ड अमहर्स्ट का कार्यकाल 11 मार्च, 1818 को समाप्त हुआ था। सतीप्रथा के विरुद्ध आन्दोलन और कई एक उच्चस्तरीय सरकारी सिफारिशों के बावजूद लार्ड अमहर्स्ट इस प्रथा पर रोक लगाने को राजी नहीं हुए। उन्होंने स्पष्ट ही इस प्रकार के किसी कानून बनाने के विरुद्ध अपना मत प्रकट किया था। सौभाग्य से जुलाई 1818 को लार्ड विलियम बेन्टिक ने शासन और कार्य-भार सम्हाला। ब्रिटिश सरकार इस नृशंस प्रथा का उन्मूलन तो चाहती थी लेकिन उसे हमेशा डर बना रहता कि कहीं इसे धर्म में सीधा हस्तक्षेप न समझा जाए। यह आवश्यक था कि हिन्दुओं के बीच कुछ प्रतिष्ठित शिक्षित व्यक्ति इस प्रथा के विरुद्ध खड़े हों। राममोहन के अँगरेजी और बांग्ला लेखों, भाषणों और पत्रकारिता के द्वारा प्रचारित आन्दोलन का नतीजा यह हुआ कि काफी बड़ी संख्या में शिक्षित और प्रतिष्ठित लोग इस प्रथा के उन्मूलन के पक्ष में तैयार हो गए। लार्ड बेन्टिक दृढ़ विचारों वाले व्यक्ति थे। उनके सामने सती प्रथा के उन्मूलन का सवाल मुँह बाए खड़ा था। बेन्टिक के सामने सिर्फ एक ही प्रश्न था कि इस कार्य में सेना का सहयोग मिलेगा या नही? उन्हें इस मुद्दे पर विश्वास हो गया। दूसरी ओर न्यायालय से सम्बन्धित सरकारी अधिकारी भी इस घृणित प्रथा के उन्मूलन के पक्ष में थे। अब वे जनता और प्रतिष्ठित वर्ग के विचारों को जानना चाहते थे। रूढ़िवादी वर्ग के विचारों को वे पहले ही जानते थे। इसी से अब उनके पास राममोहन के सिवा और कोई मोहरा न था। राममोहन के साथ इस

विषय पर लार्ड बेन्टिक की मुलाकात के बारे में एक रोचक विवरण प्रसिद्ध है।

लार्ड बेन्टिक ने राममोहन से परामर्श करने के लिए बुलाने अपने निजी सचिव (एड़िकाँग) को भेजा। एड़िकाँग (निजी सचिव) ने राममोहन के घर जाकर बताया कि आपको गवर्नर जनरल साहब याद फरमाते हैं। राममोहन ने जवाब दिया कि मैं अभी शास्त्र अध्ययन और धर्मचर्चा में व्यस्त हूँ। इसलिए कृपया लाटसाहब को सूचित करें कि मुझे उनके दरबार में जाने की फुरसत नहीं है। आशा है, वे मुझे क्षमा करेंगे। एडिकाँग ने लौटकर बेन्टिक साहब को ठीक वैसा ही बता दिया। उन्होंने सब कुछ सुनकर एडिकाँग को दोबारा भेजा कि जाकर कहो—मिस्टर बेन्टिक के साथ अनुग्रहपूर्वक साक्षात्कार कर सकें तो बड़ी कृपा होगी। गवर्नर जनरल के शिष्टाचार और इस आग्रह को राममोहन ठुकरा नहीं सके। इस साक्षात्कार का विवरण 17 जुलाई, 1819 के 'इण्डिया गजट' छपा था।[2]

'इण्डिया गजट' के इसी अंक में आगे लिखा था कि इस समय सरकार के सामने तीन रास्ते खुले हैं—पहला रास्ता केवल वर्तमान कानूनों का कड़ाई से पालन, दूसरा बंगाल और बिहार के प्रदेश में जहाँ, सतीप्रथा का प्रचलन अधिक है, इस प्रथा पर निषेधाज्ञा जारी करना और तीसरे पूरे ब्रिटिश अधिकृत भारत में सतीप्रथा पर कानूनी रोक लगाना।[3] यद्यपि राममोहन पूरी तरह रोक लगाने के पक्ष में थे लेकिन वस्तुस्थिति का ध्यान रखते हुए वे इस प्रथा को धीरे-धीरे चुपचाप समाप्त करवाना चाहते थे क्योंकि उन्हें भी भय था कि कहीं प्रतिक्रियावादी तत्त्वों के बहकावे में आकर अशिक्षित जनता विद्रोह न कर बैठे। लार्ड बेन्टिक ने अपनी कार्य-विवरणी में इस ओर संकेत किया था। उस काल की पत्र-पत्रिकाओं में इस विषय पर जोर-शोर से समाचार और वाद-विवाद छपते रहते। अँगरेजी पत्रिका 'बेंगाल हरकारू' में 26 नवम्बर 1829 को फ्रांसिस कीथ मार्टिन नामक एक अँगरेज का पत्र प्रकाशित हुआ था जिसमें उन्होंने सती-प्रथा के विरुद्ध सफल आन्दोलन का सारा श्रेय राममोहन को दिया था लेकिन इसी पत्रिका के सम्पादकीय लेख में 28 नवम्बर, 1829 को राममोहन और लार्ड बेन्टिक दोनों को ही समान रूप से इस उद्देश्य की सफलता के लिए सम्मानित करते हुए लिखा कि राममोहन को लार्ड बेन्टिक की सहायता के बिना अपने उद्देश्यों में सफलता मिलने में कठिनाई का सामना करना पड़ता और बेन्टिक को इस ऐतिहासिक कदम में, राममोहन के सहयोग के बिना सफलता मिलना कठिन होता।[4]

बेन्टिक और राममोहन की मुलाकात और विचार-विनिमय का फल यह हुआ कि 4 दिसम्बर, 1829 को सतीप्रथा पर रोक लगा दी गई।[5] राममोहन की एक मनोकामना पूरी हुई और देश के माथे का कलंक दूर हुआ। उसी दिन लार्ड बेन्टिक ने लन्दन में कम्पनी के डायरेक्टर्स को अपने फैसले के बारे में पत्र लिख भेजा।

सती दाह पर कानूनी रोक लगने पर रूढ़िवादी हिन्दुओं में भारी रोष फैल गया। बंगाल ही नहीं, सारे देश में इसकी गूँज फैली। लगा कि घोर कलियुग आ गया है।

राममोहन पर चारों ओर से गालियाँ बरसने लगीं। उनको और उनके साथियों को समाज से बहिष्कार कर दिया गया। यहाँ तक कि हत्या की बातें होने लगीं। मित्रों ने उन्हें सावधान किया लेकिन वे निडर होकर अपने स्वाभाविक कार्यकलाप में लगे रहे। वैसे बाहर आते-जाते वे कभी-कभी सशस्त्र अँगरक्षक भी अपने साथ रखते थे।

सतीप्रथा पर यह निषेधाज्ञा, राममोहन और उनके प्रगतिवादी सहयोगियों के लिए भारी विजय थी। रूढ़िवादी समाज के नेता लोग तिलमिला उठे। 14 जनवरी, 1830 को लगभग आठ सौ हस्ताक्षरों के साथ इस नए अध्यादेश के विरुद्ध एक आवेदनपत्र विचारार्थ भेजा गया।[6] इसके अतिरिक्त एक दूसरा आवेदन 120 पण्डितों की ओर से पेश किया गया, जिसमें स्मृति और शास्त्रों से उद्धरण देकर प्रमाणित करने की कोशिश की गई कि सतीप्रथा शास्त्रसम्मत है।[7] आवेदनपत्र का मुख्य उद्देश्य राममोहन के प्रयासों का विरोध था। सरकार की ओर से स्पष्ट उत्तर दिया गया कि इस अध्यादेश से हिन्दू धर्म पर कोई आघात नहीं किया गया है फिर भी यदि चाहें तो ब्रिटिश पार्लियामेण्ट में अपील भेजने की छूट है। लार्ड बेन्टिक का उत्तर का कुछ अंश इस प्रकार है :

> " The Governer General has given an attentive considertion to all that has been urged by the numerous and respectable body of petitioners; and has thought fit to make this further statement, in addition to what had been before expressed, as the reason which, in his mind, have made it an urgent duty of the British Government to prevent the usage in support of which the petition has been preferred; but if the petitioners should still be of opinion that the late regulation is not in conformity with the enactments of the lmperial Parliament, they have an appeal to the king in Council which the Governer General shall be most happy to forward."[8]

राममोहन और उनके सहयोगियों के अलावा और भी बहुत से लोग कानून के पक्ष में आगे आने लगे। कलकत्ते के ईसाइयों ने भी अपना समर्थनपत्र दिया।

16 जनवरी, 1830 को कलकत्ता के टाउन हाल में लार्ड बेन्टिक को एक अभिनन्दन पत्र प्रस्तुत किया गया। इस अभिनन्दनपत्र में सतीप्रथा के उन्मूलन के लिए उनकी भूरि-भूरि प्रशंसा की गई। यह अभिनन्दनपत्र बांग्ला और अँगरेजी में लिखा गया था। इस अभिनन्दनपत्र के लेखक थे स्वयं राममोहन और इस पर जिन लोगों के हस्ताक्षर थे उनमें राममोहन के अलावा द्वारकानाथ ठाकुर, सुप्रसिद्ध जमींदार बाबू कालीनाथ राय और अन्नदाप्रसाद बन्द्योपाध्याय जैसे प्रतिष्ठित व्यक्ति थे। राममोहन और उनके सहयोगी प्रतिष्ठित नागरिकों के एक दल ने 19 जनवरी को

अभिनन्दनपत्र की प्रति राजनिवास में आयोजित समारोह में जाकर गवर्नर जनरल लार्ड बेन्टिक को पेश की। इस घटना का विवरण 'बेंगाल क्रानिकल' में प्रकाशित हुआ था। इस समारोह में बेन्टिक साहब के साथ उनकी पत्नी भी उपस्थित थीं। अभिनन्दनपत्र पहले बांग्ला भाषा में पढ़कर सुनाया गया फिर अँगरेजी पाठ पढ़ा गया। इसके बाद उसी दिन कलकत्ता के ईसाई नागरिकों की ओर से भी एक अभिनन्दन पत्र पेश किया गया।[9] राममोहन द्वारा पेश किए गए अभिनन्दनपत्र से एक अंश यहाँ उद्धृत करना अप्रासंगिक न होगा :

> "...... हमारी आन्तरिक भावनाओं के बावजूद आपके ऊँचे पद का खयाल रखते हुए हम कोई मूल्यवान भेंट नहीं लाए जैसा कि ऐसे मौकों पर दिया जाता है। इस अवसर पर हम लोगों की चुप्पी हमारी अकृतज्ञता और कुटिलता का ही परिचायक होती, क्योंकि आपने सम्पूर्ण हिन्दू जाति पर ऐसी कृपा की है कि हमें सार्वजनिक रूप से कृतज्ञता जाहिर करने का मौका मिला है। हमारी भावनाओं को व्यक्त करने के लिए पर्याप्त शब्दों का अभाव अनुभव कर रहे हैं। इसी से आवेदन-पत्र को इन्हीं शब्दों के साथ समाप्त करना चाहेंगे कि आपके इस महान परोपकार के लिए महामहिम, हमारी हार्दिक कृतज्ञता और आभार स्वीकार करेंगे। हम लोगों में जो थोड़े से लोग चुप हैं वे लोग भी इस आशीर्वाद को अपने माथे से लगायेंगे, यद्यपि इस समय अपनी अज्ञानता और पूर्वाग्रह के कारण इस सार्वजनिक लक्ष्यपूर्ति में वे हमारे साथ नहीं है...."[10]

इधर 'धर्मसभा' भी चुप नहीं बैठी। प्रतिक्रियावादी पुराणपन्थी हिन्दुओं ने 17 जनवरी को संस्कृत कॉलेज के प्रांगण में एक सभा बुलाई। सभा में गर्वनर जनरल से प्राप्त उत्तर पढ़कर सुनाया गया और बताया गया कि सरकार उनका आवेदन-पत्र विलायत भेजने को राजी है। 'धर्म सभा' की ओर से सती प्रथा निरोधक अधिनियम के विरोध में ब्रिटिश पार्लियामेण्ट में अपील दायर कर दी गई। इसी सभा ने यह प्रस्ताव भी पास किया कि जो लोग हिन्दू धर्म का और शास्त्रीय नियमों का विरोध कर रहे है उनका सामाजिक बहिष्कार किया जाए।[11] उनका इशारा स्पष्टतः राममोहन और उनके सहयोगियों की ओर था। तत्कालीन समाचारपत्रों में भी इस अध्यादेश के विरोध में भारी वाद-विवाद आरम्भ हो गया। लेकिन राममोहन भला कहाँ घबराने वाले थे। 1830 में उन्होंने इन आरोपों का उत्तर प्रकाशित किया— "Abstract of the Arguments regarding the burning of the widows considered as religious rites," जो इस विषय पर उनका अन्तिम लेख था। धर्मसभा के घोषणा-पत्र का यह करारा उत्तर था। इसी बीच 'ब्राह्म समाज' या सभा के अनुकरण पर 'धर्म सभा' की स्थापना के लिए रूढ़िवादी हिन्दुओं की ओर से 6 फरवरी 1830 को एक अपील प्रचारित की गई। इसके लिए एक भवन बनाने का भी प्रस्ताव रखा गया और निर्णय लिया गया कि बीस हजार रुपये जमा हो जाने पर किसी उपयुक्त स्थान पर ज़मीन

खरीद कर भवन निर्माण कार्य आरम्भ किया जाएगा।[12]

यह हम बता चुके हैं कि राममोहन को ही हिन्दू धर्म का प्रधान शत्रु ठहराया गया था और उनकी हत्या तक की साज़िश चल रही थी। पुराण-पन्थियों ने राममोहन को देशद्रोही करार दिया। नतीजा यह हुआ कि राममोहन को अपनी सुरक्षा के लिए व्यवस्था करनी पड़ी। उन्होंने मार्टिन नामक एक अँगरेज अँगरक्षक नियुक्त किया था जो उनके घर पर ही रहता था। 27 फरवरी के 'जान बुल' में इस सुरक्षा-व्यवस्था का समाचार प्रकाशित हुआ था। इसमें प्रकाशित विवरण के अनुसार बन्दूक, गोला-बारूद और पिस्तौल एकत्रित किए गए थे, साथ ही कई बरकन्दाज भी नियुक्त थे।[13] राममोहन जब भी इन दिनों शहर जाते तो उनके साथ मार्टिन साहब अँगरक्षक के रूप में हाजिर होते थे। महर्षि देवेन्द्रनाथ ठाकुर ने लिखा था कि राममोहन पर एक बार हमला भी हुआ था। मिस कोलेट की पुस्तक में उन पर दो बार घात लगाकर हमला किए जाने की बात लिखी है।[14]

प्रतिक्रियावादी शक्तियों के संगठित आक्रमण और सामाजिक स्तर पर खुलेआम दो प्रतिद्वन्द्वी दल की स्थापना और स्थानीय पत्र-पत्रिकाओं में आन्दोलन और चलते विवाद का सजीव और सुन्दर विवरण शिवनाथ शास्त्री ने अपनी प्रसिद्ध पुस्तक *हिस्ट्री आफ द ब्रह्मो समाज* में दिया है :[15]

> " The common people became participator in the great conflict, for the tracts of the reformers; mostly written in the simplest Bengali, appealed to them as much as to the enlightened classes. In the bathing ghats of the river side, in market places and public squares, in the drawing room of influential citizens everywhere the rivalry between the two associations became the subject of talk."[16]

इसमें आगे बताया गया है कि तब व्यंग्यात्मक कविताएँ भी प्रकाशित होने लगी थीं जो लोगों की ज़ुबान पर चढ़ने लगी थी। गली-कूचों में हँसी और मज़ाक के फव्वारे छूटा करते थे। आन्दोलन कलकत्ता शहर से निकलकर गाँवों और कस्बों में भी फैल गया जहाँ लोग प्रतिद्वन्द्वी दलों में बँटकर बहसों में हिस्सा लिया करते। कई ब्राह्मणों का जो राममोहन के 'ब्राह्मसमाज' में सम्मिलित हुए थे, समाज से बहिष्कार कर दिया गया। इसी भयंकर तनाव के बीच ब्राह्मसमाज के नए भवन का 23 जनवरी, 1830 को उद्घाटन हुआ।

सती-प्रथा उन्मूलन के सफल प्रयास ने हिन्दू नारी समाज को सदियों से चले आए अत्याचार से मुक्त किया था। इन्हीं दिनों राममोहन नारी जाति से सम्बन्धित अन्याय, कुछ और सामाजिक दुराचारों के विरुद्ध भी आवाज उठा रहे थे। नारी समाज के प्रति राममोहन के मन में कितनी करुणा और ममता और दया थी उसका परिचय

उनके सती-प्रथा सम्बन्धी लेखों में अच्छी तरह मिलता है। इन लेखों में उन्होंने बहुविवाह के विरोध में भी आवाज उठाई। इसके अतिरिक्त कन्या-विक्रय या कुलीन प्रथा का भी विरोध किया था। बहुविवाह के बारे में उनका विचार था कि सरकारी अनुमति के बिना किसी को एक पत्नी के जीवित रहते दूसरी शादी की इज़ाजत न दी जाए। इस विषय में उन्होंने मनु संहिता और याज्ञवल्क्य संहिता से उद्धृत करके अपने तर्क की पुष्टि करते हुए दिखाया था कि बहु विवाह का रिवाज हिन्दू शास्त्रों के विरुद्ध है क्योंकि शास्त्रों में स्पष्टतः दुश्चरित्र, बीमार या निःसन्तान होने पर ही दूसरे विवाह की अनुमति दी गई है। इसी से राममोहन का सुझाव था कि मजिस्ट्रेट या सरकारी अफसर को कानूनी अधिकार दिया जाए कि वह आवेदन-पत्र के आधार पर केवल प्रमाणित होने पर दूसरे विवाह की अनुमति दें। इस प्रकार नारी जाति को दुर्गति से राहत मिलेगी और आत्महत्या की संख्या में भी कमी होगी।

इसी प्रकार उन्होंने नीचे स्तर के ब्राह्मणों और कुछ कायस्थों में प्रचलित कुलीन-प्रथा और कन्या-विक्रय जैसे प्रचलित सामाजिक कलंक के बारे में भी आन्दोलन किया। इसके अतिरिक्त उन्होंने हिन्दू स्त्री की सम्पत्ति के अधिकार के प्रश्न पर भी सरकार के समक्ष एक आवेदन पेश किया था।

हिन्दू जाति-व्यवस्था या जातिभेद के बुरे परिणामों के बारे में राममोहन हमेशा सजग और चिन्तित रहे। मृत्युंजयाचार्य नाम के एक शास्त्री द्वारा लिखित एक संस्कृत ग्रन्थ 'वज्रसूची' के कुछ अंश का बांग्ला अनुवाद उन्होंने 1827 में प्रकाशित किया।[17] इस ग्रन्थ में जाति व्यवस्था का सम्पूर्ण रूप से खण्डन किया गया है। इसमें वर्णाश्रम धर्म के स्वरूप और तात्विक अर्थ के बारे में विचार किया गया है। ब्राह्मण शब्द के अर्थ की व्याख्या की गई है। आत्मा, देह, जाति और यहाँ तक कि रंग भेद के बारे में विशद आलोचना के पश्चात् कहा गया :

जन्मना जायते शूद्रः संस्कारादुच्यते द्विजः।
वेदाभ्यासाद्भवेद्विप्रो ब्रह्मजानाति ब्राह्मणः।।

सारांश यह है कि जन्म से सभी शूद्र होते हैं और ब्रह्म का ज्ञान होने पर ही ब्राह्मण बनता है। ज्ञान का अभाव ही शूद्र बनाता है। इसी ज्ञान के भेद से क्षत्रिय और वैश्य भी बनते हैं। संस्कृत साहित्य 'वज्रसूची' के दो सन्दर्भ आते हैं। पहला 'वज्रसूचिका' उपनिषदों में परिगणित है। दूसरी 'वज्रसूची' के लेखक बौद्ध कवि अश्वघोष माने जाते हैं। कुछ विद्वानों का मत है कि अश्वघोष उपनिषदों से भी प्रभावित थे। राममोहन ने सम्भवतः उपनिषदों के ही कुछ अंश का अनुवाद किया था। ये मृत्युञ्जयाचार्य कौन थे, ये अभी शोध का विषय है।[18] राममोहन यह अच्छी तरह जानते थे कि जाति-व्यवस्था हमारी अवनति का एक प्रमुख कारण हैं। एक व्यक्तिगत पत्र में (18 जनवरी, 1828) राममोहन ने लिखा था :

"मुझे कहते हुए दुःख होता है कि हिन्दुओं द्वारा अनुसरण किया गया धर्म उनके राजनैतिक हित के लिए उपयोगी नहीं है। जात-पाँत के भेदभाव और छोटे-छोटे असंख्य श्रेणियों में बँटे होने के कारण वे लोग देशभक्ति की चेतना से पूरी तरह वंचित हैं। धार्मिक रीति-रिवाजों के आधिक्य और शुद्धिकरण के नियमों के कारण कोई भी कठिन उद्योग हाथ में लेने के अयोग्य हो गए हैं। इसलिए मेरा विचार है कि राजनैतिक सुविधा और सामाजिक सुख-साधन के लिए धर्म में कुछ परिवर्तन लाया जाना चाहिए।"[19]

इसी अवधि में राममोहन एक और राजनैतिक मामले में आन्दोलन कर रहे थे। 18 अगस्त, 1828 को उन्होंने नए जूरी कानून के विरुद्ध, दो सौ से अधिक हिन्दू और मुसलमानों के हस्ताक्षर के साथ, एक अपील लन्दन के जे. क्राफोर्ड को पार्लियामेण्ट में पेश करने के लिए भिजवाई थी। यह जूरी कानून 1826 में पारित हुआ और 1827 में लागू हुआ था।[20] इस कानून के द्वारा मि. वाइन ने न्यायिक विभागों में धार्मिक आधार पर भेद-भाव आरम्भ कर दिया। इस कानून के अन्तर्गत यह व्यवस्था की गई कि हिन्दू और मुसलमानों के न्यायिक मामलों पर विचार करने का अधिकार ईसाई विदेशी या देशी जूरी को होगा लेकिन इसके विपरीत ईसाइयों के मुकदमें में किसी हिन्दू या मुसलमान जूरी को न्याय देने का अधिकर नहीं होगा। इस साम्प्रदायिक अध्यादेश से सारे देश में काफी रोष फैल गया था। आयरलैण्ड और भारत की तुलना करते हुए राममोहन ने सावधान किया कि भारत में आयरलैण्ड की तरह असन्तोष फैल जाएगा।[21] मि. क्राफोर्ड को लिखे पत्र में राममोहन ने स्पष्ट संकेत दिया था कि एक समय आ सकता है जब यह देश ब्रिटिश सरकार का प्रधान शत्रु बन जाए—

"इस बात को ध्यान में रखना आवश्यक है कि भारत की स्थिति आयरलैण्ड से बहुत ही भिन्न है, जिसके किसी भी हिस्से पर ब्रिटिश बेड़ा किसी भी समय भारी संख्या में सेना उतार सकती है और अपनी इच्छानुसार किसी भी विद्रोह को सफलतापूर्वक कुचल सकती है। यदि भारत के पास उस देश की चौथाई शक्ति और ज्ञान हो तो इतनी दूरी में अवस्थित होने के कारण, इसकी समृद्धि और भारी जनसंख्या के कारण यह देश या तो ब्रिटिश साम्राज्य का लाभकारी और आज्ञाकारी प्रदेश बन सकता है अन्यथा एक दुःखदायी, उपद्रवी दृढ़संकल्प शत्रु...."[22]

"मुझे अकसर यह देखकर दुःख होता है कि बिना परामर्श के और भारतीय प्रजा की भावनाओं को अनदेखी करके सरकार द्वारा नए-नए अधिनियम और कानून पास किए जाते हैं..."

पत्र के उद्धरण में हमें 'राष्ट्रीय चेतना' और 'स्वायत्त शासन' के बीज दिखाई देते हैं। राममोहन तत्कालीन परिस्थितियों के बावजूद अपने राजनैतिक अधिकारों के बारे

में और सामाजिक और सांस्कृतिक उन्नति के प्रति सचेत थे। आधुनिक भारत के पुरोगामी नेता के लिए यह संचेतना स्वाभाविक थी। देश के उद्योग और कृषि सम्बन्धी मामलों में भी राममोहन पूरी तरह जागरूक थे। ईस्ट इण्डिया कम्पनी ने इसी काल में नील काश्तकारों के अधिकारों को छीनने की कोशिश की तो राममोहन ने इस प्रस्ताव का विरोध किया जबकि प्रायः सभी नील अँग्रेज थे। इसके अलावा स्वाधीन-व्यापार और आयात-निर्यात के लिए व्यापारियों ने जो सभा 15 दिसम्बर 1829 में कलकत्ता के टाउन हाल में बुलाई थी, उसमें राममोहन अपने मित्र द्वारकानाथ ठाकुर के साथ मौजूद थे।[23] यहाँ चीन के साथ खुले व्यापार की छूट और यूरोपीय लोगों को भारत में बसने की छूट की माँग उठाई गई थी। राममोहन ने स्पष्ट शब्दों में कहा कि उनके विचार से यूरोपीय सज्जनों के संसर्ग में आने से हम लोगों की साहित्यिक, सामाजिक और राजनैतिक क्षेत्र में अधिकाधिक उन्नति होगी। राममोहन और उनके प्रगतिशील मित्रों का वर्ग जिनमें द्वारकानाथ ठाकुर और प्रसन्नकुमार ठाकुर आदि थे, स्वाधीन उन्मुख व्यापार के पक्ष में थे और यूरोपीय पूँजीनिवेश और बुद्धि-विवेक को आयात करने के पक्ष में थे।[24] उनका विचार था कि इस आदान-प्रदान से एक राष्ट्रीय बुर्जुआ वर्ग का उदय होगा, जो राष्ट्र की उन्नति में सक्रिय भाग ले सकेगा। द्वारकानाथ ठाकुर ने इस विषय में सभा के सामने प्रस्ताव रखते हुए कहा था, "नील की खेती और यूरोपीय लोगों के बस जाने से देश और देश के सभी श्रेणियों के लोगों को भारी लाभ पहुँचा है। जमींदार धनी बने हैं, देश ने तरक्की की है साथ ही किसानों की हालत सुधरी है। जिन इलाकों में नील की खेती नहीं है, कारख़ाने नहीं हैं उन इलाकों की अपेक्षा इन लोगों की हालत कहीं बेहतर है।" प्रस्ताव का समर्थन करते हुए राममोहन ने कहा था कि जो प्रस्ताव अभी पढ़ा गया उसके उद्देश्यों के बारे में द्वारकानाथ ठाकुर ने जो कुछ कहा उसके साथ मैं पूरी तरह सहमत हूँ। वैसे नीलकरों ने कहीं-कहीं आंशिक रूप से थोड़ा नुकसान पहुँचाया भी होगा लेकिन पूरी तरह विचार करने पर कहा जा सकता है कि सरकारी और गैर सरकारी दूसरे यूरोपीय प्रवासियों की अपेक्षा इन नीलकरों ने इस देश की जनता का अधिक उपकार किया है.....!"[25]

इसी दौरान राममोहन ने हिन्दुओं की पैतृक सम्पत्ति के अधिकार के सम्बन्ध में एक विद्वत्तापूर्ण लेख प्रकाशित किया। बात यह हुई थी कि सुप्रीम कोर्ट के चीफ जस्टिस ने इस विषय पर प्रचलित उत्तराधिकार नियमों के विरोध में एक फैसला दिया था; हिन्दुओं में काफी रोष फैल गया। राममोहन ने 1830 में— "The Right of Hindoos over Ancestral property according to the law of Bengal" प्रकाशित किया। लेख में राममोहन ने हिन्दुओं के धर्मशास्त्रों पर आधारित उत्तराधिकार सम्बन्धी 'मिताक्षरा और 'दायभाग' पद्धति की विशद आलोचना की थी। 'दायभाग' ' बंगाल के क्षेत्र में प्रचलित पद्धति थी। राममोहन ने इस पद्धति की विद्वत्तापूर्ण पैरवी की। वे केवल लेख लिखकर ही चुप नहीं बैठे, उन्होंने विलायत के प्रिवी काउंसिल में अपने

मित्रों के साथ मिलकर अपील भिजवाई थी। अपील स्वीकृत होने पर सुप्रीम कोर्ट को फैसला वापस लेना पड़ा था।[26] लेख तत्कालीन सम्पत्ति सम्बन्धी कानून के बारे में एक महत्त्वपूर्ण दस्तावेज है। उन्होंने 'हरकारा' पत्रिका में भी इस विषय में कई पत्र लिखे थे।

1828 में राममोहन भूमि सम्बन्धी एक और महत्त्वपूर्ण आन्दोलन के अगुआ बने। अँगरेज कम्पनी द्वारा भूमि के स्थायी बन्दोबस्त के अट्ठाइस वर्ष बाद लगान मुक्त 'लाखेराज' भूमि के बन्दोबस्त के लिए नया कानून बना। लगान मुक्त जमीन के स्वामियों और छोटे-बड़े सभी जमीदारों को इस नए नियम के अन्तर्गत आर्थिक नुकसान उठाने की आशंका थी। नए अध्यादेश के विरोध में कोई तीन सौ से अधिक जमींदारों ने अपील भेजी। राममोहन के विचार में सरकार की सफलता का रहस्य उसकी उदार और न्यायपूर्ण नीतियों पर निर्भर है। उनके विचार से 1828 का अध्यादेश एक प्रकार से विश्वास भंग था और ज़मीदारों के निहित अधिकारों का हनन भी। राममोहन ने बंगाल, बिहार और उड़ीसा के जमीदारों के साथ मिलकर लार्ड विलियम बेन्टिक के पास आवेदन-पत्र भेजा।[27] लेकिन यह आवेदनपत्र नामंजूर हो गया। राममोहन इस बात से बहुत ही दुखी थे क्योंकि उनके विचार में ऐसे कानून से देश और सरकार दोनों का ही नुकसान होता है। इंग्लैण्ड पहुँचकर भी वे इस मुद्दे पर आवेदनपत्र देते रहे और अपना संघर्ष जारी रखा। इंग्लैण्ड में प्रवास के दौरान आवेदनपत्र उन्होंने अपने नौकर रामरत्न मुखर्जी के नाम से दायर किया था। इस विषय पर भारत की पत्र-पत्रिकाओं में रोचक उत्तेजक वाद-विवाद चल निकला था।[28] वस्तुतः राममोहन एक आधारभूत सिद्धान्त के लिए ही इस आन्दोलन में फँसे और वे आन्दोलन को अपने साथ इंगलैण्ड की भूमि पर भी ले गए थे।

इस राजनैतिक, आर्थिक और सामाजिक कार्यव्यस्ता के होते हुए वे अपने जीवन के प्रमुख लक्ष्य को न भूले। इधर वे अपने विदेश यात्रा की तैयारी में लगे थे। उन्हीं दिनों अर्थात् 1829-30 में राममोहन कुछ समय के लिए अस्वस्थ भी रहे। इन सभी असुविधाओं के बावजूद राममोहन की धर्म सम्बन्धी खोज जारी थी। 1829 में उन्होंने एक नया शोधपूर्ण लेख 'द यूनिवर्सल रिलिजन' प्रकाशित किया।[29] मुख्यतः वैदिक धर्मग्रन्थों और उपनिषदों पर आधारित इस लेख के द्वारा उन्होंने एकेश्वरवाद के बारे में अपने सिद्धान्तों को प्रतिपादित किया। पहले ही लिखा जा चुका है कि इसी काल में ब्राह्म समाज के नए भवन का उद्घाटन हुआ। इस भवन के न्यासपत्र में धर्म और ब्राह्म समाज के तार्किक मुद्दों पर पेश किए गए दस्तावेज के बारे में पहले ही विचार किया जा चुका है। इसी वर्ष एलेक्जेण्डर डफ जो भारत में शिक्षा-विस्तार का उद्देश्य लेकर आए थे, राममोहन की शरण में आए। राममोहन ने उनके स्कूल के लिए भवन की व्यवस्था के साथ ही दूसरी असुविधाओं के हटाने में पूरी मदद की। इस विषय में भी विस्तार से लिखा जा चुका है।

राममोहन के कलकत्ता जीवन के हम अन्तिम चरण में पहुँच चुके हैं। अगले अध्याय में उनके विदेश यात्रा की तैयारियों का विस्तृत विवरण पेश किया जाएगा। इसके पहले कि उनके कलकत्ता जीवन के व्यस्त कार्य-कलापों पर पटाक्षेप किया जाए; उनके व्यक्तिगत जीवन से सम्बन्धित कुछ महत्त्वपूर्ण प्रसंगों को संक्षिप्त में प्रस्तुत करना उपयुक्त होगा। वस्तुतः इस महान नायक के व्यक्तिगत जीवन, विशेष रूप से उनके जीवन के प्रारम्भिक काल और कलकत्ता काल के बारे में अधिक विवरण उपलब्ध नहीं है। केवल इंग्लैण्ड के प्रवासकाल का कुछ विवरण विदेशी मित्रों के लेखों, पत्रों और पुस्तकों से उपलब्ध है। प्रचलित दन्तकथाओं और संस्मरणों के आधार पर कुछ रोचक कथाएँ नगेन्द्रनाथ चट्टोपाध्याय की पुस्तक में ही दी गईं। उन्होंने नन्दमोहन चट्टोपाध्याय की पुस्तक से छोटी-छोटी कहानियाँ उद्धृत की हैं।[30] उन्हीं में कुछ कहानियाँ संक्षेप में उद्धृत करना उपयुक्त होगा—

राममोहन का अपने सहयोगियों और शिष्यों के साथ बहुत ही मधुर और सुखद सम्पर्क रहा है। वे अपने शिष्यों से हमेशा बहुत ही सहानुभूतिपूर्ण व्यवहार किया करते थे। अकसर फ़ारसी भाषा के अनुरूप 'बरादर' कहकर सम्बोधित करते थे। उनके सहयोगी भी उनको अकसर 'दीवानजी' कहते। अकसर अपने शिष्यों को पारिवारिक और दूसरे मामलों में सलाह दिया करते थे। बाबू राजनारायण बसु ने 'तत्त्वबोधिनी पत्रिका' के एक अंक में राममोहन विषयक छोटे-छोटे किस्से प्रकाशित किए थे। राजनारायण के पिता नन्दकिशोर बसु राममोहन के शिष्यों में थे। एक बार ऐसा हुआ कि नन्दकिशोर विवाह के पश्चात् कुछ दुखी नजर आए। जब राममोहन को पता चला कि नन्दकिशोर अपनी पत्नी के साँवले रंग से दुखी हैं तो राममोहन ने शिष्य को बुला भेजा और कहा—"जो वृक्ष सुन्दर फल देता है वही वृक्ष सुन्दर है। यदि तुम्हारी पत्नी एक सुन्दर सन्तान को जन्म देती है तो वह अवश्य ही सुन्दर कही जाएगी।" उनकी भविष्यवाणी सच निकली। नन्दकिशोर के पुत्र प्रतिभावान और विद्वान निकले जिन्होंने आगे चलकर विधवा विवाह और ब्राह्म समाज के कार्य को आगे बढ़ाया।[31]

राममोहन अपने शिष्यों को शायद ही कभी डाँटते-फटकारते हों, जबकि अपनी स्वयं किसी गलती पर साथियों की डाँट सुनने के लिए तैयार रहते थे।

राममोहन की स्मरण शक्ति के बारे में एक कहानी मशहूर है। एक बार किसी पण्डित ने उनके पास आकर तन्त्र शास्त्र के किसी विशेष ग्रन्थ पर विचार विमर्श करने का आग्रह किया। राममोहन ने यह तन्त्र ग्रन्थ कभी पढ़ा ही नहीं था। उन्होंने पण्डितजी से निवेदन किया कि अगले दिन ठीक इसी समय पधारें तभी वे ग्रन्थ पर शास्त्रार्थ करेंगे। पण्डितजी चले गए। राममोहन के अपने संग्रह में वह पुस्तक नहीं थी। इसलिए उन्होंने तुरन्त शोभा बाजार के राजभवन से पुस्तक मँगवाकर अध्ययन

करना आरम्भ कर दिया। एक बार के अध्ययन से ही सारा उन्होंने आत्मसात कर लिया। दूसरे दिन पण्डित जी आए। भारी शास्त्रार्थ के बाद पण्डित जी राममोहन की विद्वत्ता और तर्क के प्रशंसक होकर चले गए।[32]

राममोहन बहुभाषाविद् थे, यह सभी को मालूम है। लेकिन भाषा सीखने की कला में उनकी निपुणता के बारे में एक कहानी प्रसिद्ध है। दक्षिण भारत से किसी व्यक्ति ने दक्षिण भारतीय भाषा में उन्हें एक पत्र लिखा। राममोहन भाषा नहीं जानते थे तो किसी दक्षिण भारतीय कलकत्ता निवासी को बुलाकर पत्र पढ़वा लिया। पढ़वाने के बाद उन्होंने उसी व्यक्ति की सहायता से भाषा सीखना आरम्भ कर दिया और तीन महीने के अन्दर भाषा सीखकर दक्षिण भारतीय भाषा में ही उक्त पत्र का उत्तर लिख भेजा।[33]

गरीब और दुखीजनों के प्रति राममोहन के मन में हमेशा सहानुभूति और दया की भावना रहती थी। उन्हें अपनी साज, पोशाक या प्रतिष्ठा की कतई परवाह नहीं थी। एक बार वे अपना भारी-भरकम चोगा पहने बहू बाजार से गुजर रहे थे। उन्होंने देखा कि एक सब्जीवाला अपनी टोकरी उठा नहीं पा रहा था तो सीधे आगे बढ़कर उन्होंने टोकरी में हाथ लगाकर उठवा दिया। कभी-कभी उन्हें मजदूरों के साथ बैठकर गप्पें मारते भी लोगों ने देखा था। पूछने पर पता चला कि वे उनकी आर्थिक अवस्था के बारे में जानकारी ले रहे थे।[34] उनके दिनचर्या के बारे में मिस कोलेट ने अपनी पुस्तक में किसी जी. एन. ठाकुर[35] के पत्र का हवाला दिया है :

> "राममोहन प्रातः काल चार बजे उठने के आदी थे, और काफी पीकर सुबह सैर के लिए निकल जाते थे। अकसर खूब तेल मालिश के बाद नहाया करते थे। दो नौकर उनकी मालिश किया करते। इस कार्यक्रम के समय वे अकसर संस्कृत श्लोकों का पाठ करते। स्नान के पश्चात् वे भारतीय तरीके से पलथी मारकर बैठकर भोजन ग्रहण करते। यही उनका मुख्य भोजन होता। शाम तक वे और कुछ नहीं लेते थे। दोपहर के दो बजे तक वे अपने काम में लगे रहते। दोपहर बाद अकसर अपने अँगरेज और दूसरे मित्रों से मिलने जाते थे। रात का भोजन सात और आठ बजे के बीच पूरा कर लेते थे। रात को भोजन अकसर, अँगरेजी कायदे से बना मुगलई खाना होता जिनमें पुलाव, कोफ्ते और कोरमा वगैरा होता था।"[36]

उनके पारिवारिक जीवन के सम्बन्ध में मणि बागची की पुस्तक 'राममोहन' में दिए गए कुछ और विवरण का सारांश इस प्रकार है—1822 में जब राममोहन की माता की मृत्यु पुरी तीर्थ में हुई तो उन्होंने अपनी पत्रिका 'सम्वाद कौमुदी' में यह समाचार प्रकाशित किया था। तारिणी देवी की मृत्यु के कुछ ही दिनों बाद राममोहन की मँझली पत्नी 'श्रीमती' की भी मृत्यु हो गई। उनके छोटे पुत्र रमाप्रसाद की उम्र उस समय केवल पाँच वर्ष की थी। राममोहन ने अपनी पत्नी की चिता पर एक

स्मृति-स्तम्भ बनवाया था। राममोहन राय के बड़े बेटे राधाप्रसाद की दो कन्याएँ थीं—चन्द्रज्योति और मैत्रेयी। अपनी बड़ी पोती का विवाह राममोहन ने अपनी देखरेख में सम्पन्न करवा दिया था। राजा की छोटी पत्नी उमादेवी निःसन्तान थी और राममोहन की विदेश यात्रा के समय जीवित थी।[37]

राममोहन अपनी पोशाक के बारे में हमेशा सचेत रहते थे। बिना शाल और पगड़ी के वे बाहर जाते ही न थे। घर में अकसर मुस्लिम ढंग की पोशाक पहना करते थे। सभा-समितियों के अलावा ब्राह्म-समाज के मन्दिर में भी सजधज कर जाते। उनका विचार था कि भगवान के दरबार में सुन्दर वस्त्रों में जाना चाहिए। हाँ, यहाँ एक बात का उल्लेख आवश्यक है कि उन्होंने कभी भी अपने ब्राह्मणत्व की निशानी जनेऊ का परित्याग नहीं किया।

मिस कोलेट ने राममोहन के प्रतिभाशाली व्यक्तित्व का विवरण देते हुए एक और पत्र का हवाला दिया है। यह पत्र कर्नल यंग ने 30 सितम्बर, 1828 को लन्दन में जेरेमी बैन्थम को लिखा था।[38] पत्र का सारांश था—पिछले दो वर्षों से वे राममोहन को और अपने बेटे को प्रतिशोधात्मक उत्पीड़न या अत्याचार से बचाने की कोशिश में लगे हैं। इनके पीछे केवल देशी लोग ही नहीं, हमारे कुछ प्रभावशाली सरकारी अफसर भी हैं।...... उनकी बराबरी करने वाला देशी और विदेशी लोगों में भी कोई नहीं है।...... आश्चर्य की बात है कि जो व्यक्ति यूरोपीय धर्म, सभ्यता और राजनीति का इतना सम्मान करता है उसके विरुद्ध ही हम अँगरेज लोग साजिश करें।.....

यहाँ बताना आवश्यक है कि 1815 से 1830 तक का काल राममोहन के जीवन में भारी संघर्ष का काल था। उन्हें पारिवारिक एवं सामाजिक दोनों ही क्षेत्रों में एक के बाद कई विरोधों का सामना करना पड़ा।

उनके कलकत्ता जीवन के बारे में एक प्रामाणिक दस्तावेज है, उस काल के सुप्रसिद्ध पत्रकार जेम्स सिल्क बकिंघम का राममोहन के बारे में बयान। बकिंघम 1818 में कलकत्ता आए थे और उन्हें राममोहन के कर्मव्यस्त जीवन को देखने का मौका मिला था। उन्होंने लिखा था— "राममोहन यदि सरकार की आलोचना न कर निरपेक्ष रहते तो उनको सरकारी नौकरी और पद के रूप में सरकार की ओर से पुरस्कार पाने के अनेक अवसर मिल सकते थे। लेकिन अपनी विद्वत्ता के अनुरूप और सच्चाई के लक्ष्य को सामने रखते हुए उन्होने राष्ट्रीय उन्नति, अन्धसंस्कार के विनाश और स्वदेश में धर्म और शासन प्रणाली में सुधार करने के लिए भारी परिश्रम किया। इसका पुरस्कार यह मिला कि बड़े-बड़े सरकारी अफसरों और ऐंग्लिकन ईसाई गिर्जाओं के बड़े-बड़े पादरियों के शत्रु और ईर्ष्या के पात्र बने। वे अपनी व्यक्तिगत सम्पति और धन-दौलत से एकेश्वरवादी मन्दिर का संचालन करते हैं और छापाखाना चलाते हैं। अपनी किताबें छापते और बाँटते हैं। साथ ही बहुत परोपकारी और धार्मिक

कार्य करते हैं। इसमें उनकी आय का कोई एक-तिहाई भाग इन कार्यों में व्यय होता है।[39]

यह स्पष्ट है कि राममोहन को इस काल में भारी मानसिक तनाव और परिश्रम का सामना करना पड़ा। उनके जैसे स्वस्थ व्यक्ति पर भी इसका प्रभाव पड़ना स्वाभाविक था। फलस्वरूप 1827-28 के दौरान वे दो-तीन बार गम्भीर रूप से बीमार पड़ गए। इन बीमारियों का हवाला उस काल के पत्र-पत्रिकाओं में उपलब्ध है।[40] इसी दौरान उनका बेटा साजिशों का शिकार बना और उनकी पत्नी का देहान्त भी हुआ। उनकी हत्या की साजिश के बारे में बताया जा चुका है। लेकिन ऐसी परिस्थिति में भी वे अपने उद्देश्यों पर दृढ़ रहे। राममोहन का जीवन आगे एक नए मोड़ को पार करता हुआ विदेशी भूमि पर अपना झण्डा गाड़ने की तैयारी में था, जिसकी चर्चा अगले अध्याय में होगी।

सन्दर्भ और टिप्पणियाँ

1. Collet : *Raja Rammohan Roy* : पृ. 155-156 यह घटना रेवरेण्ड मैकडोनाल्ड के एक व्याख्यान से उद्धृत है जो बाद में हेराल्ड प्रेस से 1879 में प्रकाशित हुई थी। लगभग ऐसी ही घटना का जिक्र राममोहन के सबसे पुराने शिष्य आनन्दचन्द्र वसु ने किया था। इसके अतिरिक्त तत्त्वबोधिनी पत्रिका में भी यह घटना प्रकाशित हुई थी।
2. वही : पृ. 156.
3. वही : पृ. 156.
4. Majumdar : *Rammohan Roy and Progressive Movements in India* : पृ. 150-153. में 'बंगाल हरकारा' में 16 नवम्बर से 30 नवम्बर 1819 तक प्रकाशित मिसेज मार्टिन के पत्र और सम्पादकीय टिप्पणी देखें।
5. Collet : पृ. 159.
6. Majumdar : पृ. 156-159 में पुराणपन्थी हिन्दुओं द्वारा अध्यादेश के विरोध में पेश किए गए आठ सौ हस्ताक्षरयुक्त आवेदनपत्र देखें।
7. वही : पृ. 159-161.
8. वही : पृ. 161-163. लार्ड बेन्टिक द्वारा हिन्दू पुराणपंथियों के आवेदन के उत्तर में लिखे पत्र की प्रतिलिपि 'एशियाटिक जर्नल' के जुलाई 1830 से उद्धृत।
9. वही : पृ. 165-167.
10. Collet : पृ. 463-466. पूरे अभिनन्दनपत्र की प्रतिलिपि के लिए देखें। अभिनन्दनपत्र का बांग्ला पाठ पृ. 461-463. में दिया गया है। गवर्नर जनरल बेन्टिक साहब के उत्तर की प्रतिलिपि पृ. 466-467 में प्रकाशित है।

11. मुखोपाध्याय : *राममोहन राय ओ तत्कालीन समाज ओ साहित्य* (बंगाल) : पृ. 311-313.
12. Majumdar : पृ. 163-165. अपील की पूरी प्रतिलिपि के लिए देखें।
13. Collet : पृ. 186-187. में सम्पादकीय टिप्पणी देखें।
14. वही : पृ. 187.
15. वही : पृ. 288. राजनारायण बसु ने अपने आत्मचरित में इस वाद-विवाद का विवरण दिया है।
16. *English Works of Raja Rammohun Roy,* ed. by Jogendra Chandra Ghose 1900, Vol. 1.

    पृ. 380 ; उस काल में भारतीय नारी की दयनीय स्थिति पर राममोहन ने 1811 में : Brief remarks regarding modern encroachments of the ancient rights of the females प्रकाशित किया था। इसी लेख में उन्होंने बहुविवाह और घृणित कुलीन प्रथा के विरोध में यह शायद भारतीय इतिहास में पहला आन्दोलन था।
17. Collet : पृ. 238-239 इस पुस्तिका पर यह महत्त्वपूर्ण सम्पादकीय टिप्पणी दी गई है। सम्पादक के अनुसार 'वज्रसूची' के बांग्ला अनुवाद के आधार पर कहा जा सकता है कि राममोहन ने बौद्ध धर्मशास्त्रों का भी अध्ययन किया था।
18. मुखोपाध्याय : पृ. 290.
19. वही : पृ. 290-291 से उद्धृत।
20. Dasgupta, B.N. : *Life and times of Raja Rammohun Roy*, Vol 1. 310 अपील के पूरे पाठ के लिए देखें *Raja Rammohun Roy and Progressive Movements in India* by Majumdar, पृ. 260-370। यह अपील 1828 में 'बंगाल हरकारा' में प्रकाशित हुई थी। इसके अतिरिक्त कुछ और दस्तावेज भी यहाँ संकलित हैं।
21. Collet : पृ. 267.
22. वही : पृ. 267-268.
23. ठाकुर : *भारतेर शिल्प विप्लव ओ राममोहन* (बांग्ला), पृ. 77.
24. वही : पृ. 77-78
25. वही : पृ. 77-78.

26. Collet : पृ. 273.
27. चट्टोपाध्याय : पृ. 224.
28. Sen, Amiya Kumar : *Raja Rammohun : The representative man,* pg 274-307 में इस आन्दोलन के बारे में विस्तृत विवरण देखें।
29. Collet : पृ. 273-274 पुस्तिका का पूरा शीर्षक था *"The Universal Religion, Religious Instruction founded on Sacred Authorities."*
30. चट्टोपाध्याय : पृ. 371.
31. वही : पृ. 273.
32. वही : पृ. 268.
33. वही : पृ. 269.
34. वही : पृ. 274.
35. Collet : पृ. 231-232. पृ. 417-418 पर सम्पादकीय संशुद्धि और टिप्पणी देखें।
36. वही : पृ. 232.
37. मणि बागची : *राममोहन* : पृ. 136-139 में कुछ विस्तृत विवरण दिए गए है।
38. Collet : पृ. 236.
39. मणि बागची : *राममोहन* : पृ. 136-137
40. Collet : पृ. 237. सम्पादकीय पाद-टिप्पणी में मजूमदार की पुस्तक का हवाला देते हुए राममोहन की बीमारी से सम्बद्ध विवरण प्रस्तुत किए गए हैं।

●

अध्याय—12

विदेश-यात्रा

डिगबी साहब ने लन्दन में राममोहन के *केन उपनिषद्* और *वेदान्त* के अँगरेजी अनुवाद के प्रकाशन (1817) के समय जो भूमिका लिखी थी उसमें राममोहन के एक पत्र का हवाला दिया था। पत्र के अन्तिम अंश के कुछ वाक्य महत्त्वपूर्ण हैं : "इन उलझनों के कारण मैं इच्छानुसार यूरोप की यात्रा नहीं कर सका। लेकिन विश्वास के साथ कह सकता हूँ कि शीघ्र ही इंग्लैण्ड के लिए रवाना होऊँगा।" यह पत्र 1816 के अन्तिम दिनों में या 1817 के शुरू में लिखा गया था।[1] लेकिन उनके सपने के पूरा होने में दस वर्ष से अधिक समय लग गया।

दूसरी तरफ धार्मिक वाद-विवाद का तूफान ठण्डा पड़ गया था और ब्राह्म समाज की स्थापना हो चुकी थी। सतीप्रथा के विरुद्ध कानून बन चुका था तथा शिक्षा, पत्रकारिता और कई एक दूसरे कानूनी और राजनैतिक मसलों पर राममोहन अपनी छाप छोड़ चुके थे। साथ ही, वे अपने पारिवारिक और जायदाद सम्बन्धी मुकदमों में निश्चित रूप से अपने को और अपने बेटे को सारे आरोपों से मुक्त कराने से सफल हुए। अब राममोहन के लिए अपने पुराने सपने को साकार करने का अवसर था। यह सपना कोई नया सपना नहीं था लेकिन रूढ़िवाद और अन्ध-संस्कारों के उस युग में किसी प्रतिष्ठित ब्राह्मण के लिए सात समुद्र पार कर तथाकथित म्लेच्छों के देश में जाना भी वर्जित था। राममोहन को भला नियमों की क्या परवाह थी? उनकी यात्रा के पीछे स्पष्ट और व्यापक उद्देश्य था। यह कोई व्यक्तिगत इच्छा नहीं बल्कि देश और राष्ट्र-हित के लिए उन्हें विदेश-यात्रा का बीड़ा उठाना पड़ा। राजनैतिक आन्दोलन के लिए उन दिनों इंग्लैण्ड की भूमि पर हाजिर होना आवश्यक हो गया था। कम्पनी के खिलाफ सारे आवेदन आखिरकार ब्रिटिश पार्लियामेण्ट में ही पेश होते थे। यूरोप जाकर व्यक्तिगत तौर पर पार्लियामेण्ट के सामने हाजिर होने पर कई एक राष्ट्रीय मसलों पर अधिकार प्राप्त करने में सुविधा होगी, ऐसी राममोहन की धारणा बन गई थी। उन्होंने विलायत-यात्रा की तैयारी शुरू कर दी।

इसी बीच कई एक संयोगपूर्ण घटनाएँ घटीं, जिनके कारण उनकी विलायत यात्रा अधिक प्रासंगिक और महत्त्वपूर्ण बन गई। जो घटनाएँ उनकी विदेश-यात्रा में तात्कालिक निमित्त बनीं, उनका सिलसिलेवार विवरण इस प्रकार है :

1. 1803 के द्वितीय मराठा युद्ध में अँगरेजों की विजय के बाद मुगल साम्राज्य अँगरेजों अर्थात् ईस्ट इण्डिया कम्पनी के संरक्षण में आ गया था। इसी वर्ष बादशाह शाह आलम द्वितीय और लार्ड वेलेजली के बीच एक समझौता हुआ, इसके अनुसार मुगल बादशाह को राजस्व के हिस्से के रूप में प्रतिवर्ष कोई दस लाख रुपये कम्पनी से मिलता था। कुछ वर्ष बीत गए तो अदायगी भी बढ़ने लगी। तत्कालीन बादशाह अकबर द्वितीय ने जैसा कि उचित था अधिक भत्ते की माँग पेश की। भत्ते की रकम को आठ लाख और बढ़ाने की माँग लार्ड मिण्टो के सामने पेश की थी। उन्होंने सारा भत्ता केवल दो लाख बढ़ाकर बारह लाख कर दिया। लेकिन कम्पनी सरकार मुगल बादशाह के मामले की अनेदेखी कर रही थी। यहाँ तक कि लार्ड अमहर्स्ट के जमाने में भी इस भत्ते के मामले का फैसला नहीं हो सका। ऐसी स्थिति में दिल्ली के बादशााह कम्पनी के ब्रिटिश डाइरेक्टरों के पास या इंग्लैण्ड के राजा के पास इस अन्याय के विरुद्ध एक आवेदन किसी राजदूत को भेजकर पेश करना चाहते थे। शायद बादशाह को राममोहन के प्रस्तावित यात्रा के बारे में मालूम हो गया होगा। उन्होंने अपना आदमी भेजकर राममोहन से मुगल बादशाह का 'एलची' या दूत बनकर विलायत जाने का प्रस्ताव रखा। इस सिलसिले में राममोहन के रंगपुर-प्रवास के दौरान भूटान मिशन का विवरण यथास्थान दिया जा चुका है। एक सफल राजनयिक के रूप में उनकी ख्याति अवश्य ही दिल्ली के बादशाह के निकट भी पहुँची होगी।[2] बादशाह के नाम से याचिका का प्रारूप भी राममोहन ने ही बनाया था। राममोहन राजी हो गए तो बादशाह की ओर से सत्तर हजार रुपये दिए गए और साथ ही उन्हें 'राजा' की उपाधि से भूषित किया।[3] यह घटना सम्भवतः अगस्त, 1829 की थी। राममोहन ने इस सम्मान को स्वीकार करते हुए कुछ दिनों बाद ईस्ट इण्डिया कम्पनी के डाइरेक्टरों के पास इस आशय का एक पत्र लिखा कि उन्हें मुगल बादशाह के 'राजदूत' के रूप में नियुक्त किया गया है और वे इस हैसियत से विलायत की यात्रा करना चाहते हैं। लेकिन इस प्रस्ताव को भारत की ब्रिटिश सरकार ने स्वीकार करने से इनकार कर दिया। 8 जनवरी, 1830 को राममोहन ने एक पत्र इस आशय का लार्ड बेन्टिक को लिखा था, जिसमें उन्होंने जो कुछ निवेदन किया उसका सारांश था कि—उन्हें दिल्ली के मुगल बादशाह ने ग्रेट-ब्रिटेन के राज-दरबार में पेश होने के लिए एलची या राजदूत नियुक्त किया है। उन्हें 'राजा' की उपाधि से भूषित भी किया गया है, लेकिन इस खिताब का उन्होंने आज तक इस्तेमाल नहीं किया था। अब

बादशाह सलामत ने इस मान-मर्यादा के अनुरूप उनके राजदूत के रूप में ईस्ट इण्डिया कम्पनी के साथ उक्त मामले पर विचार के लिए जाते समय साथ ले जाने के लिए उन्होंने अपनी सील-मोहर के साथ सनद भेजा है। आशा है कि उन्हें इस उपाधि के व्यवहार की अनुमति होगी...... ।[4]

15. जनवरी 1830 को इसका सरकारी उत्तर आया जिसमें स्पष्ट शब्दों में ऐसे किसी प्रस्ताव को मानने से इनकार कर दिया गया। न तो सरकार उनके 'राजदूत' के पद को स्वीकार करने को तैयार थी और न ही 'राजा' की उपाधि स्वीकार करना चाहती थी।[5]

यहाँ पर एक बात स्पष्ट करना आवश्यक जान पड़ता है कि सरकार की ओर से दो टूक जवाब मिलने के दूसरे ही दिन राममोहन सती-प्रथा उन्मूलन के पक्ष में गवर्नर जनरल के स्वागत-सभा में खुले हृदय से शामिल हुए थे। राममोहन इस मामले पर झगड़ा मोल लेना नहीं चाहते थे। उनका उद्देश्य तो विलायत जाना था, इसी से उन्होंने लाट साहब को लिख भेजा कि वे अपने व्यक्तिगत हैसियत से ही वहाँ जाएँगे। इस पर कोई आपत्ति नहीं उठाई गई और जब वे रवाना हुए तो अपने साथ मुगल बादशाह का प्रार्थना पत्र भी ब्रिटेन के राजा के नाम लेते गए। इस पत्र का मसौदा राममोहन ने ही बनाया था जो अपने आप में एक बहुत ही सुन्दर दस्तावेज माना जाता है।

2. राममोहन की यूरोप-यात्रा का एक और मुख्य कारण यह भी था कि इंगलैण्ड के 'हाउस आफ कॉमन्स' में भारत शासन सुधार का नया चार्टर पेश होने वाला था। राममोहन चाहते थे कि इस अवसर पर वे स्वयं वहाँ उपस्थित रहें जिसमें प्रगतिशील सुधारों के लिए कोशिश की जा सके।

3. तीसरा अत्यावश्यक कारण यह था कि सती-प्रथा-निरोध कानून के विरुद्ध कुछ रूढ़िवादी हिन्दुओं ने एक अपील इंग्लैण्ड की पार्लियामेण्ट में भेजी थी, जिसकी सुनवाई होने का समय नजदीक ही था। राममोहन चाहते थे कि वहाँ उपस्थित होकर अपने पूरे प्रभाव का प्रयोग करके इस अपील को खारिज करवा दें।

4. इस यात्रा का चौथा और अन्तिम उद्देश्य था यूरोप के देशों में प्रचलित धर्म, संस्कृति और आर्थिक, सामाजिक प्रगति के बारे में प्रत्यक्ष ज्ञान प्राप्त करना और भारतीय धर्म दर्शन का सही स्वरूप विदेश में पेश करना।

विलायत जाने से पहले ये सारे कारण संयोगवश एक के बाद दूसरा सामने आ खड़े हुए। उन्होंने स्वयं एक पत्र में लिखा था :

> 'इस समय मेरे मन में यूरोप जाने की इच्छा बलवती होती गई। वहाँ के आचार-व्यवहार, धर्म और राजनैतिक अवस्था के बारे में प्रत्यक्ष ज्ञान प्राप्त करने की और अपनी आँखों से सबकुछ देखने की इच्छा हुई।'

हमें ज्ञात है कि इसी काल में जब सरकार ने सती-प्रथा पर रोक लगायी तो रूढ़िवादी हिन्दुओं का सारा आक्रोश राममोहन पर आकर एकत्रित हो गया। उन्हीं को हिन्दू धर्म पर आक्रमण करने वाला विधर्मी और म्लेच्छ ठहराया गया। चारों ओर से उन पर गालियों की बौछार पड़ रही थी। घृणा और धिक्कार ढाए जा रहे थे। ऐसी स्थिति में उनके लिए देश के बाहर जा पाना उनके लिए किसी सीमा तक तात्कालिक झमेलों से भारमुक्त होना था। उन्होंने बेन्टिक साहब को एक पत्र में लिखा था—'सेक्रेटरी स्टर्लिंग के 15 जनवरी के पत्र के अनुरूप मैंने तय किया है कि मैं अकबर बादशाह द्वितीय के 'एलची' के रूप में नहीं, बल्कि अपने व्यक्तिगत हैसियत से इंग्लैण्ड की यात्रा पर जाऊँगा..... ।"[6]

राममोहन शायद कुछ अरसे पहले ही रवाना हो जाते लेकिन आर्थिक कठिनाइयाँ उनके रास्ते में थीं। दिल्ली के बादशाह के आर्थिक अनुदान ने उनका यह मसला किसी सीमा तक हल कर दिया। राममोहन ने मुगल बादशाह के भत्ते-सम्बन्धी कागजात और मामले का कार्यभार सम्हालने के लिए एक अँगरेज मोन्टगोमरी मार्टिन को सहायक नियुक्त किया। ये महोदय 'बेंगाल हेराल्ड'[7] नामक अँगरेजी अखबार के सम्पादक थे। इस अखबार के मालिकों में राममोहन के अलावा द्वारकानाथ ठाकुर, नीलरतन हालदार, प्रसन्नकुमार ठाकुर और राजकृष्ण सिंह थे। यह अखबार कोई खास चल नहीं पाया। एक बार राममोहन को मालिक की हैसियत से एक मानहानि के मामले में सुप्रीम कोर्ट के सामने दोष स्वीकार करना पड़ा और इसके कुछ ही दिनों बाद अखबार बन्द हो गया। मार्टिन साहब सम्पादक का पद छोड़कर राममोहन के अधीन बादशाह की नौकरी में आ गए। 'जॉन बुल' अख़बार ने 27 फरवरी, 1829 के अंक में लिखा था कि 'राजदूत' और भूतपूर्व सम्पादक ने 1829 में तय किया कि वे सितम्बर के महीने में कटक और मद्रास होते हुए बम्बई से यूरोप के लिए रवाना हो जाएँगे।[8] बाद में तय किया गया कि इलाहाबाद के रास्ते स्थल-पथ से यूरोप रवाना होंगे। लेकिन फिर यह विचार भी छोड़ दिया गया। बेचारे मार्टिन साहब अपना सामान बाँधे हर रोज इन्तजार करते रहे और इसी बीच सतीप्रथा सम्बन्धी कानून लागू हो गया तो राममोहन उसमें व्यस्त हो गए। इन्हीं झंझटों में तीन महीने बीत गए। इधर सरकारी अनुमति भी आवश्यक थी।

राममोहन सोमवार 15 नवम्बर[9], 1830 को कलकत्ता बन्दरगाह से अपनी यात्रा के लिए रवाना हुए। उनके साथ उनका दत्तक पुत्र राजाराम और दो या तीन नौकर थे। वस्तुतः हिन्दू नौकरों को साथ ले जाना उनकी हैसियत और धार्मिक आचार संहिता के अनुरूप था। उनके साथ शेख बख्शू नामक एक मुसलमान नौकर भी था। यहाँ उनके दत्तक पुत्र राजाराम के बारे में कुछ स्पष्टीकरण आवश्यक है। राममोहन की मृत्यु के बहुत दिनों बाद उनके विरोधियों में से कुछ ने यह अफवाह और बदनामी फैलाने की कोशिश की थी कि राजाराम वस्तुतः राममोहन की किसी मुस्लिम रखैल

से उनका अपना ही पुत्र था।[10] मिस कोलेट के अनुसार राममोहन के एक शिष्य चन्द्रशेखर देब ने राममोहन की मृत्यु के अनेक दिनों बाद 1863 में अपने मित्र को बातचीत के दौरान कहा था कि यह अफवाह मात्र थी कि राममोहन के कभी कोई रखैल थी। देब महोदय अपने इस अनुमान के पक्ष में कोई ठोस प्रमाण प्रस्तुत नहीं कर पाए और न ही आज तक कोई तथ्य सामने आया। वस्तुतः राममोहन के ऐसे किसी चारित्रिक कमजोरी के बारे में उनके जीवन-काल में किसी ने भी कोई आरोप नहीं लगाया था। यहाँ तक कि उनके घोर शत्रु, जिनमें 'धर्म सभा' के कई महारथी शामिल थे और ईसाई मिशन के विरोधी भी ऐसा आरोप नहीं लगा पाए थे। अगर ऐसी कोई बात होती तो समसामयिक लोगों से बात भला कैसे छिपती? यह कहानी उनके कुछ विरोधियों द्वारा उनका चरित्र-हनन करने के लिए गढ़ी गई थी। राजाराम के बारे में मेरी कारपेन्टर ने अपनी पुस्तक[11] में डॉ. कारपेन्टर को 1835 में लिखे गए एक पत्र का हवाला देते हुए लिखा है कि राममोहन जिस लड़के को अपने साथ इंग्लैण्ड ले गए थे, वह उनका अपना लड़का नहीं था। वह सही अर्थों में उनका दत्तक पुत्र भी नहीं, बल्कि एक अनाथ लड़का था, जिसे राममोहन ने अपने संरक्षण में पढ़ा-लिखाकर बड़ा किया था।

यह लड़का उनके पास कैसे आया, इसकी भी एक मनोरंजक कहानी है। ईस्ट इण्डिया कम्पनी के एक अफसर मि. डिक को यह खोया हुआ लड़का हरिद्वार के एक मेले में मिला था। वे लड़के को अपने साथ कलकत्ता लेते आए और पाल-पोस कर बड़ा किया। लेकिन जब विलायत लौटने लगे तो समस्या खड़ी हुई कि इस लड़के का क्या किया जाए? उन्होंने इस बारे में राममोहन से सलाह ली। राममोहन ने कहा था कि जब मैंने देखा कि एक विदेशी और ईसाई एक गरीब अनाथ बालक की परवाह कर सकता है तो भला मैं एक भारतीय होकर इस बालक का भार ग्रहण करने में या संरक्षण देने से कैसे इनकार कर सकता हूँ। वह बालक राममोहन के पास ही रह गया। मि. डिक कभी वापस नहीं लौटे। कहा जाता है कि इंग्लैण्ड की वापसी यात्रा के समय रास्ते में उनकी मृत्यु हो गई थी। इस बालक का राममोहन के घर पर ही लालन-पालन हुआ।

राममोहन ने जब विलायत जाने की ठानी उन दिनों समुद्र पार करना हिन्दुओं के लिए, विशेषतः ब्राह्मणों के लिए, कतई धर्मविरुद्ध कार्य था। वे शायद पहले प्रतिष्ठित ब्राह्मण थे जो देश-भूमि छोड़कर, सात समुद्र पार विदेश-यात्रा पर जा रहे थे। उनके विलायत जाने की योजना के बारे में जब लोगों को पता चला तो चारों ओर से उन पर गालियाँ पड़ने लगी। लोगों ने उन्हें समझाने की भी कोशिश की लेकिन देशवासियों की निन्दा, अपवाद और गाली-गलौज की परवाह न करते हुए उन्होंने अपनी मनोकामना को पूरा करने की ठानी क्योंकि उनके सामने देशहित का महान उद्देश्य था।

राममोहन की ख्याति उनके यूरोप रवाना होने से पहले केवल इंग्लैण्ड में ही नहीं, यूरोप के कई देशों में फैल चुकी थी। कई यात्रियों ने, जिन्होंने उस काल में भारत की यात्रा की थी, राममोहन के बारे में लिखा था। उनके अँगरेजी प्रकाशनों का इंग्लैण्ड में भी प्रचार हो चुका था। इस पृष्ठभूमि के साथ राममोहन ने अपनी विदेश-यात्रा आरम्भ की। राममोहन के बारे में मि. जे. यंग ने एक परिचय-पत्र जेरमी बेन्थम को 14 नवम्बर, 1830 को लिखा था; उसका कुछ अंश इस प्रकार है—

> "उनकी यह विदेश-यात्रा, वह भी किसी दूर देश की यात्रा, हिन्दुओं के बीच विशेषतः ब्राह्मणों के बीच बिल्कुल ही अनहोनी घटना है... इस अनोखे व्यक्ति ने अपने लेखों और कार्य-कलापों से जो नमूना पेश किया है, उसका विवरण देना कठिन है।...... यह उन्हीं के साहस का फल था कि आज सतीप्रथा पर पाबन्दी लगी है। यह कोई कम सम्मान की बात नहीं कि गवर्नर जनरल ने स्वयं अपने विशिष्ट मित्रों और ऊँचे राजनयिक बन्धुओं के नाम राममोहन के लिए परिचयपत्र लिखकर दिया है।"[12] लार्ड बेन्टिक के साथ राममोहन की मित्रता के बारे में पहले लिखा गया है कि वे अंत तक राममोहन के प्रशंसक ही बने रहे।

राजा राममोहन सोमवार 15 नवम्बर, 1830 को अपने दत्तक पुत्र राजाराम, दो नौकर, रामरतन मुखोपाध्याय, राम हरिदास और मुस्लिम नौकर बख्शू के साथ 'एल्बिओन' नामक जहाज पर सवार होकर इंग्लैण्ड के लिए रवाना हुए। रवाना होने वाले दिन का रोचक विवरण महर्षि देवेन्द्रनाथ ठाकुर ने, जो उस समय बालक ही थे, अपनी 'जीवन स्मृति' में सँजोया है। राममोहन जब ठाकुर-परिवार के लोगों से मिलने गए तो वहाँ उनके दर्शनार्थियों की भीड़ जमा हो गई थी। देवेन्द्रनाथ के अनुसार—"इंग्लैण्ड जाते समय राजा मेरे पिता (द्वारकानाथ ठाकुर) से विदाई माँगने आए। हमारे घर के प्रायः सारे लोग और बड़ी संख्या में पड़ोसी, राजा के दर्शन के लिए एकत्रित हुए। मैं उस समय वहाँ उपस्थित नहीं था। उन दिनों मैं एक छोटा-सा बालक था। लेकिन राजा ने मुझसे मिलने का आग्रह प्रकट किया। उन्होंने मेरे पिता से कहा कि वे मुझसे हाथ मिलाए बिना देश से विदा नहीं हो सकते। पिता ने मुझे बुला भेजा। तब कहीं मुझसे हाथ मिलाकर वे रवाना हो सके। राजा ने बड़े ही स्नेह से मेरा हाथ पकड़ा था। इसका प्रभाव और अर्थ उस समय मेरी समझ में नहीं आया लेकिन बाद में उम्र बढ़ने पर मैं इसका अर्थ समझ पाया।"[13] कहना न होगा, राममोहन के बाद ब्राह्मसमाज के वास्तविक उत्तराधिकारी महर्षि देवेन्द्रनाथ ठाकुर ही बने।

जहाज कलकत्ता बन्दरगाह छोड़कर चल दिया। उन दिनों स्वेज नहर नहीं बनी थी और न ही आधुनिक तेज रफ्तार वाले जहाज ही थे। यूरोप जाने के लिए अफ्रीका महाद्वीप के दक्षिणी छोर उत्तमाशा अन्तरीप से होकर गुजरना पड़ता था और विलायत पहुँचने में कोई पाँच-छह महीने लग जाते थे।

जहाज पर राममोहन की दिनचर्या का बड़ा ही सुन्दर विवरण उसी जहाज पर यात्रा करते हुए उनके मित्र जेम्स सदरलैण्ड ने (बाद में हुगली कालेज के प्राध्यापक) अपने संस्मरणों में, जो 1834 में 'इण्डिया गजट' में छपा;[14] वे बताते हैं :

"जहाज पर राममोहन अपने केबिन में ही भोजन करते थे और शुरू-शुरू में अलग रसोई न होने के कारण उनको काफी कष्ट उठाना पड़ा। ....उनके नौकर भी समुद्री-बुखार से बुरी तरह पीड़ित हो गए और उनके केबिन में ही पड़े रहते थे। कठिनाई के बावजूद वे अपने नौकरों को केबिन से बाहर भेजने को राजी नहीं थे। सारे दिन वे स्वयं संस्कृत और हिब्रू ग्रन्थों का अध्ययन करते। दोपहर से पहले और शाम को अकसर जहाज के डेक पर टहलते हुए दूसरे यात्रियों से रोचक वार्तालाप करते रहते। शाम को भोजन के बाद...अकसर वे भी अपने केबिन से निकलकर भोजन की मेज पर लोगों के साथ गपशप में शामिल होते। वे हमेशा प्रसन्नचित्त रहते। जहाज के सभी यात्री उनकी बड़ी कद्र करते। अकसर लोगों में उनको अपनी ओर आकृष्ट करने की होड़-सी बनी होती। जहाज के खलासी और नाविक भी उनकी खिदमत करने को सदैव त्तपर रहते। ......अकसर वे आश्चर्यजनक धैर्य का परिचय देते। समुद्र की तूफानी लहरों से कभी-कभी उनका सारा सामान भीग जाने पर भी उनकी प्रशान्ति में कोई बाधा नहीं पड़ती। कभी-कभी जब-जब प्रतिकूल हवाएँ चलतीं तो उन्हें इसलिए चिन्तित पाया जाता कि कहीं ऐसा न हो कि पार्लियामेण्ट में कम्पनी के चार्टर के पेश किए जाने तक वे इंग्लैण्ड पहुँच ही न पाएँ।"

राममोहन के जहाज ने जनवरी, 1831 को उत्तमाशा अन्तरीप के कोने पर केपटाउन बन्दरगाह पर लंगर डाला। राममोहन थोड़े समय के लिए शहर गए थे। जब जहाज पर वापस लौट रहे थे तो एक दुर्घटना हो गई। जहाज पर चढ़ने वाली सीढ़ी ठीक से बँधी न थी। वह खिसक गई तो राममोहन का पैर फिसल गया। उनके पैरों में काफी चोट आई। इस चोट के कारण वे अगले कई महीने लँगड़ाते रहे। शारीरिक कष्ट उनकी मानसिक भावनाओं को दबा नहीं सकता था। जहाज पर उनसे मिलने के लिए केपटाउन शहर के कई विशिष्ट नागरिक आते रहते थे। सदरलैण्ड के संस्मरण से ही आगे पता चलता है कि इन्हीं दिनों जब दो फ्रांसीसी जहाज फ्रांस के नए तिरंगे झण्डे को फहराते हुए केपटाउन पहुँचे, तो राममोहन उन जहाजों पर जाने के लिए उत्सुक हो उठे।[15] अपने शारीरिक कष्ट की उन्होंने कोई परवाह नहीं की। उत्साह और जोश के कारण उन्हें कोई तकलीफ महसूस हो ही नहीं रही थी। उन्हें फ्रांसीसी जहाज पर ले जाया गया। जहाज के फ्रांसीसी अधिकारियों ने उनका यथायोग्य स्वागत किया। स्वाधीन फ्रांस के नए क्रान्ति के झण्डे के नीचे खड़े होकर राममोहन को बेहद प्रसन्नता हुई। उन्होंने अपने विचार व्यक्त करते हुए कहा कि

यह झण्डा दानवी शक्ति के ऊपर न्याय की विजय का प्रतीक है। अपने जहाज पर लौटते समय उन्होंने फ्रांस के झण्डे को सलाम करते हुए बार-बार कहा "Glory, glory, glory to France."[16]

इस सिलसिले में यह विचारणीय है कि राममोहन अपने जीवन के प्रारम्भिक काल से ही अन्तर्राष्ट्रीय घटनाओं में दिलचस्पी रखते थे। जिन दिनों वे डिगबी साहब के साथ नौकरी कर रहे थे तब भी यूरोप की पत्र-पत्रिकाएँ बराबर पढ़ते रहते थे और पाश्चात्य जगत की राजनैतिक और सांस्कृतिक कार्य-कलाप और प्रगति से अपने को अवगत रखते थे। जिन दिनों राममोहन अपनी विदेशयात्रा की तैयारी कर रहे थे उन दिनों चिन्तन और भावनाओं में अन्तर्राष्ट्रीयता का समावेश होता जा रहा था। इन दिनों दूसरी अन्तर्राष्ट्रीय घटनाओं के अलावा फ्रांस की राज्य क्रान्ति (फ्रेंच रिवोल्यूशन) की ओर उनका ध्यान पूरी तरह लगा हुआ था। वे एक-एक घटनाओं के बारे में पूरी तरह सचेत थे। 1830 की जुलाई 27 से 29 के उन तीन महान दिनों में राममोहन का उत्साह इतना प्रबल था कि वे दिन-रात इस क्रान्ति के बारे में ही सोचते और बातचीत करते थे। जब उस सफल क्रान्ति का समाचार कलकत्ता पहुँचा तब राममोहन ने इस सफलता की खुशी में एक बड़ी पार्टी दी थी।

सदरलैण्ड साहब ने संस्मरण में आगे लिखा है—ज्यों-ज्यों हमारा जहाज इंग्लैण्ड के तट की ओर बढ़ रहा था राममोहन का मन, यह जानने के लिये बहुत उतावला हो रहा कि वहाँ क्या कुछ हो रहा है। वे अकसर किसी आते हुए जहाज को देखते तो अपने जहाज के कप्तान से अनुरोध करते कि पता करें कि इंग्लैण्ड के पार्लियामेण्ट में क्या कुछ हो रहा है। जब हमारा जहाज भूमध्यरेखा के नजदीक था तब एक जहाज दिखाई दिया। उस जहाज के यात्रियों ने कुछ अखबार हम लोगों को दिए, जिनसे मालूम हुआ कि इंग्लैण्ड के मन्त्रिमण्डल में परिवर्तन हो गया है। राममोहन बड़े प्रसन्न थे कि मन्त्रित्व का परिवर्तन भारत के हित में होगा। सारे दिन इसी बात की चर्चा चलती रही। राममोहन को केवल इसी बात की चिन्ता थी कि इन घटनाओं का भारत के भाग्य पर क्या प्रभाव पड़ेगा। और आगे बढ़े तो किसी अन्य जहाज़ के यात्रियों से मालूम पड़ा कि पार्लियामेण्ट में रिफार्म बिल का दूसरा वाचन समाप्त हो गया है और टोरी पार्टी को केवल एक वोट अधिक मिला हैं राममोहन को फिर आशा बँधी कि रिफ़ार्म बिल अवश्य ही पास होकर रहेगा। कुछ ही दिनों में, इंग्लैण्ड के इतिहास की इस संकटपूर्ण परिस्थिति के समय, जब सारे इंग्लैण्ड की जनता रिफार्म बिल पर उत्तेजित थी, राममोहन ब्रिटिश साम्राज्य की मुख्य भूमि पर आकर उतरे। राममोहन के मन में भी स्वाभाविक रूप से उत्तेजना रही होगी। सदरलैण्ड साहेब ने लिखा है कि उन्हें आशंका थी कि राममोहन के लिए यह उत्तेजना कहीं महँगी न पड़े।

पूरे चार महीने और 23 दिन बाद राममोहन ने इंग्लैण्ड की धरती पर पाँव रखा। 8 अप्रैल, 1831 को राममोहन लिवरपूल बन्दरगाह पर उतरे।[17]

सन्दर्भ और टिप्पणियाँ

1. Collet : *Raja Rammohun Roy* : pg 71-72 में पत्र का सारांश उद्धृत किया गया है।
2. वही : पृ. 282 द्र. सम्पादकीय पाद-टिप्पणी।
3. Dasgupta : *Raja Rammohun Roy the last phase* : पृ. 76। पृ. 80 के टिप्पणी के अनुसार भत्ते की रकम बढ़ने पर वार्षिक बढ़े हुए रकम का आधा हिस्सा और पाँच हजार रुपये महीने देना तय हुआ था।
4. Collet : pg. 284-285 पत्र के कुछ प्रासंगिक अंश इस प्रकार है—

   " I Beg leave to submit to your Lordship that some months ago, was informed by His Majesty Uboonnussur Moeenoodeen Ukbur Badshah, that his Majesty had apprised your Lordship of my appointment as his Elchee (Envoy) to the court of Great Britain and if his having being pleased to invest me as his majesty's servant with the title of Rajah, in consideration of the respectability attached to that situation and c. Not being anxious of titular distinction, I have hither to refrained from availing myself of the honour conferred on me by His majesty.

   His majesty, however, being of opinion that it is essentially necessary for the dignity of His Royal House that I, as the repesentative thereof to the most powerful Monarch in Europe, and Agent for the settlement of His Majesty's affairs with the Honourable East India Company should be invested with the title above mentioned, has graciously forwarded to me a seal engraved for the purpose at Delhi...... This measure will, I believe, be found consistent with former usgage as established by a Resolution of Goverment on the subject in 1827 when,....His Majesty's power of conferring honorary titles on his own servents was fully recognised.""
5. वही : पृ. 285 इस विषय में अधिक जानकारी के लिए J.K Majumdar: *Raja Rammohun Roy and the last Mughals* पुस्तक देखें, जिसमें इस

मिशन के बारे में विस्तृत विवरण उपलब्ध है।

6. Collet : पृ. 289-290 पर पूरे पत्र की प्रतिलिपि उद्धृत है। कुछ प्रासंगिक अंश इस प्रकार हैं :

"....... Having at lenght surmounted all obstacles of a domestic nature that have hither to opposed by long cherished intention of visiting England, I am now resolved to proceed to that land of liberty by one of the vessels that will sail in November, and from a due regard for the purport of the late Mr. Secretary Sterling's letter of 15th January last, and other considerations, I have determined not to appear as the Envoy of His Majesty Akbar the Second but as a private individual...."

7. चट्टोपाध्यायः *महात्मा राजा राममोहन रायेर जीवन चरित्र* : पृ. 229. यह पत्रिका अँगरेजी के अलावा बांग्ला, हिन्दुस्तानी और फ़ारसी भाषा में भी प्रकाशित होती थी। बांग्ला संस्करण का नाम था— बंगदूत।

8. Collet : पृ. 291. सम्पादकीय टिप्पणी में Asiatic Journal, Vol, II New series से John Bull पत्रिका के 27 फरवरी, 1830 से उद्धृत करते हुए लिखा है कि राममोहन ने इंग्लैण्ड-यात्रा पर पहले-पहल अगस्त-सितम्बर, 1829 में कटक, मद्रास और बम्बई के रास्ते जाना तय किया था। बाद में यह योजना रद्द कर दी गई। इसके बाद इलाहाबाद और पंजाब के रास्ते स्थल- पथ से जाना तय हुआ लेकिन यह योजना भी उनको व्यक्तिगत हत्या की धमकी के कारण त्यागनी पड़ी।

9. चट्टोपाध्याय : पृ. 235. रवाना होने की तारीख के बारे में कुछ मतभेद पाया जाता है। मिस कोलेट ने 19 नवम्बर का दिन दिया है (देखें पृ. 291)। दासगुप्ता की पुस्तक पृ. 82 में 15 नवम्बर, 1830 के सरकारी गजट का हवाला उद्धृत किया है। सरकारी आदेश इस प्रकार है :— " The officiating Secretary reports that orders for the reception of Ramrutton Mookherjee, Harichurn Dass and Sheikh Buxoo, 15th November, proceeding to England in attendance on Rammohun Roy on the Albion have been issued on applications duly made for the purpose (Public Body sheet, dated 16th November, 1830) एक और जीवनीकार ब्रजेन्द्रनाथ बन्द्योपाध्याय ने रवाना होने का दिन 19 नवम्बर दिया है।

10. Collet : पृ. 291 ।

11. Mary Carpenter : *Last days in England of Raja Rammohun Roy* (Calcutta Ed.) 1915, पृ. 222 (कोलेट की पुस्तक, सम्पादकीय टिप्पणी, पृ. 297)
12. Collet : पृ. 293-294 में पूरे पत्र की प्रतिलिपि उद्धृत है।
13. चट्टोपाध्याय : पृ. 390-391।
14. Collet : पृ. 307. जेम्स सदरलैण्ड के संस्मरणों का प्रकाशन इण्डिया गजट 18 फरवरी, 1834 में हुआ था, जो बाद में कैलकटा रिव्यू में प्रकाशित हुआ।
15. इसका सम्बन्ध 1830 की फ्रांसीसी क्रान्ति से था।
16. Collet : पृ. 308 में जेम्स सदरलैण्ड के संस्मरण का अंश देखें।
17. Mary Carpenter : *Last days in England of Raja Rammohun Roy*, p.p. 78.

•

अध्याय–13

भारत का राजदूत इंग्लैण्ड की भूमि पर

पूरे चार महीने तेइस दिन बाद राममोहन 8 अप्रैल, 1831 को लिवरपूल के बन्दरगाह पर उतरे। सदरलैण्ड साहब के संस्मरणों में उनके इंग्लैण्ड की भूमि पर पहले दिनों का रोचक विवरण मिलता है। जब वे लिवरपूल में उतरे तो मि. विलियम राथबोन ने उन्हें अपने 'ग्रीन बैंक' भवन में ठहरने के लिए आमन्त्रित किया लेकिन राममोहन शायद स्वतन्त्र रूप से रहना चाहते थे; इसलिए उन्होंने राड्लेस होटल में ठहरना उचित समझा।[1]

ज्यों ही राममोहन के आगमन का समाचार लोगों को मालूम हुआ, नगर के प्रतिष्ठित लोग एक के बाद दूसरे उनके दर्शनों को आने लगे। राममोहन से मिलने वालों में साधारण लोग भी थे। कुछ ऐसे लोग जो कभी कलकत्ता प्रवास पर गए थे, वे भी उनसे मिलने आए। राममोहन भी उनसे बड़े आग्रह और प्रेमपूर्वक मिले। विशेष रूप से जो लोग उनके धार्मिक विचारों और सुधारवादी आन्दोलनों से परिचित थे, उन्होंने उनका भारी स्वागत किया।[2] मिलने वालों की संख्या इतनी अधिक थी कि राममोहन के लिए अच्छी खासी मुसीबत खड़ी हो गई। किसी-किसी शाम को आधे दर्जन लोगों से मिलना पड़ता। सुबह, दोपहर, शाम कहीं न कहीं उन्हें निमन्त्रण पर जाना पड़ता। सुबह-शाम उनके होटल पर मिलने वाले लोगों का ताँता लगा रहता। सारा समय धार्मिक, राजनैतिक और दूसरी बहसों में बीत्ता।[3]

राममोहन सबसे पहले जिस सार्वजनिक स्थान पर गए वह एक यूनिटेरियन चर्च था।[4] आरम्भ में मि. ग्रण्डी ने धार्मिक प्रवचन दिया, जो कठिन और गूढ़ तात्त्विक विषय पर था; लेकिन राममोहन ने इस प्रवचन की भारी प्रशंसा की। साधारणतया लोग प्रवचन के बाद लौट जाया करते थे लेकिन इस दिन ऐसा नहीं हुआ। लोग राममोहन को घेरकर खड़े हो गए। सभी उन्हें पास से देखना चाह रहे थे। उनसे परिचित होना चाहते थे। एक काले भारतीय आदमी के मुँह से उनकी अपनी भाषा अँगरेजी में सुन्दर प्रभावी बातचीत सुनकर लोगों को आश्चर्य हो रहा था। सभी उनसे हाथ मिलाने को उत्सुक थे। इसी चर्च में उन्होंने अपने एक पुराने मित्र मि. टेट, जिनसे

वे कलकत्ता प्रवास के दौरान परिचित थे, का स्मारक चित्र देखकर खड़े हो गए। यह जानकर उनको बड़ा दुःख हुआ कि श्री टेट अब जीवित नहीं हैं।[5]

उसी दिन रात को एक एंग्लिकन चर्च की उपासना-सभा में भी राममोहन शामिल हुए। यहाँ पर वे लिवरपूल के कुछ धनी क्वेकर-परिवारों से भी परिचित हुए। इनमें क्रॉपर और बेनसन-परिवार के लोग विशेष रूप से उनके निकट आए। इन लोगों के द्वारा राममोहन का इंग्लैण्ड के प्रायः सभी धार्मिक सम्प्रदाय के विशिष्ट लोगों से परिचय हो गया। इन क्वेकर समावेशों में अकसर सभी सम्प्रदाय के लोग सहनशीलता और सदाशयता के साथ एक-दूसरे से विचारों का आदान-प्रदान कर लाभान्वित होते। मि. राथबोन के घर पर राममोहन का परिचय प्रसिद्ध मस्तिष्क-विज्ञानशास्त्री मि. स्पूरझीम से हुआ था। यद्यपि इस शास्त्र पर राममोहन को कोई विश्वास नहीं था फिर भी दोनों अच्छे मित्र बने।[6]

राममोहन को अकसर लोग अपने घर में आमन्त्रित करते। जहाँ भी जाते राममोहन अपनी विद्वत्ता, सहानुभूति, ईमानदारी, समझदारी और अपनी मर्यादा की छाप छोड़ते थे। लोग जब एक विदेशी ब्राह्मण के मुँह से 'रिफार्म' के बारे में और धार्मिक तथा राजनैतिक स्वाधीनता के बारे में विचार सुनते तो उन्हें आश्चर्य होता। यहाँ तक कि उन्होंने पाया कि यह व्यक्ति उनके धर्मशास्त्र के बारे में पूरा ज्ञान रखता है और इस विषय पर सहज ही अपने मौलिक विचार प्रकट कर सकता है। लिवरपूल के विद्वत् और धार्मिक समाज की इन बैठकों में विचार के मुख्य विषय थे—धर्म और राजनीति। लिवरपूल में उन्हें प्रसिद्ध इतिहासकार और विद्वान विलियम रॉस्को ने अपने घर पर आमन्त्रित किया। राममोहन की कृतियों के माध्यम से रॉस्को साहब का राममोहन के साथ आत्मिक परिचय पहले से ही था। वे राममोहन के *'प्रीसेप्ट्स आफ जीसस'* को पढ़ने के बाद और उनके दूसरे धार्मिक सुधारों से बहुत ही प्रभावित हुए थे। इस असाधारण व्यक्ति के चरित्र और कार्य-कलापों के बूढ़े रास्को साहब बड़े प्रशंसक थे। उन्होंने राममोहन से पत्र-व्यवहार करने की ठानी। इस अप्रत्याशित मुलाकात के कोई चार-पाँच महीने पहले रॉस्को साहब के एक मित्र श्री फ्लेचर व्यापार के सिलसिले में भारत जा रहे थे तो रॉस्को साहब ने उनके हाथ कुछ पुस्तकें और एक लम्बा पत्र[7] राममोहन के लिए भिजवाया था। यह पत्र राममोहन के प्रति रॉस्को साहब के आदर और प्रशंसा का परिचायक था। इसमें उन्होंने आशा प्रकट की थी कि यद्यपि वे अपने देश में राममोहन के आने की उत्सुकता से प्रतीक्षा कर रहे हैं तथापि उन्हें डर है कि कहीं भाग्य उनका साथ न दे। संयोग कुछ ऐसा हुआ कि फ्लेचर साहब के कलकत्ता पहुँचने से पहले ही राममोहन का जहाज विलायत की ओर रवाना हो चुका था। पत्र और पुस्तकें राममोहन तक नहीं पहुँची। राममोहन के लिवरपूल पहुँचने के अप्रत्याशित समाचार से रॉस्को साहब को कितना सन्तोष मिला होगा, यह अनुमान लगाया जा सकता है। बूढ़े रॉस्को लम्बी बीमारी और लकवे से

पीड़ित करीब-करीब बिस्तर पर पड़े थे।[8] मेरी कार्पेन्टर ने अपनी पुस्तक में रॉस्को के जीवनी से उद्धृत करते हुए राममोहन की चिरप्रतीक्षित इस मुलाकात का बड़ा ही मर्मस्पर्शी विवरण दिया है। रॉस्को साहब से राममोहन की मुलाकात का दृश्य जिन लोगों ने देखा था वे इसे कभी भूल नहीं पाये होंगे।

भारतीय पद्धति से प्रणाम और यथायोग्य सम्मान प्रदर्शन करने के बाद राममोहन के कहा, 'मुझे प्रसन्नता है और अपने को सौभाग्यशाली समझता हूँ कि मैं एक ऐसे महान व्यक्ति के समक्ष खड़ा हूँ जिसकी ख्याति यूरोप में ही नहीं सारे संसार में फैल चुकी है।' रॉस्को साहब ने उत्तर दिया— 'मैं भगवान के प्रति कृतज्ञ हूँ कि इस सुखद दिन को देख पाने का सुअवसर प्रदान किया।' यहाँ यह बताना प्रासंगिक होगा कि इस साक्षात्कार के कुछ ही दिनों के भीतर 30 जून, 1831 को ही रॉस्को का देहान्त हो गया।[9] राममोहन के साथ रॉस्को साहब की बातचीत मुख्यतः राजनीति, व्यापार और धार्मिक विषयों पर होती रही। रॉस्को को आश्चर्य हुआ, जब उन्होंने देखा कि एक विधर्मी एशियाई उनके ईसाई धर्म के बारे में और ईसा मसीह के बारे में इतना गहरा ज्ञान रखता है। बाद में रॉस्को साहब ने राममोहन को लार्ड ब्रोथम के नाम, जो हाउस ऑफ कामन्स में 'रिफार्म बिल' पेश करने वाले थे, एक परिचय-पत्र दिया था।[10] इस पत्र में रॉस्को साहब ने राममोहन का परिचय देते हुए उन्हें 'यशस्वी और विद्वान' कहा था और सिफारिश की थी कि इस विशिष्ट व्यक्ति के लिए रिफार्म-बिल के वाचन के दौरान 'हाउस आफ कॉमन्स की दर्शकदीर्घा में आसन की व्यवस्था की जाए।

लिवरपूल में निवास के दौरान राममोहन का रॉस्को-परिवार के अलावा और भी कई विशिष्ट लोगों से परिचय हुआ था। डॉ. कार्पेन्टर के अनुसार, लिवरपूल की सामाजिक मण्डली में राममोहन ने अपना गहरा प्रभाव डाला। उनको अकसर एक 'महान व्यक्तित्व' की मान्यता प्राप्त थी।[11] राममोहन लिवरपूल में कुछ ही दिन ठहरे। उन्हें ब्रिटिश साम्राज्य की राजधानी लन्दन पहुँचने की जल्दी थी। 'रिफार्म बिल' की बहस के समय वे वहाँ हाजिर रहना चाहते थे, इसीलिए अप्रैल के अन्त में वे लिवरपूल से मैनचेस्टर के रास्ते लन्दन के लिए रवाना हुए। वे नये बने रेल-मार्ग द्वारा मैनचेस्टर गये रास्ते में जगह-जगह उनका स्वागत हुआ। अकसर उनको देखने के लिए लोग गाड़ी के डिब्बे तक चले आते। मैनचेस्टर के कई कल-कारखानों का भी उन्होंने परिदर्शन किया। मजदूर, औरतें, बच्चे सभी उनको अकसर उत्सुकता से घेर लेते कि 'किंग आफ इंगीं' (भारत का राजा) आया है। सदरलैण्ड साहब ने अपने संस्मरण में यह भी लिखा है कि 'भीड़ को हटाने के लिए कभी-कभी पुलिस की सहायता लेनी पड़ती थी।'...... उनको सैकड़ों की संख्या में लोगों से हाथ मिलाना पड़ता था। यहाँ तक कि उन्होंने कभी-कभी लोगों से बातचीत करते हुए कहा कि आप सभी 'रिफार्म' के पक्ष में अपनी राय दे।[12]

आगे लन्दन की यात्रा में भी वे जहाँ कहीं रुके, लोगों ने उत्सुकता के कारण उनको घेर लिया और प्रश्न पूछे।

लन्दन पहुँचते-पहुँचते रात हो गई थी। एक छोटी-सी सराय में उनके लिए कुछ कमरे तय किए गए थे लेकिन राममोहन को यह छोटे कमरे पसन्द नहीं आए। वे त्तकाल एक बड़े होटल 'एडल्फी' में चले आए। तब तक रात के दस बज चुके थे। इसी पहली रात को राममोहन को एक बहुमूल्य सम्मान प्राप्त हुआ। राममोहन सोने के लिए बिस्तर पर जा चुके थे कि उसी समय विश्वविख्यात दर्शनशास्त्री जेरेमी बेन्थम, जिन्होंने शायद पिछले कई वर्षों से अपने घर से बाहर पैर नहीं रखा था, इतनी रात गए राममोहन से मिलने उनके होटल में उपस्थित हो गये[13] बेन्थम काफी बूढ़े हो चुके थे और एकान्त जीवन व्यतीत कर रहे थे। ऐसी अवस्था मे किसी वृद्ध और अभिजात अँगरेज महोदय के लिए देर रात को किसी से मिलने जाना कल्पनातीत लगता है। लेकिन यह वास्तविकता थी कि बेन्थम अपनी आंतरिक प्रेरणा के कारण ही इनसे तुरन्त मिलने चले आए थे। इस हाजरी के बदले दूसरे ही दिन, राममोहन बेन्थम साहब के घर पर उनसे मिलने गए। बड़े ही सद्‌भावपूर्ण वातावरण में दोनों महापुरुष एक-दूसरे से मिले। राममोहन के लिए यह बहुत ही उत्साहवर्द्धक घटना थी। इस मुलाकात में बेन्थम इतने प्रसन्न हुए कि उन्होंने राममोहन को "अपना प्रिय सहयोगी" कहा था। इस मुलाकात के बाद दोनों में गहरी मित्रता हो गई थी। दोनों एक-दूसरे के प्रशंसक बने। इंग्लैण्ड में रहते हुए दोनों में पत्र-व्यवहार चलता रहा। कुछ पत्र अब भी ब्रिटिश म्यूजियम में रक्षित है; अब तक कुल तीन पत्र प्रकाश में आए हैं। सम्भवतः कुछ और पत्रों का पता अभी न चला हो।

कुछ महीनों के लिए राममोहन ने लन्दन रीजेन्ट स्ट्रीट पर किराये का मकान ले लिया, जहाँ उनसे मिलने वाले विशिष्ट नागरिकों का ताँता लगा रहता। मिस कोलेट के अनुसार ऐसा लगता था मानों किसी विदेशी राजदूत के यहाँ अनौपचारिक दरबार लगा हो। सदरलैण्ड साहब के विवरण का कुछ अंश उद्धृत करना प्रासंगिक होगा :—

> "ज्यों ही लन्दन में लोगों को पता चल गया कि यहाँ एक बड़े ब्राह्मण दार्शनिक पधारे हैं तो शहर के विशिष्ट नागरिक उनके दर्शन करने के लिए आने लगे। उनके दरवाजे के सामने सुबह ग्यारह बजे से शाम के चार बजे तक गाड़ियों की भीड़ लगी रहती। सारे दिन राजनीति विषयक उत्तेजनापूर्ण आलोचना से वस्तुतः राममोहन बुरी तरह थक जाते-यहाँ तक कि बीमार पड़ जाते। फिर डाक्टरों की सलाह पर लोगों का आना रोक दिया जाता।"[14]

इस प्रकार राममोहन महीनों धार्मिक, राजनैतिक और दूसरी बहस में लगातार जमे रहे। इन्हीं दिनों उनका परिचय बहुत से विशिष्ट धार्मिक और राजनैतिक नागरिकों से हो गया था। कई लोगों से घनिष्ठ मित्रता भी हो गई। इन्हीं में एक

थे डा. लान्ट कार्पेन्टर, जो यूनिटेरियन चर्च के प्रमुख अनुयायी थे। चूँकि राममोहन स्वयं इसी धार्मिक भावना और मत के पोषक थे इसी से स्वभावतः इनके साथ राममोहन की गहरी मित्रता भी हो गई थी। राममोहन ने कलकत्ता में यूनिटेरियन-वाद के प्रचार के लिए जो कुछ किया था उसका प्रचार लन्दन में हो चुका था। डा. कार्पेन्टर ने अपनी पुस्तक में राममोहन के साथ अपने परिचय का विवरण दिया है जिसमें स्पष्ट है कि कलकत्ता-काल में भी डा. कार्पेन्टर के साथ राममोहन का पत्र-व्यवहार चलता रहा होगा।[15] इसी से जब राममोहन इंग्लैण्ड की भूमि पर उतरे तो स्वाभाविक रूप से उन्हें डा. कार्पेन्टर की याद आयी। उन्होंने डा. कार्पेन्टर को पत्र लिखकर सूचित किया कि वे यथाशीघ्र उनसे मिलने के इच्छुक हैं। लन्दन के यूनिटेरियन चर्च के स्वागत समारोह में डा. कार्पेन्टर राममोहन का स्वागत करने वालों में प्रमुख थे। वे ही राममोहन की अगुवानी करने के बाद भीड़ को चीरते हुए, उन्हें सभाकक्ष तक ले गए।[16] इसी से यूनिटेरियन चर्च के लोग राममोहन को अपना सहयोगी समझने लगे थे। शीघ्र ही राममोहन के स्वागत के लिए एक दिन तय कर दिया गया।

यह स्वागत समारोह सम्भवतः 1831 के मई के महीने में सम्पन्न हुआ था क्योंकि जून की "मन्थली रिपोजिटरी" में इस समारोह का विस्तृत विवरण प्रकाशित हुआ था। मिस कार्पेन्टर ने अपनी पुस्तक में इन भाषणों का पूरा विवरण दिया है।

डा. कार्पेन्टर ने लिखा है कि भाषणों में राममोहन को एक सहयोगी के रूप में आदर और सम्मान दिया गया। रेवरैण्ड एसप्लैण्ड डा. बोवरिंग और हार्वर्ड-विश्वविद्यालय के डा. कर्कलैण्ड ने अपने स्वागत भाषणों में इस प्रबुद्ध ब्राह्मण के विचारों और कार्य कलापों की भूरि-भूरि प्रशंसा की।[17] इन स्वागत भाषणों के अन्त में राममोहन ने कहा, "मैं अस्वस्थ और थका हुआ हूँ इसी से इस सभा में सक्रिय रूप से भाग लेने में असमर्थ हूँ। फिर भी मैं बोवरिंग और डा. कर्कलैण्ड का आभारी हूँ कि आप लोगों ने मुझे अपना सहयोगी मानकर मेरा इतना सम्मान किया और मुझे सभा का सदस्य बनने का गौरव प्रदान किया। मेरे विचार से मैंने इन उद्देश्यों की पूर्ति के लिए ऐसा कुछ नहीं किया कि मुझे इसका प्रवर्तक माना जाए.....यदि मैंने कुछ किया भी है तो वह बहुत ही गौण माना जाएगा.....। मैं प्रायः उन सभी धार्मिक सिद्धान्तों को मानता हूँ जैसा आप लोग मानते हैं। मैं यह सब अपनी मुक्ति के लिए और आत्मा की शान्ति के लिए मानता हूँ। मुझे भारी कठिनाइयों के बीच काम करना पड़ा।.... सबसे पहले वे हिन्दू लोग और ब्राह्मण, जिनसे मेरा सम्बन्ध है, इस आन्दोलन के प्रबल विरोधी हैं यहाँ तक कि कुछ ईसाई भी हमारे इस संकल्प में हिन्दुओं और ब्राह्मणों से बढ़कर, बाधक बने हुए हैं.... लेकिन विवेक, धर्मशास्त्र और सहजबुद्धि के साथ धन, क्षमता और पूर्वाग्रह की लड़ाई अब भी जारी है। मुझे विश्वास है कि सफलता देर-सवेर आपको अवश्य मिलेगी। आप लोगों ने मुझे जो सम्मान दिया

है, मैं जीवन भर नहीं भूल पाऊँगा।"[18]

राममोहन इन दिनों इन मुलाकातों में विशिष्ट नागरिकों से निरन्तर मिलते रहे या छोटी-छोटी बैठकों में शामिल होते रहे। इससे उनका सामाजिक महत्त्व दिन-पर-दिन बढ़ने लगा। इनमें से कई एक प्रसिद्ध यूनिटेरियन परिवारों के साथ वे अपना व्यक्तिगत निकट सम्बन्ध बनाये रहे। इनमें ऐस्लीन, कार्पेन्टर और फाक्स परिवार प्रमुख थे। डा. कार्पेन्टर ने लिखा है कि राममोहन अकसर लन्दन स्थित यूनिटिरियन उपासना मन्दिरों में सम्मिलित होते और प्रार्थना सभाओं में भाग लेते थे। उन्होंने दो बार उनके वार्षिक उत्सवों में भी योगदान किया। लेकिन वे अपने को किसी धार्मिक गुटबाजी से सदैव अलग रखने का भी प्रयास करते। डा. कार्पेन्टर के अनुसार, राममोहन सम्भवतः रेवरेण्ड डा. केनी के चर्च में सबसे अधिक बार गए क्योंकि डा. केनी के ईसाई धर्म सम्बन्धी प्रवचनों से बहुत प्रभावित हुए थे।[19] उनके लन्दन जीवन की व्यस्ता के बारे में मिस कोलेट ने रेवरेण्ड फाक्स को लिखे राममोहन के एक पत्र का हवाला दिया है जिसमें उन्होंने यह बताया था कि अगले पन्द्रह दिनों तक हर रोज शाम को उन्हें दावत पर जाना है। अतः वे किसी दिन प्रातःकाल मिलना ही पसन्द करेंगे। इस पत्र से उनके लन्दन जीवन की व्यस्ता का आभास मिलता है। यूनिटेरियन चर्च के अलावा वे कभी-कभी एंग्लिकन चर्च में जाया करते थे। इस प्रकार उनका व्यवहार धार्मिक संकीर्णता से ऊपर ही रहा।[20]

राममोहन शीघ्र ही लन्दन उच्चस्तरीय सामाजिक जीवन का एक अँग बन गए। अकसर इन सामाजिक बैठकों में राममोहन मुख्य अतिथि के रूप में हिस्सा लेते। साथ ही सारी-घटनाएँ इतनी तेजी से बढ़ने लगीं कि राममोहन के लिए सम्हाल पाना किसी हद तक कठिन हो रहा था।

राममोहन का राजनैतिक और सामाजिक महत्त्व कितनी तेजी से बढ़ रहा था इसका पता इस बात से लगता है कि ईस्ट इण्डिया कम्पनी, जिसने कलकत्ते से रवाना होते समय इन घटनाओं को कोई महत्त्व देने से इनकार कर दिया था। उसी कम्पनी का विरोधी और प्रतिकूल रुख पलट गया। कम्पनी के डाइरेक्टरों ने 6 जुलाई, 1831 को राममोहन के सम्मान में एक सांध्य-भोज का आयोजन किया, जिसकी अध्यक्षता बोर्ड ऑफ डाइरेक्टर्स के चेयरमैन ने की। अस्सी के करीब गण-मान्य नागरिक उपस्थित थे जिनमें भारत के कई भूतपूर्व गवर्नर-जनरल भी शामिल थे। चेयरमैन ने राममोहन की प्रशंसा करते हुए आशा व्यक्ति की कि भविष्य में और भी प्रतिभाशाली भारतीय इंग्लैण्ड आएंगे।[21]

राममोहन ने अपने उत्तर में कहा कि वे भी उस भविष्य की ओर उम्मीदें बाँधते देखते रहेंगे। उन्होंने यह भी कहा कि उन्हें उन महानुभावों के बीच बैठकर आनन्द का अनुभव हो रहा है, जिन्होंने बड़ी कुशलता से भारत सरकार का राज-संचालन

किया था...." इत्यादि।[22] एक संवाददाता के अनुसार यह एक अनोखा दृश्य था कि, उन अँगरेज़ों के बीच जहाँ मांस और मदिरा का दौर चल रहा था, एक ब्राह्मण भी भोजन कर रहा था, लेकिन उन्होंने चावल और ठण्डे जल के सिवा कुछ नहीं छुआ।[23]

लन्दन के राजनैतिक चक्रवात में

राममोहन की यह धारणा कि उनका इंग्लैण्ड की भूमि में रहना और व्यक्तिगत रूप से सरकार को प्रभावित करना देश के हित में होगा, ठीक ही थी। क्योंकि परवर्ती घटनाएँ इस बात की साक्षी थीं। कहा जाता है कि चाहे सरकारी तौर पर इसकी घोषणा नहीं की गई, फिर भी वास्तविकता यह थी कि ब्रिटिश सरकार ने व्यावहारिक रूप में उनके "राजा" की उपाधि और "राजदूत" पद को मान लिया था।[24] दूसरी मुख्य बात यह थी कि लन्दन और इंग्लैण्ड के लोगों ने राममोहन को भारत का अनौपचारिक "राजदूत" मान लिया था। इसी से ईस्ट इण्डिया कम्पनी के लिए राममोहन की उपेक्षा करना कुछ मुश्किल हो गया था और कलकत्ते की तरह उपेक्षित-सा व्यवहार करना भी सम्भव नहीं था। कम्पनी के वे ही अफसर जो उन्हें कलकत्ते में उपेक्षा की दृष्टि से देखते थे, यहाँ उनसे मिलने और परिचित होने के लिए होड़ लगा रहे थे।[25]

इसी समय 'हाउस आफ कॉमन्स' ने ईस्ट इण्डिया कम्पनी के चार्टर के नवीकरण के लिए जून 1831 में एक 'सिलेक्ट कमेटी ' बनाई थी। इसमें हिन्दुस्तान के शासन के बारे में नई व्यवस्था पारित करना था। राममोहन की प्रतिष्ठा को देखते हुए यह स्वाभाविक था कि उनको 'सिलेक्ट कमेटी' के सामने अपनी राय देने के लिए निमन्त्रित किया जाता। राममोहन ने औपचारिक तौर पर इस निमन्त्रण को अस्वीकार कर दिया लेकिन अपने कई एक पत्र-व्यवहार और लेखों के द्वारा भारत के मसलों पर अपने विस्तृत विचार और दृष्टिकोण प्रस्तुत किये।[26] ये सभी पत्र और लेख अधिकृत सरकारी दस्तावेजों में शामिल किए गए थे। बाद में राममोहन ने इन पत्रों और लेखों को अलग से पुस्तक के रूप में प्रकाशित किया।

उनका पहला पत्र भारत के राजस्व से सम्बन्धित था, जो उन्होंने 19 अगस्त 1831 को लिखा था। इसमें 'बोर्ड आफ कन्ट्रोल' के 54 प्रश्नों के उत्तर संलग्न थे। इसके अलावा और भी 78 प्रश्नों के उत्तर राममोहन ने दिये थे। यह सारा पत्र व्यवहार दो हिस्सों में है। एक में विषय वस्तु से सम्बन्धित प्रस्ताव भाग है और दूसरे भाग में सम्बन्धित समस्याओं का समाधान पेश किया गया है। इसमें राममोहन रैयत या काश्तकार का पक्ष लेते हुए दिखाई देते हैं क्योंकि उन्होंने दिखाया है कि भारी लगान के कारण किसान की कमर टूट रही है जबकि जमींदार 1793 के स्थायी बन्दोबस्त से भारी फायदा उठा रहे हैं। एक ओर जमींदार वर्ग के धन-दौलत में लगातार वृद्धि होती जा रही थी और किसान दिन पर दिन गरीब होता जा रहा था। उन्होंने यह

बताया कि किसानों की करुण अवस्था का जिक्र करते हुए भी मुझे भारी दुख होता है। इसका एकमात्र समाधान लगान को बढ़ाने से रोकना है और लगान की अत्यधिक दर को कम करना है। राजस्व की यदि कोई कमी हो तो सरकारी प्रशासन-व्यय में कमी करके या भोग-विलास की वस्तुओं पर अधिक कर लगाकर पूरा किया जा सकता है। उन्होंने यहाँ तक कहा कि उच्च वेतन भोगी विदेशी अधिकारियों के बदले में कम वेतन पर देशी प्रशासक नियुक्त किए जायें।[27] वक्तव्य के अन्त में राममोहन ने कहा था कि वे अधिकारी वर्ग से निवेदन करना चाहते हैं कि किसानों की दयनीय दशा को सुधारने के लिए कोई न कोई कदम अवश्य उठाये जायें। उन्होंने परिशिष्ट में यह कहा कि इससे सरकार को लम्बी अवधि में लाभ ही होगा, क्योंकि किसानों की आर्थिक हालत सुधारने से राजस्व की अदायगी भी अधिक होगी। अन्त में उन्होंने प्रसिद्ध फ़ारसी सूफी कवि शेख सादी की एक मसनवी उद्धृत की थी जिसका सारांश था— 'अपनी प्रजा के साथ मित्रता का व्यवहार करें तो शत्रुओं से हमले का भय नहीं रहेगा, क्योंकि एक न्यायी राजा के लिये उसकी सारी प्रजा ही उसकी सेना है।'[28]

राममोहन के आर्थिक और राजनैतिक विचारों के व्यावहारिक पक्ष का आभास इन प्रश्नोत्तरों से स्पष्ट झलकता है। दो प्रश्नोत्तर यहाँ नमूने के तौर पर उद्धृत किए जा रहे हैं—

प्रश्नः आजकल बंगाल क्षेत्र में प्रचलित जमींदारी प्रथा और मद्रास प्रेसीडेन्सी के रैयतवारी प्रणालियों के अन्तर्गत किसानों की दशा कैसी है?

उत्तरः दोनों ही प्रणालियों में किसानों की हालत दयनीय है। एक में वे जमींदारों की धनलोलुपता और उच्चाकांक्षाओं का शिकार होते हैं तो दूसरे में वे सरकारी निरीक्षकों और राजस्व अधिकारियों के लूट-खसोट और कुचक्र के शिकार। मुझे दोनों के प्रति सहानुभूति है। बंगाल क्षेत्र के खेतिहरों की अवस्था में इतनी भिन्नता अवश्य है कि यहाँ राजस्व निर्धारण में जमींदारों के प्रति अकसर पक्षपात और आसक्ति दिखाई देती है जबकि गरीब किसानों के प्रति कोई भी दयाभाव नहीं दर्शाया जाता। बहुतायत के मौसम में जब अनाज की कीमतें गिर जाती हैं तो पूरी फसल बेचकर भी किसान जमींदार की माँग पूरी नहीं कर पाता, उसके पास बीज के लिए या अपने और अपने परिवार के जीवन-निर्वाह के लिए भी कुछ नहीं बचता।

प्रश्नः क्या आप किसानों और जनता की दशा सुधारने के लिए कोई योजना पेश कर सकते हैं?

उत्तरः पिछले चालीस वर्षों से चले आ रहे इस व्यवस्था के अन्तर्गत जमींदार वर्ग ने अपनी सुविधानुसार जमीन की हदबन्दी और नपाई पूरी कर ली है और निरन्तर किसानों पर लगान बढ़ाते हुए अधिकतम सीमा तक ले गए हैं। इसीलिए मैं केवल इतना प्रस्तावित कर सकता हूँ कि सरकार किसानों की दशा सुधारने के

लिए कम से कम इतना तो कर सकती है कि लगान की दर में किसी प्रकार की अतिरिक्त वृद्धि, चाहे वह किसी भी बहाने क्यों न हो, पर प्रतिबन्ध लगा दे।'[29]

किसानों की दुर्दशा और राजस्व के बारे में राममोहन के उक्त विचार, जो उन्होंने ब्रिटिश सरकार के सामने रखे, उनके गहन अनुभव और मानवीय करुणा के निदर्शन हैं। ब्रिटिश सरकारी दस्तावेजों में राममोहन से एक अन्य प्रश्नोत्तर का हवाला भारत की न्यायिक व्यवस्था के बारे में मिलता है।[30] इस दस्तावेज पर 19 सितम्बर 1831 की तारीख पड़ी है। इसमें सरकार की ओर से प्रस्तुत 78 प्रश्न पूछे गए थे। राममोहन का उत्तर एक निबन्ध के रूप में है। इसमें विभिन्न सुधारों और नई व्यवस्थाओं का सुझाव पेश किया गया है। न्यायालयों में फ़ारसी के स्थान पर अँगरेजी के व्यवहार का प्रस्ताव भी उन्होंने रखा था। पूरी व्यवस्था के भारतीय प्रारूप के बारे में भी उन्होंने सुझाव दिया। प्रशासन और न्यायालय के पृथक्करण के बारे में और भी महत्त्वपूर्ण सुझाव दिए गए थे। इस प्रश्नोत्तर के अन्त में राममोहन ने लिखा था :

> "उपसंहार के तौर पर मैं यह बताना उचित समझता हूँ कि इन प्रश्नों का उत्तर तैयार करने में मैं किसी भी व्यक्तिगत मतवाद से प्रभावित नहीं हुआ, न मैंने किसी भी व्यक्ति से परामर्श ही किया और न ही भारत विषयक किसी पुस्तक की सहायता ली। मैंने विषय वस्तु के संकलन के लिए सिर्फ अपनी स्मृति को आधार माना और व्यक्त मतों के लिए मैंने अपने विवेक, अपने लम्बे अनुभव और चिन्तन का सहारा लिया है। जिन सुधारों का सुझाव मैंने पेश किया है, उनमें मैंने आर्थिक पहलू पर पूरा ध्यान रखते हुए, शासक और शासित दोनों के हित को ध्यान में रखा है। मेरा ध्येय केवल इतना रहा है कि भारत में न्याय व्यवस्था सुदृढ़ और स्थायी नींव पर खड़ी हो।" [31]

इसके अलावा उन्होंने 'सिलेक्ट कमेटी' के भारत सम्बन्धी कुछ और प्रश्नों के उत्तर 28 सितम्बर, 1831 को दिए थे। इसमें उन्होंने जो मुख्य बात कही वह थी कि भारतीयों में सुधार की क्षमता उतनी ही है जितनी किसी भी और सभ्य देश के लोगों में है। 'हाउस आफ कामन्स' की प्रवर समिति के सामने पेश किए गए राममोहन के लेखों और गवाही का विस्तृत विवरण 1831 से 1833 के बीच प्रकाशित 'हाउस आफ कामन्स' की रिपोर्टों में परिशिष्ट के रूप में दिया गया है, जिसका ब्योरा इस प्रकार है :

> 1831 के पाँचवें खण्ड के पृ. 716-23 में राममोहन और 'बोर्ड आफ कन्ट्रोल' का राजस्व और न्यायपालिका सम्बन्धित पत्र व्यवहार प्रकाशित है। इसी खण्ड में पृ. 723-26 पर राममोहन का भारत में राजस्व प्रणाली पर लेख प्रकाशित है। इसकी प्रकाशन तिथि 19 अगस्त 1831 है। इसी खण्ड के पृ. 726-39 पर 78 प्रश्न और उनका उत्तर दिया है। इस दस्तावेज की तिथि 19

सितम्बर, 1831 है। साथ ही के पृ. 739-41 पर मुख्यतः भारत विषयक 13 अतिरिक्त प्रश्नों के उत्तर छपे हैं। 1831-32 के रिपोर्ट के पाँचवें खण्ड के (पृ. 341-43) मे भारत में यूरोपीय नागरिकों के बसने के बारे में राममोहन के विचार हैं। 1833 की रिपोर्ट के परिशिष्ट में भारत में किसानों (रैयत) की आर्थिक अवस्था के बारे में राममोहन की टिप्पणी छपी है।[32]

सितम्बर के महीने में राममोहन को एक और बड़ा सम्मान मिला। ब्रिटिश सम्राट विलियम-चतुर्थ से मिलने के लिए स्वयं ईस्ट इण्डिया कम्पनी के डाइरेक्टर चार्ल्स ग्रान्ट राममोहन को लिवा ले गए। राममोहन उस समय बहुत ही सुन्दर वेश-भूषा में सज्जित थे।

राममोहन को लन्दन ब्रिज के उद्घाटन के अवसर पर भी भोज के लिए निमन्त्रित किया गया। राज्याभिषेक समारोह में भी राममोहन आमन्त्रित किए गए थे और उनको यूरोप के दूसरे राजदूतों के बीच बैठने का स्थान दिया गया। इस प्रकार इंग्लैण्ड के प्रतिष्ठित समाज में राममोहन का स्थान बहुत महत्त्वपूर्ण बन चुका था।

राममोहन अब लन्दन के उच्चतम प्रतिष्ठित समाज के सदस्य बन गए थे। अपनी पुराने रईसी चाल के अतिरिक्त वे हिन्दुस्तान के मुगल बादशाह द्वारा नियुक्त 'राजदूत' की भूमिका भी निभा रहे थे। इसी से अपने पद और मर्यादा के अनुरूप उनका रहन-सहन, खान-पान सभी रईसी ठाठ से चल रहा था। कुछ लोगों की सलाह से वे शहर के रीजेन्ट पार्क जैसे भव्य इलाके में एक शानदार कोठी में रहने लगे थे। इस प्रकार के रहन-सहन में भारी खर्च उठाना होता था लेकिन आय के जरिये धीरे-धीरे बन्द होने आरम्भ हो गए थे। मुगल बादशाह ने मासिक वेतन भेज देने का जो वायदा किया था, वह भी आना बन्द हो गया। उधर राममोहन ने दूसरे जरिये ढूँढ़ने शुरू किए। उन्होंने कलकत्ता में अपने बेटों और मित्रों को धन के लिए लिखना आरम्भ किया।

मिस कोलेट ने अपनी पुस्तक में नगेन्द्र नाथ चटर्जी के एक पत्र का हवाला देते हुए लिखा कि राममोहन के पुत्रों ने भी बाद में रुपये-पैसे भेजने बन्द कर दिए थे जबकि राममोहन ने अपने परिवार के लिए दिल्ली के बादशाह से काफी पेन्शन की व्यवस्था कर रखी थी।[33] ऐसी स्थिति में राममोहन को धन के लिए कष्ट उठाना बहुत ही करुण एवं कष्टप्रद स्थिति थी। लेकिन ब्रजेन्द्रनाथ वन्द्योपाध्याय के अनुसार इस आर्थिक संकट के लिए राममोहन के पुत्रों से भी अधिक जिम्मेवार कलकत्ते की मैकिनटोश कम्पनी और लन्दन की रिचर्ड मैकिनटोश कम्पनी थी, जिन पर राममोहन की आर्थिक व्यवस्था का दायित्व था। इस कम्पनी ने आर्थिक व्यवस्था के मामले में जबरदस्त घोटाला कर दिया। अन्त में, राममोहन ने ईस्ट इण्डिया कम्पनी के डाइरेक्टरों के पास भी कर्ज़े के लिए प्रार्थनापत्र भेजा, लेकिन वह भी नामंजूर कर दिया गया।

इसी बीच राममोहन के निजी सचिव सण्डफोर्ड आर्नट, ने जिसे उन्होंने अपने कलकत्ते के परिचय के आधार पर अपना निजी सचिव नियुक्त किया था, उसने भी उनकी इस आर्थिक कठिनाई का फायदा उठाया। उसने राममोहन को धमकी देना आरम्भ कर दिया कि उनका बकाया वेतन और दूसरे भुगतान एकदम चुकता कर दिए जाएँ अन्यथा वह लोगों से कहना शुरू कर देगा कि राममोहन के अँगरेजी लेखों का वास्तविक लेखक राममोहन नहीं बल्कि स्वयं वह हैं। मिस कोलेट ने लिखा है कि यह व्यक्ति, जिसने राममोहन की उदारता और दया का हमेशा फायदा उठाया एक बड़ा धूर्त, नीच और पराश्रयी जीव था।[34] उसने अपने कमीनेपन का परिचय उस समय दिया जब राममोहन आर्थिक कठिनाई में थे। वह व्यक्ति इतना नीच था कि उसने उनकी मृत्यु के तुरन्त बाद लन्दन की 'टाइम्स' पत्रिका में 23 नवम्बर 1833 को एक पत्र लिखा, जिसका तात्पर्य था कि राममोहन के अँगरेजी लेखों, पत्रों का मूल लेखक वस्तुतः वही था... क्योंकि वह उनका निजी सचिव रहा है। 'एशियाटिक जर्नल' के 1835 के अंक में भी दूसरे लेख में भी आर्नट साहब ने यहीं कुछ बताने की कोशिश की थी। इस प्रकार राममोहन के कृतित्व को हड़पने की इस कुचेष्टा का पर्दाफाश उसी काल में राममोहन के मित्रों और प्रशंसकों में से एक डेविड हेयर के भाई जॉन हेयर ने 'टाइम्स पत्रिका' में ही एक पत्र लिख कर दिया। इस नीच उद्देश्य की भर्त्सना करते हुए उन्होंने लिखा कि, अपने व्यक्तिगत अनुभव से राजा के साहित्यिक या दूसरे लेखों की प्रामाणिकता के बारे में उन्हें कोई सन्देह नहीं है। उन्हें यह भी मालूम है कि मि. आर्नट ने किस प्रकार धन के लोभ में राममोहन को धमकी देने की कोशिश की थी और अब जब कि उनकी मृत्यु के बाद उनके यश को मिटाने की कोशिश की तो मेरा यह कर्तव्य हो जाता है कि वास्तविकता को सामने रखा जाए।

इसी प्रश्न का और भी अधिक तथ्यों के साथ डा. कार्पेन्टर ने अपनी पुस्तक

"A Review of the Labours, Opinions and Character of Rammohun Roy" में बहुत ही विस्तृत और मुँहतोड़ जवाब दिया है। इसमें राममोहन की विद्वत्ता और सर्जनात्मक गुणों के बारे में, उनके संस्कृत, फ़ारसी, बांग्ला और अँगरेजी भाषाओं में गहरी पकड़ के बारे में कई एक उदाहरणों के साथ अन्तिम रूप से प्रमाणित कर दिया गया कि राममोहन के सारे लेख और पत्र बिल्कुल राममोहन के ही थे और आर्नट साहब और कुछ नहीं केवल 'सेक्रेटरी' मात्र थे। जॉन हेयर और एच.एच. विलसन को पूरा विश्वास था कि आर्नट ने यह सब ब्लैकमेल करके रुपया ऐंठने में असफल होने पर, उनकी मृत्यु के बाद उनका सार्वजनिक चरित्रहनन की कोशिश थी। यही नहीं भारत में यह बात आ पहुँची तो कई तथाकथित विद्वानों ने आर्नट के वक्तव्य को सही ठहराने की घिनौनी कोशिश की।

इस वाद-विवाद का सबसे दिलचस्प पहलू यह रहा कि श्री हेयर और डा. कार्पेन्टर ने आर्नट की सारी दलीलों को पूरी तरह से तोड़कर रख दिया था। आर्नट साहब के अपने परस्पर विरोधी वक्तव्यों का हवाला भी दिलचस्प था। आखिरकार बुरी तरह असफल होकर आर्नट साहब ने 'एशियाटिक जर्नल' में प्रकाशित उत्तर में मान लिया था कि उनकी भूमिका केवल 'निजी सचिव' की थी।[35]

राममोहन ने परिस्थितिवश शाही ठाट-बाट त्यागने में जरा भी हिचकिचाहट नहीं दिखाई। उन्होंने अपनी शानदार कोठी छोड़ दी, और कलकत्ता के अपने पुराने मित्र डेविड हेयर साहब के भाइयों के अनुरोध पर उनके बेडफोर्ड स्कायर स्थित मकान में चले आए। उनके लन्दन प्रवास के बाकी दिन हेयर बन्धुओं के मकान पर ही बीते।[36]

यहाँ यह स्मरण कराना आवश्यक है कि महान शिक्षाविद् डेविड हेयर जिन्होंने राममोहन के साथ अँगरेजी शिक्षा के लिए भारत में स्मरणीय कार्य किया था, राममोहन के परम मित्रों में थे। राममोहन जब इंग्लैण्ड के लिए चलने लगे तो हेयर साहब ने अपने भाइयों को लिखा था कि वे राममोहन की हर प्रकार से मदद करें। हेयर बन्धुओं ने राममोहन से कई बार इस बारे में अनुरोध भी किया, लेकिन राममोहन स्वतन्त्र रूप से रहना चाहते थे। बाद में जब आर्थिक कठिनाई सामने आई तो वे हेयर बन्धुओं के अनुरोध पर उनके मकान में ठहरने को राज़ी हो गए। उन्होंने केवल एक बग्गी, साईस और एक दो नौकरों को साथ रखा। राममोहन जब फ्रांस की य्रात्रा पर गए थे तो उस समय हेयर भाइयों में से एक भाई उनके साथ थे।

राममोहन के सामाजिक जीवन और उनके यूरोप यात्रा का विवरण मिस मेरी कार्पेन्टर की पुस्तक में उल्लेखनीय है।[37] इसके अलावा मिसेस फैनी केम्बल ने अपने संस्मरणों में राजा राममोहन के बारे में कई एक प्रशंसात्मक बातें लिखी थीं। उनकी डायरी में राममोहन का उल्लेख कई जगह आया है। इसमें राममोहन को 'ईसाबेला' नाटक देखते हुए एक थियेटर में पाते हैं। जाहिर है कि अपने व्यस्त कार्यक्रम के होते हुए भी राममोहन नाटक और नृत्य के समारोहों में अकसर हाजिर होते थे। इसके अलावा अपने मधुर व्यवहार के कारण राममोहन महिलाओं में भी बहुत ही लोकप्रिय थे। कई एक विशिष्ट महिलाओं ने अपने निजी संस्मरणों में राममोहन के मिलनसार चरित्र और आदरपूर्ण व्यवहार का विवरण दिया है।[38] कुमारी लूसी एकिन के कुछ पत्रों में राममोहन की विद्वत्ता, व्यवहार कुशलता और विनम्रता का बार-बार जिक्र आया है। एक पत्र में उन्होंने लिखा था— राममोहन राय को सभी एक असाधारण योग्य और गुणी व्यक्ति समझते हैं। इनकी योग्यता और बुद्धिमानी के साथ उनकी विनम्रता ने सभी का हृदय जीत लिया है। अँगरेजी भाषा पर उनका अच्छा अधिकार है और वे यूरोप की राजनीति से बखूबी परिचित हैं। वे सर्वत्र स्वाधीनता और

सामाजिक उन्नति के प्रवक्ता है।[39] इन सामाजिक मुलाकातों, भोज सभाओं में जाते हुए भी राममोहन को अपने देश में कार्यक्रमों की क्या प्रतिक्रिया होगी, इसकी चिन्ता बनी रहती थी। आखिरकार वे अपने देश का प्रतिनिधित्व करने आए थे, सैर-सपाटे के लिए नहीं। यह चेतना उन पर हमेशा अंकुश रखती थी। भोज सभाओं में जाने से अब वे बहुधा कतराने लगे थे क्योंकि इन सभाओं और बैठकों का प्रचार अखबारों द्वारा हो ही जाता था।[40]

इस अवधि में राममोहन का प्रमुख कार्यक्रम राजनैतिक था। इंग्लैण्ड की भूमि पर कदम रखते ही वे पार्लियामेण्ट में पेश किए गए 'रिफॉर्म बिल' से सम्बद्ध मामलों में पूरी दिलचस्पी ले रहे थे। इंग्लैण्ड की सारी जनता 'रिफॉर्म बिल' के पारित होने के विषय को लेकर उत्तेजित थी। एक बार तो ऐसी स्थिति आ गई थी कि लगता था इस बिल पर सारे देश में गृह-युद्ध छिड़ जाएगा।[41] राममोहन भी भारी मानसिक यन्त्रणा भोग रहे थे। आखिरकार मार्च 1832 में पार्लियामेण्ट ने यह बिल पास कर दिया। प्रगतिवादी राममोहन के लिये यह उनकी व्यक्तिगत विजय थी, क्योंकि उनका विचार था कि इस कानून का सम्बन्ध इंग्लैण्डवासियों से ही नहीं बल्कि पूरे मानव जाति से है, और विशेषरूप से भारत की जनता से है।

उन्होंने 31 मार्च को मिस किडल को पत्र में लिखा था कि इस 'रिफॉर्म' की सफलता पर इंग्लैण्ड ही नहीं पूरे विश्व का कल्याण निर्भर है और वे इस कानून के पारित होने की उत्सुकता से इंतजार कर रहे है। इसी से उनकी ब्रिस्टल यात्रा में विलम्ब हो रहा है। जब 'रिफॉर्म बिल' पास हो गया तो राममोहन ने प्रसन्नता और आवेश में अपने मित्र विलियम राथबोन को 31 जुलाई 1832 को एक पत्र लिखा था जिसके कुछ अंश उद्धृत करना प्रासंगिक होगा। उन्होंने लिखा—

> "मैं बहुत प्रसन्न हूँ क्योंकि मैं अपने को, लिवरपूल के सभी मित्रों और आपको, रिफॉर्म बिल की पूरी सफलता पर बधाई दे सकता हूँ। यह कानून, अमीर वर्ग के विरोध और राजनैतिक सिद्धान्तों के अभाव के बावजूद पारित हो गया। वे थोड़े से धनी लोग, जो दूसरों के विनाश पर अपनी जेबें पिछले पचास वर्ष से भर रहे थे लेकिन कोई अब उनका शिकार नहीं बनेगा। मन्त्रियों ने सच्चाई और दृढ़ता से अपना कर्त्तव्य निभाया और जनता को अपने अधिकारों को प्राप्त करने में सहायता दी। मैं आशा करता हूँ कि इंग्लैण्ड की महान जनता अब इसी तरह अपने उदार सामाजिक सिद्धान्तों का पालन करते हुए सार्वजनिक जीवन से घूसखोरी, भ्रष्टाचार और निजी स्वार्थ को उखाड़ फेंकेगी।"
>
> "मैंने सार्वजनिक रूप से प्रतिज्ञा की थी कि यदि रिफॉर्म बिल पारित न हुआ तो मैं इस देश से सारे सम्बन्ध तोड़ लूँगा। जब तक मुझे इसका नतीजा मालूम न हुआ मैंने आपको या लिवरपूल के दूसरे मित्रों को पत्र नहीं लिखा। भगवान

का धन्यवाद है कि मैं अपने को एक सहनागरिक कहलाने में गर्व अनुभव कर रहा हूँ। मुझे एक राष्ट्र की मुक्ति ही नहीं पूरे विश्व की मुक्ति की सम्भावना से अपार हर्ष हो रहा है।''[42]

इन्हीं दिनों रिफॉर्म के मसले पर ब्रिटिश जनता के साथ राममोहन भी बड़े उद्विग्न रहा करते थे साथ ही वे भारत के प्रशासन सम्बन्धी 'सिलेक्ट कमेटी' के कार्यक्रमों में बड़े व्यस्त रहते थे। 14 जुलाई 1832 को उन्होंने एक महत्त्वपूर्ण दस्तावेज सिलेक्ट कमेटी के सामने रखा।[43] यह भारत में यूरोपीय समुदाय के स्वतन्त्र रूप से बसने से सम्बन्धित था। यह दस्तावेज 'हाउस आफ कामन्स' की 'सिलेक्ट कमेटी' की रिपोर्ट के परिशिष्ट में संलग्न है। इस लेख की तिथि 14 जुलाई 1832 है। इस परिशिष्ट के आधार पर ऐसा लगता है कि यह राममोहन के 'हाउस आफ कामन्स' की सिलेक्ट कमेटी के सामने इस विषय पर दिए गए भाषण की प्रतिलिपि थी। मिस कोलेट के अनुसार यह लेख राममोहन के विचारों और राष्ट्रीय महत्त्व का संलेख था।[44] राममोहन का विचार था कि यूरोपीय समुदाय को खुले रूप में भारत में बसने का अधिकार दिया जाए। अपने तर्क में उन्होंने इनके नौ प्रकार के लाभ बताये, और साथ ही इसकी कुछ ख़ामियाँ भी दिखाई। उनका विचार था कि इस प्रकार अलग-अलग जातियों के समन्वय और मेल मिलाप से भारत औद्योगिक और कृषि के क्षेत्र में उन्नति कर सकेगा। उन्होंने अपने इस लेख में यह भी इशारा दिया था कि यदि सुदूर भविष्य में दोनों देश एक-दूसरे से अलग हो गए तो भी आपस में अच्छे सम्बन्ध कायम रह सकेंगे। उनका विश्वास था कि पश्चिमी जगत की उन्नतिशील सभ्यता के सम्पर्क में आने पर भारत भी अपनी सांस्कृतिक और चारित्रिक उन्नति कर सकेगा। इस लेख में की गई भविष्यवाणियों में उनका यह सोचना महत्त्वपूर्ण था कि इस मेल मिलाप के जरिये भविष्य में दोनों स्वतन्त्र देशों के बीच अर्थात् भारत यूरोपीय देशों के बीच अच्छे सम्बन्ध बने रहेंगे।

लन्दन प्रवास के दौरान अपनी सामाजिक व्यस्ता और राजनैतिक कार्य-कलापों के बीच भी राममोहन का लेखन और प्रकाशन कार्य चलता रहा। 1832 के 'क्रिश्चियन रिफार्मर' के फरवरी अंक की एक घोषणा के अनुसार इसी समय हिन्दुओं के उत्तराधिकार की समस्या पर एक पुस्तिका प्रकाशित हुई। इसके अतिरिक्त भारत की न्यायिक व्यवस्था और राजस्व व्यवस्था के बारे में 'हाउस आफ कामन्स' में दी गई गवाही और देश के प्रशासनिक सुधार के बारे में सुझावों के साथ दूसरी पुस्तिका *'रिमार्क्स ऑन ईस्ट इण्डिया अफेयर्स'* भी प्रकाशित हुई। इसके अतिरिक्त और भी कई पुस्तिकाएँ और उनके कई एक महत्त्वपूर्ण पुस्तकों के अँगरेजी रूपान्तर भी लन्दन से प्रकाशित हुए।[45] सुप्रसिद्ध फ्रांसीसी प्राच्यविद गार्सा-द-तासी की प्रसिद्ध पुस्तक *'Appendice aux Rudimensde la langue Hindoustanic'* में राममोहन का तासी को लिखा एक पत्र प्रकाशित है। यह पत्र उन्होंने इंग्लैण्ड पहुँचने के कुछ ही दिनों

के अन्दर ही लिखा था, जिसमें उन्होंने अपनी फ्रांस जाने की इच्छा व्यक्त की थी। मूल पत्र उर्दू में है। इसका आंशिक भावानुवाद कुछ इस प्रकार है :

> "प्रायः तीन महीने से अधिक काल से आपका सेवक इंग्लैण्ड में रह रहा है। यदि भगवान की इच्छा हुई तो शीघ्र ही पेरिस में उपस्थित होकर आपके दर्शन करने का सौभाग्य प्राप्त होगा और आपके माध्यम से श्रीयुत शेजी महाशय से भी भेंट कर सकूँगा।"[46]।

पत्र 1 अगस्त 1831 को लिखा गया था और इस पत्र के वाहक थे स्वनामधन्य प्राच्य विद्याविशारद् अध्यापक डनकन फार्बस। यद्यपि पत्र अगस्त 1831 को लिखा गया था, लेकिन राममोहन 1832 के सितम्बर-अक्टूबर से पहले फ्रांस की यात्रा पर न जा सके। फ्रांस के सुप्रसिद्ध संस्कृत-भाषा और साहित्य शास्त्री लेयोनार-द-शेजी से उनकी मुलाकात हुई थी या नहीं, इसका विवरण उपलब्ध नहीं है।[47] शेजी की मृत्यु भी 1832 में ही हुई।

फ्रांस यात्रा

1832 के सितम्बर-अक्टूबर के महीनों में जब राममोहन फ्रांस की यात्रा पर गए तो उनके साथ डेविड हेयर साहब के भाई उनके अनुगामी थे। यहाँ पर यह बताना उपयुक्त होगा कि राममोहन की प्रसिद्धि फ्रांस में उनके यूरोप यात्रा से बहुत पहले पहुँच चुकी थी। 1819 के आसपास कलकत्ता के 'द टाइम्स' पत्रिका के सम्पादक द कोस्टा ने राममोहन के कुछ ग्रन्थ और उनके बारे में कुछ जानकारी फ्रांसीसी बिशप ग्रेगयर को भिजवा दी थी। इसी सामग्री के आधार पर ग्रेगयर ने राममोहन विषयक एक लम्बा लेख फ्रांसीसी भाषा की पत्रिका 'La Chronique' Raligieuse में 1819 में प्रकाशित किया। इस लेख का अनुवाद इंग्लैण्ड में अँग्रेजी पत्रिका The monthly Repository of theology and General Literature में 1820 में छपा।[48] 1820 के 'रेवू एनसाइक्लोपीडिया' के सातवें खण्ड में राममोहन की आठ पुस्तकों का उल्लेख मिलता है। 1823 में फ्रांस की एशियाटिक सोसाइटी की पत्रिका 'जुरनाल एशियाटिक' में भी कुछ और प्रकाशनों का जिक्र है। 'सोसियेते एसियाटिक' की पत्रिका में राममोहन और उनकी रचनाओं के बारे में विस्तृत आलोचना के प्रकाशन होने पर फ्रांस के विद्वत समाज में राममोहन के बारे में कुतूहल पैदा होना स्वाभाविक था। बाद में फ्रांस की एशियाटिक सोसाइटी ने एक तीन सदस्यों की कमेटी राममोहन की विद्वत्ता के बारे में जानने के लिये नियुक्त की, जिससे उन्हें सोसाइटी की सदस्यता से भूषित किया जा सके। समिति की सर्वसम्मत राय से राममोहन को 5 जुलाई 1824 को सोसाइटी का मानद-सदस्य चुन लिया गया था। इसके अतिरिक्त समकालीन पत्र-पत्रिकाओं में भी राममोहन के बारे में लेखादि प्रकाशित होते रहे। 1832 के 'रेवू एनसाइक्लोपिडिक' के दिसम्बर अंक में 1832 में ही, लन्दन से प्रकाशित राममोहन

की रचनाओं के अँग्रेजी संग्रह की एक लम्बी समालोचना प्रकाशित हुई थी। इसके समालोचक थे सुप्रसिद्ध फ्रांसीसी विद्वान मंशियेे पतिये।[49] इसी से 1832 में जब वे थोड़े दिनों के लिए फ्रांस पहुँचे तो उनका यथायोग्य भव्य स्वागत हुआ। फ्रांस के सम्राट लुई फिलिप ने उन्हें मिलने के लिए आमन्त्रित किया। राममोहन उनके साथ भोज सभा में शामिल हुए। पेरिस में उनके निवासकाल में उन्होंने कई प्रसिद्ध फ्रांसीसी विद्वानों से मुलाकात की थी। इन विद्वानों में प्रसिद्ध प्राच्यविद् गार्सां-द-तासी से उनकी मुलाकात हुई थी। ऐसा लगता है तासी से उनका पत्र-व्यवहार चलता रहा होगा क्योंकि तासी ने अपनी प्रसिद्ध पुस्तक[50] में कुछ मूल हिन्दुस्तानी पत्रों को उद्धृत किया है और साथ ही स्वीकार किया था कि उन्हें राममोहन से कई पत्र हिन्दुस्तानी और अँगरेजी में प्राप्त हुए थे। पेरिस में राममोहन की लोकप्रियता का निदर्शन इस बात से मिलता है कि विक्टर जैकामो[51] ने, और प्रसिद्ध विद्वान सिसमोण्डी[52] ने राममोहन के बारे में प्रशंसात्मक लेख प्रकाशित किए थे— उनके फ्रांस यात्रा के वर्षों पहले, फ्रांस यात्रा के लिए पार-पत्र के लिए अनुमति माँगते हुए राममोहन ने फ्रांस के विदेश मन्त्री को जो पत्र लिखा था, वह अपने में एक प्रसिद्ध राजनैतिक दस्तावेज है। इस पत्र में उन्होंने घोषणा की थी कि "सारी मानव जाति एक ही परिवार है विभिन्न जातियाँ इसकी शाखाएँ मात्र हैं।" यह उन्होंने उस समय कहा था जब 'राष्ट्रसंघ' की स्थापना-जैसी विचारधारा का प्रवर्तन नहीं हुआ था।

पेरिस के किसी प्रसिद्ध होटल में राममोहन ने एक और प्रसिद्ध कवि सर टॉमस मूर से मुलाकात की थी, जहाँ उन्हें भोज पर निमन्त्रित किया गया था।[53] सर टॉमस मूर ने अपनी डायरी में इस मुलाकात का बहुत ही रोचक वर्णन दिया है। इसमें ब्राह्म समाज की भी चर्चा है। यहाँ यह भी उल्लेखनीय है कि फ्रांस में रहते हुए उन थोड़े से दिनों में उन्होंने फ्रांसीसी भाषा सीखने का भरसक प्रयत्न किया था।

31 जनवरी, 1833 को मि. बुडफोर्ड को लिखे पत्र से, जो उन्होंने इंग्लैण्ड लौटने के बाद लिखा था, मालूम होता है कि इन्हें इटली और आस्ट्रिया जाने की भी अभिलाषा थी लेकिन वे फ्रांस प्रवास में ही कुछ अधिक दिनों तक रह गए। उन्होंने स्वीकार किया कि फ्रांसीसी भाषा-ज्ञान के बिना उस देश में लोगों से बातचीत करने में कठिनाई होती थी। इसीलिए उन्होंने फ्रांसीसी भाषा सीखना आरम्भ कर दिया और अपने साथ वे एक फ्रेंच शिक्षक को लन्दन लेते आए थे।[54]

तासी के अनुसार, राममोहन 1833 के आरम्भ में कोई तीन महीने फ्रांस में रहने के बाद लन्दन लौट आए। ऐसा लगता है फ्रांस से लौटते समय वे कुछ दिनों के लिए डोवर रुक गए थे। 7 जनवरी 1833 के लिखे गए एक पत्र से, जो उन्होंने मिस किडल को ब्रिस्टल में लिखा था, इस घटना का प्रमाण मिलता है।[55] इसी पत्र में उन्होंने ब्रिस्टल जाने की इच्छा व्यक्त की थी और यह भी लिखा था कि अब उनका स्वास्थ्य

ठीक-ठाक है। उन्होंने यह भी लिखा था कि वे एक महीने के अन्दर ब्रिस्टल पहुँचना चाहते हैं।

इंग्लैण्ड के अपने निवासकाल में राममोहन थोड़े ही समय में लन्दन के वृहत्तर सामाजिक जीवन से घुल-मिल गए थे। उस काल और समाज की प्रथानुसार उन्हें आमोद-प्रमोद में भी अवकाश अनुसार भाग लेते हुए पाते हैं। उनके पत्रों के आधार पर ज्ञात होता है कि वे ऐस्लेस् थियेटर में कभी-कभी नाटक देखने गये। बेसिल मोन्टेगू के घर पर, राममोहन का परिचय उस समय की सुप्रसिद्ध अभिनेत्री फैनी केम्बल से हुआ। फैनी केम्बल ने अपने संस्मरणों में राममोहन के बारे में लिखा था कि राममोहन एक बार उनके थियेटर में नाटक देखने आए थे। 'इसाबेला' नाटक चल रहा था। नाटक देखकर राममोहन इतने प्रभावित हुए कि उनका दिल भर आया था। राममोहन ने फैनी को विलियम जोन्स द्वारा अनूदित शकुन्तला की प्रति भेंट की थी। उस अभिनेत्री के अनुसार लन्दन के नाचघरों में राममोहन अपने रंग-बिरंगी पोशाक और आकर्षक व्यक्तित्व के कारण आकर्षण का केन्द्र बन जाते थे। फैनी की डायरी में लिखा था। " A charming letter and some Indian books from that most amiable of all the wisemen of the East." हम जब राममोहन के बहुमुखी जीवन के अलग-अलग पहलुओं को देखते हैं तो आश्चर्य होता है। एक ओर धार्मिक, सामाजिक और राजनैतिक आन्दोलन तो दूसरी ओर साहित्य, नृत्य और अभिनय में रुचि रखने वाला सुसंस्कृत व्यक्तिव। राममोहन के चरित्र में हम एक अनोखा समन्वय पाते हैं। इसी काल में राममोहन की एक स्मरणीय और प्रसिद्ध मुलाकात प्रसिद्ध ब्रिटिश समाजशास्त्री राबर्ट ओवन से हुई थी। यह मुलाकात डा. आर्नट के घर पर एक भोजसभा में हुई थी। मेरी कार्पेन्टर ने अपनी प्रसिद्ध पुस्तक में इस मुलाकात का विवरण दिया है।[56] काफी देर तक दोनों में धर्म-राजनीतिक विषयों पर बहस चलती रही। ओवन साहब ने राममोहन को उनके सामाजवादी सिद्धान्तों के पक्ष में लाने की भरसक कोशिश की। यहाँ तक कि ओवन साहब अपनी असफलताओं पर कुछ विक्षुब्ध भी हो उठे थे। लेकिन राममोहन ने अपना सन्तुलन नहीं खोया और न ही ओवन के प्रति उनके आदर में कोई कमी आई। लगता है राममोहन ओवन के समाजवादी सिद्धान्तों से काफी प्रभावित हुए होंगे, क्योंकि इस मुलाकात के दूसरे ही दिन राममोहन ने ओवन के सुपुत्र राबर्ट डेल ओवन को एक पत्र में ओवन के समाजवादी सिद्धान्तों के प्रति अपनी सहमति व्यक्त की थी। इसी पत्र से दोनों मनीषियों के बीच रहे मतभेद का मूल कारण भी मालूम हो जाता है। ओवन सामाजिक, पारिवारिक, और राजनैतिक उन्नति के लिए धर्म का पूरी तरह से बहिष्कार चाहते थे। लेकिन राममोहन मूलतः एक धार्मिक व्यक्ति थे। धर्म का पूरी तरह बहिष्कार करना भला वे कैसे मान लेते? फिर भी राममोहन के पत्र के अन्त में ओवन साहब के सिद्धान्तों का पूरी तरह समर्थन करते हुए लिखा था—"मेरी

हार्दिक अभिलाषा है कि आपके पिता को अपने उद्देश्यों में पूरी सफलता मिले...''[57] यह राममोहन के राजनैतिक विचारों के विकास की एक प्रमुख कड़ी थी। राममोहन शुरू से ही साधारण जनता के कल्याण की बात सोचते रहे हैं। 'सिलेक्ट कमेटी' के सामने जो विचार उन्होंने रखे थे, उनमें भी उनके इन्हीं विचारों का प्रतिबिम्ब मिलता है।

इन्हीं दिनों उन्होंने पार्लियामेण्ट की 'सिलेक्ट कमेटी' के सामने भारत की राजनैतिक और आर्थिक परिस्थितियों के बारे में जो तथ्य पेश किए और गवाही दी गई, वह भारत के राजनैतिक आर्थिक और सामाजिक भविष्य के लिए बहुत ही महत्त्वपूर्ण थे। फ्रांस से लौटने के बाद उन्होंने बहुत थोड़े से दिन लन्दन में बिताए। उन दिनों उनका अधिकांश समय पार्लियामेण्ट भवन में ही बीत्ता था। इन दिनों उनको भारी परिश्रम करना पड़ता था। आर्थिक कठिनाइयों के बारे में पहले ही कहा जा चुका हैं कलकत्ता और दिल्ली के मुगल बादशाह की ओर से धन और अनुदान का आना रुक गया था। मेरी कार्पेन्टर के अनुसार वे अकसर थके और चिन्तित रहा करते थे। इन दिनों उन्होंने मिस कैसल को लिखे गए एक पत्र से उनकी मानसिक स्थिति का पता चलता है। लन्दन प्रवास के दौरान राममोहन ने अपने पुत्र राजाराम को रेवरेण्ड डेविसन के संरक्षण में रखा था और उनसे अपने लड़के के बारे में अकसर पत्र-व्यवहार करते रहते थे। इस परिवार से उनका बहुत ही सौहार्दपूर्ण सम्पर्क बन गया था।

मिस कार्पेन्टर की पुस्तक में राममोहन के बहुत सारे पत्र उद्धृत किए हैं जो उन्होंने ब्रिस्टल में मिस किडल, मिस कैसल को लिखे थे। इन पत्रों से राममोहन के इन महिलाओं के साथ स्नेहपूर्ण सम्बन्ध का परिचय मिलता है। इन पत्रों से जान पड़ता है कि बाद में राममोहन ने अपने पुत्र को इन महिलाओं के संरक्षण में ब्रिस्टल भेज दिया था और वे स्वयं भी वहीं जाकर रहना चाहते थे। अप्रैल-मई से लेकर जुलाई-अगस्त 1833 तक उनके सभी पत्रों में उनके लन्दन के व्यस्त जीवन को छोड़कर ब्रिस्टल के शान्त परिवेश में जाकर विश्राम लेने की तीव्र इच्छा झलकती है।

मुगल बादशाह का आर्थिक मामला

इधर उनके विदेश यात्रा के प्रायः सारे उद्देश्य धीरे-धीरे किसी सीमा तक सफल हो रहे थे। इनमें से एक मुख्य उद्देश्य था दिल्ली के मुगल बादशाह के राजदूत के रूप में उनके आर्थिक मामलों पर ब्रिटिश सरकार से पैरवी करना भी था। इंग्लैण्ड की भूमि पर हाजिर होने के बाद से ही राममोहन इस विषय पर ब्रिटिश सरकार से बातचीत चला रहे थे। दो वर्ष की लगातार बातचीत के बाद इस मामले में आंशिक सफलता मिली। 'एशियाटिक जर्नल' के दिसम्बर 1833 के अंक में मि. आर्नट के लेख के अनुसार राममोहन की मृत्यु के कुछ ही दिन पहले राममोहन को ब्रिटिश सरकार

और दिल्ली के बादशाह के बीच चल रही बातचीत में सफलता मिली।[58] एक समझौते के अनुसार मुगल बादशाह का अनुदान वार्षिक तीस हजार पौंड बढ़ा दिया गया। यद्यपि इस घटना के बारे में भी कुछ मतभेद पाया जाता है। फिर भी यह तय था कि राममोहन की कोशिशों के फलस्वरूप दिल्ली के बादशाह के अनुदान में यह वृद्धि हुई। लेकिन राममोहन स्वयं इस सफलता से सन्तुष्ट नहीं थे और उन्होंने स्वयं बादशाह को लिखा था कि वे इस राशि को तब तक स्वीकार न करें जब तक उनके सारे दावे मान नहीं लिये जाते।

राममोहन की अकाल मृत्यु से उनका यह उद्देश्य पूरा नहीं हो पाया। 11 जुलाई, 1833 को जब प्रिवी काउंसिल में सती प्रथा निरोधक कानून के विरुद्ध प्रतिक्रियावादी हिन्दुओं की अपील खारिज हुई, उस समय राममोहन वहाँ उपस्थित थे। निश्चय ही उन्हें इस घटना से भारी शान्ति मिली होगी। इस विषय पर एक बहुत ही महत्त्वपूर्ण और रोचक पत्र ब्रिटिश म्यूजियम में रखा है। पत्र राममोहन ने मारक्विस आफ लैन्सडाउन को लिखा था। मूल अँगरेजी में उद्धृत करना प्रासंगिक होगा।[59]

> " Rajah Rammohun Roy presents his compliments to the Marquis of Lansdown and feels very much obliged by his lordship's informing him of the day (Saturday next) on which the arguments on the Suttee question is to be heard before the Privy Council.
>
> RR, will not fail to be present at 11 O' Clock to witness personally the scene in which an English Gentleman (or Gentlemen) of highly liberal education professing Christianity is to pray for the re-establishment of sucide, and in many instances actual murder—48 Bedford Street, June the 20th 1832.

इसी बीच ईस्ट इण्डिया कम्पनी के नए चार्टर के बारे में बहस और विचार-विमर्श के अन्त में नए कानून का रूप ले रहा था। 1833 के मार्च अप्रैल के महीनों में इसकी सिफारिशों पर सहमति हो गई थी। अब सिर्फ 'हाउस आफ कामन्स' में कानून के लिए बिल पेश होना था। आशा थी, जून के महीने में बिल पेश हो जाएगा। ईस्ट इण्डिया बिल को 20 अगस्त, 1833 में ब्रिटिश सम्राट का अनुमोदन प्राप्त हो गया। उस चार्टर के अन्तर्गत कम्पनी को व्यापारिक अधिकारों के अतिरिक्त राजनैतिक और प्रशासनिक अधिकार मिल गए थे। लेकिन राममोहन नए पार्लियामेण्ट, जिसने रिफार्म बिल पास किया था, के कार्य-कलाप से प्रसन्न नहीं थे। ईस्ट इण्डिया बिल जिस रूप में पास हुआ उससे राममोहन को घोर निराशा हुई। 22 अगस्त, 1833 को श्री बुडफोर्ड को लिखे एक पत्र में उनकी यह निराशा स्पष्ट झलकती है।[60] अब हम राममोहन के राजनैतिक जीवन के अन्तिम दौर पर पहुँच चुके हैं। इसके बाद के थोड़े से दिन, राममोहन ने साम्राज्य की राजधानी की गहमा-गहमी से दूर, ब्रिस्टल के बाहरी

छोर पर ग्रामीण वातावरण में अवस्थित एक सुन्दर बँगले में बिताए। यहीं उनके जीवन का अन्तिम पड़ाव था।

सन्दर्भ और टिप्पणियाँ

1. Marry Carpenter : *The last days in England of the Rajah Rammohun Roy* (Ed. by S. Majumdar) 1976 ed. ; pg.48.
2. वही 49.
3. Collet : *Raja Rammohun Roy* : pg 309.
4. वही : pg 309-310
5. वही : pg 310.
6. वही : Pg 311.
7. Carpenter, M : pg 50-51 फ्लेचर साहब के हाथों जो पत्र रॉस्को साहब ने राममोहन को भेजा था, उसकी अन्तिम कुछ पंक्तियाँ रॉस्को साहब के आग्रह और राममोहन के प्रति आदर का परिचायक है :

   " We have, for sometime past, being flattered with hopes of seeing you in this kingdom, but I fear I am not destined to have that pleasure. At all events, it will be a great gratification to me if I should survive, the attacks of the paralytics complaint, under which I have now laboured for some years, till I hear that you have received this very sincere mark of the deep respect and attachment which I have so long entertained for you and which I hope to renew in a happier state of being......."
8. बागची : राममोहन : पृ. 145.
9. Carpenter, M. : pg. 53. पृष्ठ के नीचे टिप्पणी देखें। तब रास्को साहब की उम्र 78 वर्ष की थी।
10. वही : पृ. 52-53. पत्र की प्रतिलिपि।
11. वही : पृ. 53.
12. Collet : पृ. 312. श्री सदरलैण्ड के संस्मरणों में कुछ प्रासंगिक अंश इस प्रकार हैं, " The scene at Manchester, when he visited the great factories was very amusing. All the workmen I believe, struck work, and men, women, and children rushed in crowds to see ' the king of lngee' ... After shaking hands with hundreds of them he

turned round and addressed them .... On the road to London, wherever he stopped, the inn was suÙkounded."

13 Collet : पृ. 313.

14. वही : पृ. 313.

15. कार्पेन्टर एम., पृ. 56.

16. वही पृ. 56-57 में डॉ. कार्पेन्टर का राममोहन सम्बन्धी विवरण उद्धृत है : "....... When he arrived in Britain, the first letter which I received from him assured me that I possessed his friendly regard... I was his companion in his first attendance on unitarian worship in London, and in the evening I conducted him to the crowded meeting of our association, at which the father of my colleague Rev. Robert Esplaned presided... I "

17. वही : पृ. 57-60 इस भाग की कार्यवाही का पूरा विवरण Monthly Repository के जून 1831 के अंक में प्रकाशित हुई थी।

18. वही : पृ. 60-61 राममोहन के भाषण की पूरी प्रतिलिपि उद्धृत है।

19. वही : पृ. 62 ।

20. Collet : पृ. 315. राममोहन ने फाक्स साहब को लिखा था- ".... it will give me more real gratification to visit you in your cottage, as you call it then to visit a palace. But as I happen to be engaged for dinner every day till the 19th , I would prefer seeing you at breakfast......"

21. वही : पृ. 317.

22. वही : पृ. 317 की पाद-टिप्पणी में सांध्य-भोज का विवरण। Asiatic Journal Vol. V, New Series (May to Aug. 1831), पृ. 236-237 में छपा था।

23. वही : पृ. 318. " it was rather curious to see the Brahman surrounded by hearty feeders upon turtle and venis on and champagne, and touching nothing himself but rice and cold water."

24. वही : पृ. 316-317 में Asiatic Journal Vol. Xii (New series) से उद्धृत करते हुए लिखा था "It is said that Ministers of the crown " recognised his embassy and his title" as the ennobled representative of the Emperor of Delhi."

25. वही : पृ. 317 " the same men who treated him with scorn in India now eagerly courted his acquaintance...."

26. वही : पृ. 318-319 "...... this request Rammohun declined, but tendered his evidence in the form of successive Communications to the Board of Control......"
27. वही : पृ. 319-320.
28. वही : पृ. 320.
29. चट्टोपाध्याय : पृ. 246-247 पर उद्धृत।
30. Collet : पृ. 320.
31. *English works.*
32. Collet : पृ. 382-383 में सम्पादकीय टिप्पणी।
33. वहीं, पृ. 356. इसी सन्दर्भ में पृ. 420 पर सम्पादकीय टिप्पणी में 1929 के 'माडर्न रिव्यू' से उद्धृत किया गया है।
34. वही, पृ. 323.
35. वही, पृ. 401-411 में इस विषय पर लम्बी सम्पादकीय टिप्पणी में इस विवाद पर रोशनी डाली गई है।
36. वही पृ. 324 में सदरलैण्ड साहब के संस्मरणों को उद्धृत किया है "...... his good sense soon prevailed over this folly of an extravagant establishment. He abandoned this splendid mansion and went to live with Mr. Hare the brother of David Hare of Calcutta, in Bedford Square where he continued while he was in London...."
37. Mary Carpenter : पृ. 75-90 में राममोहन के लन्दन निवास-काल के सामाजिक जीवन के बारे में विवरण के अलावा विशिष्ट लोगों के जिनमें महिलाएँ भी थीं, के पत्र उद्धृत हैं। इसके अतिरिक्त राममोहन के कुछ पत्र भी उद्धृत है।
38. Collet : पृ. 326-28.
39. चट्टोपाध्याय : पृ. 251-252 पर Lucy Aikin के Memoirs, Miscellanies and Letters, of Late Lucy Aikin से पत्रों के उद्धृत अंश। उनके एक पत्र का कुछ अंश इस प्रकार है :

    " ...... He is indeed a glorious being— a true sage, as it appears, with the genuine humility of the character, and with more fervour, more sensibility, a more engaging tenderness of heart than any class of character can justify claim."

    मेरी कार्पेन्टर ने अपनी पुस्तक में मिस एकिन के पत्र उद्धृत किए है।
40. Collet : पृ. 330-331 में राममोहन का एक पत्र उद्धृत है, जो उनके देश के बारे में सदैव चौकस रहने की भावना को स्पष्ट करता है-

"But I have before explained to you how much attending public dinners might be injurious to my interest in India and disagreeable to the feeling of my friends there....."

41. वही, पृ. 332.
42. Carpenter, Mary : पृ. 54, पत्र के पूरे अँगरेजी पाठ के लिए देखें।
43. वही : पृ. 73 " In Vol. VIII 1831-2 in the General, Appendix to the report from the select committee of the House of Commons on the affairs of East India Company Section V, Pp. 341-443- Remarks by Rammohun Roy are given on the settlement of Europeans in India, dated 14th July, 1832."
44. Collet : पृ. 336.
45. Carpenter, M. : पृ. 74.
46. विश्वास : पृ. 539-540, मूल उर्दू पत्र का फ़ारसी रूपान्तर और बांग्ला अनुवाद प्रस्तुत है। इस पत्र के अतिरिक्त तासी को लिखे दूसरे हिन्दुस्तानी पत्र आज भी उपलब्ध नहीं हो सके।
47. लेयोनार-द शेज़ी यूरोप के अन्यतम संस्कृत भाषा और साहित्य ज्ञाता थे। उन्होंने कालिदास के अभिज्ञान शाकुन्तलम् का फ्रेंच अनुवाद किया था। इसके अतिरिक्त *अमरूकशतक* और *रामायण* के कुछ अंशों का अनुवाद किया था। वे College Royal de France में संस्कृत भाषा और साहित्य के पहले अध्यापक नियुक्त हुए थे। शेजी के पाण्डित्य और प्रतिभा से आकृष्ट होना राममोहन के लिए स्वाभाविक था।
48. विश्वास : पृ. 500, लेखक के अनुसार यूरोप में राममोहन को परिचित कराने का यह पहला प्रयास था।
49. वही : पृ. 520-521, इसी पुस्तक के पृ. 522-536 में मंशिये पतिये की समालोचना का मूल फ्रेंच से बांग्ला अनुवाद उद्धृत है। इस लेख से फ्रांस के विद्वत समाज में राममोहन के प्रभाव को आँकने और समझने की सुविधा होती है।
50. Garcin-de-Tassy : *Appendice aux Rudiments dela langue Hindoustanic* (1833 में पेरिस से प्रकाशित)।
51. Victor Jacquemont वैज्ञानिक और पर्यटक थे, जिनका परिचय राममोहन के साथ कलकत्ता में 1829 में हुआ था। उन्होंने अपनी यात्रा पुस्तक Voyage dans I' Inde में राममोहन के बारे में विस्तार से लिखा था।
52. Collet : पृ. 392, प्रसिद्ध विद्वान Sismondi ने *Revue Encyclopedique* (1824) के अंक में एक लेख लिखकर राममोहन के कार्य-कलाप और विद्वत्ता की भरपूर प्रशंसा की थी।

53. चट्टोपाध्याय : पृ. 250. इस पुस्तक के अलावा इस मुलाकात का विवरण मिस कोलेट या दूसरी जीवनियों में नहीं है।

54. Collet : पृ. 343. पूरे पत्र की प्रतिलिपि के लिए देखें।

55. वही : पृ. 343.

56. Carpenter, M : Pg. 80. इस घटना पर मि. आर.हिल का संस्मरण उद्धृत किया है।

57. पत्र के पूरे पाठ के लिए परिशिष्ट देखें। ऐसा लगता है कि इस मुलाकात से पहले भी राममोहन के साथ राबर्ट ओवन का पत्राचार चलता रहा होगा। विश्वास : *'राममोहन प्रसंग'* के पृ. 621 में 13 फरवरी 1832 के एक पत्र की प्रतिलिपि दी गई है।

58. Collet : पृ. 344.

59. वही : पृ. 346 की पाद टिप्पणी।

60. Collet : pg. 352.... " The reformed Parliament has disappointed the people of England, the Ministers may perhaps redeem their pledge during next session....."

•

अध्याय—14

ब्रिस्टल : यात्रा का अन्तिम पड़ाव

बेडफोर्ड स्क्वायर से ब्रिस्टल के मिस किडल को राममोहन ने 24 जुलाई, 1833 को एक पत्र लिखा था,..... 'ब्रिस्टल पहुँचने की उत्सुकता में मुझे भारी कार्य भी हलके महसूस हो रहे हैं और कठिन कार्य भी आसानी से हो जाएँगे, ऐसा लगता था। लेकिन मुझे बार-बार निराशा ही हाथ लगती है और मुझे अत्यन्त दुख होता है। आज निचले सदन (कामन्स) में इण्डिया बिल का तीसरा वाचन होगा। कमेटियों में परेशान और देर करने वाली बहसों से काम में रुकावटें डालने की कोशिशें चलती रहीं। निचले सदन में बिल के पास होने पर प्रवर सभा (लार्ड्स) में 'बिल' की क्या दशा होगी इसका शीघ्र ही अनुमान लगा सकूँगा, और अन्तिम निर्णय की प्रतीक्षा किए बिना ही मैं लन्दन से चल दूँगा। अगले हफ्ते मैं सीधे ब्रिस्टल के लिए रवाना हो जाऊँगा....।

हम पहले ही बता चुके हैं कि 11 जुलाई 1833 को प्रिवी काउंसिल ने सती प्रथा उन्मूलन के पक्ष में पुराणपन्थी हिन्दुओं की अपील को खारिज कर दिया। राममोहन उस समय पार्लियामेण्ट भवन में उपस्थित थे। दूसरी ओर ईस्ट इण्डिया बिल का, जिसके द्वारा भारत में प्रशासनिक परिवर्तन आने थे, का वाचन पार्लियामेण्ट में चल रहा था। ईस्ट इण्डिया बिल को 20 अगस्त, 1833 को राजकीय अनुमोदन मिल गया था। इस चार्टर के अनुसार ईस्ट इण्डिया कम्पनी अब एक व्यापारिक संस्था से एक प्रशासनिक और राजनैतिक संस्था में बदल गई। राममोहन काफी समय से ब्रिस्टल जाकर कुछ दिनों के लिए आराम करना चाह रहे थे लेकिन कुछ राजनैतिक और पार्लियामेण्ट के मामलों में इतने व्यस्त रहे कि किसी तरह निकल ही नहीं पा रहे थे। ब्रिस्टल में ही उनके दत्तक पुत्र राजाराम के ठहरने और शिक्षा की व्यवस्था डॉ. कार्पेन्टर के सौजन्य से मिस किडल और मिस कैसल के परिवार में कर दी गई थी। वस्तुतः राममोहन जब इंग्लैण्ड पहुँचे थे उसी समय डॉ. कार्पेन्टर के माध्यम से यह तय हो गया था कि जब कभी उन्हें ब्रिस्टल जाने का मौका मिलेगा, वे स्टेपलटन ग्रोव में ही ठहरेंगें।

कुमारी कार्पेन्टर ने लिखा है कि उनके पिता डॉ. कार्पेन्टर को अपने आदरणीय मित्र को अपने घर पर ठहराने में बड़ी खुशी होती, लेकिन उनकी कार्यसम्बन्धी जिम्मेवारियों और निवास-स्थान की सीमित सुविधा और राजा की प्रतिष्ठा और जीवन-स्तर के अनुरूप एक बड़ी कोठी में ठहराने की व्यवस्था की गई थी।

डॉ. कार्पेन्टर के ही माध्यम से राममोहन का परिचय मिस किडल और मिस कैसल से हुआ था। मिस कैथरीन कैसल एक सम्भ्रान्त, धनी परिवार की कन्या थी। माता-पिता की मृत्यु के बाद से डॉ. कार्पेन्टर मिस कैसल के अभिभावक के रूप में थे। मिस किडल मिस कैथरीन कैसल की संरक्षिका थीं। मिस कैसल और मिस किडल ने राममोहन को अतिथि के रूप में रखना स्वीकार कर लिया था। यह भी तय हुआ कि ब्रिस्टल में राममोहन उनकी आलीशान कोठी 'स्टेपलटन ग्रोव' में उन दोनों महिलाओं के अतिथि होंगे।

अन्तः राममोहन लन्दन के व्यस्त, जीवन से निकलने में सफल हुए। सम्भवतः सितम्बर, 1833 के पहले हफ्ते में वे लन्दन से ब्रिस्टल पहुँचे।[2] 'स्टेपलटन ग्रोव' शहर के बाहरी छोर पर बहुत ही सुरम्य प्राकृतिक दृश्यों के बीच अवस्थित था, राममोहन को यह स्थान बहुत ही अच्छा लगा। मिस कैसल और मिस किडल ने उनका हार्दिक स्वागत किया। राममोहन के साथ लन्दन से उनके दो नौकरों के अलावा डेविड हेयर की भतीजी मिस हेयर भी आई थीं।[3] उनके मित्र डॉ. कार्पेन्टर उन दिनों ब्रिस्टल में ही थे। मि. एस्लिन राममोहन के चिकित्सा-सलाहकार नियुक्त किये गये।

राममोहन को यहाँ आकर बड़ा सन्तोष मिला। लन्दन की भीड़-भाड़ और हलचल भरी दौड़-धूप की अपेक्षा ब्रिस्टल का शान्त वातावरण बहुत ही सुखद था। इधर कुछ दिनों से उनकी तन्दुरुस्ती अच्छी नहीं चल रही थी। उनके इस शारीरिक अस्वस्थता का संकेत उस काल के कई पत्रों में मिलता है जो उन्होंने अपने मित्रों को लिखे थे। इसके अलावा वे अपने निजी सचिव मि. आर्नट के शरारतपूर्ण व्यवहार से दुखी और चिन्तित थे। राममोहन की मृत्यु के लगभग एक महीना पहले प्रसिद्ध संस्कृत विद्वान एच. एच. विलसन ने 21 अगस्त, 1833 को एक व्यक्तिगत पत्र कलकत्ते के बाबू रामकमल सेन को लिखा था।[4] बाद में पत्र 'इण्डियन मिरर' के 15 जुलाई, 1872 के अंक में प्रकाशित हुआ था। पत्र मूल अँगरेजी में दिया जा रहा है। इस पत्र मे राममोहन की शारीरिक और आर्थिक अवस्था का बहुत ही स्पष्ट विवरण है :

> "Ram mohun had grown very stout and looked full and flushed when I saw him. It appears also that mental anxiety contributed to aggravate his complaint. He had become embarrassed for money, and was obliged to borrow of his friends here; in doing which he must have been exposed to much annoyance, as people in England would

as soon part with their lives as their money. Then Mr. Sandford Arnot, whom he had employed as his secreatary, importuned him for the payment of large sums which he called arrears of salary and threatened Rammohun, if not paid, to do what he has done since his death-claim as his own writing all that Rammohun published in England. In short Rammohun had got amongst a low, needy unprincipled set of people, and found out his mistake; I suspect, when too late, which prayed upon his spirits and injured his health.[5]

राममोहन को अपने जीवन में कभी भी ऐसी आर्थिक कठिनाई का सामना नहीं करना पड़ा था। लेकिन जीवन के इन अन्तिम दिनों में आर्थिक कठिनाई ने उन्हें बुरी तरह घेर लिया । केवल अपने कुछ निकटतम मित्रों, जिनमें हेयरबन्धु और डॉ. कार्पेन्टर भी थे, की सहृदयता के सहारे ही वे जीवन के अन्तिम दिनों का सफर पूरा कर रहे थे।

जो भी हो, ब्रिस्टल का 'स्टेपलटन ग्रोव'[6] उनके लिए स्वर्गोपम सुखद आवास था। वे यहाँ सभ्य, सुसंस्कृत और समान धार्मिक विचार वाले लोगों के बीच रह रहे थे। ब्रिस्टल आने के बाद प्रायः प्रतिदिन राममोहन और डॉ. कार्पेन्टर एक दूसरे से मिलते थे। सुबह-शाम धार्मिक तथा अन्य विषयों पर लम्बी बातचीत चलती। इन थोड़े से दिनों की घनिष्ट मुलाकात से डॉ. कार्पेन्टर का सौहार्द्र और बढ़ गया। राममोहन अकसर डॉ. कार्पेन्टर के चर्च में उपासना के लिए जाया करते थे। इधर मिस कैसल और मिस हेयर उनके स्वास्थ्य का पूरा खयाल रखती थीं। लेकिन उनके भाग्य में यह आराम और सुख लिखा नहीं था। उनके संघर्षमय जीवन का अन्त इतने नजदीक आ पहुँचा था कि कोई कल्पना भी नहीं कर सकता था। इस प्रायः एक महीने के संक्षिप्त निवास काल में राममोहन बीमार पड़ने से पहले लगातार दो रविवार, डॉ. कार्पेन्टर के चर्च में उपासना के लिए जाते रहे। यहाँ, चर्च लेविनस मीड चैपल में लोगों ने राममोहन का हार्दिक स्वागत किया। हमें स्मरण है कि कई वर्ष पहले राममोहन केरी साहब के परिवार के साथ ईसाई उपासना में शामिल हुए थे। डॉ. वाट की भजनावली की एक प्रति उनके साथ हमेशा रहती थी और अकसर वे सार्वजनिक उपासना के स्थान पर बच्चों के लिए, उनका प्रिय भजन सुनाया करते थे।[7] डॉ. कार्पेन्टर ने लिखा था कि मैनचेस्टर के किसी विद्यालय के लिए जब धन की अपील की गई तो उन्होंने मुझे श्री एस्लिन के द्वारा कहला भेजा कि वे विद्यालय के लिए दान करना चाहते हैं। दुर्भाग्य से वे इसके लिए जीवित नहीं रहे।

उनका छोटा-सा ब्रिस्टल का जीवन काल भी बिल्कुल घटनाविहीन नहीं था। वहाँ भी सम्भ्रान्त और विशिष्ट नागरिक और धार्मिक नेता उनसे अकसर मिलने आते थे।

घण्टों बातचीत में समय बीत जाता। प्रसिद्ध साहित्यकार जॉन फ़ास्टर स्टेपलटन ग्रोव के पास ही एक मकान में रहते थे। वे अकसर राममोहन से बातचीत करने चले आते थे। श्री फॉस्टर के 'जीवन चरित' में उनके किसी मित्र को 8 अक्तूबर, 1833, को लिखे एक पत्र का हवाला मिलता है, जिससे उन्होंने राममोहन से उनके भेंट का बहुत ही दिलचस्प विवरण दिया है। मेरी कार्पेन्टर ने अपनी पुस्तक में इस पत्र को उद्धृत किया है।..... 'शुरू-शुरू में मेरे मन में राममोहन के बारे में दुराग्रह था। यहाँ तक कि उनसे मिलने की भी इच्छा नहीं होती थी। लेकिन जब वे मिस कैसल के घर पर आकर ठहरे तो, मिले बगैर न रह सका। उनसे मिलने के बाद मेरा दुराग्रह आधे घण्टे भी नहीं रहा... वे एक विद्वान और विदग्ध सज्जन हैं। इसमें सन्देह का अवकाश नहीं है।..... मैंने उनके साथ दो दिन शाम को देर तक बातचीत की हैं। अन्तिम बार उन्होंने मेरे साथ भारत के दार्शनिकों के कुछ सिद्धान्तों और हिन्दुओं के राजनैतिक, सामाजिक और नैतिक अवस्था के बारे में काफी विस्तार से बातचीत की।'[8]

ब्रिस्टल में ही राममोहन का परिचय डॉ. कार्पेन्टर की सुपुत्री कुमारी मेरी कार्पेन्टर से हुआ था। कुमारी कार्पेन्टर ने राममोहन के अन्तिम दिनों का बहुत ही सुन्दर और विशद विवरण अपनी प्रसिद्ध पुस्तक में दिया है। मिस कार्पेन्टर राममोहन के जीवन और कृतित्व से इतनी प्रभावित थीं कि उन्होंने अपने जीवनकाल में तीन-चार बार भारत की यात्रा की थी। 11 सितम्बर को एक बड़ी गोष्ठी का आयोजन किया गया जिसमें ब्रिस्टल के विशिष्ट नागरिक राममोहन से मिलने के लिए एकत्रित हुए। डॉ. कार्पेन्टर के अनुसार एकत्रित विद्वत समाज ने राममोहन की प्रतिभा और विचारों की स्पष्टता की बड़ी सराहना की। इस बातचीत के दौरान जहाँ मि. फॉस्टर जैसे विद्वान उपस्थित थे राममोहन लगातार तीन घण्टे तक खड़े होकर चारों ओर से घेरकर बैठे मेहमानों के प्रश्नों का उत्तर देते रहे। बातचीत मुख्यतः भारत के धर्म, दर्शन और राजनैतिक विषयों पर चलती रही। उपस्थित लोग राममोहन की प्रशंसा करने लगे।[9] राममोहन की विद्वत्ता और पाण्डित्य ने सभी को प्रभावित किया था दुर्भाग्य से यही उनके जीवन का अन्तिम सार्वजनिक कार्य था।

वर्षों के कठिन परिश्रम और विदेश में आकर आर्थिक कठिनाइयों की चिन्ता ने उनके स्वस्थ शरीर पर अपना प्रभाव लन्दन से ही दिखाना आरम्भ कर दिया था। लन्दन में भी वे अकसर थकान महसूस करने लगे थे और कई बार अस्वस्थ भी हुए। इसी से लन्दन से बाहर किसी शान्त वातावरण में रहकर आराम करने के लिए इतने उत्सुक थे। लेकिन होनी को कौन टाल सकता है भला? 11 सितम्बर की सफल गोष्ठी के केवल एक हफ्ते बाद ही घातक बीमारी के लक्षण दिखाई देने लगे थे। डॉ. कार्पेन्टर के अनुसार जब वे 17 सितम्बर को राममोहन से मिलने गए तो उन्हें लगा कि राममोहन बहुत ही थके हुए हैं। उन्होंने राममोहन को पूरी तरह विश्राम करने की

सलाह दी। उस दिन भी शाम को राममोहन कुछ मित्रों के साथ और श्री एस्लिन की विदुषी माता के साथ देर तक लम्बी बातचीत करते रहे। डॉ. कार्पेन्टर ने आगे लिखा था यही उनकी राममोहन से अन्तिम भेंट थी, क्योंकि वे स्वयं उन दिनों अस्वस्थ हो गए थे और और स्टेपलटन ग्रोव न जा सके।[10] घटनाएँ इतनी तेजी से घटी कि उनके परम मित्र और सहयोगी भी उनकी मृत्यु-शय्या के निकट उपस्थित नहीं हो सके।

19 सितम्बर को उन्हें ज्वर का आक्रमण हुआ। विलसन का हवाला देते हुए मिस कोलेट ने लिखा है कि पहले सन्देह किया गया कि बीमारी गुर्दे से सम्बन्धित है और इसी का इलाज चला। लेकिन बाद में एस्लिन साहब सिर पीड़ा और ज्वर से पीड़ित राममोहन के लिए अधिक चिन्तित हो उठे। क्रमशः ज्वर और सिर दर्द का प्रकोप लगातार बढ़ता चला गया। मिस हेयर, मिस कैसल और मिस किडल के अलावा उनका दत्तक पुत्र राजाराम और उनके दोनों नौकर उनकी सेवा में उपस्थित थे, लेकिन जब रोग बढ़ने लगा तो शहर के कुछ बड़े-बड़े डॉक्टरों को बुलाया गया। उन्होंने सलाह दी कि उन्हें किसी योग्य नर्स की आवश्यकता है। मिस हेयर ने उनकी सेवा करने की अनुमति माँगी। भारतीय संस्कारों के कारण राममोहन एक विदेशी कन्या से सेवा करवाने में झिझक रहे थे। लेकिन एस्लिन के अनुरोध पर राजी हो गये।[11] इस प्रकार मिस हेयर, प्रसिद्ध डेविड हेयर के प्रसिद्ध मित्र की रोग-शय्या पर नर्स की भूमिका निभा रही थीं। मिस हेयर की सतर्कता और सेवापरायणता से राममोहन बहुत प्रभावित हुए। एस्लिन साहब ने लिखा था कि राममोहन मिस हेयर को बेटी के समान मानते थे और मिस हेयर भी राममोहन का पिता समान आदर करती थी।[12] मिस हेयर दिन-रात सेवा में लगी रही लेकिन रोग दिन पर दिन बढ़ता ही चला गया। 23 सितम्बर को यह स्पष्ट हो गया कि सिर ही मुख्य रूप से पीड़ित है। वे सिरदर्द से बेहाल पड़े थे। बाद में पीड़ा ने विकार का रूप ले लिया। होश भी जाता रहा। कभी-कभी होश में आते तो पास खड़े लोगों से बोलने की कोशिश करते और अकसर बहुत ही विनीत भाव से सबको धन्यवाद देते। उनके मन में इस संकट की घड़ी में क्या विचार उठे होंगे जानना सम्भव नहीं। केवल वे कभी-कभी 'ओऽम्' शब्द का उच्चारण करते थे। धीरे-धीरे उनकी चेतना और वाक्-शक्ति का भी लोप होता चला गया।

शुक्रवार 27 सितम्बर को चरम संकट की घड़ी आ खड़ी हुई। यह राममोहन के जीवन का अन्तिम दिन था। मि. एस्लिन ने अपनी उस दिन की डायरी में लिखा है—प्रतिक्षण उनकी हालत बिगड़ती जा रही है। साँस भी जोर-जोर से रुक-रुक कर चल रही है। नाड़ी पकड़ पाना मुश्किल है। उनका दाहिना हाथ बराबर हिल रहा था और बायाँ हाथ मृत्यु से केवल एक घण्टे पहले हिल कर शान्त हो गया था...। रात के ढाई बजे मि. हेयर मेरे कमरे में आए और बताया कि सब कुछ समाप्त हो गया है। उन्होंने रात के 2 बजकर 25 मिनट पर अन्तिम साँस ली थी।

राममोहन के चिकित्सक श्री एस्लिन ने इस बीमारी के दिनों का विवरण अपनी व्यक्तिगत डायरी में लिखा था। मेरी कार्पेन्टर ने अपनी पुस्तक से राममोहन के जीवन के उन अन्तिम और महत्त्वपूर्ण दिनों का विवरण मि. एस्लिन की डायरी से उद्धृत करके इतिहासकारों के लिए काफी सुविधा प्रदान की है। यहाँ पर डायरी के अंशों का अनुवाद तिथि-अनुसार दिया जा रहा है :[13]

''**ब्रिस्टल, सोमवार 9 सितम्बर 1833 :** स्टेपलटन ग्रोव भवन में मैं राममोहन राय को देखने गया। उनके साथ बहुत ही दिलचस्प और हृदयग्राही बातचीत हुई। उन्होंने स्पष्ट तौर पर बताया कि वे ईसा मसीह के जीवन के ईश्वरीय उद्देश्यों पर विश्वास करते हैं। उनके विचार से ईसाई धर्म के अन्तःसाक्ष्य, न्यू टेन्टामेन्ट के ऐतिहासिक प्रमाणों से अधिक सशक्त हैं। हिन्दुस्तानी भाषा से अनूदित एक पुस्तक उन्होंने मुझे भेंट की। मैंने उनसे कहा कि अध्यापक ली का कहना है कि वे (राममोहन राय) ईसाई धर्म के ईश्वरीय उत्पत्ति को स्वीकार नहीं करते हैं। उन्होंने कहा कि उन्होंने ईसा मसीह के ईश्वरत्व को अस्वीकार किया था लेकिन ईसा मसीह के जीवन के ईश्वरीय उद्देश्य को कभी अस्वीकार नहीं किया।

''**बुधवार, 11 सितम्बर :** डॉक्टर कार्पेन्टर के साथ स्टेपलटन ग्रोव भवन में भोजन के लिये गया। वहाँ डॉ. जेराई, सिमन्स और मि. फॉस्टर, ब्रूस, वासर्लि एसप्लाण्ड, आदि लोगों से भेंट हुई। भोजन के समय भी अत्यन्त रोचक बातचीत हुई। जिस मननशील और आध्यात्मिक प्रक्रिया के द्वारा राजा अपने धर्म सम्बन्धी मीमांसा पर पहुँचे हैं, उसका विशद विवरण दिया। क्राइस्ट के पुनर्जन्म और अपने धार्मिक विश्वास में पुनर्जन्म के विवरण को स्पष्ट रूप से कहा।

''**12 सितम्बर, बृहस्पतिवार :** मैं रात यहीं सो गया था। सुबह के भोजन के समय दिलचस्प बातचीत चली। मैंने राममोहन राय को वेस्ट इण्डियन नीग्रो लोगों के बारे में कुछ बताया। उस जाति के बारे में उन्होंने क्रिश्चियन मिशनरियों से सुन रखा था, इसी से मेरा विवरण सुनने का वैसा आग्रह नहीं था। मिस किडल, मिस कैसल, राजा और मैं, उनकी गाड़ी में ब्रिस्टल शहर आए। मधुमक्खियों का छत्ता देखने के लिए वे मेरे 47 नम्बर पार्क स्ट्रीट के मकान में उतरे। मधुमक्खियों का छत्ता देखकर उन्हें बड़ी प्रसन्नता हुई।

''**13 सितम्बर, शुक्रवार :** दो बजे रोगियों को देखा। .....चार बजे भोजन. .... का निमन्त्रण था। राजा, मिस किडल, मिस कैसल, डॉक्टर जेराई..... इत्यादि सभी वहाँ उपस्थित थे। राजनीति पर बातचीत चली, रिफार्म बिल पास होते समय विग दल ने जिस नीति को अपनाया था उस पर राममोहन राय ने तीव्र आलोचना की।

"14 सितम्बर, शनिवार : मैं स्टेपलटन ग्रोव गया। वहाँ डॉ. कार्पेन्टर के साथ मुलाकात हुई। राजा के साथ बड़ी रोचक बातचीत हुई और वहीं भोजन किया।

"15 सितम्बर, रविवार : मिस किडल की गाड़ी में राजा जा रहे थे। मुझे और मेरी को इसी गाड़ी में चर्च ले गए। मैंने उनको डॉ. पिचर्ड की 'फिजिकल हिस्टरी ऑफ मैन' की एक प्रति भेंट की। मैं वह राममोहन राय के लिए डॉक्टर साहब से माँग कर लाया था।

"17 सितम्बर, मंगलवार : मेरी माता आज की शाम राममोहन राय को देखने और स्टैपलटन ग्रोव में दो-एक दिन रहने के लिए चली गईं।

"19 सितम्बर, बृहस्पतिवार : मैं अपनी माँ से मिलने घोड़े पर सवार होकर स्टेपलटन ग्रोव पहुँचा। देखा राजा को ज्वर है। मुझे देखकर वे प्रसन्न हुए। मैंने उनके लिए दवाई की व्यवस्था की। आठ बजे के करीब राजा की गाड़ी मुझे लिवाने आयी। मैंने पाया कि वे पहले से कुछ अच्छे हैं, लेकिन अब भी थोड़ा बुखार चल रहा था। मि. जॉन हेयर जिनके साथ राममोहन ठहरे थे, वहाँ उपस्थित थे। रात को वहीं सोया।

"20 सितम्बर, शुक्रवार : राजा में कोई विशेष सुधार नहीं था। मैं कोई दो बजे राजा की गाड़ी पर घर लौटा फिर रात को भोजन के लिए गया। राजा के सिर में जोरों का दर्द हो रहा था। लेकिन दवाई से कुछ कम हो गया। वे शाम को सोते रहे लेकिन आँखें कुछ खुली हालत में थीं। कोई ग्यारह बजे वे जगे। मैंने पाया कि उनके हाथ-पैरों के किनारे बहुत ठण्डे हैं। उनकी नाड़ी की गति 130 थी और कमजोर चल रही थी और क्रमशः क्षीण होती जा रही थी। गरम जल आदि के साथ थोड़ी-सी शराब देने पर उन्होंने कुछ आराम महसूस किया। लेकिन बेचैनी के कारण वे कभी जमीन पर और कभी सोफे पर बार-बार बैठ जाते। मैंने उनसे विनती की कि वे मिस हेयर को निरन्तर अपनी देख-रेख करने की अनुमति दें। उन्होंने कहा कि यह उचित न होगा। मैंने उनको बताया कि इस देश की प्रचलित प्रथा के अनुसार, इसमें कोई अशोभनीय बात नहीं होगी, तो वे राजी हो गए। मिस हेयर, जो अब तक सोने चली गई थीं, मैंने उन्हें जगाकर राजा के पास ठहरने को कहा। वे मेरी सेवाओं से काफी कृतज्ञ लगे और मेरे वहीं सोने पर प्रसन्न हुए। आज रात मुझे उनके लिए भारी चिन्ता हुई। मैंने अपनी माँ से कहा कि यदि कल तक हालत नहीं सुधरती है तो मुझे पिचर्ड साहब को बुलाने का मशवरा देना पड़ेगा।

"शनिवार, 21 सितम्बर : मिस हेयर राजा के पास बैठी रहीं और वे रात भर कैसे रहे, इसका विवरण मुझे दिया। मैंने सुबह उनकी जाँच की। उनकी

नब्ज पहले से अच्छी थी, पहले से कुछ अच्छे लगे लेकिन जबान ठीक नहीं थी। मिस किडले ने प्रस्ताव रखा कि डॉ. पिचर्ड को बुलाकर दिखाया जाए। मैं खुशी से राजी हो गया। ब्रिस्टल गया और दो बजे कुछ रोगियों को देखा और फिर मैं पिचर्ड के साथ स्टेपलटन पाँच बजे भोजन के लिए पहुँचा। मैंने राजा को पिचर्ड के आगमन के बारे में तब तक नहीं बताया जब तक वे भवन में पहुँच नहीं गए। राजा ने पिचर्ड के आने पर सन्तोष प्रकट किया। पिचर्ड के मुख-मण्डल पर बुद्धि का कैसा तेज है, यह मुझे राजा ने बाद में बताया। मि. हेयर के साथ यहाँ मुलाकात हुई। वे पिचर्ड को बुलाये जाने से पूरी तरह सहमत थे, मैं रात को ग्यारह बजे सोने के लिए गया। मिस हेयर फिर राजा के पास बैठी रहीं।

''22 सितम्बर, रविवार : सुबह तक राजा बहुत बेचैन रहे और जब सोए तो उनकी आँखें खुली हुई थीं। पिचर्ड कोई साढ़े ग्यारह बजे आए। मैं उनके साथ अन्दर गया..... मि. हेयर भी हमारे साथ बाहर आए। शाम को राजा पहले से कुछ अच्छे थे और मुझे उनके बारे में कुछ अधिक उम्मीद बँधी। जब मैं, पिचर्ड और हेयर उनके पास ही थे तो उन्होंने कहा कि यदि उन्हें मरना भी पड़े तो भी उन्हें सन्तोष रहेगा कि ब्रिस्टल में वे सर्वोत्तम चिकित्सा-व्यवस्था के अधीन रहे। मेरी और अपनी माँ, मिस कैसल की गाड़ी में प्रार्थना सभा में गईं और लौट आईं। मिस हेयर राजा की सतत देख-रेख और सेवा में लगी थीं। उनका राजा पर अच्छा-खासा प्रभाव है। वे मुझसे भी अधिक आसानी से राजा को दवाई आदि पिलातीं। उनका मिस हेयर से काफी लगाव मालूम होता है और उनका राजा के प्रति पितातुल्य आदर भाव है।

''23 सितम्बर, सोमवार : मैं सुबह से कुछ पहले उठा। राजा ने सारी रात बेचैनी में बिताई, बस कभी-कभी खुली आँखों से थोड़ा सो लेते। सारे दिन काफी कष्ट पाया। आसपास लोगों के उपस्थित रहने का उन्हें कोई ज्ञान नहीं, लेकिन जगाने पर वे पूरी तरह सचेत हो जाते। क्या कुछ हो सकता है, इसकी मुझे गहरी आशंका थी। उनके स्वास्थ्य लाभ या मृत्यु दोनों की की संभावना मेरे मन में थी। मिस हेयर ने सुबह दूसरे डाक्टरों को बुलाकर परामर्श लेने की बात कही। मैंने भी ऐसा ही सुझाव दिया। श्री हेयर ने राय दी कि यद्यपि उनके विचार से आवश्यक नहीं है फिर भी एक ऐसे ख्यातिसम्पन्न व्यक्ति के लिए कोई विशिष्ट चिकित्सक बुलाना चाहिए। उन्हीं की राय पर डॉ. कैरिक को बुलाया गया। वे पिचर्ड के साथ शाम को आए। शरीर के सभी अंगों में सिर ही सबसे पीड़ित अँग लगा तो उसमें जोंक लगाये गए। रात को राजा कुछ ठीक-ठाक रहे, उन्होंने मुझसे मेरी सेवा के लिए कृतज्ञता प्रकट की। मेरी ओर बहुत ही प्रेम से देखा

और मेरा हाथ पकड़े रहे, मैंने सुबह गरम पानी से नहाने में उनकी सहायता की। रात को उन्होंने कुछ आराम महसूस किया।

''**24 सितम्बर, मंगलवारः** हेयर साहब, कुमारी हेयर और बालक राजाराम पिछली रात राजा की सेवा में थे। रात ग्यारह बजे मैं चला गया था और फिर सुबह पाँच बजे रोगी के कमरे में आया। राजा की नब्ज पिछली रात से कुछ बेहतर थी और मोटे तौर पर इसकी गति बहुत बुरी नहीं कहीं जा सकती। कैरिक और पिचर्ड कोई बारह बजे पधारे। दिन में कुछ शान्त थे और उन्हें नींद भी आयी। लेकिन आँखें खुली रही थीं। शाम को और रात में वे अकसर बेचैन रहे।

''**25 सितम्बर, बुधवार :** राजा काफी सोये और पिछली रात की अपेक्षा शान्त रहे। नाड़ी 102 पर टिकी थी, लेकिन कमजोर। श्री हेयर राजा के पास बैठे रहे। उन्होंने सुबह तीन और चार के बीच रोगी की हालत के बारे में खतरनाक खबर दी। नाड़ी कमजोर थी और अँग-प्रत्यंग बहुत ठण्डे थे। ढँक देने पर उनका शरीर आसानी से गरम हो गया। वे धीरे-धीरे फुसफसाये। जगाने पर चेतना लौट आती थी। मैं कोई बारह बजे ब्रिस्टल गया। शाम को भोजन के समय स्टेपलटन ग्रोव गया। राजा की हालत खराब और कमजोर थी। उनके लिए फर्श पर एक गद्दा बिछा दिया गया है जिस पर वे चुपचाप पड़े हैं। बहुत ही कम बोलते हैं।

''**26 सितम्बर, बृहस्पतिवार :** पिछली रात श्री हेयर ने भी जागकर काटी। सुबह तीन और चार बजे के बीच मुझे बताया कि राजा की नाड़ी कमजोर पड़ गई थी और रह-रह कर फड़क उठती थी। इससे सारी रात बेचैनी रही। राजा रात को ठीक से सोये नहीं। अकसर उनकी आँखें खुली रहीं। डॉ. कैरिक कोई ग्यारह बजे आए। पिचर्ड के आने से पहले ही हमको मिस हेयर रोगी के कमरे में बुला ले गईं। वहाँ हमने देखा कि उन्हें ऐंठन का दौरा हुआ है और चेहरा एक ओर लटक गया है। यह कोई एक-दो घण्टे चलता रहा। हमारी उपस्थिति के बारे में उन्हें कोई ज्ञान नहीं था। यद्यपि सुबह जब मैं उनसे मिलने आया था उस समय उन्होंने बड़े प्यार से मुस्कराकर मेरा हाथ दबाया था। हमने उनके सिर के बाल कटवा दिये थे और सिर पर ठण्डे पानी का उपचार किया था। दौरे के उतर जाने के बाद लगा कि वे सो रहे हैं, यद्यपि आँखें खुली थीं। आँखों की पुतलियाँ छोटी पड़ गई थीं। बाईं बाँह और पैर को लकवा-सा मार गया था। हम लोगों ने तय किया कि शाम को डॉ. बर्नार्ड को बुलाया जाये। मैं सारे दिन यहीं रहा। आने वाली घटना के बारे में सशंकित ही रहा। दोपहर बाद उनका शरीर कुछ गरम महसूस हुआ और नाड़ी भी कुछ मजबूत लगी। लेकिन दोबारा

ऐंठन का दौरा कोई साढ़े छः बजे पड़ा। काफी देर में उन्होंने मुश्किल से कोई पौष्टिक पथ्य निगला होगा। सुबह से, आखिरी बार जब उन्होंने मुझे पहचानने की चेष्टा भरी दृष्टि से देखा। वे बेहोश पड़े थे। डॉ. बर्नाड आ नहीं सके।.... . आना शायद व्यर्थ था। पिचर्ड और कैरिक राजा को मरणासन्न हालत में छोड़कर चले गये। रात के बारह बजे से पहले कोई सोने नहीं गया। मिस किडल काफी समय तक राजा के पास रहीं। मिस कैसल भी कभी कभी रहतीं। मि. जान हेयर, मिस हेयर और राजाराम कमरे से बहुत कम निकलते। मेरी माता कभी-कभी भीतर झाँक लेतीं।

''27 सितम्बर, शुक्रवार : हर घड़ी राजा की हालत बिगड़ती जा रही है। साँस तेज और रुकावट के साथ चल रही है। नब्ज बहुत ही कमजोर। उनका दाहिना बाजू बराबर हिल रहा है। बायाँ मृत्यु से कुछ पहले हिला था। नाड़ी पकड़ पाना मुश्किल हो रहा था। आज की रात चारों ओर सुन्दर चाँदनी छिटकी है। श्री हेयर, मिस किडल और मैं खिड़की से बाहर आधी रात में डूबे गाँव का सन्नाटा भरा शान्त दृश्य देखते रहे, दूसरी ओर एक असाधारण व्यक्ति की मृत्यु हो रही थी। इस क्षण को मैं कभी भूल न पाऊँगा। मिस हेयर इस समय हताश और अभिभूत थीं। वे इतने दिनों राजा के पास रहकर उनकी सेवा करती रहीं लेकिन इस समय पास ठहरने की हिम्मत भी जुटा नहीं पा रही थीं। पूरी तरह निराश हो कुर्सी पर, पास ही बैठी सुबकती रहीं। राजा के सुपुत्र राजा का हाथ पकड़े बैठे थे। कल सुबह से पहले वे शायद ही स्थिति को कुछ समझ पाए होंगे। रात के डेढ़ बजे थे। हमारे श्रद्धेय मित्र का जीवनदीप बुझता जा रहा था। हम सब बस अन्तिम साँस निकलने की प्रतीक्षा में बैठे थे। मिस किडल के अनुरोध पर पहने हुए कपड़ों में ही अपने बिस्तर पर जा लेटा। कोई ढाई बजे थे, श्री हेयर मेरे कमरे में आए। बताया कि सब कुछ समाप्त हो चुका है। रामरतन राजा की ठोड़ी पकड़े बैठे थे। मिस हेयर, पुत्र राजाराम, मिस किडल, मि. हेयर, मेरी माता, मिस कैसल, रामहरि और दो-एक नौकर-चाकर वहाँ उपस्थित थे। उन्होंने दो बजकर पच्चीस मिनट पर अपनी अन्तिम साँस छोड़ी। अन्तिम क्षणों में रामरतन से, जो ब्राह्मण है, मि. हेयर ने आग्रह किया कि प्रथानुसार धार्मिक अनुष्ठान यदि हो तो कर लें। उन्होंने हिन्दुस्तानी (संस्कृत) में कुछ मन्त्र आदि पढ़े। जब स्त्रियाँ कमरे से चली गईं तो हमने उनको गद्दे पर सीधे लिटा दिया। हिन्दू नौकरों से कुछ देर तक बातचीत की। कोई साढ़े-तीन या चार बजे हम सब कमरे से चले आए। कुछ नौकर बगल के कमरे में बैठे रहे। मैं बिस्तर पर लेट गया लेकिन नींद नहीं आई। रात की घटनाएँ बहुत ही दुखद रहीं। सुबह की चाय पर सभी सन्तप्त बैठे रहे। मिस हेयर बिस्तर पर ही रहीं। संगमरमर का मिस्त्री, पुघ एक इतालवी कारीगर के साथ आकर राजा के सिर और चेहरे

का ढाँचा बना ले गया। मैं और मि. हेयर ने ब्रिस्टल जाकर उनकी शारीरिक जाँच का इन्तजाम करा दिया। डॉ. कार्पेन्टर सुबह हमारे यहाँ पहुँचे। हम सब शव के पास बैठे रहे। उनका शरीर इस अवस्था में भी भव्य लग रहा था। घटना ने हमको अभिभूत कर दिया था।"

इस प्रकार शुक्रवार 27 सितम्बर 1833 को आधी रात के बाद लगभग 2 बजकर 25 मिनट पर एक महान भारतीय आत्मा की जन्मभूमि से बहुत दूर विदेश के एक नगर की आलीशान कोठी के एक कमरे में, विदेशी बन्धुओं के सामने मृत्यु हो गई। उनके स्वदेशी लोगों में उनके दो नौकर, उनका दत्तक पुत्र राजाराम उपस्थित थे।

ऊपर के विवरण से स्पष्ट है कि राममोहन बीमारी के दिनों में अपने इर्द-गिर्द उपस्थित सहयोगी और मित्रों के प्रति प्रायः अपनी कृतज्ञता व्यक्त करते। अधिक पीड़ा की घड़ी में वे चुपचाप पड़े रहते। अकसर मन ही मन मन्त्रोच्चारण किया करते। 'ओऽम्' शब्द अकसर उनके मुँह से सुनाई पड़ता था।

मिस कोलेट के शब्दों में—"इस प्रकार एक महान हिन्दू की आत्मा अनन्त में विलीन हो गई। उनका जीवन सत्तू परिवर्तन का जीवन था। बचपन में धार्मिक रूढ़ियों के विरुद्ध लड़ते हुए घर छोड़ दिया। यौवन काल में सर्वदा संघर्ष की आँधी से जूझते रहे और अब उनके जीवन का सबसे महत्त्वपूर्ण सन्धिकाल आ गया था। अथक परिश्रमी, साहसी और सत्याश्रयी पथिक आज अपनी मंजिल पर पहुँच गया था। इस महाप्रस्थान का काव्यमय दुखद दृश्य भारत के कल्पनाशील लोगों के मन में सदा ही बना रहेगा। एक ओर सुदूर पश्चिम प्रदेश, सुरम्य ग्रामीण परिवेश में शरदकालीन स्निग्ध चाँदनी में लिपटा यह शान्त-एकान्त उद्यान-भवन, और चारों ओर फैली नीरवता ही नीरवता। बाहर प्रकृति और रात्रि की अनन्त नीरवता अपनी उपस्थिति जता रही थी, और अन्दर एक महान मुक्तिदाता की आत्मा मृत्यु की जंजीर को तोड़ने का जी-तोड़ प्रयत्न कर रही थी। भविष्य के राममोहन के बौद्धिक वंशधर इस करुण अद्‌भुत दृश्य को स्थायी स्मृति के रूप में अपने हृदय में सँजोए रखेंगे।[14]

दूसरे दिन मि. एस्लिन और उनके दूसरे डाक्टर मित्रों ने शव की पूरी जाँच-पड़ताल की। मृत्यु का कारण तेज बुखार और मस्तिष्क का प्रदाह बताया गया। इनका कारण सम्भवतः राममोहन की आर्थिक कठिनाइयाँ रही हों।

मि. एस्लिन की डायरी में आगे कहा गया है कि मृत्यु के समय और कॉफिन में शव को रखते समय भी उनके कन्धे पर ब्राह्मणोचित जनेऊ लटक रहा था। उसे हटाया नहीं गया। राममोहन के नौकर को इन घटनाओं के साक्षी के रूप में रखा गया।

राममोहन की बीमारी और आकस्मिक मृत्यु ने राममोहन के अँग्रेज मित्रों के लिए समस्या खड़ी कर दी। मृत्यु इतनी आकस्मिक थी कि मृत्यु के समय वे अपनी

अभिलाषा या कोई भी निर्देश देने की स्थिति में नहीं थे। यह सर्वविदित था कि राममोहन सभी हिन्दू-संस्कारों का पूरी तरह अनुसरण करते थे; क्योंकि वे अपने देशवासियों को ठेस नहीं पहुँचाना चाहते थे। इसी से दोनों ब्राह्मण सेवक हमेशा उनकी व्यक्तिगत सेवा में लगे रहते थे। हेयर-परिवार के लोगों के विचार से और विशेष रूप मिस हेयर के कहने पर यह तय पाया गया कि उनके पार्थिव शरीर को किसी साधारण ईसाई समाधि-स्थल में समाधि न दी जाये क्योंकि उन्हें डर था कि इस बात से उनके बेटों को सम्पत्ति पाने में कोई कानूनी रुकावट न पैदा हो जाए। वे कानून के अनुसार अपने ब्राह्मण हिन्दू धर्म की रक्षा के लिए अन्त तक सतर्क रहे। इस बात की पुष्टि डॉ. कार्पेन्टर की पुस्तक में परिशिष्ट के रूप में जुड़े विवरण से स्पष्ट होती है।[15]

कहीं उनको ईसाई समाधि क्षेत्र में दफनाने से उनके धर्मान्तरित होने का सन्देह पैदा हो जाये और उनके पुत्रों को जायदाद के मामले में किसी प्रकार की कानूनी परेशानी का सामना करना पड़े, इस बारे में वे सदैव चिन्तित रहे। इसी से राममोहन ने अपने विदेशी मित्रों से बार-बार यही इच्छा प्रकट की थी कि यदि उनकी मृत्यु इंग्लैण्ड में होती है तो उनके लिए किसी अलग जमीन का टुकड़ा खरीदकर उसमें दफनाया जाये। वहाँ एक छोटी-सी कुटिया बनाकर समाधि की देखभाल के लिए किसी गरीब आदमी को नियुक्त किया जा सकता है। सारी कठिनाइयाँ आसानी से सुलझ गईं, क्योंकि मिस कैसल ने मित्रों की सहानुभूतिपूर्ण सम्मति के साथ, अपने बगीचे का एक कोना इस कार्य के लिए सहर्ष प्रदान कर दिया। यह टुकड़ा एलम वृक्षों की स्निग्ध छाया तले था। लेकिन तैयारियों और औपचारिकताओं ने काफी समय ले लिया। क्योंकि यह एक महत्त्वपूर्ण और पेचीदा मसला था। इस यशस्वी व्यक्ति के ब्रिस्टल शहर में आकर ठहरने की घटना ने शहर के विशिष्ट जनों को एक सीमा तक बहुत उत्साहित कर दिया था। वे लोग अब उनके इस आकस्मिक निधन पर मर्माहत थे। डॉ. कार्पेन्टर ने तत्काल ही राममोहन की स्मृति में अपने चर्च में उनके मरणोपरान्त प्रार्थना और प्रवचन की व्यवस्था की। रविवार 6 अक्तूबर को चर्च में उपासना आयोजित की गई। मिस कार्पेन्टर ने लिखा है कि चर्च खचाखच भरा था। इतनी भीड़ उन्होंने पहले कभी नहीं देखी थी। डॉ. कार्पेन्टर ने बहुत ही मार्मिक प्रवचन दिया था।[16]

आखिरकार सारी तैयारियाँ पूरी हो गई। लन्दन से हेयर-बन्धु आ गये। स्टेपलटन ग्रोव में केवल उन लोगों को बुलाया गया जो राममोहन को निकट से जानते थे। 18 अक्तूबर को कोई दो बजे उस महान श्रद्धेय व्यक्ति को समाधिस्त कर दिया गया। ताबूत को लोग कन्धे पर उठाकर ले गए.... कोई धार्मिक अनुष्ठान सम्पन्न नहीं किया गया, केवल शान्त भाव से समाधि में उतार दिया गया। यह अन्तिम संस्कार शान्त, सौम्य और गम्भीर था। इस शवयात्रा में उनका पुत्र उनके दो सेवक स्टेपलटन ग्रोव

और लन्दन के बेडफोर्ड स्क्वायर के परिवार के लोग, मिस कैसल के अभिभावक, उनके दो निकट सम्बन्धी, एस्लिन, उनकी माताजी, मि. फॉस्टर और डॉ. जेरार्ड के अलावा कई एक स्त्रियाँ और नौकर-चाकर उपस्थित थे।[17]

चूँकि इस असाधारण समाधि का विवरण सरकारी खाते में दर्ज नहीं हो सकता था, इसी से एक अलग दस्तावेज पर सभी लोगों के हस्ताक्षर लिये गए। इसकी कई प्रतियाँ भी बनाई गईं ताकि आवश्यकता पड़ने पर काम आ सके। यह सारा कार्य गम्भीर, निस्तब्धतापूर्ण परिवेश में सम्पन्न हुआ। सभी के हृदय शोक से बोझिल रहे होंगे। जॉन फॉस्टर ने बाद में कहा था— "भला ऐसी समाधि पर कोई क्या कहता?"[18]

बाद में सभी एक कमरे में एकत्रित हुए। डॉ. कार्पेन्टर ने इस अवसर के लिए विशेष रूप से मेरी कार्पेन्टर द्वारा रचित कविताएँ पढ़कर सुनाई।[19] इसके बाद सभी अपने-अपने घरों को चले गए।

राममोहन की मृत्यु स्टेपलटन ग्रोव भवन के बीच हाउस की पहली मंजिल के किनारे वाले कमरे में हुई थी। कॉफिन को एलम वृक्षों की छाया के नीचे जहाँ दफनाया गया, वह इस कमरे से साफ दिखता है। मेरी कार्पेन्टर ने अपनी पुस्तक में इस करुण दृश्य का मार्मिक विवरण दिया है :

> "हम लोगों ने गम्भीर नीरवता में माननीय राजा के पवित्र अवशेषों को एक शान्त और सुरम्य स्थान पर, जो हम लोगों ने तय किया था, 18 अक्टूबर, 1833 को समाधिस्थ किया।
>
> केवल कुछ ही हफ्ते पहले हम लोग उनके बहु-प्रतीक्षित आगमन के लिए कितने प्रसन्न थे! हम लोग कई वर्षों से पूर्वी आकाश में एक सितारे को चढ़ते और चमकते देख रहे थे और हम अन्धकारमय भारत के लिए उज्ज्वल भोर के प्रकाश की आशा किए थे। हम लोगों ने उन्हे पूरे दृढ़-निश्चय के साथ अन्धकार के बादलों को चीरते हुए, अत्याचार और उत्पीड़न के मध्य से निकल कर आगे बढ़ते हुए देखा था।"[20]

जोन हेयर ने उपस्थित नौकरों में रामरतन मुखोपाध्याय के माध्यम से भारत में उनके परिवार के लोगों और मित्रों को सूचित किया कि राममोहन के इच्छानुसार, उनको एक अलग जमीन के टुकड़े में समाधिस्थ किया गया और इस मौके पर कोई भी धार्मिक अनुष्ठान नहीं किया गया। राममोहन की आकस्मिक मृत्यु के समाचार ने उस काल के पत्र-पत्रिकाओं के समाचार और स्तम्भों में प्रमुख स्थान पाया। उनके जीवन और कृतित्व पर लेखादि प्रकाशित हुए। मिस कार्पेन्टर की पुस्तक में श्रद्धांजलि के कई फूल, जो कविताओं के रूप में प्रकाशित हुए थे, उद्धृत हैं।[21] इसके अतिरिक्त इंग्लैण्ड और आयरलैण्ड के अनेक चर्चों के उपासना-मंच से राममोहन को श्रद्धांजलि

पेश की गई। इनमें कुछ प्रमुख श्रद्धांजलियों का विवरण मिस कार्पेन्टर ने अपनी पुस्तक में विस्तार से दिया है। साउथवार्क के रेवरेण्ड डॉ. केनी ने अपने इलाके के लोगों के अनुरोध पर अपने चर्च में श्रद्धांजलि-सभा का आयोजन किया। उन्होंने श्री जॉन हेयर को एक पत्र लिखकर राममोहन के कृतित्व की भूरिशः प्रशंसा की थी। ब्रिस्टल के मीड चैपल में डॉ. केनी की श्रद्धांजलि-सभा का विवरण पहले ही दिया जा चुका है। रेवरेण्ड एसप्लाण्ड ने हैकनी के न्यू ग्रेवल पिट चर्च में श्रद्धांजलि-सभा का आयोजन किया। यहाँ उनके जीवन और कृतित्व पर काफी प्रकाश डाला गया। यद्यपि राममोहन आयरलैण्ड की यात्रा नहीं कर सके थे फिर भी डबलिन के प्रेबिस्टेरियन चर्च में 28 अक्टूबर को श्रद्धांजलि-सभा को रेवरेण्ड ड्रमोण्ड ने ही सम्बोधित किया। उन्होंने यह भी कहा कि... "डबलिन के अलावा बेलफास्ट, कॉर्क में भी राममोहन के स्वागत की तैयारियाँ हो रही थी। वे शायद आयरलैण्ड की यात्रा करते क्योंकि उन्हें आयरलैण्ड की समस्याओं में गहरी दिलचस्पी थी.... इत्यादि।" इसके अतिरिक्त बेलफास्ट में भी श्रद्धांजलि-सभा का आयोजन किया गया। अन्तिम श्रद्धांजलि प्रवचन लन्दन के फिनस्बरी चैपल में रेवरेण्ड फॉक्स ने पेश किया। अपने सारगर्भित प्रवचन में उन्होंने कहा था— "यद्यपि वे जीवित नहीं, फिर भी उनका स्वर विद्यमान है। वह एक ऐसी आवाज है जिसे भारत ही नहीं बल्कि यूरोप और अमेरिका के लोग आने वाली पीढ़ियों तक सुनते रहेंगे।"[22]

लन्दन और दूसरे शहरों की पत्र-पत्रिकाओं में उनका मृत्यु-सम्वाद प्रकाशित हुआ। राममोहन के मित्रों और ऐसे हजारों लोगों ने, जिन्होंने उन्हें जाना-पहचाना था, इंग्लैण्ड और भारत में जब इस समाचार को सुना तो वे स्तब्ध रह गए। भारत के पुराणपन्थी हिन्दुओं ने इस घटना से भारी सन्तोष प्राप्त किया होगा लेकिन उस युग के सभी प्रगतिशील लोगों को भारी धक्का पहुँचा। उनकी मृत्यु के लगभग सात महीने के बाद 5 अप्रैल, 1834 को कलकत्ता के टाउन हाल में एक विशाल शोकसभा का आयोजन किया गया था। इस सभा का सभापतित्व सर जान पीटर ग्राण्ट ने किया। इस सभा में राममोहन के प्रसंशक भारतीय और यूरोपीय नागरिक उपस्थित थे।[23] एक और श्रद्धांजलि उन्हें प्राप्त होनी थी। उनके मित्रों की इच्छा थी कि उनकी समाधि पर एक उपयुक्त स्मारक बने। लेकिन यह स्टेपलटन ग्रोव के बगीचे में सम्भव नहीं था। इसके अतिरिक्त यह भी विदित हो गया थे कि इस स्थान पर समाधि बनाये रखना स्थानीय कानून के विरुद्ध है। प्रायः दस वर्ष बाद जब उनके मित्र द्वारकानाथ ठाकुर इंग्लैण्ड आए तो उन्हीं के अनुसार 29 मई 1843 को राममोहन के पवित्र अवशेषों से युक्त ताबूत स्टेपलटन ग्रोव के उद्यान से हटाकर ब्रिस्टल के निकट आर्नोस वेल के समाधि-क्षेत्र में एक अलग स्थान पर समाधिस्थ किया गया। अगले ही वर्ष उनके मित्र ने ही उस स्थान पर एक सुन्दर स्मारक बनवा दिया।[24] यह स्थान आज भी भारतीयों के लिए एक तीर्थ-स्थान बना हुआ है। वर्षों बाद उस पर एक प्रस्तर-फलक

लगवाया गया जिस पर अँगरेजी में यह भाव अंकित है :

Beneath this stone rest the remains of
RAJA RAMMOHUN ROY BAHADUR
A Conscientious and steadfast believer in the
Unity of the Godhead.
He Consecrated his life with entire devotion to
the Divine Spirit alone.
To great natural talents a thorough
mastery of many languages,
And early distinguished himself as one of the
Greatest scholars of the day.

His unwearied labours to promote the social, moral and physical condition of the people of India, his earnest endeavours to supress idolatory and the rites of Sutee and his constant zealous advocacy of whatever tended to advance the glory of God and the welfare of man, live in grateful remembrance of his countrymen.

THE TABLET

Records the sorrow and pride with which his memory is cherished by his descendants. He was born in Radhanagar, in Bengal 1774, and died at Bristol, September 27, 1833.[25]

स्टेपलटन ग्रोव के बगीचे में जहाँ उनको अस्थायी तौर पर समाधिस्थ किया गया था, वहाँ भी एक छोटा-सा प्रस्तर-फलक है, जिस पर लिखा है :

" इस स्थान पर 1833 में राजा राममोहन राय को समाधिस्थ किया गया था जो 1843 में आर्नोस वेल के समाधिस्थल पर स्थानांतरित कर दिया गया।"[26]

इसके अतिरिक्त ब्राह्म समाज के पहले शतवार्षिक उत्सव के अवसर पर स्टेपलटन ग्रोव के 'बीच हाउस' की निचली मंजिल की दीवार पर एक प्रस्तर-फलक लगाया गया, जिसमें लिखा है :

"In memory of Raja Rammohun Roy, founder of the Brahmo Samaj and pioneer of many sided reforms in India, a man of deep religious experience, a friend of all the religion of the spirit, a great linguist who cast a permanent light on the chief religions of the world, born in Radhanagar, Bengal in

1774, visited England in 1831-1833, to advance the social and political interests of the country. He lived in this house in the summer of 1833 and died here on September 27th in the same year. This tablet is erected as token of their deepest reverence by his fellow countrymen on the occassion of the first centenary of the Brahmo Samaj."[27]

इसी प्रसंग में एक और श्रद्धांजलि का जिक्र करना प्रासंगिक होगा। संयोग की बात थी कि राममोहन की मृत्यु के कुछ ही दिनों बाद प्रसिद्ध चित्रकार ब्रिग्स द्वारा बनाया हुआ राममोहन का एक आदमकद रंगीन चित्र ब्रिस्टल में प्रदर्शन के लिए आया था। मिस कैसल ने अपने असामान्य अतिथि के प्रति श्रद्धांजलिस्वरूप इस सुन्दर और सजीव चित्र को खरीदकर ब्रिस्टल फिलासफिकल इंस्टीट्यूशन को दे दिया।[28] यह चित्र आज भी ब्रिस्टल म्यूजियम की शोभा बढ़ा रहा है।

सन्दर्भ और टिप्पणियाँ

1. कार्पेन्टर एम. : पृ. 88-89. पूरे पत्र की प्रतिलिपि।
2. ठीक तिथि किसी भी जीवनीकार ने नहीं दी है। लेकिन यह तय है कि वे सितम्बर के पहले हफ्ते मे ब्रिस्टल पहुँच गए थे। 9 सितम्बर से श्री एस्लिन की डायरी में राममोहन का जिक्र आना आरम्भ हो गया था। कुमारी कार्पेन्टर के संस्मरणों के अनुसार " It was on the 17th September, after the Rajah had about ten days in Bristol..." (M. Carpenter, pp. 109).
3. मेरी कार्पेन्टर ने अपनी पुस्तक में भ्रमवश मिस जेनेट हेयर को डेविड की कन्या कहा है। मिस कोलेट ने अपनी पुस्तक में भी यही बात दुहराई है। लेकिन बाद के शोधों से स्पष्ट होता है कि डेविड हेयर अविवाहित थे और मिस हेयर उनकी भतीजी थी (देखें विश्वास : *राममोहन प्रसंग* '1983', पृ. 318.) श्री विश्वास ने जब कोलेट की जीवनी का सम्पादित संस्करण 1962 में प्रकाशित किया था उस समय उनकी धारणा बनी थी कि मिस हेयर डेविड हेयर की बहन थी (कोलेट, पृ. 361 में सम्पादकीय टिप्पणी देखें)
4. दासगुप्ता : *राजा राममोहन राय, अन्तिम दृश्य,* पृ. 165. इस पत्र की तिथि के सम्बन्ध में कुछ मतभेद है। मिस कोलेट के अनुसार उक्त पत्र राममोहन की मृत्यु के तीन महीने बाद 21 दिसम्बर, 1833 को लिखा गया था (देखें पृ. 355)
5. Collet : पृ. 355-356.

6. 'स्टेपलटन ग्रोव' ब्रिस्टल के बाहरी छोर पर एक धनी व्यापारी माइकेल कैसल की आलीशान कोठी थी। ये डॉ. कार्पेन्टर के धार्मिक संस्था के अनुयायी थे। श्री कैसल, मृत्यु के समय अपनी पुत्री कैथरीन का भार डॉ. कार्पेन्टर पर छोड़ गए थे। मिस एन. किडल इस लड़की की संरक्षिका थीं। इन दोनों से राममोहन का परिचय डॉ. कार्पेन्टर ने लन्दन में ही करवा दिया था।
7. *'Dr. Watt's Hymns for Children '* से राममोहन की प्रिय पंक्तियाँ थीं :

"Lord ! how delightful 'tis to see
A whole assembly worship thee:
At once they sing, at once they pray;
They hear of heaven and learn the way."

(See Carpenter M.pg. 93)

8. कार्पेन्टर एम. : पृ. 94.
9. वही पृ. 94.
10. कार्पेन्टर एम. : पृ. 98.
11. Collet : पृ. 360-361.
12. कार्पेन्टर एम. : पृ. 101. मि. एस्लिन ने अपनी डायरी में 22 सितम्बर को में लिखा था "He is evidently much attached to her and her regard for him is quite filial."
13. वही : पृ. 99-104. डायरी का यह अंश मि. कार्पेन्टर ने मि एस्लिन के व्यक्तिगत कागजातों से उद्धृत किया था।
14. संगृहीत : पृ. 362-363 के अँगरेजी पाठ का अनुवाद।
15. वही : पृ. 364.
16. एम. कार्पेन्टर : 111.
17. वही : पृ. 112.
18. वही : पृ. 112.
19. वही : पृ. 112. पुस्तक में मेरी कार्पेन्टर की लिखी पाँच सुन्दर सोनेट के लिए पृ. 113-115 देखें।
20. वही : पृ. 108.
21. वही : पृ. 127-128 में कुछ कविताएँ जो राममोहन की मृत्यु के बाद प्रकाशित हुई थीं, उद्धृत हैं।

22. वही : 135.

23. मणि बागची : *राममोहन* (बांग्ला), पृ. 162-165 में इस शोक सभा का विवरण देखें। इस सभा में तीन प्रस्ताव पास किए गए थे और तय हुआ था कि कलकत्ता और सारे देश से चंदा इकट्ठा करके उपयुक्त स्मारक बनाया जाएगा। सभा में ही छह हजार रुपये जमा हो गए थे। लार्ड बेन्टिक ने भी इस उद्देश्य के लिए पाँच सौ रुपये दिए थे।

24. एम. कार्पेन्टर : पृ. 130-131, बी. एन. दासगुप्ता की पुस्तक में पृ. 176. 24-8-1845 Bengal Spectator में प्रकाशित एक समाचार को उद्धृत किया है : " The remains of Rammohun Roy who died at Stapelton-Grove, Bristol, the resdence of M.H. Castle Esq. several years since and was buried in the ground adjoining the house, have been removed to the cemetry at Arno's Vale, and interred in that portion appropriated to dissenters. A sum has been forwarded from India for the purpose of erecting a stately monument on the spot. It will be in the Hindu style of architecture and upwards of 30 feet in height." श्री दासगुप्ता ने अपनी एक टिप्पणी में लिखा है कि इसका कोई प्रमाण नहीं कि श्री द्वारकानाथ ठाकुर, जो 1842 में इंग्लैण्ड प्रवास पर थे, के साथ राममोहन के पवित्र अवशेषों के आर्नोस-वेल में स्थानान्तरण का कोई सम्बन्ध रहा होगा। लेकिन मिस कार्पेन्टर और मिस कोलेट दोनों ने स्पष्ट लिखा था कि द्वारकानाथ ठाकुर इस मामले से सम्बद्ध थे और यही स्वाभाविक भी लगता है।

25. संगृहीत : पृ. 365-366.

26. दासगुप्ता : पृ. 175.

27. वही : पृ. 175.

28. Carpenter, M. : पृ. 120.

•

दर्शन-दिग्दर्शन

अध्याय—15

धार्मिक समन्वय की भूमिका

1827 के अगस्त महीने में मद्रास प्रेसिडेन्सी के गंजाम जिले के बहरामपुर से सूर्यनारायण नामक एक आन्ध्रप्रदेशीय सज्जन, बड़ी मुसीबत झेलकर समुद्र के रास्ते कलकत्ता आए थे। आने का एकमात्र उद्देश्य राममोहन से साक्षात्कार करना था। राममोहन के धर्म के बारे में उन्होंने बहुत कुछ सुन रखा था। मुलाकात के बाद मद्रास लौटकर मद्रास के अंग्रेज़ गवर्नर को उन्होंने बताया था कि राममोहन का धर्म कोई धर्म ही नहीं है— "is no religion and his laws are not laws, but a conglomeration of all stitched into singular one... He is neither a Christian, a Mohammedan or a Hindu, but a free-thinking man, abandoned by all religions."

वस्तुतः राममोहन के धर्म का मूल उद्देश्य सभी धर्म के शाश्वत मूल्यों और निहित तत्त्वों को समझकर एक सार्वभौमिक, सार्वजनिक धार्मिक सहिष्णुता का परिवेश बनाना था। इस उद्देश्य में उन्हें तत्कालिक सफलता मिली या नहीं, यह विषय उतना विचारणीय नहीं जितना कि यह तथ्य कि अपने उद्देश्य की प्राप्ति में वे किस प्रक्रिया से गुजरे और वह प्रक्रिया तत्कालीन परिप्रेक्ष्य में कितनी प्रगतिशील थी। इतिहास के इस संक्रान्ति काल में राममोहन के योगदान का बिल्कुल ही परस्पर विरोधी मूल्यांकन मिलता है। एक ओर पुराणपन्थी हिन्दू उन्हें हिन्दू मानने से अस्वीकार करने लगे, तो ईसाइयों ने केवल मात्र 'इनफिडल' या काफिर कहा। राममोहन को वस्तुतः उस काल और परिवेश की पैदावार कहा जा सकता हैं। इसी से राममोहन के धार्मिक विचारों का विकास और हिन्दू धर्म को रूढ़िवादी संकीर्णता से उबारने में उनकी भूमिका पर, हमें विचार करना होगा।

यद्यपि राममोहन विश्व के तीन प्रधान धर्मों के अध्ययन और विवेचन के बाद अपने सिद्धान्तों पर पहुँचे थे फिर भी उन्हें मुख्य रूप से हिन्दू धर्म और हिन्दू समाज के सुधारक और संस्कारक के रूप में ही मुख्यतः जाना जाता रहा है। हमें मालूम है कि भारतीय मानस में धर्म का क्या स्थान रहा है। इस देश के सामाजिक ढाँचे की

नींव धर्म पर खड़ी है। राममोहन इस वस्तुस्थिति से पूरी तरह अवगत थे। जूरी एक्ट के विरुद्ध उन्होंने अपनी प्रसिद्ध अपील में लिखा था—" Religious opinions exercise a great influence over their (the people's) general and daily conduct. It is not merely a system of theories and opinions but is interwoven with the laws, the manners, the daily necessities and daily actions of every condition of human life."

धार्मिक सिद्धान्त लोगों के साधारण और रोजमर्रा के आचार-व्यवहार को काफी हद तक प्रभावित करते हैं। ये केवल सिद्धान्त और विचार मात्र नहीं, बल्कि ये देश के कानून, व्यवहार, दैनिक आवश्यकता, कार्यकलाप और मानव जीवन के प्रत्येक पहलू के साथ गुँथे हैं। राममोहन देश और समाज के विभिन्न पहलुओं के बारे में पूरी तरह सचेत थे और उनके जीवन-चरित्र से स्पष्ट है कि यह चेतना उनमें बचपन से ही जागने लगी थी। राममोहन के प्रारम्भिक जीवन की यह घटना बहुत ही महत्त्वपूर्ण थी कि उनका, अपने पिता और माता से प्रचलित धार्मिक रीति-रिवाजों और मूर्तिपूजा के प्रश्नों को लेकर मतभेद पैदा हो गया। इन्हीं कारणों से बहुत ही छोटी उम्र में घर छोड़ कर निकल पड़े। वस्तुतः यहीं से सत्य की खोज का आरम्भ समझना चाहिए। इन्हीं यात्राओं के दौरान उन्होंने हिन्दू-बौद्ध धर्मों का अध्ययन किया। इसके अतिरिक्त हम देख चुके हैं कि हिन्दू धर्मशास्त्रों के अध्ययन के लिए उन्होंने बनारस में कई वर्ष लगाए। पटना प्रवास के दौरान जहाँ वे फ़ारसी और अरबी के अध्ययन के लिए गए थे, उनका परिचय इस्लाम की बुद्धिवादी विचारधारा और सूफ़ीवादी उदारता से हुआ था। इसका प्रभाव उन पर जीवन भर रहा। आगे चलकर पश्चिमी सभ्यता और संस्कृति के सम्पर्क में आए और ईसाई धर्म का भी गहराई से अध्ययन किया। बाइबिल को समझने के लिए उन्होंने ग्रीक और हिब्रू भाषाओं की शिक्षा प्राप्त की। राममोहन ने इस प्रकार हिन्दू, मुस्लिम और ईसाई तीनों के धर्मशास्त्रों एवं मान्य ग्रन्थों का श्रद्धापूर्वक अध्ययन किया। बौद्ध और जैन शास्त्रों का भी उन्हें ज्ञान था। इन धर्मशास्त्रों के ज्ञान के साथ पश्चिमी बुद्धिवादी और वैज्ञानिक प्रयोगवाद के सम्पर्क में आए। यद्यपि राममोहन से पहले भी गुरु नानक और कबीर जैसे सन्तों ने धार्मिक समन्वय एकेश्वरवाद और धर्म की सार्वभौमिकता का प्रचार किया था। लेकिन आधुनिक काल के परिप्रेक्ष्य में राममोहन पहले व्यक्ति थे, जिन्होंने यूरोप और एशिया के प्रमुख धर्मों का उनके मूल भाषा में अध्ययन करके तुलनात्मक बौद्धिक विवेचन के माध्यम से सभी धर्मों के आधारभूत सिद्धान्तों पर पहुँचने की कोशिश की।

राममोहन का धार्मिक दृष्टिकोण और विवेचन दार्शनिक स्तर पर उनके बौद्धिक अनुसन्धान का परिणाम था, किसी धर्म गुरु या साम्प्रदायिक विश्वास पर आधारित

नहीं था। उन्होंने धर्म को चाहे हिन्दू धर्म हो या ईसाई, विवेक और बुद्धि के द्वारा तर्कसंगत या युक्तिपूर्ण दृष्टि से समझने की चेष्टा की। इसी से उनका मुख्य संघर्ष अंधविश्वास, धार्मिक ढकोसलों और रूढ़िवाद के विरुद्ध था।

उन्होंने धर्म के मूल तत्त्वों और सिद्धान्तों के साथ प्रचलित धार्मिक आचार-विचारों के भेद को समझने और समझाने की कोशिश की। अठाहरवीं और उन्नीसवीं सदी में अन्धविश्वासों, रीति-रिवाजों पर आधारित हिन्दू धर्म को उसके मूल सिद्धान्तों पर वापस लाने की यह पहली चेष्टा थी। राममोहन का विचार था कि यदि नींव पक्की नहीं तो इमारत कभी भी ढह सकती है। राममोहन ने केवल समयोचित चेतावनी दी थी, और धर्मसुधारक के रूप में यही उनकी सबसे बड़ी देन थी। उनके सामने परस्पर-विरोधी धार्मिक विचारधाराओं की भिन्नता के बीच सामञ्जस्य और समन्वय का रास्ता ढूँढ़ने का प्रश्न था। राममोहन के धार्मिक विचार प्रक्रिया और हिन्दू धर्म सुधारक के रूप में उनकी भूमिका को समझने के लिए उनके द्वारा हिन्दू, इस्लाम और ईसाई धर्म-सम्बन्धी अनुशीलन, शास्त्रार्थ और एक नई धार्मिक-प्रयोगवाद का सिलसिलेवार विश्लेषण करना ही उपयुक्त होगा।

धार्मिक अखाड़े में—एकेश्वरवाद का उपहार

राममोहन की पहली प्रकाशित पुस्तक थी— *'तुहफ़ात-उल-मुवाहहिदिन।'* यह पुस्तक फ़ारसी भाषा में है और भूमिका अरबी में लिखी गई है। पुस्तक के शीर्षक अर्थ है—एकेश्वरवादी के लिए तोहफ़ा। इस पुस्तक का प्रकाशन कोई 1803-04 में जब राममोहन मुर्शिदाबाद में थे, हुआ था। इस पुस्तक के समय राममोहन की उम्र कोई तीस-बत्तीस वर्ष की रहीं होगी। इसके अलावा अरबी भाषा में एक और पुस्तक *'मनज़िरात-उल-आदियान्'* जिक्र भी 'तुहफ़ात' की भूमिका में है। दुर्भाग्य से यह पुस्तक कभी उपलब्ध नहीं हुई।

'तुहफ़ात्' में राममोहन पूरी तरह बुद्धिवादी और एकेश्वरवादी के रूप में उभरे। यद्यपि पुस्तिका बहुत ही छोटी थी फिर भी इसमें राममोहन के धार्मिक विषयों पर खासी जानकारी और विकसित विचारधारा का आभास मिलता है। 'तुहफ़ात' में किसी धर्म विशेष पर आक्रमण नहीं किया गया बल्कि धर्मों की आड़ में फैली विकृतियों और भ्रष्टाचार के खिलाफ आवाज उठाई गई। कुछ विद्वानों का विचार है कि राममोहन शायद फ़ारसी की प्रसिद्ध पुस्तक *'दबिस्तान मज़ाहिब'* से प्रभावित थे। उन दिनों बौद्धिक जगत में इस पुस्तक की बड़ी धूम थी। क्योंकि मनज़िरात' जो कि शायद एक बड़ी रचना रही होगी, उपलब्ध नहीं है इसी से 'तुहफ़ात्' के सहारे हमें उनके प्रारम्भिक धार्मिक विचारों का विश्लेषण करना होगा। इस पुस्तक का सौभाग्य से प्रकाशन के कोई अस्सी वर्ष बाद मौलाना उबैदुल्लाह ने अंगरेजी अनुवाद किया था। यह अनुवाद राममोहन की ग्रन्थावली में संकलित है।[2]

'तुहफ़ात' के विश्लेषण से राममोहन के उस काल के धार्मिक और आध्यात्मिक विचारधारा के बारे में जिन सिद्धान्तों का आभास मिलता है, उनका संक्षिप्त विवरण इस प्रकार है:

सभी प्रमुख धर्मों में विश्व के रचयिता या सृष्टा के रूप में एक ही परमेश्वर के अस्तित्त्व को स्वीकार किया गया है यह विश्वास विश्वव्यापक है। स्वाभाविक रूप से मनुष्य ईश्वर के अनादि-अनन्त रूप को विश्वास करता है। यही स्वाभाविक है।

आत्मा और परलोक में विश्वास सभी धर्मों के मूलतत्त्वों में है। इसी से मुनष्य पाप और पुण्य के लिए पुरस्कार और दण्ड की कल्पना करता है यद्यपि आत्मा या परलोक का अस्तित्त्व मानव बुद्धि के परे है फिर भी इसका एक सामाजिक मूल्य है। क्योंकि परलौकिक दण्ड के भय से मनुष्य इस जीवन में पाप कार्यों से डरता है।

विशेष देवताओं, पैगम्बरों, आचार अनुष्ठानों, उपासना या प्रार्थना-पद्धति में मानव का स्वाभाविक विश्वास नहीं हो सकता। यह वातावरण, शिक्षा और अभ्यास पर निर्भर है। देश, काल और साम्प्रदायिक भेद के कारण धार्मिक भेद-भाव मौलिक रूप से नजर आते हैं :

> "For instance, some of them believe in a just God possessing human attributes such as anger, mercy, hatred and love; and others believe in a Being comprehanding and extending all over nature ; a few are inclind to atheism (or thinking the Dahr (time) or nature as the creative principle of the universe) and of them give Divine attributes to large created beings and make them objects of worship."[3]

राममोहन ने मानव के स्वाभाविक और अभ्यासवश विश्वासों के बारे में स्पष्ट भेद को दर्शाया है।

ईश्वर और परलोक में विश्वास, मनुष्य की इन दो मूल वृत्तियों को छोड़कर आदतों के अनुरूप संस्कार और धार्मिक अनुष्ठानों में भारी मतभेद पाए जाते हैं। सभी एक-दूसरे के मतवाद का खण्डन या विरोध करते हैं। एक धर्म के अनुष्ठान दूसरे धर्म में निषिद्ध माने जाते हैं। इसी से धर्मों में आपसी विरोध चलता रहता है। एक धर्म के लोग दूसरे धर्म को झूठा प्रचार करने की चेष्टा में सदियों से लगे रहे। सभी सोचते हैं उनका धर्म ही एक मात्र सच्चा धर्म है।

धर्म-गुरुओं और पण्डों-पुरोहितों पर पूर्ण विश्वास करना युक्तिसंगत या बुद्धिसंगत नहीं कहा जा सकता। ईश्वर ही की सृष्टि का मूल कारण समझना चाहिए। ईश्वर को अपना संदेश भेजने के लिए किसी मध्यस्थ या दूत या गुरु की आवश्यकता नहीं होती। किसी मध्यस्थ को स्वीकार करने से एक विशेष परम्परा को स्वीकार करना पड़ता है और इसकी कोई सीमा नहीं है। साम्प्रदायिक भेद-भाव का मूल कारण

संस्कार और विश्वासों के आधार पर परस्पर विरोधी परम्पराओं का प्रचार और प्रसार है।

> "Hence advent of prophets and revelation like other external things have no reference to God but depend upon the invention of an inventor."[4]

हमें अलौकिक चमत्कार और अति-प्राकृतिक विश्वासों को पूरी तरह त्याग देना चाहिए। राममोहन ने अपने इस सिद्धान्त के पक्ष में कहा है कि इनके सहारे साधारण लोगों को मोक्ष का लोभ दिखाकर गुमराह किया जाता हैं। अलौकिक चमत्कार का मोह मनुष्य की साधारण विचार शक्ति और विवेक को नष्ट कर देता हैं। वह अन्धे व्यक्ति की तरह गुरु का अनुसरण करने लगता है। यहाँ तक कि विशेष सम्प्रदायों में झूठ, चोरी, विश्वासघात, व्यभिचार तक को धार्मिक अनुष्ठानों के रूप में माना जाता है जो समाज के लिए हानिकारक है। अपने देश में फैले धार्मिक पाखण्ड की आलोचना करते हुए 'तुहफ़ात' में लिखा था 'आजकल भारत में अति-प्राकृतिक और अलौकिक या चमत्कारिक विषयों पर लोगों का विश्वास इतना बढ़ गया है कि कोई भी अनोखी चीज देखते ही उसको प्राचीन काल के किसी वीर या आधुनिक काल के किसी महापुरुष या सन्त का कारनामा समझने लगते हैं और इनका कोई बुद्धिवादी समाधान मानने को तैयार नहीं होते। लेकिन जिन लोगों की बुद्धि संयत है और विवेकवान हैं उनसे सच्चाई छिप नहीं सकती। सांसारिक या लौकिक मामलों में एक वस्तु के साथ दूसरे का कार्य-कारण सम्बन्ध न मालूम हो तो मनुष्य एक को कारण और दूसरे को उसका फल मानने को तैयार नहीं होता लेकिन जब इसी में धर्म या धार्मिक विश्वास का प्रभाव पड़ता है तब वहाँ कार्य-कारण सम्बन्ध न होने पर भी एक को कारण और दूसरे को कार्य समझने में जरा भी झिझक नहीं होती। एक उदाहरण दिया जा सकता है कि बिना कोई युद्ध किये या संकट को दूर करने के उपाय किए बगैर, प्रार्थना के जोर पर या जादू-टोना, धागा-तावीज़ के गुण से मुसीबत टली है या बीमारी छूटी है, इन सबमें कोई कार्य-कारण सम्बन्ध नहीं है।

> "धर्म गुरु अपने शिष्यों के सन्तोष के लिए व्याख्या देते हैं कि धर्म और विश्वास के मामले में युक्ति या तर्क का कोई स्थान नहीं, धर्म के मामले केवल मात्र विश्वास और ईश्वर की कृपा ही एकमात्र सहारा है। जिस विषय का कोई प्रमाण नहीं उसे भला युक्तिवादी कैसे ग्रहण या स्वीकार कर सकता है?"[5]

धर्मशास्त्र या ग्रन्थों में कहे गए वाक्यों को अचूक, अमोघ मानना भी ठीक नहीं, क्योंकि अलग-अलग धर्मशास्त्रों में परस्पर विरोधी निर्देश दिये गए हैं। हिन्दू शास्त्रों

के धार्मिक कृत्यों और अनुष्ठानों को अन्धविश्वास में परिणित करने का नतीजा यह है कि हिन्दू जाति भारी दुर्दशा और पतन का शिकार बनी। दूसरी ओर मुस्लिम धर्मशास्त्र में विधर्मियों पर अत्याचार या हत्या करने तक का निर्देश है।

"Now are these contradictory precepts or orders consitstent with wisdom and mercy of the great, generous and disinterested creator or are these the fabrications of followers of religion? I think a sound mind will not hesitate to prefer the latter alternative."[6]

लेख में राममोहन ने हिन्दू धर्म के अलावा इस्लाम जैसे एकेश्वरवादी धर्म में भी अंधविश्वास और सम्प्रदायवाद का प्रसार दिखाते हुए हाफ़िज को उद्धृत करते हुए लिखा था कि—प्रचलित (इस्लाम में) बहत्तर फिरकों या सम्प्रदायों को क्षमा कर दिया जाए क्योंकि वे सच्चाई से दूर हैं और केवल किंवदन्तियों और मूर्खता पर आधारित विश्वास के पीछे दौड़ रहे हैं।[7] स्वतन्त्र विचार शक्ति ही ईश्वर की सबसे बड़ी देन है। इसी शक्ति के प्रयोग से, शास्त्रों पर पूरी आस्था न रखते हुए धर्मनिरपेक्ष मानव समाज को एकता और प्रेस में बाँधना और आध्यात्मिक जीवन ही मूल उद्देश्य हो सकता है। राममोहन ने 'तुहफ़ात' में स्पष्ट कहा है :

"Besides the fact of Gods endowing each individual of mankind with inellectual faculties and senses, implies that he should not, like other animals follows the examples of his fellows, but should exercise his own intellectual power, with the help of acquired knowledge, to decern good from bad, so that this valuable divine gift should not be left useless."[8]

'तुहफ़ात' में प्रतिपादित सिद्धान्तों की आलोचना से स्पष्ट मालूम होता है कि राममोहन अवतारवाद, गुरुवाद, परम्परावाद, रूढ़िवाद, शास्त्रों के वेदवाक्य मानना जैसे प्रचलित अन्धविश्वासों और अलौकिक या चामत्कारिक जादू-टोने में बिल्कुल विश्वास नहीं रखते थे। उनके विचार से केवल दो विश्वास पर्याप्त है—पहला आदि अनन्त ईश्वर और दूसरा आत्मा और परलोक में विश्वास। इनमें दूसरा सामाजिक पवित्रता कायम रखने में सहायक सिद्ध होता है।[9] उन्होंने इसके तात्त्विक मूल्य की अपेक्षा सामाजिक मूल्य पर अधिक जोर दिया है। 'तुहफ़ात' में राममोहन ने विशुद्ध बुद्धिवादी धर्म को स्थापित करने की कोशिश की थी। इसमें उन्होंने जो विचार पेश किए थे, वे ही अन्त तक उनके जीवन दर्शन के आधारभूत प्रेरक रहे थे। हम पहले ही बता चुके हैं कि इसका फ़ारसी अंग्रेजी अनुवाद कोई अस्सी वर्ष बाद मौलवी उबैदुल्ला साहब ने किया और बांग्ला अनुवाद गिरीशचन्द्र सेन ने लगभग पन्द्रह वर्ष बाद किया था। 'तुहफ़ात' में से कुछ अंश का सार तत्त्व ऊपर दिया जा चुका है। 'तुहफ़ात' के अन्त में राममोहन ने हाफ़िज के दो बयात उद्धृत किए हैं:—

"शेख के ढोंगी कारनामों का एक छदाम मूल्य भी नहीं है। मानव आत्मा को शान्ति पहुँचाओ, यही पारमार्थिक उपदेश है।"[10]

आखिरी बयात का अर्थ इस प्रकार है:—

"किसी जीव को हानि मत पहुँचाओ, इसके अलावा चाहे जो भी कर सकते हो, क्योंकि दूसरे को हानि पहुँचाने के अलावा और कोई पाप हमारे रास्ते में नहीं है।"[11] प्रायः इसी के समसामयिक काल में यूरोप में बुद्धिवादी दर्शन का जन्म हो चुका था। वस्तुतः सोलहवीं से अठारहवीं शती तक इस धारा को विकसित करने में जिन प्रमुख दार्शनिकों और चिन्तकों का हाथ था उनमें बेकन और लॉक जैसे समाजशास्त्री; कालिन्स, टिण्डल मॉरगन-जैसे एकेश्वरवादी (डीइस्ट), वालतेयर, दिदेरो, रूसो, रूसों वोलनी-जैसे फ्रान्सीसी राज्य क्रान्ति का दार्शनिक होता, तथा टामस पेइन और डेविड ह्यूम जैसे दार्शनिकों का हाथ था। लेकिन राममोहन ने जब 'तुहफ़ात' लिखा था उस समय तक वे इस पाश्चात्य दर्शन के संस्पर्श में कहाँ तक आये थे, बताना कठिन है। तुहफ़ात की आनुमानिक प्रकाशन तिथि 1803 या 1804 ई. मानी गई है। यद्यपि उन्होंने इस समय अंग्रेजी का अध्ययन आरम्भ कर दिया था लेकिन पाश्चात्य दर्शन से राममोहन का वास्तविक परिचय कुछ वर्ष बाद रंगपुर प्रवास के दौरान उनके अंगरेज मित्र डिगबी साहब के माध्यम से हुआ था। उनके इस काल के बाद की रचनाओं में पाश्चात्य बुद्धिवाद का स्पष्ट प्रभाव है। 'तुहफ़ात' में इस्लाम के युक्तिवाद के अतिरिक्त पाश्चात्य बुद्धिवाद का अद्भुत सामंजस्य मिलता है। इस पुस्तक के उपसंहार में राममोहन ने वालतेयर और वोलनी की तरह मानव जाति को चार हिस्सों में बाँटा है :

(1) जो प्रतारक हैं, अर्थात् जो जानबूझकर चामत्कारिक कहानियाँ रचकर लोगों को ठगते हैं।

(2) जो प्रतारित हैं, अर्थात् तो बिना विचार किए इन व्यक्तियों द्वारा साभिप्राय रचित कहानियों में विश्वास करके ठगे जाते हैं।

(3) जो एक साथ ही प्रतारक और प्रतारित हैं, अर्थात् जो स्वयं अलौकिक कहानियों में विश्वास करते हैं और दूसरों को भी विश्वास करने के लिए उत्साहित करते हैं।

(4) जो ईश्वर की दया से धोखा नहीं देते और न ही धोखा खाते हैं।[12]

'तुहफ़ात' में यद्यपि इस्लाम के आधार पर सार्वजनिक धर्म की रूपरेखा प्रस्तुत की गई है फिर भी इस्लाम के रूढ़िवादी या कट्टर रूप का स्पष्ट विरोध है। इस्लाम में जो उदारवादी विचारधारा रही है यह इसी पर आधारित थी। इस उदारवाद पर आधारित दो अन्य सम्प्रदाय इस्लाम से निकले थे, पहला था—'मोताजिला' और दूसरा था 'सूफीवाद'। इसमें से पहला युक्तिवादी या बुद्धिवादी और दूसरा भक्तिवादी

विचारधारा थी। राममोहन के शिक्षा की बुनियाद इस्लाम धर्म के कठोर बुद्धिवाद और व्यावहारिकता पर खड़ी थी। क़ुरान का उन्होंने अच्छी तरह अध्ययन किया था। 'तुहफ़ात' के लेखक के रूप में जो विशेषता परिलक्षित है, वह है उनका इस्लामी धर्मशास्त्र और तर्कशास्त्र का गहरा ज्ञान। उन्होंने तर्क पेश करते हुए जो दलीलें दी हैं वे सभी इस्लामी शास्त्र से संग्रहीत हैं। इसके अतिरिक्त राममोहन रूमी, सादी, हाफ़िज़-जैसे मुक्त उदारवादी सूफी कवियों से बहुत ही प्रभावित थे। अधिकांश विद्वानों का विचार है कि 'तुहफ़ात' में पेश किये तर्क और सिद्धान्त प्रौढ़, गम्भीर और सुव्यवस्थित थे, जिन्होंने उनके धार्मिक सिद्धान्तों और विचारों को जीवन भर प्रभावित किया। फ़ारसी भाषा की यह छोटी-सी पुस्तक उन्होंने अपने तीस वर्ष की उम्र में लिखी थी। लेकिन इसके मूल विचारों को वे जीवन भर प्रचारित करते रहे। आगे चलकर राममोहन की धार्मिक विचारधारा में परिवर्तन आया था। वे तुहफ़ात के विशुद्ध बुद्धिवाद से आगे बढ़कर हिन्दू धर्म-शास्त्रों और ईसाई धर्म ग्रन्थों की प्रामाणिकता पर आधारित बुद्धिवाद के पोषक बने। इसके बारे में अगले पृष्ठों पर विचार किया जायेगा। बाद में हिन्दू, इस्लाम और ईसाई धर्म से जिन विचारों का आकलन किया गया था, वह तीनों धर्मों की श्रेष्ठ विचारों का समन्वय ही था।

'तुहफ़ात' के अलावा उन्होंने एक और पुस्तक *'मनाजिरात् उल आदियान'* फ़ारसी में लिखी थी, जिसका ज़िक्र 'तुहफ़ात' की भूमिका में है; लेकिन यह पुस्तक शायद ही कभी प्रकाशित हुई हो। शीर्षक से ज़ाहिर है कि इस पुस्तक में विभिन्न धर्मों पर आलोचनात्मक लेख रहे होंगे।[13] इसके अतिरिक्त एक और पुस्तक है *'जवाब इ-तुहफ़ात-उल-मुवाह-हिदीन।'* इस पुस्तक की एक खण्डित प्रति लन्दन के ब्रिटिश म्यूजियम में सुरक्षित है। यह पुस्तक राममोहन द्वारा लिखी गई थी या उनके सहयोग से किसी मुस्लिम मित्र ने उनके सहयोग से लिखी थी। इस जवाब की आवश्यकता इसलिए पड़ी कि 'तुहफ़ात' के प्रकाशन के बाद कई साम्प्रदायिक तत्त्वों ने उनके विरुद्ध लेखादि लिखे। सबसे प्रमुख विरोध पारसी-सम्प्रदाय की ओर से आया। इसके उत्तर में राममोहन की ओर सम्भवतः किसी मुस्लिम मित्र के सहयोग से उन्होंने 'जवाब' पेश किया, जो सम्भवतः 1820 में प्रकाशित हुआ।[14]

राममोहन ने एक बार हजरत मुहम्मद की जीवनी लिखने की भी योजना बनाई थी लेकिन दुर्भाग्य से वे इस योजना को कार्यान्वित न कर सके। इस प्रसंग में उन्होंने अपने मित्र एडम साहब से कहा था कि इस महापुरुष का किसी ने भी सही मूल्यांकन नहीं किया।[15]

वेदान्त, उपनिषद् और तन्त्र

हिन्दू धर्म के घिसे-पिटे रीति-रिवाजों और मूर्तिपूजा के विरुद्ध उनका अपने माता-पिता से विरोध बचपन में ही आरम्भ हो गया था। हिन्दू धर्मशास्त्र के अध्ययन

के लिए उन्होंने कुछ वर्ष बनारस में व्यतीत किए। लेकिन उनकी बहुमुखी प्रतिभा और नये जीवन का आरम्भ शायद उनके रंगपुर के जीवनकाल में हुआ था। एक ओर वे अपने अन्तरंग मित्र और अफसर डिगबी साहब के सम्पर्क में आने से पाश्चात्य ज्ञान-विज्ञान और दर्शन से परिचय हो रहा था तो दूसरी ओर हरिहरानन्द तीर्थस्वामी के संस्पर्श में आने से उन्होंने वेद-वेदान्त और विशेष रूप से तन्त्रशास्त्र का गहरा ज्ञान प्राप्त किया। विचार-विमर्श और अध्ययन के आधार पर राममोहन को विश्वास हो गया कि हिन्दू धर्म के सुधार या हिन्दुओं के रूढ़िवादी संस्कारों और सड़े-गले समाज से उभारने का रास्ता धर्म के बीच में ही ढूँढ़ना पड़ेगा। विशुद्ध तर्कवाद या बुद्धिवाद को कोई नहीं सुनेगा। हिन्दुओं को धार्मिक संकीर्णता से मुक्त करने के लिए धर्मशास्त्रों का सहारा लेना होगा। यह ज्ञान उन्हें हरिहरानन्द तीर्थस्वामी से ही प्राप्त हुआ था। हरिहरानन्द, पहले ही लिखा जा चुका है, न केवल तान्त्रिक साधु थे बल्कि उद्‌भट विद्वान भी थे। उन्हें मालूम था कि हिन्दुओं को धर्म के बारे में कोई भी नई बात बताना हो तो 'प्रस्थान त्रयी' (उपनिषद्, गीता और ब्रह्मसूत्र) का सहारा लेना होगा। भारत मे मानव इतिहास के साथ धर्म और दर्शन का इतिहास भी चलता रहा है। शताब्दियों के प्रवाह ने संकीर्णता और जर्जरता को स्थान दिया। वैदिक और बौद्ध युग की प्रतिक्रिया के रूप में ही शायद पुराण, उपपुराण, तन्त्र, देवी-देवताओं और पूजा-पाठ और असंख्य रीति-रिवाजों ने हिन्दू धर्म को पूरी तरह घेर लिया था; फलतः भेद-भाव और साम्प्रदायिकता बढ़ती चली गई थी। छुआ-छूत, जाति-उपजाति, उच्चवर्ण-निम्नवर्ण यहाँ तक कि आर्य-अनार्य का भेद बढ़ता चला गया। इसके अतिरिक्त धनी-निर्धन का श्रेणी-भेद भी चल पड़ा। इसी बीच इस्लाम धर्म देश में एक नई संस्कृति, पद्धति और दर्शन को ले आया। इतिहास ने एक दौर में आकर हिन्दू-मुस्लिम समन्वय की धारा को जन्म दिया, सन्त रामानन्द, कबीर, दादू, नाभादास और रैदास, नानक, चैतन्य और न जाने कितने महात्मा अभिभूत हुए। गुरु नानक के शिष्यों ने अपना अलग धर्म चलाया। लेकिन इस समन्वय और धार्मिक एकता का प्रयास कुछ थोड़े से छोटे-छोटे गुटों तक ही सीमित रह गया। समन्वय की धारा संकीर्णता की रेत में न जाने कहाँ खो गई।

राममोहन के लिए इस धार्मिक समन्वय का रास्ता था—निराकार परमेश्वर की उपासना का शास्त्रीय समर्थन प्राप्त करना। इसी से वे 'प्रस्थान त्रयी' के अध्ययन में जी-जान से लग गए। भारत जैसे विशाल देश में जहाँ धर्म और सम्प्रदायों का अच्छा-खासा जंगल है वहाँ शंकराचार्य जैसे महापुरुष ने भी सबके लिए समान रूप से ग्रहण योग्य 'वेदान्त' का प्रचार इन्हीं 'प्रस्थान त्रयी' के माध्यम से किया था। प्रस्थानत्रयी में हिन्दू धर्म या दर्शन के तीन मूल ग्रन्थ आते हैं—उपनिषद्, ब्रह्मसूत्र और भगवद्‌गीता। ये तीनों किसी सम्प्रदाय विशेष के धर्म ग्रन्थ नहीं हैं और न ही इनमें किसी विशेष देवी-देवता का गुणगान ही है। इनमें केवल परब्रह्म की उपासना

या साधना का सोपान है। सभी भारतीय दार्शनिक इन तीनों ग्रन्थों को भारतीय धर्म और दर्शन के मूल ग्रन्थों के रूप में व्यवहार करते रहे हैं। भारतीय दर्शन में वेदान्त का एक महत्त्वपूर्ण स्थान है। वेदान्त शास्त्र, मूल वैदिक साहित्य के उपनिषदों का ही हिस्सा है। दूसरे दो ग्रन्थ भगवद्गीता और वादरायण कृत ब्रह्मसूत्र, वेदान्त तत्त्व के वाहक के रूप में महत्त्वपूर्ण है। राममोहन ने चन्द्रशेखर देव को एक प्रश्न के उत्तर में कहा था :

> "The Hindus seem to have made greater progress in sacred learning than the Jews, at least when the Upanishads were written .....if religion consists of the blessings of self-knowledge and improved notions of God and his attributes and a system of morality holds a subordinate place, I certainly prefer the Vedas."[16]

राममोहन ने हमेशा उपनिषदों को ही वेदों का पर्याय माना है। तुलनात्मक समीक्षा में उन्होंने हमेशा उपनिषदों की श्रेष्ठता को मान्यता दी है।

वेदान्त के प्रसंग में तीन 'प्रस्थानों' का उल्लेख शास्त्रों में आता है—श्रुति, स्मृति और न्याय। श्रुति प्रस्थान के अन्तर्गत वेद और उपनिषद् आते हैं, स्मृति प्रस्थान के अन्तर्गत रामायण, महाभारत आदि और भगवद्गीता, जो महाभारत का हिस्सा है, स्मृति का ही भाग माना जाता है, न्याय प्रस्थान के अन्तर्गत ब्रह्मसूत्रादि जैसे विचारग्रन्थ आते हैं। वेदान्त के सिद्धान्त इन तीन प्रकार के प्रामाणिक ग्रन्थों पर आधारित है। शंकराचार्य ने इन तीनों ग्रन्थों को 'प्रस्थान' ग्रन्थों की संज्ञा दी थी, जिनके द्वारा परब्रह्म की उपासना की जाती है। न्याय दर्शन के अनुसार 'प्रस्थान' शब्द का तात्त्विक अर्थ है— 'असाधारण प्रतिपाद्य विषय' अर्थात् निराकार ईश्वर की साधना का विषय। शंकराचार्य का अनुसरण करते हुए भिन्न-भिन्न सम्प्रदाय के आचार्यों ने अपने-अपने मत के समर्थन में इन 'प्रस्थान त्रयी' के आधार पर भाष्य बनाये विशेष रूप से 'ब्रह्मसूत्र' के आधार पर । शंकराचार्य ने इस 'प्रस्थान त्रयी' के आधार पर अद्वैतवाद चलाया, रामानुज ने भी उसी पथ पर चलकर विशिष्टाद्वैतवाद की नींव रखी। इसके पश्चात् एक-एक करके मध्वाचार्य, आनन्दतीर्थ, निम्बार्क, वल्लभाचार्य इत्यादि न जाने कितने सन्त आचार्यों ने अपने-अपने सम्प्रदाय चलाए।[17] राममोहन भी धार्मिक परम्परागत इसी धारा पर चलते हुए प्रस्थान त्रयी के आधार पर वैदिक धर्म के प्रचार में लगे, जिसका उद्देश्य हिन्दू धर्म को विश्व-धर्म सार्वभौमिक धर्म के साथ एकात्मक रूप देना था।[18]

यह हमें ज्ञात है कि हिन्दू धर्मशास्त्रों और वेदान्त का अध्ययन राममोहन ने बनारस में रहते हुए आरम्भ किया था और बाद में रंगपुर में रहते हुए भी वे इस अध्ययन को चलाते रहे। जब 1815 में कलकत्ता में आकर स्थायी रूप से रहना आरम्भ किया तो उनके सार्वजनिक जीवन का आरम्भ ही वेदान्त के व्याख्याकार के

रूप में आरम्भ हुआ। थोड़े ही समय में उन्होंने एक के बाद दूसरा हिन्दू धर्मशास्त्रों के अनुवादों के और विश्लेषणों को प्रकाशित किया! पहले तीन-चार वर्षों में जो पुस्तके उन्होंने प्रकाशित कीं, उनकी सूची इस प्रकार है :

बांग्लाः 1. वेदान्त ग्रन्थ (1815), 2. वेदान्त सार (1815 या 1816), 3. तलबकारोपनिषद् (केनोपनिषद्) (मूल और बांग्ला अनुवाद 1816), 4. ईशोपनिषद् (मूल और बांग्ला अनुवाद) (1816), 5. कठोपनिषद् (मूल और बांग्ला अनुवाद) (1817), 6. माण्डूक्योपनिषद्, मूल और बांग्ला अनुवाद (1817), 7. मुण्डोपनिषद् (मूल और बांग्ला सहित) (1819)। 8. शंकराचार्य का 'आत्मानात्माविवेक' (मूल और बांग्ला अनुवाद सहित) (1819)।

हिन्दी या हिन्दुस्तानी, 1. वेदान्त ग्रन्थ, (हिन्दुस्तानी अनुवाद 1815), 2. वेदान्तसार (हिन्दुस्तानी अनुवाद 1816)

अंगरेज़ी 1. Translation of an Abridgment of the Vedant (Translation of 'Vedantsar' (1816) 2. Translation of Kenopanishad (1816) 3. Translation of Ishopanishad (1816) 4. Translation of Mandukyopanishad (1819) 5. Translation of Kathopanishd (1819).

इसके अतिरिक्त यह भी जान कर आश्चर्य होता है कि राममोहन के 'वेदान्त सार' का जर्मन अनुवाद 1817 में प्रकाशित हो गया था। इनमें से कुछ उनके मित्र डिगबी साहब ने लन्दन से भी, अलग से प्रकाशित किया था, जिसका विवरण पिछले खण्ड में दिया जा चुका है। उनकी मृत्यु के बाद यूरोप की कई दूसरी भाषाओं में भी राममोहन की हिन्दू धर्म सम्बन्धी पुस्तकों के अनुवाद प्रकाशित हुए।

ऊपर की सूची में भगवद्गीता का बांग्ला पद्यानुवाद सम्मिलित नहीं है, क्योंकि इस पुस्तक की प्रति उपलब्ध नहीं है। गीता राममोहन को हमेशा ही प्रिय रहा है। वेदान्त और उपनिषदों के अलावा उन्होंने ब्रह्मसूत्र का शांकरभाष्य 1818 में प्रकाशित किया था।

इन रचनाओं में राममोहन वेदान्त के व्याख्याकार के रूप में एक विशेष विचारधारा का परिचय देते हैं और अपने विचारों के पक्ष का समर्थन करने के लिए उन्हें कई एक तत्कालीन पण्डितों और रूढ़िवादी विद्वानों से तर्क युद्ध में उतरना पड़ा। इस श्रेणी की रचनाओं में तीन-चार प्रमुख ग्रन्थ हैं— 1. उत्सवानन्द विद्यावागीशेर सहित विचार (1816-17), 2. भट्टाचार्येर सहित विचार (1818), 3. गोस्वामी सहित विचार (1818), 4. कविताकारेर सहित विचार (1820)। अंगरेजी में इस प्रकार के खण्डन-मण्डन की श्रेणी में दो ग्रन्थ हैं—

1. A defence of Hindu theism in reply to the attack of an advocate for idolatry at Madras (1817) 2.A Second defence of the Monotheisti-

cal System of the Vedas in reply to an apology for the present State of Hindu worship (1817).

इसी वर्ग के कुछ और ग्रन्थ राममोहन ने लिखे थे। विशेषतः ईसाई पादरियों के साथ तर्क युद्ध में उन्होंने ईसाई धर्मविषयक ऐसे खण्डन-मण्डन पेश किये थे, जिन पर आगे विचार किया जाएगा।

राममोहन मात्र तात्त्विक या तार्किक ही नहीं थे। वैदिक धर्म और ब्रह्मवाद को जीवन में रूपायित करना उनके जीवन का ध्येय रहा है।[19] इसीलिए जब उन्होंने आगे चलकर 'ब्राह्म समाज' की स्थापना की तो उन्होंने ब्रह्मोपासना और परम पिता परमेश्वर की साधना की रूपरेखा या प्रणाली भी बनाने की कोशिश की। व्यावहारिक स्वरूप का परिचय उनके निम्नलिखित ग्रन्थों में मिलता है: 1. गायत्रीर अर्थ (1818) 2. प्रार्थना पत्र (1823), 3. ब्रह्मनिष्ठ गृहस्थेर लक्षण (1827) 4. गायत्रया ब्रह्मोपासनाविधानम् (1827) 5. ब्रह्मोपासना (1828) 6. अनुष्ठान (1829), इत्यादि। अंगरेजी में भी इस श्रेणी की कुछ पुस्तकें हैं। जैसे : 1. Humble suggestions to his countrymen who belive in the one true God (1823) 2. Translation of a Sanskrit tract on different mode of worship (1825) 3. Translation of a Sanskrit tract inculcating the Divine worship, esteemed to these who believe in the revelation of the Vedas as the most appropriate to the nature of the Supreme Being (1827) 4. The Universal religion : Religious instructions founded on sacred Authorities (1829).[20]

राममोहन ने वेदान्त के अध्ययन और विवेचन में अपने पूर्वज शंकराचार्य और रामानुज जैसे आचार्यों के पदचिह्नों पर चले। इस धारा में शायद अन्तिम आचार्य थे, जिन्होंने वेदान्त पर संक्षेप और साधारण जनता के योग्य सरल भाष्य लिखा।[21] राममोहन विशेष रूप से शंकराचार्य के भाष्य से प्रभावित थे। इसका मुख्य कारण शायद यह रहा होगा कि शंकराचार्य ने ही वेदान्त का ब्रह्मवादी व्याख्या पेश की थी और वही निर्गुण अद्वैत ब्रह्म के प्रचारक थे। उन्होंने परब्रह्म को किसी प्रकार के साम्प्रदायिक घेरे में नहीं बाँधा। उन्होंने ही सबसे पहले बताया कि ब्रह्मोपासना के लिए यज्ञादि, पूजा-पाठ अनावश्यक है और देवी-देवता भी परमार्थिक दृष्टि से झूठे पड़ते हैं। साम्प्रदायिक संकीर्णता और मूर्तिपूजा के विरोधी, आधुनिक युग के राममोहन को ये सिद्धान्त ग्रहण योग्य और ठीक जँचे।

शंकराचार्य के प्रति राममोहन की श्रद्धा का एक और कारण था—शंकराचार्य का निर्द्वन्द्व अद्वैतवादी स्वरूप। राममोहन स्वयं शुरू से ही एकेश्वरवादी थे।

अद्वैतवाद का मूल सूत्र है—एकमात्र ब्रह्म के सिवा और किसी शक्ति का आध्यात्मिक अस्तित्त्व नहीं है। जीव और जगत सभी मिथ्या है।

राममोहन के वेदान्तविषयक ग्रन्थों और खण्डन-मण्डन के वाद-विवादों के अध्ययन से स्पष्ट होता है कि राममोहन भी शंकराचार्य की तरह पूर्ण रूप से अद्वैतवादी थे। लेकिन राममोहन के विचारों में कुछ मौलिकता के भी दर्शन होते है। आधुनिकतावादी राममोहन सन्यास आश्रम को स्वीकार करते हुए भी ब्रह्मज्ञान केवलमात्र संन्यासी को ही प्राप्त हो सकता है, यह सिद्धान्त मानने को तैयार नहीं थे। आधुनिक जीवन में सांसारिक कल्याण और आध्यात्मिक मुक्ति दोनों को ही उन्होंने समान प्रधानता दी। ब्रह्मज्ञान केवल मात्र थोड़े से संन्यासियों की सम्पत्ति रहे, ऐसा राममोहन के आधुनिक मानस को स्वीकार नहीं था। उनका कहना था "केवल संन्यासी होने पर ही मुक्त होंगे, ऐसा नहीं है, गृहस्थ को भी मुक्ति मिल सकती है।"[22]

राममोहन की मौलिक विचारधारा का एक और परिचय मिलता है। अद्वैतवादी वेदान्त के समर्थक होने पर भी और मायावाद को सिद्धान्त के रूप में स्वीकार करने पर भी राममोहन को आधुनिक युगोपयोगी समाजकल्याण का आदर्श के साथ अद्वैत का समन्वय ढूँढ़ना था। अद्वैतवाद को न छोड़ते हुए उन्होंने तान्त्रिक शक्तिवाद के समन्वय से उसे बहुलांश में व्यावहारिक बनाया।[23]

तीसरी विशेषता थी—राममोहन का ब्रह्मोपासना पर विशेष जोर देना। इस उपासना या प्रार्थना का व्यक्तिगत और सामाजिक दो अंग हैं। इन दोनों पद्धतियों के बारे में राममोहन ने कई एक ग्रन्थों में स्पष्ट निर्देश दिया है।[24]

राममोहन की एक ओर मौलिकता थी—समाज कल्याण के आदर्श के साथ ब्रह्मवाद या एकेश्वरवाद का सामंजस्य स्थापित करना।[25] यह सामाजिक दृष्टि उन्हें पाश्चात्य ज्ञान-विज्ञान के माध्यम से प्राप्त हुई थी। विशेष रूप से ईसाई धर्म के जनसेवा और मानव प्रेम के आदर्शों ने राममोहन को प्रभावित किया था। फ़ारसी कवि शेखसादी की वाणी—"मानव सेवा ही ईश्वर की श्रेष्ठ उपासना है", उनको बहुत ही प्रिय थी। यह मानवीयता उनकी वेदान्त व्याख्या में प्रतिफलित है। सार्वभौम प्रेम के आदर्श के द्वारा मानव कल्याण का आदर्श ही राममोहन का मूल सिद्धान्त था। मानव प्रेम और सेवा धर्म को ब्रह्मवाद या एकेश्वरवाद के अन्तर्गत लाकर राममोहन ने उन्नीसवीं शती के नए मानवतावाद की नींव डाली, जो प्राचीन आचार्यों के दर्शन से कुछ सीमा तक एक कदम आगे बढ़ा हुआ था।

राममोहन वस्तुतः शंकराचार्य के रास्ते पर चलकर सारे उपनिषदों का अनुवाद करना चाहते थे, लेकिन अन्ततः केवल पाँच का ही अनुवाद कर सके।

इसी प्रकार वेदान्त सूत्र के अंगरेजी अनुवाद की भूमिका के शीर्षक में लिखा है :

"To the believers of the only true God."

यह एक प्रकार से समर्पण-पत्र सा है। भूमिका में आगे लिखा है कि "मैंने अनन्त और सच्चे ईश्वर की आराधना के लिए मूर्तिपूजा को त्याग दिया है।"

अंगरेजी अनुवाद का उद्देश्य स्पष्ट करते हुए लिखा था—

"to prove to my European friends that the superstitious practices which deform the Hindu religion have nothing to do with pure spirit of its dictates."[26]

राममोहन ने उपनिषदों, ब्रह्मसूत्र और गायत्री जैसे कई ग्रन्थों का संस्कृत भाषा से साधारण जनता की भाषा बांग्ला और हिन्दुस्तानी में प्रकाशित किया। यह घटना अपने आप में क्रान्तिकारी घटना थी। उन्होंने ही सबसे पहले हिन्दुओं के धर्म ग्रन्थों को ब्राह्मणों और संस्कृत के बन्धन से निकालकर जनता के लिए ज्ञान का दरवाजा खोल दिया। कई शताब्दियों पूर्व ऐसी ही घटना थी चैतन्य महाप्रभु और भक्त कवियों द्वारा वैष्णव धर्म का बांग्ला भाषा के माध्यम से प्रचार। वर्तमान युग में राममोहन ने ही जनता के लिए मुक्ति और ज्ञान का पथ इतना सुगम कर दिया। उन्होंने केवल अनुवाद ही नहीं किया, वेदान्त या ब्रह्मसूत्र को संक्षिप्त सरल भाषा में *'वेदान्त सार'* के शीर्षक से प्रकाशित किया। इस ग्रन्थ का प्रकाशन उनके 'वेदान्त ग्रन्थ' के साथ ही 1815 में प्रकाशित और प्रचारित हुआ। वादरायण के ब्रह्मसूत्र में 555 सूत्र दिये गए हैं। राममोहन ने मात्र 34 निर्वाचित सूत्रों की व्याख्या *'वेदान्त सार'* पुस्तक में दी है।

इसके अतिरिक्त राममोहन ने अपने *'वेदान्त सार'* का अंगरेजी अनुवाद प्रकाशित किया। इसका मुख्य उद्देश्य शायद, भारतीय संस्कृति और हिन्दू धर्म, जिसके बारे में अंगरेजों और यूरोपियों में बहुत ही हीन धारणा थी, और ईसाई मिशनरियों को, हिन्दू धर्म की श्रेष्ठता के बारे में सतर्क करना था। अंगरेजी अनुवाद की पुस्तिका में एक भूमिका भी है, जो बांग्ला संस्करण में नहीं है। इस अंगरेजी भूमिका से कुछ अंश का अनुवाद यहाँ प्रस्तुत किया जा रहा है क्योंकि राममोहन के धार्मिक विचारों की पृष्ठभूमि को समझने में यह सहायक होगी :

"एकमात्र, अद्वितीय, सत्यस्वरूप परमेश्वर में विश्वास करने वालों से निवेदन—

"ब्राह्मण सम्प्रदाय और हिन्दू समाज के दूसरे सम्प्रदायों में अधिकांश लोग, जो आज तक मूर्तिपूजा करते आए हैं, मूर्तिपूजा के पक्ष में तर्कसंगत युक्ति पेश करने में पूरी तरह असफल रहे हैं। इस विषय में उनसे पूछने पर, अपने आचरण

के पक्ष में किसी तर्कसंगत विचार पेश करने की अपेक्षा प्रमाण के तौर पर पुरखों की दुहाई देना ही काफ़ी समझते हैं, एवं मैंने एकमात्र परम सत्य अनित्य ईश्वर की पूजा के लिए मूर्तिपूजा का परित्याग करने पर कुछ लोग मेरे से बहुत अप्रसन्न हैं। इसी से मेरे अपने और मेरे पूर्व पुरुषों के धर्मविश्वासों के वास्तविक प्रतिपादन के लिए कुछ दिनों से मैं अपने धर्मशास्त्रों का वास्तविक अर्थ अपने स्वदेशवासियों को विश्वास दिलाने का प्रयत्न कर रहा हूँ।''

"वेद एवं अन्त इन दो संस्कृत शब्दों से मिलकर इस ग्रन्थ का नामकरण 'वेदान्त' किया गया है। अर्थात् समग्र वेदों की मीमांसा या सन्देहयुक्त अर्थों का निराकरण। आज तक (1816 ई.) इस ग्रन्थ को समग्र हिन्दू जाति श्रद्धा करती आयी है और वेदों के अपेक्षाकृत कठिन सूत्रों के बदले इस ग्रन्थ को ही प्रामाणिक माना जाता है। लेकिन संस्कृत भाषा के अंधकारमय परदे के पीछे छिपे होने के कारण एवं ब्राह्मण लोग अपने को ही केवल इन ग्रन्थों की व्याख्या, यहाँ तक कि इन पुस्तकों के स्पर्श करने का अधिकारी बनाये रखने के कारण, यह वेदान्त ग्रन्थ, यद्यपि प्रमाणस्वरूप प्रायः उद्धृत किया जाता है फिर भी, यह जनसाधारण के बीच प्रचलित नहीं हैं और बहुत थोड़े से हिन्दू इसके उपदेश का अनुकरण करते हैं।

"अपने विचारों के समर्थन के लिए अब तक जनसाधारण में आज तक अपरिचित इस वेदान्त ग्रन्थ का और इसके मूल सारांश का हिन्दी और बांग्ला अनुवाद करके अपनी क्षमता के अनुसार छपवाकर निःशुल्क अपने स्वदेशवासियों में जितनी दूर तक बँटवाना सम्भव था, मैंने बँटवाया। वेदान्त के संक्षिप्त सारांश के इस अंगरेजी अनुवाद के द्वारा मुझे आशा है कि मैं अपने यूरोपीय मित्रों के समक्ष प्रमाणित कर सकूँगा कि कुसंस्कारपूर्ण रीति-रिवाजों और धार्मिक अनुष्ठानों ने हिन्दू धर्म को विकृत कर दिया है इनके साथ ही, इस धर्म के पवित्र उपदेशों का कोई तात्त्विक सम्बन्ध नहीं है।

"जो भी हो, इस विषय में कोई सन्देह नहीं कि मैं हार्दिक रूप से प्रमाणित करके दिखाना चाहता हूँ कि हमारे पूजा का प्रत्येक अनुष्ठान, एकम्, अद्वितीय, सत्य स्वरूप ईश्वर के आरोपित या लाक्षणिक पूजा, पद्धति से उत्पन्न हुआ है। लेकिन आजकल लोग इस तथ्य को भुला बैठे हैं और बहुतेरे लोग इस विषय का उल्लेख मात्र करना नास्तिकता समझते हैं।''

"ब्राह्मण कुल में जन्म ग्रहण करके अपनी विवेक बुद्धि और सरलता द्वारा प्रदर्शित पथ पर चलते हुए मैं, कुसंस्कारों और लौकिक सुख के लिए प्रचलित धार्मिक प्रथाओं पर आश्रित अपने नाते-रिश्तेदारों के क्रोध और अनादर का भागी बना हूँ।''

"लेकिन ये उलाहने, शिकायतें और तिरस्कार चाहे जितने भी एकत्रित हों, मैं इस विश्वास पर सहन कर सकता हूँ कि एक दिन अवश्य आएगा जब मेरी इन छोटी-छोटी प्रचेष्टाओं का निरपेक्ष विवेचन होगा। जो भी हो, और लोग जो भी कहें, मैं इस बात से पूर्ण आश्वस्त हूँ कि परम पिता परमेश्वर अदृश्य रूप से सब कुछ देख रहे हैं और मेरी अन्तरात्मा के अभिप्राय का अवश्य ही अनुमोदन कर रहे होंगे।"[27]

वेदान्त या ब्रह्मसूत्र के भाषान्तर के बाद, और *'वेदान्त सार'* संकलन के प्रकाशन के बाद राममोहन का ध्यान उपनिषदों के अनुवाद की ओर गया। राममोहन की अभिलाषा दशोपनिषदों का बांग्ला अनुवाद करने की रही थी। लेकिन अन्त तक केवल पाँच उपनिषदों का अनुवाद पूरा सके। ये थे तलबकार या केन उपनिषद्, यजुर्वेदीय ईश और कठ उपनिषद् और अथर्वेदीय माण्डूक्य और मुण्डक उपनिषद्। यहाँ एक बात स्पष्ट करना आवश्यक है कि राममोहन ने इस ग्रन्थों का आक्षरिक अनुवाद नहीं किया। बल्कि शंकराचार्य के भाष्य पर आधारित भाषा-विवरण दिया है।[28]

केनोपनिषद् के प्रकाशन के थोड़े ही दिनों में *ईशोपनिषद्* का प्रकाशन (1816) हुआ। इस ग्रन्थ की भूमिका में राममोहन ने निराकार ईश्वर की उपासना ही श्रेष्ठ है, इसके समर्थन में बहुत से शास्त्रीय प्रमाण उद्धृत किये हैं। भूमिका से स्पष्ट है कि कलकत्ता में 'आत्मीय सभा' की स्थापना काल से ही राममोहन के विचारों की सार्वजनिक रूप से प्रत्यक्ष रूप से प्रत्यक्ष या परोक्ष आलोचना आरम्भ हो गई थी। उस काल (1816) में सम्भवतः राममोहन द्वारा रचित, एक बांग्ला ब्राह्म संगीत, मूल, देवनागरी लिपि से उद्धृत करना प्रासंगिक होगा जो राममोहन के निराकार ईश्वरस्वरूप को मूर्तिपूजा के परिप्रेक्ष्य में स्पष्ट करता है :

के भूलाय हाय
कल्पना के सत्य करे जान, एकि दाय।
आपनि गड़ह जाके
जे तोमार बशे ताँके
केमने ईश्वर डाके कर, कर अभिप्राय?
कखनो भूषण देओ, कखनो आहार
क्षणेके स्थापह, क्षणके करह संहार
प्रभु बलि मान जारे
सम्मुखे नाचाओ तारे
हेन भूल संसारे देखेछ कोथाय?[29]

ईशोपनिषद् की भूमिका और 'अनुष्ठान' शीर्षक एक और आलेख में निराकार ब्रह्म की उपासना के बारे में विस्तृत विवेचन पेश किया गया है। इस लेख में उन्होंने सर्वप्रथम अपना स्पष्ट मत व्यक्त किया। हिन्दू धर्मशास्त्रों से उद्धरण देकर उन्होंने अपना तर्क सिद्ध करने का प्रयास किया।

राममोहन ने *कठोपनिषद्* का अंगरेजी अनुवाद, बांग्ला पुस्तक के प्रकाशन के तीन वर्ष बाद 1819 में किया था। अनुवाद की भूमिका में जो बांग्ला संस्करण में नहीं थी, इस उपनिषद् के अंगरेजी प्रकाशन का उद्देश्य स्पष्ट करते हुए राममोहन ने लिखा था :

> "The present publication is intended to assist the European community in forming their opinion respecting Hindu theology, rather from the matter found in the doctrinal scriptures, than from the Puranas, moral tales or any other modern works or from the superstitious rites, and habits daily encouraged and fostered by their self interested leaders."[30]

कठोपनिषद् के प्रकाशन के कुछ ही दिनों के अन्दर 1817 में *माण्डूक्योपनिषद्* का प्रकाशन हुआ। इस छोटे से ग्रन्थ की राममोहन ने लम्बी भूमिका दी है। इस बात को अच्छी तरह समझते थे सब लोगों की साधना एक का रास्ता नहीं हो सकता। उन्होंने इस तथ्य पर विस्तार से विवेचन प्रस्तुत किया है, फिर भी 'प्रणव' और 'गायत्री मन्त्र' और 'ध्यान' पर जोर दिया। इसमें मुख्य रूप से श्रद्धा की दृढ़ता और विचार क्षमता की आवश्यकता को दिखाने की कोशिश की।

अन्त में *मुण्डकोपनषिद्* का बांग्ला संस्करण और साथ ही अंगरेजी अनुवाद 1819 में प्रकाशित हुआ।

'प्रस्थान-त्रयी' की श्रेणी में अन्तिम धर्म ग्रन्थ है— *भगवद्गीता*। राममोहन द्वारा अनुवादित गीता आज तक उपलब्ध नहीं हो सकती। केवल उनके द्वारा रचित दूसरी पुस्तकों में इस पुस्तक का प्रासंगिक उल्लेख मिलता है। यह भी प्रमाणित हो चुका है कि राममोहन ने गीता का पद्यानुवाद किया था।[31] लेकिन तथ्य यह है कि राममोहन 'गीता' को श्रद्धा की दृष्टि से देखते थे और उन्होंने अपनी रचनाओं में गीता से अनुवाद करके अनेक उद्धृतियाँ दी थीं।

मुख्यतः जिन ग्रन्थों का सहारा लेकर राममोहन ने अपने धार्मिक विचारधारा की व्याख्या की थी उनमें उपनिषदों की भूमिका सहित अनुवाद, ब्रह्मसूत्र का वेदान्त ग्रन्थ शीर्षक भाषा, वेदान्त सार और *भगवद्गीता* का अनुवाद है। *भगवद्गीता* के बारे में पहले ही बताया जा चुका है कि यह उपलब्ध नहीं है। आधुनिक युग के परिप्रेक्ष्य में वेदान्त की नई व्याख्या देने की आंतरिक इच्छा के होते हुए भी उन्होंने पूर्ववर्ती

आचार्यों के पथ का अनुसरण किया![32] इनमें शंकराचार्य का प्रभाव राममोहन पर सबसे अधिक पड़ा। उन्होंने शंकरभाष्य का निष्ठापूर्वक अनुसरण किया। कहीं-कहीं छोटे-मोटे भेद अवश्य हैं। शंकराचार्य के प्रति राममोहन की श्रद्धा का मुख्य कारण था—शंकराचार्य का 'अद्वैतवाद'। राममोहन ने इस एकतत्त्ववाद या एकेश्वरवाद को हृदय से लगाया था। दार्शनिक सिद्धान्त की ओर से देखें तो राममोहन पूरी तरह अद्वैतवादी थे। लेकिन वेदान्तिक होते हुए भी ब्रह्मवाद को समाज कल्याण के आदर्श का सामंजस्य स्थापित करना ही राममोहन का मुख्य उद्देश्य था। यह सामाजिक दृष्टिकोण उन्हें पाश्चात्य दर्शन और ज्ञान-विज्ञान के अध्ययन से मिला। ईसाई धर्म की मानव सेवा और मानव प्रेम के आदर्श ने उन्हें प्रभावित किया था। शेख सादी की वाणी "मानव सेवा ही ईश्वर की श्रेष्ठ उपासना है" उन्हें बहुत प्रिय थी। ब्रह्मसूत्र के एक सूत्र "परेण च शब्दस्य ताद्विध्यं भूयस्त्वात्वनुबंध :" की व्याख्या करते हुए राममोहन ने लिखा था—"परमेश्वर और उनके जनों के साथ अनुबन्ध अर्थात् प्रेम और प्रेमयुक्त व्यवहार करना ही उसकी उपासना है।" इस प्रकार राममोहन ने अद्वैतवाद के साथ लोकसंग्रह की भावना को जोड़ा और इसी को ईश्वर की उपासना का सही रूप कहा था। यह नए युग के लिए नया मन्त्र था, जो राममोहन के उत्तराधिकारियों ने देश के कल्याण के काम में प्रयोग किया।

वेदान्त, उपनिषद् और गीता के अतिरिक्त पुराण और तन्त्र का भी राममोहन ने गहरा अध्ययन किया था उनकी रचनाओं में सभी पुराणों का अनेकानेक उल्लेख आता है। इससे स्पष्ट है कि राममोहन ने अपने को वैदिक साहित्य के ज्ञान मार्ग तक ही सीमित नहीं रखा बल्कि विस्तृत पौराणिक साहित्य के साथ उनका गहरा परिचय था।[33] राममोहन इस वास्तविकता से अनभिज्ञ नहीं थे की साकार की उपासना सरल और साधारण लोगों के लिए उपयुक्त है। राममोहन ने यह बात कई एक प्रसंग में स्पष्ट की है..."वास्तव में जिन वचनों के द्वारा द्विभुज, चतुर्भुज, शतभुज और सहस्रभुज इत्यादि रूप में ब्रह्मरूप का आरोपन कहा है, उन वचनों के साथ वेदान्तसूत्र एकमत होकर सभी ऋषियों या ग्रन्थों के प्रणेताओं ने इस सिद्धान्त को माना है कि ये रूप या आकार कल्पना मात्र हैं। जब तक ब्रह्मजिज्ञासा मन में पैदा न हो, तब तक ईश्वर का उद्देश्य मानकर काल्पनिक रूप की आराधना करने से चित्त शुद्ध होकर ब्रह्मजिज्ञासा की सम्भावना बनती है लेकिन ब्रह्मजिज्ञासा होने पर काल्पनिक स्वरूप की उपासना की आवश्यकता नहीं रहती।"[34] राममोहन ने स्पष्ट ही कहा कि पुराण, तन्त्र आदि में ईश्वर की रूप-कल्पना ही है, इसमें कोई तथ्य नहीं है।

तन्त्रशास्त्र से प्रभावित होने के पीछे दो कारण हो सकते हैं—पहला यह कि राममोहन के ननिहालवाले शाक्त तान्त्रिक थे और दूसरा मुख्य कारण, जिसका

उल्लेख उनके जीवनी खण्ड में हो चुका है, वह था तान्त्रिक संन्यासी हरिहरानन्द तीर्थस्वामी कुलावधूत के साथ आजीवन निकट सम्बन्ध। कलकत्ते में राममोहन के पास रहते हुए इन्होंने *'कुलार्णव तन्त्र'* और 'महानिर्वाण तन्त्र' की प्रसिद्ध टीका की रचना की थी। राममोहन ने हरिहरानन्द से तन्त्रशास्त्र का अध्ययन किया था। 'तन्त्र' भारतीय दार्शनिक चिन्तन और जीवनचर्या की एक विशिष्ट धारा है। हिन्दू धर्म में प्रचलित देवी-देवताओं की पूजा और धार्मिक अनुष्ठान तन्त्र के द्वारा व्यापक रूप से प्रभावित हैं। लेकिन आचार-अनुष्ठानों के बाह्य रूप के नीचे एक गहन तात्त्विक या गम्भीर सैद्धान्तिक आधार है और यहाँ पहुँचकर तन्त्र, दर्शन और अद्वैत वेदान्त में कोई सैद्धान्तिक भेद नहीं रहता। इसी से शंकराचार्य के परवर्ती आचार्यों में से कई आचार्यों ने इन धाराओं में सामंजस्य स्थापित करने की कोशिश की थी। सामाजिक धरातल पर तन्त्रदर्शन, अद्वैतवाद की अपेक्षा उदार और प्रगतिशील है।[35] इस वास्तविकता से राममोहन भलीभाँति परिचित थे। हमें ज्ञात है कि प्राचीन युग में जैसा भी रहा हो लेकिन परवर्तीकाल में वैदिक धर्म दर्शन एवं चिन्तन में संकीर्णता आ गई थी। यहाँ तक कि नारी और शूद्रों के लिए वेदों का अध्ययन धर्म विरुद्ध माना जाता था। ब्रह्मज्ञान और वैदिक अधिकार से नारी और शूद्र वंचित कर दिये गए। शास्त्रों में सर्वप्रथम तन्त्रशास्त्र ने ही इस भेदभाव को तोड़ने का बीड़ा उठाया। 'गौतमीतन्त्र' के आरम्भ के एक श्लोक में ऋषि गौतम, विष्णु से प्रार्थना करते हैं :

येन सर्वफलाव्याप्तिः सर्वेशां बन्धुरेव यः
सर्ववर्णाधिकारश्च नारीनां योग्य एवं च
तं ब्रुहि भगवन्मन्त्रम् ममू सर्वार्थसिद्धये।

"जो मन्त्र सर्वफल प्रदान करने वाला, सबका बन्धु है, जिस मन्त्र में सभी वर्णों का समानाधिकार और जो मन्त्र नारी के योग्य हो, हे भगवान, सर्वार्थ सिद्धि के लिए मुझे ऐसा मन्त्र दे।"[36] *'महानिर्वाण तन्त्र'* में स्पष्टतः चाण्डाल और यवनों के लिए भी सर्वोच्च ब्रह्मज्ञान और उपासना का अधिकार स्वीकार किया गया है। धर्म साधना के क्षेत्र में यह समदर्शिता तन्त्र की विशेषता है। राममोहन के शास्त्रीय ग्रन्थों में, विशेष रूप से जहाँ उन्होंने सामाजिक कल्याण के लिए आन्दोलन किया उनमें तन्त्रों से अनेक उद्धरण और युक्तियाँ प्रस्तुत कीं। विशेष रूप से सती प्रथा के विरुद्ध अपने शास्त्रार्थ में उन्होंने तन्त्रशास्त्र से अपने तर्क रखे थे। जहाँ तक कि गायत्री मन्त्र की श्रेष्ठता भी राममोहन ने महानिर्वाण तन्त्र के द्वारा ही स्थापित की। धर्म साधना या ईश्वरोपासना के क्षेत्र में अपने सार्वभौम उदार दृष्टिकोण के लिए राममोहन किसी सीमा तक तन्त्रशास्त्र के ऋणी थे इसमें कोई संदेह नहीं। इसी से ब्राह्म समाज के भवन, निर्माण के न्यास पत्र में देश,

जाति, धर्म निर्विशेष सभी ईश्वर उपासकों के लिए उपासना-भवन के निर्माण का उद्देश्य लेकर आगे बढ़े थे।

ईसा मसीह के नीति वचन

अब तक हमने राममोहन के धार्मिक विचार प्रक्रिया को हिन्दू धर्मशास्त्र के परिप्रेक्ष्य में देखा। हमें ज्ञात है कि राममोहन जब धर्मशास्त्र के अनुशीलन में लगे थे तो एक समय वे बड़ी तीव्रता के साथ ईसा प्रवर्तित धर्म की ओर भी आकृष्ट हुए थे। इसी कारण श्रीरामपुर बैप्टिस्ट मिशन के विलियम केरी, एडम-जैसे ईसाई मिशनरियों से राममोहन की गहरी मित्रता हो गई थी। इन पादरियों की निष्ठा, विद्वत्ता, भाषा ज्ञान और धर्म में गहरी रुचि के कारण राममोहन आकृष्ट हुए। उस काल में राममोहन एक विद्वान के रूप में प्रतिष्ठित हो चुके थे।

बाइबिल का अध्ययन करके राममोहन इस निर्णय पर पहुँचे कि ईसाई जिस रूप में ईसा मसीह को प्रायः देवता या अवतार समझने लगे हैं या प्रचार करते हैं, इसकी प्रामाणिकता या समर्थन मूल ईसाई धर्मग्रन्थों में नहीं है। फिर भी ईसा के उपदेशों में उन्हें विश्वजनीनता का आभास मिला, जो अन्यत्र दुर्लभ था। इसी से जिस प्रकार वेदान्त और उपनिषदों का बांग्ला, हिन्दी और अंगरेजी अनुवाद करके जनता तक पहुँचा दिया उसी प्रकार ईसा मसीह के मूल उपदेशों का संग्रह और अनुवाद करने की इच्छा हुई। मूल उपदेशों का संग्रह अंगरेजी में ***Precepts of Jesus : The guide to peace and happiness*** के शीर्षक से छपवाकर उन्होंने बँटवाया। यद्यपि अंगरेजी पुस्तक में संस्कृत और बांग्ला अनुवाद होने का संकेत है।[37] लेकिन यह संस्कृत और बांग्ला अनुवाद सम्भवतः वे पूरा न कर सके। हो सकता है कि 'प्रिसेप्टस' के प्रकाशन के बाद ईसाई पादरियों ने उन्हें जिस प्रकार नीचा दिखाने या अपमानित करने की कोशिश की, इससे वे अपनी योजना को कार्यान्वित न कर सके।[38] यहीं से राममोहन ईसाई पादरियों के साथ अपने प्रसिद्ध शास्त्रार्थ में जुट गये। इसका कुछ विवरण जीवनी खण्ड में दिया जा चुका है।

'प्रीसेप्ट्स' की भूमिका में राममोहन ले लिखा था—

> "This simple code of religion and morality is so admirably calculated to elevate men's ideas to high and liberal notions of God, who has equally subjected all living creatures, without distinction of caste, rank or wealth, to change, disappointment pain and death and has equally, admitted all to be partakers of bountiful mercies"

उन्होंने भूमिका में आगे कहा कि नैतिक उपदेशों का संकलन केवल इसलिए किया गया कि इससे विभिन्न मतावलम्बी लोगों में हमदर्दी और सहानुभूति की भावना पैदा हो—

"improving the hearts and minds of men of different persuasions and degrees of understanding"

इसी सिलसिले में राममोहन ने एक जगह स्पष्ट किया कि आध्यात्मिक जीवन सही अर्थों में धर्म और नीति दोनों के सहयोग से सफल होता है। *वेदान्तसूत्र* और *उपनिषदों* के प्रकाशन से जैसे हिन्दू समाज के ठेकेदार उत्तेजित हो उठे थे वैसे ही *प्रीसेप्ट्स'* के प्रकाशन से ईसाई पादरी। ईसाई धर्म के पादरीगण अपने को एकमात्र व्याख्याता समझते थे। मार्शमैन साहब ने अपनी सम्पादकीय टिप्पणी में राममोहन को 'इंटेलीजेंट हीदन', 'डिइस्ट' और 'इनफिडल' कहा, अर्थात् इन लोगों की मुक्ति असम्भव है।[39] राममोहन भला चुप बैठने वाले कहाँ थे। एक के बाद दो और तीसरे अपील के द्वारा उन्होंने मार्शमैन के तर्कों को काटकर टुकड़े-टुकड़े कर दिया। यहीं से उस लम्बे तर्कयुद्ध का आरम्भ होता है जब राममोहन ने एक के बाद दूसरे और तीसरे अपील प्रकाशित किए। इस शास्त्रार्थ का विवरण पहले दिया जा चुका है। इस वितर्क के दौरान राममोहन ने अपने को एक प्राच्यविद् और विद्वान के रूप में प्रतिष्ठित कर लिया था। हिब्रू और ग्रीक भाषाओं के माध्यम से उन्होंने ईसाई धर्म के मूल तत्त्वों को खोज निकालने में कठिन परिश्रम किया। इसका नतीजा यह हुआ कि उन्होंने ईसाई धर्म में प्रचलित त्रित्ववाद (Trinitarianism) ईसा मसीह में ईश्वरत्व का आरोप और सारे लोगों के पाप का ईसामसीह द्वारा प्रायश्चित्त करना (atone-ment) और ईसा मसीह के अलौकिक एवं चमत्कारपूर्ण क्रिया-कलापों (miracles) का आसानी से शास्त्रीय प्रमाणों के साथ खण्डन किया। उन्होंने *'सेकेण्ड अपील टू द क्रिश्चियन पब्लिक'* (1821) में अपने ईसाई धर्म सम्बन्धी पैठ का परिचय देते हुए ऐतिहासिक दृष्टि से अपने पक्ष को बहुत ही सफलता से पेश किया। पादरी लोग समझते थे कि राममोहन 'प्रिसेप्ट्स आफ जीसस' लिखकर उनके ईसाई धार्मिक सत्य पर प्रहार किया है। राममोहन वस्तुतः अकेले एक संगठित धार्मिक वर्ग से मोर्चा ले रहे थे। हम जानते हैं कि जब राममोहन ने 'अन्तिम अपील' भेजी तो श्रीरामपुर के पादरियों के पैरों से जमीन निकल गई। उन्होंने लेख छापने से इनकार कर दिया। इधर डॉ. टाइटलर ने एक पत्र लिखकर हिन्दू धर्म पर प्रहार किया तो राममोहन भी भरपूर उत्तर देते हुए 'त्रित्ववाद' पर और भी प्रहार किए। "A few quaries for the serious consideration of Trinitarions pt. I and II" का प्रकाशन 1823 में हुआ। बेप्टिस्ट मिशन के साथ तर्कयुद्ध समाप्त होते-होते 'समाचार दर्पण' में प्रकाशित हिन्दू धर्म विरोधी लेखों के लिए राममोहन को फिर लेखनी उठानी पड़ी। लेकिन ईसाई मिशनरियों ने अपने पत्रिका में राममोहन के उत्तर छापने से इनकार कर दिया तो उन्होंने 'ब्राह्मण सेवधि' और 'ब्राह्मनिकल मैगजीन' प्रकाशित किया। यह इतिहास भी हम पहले ही पढ़ चुके हैं।

'ब्राह्मण सेवधि' के पहले अंक से कुछ अंश का भावानुवाद, राममोहन की ईसाई

मिशनरियों के सम्बन्ध में विचार को समझने में सहायक होगी—"अर्ध शताब्दी से अधिककाल से इस देश में अंगरेजों का अधिकार चला आ रहा है। पहले तीस वर्षों तक उनके वचन और कर्म से सर्वत्र यही प्रसिद्ध था कि ये लोग किसी के धर्म के साथ विरोधिता नहीं करते और सभी अपने-अपने धर्म का पालन करें, उनकी ऐसी ही इच्छा है लेकिन इधर पिछले बीस वर्षों से कुछ अंगरेज व्यक्ति जो मिशनरियों के नाम से विख्यात हैं हिन्दू और मुसलमानों को खुलेआम उनके धर्म से च्युत कराकर ईसाई बनाने की कोशिश कर रहे हैं। बंगाल में जहाँ अँगरजों का पूर्ण अधिकार है और जहाँ लोग अंगरेजों के नाम से ही भयभीत होते हैं वहाँ ऐसे दुर्बल, दीन और डरी हुई प्रजा पर और उनके धर्म पर अत्याचार करना, धार्मिक या लौकिक किसी रूप में भी प्रशंसनीय कहा नहीं जा सकता निन्दा और तिरस्कार के द्वारा या लोभ दिखाकर धर्म प्रचार, युक्तिपूर्ण या विचारणीय नहीं कहा जा सकता। लेकिन तर्क द्वारा हिन्दू धर्म की निकृष्टता या उनके अपने धर्म की उत्कृष्टता यदि प्रमाणित कर सकें तो लोग अपनी इच्छा से उनका धर्म स्वीकार कर लेंगे.... क्योंकि सत्य और धर्म हमेशा ऐश्वर्य, अधिकार, ऊँचे पद या महलों के आश्रय में रहेगा, ऐसा कोई नियम नहीं है। हाल ही में श्रीरामपुर के मिशनरियों ने हिन्दू शास्त्रों को असंगत बताकर जो विद्वेषपूर्ण लेख प्रकाशित किया है उन सभी प्रश्नों का उत्तर हमने इसमें छापा है"..... विदेशी और विधर्मी पादरियों द्वारा हिन्दू धर्म की निन्दा करते देख राममोहन हिन्दू धर्म के मूल सिद्धान्तों की रक्षा में जुट गये।

राममोहन के धर्म सम्बन्धी विचारधारा के विकास प्रक्रिया में एडम साहब का त्रित्ववाद में विश्वास खोना और राममोहन के एकेश्वरवादी खेमे में आ जाना एक महत्त्वपूर्ण ऐतिहासिक घटना थी। जिसके बारे में विस्तार से पहले ही लिखा जा चुका है। इस घटना के तात्त्विक या सैद्धान्तिक प्रश्न पर थोड़ा विचार करना होगा।

एक साधारण हिन्दू के लिए उस काल में 'ब्राह्म समाज' का सदस्य बनना जितना कठिन था, किसी साधारण ईसाई के लिए त्रित्ववाद त्यागकर 'यूनिटेरियन' बनना उतना ही कठिन था। यह करीब-करीब ईसाई धर्म त्यागने के समान था। फिर भी बैप्टिस्ट मिशनरी एडम ने 'यूनेटेरियन' धर्म को स्वीकार किया और उसके प्रचार के लिए जी-जान से लग गए। राममोहन की सहायता से काम कुछ आगे भी बढ़ा। राममोहन के ईसा मसीह के प्रति प्रेम को देखकर एडम साहब को पूरी आशा बँधी थी कि एक न एक दिन राममोहन ईसाई धर्म अवश्य ग्रहण करेंगे। कम से कम यूनिटेरियन ईसाई धर्म के ग्रहण के बारे में तो कोई संदेह का अवकाश था ही नहीं। बिशप मिडलटन ने भी सोचा था कि राममोहन एक दिन अवश्य ईसाई धर्म ग्रहण करेंगे। लेकिन इन दोनों को ही निराशा हाथ लगी। राममोहन भक्ति और श्रद्धा के साथ एडम साहब के 'यूनिटेरियन चर्च' में जाते रहे लेकिन जब उन्हें लगा कि यहाँ भी ईसाई धर्म का न्यूनाधिक प्रचार हो रहा है तो वे इससे अलग हट गये। वे विशुद्ध

एकेश्वरवाद का प्रचार चाहते थे। लेकिन 'यूनिटेरियन' चर्च के द्वारा उनका स्वप्न साकार नहीं हुआ। राममोहन के लिए हिन्दू धर्म के अवतारवाद और ईसाई धर्म के अवतारवाद में कोई अन्तर नहीं था उन्होंने दोनों का समान रूप से विरोध किया।[40] वैसे यूनिटेरियन मतावलम्बी के रूप में और ईसाई धर्म के व्याख्याता के रूप में उनकी अन्तर्राष्ट्रीय ख्याति फैल चुकी थी। राममोहन के इंग्लैण्ड की भूमि पर पहुँचते ही यूनिटेरियन मत के पोषक ईसाई धर्मावलम्बी सदस्यों ने राममोहन का सार्वजनिक स्वागत किया, जिसका विवरण जीवनी खण्ड में दिया जा चुका है। राममोहन अमेरिका नहीं गये थे लेकिन उनकी ख्याति अमेरिका तक फैल चुकी थी। राममोहन की मृत्यु के बाद उनके मित्र वर्ग में इस बात को लेकर वितर्क चला था कि राममोहन ने धर्म के मामले में अपने अन्तिम समय में कौन-सा रुख अपनाया। उनके कुछ ईसाई मित्रों ने यह दावा किया कि राममोहन अपने दिनों में पूर्ण रूप से ईसाई धर्म के पक्ष में आ गये थे। कुछ ईसाइयों ने उनके यूनिटेरियन होने का दावा किया तो कुछ लोगों ने यहाँ तक कहा कि वे अन्तिम दिनों में त्रित्ववादी ईसाई धर्म के अनुयायी बन गए थे। मेरी कार्पेन्टर ने अपनी पुस्तक में डॉ. कार्पेन्टर के हवाले से राममोहन के ईसाई धर्म की ओर झुकने की बात लिखी थी। वस्तुतः ऐसी ही घटना उनके जीवनकाल में कलकत्ता में भी घटी थी, जब लोगों ने विश्वास किया था कि वे 'यूनिटेरियन' ईसाई धर्म के समर्थक हैं। इस विषय में एडम साहब के एक पत्र का कुछ अंश उद्धृत करना प्रासंगिक है क्योंकि इस पत्र के द्वारा राममोहन की विचार धारा का समसामयिक मूल्यांकन मिलता है। पत्र की कुछ पंक्तियाँ इस प्रकार हैं—

> "Rammohun Roy, I am persuaded, supports this institution (Brahma Samaj) not because he believes in the divine authority of Ved, but solely as an instrument for overthrowing idolatry. To be candid, however, I must add that the conviction has gained ground in my mind that he employs Unitarian Christianity in the same way as an instrument for spreading pure and just notions of God, without believing in the divine authority of the Gospel"[41]

अर्थात् उन्होंने वेदों को अचूक या ईश्वरीय न मानते हुए भी उनका प्रयोग मूर्ति पूजा के विरोध में किया और यूनिटेरियनवाद का प्रयोग भी शुद्ध एकेश्वरवाद के प्रचार के लिए किया। राजनारायण बसु ने अपने पिता नन्दकिशोर बसु जो राममोहन के शिष्य थे से सुना था कि विलायत रवाना होते समय राममोहन ने कहा था 'मेरी मृत्यु पर अलग-अलग सम्प्रदाय के लोग मुझे अपने सम्प्रदाय के अन्तर्गत होने का दावा करेंगे लेकिन मैं किसी भी सम्प्रदाय का नहीं हूँ। हमलोगों का धर्म विश्वजनीन और सार्वभौम है।"[42]

राममोहन के धार्मिक विचारों पर ध्यान से देखें तो इस निष्कर्ष पर पहुँचते हैं कि भारत के आधुनिक इतिहास में राममोहन ही शायद पहले व्यक्ति थे जिन्होंने इस्लाम, हिन्दू धर्म और ईसाई धर्म का तुलनात्मक अध्ययन किया। इस तुलनात्मक अध्ययन के द्वारा वे इस तथ्य पर पहुँचे थे कि धर्म और साधना का पथ प्रत्येक जाति और देश का अपना-अपना है और उसका सही प्रतिपादन अपनी भाषाओं और देश के अपने धर्म शास्त्रों के द्वारा ही सम्भव है। प्रत्येक जाति और देश अपनी संस्कृति और प्राचीन इतिहास से बँधा है। इन बन्धनों को तोड़ना कोई सहज काम नहीं। राममोहन ने इस्लाम के एकेश्वरवादी युक्तिवाद को समझने की कोशिश की थी। ईसाई धर्म के नैतिक उपदेशों का संग्रह करके उन्होंने सोचा था कि लोगों को सुख और शान्ति का रास्ता दिखा सकेंगे। लेकिन प्रत्येक पग पर उन्हें लगा कि सभी धर्म अपने-अपने सीमित और संकीर्ण घेरे में बँधे हैं। विशुद्ध युक्तिवादी विचार साधारण जनता के लिए समझना कठिन है। इसी से वे इस निष्कर्ष पर पहुँचे कि इस देश की हिन्दू जनता को संकीर्ण रूढ़िवाद से मुक्ति दिलाने का पथ हिन्दू शास्त्रों से ही ढूँढ़ना पड़ेगा। इसी अनुशीलन और मनन का नतीजा था कि उन्होंने एक सार्वभौम धार्मिक संस्था 'ब्राह्मसमाज' की स्थापना की। उद्देश्य था सभी धर्मों के मूल तत्त्वों को एकत्रित करके एक नए मानव धर्म की स्थापना करना। 'ब्राह्मसमाज' वस्तुतः राममोहन के धार्मिक विचारों और सर्वधर्म समन्वय साधना का ही स्वरूप था। इसके बारे में हम विस्तारपूर्वक विचार कर चुके हैं। यह एक अलग इतिहास है कि 'ब्राह्मसमाज' ने आगे चलकर कैसे एक छोटे से धर्म-सम्प्रदाय का रूप ले लिया और उसकी सर्वधर्म समन्वय की भूमिका राममोहन के साथ एक ऐतिहासिक तथ्य बनकर रह गई। यहाँ पर एक बात स्पष्ट करना आवश्यक है कि राममोहन ने ब्राह्मसमाज के द्वारा कोई नए धर्म को प्रचारित करने की कोशिश नहीं की बल्कि उनका उद्देश्य था हिन्दू समाज को प्रचलित संकीर्णता, असत्य, अन्धविश्वास और झूठे पाखण्डों से मुक्त करना। इसी से उन्होंने मूर्तिपूजा से लेकर सारे अनुष्ठानों और धर्म के नाम पर प्रचलित रीति रिवाजों के विरुद्ध व्यापक आन्दोलन किया।

प्राचीन धर्म शास्त्रों के मूल सिद्धान्तों को खोज निकालने और आधुनिक काल की आवश्यकताओं के अनुरूप इन सिद्धान्तों को समन्वित रूप देने में राममोहन ने ऐतिहासिक भूमिका निभायी। संसार के प्रमुख धर्मों का तुलनात्मक विवेचन, सर्वधर्म समन्वय और सार्वभौम धर्म दर्शन के प्रवर्तक के रूप में राममोहन की भूमिका एक ऐतिहासिक घटना थी। आधुनिक भारत का इतिहास-दर्शन इस घटना का साक्षी है।

सन्दर्भ और टिप्पणियाँ

1. मुखोपाध्याय : *राममोहन ओ तत्कालीन समाज ओ साहित्य* (बांग्ला), पृ. 5 (भूमिका से)

2. *'तुहफ़ात उल मुवहहिदीन'* का अंग्रेजी अनुवाद ढाका के मौलवी उबैदुल्लाह अल उबैद ने किया था, जो कलकत्ता से 1884 में प्रकाशित हुआ था। बाद में यह राममोहन अंगरेजी रचना संकलन में सम्मिलित कर लिया गया।

3. *English works* ed. by J.C Ghosh , पृ. 948.

4. वही, पृ. : 953.

5. वही, पृ. : 950 (मुखोपाध्याय : पृ. 89-90 से बांग्ला अनुवाद के आधार पर)

6. वही : 955.

7. वही : 951.

8. वही : 957.

9. विश्वास : राममोहन समीक्षा, पृ. 55

10. *English works* : पृ. 957.

11. वही : पृ. 958.

12. वही : पृ. 958.

" Firstly—A Class of deceivers who in order to attract the people to themselves willfully invent doctrines, creeds and faiths and put the people to troubles and cause disunion amongst them.

2ndly — A class of deceived people who without inquiring into the fact, adhere to others.

3rdly— class of people who are deceivers and also deceived, they are those who having themselves faith in the sayings of another, induce others to adhere to them.

4thly—Those who by the help of Almighty God are neither deceivers nor deceived."

13. विश्वास : पृ. 57-58.

14. वही : पृ. 58 उक्त पुस्तक के परिशिष्ट में (पृ. 575-598) रचना का बांग्ला अनुवाद और विस्तृत आलोचना दी गई है।

15. पृ. 201.

16. विश्वास : पृ. 89-90 में चन्द्रशेखर देव के *Reminiscences of Rammohun Roy* (तत्त्वबोधिनी पत्रिका) से उद्धृत।

17. मुखोपाध्याय : पृ. 197.

18. वही : पृ. 197
19. विश्वास : पृ. 104.
20. वही : पृ. 104.
21. वही : पृ. 105.
22. वही : पृ. 128.
23. वही : पृ. 129.
24. वही : पृ. 132.
25. वही : पृ. 135.
26. मुखोपाध्याय : पृ. 222-223
27. वही : पृ. 223-226 पर इस अंगरेजी भूमिका का पूरा बांग्ला अनुवाद उपलब्ध है। अंगरेजी भूमिका के लिए द्र. *English works,* ed. by J.C. Ghosh Vol.1 देखें।
28. वही : पृ. 230
29. वही : पृ. 232
30. *English works* ed. by J.C Ghosh vol. 1, पृ. 43.
31. मुखोपाध्याय : पृ. 244. "यह अनुवाद राममोहन राय ने छद्मनाम से किया था या नहीं यह बताना सम्भव नहीं लेकिन भगवद्‌गीता का पद्यानुवाद किया था, इसके प्रमाण उपलब्ध हैं।" 1845 में राजेन्द्रलाल मित्र ने 'विविधार्थ संग्रह में लिखा था कि राममोहन ने गीता का अनुवाद बांग्ला पद्य में किया था। इसके अतिरिक्त राममोहन के ही 'सहमरण विषय' पुस्तक में इसका जिक्र आया है।
32. विश्वास : पृ. 118.
33. वही : पृ. 162 में राममोहन के साहित्य में 26 पुराणों से प्रयोग किए गए सैकड़ों उद्धरणों के आधार पर प्रमाणित किया गया है कि राममोहन का पुराणों के सम्बन्ध में गहरा ज्ञान था।
34. वही : पृ. 163 में *राममोहन कृत 'गोस्वामीर सहित विचार'* से उद्धृत।
35. वही : पृ. 177.
36. वही : पृ. 181 में आगे विस्तार में जाते हुए लिखा है कि राममोहन ने अपने शास्त्रार्थ विषयक पुस्तकों में कम से कम उन्नीस तन्त्र ग्रन्थों का उल्लेख बार-बार किया है। कुल उद्धरणों की एक लम्बी सूची दी गई है।
37. इस अंगरेजी पुस्तक का पूरा शीर्षक था— *"The Precepts of Jesus The Guide to Peace and Happiness; extracted from the Books of the*

New Testament, ascribed to the Four Evangelists, With Translations into Sungscrit and Bengalee. Calcutta : 1820 Printed at the Baptist Mission Press, Circular Road, Calcutta.

38. मुखोपाध्याय : पृ. 404.

39. 'प्रीसेप्ट्स' के प्रकाशन पर "Some remarks on that publication, which Dr. Marshman inserted in the 'Friend of India' and to which he added some Judicious observations of his own...."
इन टिप्पणियों के बारे में डेवकर श्मिड ने एक पत्र में लिखा था : R. Roy wrote to me, after having read the article, that he found the observations of the Editor highly offensive, specially the application to him, of the term 'Heathen'.
डॉ. मार्शमैन श्री रामपुर के बैप्टिस्ट मिशन की पत्रिका Friend of India के सम्पादक थे।

39. (अ) मुखोपाध्याय : पृ. 418-419 में 'ब्राह्मण सेवधि' से उद्धृत।

40. मुखोपाध्याय : पृ. 437.

41. Collet : पृ. 227.

42. चट्टोपाध्याय : पृ. 326, यह घटना मिस कोलेट की पुस्तक में भी उद्धृत है।

•

अध्याय–16

भारत में आधुनिक शिक्षा की पहल

राममोहन के जन्म के समय अर्थात् जब ईस्ट इण्डिया कम्पनी ने भारत में प्रशासनिक पैर जमाना आरम्भ कर दिया, उस अराजक राजनैतिक और सामाजिक परिस्थिति में, देश में शिक्षा की स्थिति कैसी रही होगी कल्पना करना बहुत कठिन नहीं है। उस काल में शिक्षा बहुत ही सीमित वर्ग को ही उपलब्ध थी। गाँवों में कुछ पाठशाला या टोल थे जहाँ संस्कृत शिक्षा दी जाती और कुछ मसजिदों से संलग्न मदरसों या मकतबों में अरबी-फ़ारसी में धार्मिक शिक्षा दी जाती। संस्कृत के उच्च अध्ययन के लिए उत्तर भारत में वाराणसी, उज्जैन जैसे केन्द्र थे तो अरबी-फ़ारसी के केन्द्र पटना, रामपुर, दिल्ली आदि नगर थे। जनशिक्षा या साक्षरता को कोई भी प्रयास इस काल में होना सम्भव नहीं था। छापेखाने की स्थापना इसी काल में भारत की भूमि पर पहले-पहल आरम्भ हुई। फ़ारसी अभी तक राजभाषा थी। यद्यपि भारत में अंगरेजी शासन को पचास वर्ष हो रहे थे लेकिन प्रशासन और अदालत का काम मुग़लकालीन तौर तरीके से चल रहा था। इसी कारण अरबी-फ़ारसी और उर्दू शिक्षा की ओर अभिजात या सम्पन्न वर्ग का ध्यान था। हम देख चुके हैं कि फ़ारसी शिक्षा के लिए राममोहन को बचपन में पटना भेज दिया गया था। वारेन हेस्टिंग्स के जमाने में यह महसूस किया गया कि इस्लाम धर्म और शास्त्रों के पठन-पाठन के लिए और अरबी-फ़ारसी और उर्दू के उन्नयन के लिए कलकत्ता में कोई विद्यालय नहीं है। इसी से हेस्टिंग्स ने 1780 में कलकत्ता 'मदरसा' की स्थापना की।[1]

इस प्रकार देखा जाए तो संस्कृत और अरबी-फ़ारसी की शिक्षा, कई शताब्दियों से सीमित स्वार्थ के लिए सीमित वर्ग तक ही नियन्त्रित था। स्वार्थ या प्रशासकीय और धार्मिक ठेकेदारी आज के युग में जिसे जनशिक्षा की संज्ञा दी जाती है यह विचार उस समय तक लोगों के ध्यान में आया ही न था। इस समय देश में यूरोपीय लोगों के आगमन का, चाहे जो भी अर्थनैतिक और राजनैतिक कारण रहा हो, देश में शिक्षा के प्रचार और प्रसार में महत्त्वपूर्ण भूमिका बनी। वस्तुतः साधारण जनता की शिक्षा की ओर सबसे पहले ध्यान यूरोपीय ईसाई मिशनरियों का गया। उन्हीं लोगों ने सबसे

पहले शिक्षा विस्तार के लिए स्कूल खोले, छापाखाने का प्रयोग करने और पत्र-पत्रिकाओं के प्रकाशन की ओर ध्यान दिया। यह एक सर्वभारतीय घटना थी मुख्य उद्देश्य यद्यपि ईसाई धर्म का प्रचार ही था। बंगाल क्षेत्र में विलियम केरी इस कार्य में अगुवा थे। भारत में आते ही उन्होंने मालदह के मदनबाटी गाँव में, जहाँ नील काश्तकारों की कोठियाँ थीं, वहाँ उन्होंने गाँव के लोगों की शिक्षा के लिए पहला स्कूल खोला। विद्यालय के छात्रों के लिए उन्होंने *न्यू टेस्टामेण्ट* का अनुवाद भी आरम्भ किया। मदनबाटी से अपने छापेखाने के साथ केरी, श्रीरामपुर रेवरेण्ड मार्शमैन के पास आ गये। सन् 1800 में उन्होंने श्रीरामपुर में पहला देशी स्कूल खोला[2] और शिक्षा का माध्यम बांग्ला भाषा ही बनाया। केवल इतना ही नहीं भाषा को शुद्ध और परिष्कृत करके आधुनिक रूप देने का प्रथम प्रयास भी इन ईसाई पादरियों ने ही किया। इस इतिहास से आधुनिक भारतीय भाषा और साहित्य के ज्ञाता परिचित हैं। मालदह के मदनबाटी से पूरे छापेखाने को श्रीरामपुर ले आना और बैप्टिस्ट मिशन प्रेस की स्थापना आदि का भी एक अलग इतिहास है।

इसी बीच संस्कृत साहित्य के कुछ यूरोपीय प्राच्यविदों की प्रचेष्टा से, जिनमें प्रख्यात सर विलियम जोन्स भी थे, एशियाटिक सोसाइटी की स्थापना 1784 में हो चुकी थी।[3] प्राच्यविद् जॉनाथन डन्कन, जो बनारस के रेजिडेन्ट थे, के प्रयास से 1791 में बनारस में संस्कृत कालेज की स्थापना हुई।[4] कलकत्ता में 'मदरसा' और बनारस के संस्कृत कालेज की स्थापना के पीछे देश शासन के लिए उपयुक्त शासक वर्ग को देश की आवश्यंकताओं के अनुरूप शिक्षित करना था। हाँ, इस प्रयासों से संस्कृत साहित्य और भारतीय संस्कृति के पूनर्मूल्यांकन की ओर ध्यान अवश्य गया। सन् 1800 में लार्ड वेलेजली द्वारा यूरोपीय प्रशासकों की शिक्षा के लिए फोर्ट विलियम कालेज की स्थापना भी एक महत्त्वपूर्ण घटना थी यद्यपि यह कालेज केवल मात्र ब्रिटिश शासकों को प्रशिक्षित करने के लिए स्थापित की गई थी फिर भी इस संस्था के पण्डितों और मौलवियों ने बांग्ला, हिन्दी और उर्दू भाषाओं के आधुनिकीकरण और वैज्ञानिक अध्ययन में जो भूमिका निभाई, वह भाषा और साहित्य के इतिहासकारों से छिपी नहीं है।

भारत में अंगरेजी शिक्षा की सम्भावनाओं के बारे में पहली सुचिन्तित टिप्पणी, ईस्ट इण्डिया कम्मनी के एक वरिष्ट अधिकारी चार्ल्स ग्रान्ट 1792 ने पेश की थी। इस टिप्पणी में सिफारिश की गई थी कि यूरोपीय विज्ञान और साहित्य भारत में अंगरेजी माध्यम से परिवर्तित किया जाए।[5] क्योंकि उनकी धारणा थी कि इस पद्धति से "मानसिक दासता की जंजीरें टूटेगी।" तकनीकी ज्ञान और मशीन के प्रवर्तन से, साधारण जनता की औद्योगिक अभिरुचि बढ़ेगी और मानसिक जड़ता से मुक्त होकर वे सक्रिय हो उठेंगे। देश की शक्ल ही बदल जाएगी। उस समय ग्रान्ट साहब के

विचार कम्पनी के प्रभुओं को आवश्यकता से अधिक प्रगतिशील लगे। ग्रान्ट साहब के विचारों से प्रभावित होकर सन् 1793 में मि. विलबरफोर्स ने ब्रिटिश पार्लियामेण्ट में एक प्रस्ताव रखा जिसमें कहा गया कि यह ब्रिटिश सरकार का नैतिक कर्तव्य है कि विवेकपूर्ण साधनों के द्वारा भारत में ब्रिटिश अधिकार क्षेत्र में लोगों की भलाई और खुशहाली के लिए कदम उठाये जाएँ।[6] इन उद्देश्यों की पूर्ति के लिए ऐसे उपाय किए जाएँ जो उपयोगी ज्ञान विज्ञान के साथ धार्मिक और नैतिक उन्नति में सहायक हों। इन्हीं उद्देश्यों को ध्यान में रखते हुए 1813 के चार्टर-ऐक्ट में व्यवस्था की गई और ऐसे लोगों को, जो देशी लोगों में शिक्षा धर्म और नैतिकता का प्रचार करना चाहें, भारत जाने की अनुमति दी गई।[7]

सन् 1811 में लार्ड मिन्टो के प्रशासकीय विवरण में भारत में शिक्षा की स्थिति के बारे में बहुत ही निराशाजनक छवि प्रस्तुत की थी। उन्होंने कहा था कि विज्ञान और साहित्य दोनों ही अपक्षय की स्थिति में पहुँच चुके हैं।[8] धार्मिक शिक्षा के अतिरिक्त और किसी प्रकार की शिक्षा या प्रशिक्षण एक प्रकार से बन्द है। अनेक उपयोगी ग्रन्थ व्यवहार न होने के कारण नष्ट हो रहे है। यदि सरकार इस ओर अपना हाथ नहीं बढ़ायेगी तो साहित्य और शिक्षा, पुस्तकों और अध्यापकों के अभाव में पूरी तरह नष्ट हो जाएगी। इससे पहले राजे-महाराजे, नवाब आदि शिक्षा और विद्वता को संरक्षण दिया करते थे। विद्वानों और साहित्यकारों के लिए और कोई सहारा नहीं था। अब क्योंकि इस प्रकार का संरक्षण भी नहीं रहा, इसी से ज्ञान-विज्ञान की चर्चा धीरे-धीरे समाप्त होती जा रही है। लार्ड मिन्टो के विचार से उचित शिक्षा का अभाव ही इस देश के लोगों की अवनति का मुख्य कारण था और एक अच्छे शासन के प्रवर्तन में भी बाधा है। क्योंकि नैतिक और धार्मिक शिक्षा की भी पूरी व्यवस्था नहीं है इसी से लोग दुराचारी हो गए हैं। अपराधों के लिए अज्ञानता ही मुख्य रूप से जिम्मेदार है। टिप्पणी में उन्होंने आगे लिखा कि इसीलिए आवश्यक है कि कुछ धनराशि का अतिरिक्त प्रावधान किया जाए जिससे ज्ञान-विज्ञान और शिक्षा-कार्य को फिर से प्रतिष्ठित किया जा सके। उन्होंने बनारस के संस्कृत कालेज के सुधार के लिए सिफारिश की साथ ही नदिया और तिरहुत में नए विद्यालय स्थापित करने का प्रस्ताव रखा।[9] ऐसे ही विद्यालय भागलपुर और जौनपुर में भी स्थापित करने का सुझाव दिया। लार्ड मिन्टो के इस महत्त्वपूर्ण टिप्पणी के बावजूद इस ओर कोई विशेष प्रगति नहीं हुई।

सन् 1813 के ईस्ट इण्डिया एक्ट की धारा में पहले पहल शिक्षा सम्बन्धी जिम्मेवारी को स्वीकार किया गया और एक लाख रुपये की निर्धारित राशि प्रतिवर्ष साहित्य और शिक्षित वर्ग को उत्साहित करने और वैज्ञानिक शिक्षा के प्रोत्साहन के लिए खर्च करने का प्रावधान किया गया।[10]

आगे चलकर सन् 1815 में लार्ड मोइरा ने कम्पनी के बोर्ड आफ डायरेक्टर्स

के समक्ष शिक्षा सम्बन्धी एक टिप्पणी पेश की। इस टिप्पणी में नैतिक और धार्मिक शिक्षा पर अधिक जोर दिया।

इधर इन शिक्षा सम्बन्धी वाद-विवाद और काग़जी कार्यवाही के अलावा सरकार की ओर से कोई विशेष कदम नहीं उठाया गया। जो धनराशि शिक्षा के खाते में प्रतिवर्ष रखी जाती उसका भी कोई व्यवहार नहीं किया गया। आगे चलकर 1824 में जब कलकत्ते में संस्कृत कालेज की स्थापना हुई तो इस धन का इस्तेमाल किया गया। इसका विवरण यथास्थान दिया जाएगा।

इसी बीच सन् 1817 में कलकत्ता में हिन्दू कालेज; श्रीरामपुर में बैप्टिस्ट मिशन कालेज; और सन् 1820 में कलकत्ता में बिशप कालेज की स्थापना गैर सरकारी क्षेत्र में आधुनिक शिक्षा के आरम्भिक केन्द्र थे। इसके अतिरिक्त अंगरेजी शिक्षा के लिए कुछ स्कूलों की शुरुआत भी इसी काल में हुई। सन् 1818 में सरकारी सहायता से 'स्कूल बुक सोसाइटी' नामक संस्था की स्थापना हुई, इसका मुख्य उद्देश्य था अंगरेजी और बांग्ला भाषा में स्कूलों के लिए पाठ्य पुस्तकों की रचना और प्रकाशन। इधर साधारण जनता में अंगरेजी सीखने का आग्रह बढ़ता जा रहा था। विद्यालयों की भारी कमी थी। कलकत्ते में जगह-जगह नये-नये अंगरेजी स्कूलों की स्थापना होने लगी। 1818 में कैलकटा स्कूल सोसाइटी की स्थापना हुई। इसका उद्देश्य था नये विद्यालयों की स्थापना में सहायता देना। ये सारे ही गैर-सरकारी प्रयास थे। इन संस्थाओं के साथ कुछ उदारपन्थी, शिक्षाविद् और धर्मप्रचारक भी थे। इनमें डेविड हेयर का नाम प्रमुख था। अंगरेजी माध्यम के स्कूलों की स्थापना में उनका उत्साह, सहयोग और परिश्रम सर्वविदित है। इसी काल में बांग्ला और हिन्दी भाषा अपने आधुनिक रूप में विकास के पथ पर बढ़ रहे थे। मिशनरी लोग केवल बाइबिल का अनुवाद करके धर्म प्रचार कर रहे थे। ऐसा कहना ठीक नहीं होगा। ज्ञान-विज्ञान की पुस्तकों की रचना और अंगरेजी से अनुवाद करने में इन्हीं लोगों ने पहल की। परिस्थितियों के बावजूद अंगरेजी भाषा और पाश्चात्य शिक्षा के प्रचार और प्रसार के बारे में मत विरोध चल रहा था। सरकारी अमले के अधिकारी अब भी पारम्परिक शिक्षा अर्थात् संस्कृत और अरबी-फ़ारसी शिक्षा के पक्ष में थे। वस्तुतः इस काल में दो विरोधी पक्ष आमने सामने आ गये। एक दल, जिनमें प्रसिद्ध प्राच्यविद् सम्मिलित थे, संस्कृत और अरबी-फ़ारसी की शिक्षा के पक्ष में थे तो दूसरी ओर राममोहन राय का दल था जो अंगरेजी शिक्षा के प्रवर्तन के पक्ष में थे।

हिन्दू कॉलेज की स्थापना और राममोहन की भूमिका के बारे में जीवनी खण्ड में विस्तार से लिखा जा चुका है। इसके अलावा एंग्लो हिन्दू स्कूल, हेयर स्कूल की स्थापना का इतिहास हम पढ़ चुके हैं। यह भी देख चुके हैं कि राममोहन ने विलायत

रवाना होने से पूर्व डफ साहब को विलायत से बुलवाकर उन्हें पूरी तरह कलकत्ते में प्रतिष्ठित करने का प्रयास किया था। डफ साहब के स्कूल के लिए घर-घर घूम कर उन्होंने विद्यार्थी इकट्ठे किए और स्कूल के लिए मकान का इन्तजाम किया।[11] राममोहन के सोचा था अंगरेजी शिक्षा ही देश की उन्नति में सहायक होगी।

सन् 1823 में तत्कालीन सचिव श्री होल्ट मैंकेंजी ने जो शिक्षा विभाग भी सम्हालते थे, शिक्षा के बारे में एक विस्तृत प्रतिवेदन प्रस्तुत किया, जिसमें उन्होंने आदर्श शिक्षा प्रणाली के बारे में विस्तार से प्रकाश डाला। शिक्षा के उद्देश्यों और सरकार की जिम्मेवारी के बारे में लिखते हुए उन्होंने स्पष्ट कहा कि देश के लोगों की खुशहाली और नैतिक उन्नति की जिम्मेवारी सरकार की है। उन्होंने प्राच्य विद्या और आधुनिक ज्ञान-विज्ञान दोनों प्रकार की शिक्षा देने की सिफारिश की।[12] उन्होंने आगे कहा कि शिक्षण संस्थाओं में उच्च शिक्षित व्यक्ति रखे जाएँ और नई शिक्षण संस्थाओं में पूर्वी और पाश्चात्य विद्या को साथ-साथ पढ़ाया जाए। मैंकेंजी साहब ने यहाँ तक सिफारिश की कि प्रस्तावित संस्कृत कालेज में भी विज्ञान-शिक्षा की व्यवस्था की जाए। मैंकेंजी साहब की टिप्पणी में शिक्षा सम्बन्धी कुछ नई बातें देखने में आईं। पहली बार एक आदर्श और आधुनिक शिक्षा नीति का स्वरूप सामने आया। प्राच्य और पाश्चात्य संस्कृति के समन्वय की बात भी कही गई जिससे उच्च श्रेणी से निम्न श्रेणी तक सभी को साथ लाने की बात सोची गई। इसके अलावा प्राच्य विद्या और पाश्चात्य ज्ञान-विज्ञान की शिक्षा अंगरेजी के माध्यम से देने का प्रस्ताव भी आया। लेकिन इन विचारों को प्रयोग में लाने के लिए अभी दस बारह वर्ष इन्तजार करना पड़ा, जब मैकाले ने 1835 में अंगरेजी शिक्षा पर अपनी प्रसिद्ध टिप्पणी प्रस्तुत की, जो भारत में आधुनिक शिक्षा के प्रवर्तन में मील का पत्थर बनी।

जुलाई सन् 1823 को लार्ड अमहर्स्ट के जमाने में शिक्षा सम्बन्धी एक कमेटी नियुक्त की गई। उद्देश्य था, देश के इस भाग में शिक्षा सम्बन्धी स्थिति का जायजा लेना और शिक्षा की उन्नति के बारे में नए सुझाव देना। साथ ही, इस कमेटी को सारी सरकारी शिक्षण संस्थाओं की देखरेख करने का अधिकार दिया गया। इस कमेटी की सिफारिश पर यह तय पाया गया कि उपलब्ध धन से पहले कलकत्ते में एक कॉलेज की स्थापना की जाये जहाँ हिन्दू धर्मशास्त्रों का पठन-पाठन हो। यद्यपि यूरोपीय ज्ञान-विज्ञान की शिक्षा का सुझाव भी सामने आया लेकिन कुछ यूरोपीय प्राच्यविदों, जिनमें विलसन जैसे विद्वान भी थे, के आग्रह पर संस्कृत कालेज की स्थापना का प्रस्ताव पास हो गया। यह एक अजीब विडम्बना थी कि यूरोपीय सदस्यों की कमेटी ने यूरोपीय और अंगरेजी शिक्षा के विरुद्ध राय दी और संस्कृत और हिन्दू धर्मशास्त्रों के

पठन-पाठन का समर्थन किया।

राममोहन ने लार्ड अमहर्स्ट को 11 दिसम्बर 1823[13] को शिक्षा के विषय में जो प्रसिद्ध पत्र लिखा था उसकी पृष्ठभूमि का विवरण ऊपर दिया जा चुका है। इन परिस्थितियों में जहाँ राममोहन अंगरेजी और आधुनिक शिक्षा के प्रवर्तन के लिए जी जान से कोशिश कर रहे थे, उनके लिए सरकार की ओर से संस्कृत विद्यालय की स्थापना एक निराशाजनक घटना थी। उस काल में, भारत में तो क्या यूरोप में भी अभी तक विज्ञान-शिक्षा को वह स्थान प्राप्त नहीं था। उस समय राममोहन ने दूरदर्शिता का परिचय दिया। उन्होंने स्पष्ट शब्दों में कहा कि वैज्ञानिक शिक्षा के बिना देश की उन्नति असम्भव है। उन्होंने कहा कि उन्हें पूरी आशा थी कि यह धन यूरोपीय विद्वानों की नियुक्ति में खर्च किया जायेगा और देश में गणित, विज्ञान, रसायन, शरीर विद्या और दूसरे उपयोगी विज्ञानों की शिक्षा दी जायेगी। संस्कृत शिक्षा के बारे में उन्होंने लिखा कि यहाँ के लोग पिछले दो हजार सालों से संस्कृत ही सीखते आये हैं अब इस विद्या को सीखने से भला क्या लाभ हो सकता है? सरकार ने धन का प्रावधान प्रजा की भलाई के लिए किया था, युवकों के संस्कृत शिक्षा के पीछे समय नष्ट करने से देश का क्या भला हो सकता है? उन्होंने यह भी सुझाव दिया कि यदि संस्कृत को बढ़ावा देना ही हो तो विद्यमान संस्कृत विद्यालयों को कुछ आर्थिक सहायता दी जा सकती है।

हम अच्छी तरह जानते हैं कि राममोहन स्वयं संस्कृत के पण्डित थे और धार्मिक भावना उनमें सर्वोपरि थी। उनके धर्मविषयक शास्त्रार्थ और लेखों से यह भी स्पष्ट है कि उन्हें संस्कृत और अपनी संस्कृति से गहरा लगाव था। लेकिन इसके साथ ही उन्हें यह भी पूरा विश्वास था कि देश की सामाजिक और आर्थिक प्रगति के लिए आधुनिक वैज्ञानिक शिक्षा भी उतनी ही आवश्यक है।

राममोहन के इस पत्र में वस्तुतः दो परस्पर विरोधी शिक्षा पद्धतियों की तुलना की गई थी। एक पक्ष था मध्ययुगीन भारतीय पद्धति का और दूसरा आधुनिक पाश्चात्य ज्ञान-विज्ञान की शिक्षा का। उन्होंने आधुनिक विद्यालयों में मध्ययुगीन शिक्षा पद्धति का विरोध किया था। इसके अतिरिक्त प्राचीन पद्धति पर चलने वाले संस्कृत और अरबी फ़ारसी की शिक्षा देने वाले संस्थाओं की देश में कमी नहीं थी। कमी थी आधुनिक ज्ञान-विज्ञान की शिक्षा देने वाली संस्थाओं की। इंग्लैण्ड की शिक्षा व्यवस्था में लाए गए परिवर्तनों का हवाला देते हुए उन्होंने लिखा था।

> " If it had been intended to keep the British nation in ignorance of real knowledge the Baconian philosophy would not have

> been allowed to displace the system of the schoolmen, which was best calculated to perpetuate ignorance. In the same manner the Sangscrit System of Education would be best calculated to keep this country in darkness if such had been the policy of the British legislature."[14]

इन पंक्तियों में स्पष्ट ही आधुनिक काल की आवश्यकता के अनुरूप शिक्षा प्रणाली की ओर इशारा है। पाठ्यक्रम में किन विषयों को सम्मिलित करने से देश की भलाई होगी इस विषय पर लिखते हुए उन्होंने प्रस्तावित पाठ्यक्रम में गणित, विज्ञान, रसायन, शरीर-विज्ञान और दूसरे उपयोगी विज्ञान को सम्मिलित करने का सुझाव दिया था। साथ ही, प्रस्तावित संस्कृत विद्यालय के स्थान पर राममोहन आधुनिक विज्ञान की शिक्षा के लिए यूरोप में शिक्षाप्राप्त योग्य अध्यापक, पुस्तकालय और वैज्ञानिक प्रयोगशाला के पक्ष में थे। वस्तुतः उनका विरोध उस प्राचीन पन्थी ' Sangscrit System of Education' से था, संस्कृत या हिन्दू शास्त्रों से नहीं । उन्होंने पत्र में स्पष्ट लिखा था कि संस्कृत भाषा और साहित्य के संरक्षण के लिए कॉलेज की स्थापना आवश्यक नहीं है बल्कि इस समय देश में जो संस्कृत विद्यालय विद्यमान हैं उनको आर्थिक सहायता देने पर यह उद्देश्य पूरा हो सकता है। वस्तुतः राममोहन सरकार से शिक्षा के मामले पर दो प्रकार की सहायता चाहते थे। पहला, आधुनिक ज्ञान-विज्ञान की शिक्षा के नए विद्यालयों की स्थापना; और दूसरा, प्राच्य विद्या के विद्यमान केन्द्रों को आर्थिक सहायता देना। विचार था कि इस प्रकार शिक्षा प्रणाली ही देश के लिए उपयोगी हो सकती है। इसी पत्र की कुछ रोचक और विवादपूर्ण पंक्तियों के बारे में कुछ विचार करना उपयुक्त होगा जो संस्कृत और धार्मिक शिक्षा से सम्बन्धित हैं।

> "Neither can such improvement arise from such speculations as the following, which are thems suggested by the Vedant : In what manner is the soul absorbed into the deity? What relation does it bear to the divine essence? Nor will youths be fitted to be better members of society by the Vedantic doctrines, which teach them to believe that all visible things have no real existence : that as father, brother etc. have no real entity, they consequently deserve no real affection, and therefore the sooner we escape from them and leave the world the better."[15]

राममोहन के इन प्रसिद्ध पंक्तियों के आधार पर कई विद्वान इस निष्कर्ष पर पहुँचे थे कि राममोहन को वेदान्त से वस्तुतः कोई प्रेम नहीं रहा होगा लेकिन

इन पंक्तियों को केवल इस पत्र को लिखने के उद्देश्य और उसमें पेश किए गए तर्क के सन्दर्भ में देखना चाहिए। इन पंक्तियों को पत्र से अलग हटाकर देखना युक्तिसंगत नहीं कहा जा सकता। वस्तुतः पत्र में मध्ययुगीन शिक्षण प्रणाली और आधुनिक शिक्षा प्रणाली के अन्तर को स्पष्ट करना ही राममोहन का मुख्य उद्देश्य था। हमें मालूम है कि संस्कृत भाषा और हिन्दू शास्त्रों के पठन-पाठन के लिए राममोहन ने स्वयं 'वेदान्त कालेज' की स्थापना की थी। यह सरकारी खर्च पर प्रतिष्ठित संस्कृत कालेज की स्थापना (1824) के कुछ दिनों बाद की घटना थी। इस "वेदान्त कालेज" के बारे में एडम साहब ने एक पत्र में 27 जुलाई को लिखा था।

> " Rammohun has letely built a smalll but very neat and handsome college which he calls the Vedanta College, in which a few youths are at present instructed by a very eminent pandit, in Sanskrit literature with a view to the propogation and defence of Hindu Unitarianism. With the institution he is also willing connect instructions in European science and learning and in Christian Unitarianism, provided the instrucation are in Bengali or Sanskrit language."[16]

एडम साहब का यह पत्र राममोहन राय के धार्मिक विचार, शिक्षासम्बन्धी सिद्धान्तों को स्पष्ट करने में सहायक है। यह वस्तुतः आमहर्स्ट साहब को लिखे राममोहन के पत्र का पूरक भाग है। वेदान्त विद्यालय की स्थापना उनके वेदान्त के प्रति श्रद्धा को ही प्रमाणित करता है अन्यथा वे इतना धन लगाकर संस्था की स्थापना क्यों करते। दूसरी मुख्य बात थी तुलनात्मक धर्म चर्चा। वे एक ओर हिन्दू एकेश्वरवाद तो दूसरी ओर ईसाई एकेश्वरवाद दोनों प्रकार की तुलनात्मक धर्म शिक्षा के पक्ष में थे। तीसरा महत्त्वपूर्ण तथ्य जो इस पत्र से सामने आता है वह है राममोहन का बांग्ला या संस्कृत को शिक्षा का माध्यम बनाने की अभिलाषा। इसी से एक ओर उन्होंने सरकारी विद्यालय के लिए जहाँ अंगरेजी के लिए आन्दोलन खड़ा किया वहीं दूसरी ओर बांग्ला और संस्कृत के लिए अध्ययन के स्वयं ही वेदान्त कालेज की स्थापना की। जहाँ तक वेदान्त अनुशीलन और चर्चा का प्रश्न है राममोहन शायद उन्नीसवीं शताब्दी में पहले व्यक्ति थे जिन्होंने बांग्ला और हिन्दी भाषा में वेदान्त का अनुवाद करके स्वयं प्रकाशित और प्रचारित किया।

राममोहन का प्रसिद्ध पत्र शिक्षा विषयक कमेटी[17] के पास भेजते हुए तत्कालीन उपसचिव ने लिखा था कि पत्र शिक्षासम्बन्धी सरकारी योजना के बारे

में गलत धारणा से प्रेरित होकर लिखा गया है वस्तुतः पार्लियामेण्ट के एक्ट के अनुरूप प्राच्य विद्या की शिक्षा देना सरकार का कर्तव्य है। राममोहन के विचारों को अतिशयोक्तिपूर्ण कहा गया। शिक्षा विषयक कमेटी के अध्यक्ष मि. हैरिंगटन ने प्रश्न को टालते हुए इतना कहा कि ये विचार व्यक्तिगत हैं इसकी सुनवाई का कोई प्रश्न हो नहीं। लेकिन उस काल में अंगरेजी की भारी माँग थी। हम जानते ही हैं कि हिन्दू कालेज की स्थापना 1817 में इसी माँग को ध्यान में रखकर की गई थी। इस विषय में होवेल ने अपनी प्रसिद्ध पुस्तक में लिखा था : " It is one of the most unintelligible facts in the history of English education in India that, at the very time when the natives themselves were crying out for instruction in European literature and science and were protesting against a continuance of the prevailing Orientalism, a body of English gentlemen appointed to initiate a system of education for the country was found to insist upon the retention of Oriental learning to the practical exclusion of European learning"[18]

यद्यपि ईस्ट इण्डिया कम्पनी के कोर्ट आफ डाइरेक्टरर्स अंगरेजी शिक्षा के पक्ष में थे और 1813 के अधिनियम में यूरोपीय शिक्षा के बारे में स्पष्ट निर्देश था, लेकिन यहाँ पर शिक्षा विषयक समिति जो विशेष रूप से प्राच्य विद्या के पक्ष में थी, ने यह तर्क दिया कि सरकार तिरहुत और नदिया में संस्कृत विद्यालय स्थापन करने के लिए वचनबद्ध है और कलकत्ते का संस्कृत कालेज उसी के बदले में स्थापित करना सरकार का दायित्व है। यद्यपि यह तर्क युक्तिसंगत नहीं था फिर भी 1824 में राममोहन के विरोध के बावजूद संस्कृत कालेज की स्थापना हुई। लेकिन 'कोर्ट आफ डाइरेक्टर्स' के कड़े रवैये के कारण शिक्षा विषयक कमेटी को आश्वासन देना पड़ा कि पाश्चात्य शिक्षा और संस्कृति के प्रचार और प्रसार के लिए भी प्रयत्न किए जाऐंगे। इस प्रकार राममोहन के विचारों को किसी सीमा तक मान्यता मिल गई थी। इस पाश्चात्य शिक्षा के पक्ष में राममोहन के अलावा कई प्रतिष्ठित भारतीय तथा यूरोपीय विद्वान थे। बिशप हेबर जैसे कलकत्ता के ईसाई धार्मिक नेता भी कम स्पष्टवादी नहीं थे। उन्होंने सरकारी नीति का खुलेआम विरोध किया। उन्होंने स्पष्ट कहा था कि इन संस्कृत विद्यालयों से विशेष लाभ होने वाला नहीं हैं..

> "The actual state of Hindoo and Mussulman literature Mutatis Mutandis, very nearly resembles what the literature of Europe was before the time of Galilio, Copernicus and Bacon... The constrast was very striking between the rubbish questions which these young men are learning in a Government establishment and

the rudiments of real knowledge which those whom I visited the day before, had acquired in the very same city and under circumstances far less favourable."[19]

स्पष्टतः बिशप साहब का इशारा एक और सरकारी मदरसा और संस्कृत कालेज की ओर था तो दूसरी ओर हिन्दू कालेज और दूसरे अंगरेजी स्कूलों की ओर था।

वस्तुतः राममोहन के पत्र ने, जो उन्होंने लार्ड अमहर्स्ट को लिखा था, अपने समसामयिक काल में बौद्धिक जगत को काफी प्रभावित किया था। नतीजा यह हुआ कि शिक्षाविषयक कमेटी के सदस्यों में एक गुट शिक्षा पाठ्यक्रम के आधुनिकीकरण के पक्ष में हो गया। यह गुट बाद में 'इंगलिश पार्टी' के नाम से जाना गया।

इस पाश्चात्य शिक्षा के समर्थक दल और प्राच्य विद्या के समर्थक दलों के बीच 1823 से अगले दस वर्ष तक यह बहस और वाद-विवाद चलता रहा। 1834 के आसपास यह विरोध और भी तीव्र हो गया। राममोहन के विचारों का मूल्यांकन इस तथ्य से होता है कि जहाँ सरकार द्वारा प्रकाशित संस्कृत, अरबी-फ़ारसी की पुस्तकें गोदामों में पड़ी रही वहीं अंगरेजी पाठ्य पुस्तकें हजारों की संख्या में बिक रही थीं। इसी बीच राममोहन के परम मित्र और शिक्षाशास्त्री एलेक्जेन्डर डफ राममोहन के निमन्त्रण पर कलकत्ता पहुँच चुके थे। वे भी शिक्षाविषयक समिति के सदस्य नियुक्त हुए। उनकी नियुक्ति से पाश्चात्य शिक्षा के समर्थकों का दल मजबूत हो गया। इधर लार्ड बेन्टिक गवर्नर जनरल बनकर आ गये। उन्होंने शिक्षा के बारे में सिद्धान्तों की नए सिरे से समीक्षा की और पाश्चात्य ज्ञान-विज्ञान और अंगरेजी के माध्यम से शिक्षा देने के पक्ष में स्पष्ट मत दिया। विलियम बेन्टिक के विचारों को रूप देने के लिए शिक्षाविषयक कमेटी के सचिव ने एक पत्र द्वारा 22 जनवरी 1835 को दो मुख्य सिद्धान्तों का प्रतिपादन किया। इनमें पहला यह था कि देश की शिक्षा के बारे में शिक्षित और प्रतिष्ठित वर्ग को साथ लिया जाए, और दूसरा यह कि निर्धारित धनराशि, जो अपर्याप्त है, उसका इस्तेमाल उच्च शिक्षा की सहायता के लिए किया जाए।[20]

सारा मसला आखिरकार एक प्रभावशाली व्यक्ति के आने की प्रतीक्षा कर रहा था। 1834 में मैकॉले जो उस समय काउंसिल में कानून मन्त्री थे, पब्लिक इंसट्रक्शन कमेटी के सदस्य नियुक्त हुए। मैकॉले ने 2 फरवरी 1835 को शिक्षा के सम्बन्ध में अपना प्रसिद्ध नोट पेश किया। इसमें उन्होंने अंगरेजी के माध्यम से पाश्चात्य शिक्षा की ऐसी जोरदार पैरवी की कि संस्कृत, अरबी-फ़ारसी का संरक्षक दल ठण्डा पड़ गया। क्योंकि इस प्रभावशाली सदस्य के तर्कों के आगे

किसी के ठहरने की हिम्मत नहीं हुई। उन्होंने सदस्यों से स्पष्ट पूछा—

> "Whether when it is in our power to teach this language (English), we shall teach languages in which by universal confession there are no books on any subject which deserves to be compared with our own: whether when we can teach European science, we shall teach systems which by universal confession whenever they differ from those of Europe differ for the worse; and whether when we patronise sound philosophy and true history, we shall countenance at the public expense medical doctrines which would disgrace an English farrier, astronomy which would move laughter in girls in a English boarding school, history abounding with kings thirty feet high and reigns 30000 year long and geography made up of seas of treacle and seas of butter..."[21]

मैकॉले के तर्क में चाहे जो भी असंगतियाँ रही हों लेकिन यह तय था कि उनके आक्रमण के आगे प्राच्य विद्या के समर्थक गुट की कुछ न चली। मैकॉले को बेन्टिक का पूरा समर्थन प्राप्त था। इधर मैकॉले अपने निर्णय पर दृढ़प्रतिज्ञ थे कि उन्होंने एक स्तर पर कमेटी की सदस्यता से त्याग-पत्र देने की धमकी दी।[22] सारे विरोधों के बावजूद शिक्षाविषयक कमेटी ने 7 मार्च 1835 को एक प्रस्ताव पारित कर दिया। जिसमें कहा गया कि सरकार आगे से यूरोपीय विद्या के प्रचार और प्रसार को ही अपना मुख्य उद्देश्य मानेगी और सारा सरकारी उपलब्ध अनुदान अंगरेजी शिक्षा के लिए खर्च किया जाएगा। साथ ही यह भी कहा गया कि सरकार विद्यमान विद्यालयों को बन्द करने के पक्ष में नहीं है और सभी शिक्षकों को—चालू भत्ते की रकम मिलती रहेगी। लेकिन संस्कृत कालेज और कलकत्ता मदरसा को कोई नई आर्थिक तरक्की नहीं दी जाएेगी। वैसे अंगरेजी शिक्षा के पूरे हिमायती होते हुए भी मैकॉले देशी भाषाओं के विकास के विरोधी नहीं थे। शिक्षाविषयक कमेटी के अध्यक्ष के रूप में अपनी रिपोर्ट में कहा था "We conceive the formation of a Vernacular literature to be ultimate object to which all our efforts must be directed"[23]

उन्होंने प्रस्ताव रखा कि अंगरेजी माध्यम से शिक्षित भारतीय विद्वानों को आगे चलकर प्राप्त ज्ञान को अपनी-अपनी भाषाओं में रूपान्तरित करना ही सही रास्ता है। छात्रों को आरम्भ से ही अंगरेजी से अपनी भाषा में अनुवाद करने और अपनी भाषा से अंगरेजी में अनुवाद करने की शिक्षा दी जानी चाहिए। केवल संस्कृत और अरबी-फ़ारसी माध्यम से ही देशी जनता तक पहुँचा जा सकता है

इस तर्क को मानने से, मैकॉले ने बिल्कुल इन्कार कर दिया था।

इस प्रकार बेन्टिक और मैकॉले के संयुक्त प्रयास से 1835 में जब पाश्चात्य शिक्षा अंगरेजी के माध्यम से प्रवर्तन हुआ उससे दो वर्ष पहले 1833 में राममोहन का स्वर्गवास हो चुका था। राममोहन ने कोई बारह वर्ष पहले जब लार्ड अमहर्स्ट को पत्र लिखकर यह दूरदर्शी विचार रखा था उस समय चाहे लोगों ने परवाह न की हो लेकिन परवर्ती काल में राममोहन की भूमिका को सर्वत्र स्वीकृति मिली। लार्ड रिपन के जमाने में नियुक्त शिक्षा आयोग (1882) की रिपोर्ट में राममोहन की भूमिका को सराहते हुए लिखा गया थाः "It took twelve years of controversy and advocacy of Macaulay and the decisive action of the new Governor General before the committee could, as a body, acquiesce in the policy urged by him."

यह राममोहन के प्रयासों के प्रति विनम्र श्रद्धांजलि थी।[24]

प्रसिद्ध शिक्षाविद् ए. होवेल ने अपनी पुस्तक में लिखा था : "That such a letter should have been written by a Native, on the subject of education than under the management of a European committee of public Instruction, is only less remarkable than the fact that the committee left the memorial unanswered and that the Sanskrit College was founded inspite of it,"[25]

साइमन कमीशन ने भी अपनी रिपोर्ट में लिखा था कि यद्यपि लोग भ्रमवश अंगरेजी शिक्षा के लिए मैकॉले के प्रयासों की सराहना करते हैं लेकिन वास्तविकता यह थी कि राममोहन और डेविड हेयर-जैसे सुधारक और एलेक्जण्डर डफ-जैसे मिशनरियों के प्रयास के कारण ही इस देश में पाश्चात्य वैज्ञानिक शिक्षा और अंगरेजी भाषा का प्रयोग हुआ।[26]

इसी सन्दर्भ में पाठकों को एक बार फिर स्मरण करा दें कि सन् 1817 में जब अंगरेजी शिक्षा के पहले विद्यालय, "हिन्दू कालेज" की स्थापना हुई उस समय कलकत्ते के प्रतिष्ठित हिन्दू समाज के नेताओं ने राममोहन को अपने साथ कॉलेज की संचालन समिति में लेना स्वीकार नहीं किया। कारण बताया गया कि राममोहन हिन्दू धर्म विरोधी हैं। राममोहन ने शिक्षा के प्रसार के रास्ते, अपनी व्यक्तिगत प्रतिष्ठा को आड़े नहीं आने दिया। वे अलग हट गये। जब कि यह सर्वविदित है कि "हिन्दू कॉलेज" की स्थापना उनके सतत प्रयत्नों का ही नतीजा था। इस तथ्य के बावजूद कि "स्कूल बुक सोसाइटी" के प्रबन्ध समिति में राधाकान्त देव-जैसे कट्टरपन्थी उनके प्रबल विरोधी थे, फिर भी उन्होंने सोसाइटी को सदैव उदारतापूर्वक आर्थिक सहायता, और पूरा सहयोग दिया। उन्होंने न जाने कितने स्कूलों की स्थापना में सहायता दी।

एडम साहब के "एंग्लो हिन्दू स्कूल", डेविड हेयर के "हेयर स्कूल", अपने ही "वेदान्त कालेज" और एलैक्जण्डर डफ़ साहब को शिक्षा के क्षेत्र में प्रतिष्ठित करने में राममोहन की भूमिका आदि, सभी शिक्षा के क्षेत्र में उनकी पहल के उदाहरण हैं। इसी प्रकार लार्ड अमहर्स्ट को लिखा हुआ पत्र शिक्षा के क्षेत्र में पहल का ऐतिहासिक दस्तावेज है।

राममोहन के पाश्चात्य शिक्षा के समर्थन को अकसर ग़लत समझा गया। इसी प्रसंग में टाइटलर साहब के साथ धार्मिक वाद-विवाद के सिलसिले में राममोहन के एक उत्तर में से कुछ पक्तियाँ उद्धृत की जा सकती हैं :

> "If by the 'Ray of Intelligence' for which the Christian says, we are indebted to the English, he means the introduction of useful mechanical arts, I am ready to express my assent, and also my gratitude; but with respect to Science, Literature or Religion I do not acknowledge that we are placed under any obligation. For by a reference to history it may be proved that the world was indebted to our ancestors for the first dawn of Knowledge which sprang up in the East and thanks to the Goddess of wisdom we have still a philosphical and copious language of our own which distinguishes us from other nations who cannot express scientific or abstract ideas without borrowing the language of foreigners.

वैज्ञानिक शिक्षा की आवश्यकता को स्वीकार करते हुए भी अपनी संस्कृत भाषा, धर्म और संस्कृत का इससे अच्छा समर्थन भला और कौन कर सकता था? इस प्रसंग में एक बात और ध्यान देने की है कि राममोहन ने शिक्षा को समाज संस्कार के हथियार के रूप में व्यवहार किया। वस्तुतः आधुनिक वैज्ञानिक शिक्षा उनके विचार से देश और समाज में परिवर्तन लाने का प्रमुख पदक्षेप था। उनकी सारी प्रचेष्टा साधारण जनता के हितों को ध्यान में रखते हुए होती थी। वे युग धर्म को अच्छी तरह समझते थे। राममोहन के शिक्षा सम्बन्धी उत्साह के प्रसंग में एक रोचक संस्मरण पण्डित क्षितिमोहन सेन ने 'विश्वभारती पत्रिका' के एक लेख में दिया था। तब लेखक बनारस में राममोहन के एक शिष्य 104 वर्षीय रामचन्द्र मोल्लिक, से भेंट करने गए थे। मोल्लिक महोदय ने, राममोहन के विचारों से अनुप्राणित होकर, सारा जीवन अशिक्षित जनता के बीच शिक्षा के प्रचार और प्रसार में लगाया था। राममोहन राय ने रामचन्द्र मोल्लिक से कहा था कि शिक्षा ही वक्त की सबसे बड़ी आवश्यकता है और शिक्षा का आरम्भ समाज के सबसे नीचे वर्ग से करना चाहिए क्योंकि कढ़ाही जब तक नीचे से गरम न हो, खाना नहीं पक सकता।[28]

सन्दर्भ और टिप्पणियाँ

1. विश्वास : *राममोहन समीक्षा,* पृ. 214. अंगरेज प्रशासकों में हेस्टिंग्स ही पहले प्रशासक थे जो देश के प्रशासन में नियुक्त अंगरेज कर्मचारियों के लिए देशी भाषा अर्थात् संस्कृत और अरबी फ़ारसी का ज्ञान आवश्यक समझते थे। उन्होंने ऑक्सफोर्ड विश्वविद्यालय में फ़ारसी भाषा के शिक्षा के लिए एक पद की स्थापना की थी। इसके अलावा प्राच्यविदों को संस्कृत और दूसरी भाषाओं से अनुवाद करने के लिए उत्साहित किया।
2. मुखोपाध्याय : *राममोहन ओ तत्कालीन समाज ओ साहित्य,* पृ. 99-100
3. विश्वास : पृ. 215.
4. वही, पृ. 215.
5. Sen : *Raja Rammohun Roy, the representative man,* Page 121-122 Sharp के *Selection from Education records* से उद्धृत।
6. वही : पृ. 125
7. वही : पृ. 155. "Granting permission to persons desirous of going to and remaining in India for the purpose of introducing among the natives of India useful knowledge and religious and moral improvement."
8. वही, पृ. 122-123.
9. वही पृ. 124.
10. मुखोपाध्याय : पृ. 101 " That a sum of not less then a lakh of rupees in each year shall be set apart and applied to the revival and improvement of literature, and the encouragement...... and promotion of knowledge of sciences among the ..... British territories of India."
11. वही, पृ. 443. 27 मई सन् 1830 को पादरी अलेक्जेण्डर डफ़ अपनी पत्नी के साथ कलकत्ता पहूँचे । राममोहन की आर्थिक सहायता और आन्तरिक सहयोग से वे अपना स्कूल खोलने में सफल हुए। राममोहन ने ही कमल बसु के मकान में उनके लिए स्कूल खोलने की व्यवस्था की थी।
12. Sen : पृ. 132-133.
13 पत्र के पाठ के लिए परिशिष्ट देखें।
14. पत्र से उद्धृत ।
15. पत्र से उद्धृत ।

16 Collet : पृ. 189.

17. Sen : पृ. 137-138. सन् 1823 में 'जनरल कमिटी आफ पब्लिक इंस्ट्रक्शन' की नियुक्ति हुई थी।

18. Howell : *Education in British India* से उद्धृत।

19. Sen : पृ. 124 में Heber, *Journey through upper India* से उद्धृत।

20. वही : पृ. 158.

21. Crewford : *Rammohun Roy,* पृ. 113 में उद्धृत।

22. Sen : पृ. 166.

23. वही : पृ. 161.

24. वही : पृ. 168-169.

25. वही : पृ. 169.

26. वही : पृ. 169.

27. *'इगलिश वर्क्स'* से उद्धृत

28. Collet : पृ. 296 में सम्पादकीय टिप्पणी से उद्धृत।

•

अध्याय–17

समाज सुधारक की भूमिका

धर्म के साथ समाज और राष्ट्र का गहरा सम्बन्ध राममोहन अच्छी तरह समझते थे। उन्हें मालूम था कि धार्मिक सुधार और सामाजिक सुधार राष्ट्रीय प्रगति और मुक्ति के साथ जुड़े हैं। उन्होंने जब धार्मिक सुधार का आन्दोलन छेड़ा तो उसके साथ उनका ध्यान उन सामाजिक कुरीतियों की ओर भी, जो मुख्यतः धर्माश्रित कुरीतियाँ थीं, जाना स्वाभाविक था। राममोहन शायद उच्च ब्राह्मण वंश के पहले व्यक्ति थे जिन्होंने आधुनिक युग में समाज सुधार का बीड़ा उठाया।

प्रत्येक समाज में देखा गया है कि धार्मिक विकृतियाँ सामाजिक स्तर पर कुरीतियों को जन्म देती है। हिन्दू धर्म के क्षेत्र में भी ऐसा ही हुआ। हिन्दू समाज जात-पात, छूआ-छूत, बहुविवाह, बालविवाह आदि न जाने कितने कुरीतियों के दलदल में फँसा हुआ था। इनमें सबसे घृणित रीति जो धर्म के साथ ही जुड़ी थी वह थी "सती प्रथा" समाज सुधार के लिए राममोहन ने जो आन्दोलन छेड़ा उनमें सबसे महत्त्वपूर्ण और सफल आन्दोलन जो राममोहन के नाम के साथ सदा जुड़ा रहेगा वह था "सती प्रथा" के विरुद्ध राममोहन का संघर्ष। इसके अलावा राममोहन ने बहुविवाह, बालविवाह, जात-पात, अस्पृश्यता और स्त्रियों का सम्पत्ति पर अधिकार, जैसे कई एक सामाजिक अन्यायों के विरुद्ध आन्दोलन किया।

हिन्दुओं के धर्म और दर्शन में एक सीमा तक बुद्धिवाद के होते हुए भी बात-बात पर शास्त्रों की दुहाई देना या प्रत्येक धार्मिक या सामाजिक आचार के पीछे शास्त्रीय अनुमोदन को ढूँढ़ने की आदत-सी पड़ गई थी। शुद्ध साधारण बुद्धि के सहारे किसी भी समस्या का समाधान लोगों को स्वीकार नहीं था। समाज चेतना और सुधार के क्षेत्र में यही बात लागू थी। निरपराध विधवा को रस्सी से बाँधकर अपने मृत पति के साथ जिन्दा जला डालने की या उसके साथ ही समाधिस्थ करने की नृशंस रीति को जब हटाने का मौका आया तो साधारण विवेक या बुद्धि का नहीं बल्कि शास्त्रों ने क्या कुछ कहा है इसी बात की खोज आरम्भ हो गई। इसी से सती प्रथा के पक्ष और विपक्ष में काफी लम्बे समय तक शास्त्रार्थ चला। यहाँ शास्त्र को मानना ही धर्म समझा गया और शास्त्रों की अवहेलना को अधर्म माना गया। प्रथा की नृशंसता या

विधवा नारी के करुण क्रन्दन का उस काल के समाज पर जैसे कोई प्रभाव ही नहीं होता था। सती दाह प्राचीन प्रथा थी, बस इतने से ही सब कुछ यथोचित, स्वाभाविक और पारम्परिक मान लिया गया। आश्चर्य की बात थी कि इस नृशंसता या नारी-हत्या की ओर सबसे पहले ध्यान ईसाई मिशनरियों का गया। अलेक्जेण्डर डो ने अपनी प्रसिद्ध पुस्तक[1] (1772) में लिखा था कि बंगाल क्षेत्र में केवल कुछ अमानवीय प्रथाओं के सिवा सभी धर्मों को बरदाश्त किया जा सकता है। हमें युवती विधवाओं को अपने मृत पति की चिता पर जलने और बीमार और बूढ़ों को जलसमाधि देने जैसे प्रथाओं के जारी रहने की आज्ञा नहीं देनी चाहिए। विलियम केरी ने, 1802 में लिखा था कि चाहे जो भी धार्मिक उद्देश्य रहा हो, हमें विधवाओं के मृत पति के साथ जलाने, शिशु बलिदान-जैसी प्रथाओं को बन्द करना चाहिए क्योंकि ये सभी शासन के विरुद्ध अपराध हैं।[2]

सती प्रथा

सती प्रथा अर्थात्‌ मृत पति के साथ विधवा पत्नी को चिता पर जला डालने की प्रथा इस देश में काफ़ी प्राचीन काल से चली आ रही थी। विशेष रूप से मध्ययुगीन अन्धकार के युग में इस बर्बर प्रथा ने भयंकर रूप धारण कर लिया। यह सारे समाज, देश के लिए कलंक का विषय बन गई थी। सभ्य जगत के लिए यह उपहास का कारण बनी हुई थी। हत्या के इस नृशंस रूप को धार्मिक और सामाजिक मान्यता देकर चालू रखा गया था। राममोहन जीवन के प्रारम्भिक काल से ही इस प्रथा को घृणा से देखते आये थे। जैसा कि कहा गया है कि उन्होंने अपने बड़े भाई की पत्नी को सती होते देखा था और इस घटना से उनके मन में ऐसा गहरा प्रभाव पड़ा कि उन्होंने प्रतिज्ञा की थी कि इस घृणित प्रथा को बन्द कराकर ही दम लेंगे। उन्होंने कलकत्ते आत्मीय सभा में की स्थापना की तो इसकी बैठकों में इस सामाजिक कलंक के बारे में बहसें चलती रहीं। राममोहन अकसर सती होने की घटना सुनते ही श्मसान भूमि पर जाते और लोगों को ऐसा करने से रोकने की कोशिश करते। 1818 के आसपास उन्होंने इस प्रथा के विरुद्ध पूरी तरह आन्दोलन आरम्भ कर दिया। यद्यपि तत्कालीन ब्रिटिश सरकार भी इस बर्बर प्रथा के विरुद्ध थी और इसका उन्मूलन चाहती थी फिर भी धार्मिक प्रथा में हस्तक्षेप के भय से सरकार कोई कदम नहीं उठाना चाहती थी। लेकिन जब 1817 में सरकार कुछ कठोर कानून बनाने की सोचने लगी उसी समय कट्टरपन्थी हिन्दू नेताओं ने एक जुट होकर सरकार के पास अपील भेजी कि यह प्रथा धर्म-सम्मत है और जो भी थोड़े बहुत नियम बाँधे गये हैं, वे भी हटा लिए जाएँ। इसी घटना ने शायद राममोहन और उनके सहयोगियों को इस प्रथा के विरुद्ध अपना आन्दोलन आरम्भ करने के लिए प्रेरित किया। उन्होंने सरकार के पास प्रथा के विरुद्ध आवेदन पत्र ही नहीं भेजे, बल्कि लेखों, पुस्तिकाओं और समाचार पत्रों के माध्यम से अपना आक्रमण आरम्भ किया। जनता के बीच सती प्रथा के विरुद्ध

लोकमत तैयार करने के लिए राममोहन ने जो तरीके अपनाए थे वे इस प्रकार थे, बांग्ला और अंगरेजी भाषा में पुस्तिकाएँ लिखकर प्रकाशित करना और मुफ्त बँटवाना, पत्र-पत्रिकाओं में लेखों और पत्रों के द्वारा प्रचार, श्मशान भूमि में स्वयं जाकर सती होने रोकने की चेष्टा और सरकारी हल्के में इस प्रथा के विरुद्ध अधिकारियों की पूरी मदद करना। राममोहन ने इस प्रथा के विरुद्ध सबसे पहली चर्चा सन् 1917 में प्रकाशित *'A second defence of the Monotheistical system of the Vedas'* नामक गन्थ में की। 1817 के बाद ही राममोहन इस आन्दोलन में पूरी तरह कूद पड़े। 1818 के अगस्त महीने में कलकत्ता के प्रगतिशील हिन्दू नागरिकों की ओर से बड़े लाट हेस्टिंग्स को इस प्रथा को बन्द करने के लिए आवेदन पत्र दिया गया। राममोहन ही इन प्रगतिशील नागरिकों के अगुआ थे। उन्होंने 1818 से लेकर 1831 तक बांग्ला में तीन और अंगरेजी में चार कुल मिलाकर इस विषय पर सात ग्रन्थ प्रकाशित किए। उनका अन्तिम अंगरेजी ग्रन्थ 1831 में इंग्लैण्ड में प्रकाशित हुआ था। इसके अलावा "बेंगाल गजेटि" और अपनी पत्रिका "सम्वाद कौमुदी" के पृष्ठों को इस संघर्ष के हथियार के रूप में इस्तेमाल किया। कहना न होगा कि राममोहन को सामाजिक और दूसरे कई प्रकार के अत्याचार सहने पड़े। लेकिन उन्होंने इन सबकी परवाह किए बगैर, बड़ी मेहनत करके जनता को इस प्रथा के विरुद्ध जाग्रत किया पादरी मार्शमैन ने बिशप हैबर को 1824 को एक पत्र में लिखा था—

> जब पहले पहल भारत आए थे उन दिनों की अपेक्षा अब ब्राह्मणों की न ही उतनी क्षमता है और न ही पहले जैसी प्रतिष्ठा। जनसाधारण में बहुतेरे धनी और प्रतिष्ठित लोग राममोहन के विचारों से खुलेआम एकमत होकर इस नारकीयप्रथा के उन्मूलन के लिए राय जाहिर कर रहे हैं। यह तथ्य भी सभी जान गए हैं कि किसी भी हिन्दू धर्म शास्त्र में इस प्रथा के लिए विधान नहीं है जबकि कुछ लोग अब भी इस बलिदान को पुण्यदायक कहते हैं।[3]

राममोहन की सती प्रथा विषयक पहली पुस्तिका बांग्ला और अंगरेजी (1818) के प्रकाशन का सभी ओर भारी स्वागत हुआ। यह वस्तुतः उदारपन्थी प्रगतिशील लोगों और सरकार दोनों के लिए ही बड़े काम की पुस्तक थी। सरकारी पत्रिका "कैलकटा गजट" ने पुस्तिका के विषय में लिखा—

> " The Sanskrit authorities which are said to enjoin the sacrific of widows on the funeral pile of their deceased husbands, have lately undergone a free examinnation by a learned philosophical Hindoo. The question itself is of the highest importance and the true interpretation of the religious law which has stained the domestic history of India for so many ages with blood, will no doubt diminish, if not extin-

guish the desire for self immolation. The safest way of coming to a right understanding on a point so interesting to humanity, is a rigid investgation of the rules of conduct laid down in the books which are considered sacred by the Hindoos. This appears to have been done with great assiduity, anxiety, and care, and the consequence has been a decision hostile to the ancient custom.... these brief remarks are occasioned by the recent publication of a translation of a conference between an Advocate and an opponent of the practice of burning widows alive from the Bengalee.[4]

इस लेख की लोकप्रियता और महत्त्व का अन्दाजा इसी बात से लगाया जा सकता है कि लेख पूरा का पूरा कई पत्रिकाओं में प्रकाशित हुआ। लेख के अन्त में लेखक इसी निष्कर्ष पर पहुँचा कि शास्त्रों में कहीं भी विधवा को मृत पति के साथ जलाने की शास्त्रसम्मत विधि नहीं है। इस प्रकार का कार्य सीधे स्त्री-हत्या ही कहा जाएगा। यह एक अत्यन्त साहसपूर्ण पहल थी। आज के इस युग में बैठकर इसके महत्त्व को समझ पाना आसान नहीं। पुस्तिका कलकत्ता और दूसरे स्थानों में निःशुल्क बाँटी गई। सरकारी दफ्तरों और अदालतों में भी पुस्तिका की प्रतियाँ वितरित की गईं।

राममोहन के इस ग्रन्थ से सारे हिन्दू समाज में विशेष रूप से रूढ़िवादी हिन्दुओं के बीच तूफान-सा खड़ा हो गया। कहा जाता है कि धनी वर्ग ने पण्डितों को धन का लालच देकर, राममोहन की पुस्तिका का उत्तर लिखवाया। राममोहन उन उत्तरों से घबराए नहीं बल्कि वे शास्त्रार्थ के लिए कमर कसकर खड़े हो गए। मानवतावादी प्रगतिशील वर्ग इस तर्कयुद्ध को ध्यान से देखकर रहा था। सरकार भी इस मामले में उतनी ही रुचि ले रही थी जितनी कि जनता। केवल बात इतनी थी कि सरकार इस मामले में सीधे हस्तक्षेप करना नहीं चाहती थी।

सती प्रथा सम्बन्धी विचार पुस्तिकाओं में राममोहन ने शास्त्रों और स्मृति ग्रन्थों से उद्धृतियों का विश्लेषण करते हुए प्रमाणित किया कि सती प्रथा के पीछे कोई शास्त्रीय या धार्मिक अनुमोदन नहीं है। उन्होंने मनु संहिता से, ऋग्वेद, गीता, स्मृति पुराण आदि से लेकर अपने पक्ष के समर्थन में उपयुक्त सन्दर्भ खोज निकाले। सती प्रथा के समर्थन में जो थोड़े बहुत सन्दर्भ मिलते हैं उनका सम्यक् खण्डन करते हुए उन्होंने प्रमाणित किया कि ये तर्क मध्ययुग में धार्मिक ग्रन्थों में जोड़े गए थे। वैदिक धर्म शास्त्रों में इस बर्बरता के लिए कहीं भी स्वीकृति नहीं है। जब सती प्रथा समर्थकों ने अपने पक्ष में मनु की साक्षी प्रस्तुत की तो राममोहन ने कहा था कि यह वचन जाली है क्योंकि विज्ञानेश्वर ने अपनी मिताक्षरा टीका में इस श्लोक का कहीं भी उल्लेख नहीं किया है। इसके दूसरे टीकाकार रघुनन्दन भी अपने ग्रन्थ में इस

विषय में चुप थे। इसी से स्पष्ट है कि किसी मध्ययुगीन या आधुनिक पण्डित ने इस स्त्री विरोधी वचन को 'निर्णय सिन्धु' में जोड़ दिया होगा। इस प्रकार की शास्त्रीय जालसाजी कोई नई बात नहीं थी। राममोहन के विरोधियों ने ऋग्वेद के एक मन्त्र को बड़ी कुशलता से बदलकर सती प्रथा के पक्ष में पेश किया था : मन्त्र था।

"इमा नारिर विधवा सुपत्नी रांजनेन सर्पिण संविशन्तु। अनश्ररोहन मोवाः सुरत्ना आरोहन्तु जनयो योनिमग्रे।"

इस श्लोक के अन्तिम शब्द 'जनयो योनिमग्रे' को बदलकर 'जनयो योनिमग्ने' कर दिया गया तो मन्त्र का अर्थ ही बदल गया।[5] इस अशुद्ध पाठ की उत्पत्ति जानबूझ कर हुई होगी, वांछित उद्देश्य की पूर्ति के लिए। सती प्रथा के समर्थकों के लिए यह अशुद्ध मन्त्र बहुत दिनों तक सबसे बड़ा मोहरा था, जो मन्त्र के अशुद्ध पाठ पर आधारित था। राममोहन ने अपनी पुस्तक में इस मन्त्र की प्रामाणिकता के बारे में सन्देह प्रकट किया था जो बाद के शोध से स्पष्ट हो गया। वस्तुतः राममोहन की पुस्तकों के प्रकाशन के लगभग छब्बीस वर्ष बाद एच. एच. विलसन ने इस मन्त्र का शुद्ध पाठ खोज निकाला था।[6] राममोहन की नज़र पैनी थी। उन्होंने सामाजिक स्तर पर भारत में नारी की दयनीय दशा का कारण खोज निकालने की कोशिश की। उन्होंने पाया कि प्राचीन न्यायशास्त्री जैसे याज्ञवल्क्य, कात्यायन, नारद, विष्णु, बृहस्पति आदि ऋषियों ने कन्या और पत्नी का सम्पत्ति में अधिकार स्वीकार किया है लेकिन बाद में टीकाकारों ने इस अधिकार से नारी को वंचित कर दिया था। इसी का नतीजा यह हुआ कि पति की मृत्यु के बाद पत्नी की आर्थिक और सामाजिक स्थिति बहुत ही दयनीय हो जाती थी। इस आन्दोलन के सिलसिले में राममोहन ने जो शास्त्र युद्ध छेड़ा उसका कुछ अंश उद्धृत करना प्रासंगिक होगा। यह सारा तर्क-वितर्क प्राचीन शास्त्रार्थ के सिद्धान्तों पर आधारित सवाल-जवाब शैली में थे। विपक्षियों के प्रश्नों का अनुमान लगाकर उन्होंने उनका उत्तर पेश किया। इन पुस्तिकओं में प्रभावशाली युक्ति और भाषा की तीव्रता स्पष्टतः लक्षित है। इस विषय पर पहली बांग्ला पुस्तक थी *"सहमरण विषय प्रवर्तक ओ निवर्तकेर सम्वाद।"* ग्रन्थ का आरम्भ इस प्रकार होता है :

"पहले प्रवर्तक का प्रश्न   मुझे आश्चर्य होता है कि तुम लोग सहमरण और अनुमरण जो इस देश में चली आ रही है, उसकी विरोधिता करने का प्रयास कैसे कर रहे हो?

"निवर्तक का उत्तर   समग्र शास्त्रों में और सब जातियों में जिस आत्मघात को निषिद्ध माना गया है उसकी विरोधिता करने में उन्हीं लोगों को आश्चर्य होगा

जिन्हें शास्त्रों के प्रति कोई श्रद्धा नहीं और जो स्त्रियों को आत्मघात के लिए उकसाते रहते हैं।

"प्रवर्तक तुम लोगों की यह दलील बड़ी लचर है कि सहमरण या अनुमरण शास्त्रों में निषिद्ध माना गया है, इस विषय में अंगिरा आदि ऋषियों के वचन सुनो। पति की मृत्यु पर जो स्त्री पति की प्रज्चलित चिता पर चढ़ जाती है वह वशिष्ठ की पत्नी अरुन्धति के समान बनकर स्वर्ग जाती है और जो स्त्री भर्ता के साथ परलोक गमन करती है वह मनुष्य शरीर में विद्यमान साढ़े तीन करोड़ रोओं के समान उतने ही वर्ष स्वर्ग में रहती है; जो स्त्री भर्ता के साथ परलोक सिधारती है वही मातृवंश पितृवंश और पति के वंश को पवित्र करती है। पति की मृत्यु पर साध्वी स्त्रियों के लिए अग्नि प्रवेश के अतिरिक्त और कोई धर्म नहीं।"[7]

उस काल में यही सती प्रथा के पक्ष में प्रचलित तर्क था और हमेशा प्रचलित रीति या परम्परा की दुहाई दी जाती थी। निवर्तक ने इस तर्क को काटते हुए लिखा था, "कोई भी व्यक्ति जिसमें लोकभय या धर्मभय है वह कभी नहीं कहेगा कि परम्परा से चले रहे स्त्रीवध, मनुष्यवध और चोरी आदि करके भी मनुष्य निष्पाप रह सकता है और इस प्रकार की परम्परा के अनुसार वे जंगली और पहाड़ी लोग जो डकैती आदि करते आए हैं वे सभी निरपराध माने जाऐंगे और उन लोगों को ऐसे कार्यों से रोकने की कोशिश करने की आवश्यकता नहीं।. .... इसी से अबला स्त्री को स्वर्ग का लोभ दिखाकर जबरदस्ती हत्या करना घोर पाप का कारण है।"[8]

इसी बीच उनकी इस पुस्तिका के जवाब में कट्टरपन्थी हिन्दुओं की ओर से काशीनाथ तर्कवागीश ने एक पुस्तिका बांग्ला और अंगरेजी में प्रकाशित की। इसमें दिये गए प्रचलित तर्कों का एक और करारा जवाब राममोहन ने *'सहमरण विषये प्रवर्तक ओ निवर्तकेर द्वितीय सम्वाद'* के शीर्षक से 1819 में प्रकाशित किया। इसका अंगरेजी अनुवाद लार्ड हेस्टिंग्स की पत्नी को समर्पित किया गया था। यह विवरण हम पहले ही पढ़ चुके हैं। इस पुस्तिका में राममोहन ने हिन्दू धर्मशास्त्रों से उद्धृतियाँ देकर पण्डित काशीनाथ के तर्कों का खण्डन किया। एक स्थान पर उन्होंने लिखा था "गीता कोई अप्राप्य ग्रन्थ नहीं और आप लोग उसका अर्थ न समझते हों ऐसी बात भी नहीं। तो फिर इन शास्त्रों के विरुद्ध अज्ञानी लोगों की तुष्टि के लिए स्वर्ग का प्रलोभन दिखाकर शास्त्रज्ञानरहित इन स्त्रियों को, इस निन्दित पथ की ओर बार-बार क्यों ढकेलते हैं?"

"दुख की बात यह है कि पूरी तरह अधीन और अनेक दुखों से पीड़ित इनको देखकर आप लोगों के दिलों में जरा भी दया उत्पन्न नहीं होती, ताकि

इनका जबरदस्ती जलाया जाना रोका जा सके?"

इसी विषय पर राममोहन ने 1829 में एक ओर बांग्ला पुस्तिका प्रकाशित की थी। 'समाचार चंद्रिका' में 'विप्र' 'मुग्धबोध' नाम से दो व्यक्तियों ने राममोहन पर आक्रमण किया था।[9] इसमें संस्कृत श्लोकों की सहायता से यह प्रतिपादित किया गया था कि विधवा स्त्री को सहमरण से अनन्तकाल पति के साथ स्वर्ग सुख प्राप्त होता है। राममोहन ने भी धर्मशास्त्रों से संस्कृत श्लोकों की सहायता से अपना पक्ष प्रस्तुत किया उन्होंने 'विप्र' से कहा, यदि वे समझते हैं कि निष्काम भाव से पति की चिता पर चढ़ने से स्वर्ग मिलता है तो नरसिंह पुराण के वचनानुसार लोगों को स्वर्ग प्राप्त करने का उपदेश दे सकते हैं, जिसमें कहा गया है :

"जल प्रवेशी चानंदं, प्रमोदं वह्नि साहसी।
भृगु प्रपाती सौख्यन्तु रणे चैवाति निर्मलं।।
अनशनमृतो यः स्यात् सगच्छेत्तुत्रिपिष्टपं।

"अर्थात् जो व्यक्ति जल में प्रवेश करके मरता है उसे आनन्द नामक स्वर्ग प्राप्त होता है, जो साहसपूर्वक अग्नि में प्रवेश करके मरते हैं उन्हें प्रमोद नामक स्वर्ग प्राप्त होता है। पर्वतादि ऊँचे स्थान से नीचे कूद कर मरने पर निर्मल स्वर्ग प्राप्त होता है, अनशन करके मरने से त्रिपिष्टप-स्वर्ग की प्राप्ति होती है।"

राममोहन ने आगे कहा कि "इस प्रकार की हत्याओं में आत्महत्या को भी स्वर्ग प्राप्ति की सीढ़ी समझना कोई कठिन नहीं। विप्रजन चाहें तो 'भविष्य पुराण' के आधार पर नरबलि के औचित्य का भी पक्ष ले सकते हैं क्योंकि निष्काम भाव से करने पर आत्मशुद्धि होगी और चाहें तो 'कालिका पुराण' का यह मन्त्र भी जोर-जोर से उचार सकते हैं :

नर त्वं बलिरूपेण मम भाग्यादुपस्थितः।
प्रणमामि ततः सर्वरूपिणं बलिरूपिणं।।"

"विप्र जनों को विचार करना चाहिए क्या पूर्व-पूर्व युग में पण्डित नहीं थे और क्या कलिकाल में इससे पहले पण्डित नहीं हुए? सत्यादि युगों में नरबलि विधि प्रचलित थी। जड़भारत के उपाख्यानों में इसके प्रमाण हैं। कलिकाल में भी तन्त्रानुसार नरबलि की प्रथा थी, वर्तमान काल में भी देश-विदेश में नरबलि प्रचलित है। अतएव जब शास्त्रों की सम्मति है और परम्परा ही व्यवहार सिद्ध माना जाता है तब तो नरबलि हम लोगों द्वारा सेवनीय परम कर्तव्य माना जाएगा। यदि कोई कहे कि गीता आदि शास्त्रों में कामनापूर्ण कर्म की निन्दा है तो विप्रजन कहेंगे क्यों न हम निष्कामपूर्वक नर-हत्या करें। नरबलि से आत्मा को शुद्धि और मुक्ति प्राप्त होगी। धन्य-धन्य विप्रनामा। धन्य अध्यापकः।"[10]

यह था राममोहन की करारी चोट और व्यंग्य का नमूना। इसके साथ ही बहुविवाह प्रथा के जुड़ जाने से नारी जाति को भारी कष्ट और अत्याचार का सामना करना पड़ता था। ऐसी परिस्थिति में विधवा नारियों के लिए मृत पति की चिता पर आत्माहुति देने का रास्ता ही सहज लगता था। राममोहन ने लिखा है :

> "ऐसा नहीं कि हिन्दू विधवाएँ किसी धार्मिक पूर्वाग्रह या पुरानी धारणाओं से प्रभावित होकर अपने मृत पति की चिता पर अपनी आहुति देती हों बल्कि वे अकसर अपने ही बीच रहने वाली विधवाओं को उनके दैनिक जीवन में तुच्छता और घोर अपमान सहते देखती हैं। इसीलिए ये विधवाएँ अपने पति की मृत्यु के बाद अपने जीवन और अस्तित्त्व के प्रति बिल्कुल लापरवाह बन जाती हैं। इस असहाय अवस्था के प्रभाव में जब भविष्य में पुरस्कार (स्वर्गलोक) प्राप्त होने का लालच दिया जाता है तो स्वभावतः वे इस जघन्य आत्महत्या करने के लिए प्रेरित हो जाती हैं।[11]

राममोहन के सती प्रथा के विरुद्ध छेड़े गए आन्दोलन के पीछे उनकी हिन्दू नारी की तत्कालीन अवस्था के प्रति गहरी सहानुभूति थी। उन दिनों हिन्दू नारी पिता या पति किसी की भी सम्पत्ति की अधिकारिणी नहीं होती थी। इसी से राममोहन ने बहुविवाह के विरुद्ध भी अपनी कलम उठाई थी। 1822 में उन्होंने हिन्दू नारी के अधिकारों के पक्ष में लिखते हुए स्पष्ट कहा था कि प्राचीन काल में स्मृतियों और शास्त्रों द्वारा नारी को जो मर्यादा या अधिकार प्रदान किए गए थे, मध्ययुग में 'दायभाग' आदि ग्रन्थों के बहाने उन अधिकारों को छीन लिया गया था। पति के मृत्यु के बाद हिन्दू नारी की कैसी दयनीय दशा होती थी उसका ही करुण चित्र उनमें एक लेख में इस प्रकार है :

> "a Widow...... can receive nothing when her husband has no issue by her.... a women who is looked upto as the sole mistress by the rest of a family one day, in the next, becomes dependent on her sons, and subject to slights of her daughter-in-law. She is not authorised to expend the most trifling sum or dispose of an article of least value without the consent of her son or daughter-in-law, who were all subject to her authority, but the day before." [12]

उन्होंने आगे यह भी लिखा कि बहुधा इस घोर अपमान और उत्पीड़न से मुक्ति पाने के लिए हिन्दू विधवा नारी आत्महत्या या 'सती' का रास्ता चुन लेती थी। इस प्रकार राममोहन ने सती प्रथा के कारणों का सामाजिक विश्लेषण करते हुए स्पष्ट किया है नारी के सम्पत्ति सम्बन्धी अधिकारों के अपहरण के फलस्वरूप सती प्रथा, बहुविवाह आदि कई कुरीतियों का प्रचलन हुआ। इनके साथ वैदिक धर्म और सामाजिक सिद्धान्तों का कोई सम्बन्ध नहीं है। नारी जाति के सम्पत्ति अधिकार और

बहुविवाह के बारे में यथास्थान विचार किया जाएगा।

सती प्रथा के विरुद्ध हिन्दू समाज में चेतना जगाने का काम राममोहन की महत्त्वपूर्ण उपलब्धि थी। इसीलिए इस प्रथा के उन्मूलन का जब प्रश्न आया तो लार्ड बेन्टिक स्वभावतः राममोहन से सलाह लेने लगे। राममोहन ने जो परामर्श दिया उसका उल्लेख सतीदाह सम्बन्धी बेन्टिक के प्रसिद्ध मिनट में इस प्रकार है :—

> "I must acknowledge that a similar opinion as to the probable excitation of a deep distruct of our future intentions was mentioned to me in conversation by that enlighended native Ram Mohun Roy, a warm advocate for the abolition of Suttees and of all other superstitious and corruptions, engrafted on Hindu Religion, which he considers originally to have been a pure Deism. It was his opinion that the practice might be suppressed, quietly and unobservedly by increasing the difficulties and by the indirect agency of the police."[12(अ)]

इससे मालूम होता है कि राममोहन इस प्रथा को पुलिस और कठोर नियमों की सहायता से धीरे-धीरे समाप्त करने के पक्ष में थे। जबकि लार्ड बेन्टिक सीधे-सीधे कानून बनाकर प्रथा को समाप्त करना चाहते थे। इसमें सन्देह नहीं कि दोनों पूरी तरह से इस प्रथा के विरोधी थे। फिर भी राममोहन इसकी प्रतिक्रिया के बारे में सम्भवतः कुछ अधिक सचेत थे। 4 दिसम्बर 1829 को सती प्रथा के उन्मूलन का का कानून पारित कर दिया गया। इस काल में लार्ड बेन्टिक राममोहन से निरन्तर परामर्श लेते रहे थे। कानून के बनते ही चारों ओर शोर मच गया। कट्टरपन्थी हिन्दुओं ने 'धर्म सभा' में एकजुट होकर कानून के विरुद्ध आन्दोलन खड़ा कर दिया। बेन्टिक के पास हजारों हस्ताक्षरों से युक्त आवेदन-पत्र पेश किया गया। सरकार थोड़ा घबराई जरूर। आधुनिक शोधकार्य से प्रकट होता है कि बेन्टिक ऐसी कठिन घड़ी में राममोहन के परामर्श पर काफी निर्भर थे। राममोहन ने भी यथायोग्य परामर्श देते हुए बेन्टिक साहब को अपने निर्णय पर डटे रहने की सलाह दी। यहाँ राममोहन के बेन्टिक को लिखे एक पत्र का कुछ अंश उद्धृत करना प्रासंगिक होगा :

> "I have just found the enclosed by which your Lordship willl perceive how your predecessors were politicians and how cautiously they acted—The design of this is merely to repeat my opinion that you may without hesitation promulgate the Regulation recommended and in virtue thereof I assume that you will settle the point against all sorts of impediments and save yourself harmless and send my friends satisfied."[13]

इस पत्र से कुछ तथ्य स्पष्ट होते हैं। उक्त कानून के लागू होने पर कट्टरपन्थी हिन्दुओं में रोष फैला था इससे सरकार भी किसी सीमा तक घबरा रही थी और राममोहन ने इस विरोध के सामने सरकार को घुटने न टेकने की सलाह दी थी। हमें मालूम है कि रूढ़िवादी हिन्दुओं ने राममोहन के विरुद्ध क्या कुछ नहीं किया? यहा तक कि हत्या करवाकर रास्ते से हटा देने की साजिश भी बनाई गई। लेकिन राममोहन इन सारे आक्रमणों के विरुद्ध न केवल अकेले डटे रहे बल्कि उन्होंने सार्वजनिक रूप से सभा बुलाकर बेन्टिक का अभिनन्दन किया, जिसका विवरण पहले ही दिया जा जा चुका है।

इस आन्दोलन का अन्तिम अंक इंग्लैण्ड 'प्रीवी काउंसिल' में मंचित हुआ। सती प्रथा उन्मूलन विरोधी गुट के आवेदन के विरोध में, एक आवेदनपत्र लेकर राममोहन भी इंग्लैण्ड पहुँचे थे। यह आन्दोलन पत्र उन्होंने 'मार्क्रुइस आफ लैन्सडाउन' के माध्यम से हाउस आफ लार्ड्स में पेश किया था। इसके अतिरिक्त इंग्लैण्ड की जनता को इस घृणित प्रथा के विरुद्ध जागृत करने के लिए उन्होंने इस विषय पर अपना अन्तिम लेख "Some remarks in vindication of the resolution passed by the Government of Bengal in 1929, abolishing the practice of female sacrifices in India" पुस्तिकाकार प्रकाशित किया था। जब तक प्रीवी काउंसिल में विरोधियों का आवेदन खारिज न हो गया राममोहन लगातार पार्लियामेन्ट भवन में उपस्थित रहकर पूरी शक्ति के साथ सरकारी कानून का समर्थन करते रहे।

लार्ड बेन्टिक को एक पत्र में जे. जे. रेवेनशा ने लिखा था, " After three days argument before the Privy Council, the petition against you for putting down Suttee was dismissed yesterday to the no small gratification...... of Rammohun Roy who was present all the time"[14]

प्रीवी काउंसिल में रूढ़िवादी हिन्दुओं द्वारा प्रस्तुत आवेदन पत्र खारिज करते हुए जो निर्णय लिया गया था, उसकी प्रतिलिपि इस प्रकार है :

"At the Court of St. James's the 11th July 1832

Present—the King's Most Excellent Majesty in Council. Whereas, there was this day read at the Board a Report from a Committee of the Lords to his Majesty's Most Honourable Privy Council, dated 7th July instant, in the words following, viz.'

"Yours Majesty having been pleased, by your order in council of the 11th of May 1831, to refer unto this committee the humble petition of certain Hindoo inhabitants of Bengal, Bihar and Orissa, setting forth that (here the petition is inserted); the Lords of the Committee, in obediance to your Majesty's said order of reference, have taken the said petition into consideration, and having heard counsel for the petitioners thereupon, and also on behalf of the East India Company, their Lordships do agree humbly to report as their opinion to your Majesty, that the said petition should be dismissed."

His Majesty, having taken the said Report into consideration, was pleased, by and with the advice of his Privy Council, to approve thereof, and to order, as it is hereby ordered, that the said petition be, and the same is, hereby dismissed, this Board.''[15]

इसी समय राममोहन ने 14 जुलाई 1832 को जॉन पयेण्डर को एक पत्र में लिखा—

"Pray except my sincere thanks for your hearty congratulation of the Protection offorded by the Privy Council to the female community of India. Thereby they have removed the odium from our character as a people. As we can be no longer guilty of female murder, we now deserve every improvement temporal and spiritual."[16]

यहाँ इस ऐतिहासिक तथ्य को समझने के लिए जानना आवश्यक है कि 1857 के गदर के जो कारण इतिहासकारों ने दिखाये हैं उनमें सती प्रथा उन्मूलन द्वारा हिन्दू धर्म पर हस्तक्षेप को भी एक प्रमुख कारण माना गया है।

10 नवम्बर 1832 को कलकत्ता के ब्राह्म समाज ने प्रीवी काउंसिल में रूढ़िवादियों की हार पर प्रसन्नता जाहिर करने के लिए और राममोहन के महान कार्य पर उन्हें बधाई और धन्यवाद देने के लिए एक सभा बुलाई थी। तय किया गया कि समाज की ओर से ब्रिटिश सम्राट को बधाई का एक पत्र भेजा जाएगा जो स्वयं राममोहन ब्रिटिश सम्राट को पेश करेंगे।

जात-पाँत की समस्या

सामाजिक सुधार के क्षेत्र में सती प्रथा उन्मूलन के अतिरिक्त राममोहन का जिस सामाजिक समस्या की ओर ध्यान गया था वह था जाति भेद या जात-पाँत की समस्या। यह ध्यान देने योग्य है कि राममोहन के बाद दो सौ वर्ष पार हो गए कितने ही समाज सुधारक आए और गए लेकिन यह समस्या आज भी कायम है। बहुत से इतिहासकारों का विचार है कि राममोहन ने जाति प्रथा के विरुद्ध

उतना जोरदार आन्दोलन नहीं किया जितना सतीप्रथा के विरुद्ध। उनके खिलाफ़ यह भी आरोप लगाया गया कि वे इंग्लैण्ड यात्रा के समय अपने साथ ब्राह्मण रसोइया ले गए थे और उनकी मृत्यु के समय उनके गले में ब्राह्मणधर्म का सूचक जनेऊ लटक रहा था। आलोचना करने वाले तत्कालीन समय और समाज को समझने में असमर्थ हैं। जिस विशाल समस्या का समाधान आज दो शतक बाद भी नहीं हो सका, उस समस्या को राममोहन ने किस दृष्टि से देखा था, यही महत्त्वपूर्ण प्रश्न है जनेऊ लटक रहा था कि नहीं, गौण प्रश्न है।

18 मई सन् 1819 को "आत्मीय सभा" की एक बैठक का विवरण 'इण्डिया गजट' में प्रकाशित हुआ था। पत्रिका ने लिखा था इस बैठक में "The absurdity of the prevailing rules respecting the intercourse—the several castes with each other, and of the restriction on diet etc. was freely discussed and generally admitted— the necessity of an infant widow passing her life in a state of celibacy—the practice of polygamy and of suffering widows to burn with the corpse of their husbands were condmned as well as all the superstitious ceremonies in use amongst idolaters."[17]

इसके अतिरिक्त जात-पाँत की समस्या पर, जो हिन्दुओं के धर्म से जुड़ी हुई थी, राममोहन ने आरम्भ से ही किसी न किसी रूप में अपने विचार पेश किये। उन्होंने धर्मसम्बन्धी तथा दूसरे सामाजिक-राजनैतिक लेखों में इस समस्या को उठाने की कोशिश शुरू से ही की। आज दो सौ वर्ष बाद भी सामाजिक परिप्रेक्ष्य के आधार पर हम समझ सकते हैं कि राममोहन के काल में जात-पाँत की परिस्थिति कैसी भयंकर रही होगी। ऐसी परिस्थिति में सदियों से चले आ रहे इस सामाजिक नासूर के विरुद्ध लिखना बड़े ही साहस का काम था।

राममोहन अपने एक मित्र बेयर साहब को एक पत्र (फरवरी 1824) में हिन्दू धर्म के सत्तावादी और क्षतिकर चरित्र के बारे में लिखा था— "These are strongly supported by the dread of the the loss of caste, the consequence of apostasy, which seperates a husband from his wife, a father from his son, and a mother from her daughter."[18]

राममोहन वस्तुतः अपने लेखों, अनुवादों के माध्यम से इस समस्या को व्यक्तिगत स्तर से सामाजिक स्तर पर ले जाकर, इस भयंकर समस्या की ओर ध्यान खींचने में कमोबेश सफल हुए। वेदान्त और उपनिषदों के अनुवादों के सहारे उन्होंने जनसाधारण के सामने शाश्वत हिन्दू धर्म के मूल तत्त्वों का विश्लेषण किया। केन उपनिषद् के अंगरेजी अनुवाद की भूमिका में जात-पाँत

का मजाक उड़ाते हुए उन्होंने लिखा था— "A Hindoo of Caste can only eat once between sunrise and sunest—cannot eat dressed victuals in a boat or a ship—nor in a tavern- nor any food that has been touched by a person of a different caste—not, if interrupted while eating can he resume his meal."

इस भूमिका में उन्होंने आगे लिखा था— "It will also, I hope, tend to discriminate those parts of Vedas which are to be interpreted in an allegorical sense, and consequently to correct those exceptionable practices, which not only deprive Hindoos in general of the common comforts of society, but also lead them frequently to self destruction, or to sacrifice of the lives of their friends and relations."

हिन्दू धर्म शास्त्रों के अलावा इस्लाम का प्रभाव, तन्त्र साधना या तन्त्र शास्त्र का अध्ययन, ईसाई पादरियों के साथ निकट सम्बन्ध और पश्चिमी ज्ञान विज्ञान के संस्पर्श में आने के कारण राममोहन के जाति व्यवस्था या जात-पाँत सम्बन्धी विचारों में परिवर्तन आना स्वाभाविक था। इसीलिए शायद उन्होंने 'वज्रसूची' जैसे जात-पाँत विरोधी संस्कृत ग्रन्थ का अनुवाद करके छपवाकर बँटवाने का बीड़ा उठाया। 'वज्रसूची' सम्भवतः बौद्ध महायान के अन्तर्गत लिखित ग्रन्थ है, जो उपनिषद् आख्या से प्रचलित है। इसके अतिरिक्त अश्वघोष रचित एक 'वज्रसूची' ग्रन्थ भी है। लेकिन राममोहन ने जिस ग्रन्थ का अनुवाद किया उसके लेखक मृत्युञ्जयाचार्य थे। इस ग्रन्थ के लेखक मृत्युञ्जय कौन थे, इसका पता अभी तक नहीं चल सका है। फिर भी, अश्वघोष और मृत्युञ्जय दोनों के ग्रन्थों का मूल वक्तव्य जाति भेद या जात-पाँत की निन्दा करना ही है। अश्वघोष ने अपनी 'वज्रसूची' में महाभारत, मनुस्मृति आदि शास्त्रों से श्लोक उद्धृत करते हुए जाति व्यवस्था की असारता को प्रमाणित किया है। ग्रन्थ के अन्त में लिखा है, हीन बुद्धि ब्राह्मणों का मोह नष्ट करने के लिए यह पुस्तक लिखी गई है। एक श्लोक इस प्रकार उद्धृत किया गया है :—

"न जातिर्दृश्यते राजन् गुणः कल्याणकारकाः ।
जीवितं यस्य धर्मार्थे परार्थे यस्य जीवितम् ।
अहोरात्रं चरैतयान्ति तं देवाः ब्राह्मणं विदुः । [19]

इस 'वज्रसूची' में यथार्थ ब्राह्मण के चरित्र का वर्णन है। मृत्युञ्जय की 'वज्रसूची' में जिसका राममोहन ने अनुवाद किया था, आदर्श ब्राह्मण के बारे में इस प्रकार बताया गया है : शास्त्र का कहना है—"जन्म से सभी शूद्र होते हैं, उपनयनादि संस्कार होने पर द्विज कहलाते हैं। वेदाभ्यास से विप्र और ब्रह्म का

ज्ञान प्राप्त होने पर ब्राह्मण बन सकते है। अर्थात् ब्रह्मनिष्ठ व्यक्ति ही ब्राह्मण है।''[20]

राममोहन ने 18 जनवरी, 1828 को इंग्लैण्ड में अपने एक मित्र को जो पत्र लिखा था यहाँ उसका कुछ अंश उद्धृत करना प्रासंगिक होगा :

> "I regret to say that the present system of religion adhered to by the Hindus is not well calculated to promote their political interest. The distinction of castes, introducing innumerable divisions and sub-divisions among them, has entirely deprived them of patriotic feeling and the multitude of religious rites and ceremonies and the laws of purification have totally disqalified them from undertaking any difficult enterprise... It is, I think necessary that some change should take place in their religion, at least the sake of their political advantage and social comfort..."[21]

जाति-प्रथा भारत की राजनैतिक और सामाजिक पिछड़ेपन का एक कारण आज भी है। इस तथ्य की ओर राममोहन ही ने सबसे पहले ध्यान आकर्षित किया था। उनके कहे हुए वाक्य आज भी एक सीमा तक प्रासंगिक हैं।

इसी प्रसंग में उनकी पहली पुस्तक *'तुहफ़ात-उल मुवाहहिदीन'* में उन्होंने लिखा था—जात-पाँत और धर्म के भेदभाव को छोड़ सभी मानव हृदय को परस्पर प्रेम से जीतना ही परमेश्वर की एकमात्र पूजा है।

इसी भावना को राममोहन ने और आगे बढ़ाया जब उन्होंने ईसा मसीह के नीति वचनों का संकलन प्रकाशित किया। राममोहन ने *'प्रीसेप्ट्स आफ़ जीसस'* के बारे में लिखते हुए कहा था, " This simple code of religion and morality is so admirably calculated to elevate man's ideas to high and liberal notions of God who has equally subjected all living creatures, without distinction of caste, rank or wealth to change disappointment pain and death..."

इसके अतिरिक्त सामाजिक समानता के बारे में राममोहन के विचार उनके द्वारा स्थापित ब्राह्म समाज के 'ट्रस्ट डीड' में स्पष्ट झलकता है। उन्होंने ब्राह्म समाज को सम्पूर्ण मानव समाज के लिए सामुदायिक धर्म सभा का स्वरूप दिया, जहाँ "a place of public meeting of all sorts and descriptions of people without distinction."

राममोहन द्वारा स्थापित मन्दिर में जात-पाँत या धर्म के आधार पर कोई रुकावट नहीं थी, कोई भी, जो ईश्वर में विश्वास रखता है उस मन्दिर में प्रवेश पा सकता था। उस युग में इसे एक क्रान्तिकारी विचार ही कहा जाएगा। उन्होंने अपनी पत्रिका "सम्वाद कौमुदी" के पृष्ठों में लिखा था कि अधिकतर हिन्दुओं को जात-पाँत सम्बन्धी

प्रतिकूल प्रभाव के कारण अनेक दुर्दशा और असहनीय कष्ट सहना पड़ता है....”

इसके अतिरिक्त शिक्षा के प्रचार और प्रसार में राममोहन बैप्टिस्ट और दूसरे पादरियों को हमेशा सहायता देते रहे। यह शिक्षा किसी जात-पाँत के भेदभाव के बिना सभी वर्ग के लोगों के लिए थी।

सामाजिक स्तर पर सती-प्रथा और जाति-प्रथा के अलावा उन्होंने और भी कई प्रगतिशील सुधार के लिए आवाज उठायी थी जिनसे देश को आधुनिकता के पथ पर आगे बढ़ने में मदद मिली। राममोहन ने बहुविवाह और बंगाल क्षेत्र में प्रचलित कुलीन प्रथा तथा कन्या विक्रय आदि कुरीतियों के विरुद्ध आत्मीय सभा की बैठकों में और अपनी पत्र-पत्रिकाओं में लेखों के द्वारा जनता के विचारों और भावनाओं को मोड़ने में उन्हे पर्याप्त सफलता मिली थी। सती-प्रथा के उन्मूलन के साथ राममोहन भारतीय नारी की सामाजिक दुर्दशा को दूर करने का उपाय ढूँढ़ रहे थे। उन्होंने हिन्दुओं के उत्तराधिकार कानून में प्रचलित प्रथा के अन्तर्गत सुधार करने के लिए आन्दोलन किया। प्रचलित कानून के अनुसार नारी को अपने पति या पिता के सम्पत्ति में कोई अधिकार नहीं था। राममोहन ने प्राचीन स्मृतिशास्त्रों की सहायता से प्रमाणित किया कि नारी को पुरुषों के समान ही सम्पत्ति का उत्तराधिकार प्राप्त होना चाहिए। 1822 में हिन्दू नारियों के अधिकारों के हनन पर "The Encroachment on the Rights of the Hindu Females" नामक पुस्तिका का प्रकाशन किया। उनके विचार से नारी को सम्पत्ति के अधिकार से वंचित करना ही सामाजिक बुराइयों की जड़ थी। सती-प्रथा, बहुविवाह, कुलीन प्रथा और कन्या विक्रय आदि सभी कुरीतियों से इसका सम्बन्ध था। अपनी पुस्तिका में उन्होंने प्राचीन हिन्दू शास्त्रों और स्मृतियों की सहायता से जनता के बीच इस अन्याय के विरुद्ध जागृति फैलाने की कोशिश की।

नारी अधिकार सम्बन्धी अपनी पुस्तिका में राममोहन ने स्पष्ट ही लिखा था कि आधुनिक कानून के अनुसार विधवा माताओं और सौतेली माताओं, दोनों को ही पति की सम्पत्ति के बँटवारे में निराश्रय करार दिया गया है। विधवाओं के सम्पत्ति के अधिकार के बारे में जनता को कुछ भी ज्ञान नहीं है। इसी कानून का सहारा लेकर हिन्दुओं में बहुविवाह की प्रथा चल पड़ी है, क्योंकि पुरुषों को मालूम था कि उन्हें अपनी सम्पत्ति का भाग नहीं देना होगा। विधवा विवाह के बारे में भी राममोहन के आत्मीय सभा में विचार विनिमय होता रहा। राममोहन के प्रमुख शिष्य पण्डित रामचन्द्र विद्यावागीश ने विधवा विवाह की जोरदार हिमायत की थी—आगे चलकर इसी ब्राह्म समाज के सदस्य पण्डित ईश्वरचन्द्र विद्यासागर ने विधवा विवाह को सामाजिक मान्यता दिलवाने में सफलता प्राप्त की थी।[22]

उपर्युक्त विवरण से यह सोचकर चकित रह जाना पड़ता है कि उस मध्ययुगीन अंधकार के घटाटोप में रहकर भी कैसे राममोहन ने समाज की उन समस्याओं को पहचाना, जो देश और समाज की प्रगति में बाधक बन रही थी।

सन्दर्भ और टिप्पणियाँ

1. मुखोपाध्याय : *राममोहन ओ तत्कालीन समाज ओ साहित्य* : पृ. 311 की पाद टिप्पणी में "Alexander Dow के *The History of Hindoostan* Vol. 3 से उद्धृत ।
2. वही : पृ. 311. विलियम केरी के वाक्य इस प्रकार उद्धृत हैं 'I consider that the burning of women, the burying them alive with their husbands, as in the case of many jogees, the exposure of infants (female), and the sacrifice of children at Saugar ought not to be permitted whatever religious motives may be pretended, because they are all crimes against state.'

   लार्ड वेलेजली ने अगस्त 1802 को घोषणा की थी कि सागर द्वीप में जो भी शिशु को जल समाधि देगा उसको कठोर सजा दी जाएगी। मेले में पुलिस तैनात कर दी गई। कहीं से कोई विरोध नहीं हुआ।
3. विश्वास : *राममोहन समीक्षा* पृ. 343 में Reginald Herber के *Narrative of a journey through the upper provinces of India from Calcutta to Bombay* 1824-25 से उद्धृत।
4. Majumdar : *Raja Rammohun Roy and Progressive movements in India,* पृ. 114 में कैलकटा गजट के 24 दिसम्बर 1818 से उद्धृत।
5. विश्वासः पृ. 261-262.
6. वही, पृ. 262.
7. *राममोहन ग्रन्थावली* (बांग्ला) से उद्धृत।
8. वही।
9. मुखोपाध्याय : पृ. 320.
10. चट्टोपाध्याय : *राजा राममोहन रायेर जीवन चरित,* पृ. 188-189 में ग्रन्थावली से उद्धृत।
11. English works : *Brief remarks regarding modern encroachments of the ancient rights of Females* से उद्धृत।
12. वही ।
13. (अ) मजूमदार : पृ. 142. पूरे दस्तावेज के लिए, पृ. 139-148 देखें।
13. विश्वास : पृ. 345-346 में 'लार्ड बेन्टि के पत्रों से उद्धृत।
14. वही : पृ. 405। लार्ड बेन्टिक के पत्रों से उद्धृत। मजूमदार की पुस्तक में पृ. 194-199 तक प्रीवी काउंसिल में सती-प्रथा सम्बन्धी सुनवाई का

विवरण तत्कालीन पत्र-पत्रिकाओं के हवाले से दिया गया है। इस विवरण से स्पष्ट है कि राममोहन इन दिनों लगातार पार्लियामेण्ट भवन में उपस्थित थे।

15. मजूमदार : पृ. 199.
16. विश्वास : पृ. 347.
17. मजूमदार : पृ. 18.
18. *इंगलिश वर्क्स* ।
19. मुखोपाध्याय : पृ. 290.
20. वही : पृ. 290.
21. वही : पृ. 290-291 *इंगलिश वर्क्स* से उद्धृत ।
22. मजूमदार : पृ. 41 (भूमिका से)।

●

अध्याय–18

पत्रकारिता और प्रेस की स्वाधीनता का पहला आन्दोलन

अठारहवीं शताब्दी के अन्तिम चरण में बंगाल के हुगली नगर में सबसे पहला बांग्ला छापाखाना सन् 1778 में और उसके दो वर्ष बाद 1780 में कलकत्ता में पहला अंगरेजी छापाखाना खुला।[1] मिसेस बार्नेस के अनुसार सन् 1674 में श्री हेनरी मिल्स को, प्रेस की मशीन, टाइप और कागज आदि सौंपकर ईस्ट इण्डिया कम्पनी के डाइरेक्टरों ने, बम्बई में छापाखाना स्थापित करने के लिए भेजा था। मद्रास में सन् 1772 में ही छापाखाना स्थापित हो चुका था। 1779 में कलकत्ते में प्रेस की स्थापना हुई। लेकिन बैस्टिड के *'ईकोज़ फ्राम ओल्ड कैलकटा'* के अनुसार 1780 तक कलकत्ते से किसी पत्र-पत्रिका का प्रकाशन आरम्भ नहीं हुआ था।[2]

आधुनिक भारत के नवजागरण के इतिहास के साथ प्रेस की स्थापना और पत्रकारिता का गहरा सम्बन्ध रहा है। वस्तुतः आधुनिक भारत में शिक्षा, ज्ञान विज्ञान पाश्चात्य विचार और दर्शन के प्रचार और प्रसार में छापाखाना और पत्रकारिता महत्त्वपूर्ण अंग थे। जनसंचार के इन दोनों माध्यमों के महत्त्व को राममोहन अच्छी तरह समझते थे और उन्होंने अपने धार्मिक-सामाजिक और राजनैतिक आन्दोलनों में इन माध्यमों का पूरी तरह उपयोग किया; यह हम जीवनी खण्ड में देख चुके हैं। इस अध्याय में इस विषय पर कुछ विस्तार से विचार किया जाएगा। देशी पत्रकारिता के क्षेत्र में राममोहन अगुआ थे और शायद पहले व्यक्ति थे, जिन्होंने प्रेस की स्वाधीनता के लिए अपने युग में सबसे पहला आन्दोलन आरम्भ किया था। ऐतिहासिक परिप्रेक्ष्य में इन घटनाओं का जायजा लेने के लिए ब्रिटिश भारत की राजधानी कलकत्ता में पत्रकारिता के विकास का इतिहास देखना होगा।

वारेन हेस्टिंग्स के शासन काल के अन्त तक कलकत्ता में कुछ छापेखाने स्थापित हो चुके थे। सन् 1779 में कलकत्ता में सरकारी प्रेस की स्थापना हुई।[3] इससे पूर्ववर्ती

काल में कम्पनी के दफ्तरों के कागज़ाता विलायत से छपाकर आते थे। कहना न होगा कि इन कागज़ातों को अफ्रीका महाद्वीप घूमकर आने में छः महीने से अधिक लग जाता था। इसी कारण राइटर्स बिल्डिंग में सैकड़ों की संख्या में राइटर या लिपिक रखे जाते जो दस्तावेजों की प्रतिलिपि तैयार करते। इन प्रतिलिपियों के सुन्दर नमूने आज भी दिल्ली के नेशनल आर्काइब्ज और लन्दन के इण्डिया आफिस में सुरक्षित हैं।

अंगरेजों के भारत आगमन का वर्ष था सन् 1690। इसके कोई नब्बे वर्ष बाद 1780 में पहली अंगरेजी पत्रिका का प्रकाशन हुआ था। यह पत्रिका कोई सरकारी पत्रिका नहीं बल्कि निजी प्रेस से छपकर प्रकाशित होने वाली गैर सरकारी पत्रिका थी। इस प्रेस के मालिक जेम्स ऑगस्टस हिकि ने 29 जनवरी 1780 को 'बेंगाल गजट' के नाम से एक साप्ताहिक पत्रिका का प्रकाशन आरम्भ किया। पत्रिका के उद्देश्यों का ब्योरा इस प्रकार था, 'A weekly political and commercial paper open to all parties but influenced by none.[4]

यह एक आदर्श वाक्य था लेकिन वास्तव में इस पत्रिका ने मुख्यतः अंगरेज सरकारी अफसरों के विरुद्ध अपवाद या निन्दा फैलाने वाली सनसनीखेज पत्रकारिता का रूप ले लिया। यहाँ तक कि वारेन हेस्टिंग्स उनकी पत्नी और सहयोगी सचिवों के विरुद्ध भी लेख प्रकाशित होते थे। क्योंकि शासक श्रेणी में भी कुछ पदाधिकारी अंगरेज हेस्टिंग्स विरोधी थे। इसी से हिकि को उकसाहट मिलती रही। साल भर के भीतर ही सरकारी हुक्म जारी हुआ और जनरल पोस्ट आफिस से 'बेंगॉल गजट' का वितरण बन्द कर दिया गया।

हिकि पर गवर्नर जनरल के मनोभाव का फायदा उठाते हुए पीटर रीड और मैसिन्क नामक दो महानुभवों ने 'इण्डिया गजट' नामक एक पत्रिका का प्रकाशन आरम्भ किया।[5] इस पत्रिका को डाक की सुविधाएँ प्रदान करने पर हिकि महोदय आग बबूला हो उठे। उन्होंने सरकारी अमले के विरुद्ध और भी जहर उगलना आरम्भ किया। सरकार के बरदाश्त की सीमा भी समाप्त हो चुकी थी, और हिकि को जून 1781 में गिरफ्तार कर लिया गया। उन्हें एक साल की कैद की सजा मिली और दो हजार रुपये जुर्माना ठोंक दिया गया। यद्यपि हिकि साहब जेल की हवा खा रहे थे फिर भी पत्रिका चलती रही। आखिरकार 1782 के मार्च में हेस्टिंग्स ने हिकि का छापाखाना जब्त कर लिया।[6] इस प्रकार भारत के पहले अंगरेजी पत्रिका की अकाल मृत्यु हो गई।

अठारहवीं शती के अन्तिम चरण में ईस्ट इण्डिया कम्पनी ने जब पाँव जमाना आरम्भ किया था उसी काल में साम्राज्य के प्रमुख नगर कलकत्ता, मद्रास और बम्बई में कई अंगरेज़ी पत्र-पत्रिकाएँ प्रकाशित हुईं। कलकत्ता से 'कैलकटा गजट'(1784), 'बेंगाल जर्नल' (1785) 'ओरियंटल मैगजीन' (1785), और 'कैलकटा क्रानिकल'

(1786) प्रमुख थे। दूसरी ओर मद्रास से 'मद्रास कुरिअर' (1785) और 'मद्रास गजट' (1795) में प्रकाशित हुई। बम्बई से प्रकाशित होने वाली बॉम्बे हेराल्ड' (1789) और 'बॉम्बे गजट' (1791) प्रमुख पत्रिकाएँ थीं।[7]

उन्नीसवीं शती के आरम्भ में जब राममोहन देश की धार्मिक और सामाजिक समस्याओं की ओर ध्यान देना आरम्भ किया उस काल में जिन अंगरेजी और देशी पत्र-पत्रिकाओं का जन्म हुआ और जिन्होंने देश की सामाजिक और राजनीतिक प्रगति में प्रमुख भाग लिया उन प्रमुख पत्रिकाओं की सूची नीचे दी जा रही है। यह सूची केवल ब्रिटिश भारत की तत्कालीन राजधानी कलकत्ता, जो राममोहन का कार्य क्षेत्र था, तक ही सीमित रखी जा रही है :—

अंगरेजी पत्र-पत्रिकाएँ—

कैलकटा जर्नल (1818) इसके प्रतिभाशाली सम्पादक थे जेम्स सिल्क बकिंघम।

बेंगाल हरकारु (1816) सम्पादक थे सेम्युयेल स्मिथ। यह पत्रिका 1793 में साप्ताहिक के रूप में प्रकाशित हुई। 1816 से यह दैनिक पत्रिका बन गई।

फ्रेण्ड आफ इण्डिया (1818) श्रीरामपुर के बैप्टिस्ट मिशन की पत्रिका।

जान बुल इन द ईस्ट (1821) सम्पादक थे जार्ज प्रिचर्ड

ब्राह्मनिकल मैगजीन (1822) राममोहन द्वारा सम्पादित। यह बांग्ला पत्रिका 'ब्राह्मण सेवधि' का ही अंगरेजी संस्करण था। इसके केवल तीन या चार अंक ही निकले थे।

बेंगाल हेराल्ड (1829) राममोहन राय और द्वारकानाथ ठाकुर के सहयोग से आर. एम. मार्टिन द्वारा संचालित।

देशी पत्र-पत्रिकाएँ—

बेंगाल गजेटि (1818) गंगाकिशोर भट्टाचार्य द्वारा मुद्रित और हरचन्द्र राय द्वारा प्रकाशित। पत्रिका केवल एक वर्ष चली।

समाचार दर्पण (1818) श्रीरामपुर के बैप्टिस्ट मिशन प्रेस द्वारा प्रकाशित। रेवरेण्ड मार्शमैन द्वारा सम्पादित।

सम्वाद कौमुदी (1821) राममोहन द्वारा संस्थापित। प्रारम्भिक काल में भवानी चरण बन्धोपाध्याय द्वारा सम्पादित। बाद में हलधर बसु द्वारा सम्पादित।

ब्राह्मण सेवधि (1822) राममोहन द्वारा सम्पादित। केवल तीन या चार अंक प्रकाशित।

मिरातुल अखबार (1822) फ़ारसी भाषा की पत्रिका। राममोहन द्वारा सम्पादित।

जाम इ जहाँनुमा (1822) फ़ारसी भाषा की पत्रिका।

समाचार चन्द्रिका (1823) राममोहन के विरोधियों द्वार प्रकाशित। सम्पादक बने भवानीचरण बन्द्योपाध्याय, जो 'सम्वाद कौमुदी' के प्रथम सम्पादक थे।

उदन्त मार्तण्ड (1826) पहली हिन्दी पत्रिका जिसके सम्पादक थे जुगल किशोर शुक्ल।

बंगदूत (1829) बेंगाल हेराल्ड का बांग्ला संस्करण। यह त्रिभाषिक पत्रिका बांग्ला, नागरी और फ़ारसी में निकालने की योजना थी। ऊपर की सूची में दिये गए अंगरेजी पत्र-पत्रिकाओं में 'कैलकटा जर्नल', 'बंगाल हरकारा' और 'बेंगाल हेराल्ड' राममोहन के प्रगतिशील विचारों के समर्थक थे। 1830 के बाद धीरे-धीरे और भी पत्र-पत्रिकाओं का प्रकाशन आरम्भ हो गया था, जिसका विवरण यहाँ अनावश्यक होगा।

सन् 1799 से पहले तक ब्रिटिश भारत में प्रेस सम्बन्धी कोई विशेष कानून नहीं था। 1785 में वारेन हेस्टिंग्स भारत से लौट गए। 1786 में लार्ड कॉर्नवालिस गवर्नर जनरल के पद पर पधारे। उन्होंने भी पत्र-पत्रिकाओं पर विशेष पाबन्दी की बात नहीं सोची थी, लेकिन उनके उत्तराधिकारी सर जॉन शोर अपने पूर्ववर्तियों की तरह आदर्शवादी और उदार नहीं थे। उनके समय में ही विलियम डॉने को, 'जो 'बेंगाल जर्नल' नामक एक पत्रिका के सम्पादक थे, सरकारी दबाव पर एक गलत समाचार छापने के अपराध में पत्रिका छोड़नी पड़ी थी। 1794 में एक और साप्ताहिक पत्रिका 'इंडियन वर्लड एण्ड ट्रेड्समैन' का प्रकाशन भी सरकारी दबाव के कारण रोक दिया गया। यह एक विचारणीय तथ्य है कि उस काल में ये सारी पत्र-पत्रिकाएँ अंगरेजी भाषा में अंगरेजों या यूरोपीय नागरिकों द्वारा परिचालित थीं। लार्ड वेलेजली सन 1798 में भारत के गवर्नर जनरल बनकर आए। यह काल भारत में युद्धों और सैनिक शासन का काल था। वेलेजली का मुख्य मन्त्र था कठोर शासन। अतः उनसे यह आशा नहीं की जा सकती थी कि वे प्रेस के स्वतन्त्र विचारों को सहन करेंगे। यद्यपि उस समय प्रेस के नाम पर केवल अंगरेजी पत्र-पत्रिकाएँ थीं और उनका स्वामित्व मुख्यतः अंगरेजों अथवा यूरोपीय लोगों के हाथ में था। फिर भी कम्पनी के अधिकारी महसूस करने लगे थे कि प्रेस में ऐसे समाचार या लेख प्रकाशित न होते रहें, जो ब्रिटिश स्वार्थों के प्रतिकूल हों अथवा जो सरकारी तथा सैनिक कार्यवाहियों में बाधा उत्पन्न करे। इसी से वेलेजली ने मई 1799 में पहला कुख्यात प्रेस 'रेगुलेशन' जारी किया। इस कानून के अन्तर्गत आवश्यकता पड़ने पर अपराधी सम्पादक को भारत से निर्वासित कर देने का प्रावधान था। प्रेस रेगुलेशन एक्ट की पाँच प्रमुख धाराएँ ये थीं :

(1) प्रत्येक समाचार-पत्र पर मुद्रक का नाम व पता छपा होना अनिवार्य है।

(2) सम्पादक और पत्रिका के मालिक सरकारी सचिव के पास अपना नाम, पता आदि विवरण दाखिल करेंगे।

(3) रविवार के दिन कोई पत्रिका प्रकाशित नहीं होगी।

(4) सरकारी सचिव के निरीक्षण के बिना कोई भी समाचार-पत्र नहीं छपेगा।

(5) इस रेगुलेशन के अन्तर्गत पकड़े गए अपराधियों को एकदम इस देश से निकालकर यूरोप भेज दिया जाएगा।[8]

वस्तुतः वेलेजली की नाराजगी का तात्कालिक कारण था, 'एशियाटिक मिरर' नामक एक पत्रिका में टीपू सुलतान के विरुद्ध यूरोपीय और हिन्दुस्तानी सेनाओं की स्थापना की.खबर का प्रकाशन। वेलेजली ने अपने कमाण्डर-इन-चीफ को एक पत्र में लिखा था—मैं इन सम्पादकों को सीधा करने के लिए शीघ्र ही कुछ नियम बना रहा हूँ यदि इससे भी ठण्डे नहीं हुए तो इन पत्रिकाओं को जबरदस्ती दबा दिया जाएगा और सम्बन्धित महानुभावों को यूरोप भेज दिया जाएगा।[9]

इसी समय सरकारी सचिव के लिए 'सेंसर' का काम करने के लिए भी कुछ नियम जारी किए गए। कुछ मामलों में जैसे राजस्व, सैनिक समाचार, जहाजरानी की खबरें छापने पर पाबन्दी लगा दी गई। यह व्यवस्था मोटे तौर पर 1835 तक कायम रही। वेलेजली एक सरकारी गजट और समाचार पत्रिका प्रकाशन करने के पक्ष में थे क्योंकि उनके विचार में निजी समाचार-पत्रों के प्रचार को रोकने का यही उपाय था। लेकिन चूँकि इसमें काफी धन की आवश्यकता थी, इसी से उन्होंने योजना को कार्यान्वित नहीं किया। यहाँ तक कि उन्होंने मिशनरियों द्वारा कलकत्ता में प्रेस स्थापना के प्रस्ताव को भी नामंजूर कर दिया। इसी से मिशनरियों को डच अधिकृत श्रीरामपुर में अपना प्रेस लगाना पड़ा।[10]

लार्ड मिन्टो के ज़माने में (1807-1813) मोटे तौर पर तत्कालीन समाचार-पत्र सरकारी आदेशों का ही पालन कर रहे थे। मिन्टो समाचार-पत्रों के प्रति अपने रवैये में थोड़ा परवितर्न लाए। उन्होंने श्रीरामपुर के मिशनरियों को अपना छापाखाना कलकत्ते में ले आने के लिए प्रेरित किया। वस्तुतः उद्देश्य यह था कि कलकत्ते में इस प्रेस की गतिविधियों पर अच्छी प्रकार निगरानी रखी जा सकती थी। लेकिन मिशनरियों ने आर्थिक कारणों से प्रस्ताव स्वीकार तो नहीं किया लेकिन वे अपनी पत्र-पत्रिकाओं को सेंसर से पास करने को राजी हो गए थे। वैसे 1801 से 1808 के बीच पत्र-पत्रिकाओं पर कुछ और पावन्दियाँ बढ़ा दी गई थी। कारण था भारत के विभिन्न हिस्सों में युद्ध की स्थिति और यूरोप में फ्रान्स के साथ टकराव।[11] 1813 तक प्रेस पर सरकारी नियन्त्रण की पकड़ काफी मजबूत हो गई थी।

सन 1814 में लार्ड हेस्टिंग्स (मारकुइस आफ हेस्टिंग्स) जब गवर्नर जनरल के पद पर आसीन हुए तो एक नई स्थिति पैदा हो गई। हेस्टिंग्स अपने उदार विचारों के लिए प्रसिद्ध थे। उन्होंने मिशनरियों के प्रति रवैये में काफी परिवर्तन किया। उन्होंने प्रेस रेगुलेशन को किसी सीमा तक सुधारने का प्रयास किया। प्रेस सेंसर

नियमों के पालन में कठिनाइयाँ सामने आ ही रही थीं। हेस्टिंग्स ने 19 अप्रैल 1818 को प्रेस सेंसर समाप्त कर दिया और इसके बदले सम्पादकों के लिए कुछ निर्देशक नियम बना दिये। इस प्रकार प्रेस कानून की कठोरता किसी सीमा तक कम हो गई। इन परिवर्तनों से लन्दन में कम्पनी के डायरेक्टर प्रसन्न नहीं हुए। उन्होंने लार्ड हेस्टिंग्स के इस कार्यवाही के विरोध में निन्दासूचक ज्ञापन भेजा। भारत में हेस्टिंग्स के नए नियमों को प्रेस के अधिकारों की स्थापना का सूचक माना गया। कलकत्ता और मद्रास के समाचार-पत्रों ने हेस्टिंग्स की भूरि-भूरि प्रशंसा की। लेखों में विचार प्रकट किया गया कि प्रेस की स्वतन्त्रता बौद्धिक और सामाजिक उन्नति में लाभकारी सिद्ध होगी। मद्रास के नागरिकों ने इस आशय के बधाई पत्र गवर्नर जनरल को भेजे थे। हेस्टिंग्स ने उत्तर में उदार मनोभाव को दुहराया था।

इधर कम्पनी के लन्दन स्थित डायरेक्टर इस बात पर हेस्टिंग्स से नाराज थे क्योंकि कई सदस्यों को डर था कि प्रेस की स्वाधीनता से ब्रिटिश साम्राज्य के अस्तित्त्व को ही खतरा पैदा हो जाएगा। प्रेस के माध्यम से भारतीय देश के प्रशासन और विधान सभाओं में अपना अधिकार माँगना शुरू कर देंगे, ऐसी आशंका भी प्रकट की गई। वस्तुतः लन्दन के सरकारी अमले के लोग प्रेस के मामले में सन् 1818 के पूर्व की कानूनी स्थिति को बरकरार रखने के पक्ष में ही थे।

प्रेस सम्बन्धी इस उदार नीति के काल में पत्रकारिता के क्षेत्र में महत्त्वपूर्ण घटना थी देशी पत्रकारिता का जन्म सन् 1818 में 15 मई को श्री हरचन्द्र राय ने 'बेंगाल गेजेटि' नाम की एक साप्ताहिक पत्रिका प्रकाशित की।[12] इस पत्रिका के मुद्रक और प्रकाशक थे गंगाकिशोर भट्टाचार्य। हरचन्द्र राय ने अपना छापाखाना स्थापित किया तो गंगाकिशोर को, जो छापेखाने और मुद्रण कार्य में पारंगत थे, श्रीरामपुर से ले आये थे। गंगाकिशोर केवल पत्रिका के मुद्रक थे, सम्पादक नहीं। कुछ लोगों की गलत धारणा थी कि वे ही सम्पादक थे। पत्रिका के मालिक हरचन्द्र राय, राममोहन के 'आत्मीय सभा' के सदस्य थे।[13] इस पत्रिका की प्रतियाँ उपलब्ध नहीं हैं। यह पत्रिका केवल एक वर्ष चलकर 1819 में बन्द हो गई थी। इस पत्रिका का महत्त्व केवल इस बात से है कि यह पहली देशी पत्रिका थी जिसका संचालन भी देशी लोगों के द्वारा हुआ। इसी पत्रिका में राममोहन की सतीप्रथा सम्बन्धी पहला लेख छपा था।

इसी वर्ष अर्थात् सन् 1818 में ही श्रीरामपुर के बैप्टिस्ट मिशन के रेवरेण्ड मार्शमैन और वार्ड महोदय ने एक मासिक बांग्ला पत्रिका 'दिग्दर्शन' का प्रकाशन आरम्भ किया। पत्रिका का उद्देश्य देशी जनता और ब्रिटिश सरकार की प्रतिक्रिया को समझना था। विलियम केरी इस योजना के पक्ष में नहीं थे। उनका विचार था कि इस प्रकार की योजना से कठिनाइयाँ पैदा होंगी।[14] लेकिन इसी वर्ष मार्शमैन के सम्पादन में 'समाचार दर्पण' नामक पत्रिका का प्रकाशन आरम्भ हुआ। इस पत्रिका

की प्रति लेकर ब्रिटिश सरकार के अनुमोदन के लिए मार्शमैन कलकत्ता गए। उन्हें सरकारी अनुमोदन और डाक की सुविधाएँ भी मिल गईं। इसके साथ ही उन्होंने एक अंगरेजी पत्रिका 'फ्रेण्ड आफ इण्डिया' का प्रकाशन भी आरम्भ किया। इन दोनों पत्रिकाओं में धार्मिक प्रचार के अतिरिक्त कुछ समाचार आदि दिये जाते थे। 1819 में 'बेंगाल गेजेटि' के बन्द हो जाने के बाद एकमात्र बांग्ला पत्रिका रह गई थी, श्रीरामपुर के बैप्टिस्ट मिशन की पत्रिका 'समाचार दर्पण'।

सन् 1815 में जब राममोहन कलकत्ता आकर बसे उस समय देश और शासन की स्थिति इतनी उदार नहीं थी और पत्रकारिता की ओर झुकने में वहाँ काफी असुविधाएँ थीं। राममोहन का स्वाभिमान इतना प्रखर था कि सरकारी नियमों का पालन करके पत्रिका सम्पादन करना उनके लिए कठिन था। हम लिख चुके हैं कि 'बेंगाल गेजेटि' का प्रकाशन उनके आत्मीय सभा के सदस्य ने उनके ही सहयोग से किया था। इसी काल में जेम्स सिल्क बकिंघम की पत्रिका 'कैलकटा जर्नल' ने काफी प्रसिद्धि प्राप्त की थी। बकिंघम किसी सीमा तक प्रगतिवादी राजनैतिक विचारों के थे। इसी से 'कैलकटा जर्नल' केवल मात्र यूरोपीयों में नहीं बल्कि भारतीय पाठकों में भी काफी लोकप्रिय पत्रिका थी। इस पत्रिका के माध्यम से राममोहन के साथ बकिंघम की खासी मित्रता हो गई थी। बकिंघम ने राममोहन के सभी सुधारवादी आन्दोलनों का समर्थन अपनी पत्रिका में किया। हालाँकि 'कैलकटा जर्नल' और कई एक दूसरी पत्रिकाओं का समर्थन उन्हें प्राप्त था फिर भी अपने बहुमुखी आन्दोलनों के दौरान देशी भाषा की किसी पत्रिका की कमी राममोहन को हमेशा खटकती रही। 'समाचार दर्पण' पादरियों की पत्रिका थी। वे भारतीय धर्म, संस्कृति और सभ्यता के बारे में अपने ही दृष्टिकोण से विचार छापते थे। लेकिन देशी लोगों के पास अपने विचार प्रकट करने का कोई माध्यम न था। इसी अभाव की पूर्ति के लिए सम्भवतः राममोहन ने 'सम्वाद कौमुदी' का प्रकाशन आरम्भ किया। इसके पीछे मिशनरियों की पत्रिका 'समाचार दर्पण' द्वारा राममोहन के उत्तर छापने से इनकार करने की घटना के बारे में हमें पहले ही बताया जा चुका है। 'सम्वाद कौमुदी'' का प्रकाशन 4 दिसम्बर 1821 को आरम्भ हुआ था।[15] यही पत्रिका देशी प्रबन्ध में और देशी सम्पादन में पहली महत्त्वपूर्ण पत्रिका मानी जाती है। उस समय के प्रगतिशील और शिक्षित हिन्दू इस पत्रिका के माध्यम से देश सुधार के काम में जुट गए। पत्रिका के उद्देश्यों की स्पष्ट व्याख्या करते हुए पहले ही अंक में लिखा था, इसमें धर्मनीति और राष्ट्र विषयक आलोचना, देश की अन्दरूनी घटनाएँ, देश-विदेश के समाचार पत्रादि अर्थात् लोकहित को ध्यान में रखकर समाचार दिये जायेंगे। श्री ताराचंद दत्त और भवानीचरण बन्धोपाध्याय शुरू में पत्रिका के संचालन में थे। सम्पादक चाहे जो भी रहे हों लेकिन पत्रिका के संचालन में राममोहन का पूरा हाथ था। इसी समय सती प्रथा विरोधी आन्दोलन ने जोर पकड़ा। पत्रिका के सम्पादक भवानीचरण बन्धोपाध्याय

के साथ राममोहन के इस विषय पर मतविरोध पैदा हो गया तो भवानीचरण ने प्राचीन-पन्थी हिन्दुओं के नेता राधाकान्त देव के साथ मिलकर 'समाचार चंद्रिका' का प्रकाशन आरम्भ किया। इस पत्रिका का मुख्य उद्देश्य राममोहन का विरोध करना था।

'सम्वाद कौमुदी' और बकिंघम साहब के 'कैलकटा जर्नल' में निकट का सम्बन्ध और सहयोग था। 'कैलकटा जर्नल' के अंकों में अक्सर 'कौमुदी' में प्रकाशित लेखों का अंगरेजी सारांश प्रकाशित होते थे। इधर कुछ अनुदारपन्थी अंगरेजी पत्र 'कौमुदी' की कड़ी आलोचना भी करने से नहीं चूकते थे।

मित्रों के विश्वासघात, सरकारी रोष और अपने व्यस्त कार्यक्रमों के बावजूद राममोहन 'कौमुदी' को चलाते रहे। सिर्फ यही पत्रिका नहीं इसके बाद 1822 में फ़ारसी भाषा की पत्रिका 'मिरात-उल-अखबार' का प्रकाशन आरम्भ किया। इसका इतिहास भी हम पहले ही पढ़ चुके हैं। इस पत्रिका का उद्देश्य पत्र बकिंघम साहब ने अपने 'कैलकटा जर्नल' में प्रकाशित किया था, उसी का कुछ अनूदित अंश उद्धृत करना प्रासंगिक होगा। राममोहन ने सम्पादकीय में लिखा था :

"मेरा एकमात्र उद्देश्य है कि मैं जनसाधरण के समक्ष ऐसे उपयोगी समाचार और लेख प्रस्तुत करूँ जिससे उनका ज्ञान और अनुभव बढ़े और सामाजिक उन्नति में सहायक हों। मैं अपनी योग्यतानुसार शासक वर्ग को प्रजा की वास्तविक स्थिति के बारे में सूचित कर सकूँगा और साथ ही प्रजा को प्रचलित कानून और शासक वर्ग के आचार-व्यवहार से परिचित करा सकूँगा। पत्रिका, शासक वर्ग के लिए जनता को तुरन्त राहत पहुँचाने का माध्यम बनेगा और जनता के लिए शासक श्रेणी के बदइन्तजामी से सुरक्षा और क्षतिपूर्ति प्राप्त करने का साधन होगा।"[16]

"मिरात-उल-अखबार" का स्वागत करते हुए "कैलकटा जर्नल" के 20 अप्रैल 1822 के अंक में बकिंघम साहब ने जो सम्पादकीय लिखा था, उसका कुछ अंश इस प्रकार है :

> "The Editor is a Brahmin of high rank, a man of liberal sentiment, and by no means deficient in loyalty well versed in Persian language and possessing a competent Knowledge of English, intelligent with a considerable share of general information and an insatiable thirst for Knowledge"[17]

आश्चर्य नहीं कि "मिरात" को थोड़े ही दिनों में पूरे उत्तर भारत में लोकप्रियता मिल गई थी। फ़ारसी भाषा उस समय पूरे उत्तर भारत की राजकीय और अदालती भाषा थी। समाज के प्रतिष्ठित वर्ग और मुस्लिम प्रतिष्ठित वर्ग की भाषा अभी तक फ़ारसी ही थी।

लार्ड हेस्टिंग्स की उदार नीति से कम्पनी के डायरेक्टर प्रसन्न नहीं थे। ज्यों ही हेस्टिंग्स का कार्यकाल समाप्त हुआ और जॉन एडम का कार्यवाहक गवर्नर जनरल बने तो उन्होंने तत्काल ही प्रेस की स्वतन्त्रता को समाप्त करने की दिशा में कदम उठाया। पहला हमला सिल्क बकिंघम के "कैलकटा जर्नल" पर हुआ। इसका विवरण और किस प्रकार राममोहन तथा उनके सहयोगियों ने इस आक्रमण का विरोध सुप्रीम कोर्ट और बाद में 'किंग इन काउंसिल' के पास अपना "मेमोरियल" भेजकर किया इसका सविस्तार विवरण पढ़ चुके हैं। इस "मेमोरियल" की भाषा और विचारों के बारे में मिस कोलेट ने अपनी पुस्तक में कहा था " The appeal is one of the noblest pieces of English to which Rammohun put his hand."

इसी अध्यादेश के विरोध में राममोहन ने अपनी फ़ारसी पत्रिका "मिरात-उल-अखबार" बन्द कर दिया था। यह इतिहास भी हम जीवनी खण्ड में पढ़ चुके हैं। यहाँ 1823 के प्रेस आर्डिनेन्स के विरुद्ध और सिल्क बकिंघम के भारत से निर्वासन के विरुद्ध राममोहन और उनके सहयोगियों के कलकत्ता के सुप्रीम कोर्ट में पेश किए गए "मेमोरियल", और बाद में 'किंग इन काउंसिल' के पास भेजे गये "अपील" के परिप्रेक्ष्य में ही प्रेस स्वाधीनता से सम्बन्धित इस पहले आन्दोलन पर विवेचन करेंगे क्योंकि स्मरण-पत्र और अपील दोनों के रचयिता राममोहन थे। इन दोनों दस्तावेजों में प्रेस स्वाधीनता की आवश्यकता के बारे में जो तर्क पेश किये गये थे, उनका महत्त्व आज भी कुछ कम नहीं।

1823 के प्रेस आर्डिनेन्स के अन्तर्गत जारी किए अध्यादेश के अनुसार किसी भी दैनिक, साप्ताहिक अथवा किसी भी पत्रिका को कलकत्ता शहर में पुलिस के दफ्तर में हलफनामा पेश किये बिना, तथा चीफ सेक्रेटरी से प्राप्त किए गए लाइसेन्स के बिना, प्रकाशित करने की अनुमति नहीं थी। यह लाइसेन्स भी सरकार जब चाहे वापस ले सकती थी। सम्पादकों और पत्रिकाओं के मालिकों के लिए कुछ नियन्त्रणों की घोषणा की गई और विशेष प्रकार के समाचार के छापने पर पाबन्दी लगा दी गई। पाबन्दियाँ मोटे तौर पर इस प्रकार थी :

(1) राजा तथा राजपरिवार के विरुद्ध निन्दासूचक या मानहानिकर समाचार छापने पर;

(2) कम्पनी के कोर्ट आफ डायरेक्टर्स, इंग्लैण्ड के दूसरे शासक वर्ग तथा भारत सरकार से सम्बन्धित लोगों के चरित्र; सांवैधानिक और सरकारी अध्यादेशों या सरकार के विरुद्ध ऐसे समाचार छापना जिससे सरकार के विरुद्ध विद्वेष की भावना पैदा हो या सरकारी तन्त्र को कमजोर करे;

(3) मित्र शक्तियों या सहयोगी राष्ट्रों के बारे में या उनके प्रतिनिधियों के बारे में टीका टिप्पणी करना या राय जाहिर करना;

(4) गवर्नर जनरल, गवर्नरों, कमाण्डर इन चीफ, काउंसिल के सदस्य, प्रेसीडेन्सी कोर्टों के न्यायाधीशों कलकत्ता के बिशप के विरुद्ध या किसी भी सरकारी अफसर के विरुद्ध कोई भी निन्दासूचक या मानहानिकर समाचार या टीका टिप्पणी छापना।

(5) किसी प्रकार का समाचार छापना, जो देशी जनता के मन में आतंक या सन्देह पैदा करे कि धार्मिक मामलों में सरकारी हस्तक्षेप हो रहा है या धार्मिक विचारों पर कोई भी अपमान या निन्दासूचक टीका टिप्पणी;

(6) अंगरेजी या दूसरे अखबारों ऐसे लेखों का पुनर्मुद्रण, जो उपर्युक्त श्रेणी में आते हैं;

(7) निन्दासूचक ऐसे लेख जो देश की शान्ति, सद्‌भाव और सामाजिक व्यवस्था को हानि पहुँचाये;

(8) कम्पनी या सरकारी अफसरों के विरुद्ध गुमनाम या छद्मनाम से लेख या पत्रादि प्रकाशित करना।[18]

इस प्रकार उक्त आर्डिनेन्स के द्वारा प्रेस का गला पूरी तरह घोंट दिया गया। इसी बीच बकिंघम साहब को भारत से निर्वासित करके इंग्लैण्ड भेज दिया गया था। राममोहन तथा उने मित्रों ने इस आर्डिनेन्स के विरुद्ध आवाज़ उठाने का निश्चय किया। कानून के पारित होने से पहले बीस दिन का अन्तरिम समय दिया जाता है। सरकार के पास एक मेमोरियल पेश करने की तैयारी शुरू हो गई। बहुत दौड़-धूप के बाद भी 30 मार्च तक लोगों के हस्ताक्षर एकत्रित नहीं किए जा सके। जब समय सीमा पार हो चुकी तो शीघ्रता में एक स्मरण-पत्र सुप्रीम कोर्ट में दाखिल कर दिया गया। यह स्मारकपत्र भाषा शैली और दलील की दृष्टि से महत्त्वपूर्ण दस्तावेज़ है। स्मारक पत्र के अनुसार कलकत्ता के नागरिकों द्वारा ब्रिटिश साम्राज्य की स्थिरता में पूरा विश्वास रहते हुए आशा प्रकट की गई थी कि बौद्धिक, सामाजिक उन्नति के लिए, और धर्म और सम्पत्ति के लिए, पूरी सुरक्षा मिलेगी। साथ ही साहित्यिक और राजनैतिक उन्नति के लिए सुविधा प्राप्त होगी। जैसा कि नागरिक और धार्मिक अधिकार इंग्लैण्ड में लोगों को प्राप्त है वैसे ही अधिकार, धीरे-धीरे स्थिति के बेहतर होने के साथ यहाँ भी उपलब्ध होंगे। इस बहुमूल्य अधिकार के हनन से लोगों को गहरा दुख होगा क्योंकि इन लोगों ने शायद ही कभी इस अधिकार का दुरुपयोग किया हो। आगे यह भी लिखा गया कि इस समय बांग्ला भाषा में अनेक प्रकाशन हो रहे हैं, जिनके द्वारा जनता में ज्ञान-विज्ञान की जिज्ञासा फैल रही है साथ ही उनकी सामाजिक दशा के सुधारने की ओर ध्यान देने लगे हैं। केवल इनता ही नहीं, इन पत्र-पत्रिकाओं के द्वारा देश के भीतरी भागों में रहने वाले लोग इंग्लैण्ड और विश्व के दूसरे स्थानों के महत्त्वपूर्ण समाचारों को जान सकते हैं। लेकिन इस अधिनियम के लागू हो जाने पर ज्ञान-विज्ञान के प्रसारण पर पूरी तरह रोक लग जाएगा क्योंकि

इसके अन्तर्गत अनुवादों पर रोक लगा दी जाएगी। स्मारकपत्र में आगे कहा गया कि इस आर्डिनेन्स से ब्रिटिश शासन व्यवस्था, जो इंग्लैण्ड में सफलतापूर्वक चल रही है, उनकी राजनैतिक संस्थाएँ तथा निष्पक्ष प्रशासन के लाभ, इस देश के लोग तक नहीं पहुँच पाएगा। किसी भी अच्छे प्रशासन के लिए आवश्यक है कि सरकार को निष्पक्ष और पूरे स्थानीय समाचार तथा न्यायिक विवरण उपलब्ध हों, लेकिन इस नए 'आर्डिनेन्स' से यह रास्ता भी बन्द हो जाएगा। यह उद्देश्य केवल स्वतन्त्र देशी पत्र-पत्रिकाओं के द्वारा ही प्राप्त किया जा सकता है। इन पत्रिकाओं ने अभी तक कभी भी सरकार के विरुद्ध कोई भी विद्वेष या घृणा फैलाने वाले समाचार नहीं छापे। देश के लोगों की आर्थिक और सामाजिक अवस्था का विवरण अंगरेजी पत्रिकाओं के माध्यम से यूरोप तक पहुँचता रहा है। इस नए कानून के अन्तर्गत ये सारे संचार के माध्यम बन्द हो जाएँगे क्योंकि अब अनुवादों पर भी पाबन्दी लग रही है। इस प्रकार देशी लोगों के पास सरकारी प्रशासन की गलतियों और अधिकारियों द्वारा किए गए अन्याय को खुले तौर पर सच्चाई के साथ सरकार तक या इंग्लैण्ड के राजा या उनकी मन्त्रीसभा तक पहुँचाने का रास्ता ही बन्द हो जाएगा।

स्मारकपत्र में आगे कहा गया कि उनके विचार से सरकार की सुरक्षा जनता को बेखबर रखने में नहीं है। क्योंकि इतिहास की शिक्षा इसी से भिन्न है। जनता को अन्धकार में रखने की नीति हमेशा शासकों के लिए हानिकारक सिद्ध हुई है...इत्यादि।

यह स्मारकपत्र जज के आदेश से रजिस्ट्रार द्वारा पढ़ा गया। प्रतिपक्ष के वकील और सरकारी वकील में काफी बहस हुई। बहस के दौरान कहा गया कि यह आर्डिनेन्स पूरी तरह गैर कानूनी और अनुचित है। लेकिन न्यायाधीश ने निर्णय देते समय स्मारक पत्र की पूरी तरह अनदेखी कर दी, क्योंकि सरकारी कानून के दाँव-पेंच के अन्तर्गत न्यायाधीश के पास अध्यादेश को पारित करने के अलावा कोई रास्ता न था। आखिर वे भी कम्पनी के शासन तन्त्र का ही एक हिस्सा थे।

राममोहन और उनके सहयोगी इस निर्णय पर स्वाभाविक रूप से दुखी हुए। उन्हें लगा कि उनके आवेदन और योग्य वकालत के बावजूद उनके विचारों की अवज्ञापूर्ण अनदेखी की गई है। उन्हें लगा कि उनका एक पवित्र अधिकार अचानक ही छीन लिया गया है। सुप्रीम-कोर्ट द्वारा स्मारक पत्र के ठुकरा दिये जाने पर राममोहन और उनके सहयोगियों ने इंग्लैण्ड के सम्राट के पास अपील भेजी। राममोहन ने पत्र-पत्रिकाओं पर लगाये गए प्रतिबन्धों के बारे में तीव्र समीक्षा करते हुए प्रतिबन्धों की निरर्थकता को प्रमाणित करने की चेष्टा की। उन्होंने तर्क प्रस्तुत करते हुए लिखा था कि इंग्लैण्ड के सम्राट, या बिशप या कि न्यायाधीशों को जब मानहानि या निन्दा के विरुद्ध दूसरे कानून उपलब्ध हैं तब इस नए कानून की भला क्या आवश्यकता है? इसके

अतिरिक्त देशद्रोह या राजद्रोहात्मक प्रकाशन के लिए भी दूसरे कानून उपलब्ध हैं। इसलिए इस नए कानून से अतिरिक्त अधिकार प्राप्त करने की कोई विशेष आवश्यकता नहीं थी। अपील में आगे लिखा था कि नए कानून पेश किए गए कारण काल्पनिक भय से पैदा हुए हैं। ये प्रतिबन्ध कतई अनावश्यक हैं। इससे केवल न्याय के स्वाभाविक संचालन में ही बाधा पैदा होगी और न्यायपालिका और प्रशासनिक अधिकारों का एक ही अधिकारी के हाथ में एकत्रित होना नागरिक अधिकारों को नष्ट कर देगा। नए कानून का उद्देश्य केवल इतना ही लगता है।

> "To afford Government and all its functionaries from the highest to the lowest complete immunity from censurs or exposure respecting anything done by them in their official capacity, however desireable it might be that the public conduct of such public men should not be allowed to pass unnoticed."[19]

इन प्रतिबन्धों से अधिकारियों के अन्यायपूर्ण कार्यों को ही शै मिलेगी। इस प्रकार जनता के बीच फैले असन्तोष का सरकार तक पहुँचना कठिन हो जाएगा जो कि किसी भी सरकार के सफल संचालन के लिए आवश्यक है। अपील में सम्राट से आगे अंगरेजों के पूर्ववर्ती मुगल शासन काल में फैली अराजकता और कुप्रशासन की ओर ध्यान दिलाया, जब राजनैतिक, नागरिक और धार्मिक अधिकारों की पूरी तरह अवहेलना की गई थी और जिसका नतीजा था असन्तोष, विद्रोह और आखिरकार मुगल समाम्राज्य का पतन। उन्होंने आगे लिखा कि अंगरेजी साम्राज्य की स्थापना पर आशा बँधी थी जिस प्रकार के नागरिक अधिकार ब्रिटिश नागरिकों को अपने देश में उपलब्ध हैं वह इस देश में भी प्राप्त होंगे क्योंकि कम्पनी और ब्रिटिश शासका वर्ग हमेशा कहते आए हैं कि वे इस देश की भलाई चाहते हैं। लोगों में सरकार के प्रति विश्वास इस बात से भी सुदृढ़तर होता चला गया क्योंकि नागरिक अधिकार और बौद्धिक उन्नति के अवसर सबको मिलते रहे।

लेकिन अब यदि उनके अधिकारों पर हमला होता है या केवल एक या दो अधिकारियों की दया पर निर्भर रहना पड़ता है तो यह तय है कि ब्रिटिश साम्राज्य के अधीन बने रहने का सुख और आनन्द ही समाप्त हो जाएगा।

उन्होंने आगे लिखा कि जिस प्रकार यह अधिनियम पारित किया गया है उसमें केवल प्रेस की स्वाधीनता ही नहीं बल्कि ब्रिटिश संसद के कानूनी सुरक्षा के अधिकार से भी हम वंचित होंगे। देश की सामाजिक और राजनैतिक उन्नति के लिए समाचार पत्रों की स्थापना अत्यन्त आवश्यक है और देशी लोगों ने इस सुविधा का पूरी तरह उपयोग किया था। स्वाधीन समाचार पत्र जनता की भावनाओं को सरकार तक पहुँचाने में सहायक होते हैं और किसी भी समाज की उन्नति में यह अनिवार्य माना जाता है।

अपील में आगे भ्रष्टाचार जैसी सामाजिक बुराइयों की ओर ध्यान दिलाते हुए कहा गया था कि "निरंकुश सत्ता" से जनता को बचाने के लिए किसी न किसी प्रकार के अंकुश की आवश्यकता होती है और केवल पत्र-पत्रिकाओं के माध्यम से खुली समालोचना ही एकमात्र रास्ता है। "जो सरकार अपने को सुधारने के लिए सतर्क है उसे प्रेस की समालोचना से डरने की कतई आवश्यकता नहीं।"

राममोहन ने आगे दलील पेश करते हुए कहा कि जनता की शिकायतों का समुचित प्रकाशन और उसके द्वारा शिकायतें दूर करने से विद्रोह रोके जा सकते हैं क्योंकि शिक्षित और प्रबुद्ध जनता की अपेक्षा अशिक्षित और पिछड़े लोगों में ही अराजकता और विद्रोह की घटनाएँ अधिक पाई जाती हैं।

> "प्रबुद्ध राष्ट्रों में, जहाँ अपनी प्रजा के अधिकारों की सुरक्षा की जाती है, सरकार के विरुद्ध विद्रोह की घटनाएँ विरल हैं।..... शिक्षित जनता का प्रतिरोध कभी भी सत्ता के विरुद्ध नहीं होता, बल्कि सत्ता के दुरुपयोग के विरोध में होता है।"

यह तो रही अपील की मोटी-मोटी बातों का विवरण। इस अपील में पेश किए गए तर्क और विचार आज के युग में और आधुनिक सरकारों के लिए भी उतने सामयिक और प्रासंगिक हैं, जितने राममोहन के समय में थे। इस अध्यादेश के विरोध में राममोहन ने अपनी फ़ारसी पत्रिका "मिरात-उल-अखबार" का प्रकाशन बन्द कर दिया था। पत्रिका को बन्द करते हुए अन्तिम अंक में उन्होंने सरकार के विरुद्ध जिस खरी और व्यंग्यात्मक शैली का प्रयोग किया था वह उनके ही बूते की बात थी।

1773 के पार्लियमेण्ट के अधिनियम की धारा, जिसके अन्तर्गत कलकत्ता में सुप्रीम कोर्ट की स्थापना हुई थी, उसी कानून के अनुसार कानूनी आपत्ति 'किंग-इन-काउंसिल' को सुप्रीम कोर्ट के माध्यम से पेश की जा सकती थी। राममोहन इस व्यवस्था से परिचित थे। उन्होंने अपनी अपील सुप्रीम कोर्ट में दाखिल करते हुए उसकी प्रति इंगलैंड के राजा के मन्त्रिसभा में पेश करने के लिए कर्नल लैसिस्टर स्टेनहोप को भिजवा दी। अपील की यह प्रति जब इंगलैंड पहुँची तो राजनैतिक हलके में खलबली मच गई। उस युग में एक गुलाम देश के नागरिक द्वारा विद्वत्तापूर्ण तर्क और भावपूर्ण शैली में प्रस्तुत किए गए स्मारक-पत्र से नागरिक अधिकार और स्वाधीनता के समर्थक वर्ग को भारी आश्चर्य हुआ। स्टेनहोप ने एक पत्र में राममोहन को लिखा था, "Your memorial demonstrating the usefulness and safety of a Free Press in British India and praying for its restoration I forwarded with a letter to the Secretary of the Board of Control, He honoured me with courteous reply that it had been graciously received by his Majesty"[20]

इस प्रकार राममोहन की अपील का बौद्धिक समाज और सरकारी हलकों में स्वागत तो अवश्य हुआ लेकिन इसका कोई विशेष लाभ नहीं हुआ। कम्पनी या सरकार का रवैया ज्यों-का-त्यों बना रहा। हम जानते हैं कि "कलकत्ता जर्नल" के सम्पादक बकिंघम साहब को इसी कानून के अन्तर्गत भारत से निर्वासित कर दिया गया था। लेकिन उन्होंने इंगलैंड जाकर भी इस कानून के विरुद्ध अपना संघर्ष जारी रखा। इस कानूनी संघर्ष में बकिंघम साहब ने राममोहन के स्मारक-पत्र का पूरी तरह प्रयोग किया। कोई छः महीने के विचार विमर्श के बाद प्रीवी काउंसिल ने नवम्बर 1825 को बकिंघम साहब का निवेदन खारिज कर दिया।

इससे आगे का इतिहास प्रेस के लिए सरकार की तरफ से उदार नीति का इतिहास है। जॉन एडम साहब के बाद लार्ड अमहर्स्ट गवर्नर जनरल के पद पर आए। वे एडम साहब की कठोर नीतियों के समर्थक नहीं थे। उन्होंने धीरे-धीरे प्रेस कानून में ढील दे दी और लार्ड बोन्टिक के जमाने में आकर समाचार पत्र प्रायः स्वाधीन हो गए थे। क्योंकि बोन्टिक 'प्रेस' को अच्छी सरकार के संचालन में मित्र स्वरूप समझते थे। आगे चलकर 'लार्ड मैटकाफ़' के जमाने में 1823 के कानून की जगह एक नया प्रेस विधेयक 1835 में पारित हुआ। प्रेस की इस स्वाधीनता का कलकत्ता और भारत के दूसरे शहरों में भारी स्वागत हुआ। यह एक अलग इतिहास है।

इस आलोचना के अन्तिम छोर पर अर्थात् 1823 के प्रेस स्वाधीनता के समय से राममोहन के 1830 में विदेश यात्रा के समय तक बांग्ला क्षेत्र में कई नई पत्र-पत्रिकाएँ प्रकाशित हुईं। ये सभी राममोहन विरोधी-पत्र थे। राममोहन ने प्रेस कानून के विरोध में अपनी फ़ारसी पत्रिका "मिरात-उल-अखबार" बन्द कर दिया था। यह विरोध कोई साधारण विरोध नहीं, बहुत ही सोचकर लिया गया साहसपूर्ण कदम था, जिसका कालान्तर में व्यापक प्रभाव पड़ा। राममोहन इस कारण कई वर्ष तक पत्र-पत्रिकाओं के प्रकाशन से दूर रहे। केवल 1829 के मई में जाकर राममोहन ने अपने सहयोगी मोन्टगोमरी मार्टिन, द्वारकानाथ ठाकुर, प्रसन्नकुमार ठाकुर, नीलरत्न हालदार और राजकृष्ण सिंह से मिलकर अंगरेजी पत्रिका "बेंगाल हेराल्ड" का प्रकाशन आरम्भ किया था। यह उस समय किया गया गया जब लार्ड अमहर्स्ट के गवर्नर जनरल के पद पर आने पर प्रेस कानून में कुछ ढिलाई दिखाई दी। इस साप्ताहिक अंगरेजी पत्रिका के उद्देश्य पत्र में प्रसिद्ध रोमन लेखक सिसरो का आदर्श वाक्य या 'मोटो' के रूप में दिया गया था, वह इस प्रकार था– "Liberty consists in the power of doing that which is permitted by justic."

इस पत्रिका का उद्देश्य मुख्यतः भारत की घटनाओं का समाचार देना था। लेकिन साथ ही, विदेशी और पाश्चात्य देशों की घटनाओं को भी पत्र में पर्याप्त स्थान दिया

गया। मोन्टगोमरी मार्टिन कोई 16 अंकों के प्रकाशन के बाद स्वदेश लौट गए। उनकी जगह पर डी. एल. रिचर्डसन पत्रिका के सम्पादक बने थे। राममोहन का सम्बन्ध इस पत्रिका के साथ बहुत दिनों नहीं रह सका क्योंकि 1830 के नवम्बर में राममोहन इंग्लैण्ड के लिए रवाना हो चुके थे।[21] योजना थी कि "बेंगाल हेराल्ड" के सहयोगी पत्र के रूप में बांग्ला, फ़ारसी और नागरी लिपि में पत्रिकाएँ निकाली जाएँ। लेकिन केवल बांग्ला और हिन्दुस्तानी पत्रिका "बंगदूत" का ही प्रकाशन हो सका।[22] इसके सम्पादक बने नीलरत्न हालदार।

भारतीय पत्रकारिता के क्षेत्र में राममोहन की भूमिका को सभी समकालीन नेताओं ने पूरी तरह मान्यता दी है। मोन्टगोमरी मार्टिन ने लिखा था कि भारतीय पत्रकारिता के क्षेत्र में राममोहन ही एकमात्र व्यक्ति थे, जिनका आभार हम सभी को मानना चाहिए। प्रेस की स्वाधीनता के लिए किए गए संघर्ष में उनकी भूमिका की याद में 9 फरवरी 1838 को उनकी मृत्यु के कई वर्ष बाद एक स्मृति सभा का आयोजन किया गया था। जिसमें प्रसन्नकुमार ठाकुर और द्वारकानाथ ठाकुर ने भावभीनी श्रद्धांजलि पेश की थी।[23] स्वाधीन पत्रकारिता के लिए लड़े गए प्रारम्भिक संघर्षों के नेता के रूप में राममोहन हमेशा याद किए जाएँगे। उस काल में पत्र-पत्रिका का संचालन कोई आसान नहीं था। यह एक खर्चीला काम था। अक्सर राममोहन को खर्चा स्वयं ही उठाना पड़ता। कभी-कभी उनकी 'आत्मीय सभा' के सदस्य इस काम में उनके सहयोगी बनते।[24] उन्होंने हमेशा कठिनाइयों के बावजूद प्रतिकूल राजनैतिक परिस्थितियों में भी देशी पत्रकारिता को मार्ग प्रदर्शन दिया और प्रेस की स्वाधीनता के लिए आन्दोलन का श्रीगणेश किया था।

सन्दर्भ और टिप्पणियाँ

1. मुखोपाध्याय : *राममोहन ओ तत्कालीन समाज ओ साहित्य* (बांग्ला) पृ. 108.
2. वही : पृ. 108 में उद्धृत।
3. वही : पृ. 108.
4. वही : पृ. 109 में उद्धृत।
5. Natarajan S. : *A History of press in India,* पृ. 14.
6. वही : पृ. 16.
7. वही : पृ. 19-20.
8. वही : पृ. 23.
9. वही : पृ. 23.
10. वही : पृ. 24

11. सेन : *राजा राममोहन राय,* पृ. 37.
12. मुखोपाध्याय : पृ. 128. नटराजन की पुस्तक में इस पत्रिका की प्रकाशन तिथि 1816 दी गई है।
13. वही : पृ. 128.
14. Natarajan : पृ. 28.
15. मुखोपाध्याय : पृ. 129.
16. Majumdar : *Raja Rammohan Roy,* पृ. 298-299, पूरे उद्देश्य पत्र के लिए देखें।
17. वही : पृ. 296-298 बकिंघम साहब का यह सम्पादकीय बहुत ही महत्त्वपूर्ण दस्तावेज है।
18. Sen : पृ. 61-62 में दिये गए विवरण से उद्धृत सारांश।
19. अपील के पाठ के लिए परिशिष्ट देखें।
20. Sen : पृ. 87.
21. मुखोपाध्याय : पृ. 121.
22. वही, पृ. 142.
23. Sen : पृ. 118.
24. मुखोपाध्याय : पृ. 154.

•

अध्याय 19

भाषा और साहित्य के विकास में अगुआई

पिछले अध्यायों में हमने राममोहन के शिक्षा सम्बन्धी तथा पत्रकारिता के सम्बन्ध में उनके मार्ग दर्शक भूमिका के बारे में विचार किया। इस अध्याय में देशी भाषाओं मुख्यतः बांग्ला और किसी सीमा तक हिन्दी या हिन्दुस्तानी भाषा और साहित्य की उन्नति और आधुनिकीकरण में राममोहन की भूमिका और योगदान के बारे में विचार करेंगे।

अपने सुधारवादी आन्दोलन के दौरान राममोहन इस तथ्य से अच्छी तरह अवगत थे कि जनजीवन और जनशिक्षा में देशी भाषाओं की क्या भूमिका हो सकती है। राममोहन ने आदर्श हिन्दू धर्म के मूल सिद्धान्तों के प्रचार के लिए जो पद्धति अपनाई थी वह था धर्मग्रन्थों का संस्कृत से जनता की भाषा में अर्थात् बांग्ला और हिन्दी में अनुवाद करना। देश की जनता में किसी भी भावना के विस्तार का माध्यम देशी भाषा ही हो सकती है यही राममोहन का दृष्टिकोण रहा है। कुछ विद्वानों का यह विचार है कि राममोहन आधुनिक बांग्ला गद्य के प्रवर्तक थे, ठीक ही है।

राममोहन से पहले बांग्ला गद्य का प्रयोग केवल कुछ कानूनी दस्तावेजों में होता था। यह भाषा अरबी-फ़ारसी के शब्दों से बोझिल एक कृत्रिम भाषा थी, जिसमें कोई भी गम्भीर साहित्यिक रचना सम्भव नहीं थी। राममोहन ने ही सबसे पहले बांग्ला गद्य में अरबी-फ़ारसी शब्दों का तथा क्लिष्ट संस्कृत शब्दों का बहिष्कार कर भाषा में नया प्राण फूँका। भाषा को जनजीवन और विचारों की आवश्यकता के साथ समन्वित करने का पहला कदम राममोहन ने ही उठाया था। राममोहन द्वारा बांग्ला और हिन्दी भाषा में धर्मशास्त्रों के अनुवाद, उनके शास्त्रार्थ सम्बन्धी लेख, पत्र-पत्रिकाओं की रचनाएँ उस काल में भाषा की बानगी और सजीवता और शैली के उत्कृष्ट नमूने हैं।

आधुनिक बांग्ला गद्य का प्रादुर्भाव सन् 1801 से माना जा सकता है। सन् 1801 से 1814 तक इन पुस्तकों के प्रकाशन के केवल दो स्रोत थे। पहला बैप्टिस्ट मिशन प्रेस और दूसरा फोर्ट विलियम कालेज। बैप्टिस्ट मिशन के प्रमुख केरी साहब बांग्ला

भाषा के लिए कार्य करने के पीछे मुख्य उद्देश्य था, ईसाई धर्म का प्रचार और फोर्ट विलियम कालेज के अध्यापकों द्वारा बांग्ला पुस्तकों के लेखन और प्रकाशन का मूल उद्देश्य था— ब्रिटिश शासक श्रेणी और राइटर्स को आंतरिक शासन के लिए देशी भाषा की शिक्षा देने योग्य पुस्तकों की रचना। केरी साहब के महान प्रयत्नों का फल था कि बांग्ला छापाखाने की स्थापना हुई। आगे चलकर जब केरी साहब फोर्ट विलियम कालेज के अध्यापक नियुक्त हुए तो उन्हीं के उत्साह और प्रोत्साहन का फल था कि कालेज में बांग्ला, हिन्दी और उर्दू के अध्यापक नियुक्त हुए और इन लोगों ने आधुनिक भारतीय भाषाओं की नींव पक्की की। कालेज के अध्यापक मृत्युञ्जय विद्यालङ्कार, गोलकनाथ और रामराम बसु ने जिन बांग्ला पुस्तकों का प्रणयन किया,वे बांग्ला गद्य की प्रारम्भिक पुस्तकें थीं। इधर केरी साहब धर्म प्रचार के उद्देश्य से बाइबिल के बांग्ला अनुवाद के साथ दूसरी धार्मिक पुस्तकों का बांग्ला अनुवाद प्रकाशित कर रहे थे। कुछ अनुवाद फोर्ट विलियम कॉलेज से भी प्रकाशित हुए। राममोहन राय के कलकत्ता के रंगमंच में आने से पहले तथा बांग्ला गद्य के श्रेष्ठ लेखक के रूप में मृत्युञ्जय विद्यालङ्कार उभरे थे। इनकी भाषा क्लिष्ट और संस्कृतनिष्ठ थी।

यहाँ पर 1801 से 1815 तक के बांग्ला प्रकाशनों के विषयवस्तु का जायजा लेना उपयुक्त होगा। इस काल के प्रकाशनों की सूची इस प्रकार है :

1801 न्यू टेस्टामेण्ट	: विलियम केरी
बांग्ला व्याकरण	: विलियम केरी (अंगरेजी के माध्यम से)
कथोपकथन	: विलियम केरी
हितोपदेश	: गोलोकनाथ शर्मा
राजा प्रतापादित्य चरित	: रामराम बसु
1802 कृतिवास-रामायण (पहला अध्याय)	: विलियम केरी
काशीराम-महाभारत	: विलियम केरी
बत्रिश-सिंहासन	: मृत्युञ्जय विद्यालङ्कार
लिपिमाला	: रामराम बसु
1803 ओल्ड टेस्टामेण्ट	: विलियम केरी
ओरिएण्टल फेबुलिस्ट	: तारिणीचरण मित्र
1805 तोता इतिहास	: चण्डीचरण मुंशी
महाराजा कृष्ण रायस्य चरित्रं	: राजीवलोचन मुखोपाध्याय
1807 ओल्ड टेस्टामेण्ट	: विलियम केरी

1808 हितोपदेश : रामकिशोर तर्कालङ्कार
हितोपदेश : मृत्युञ्जय विद्यालङ्कार
राजा बति : मृत्युञ्जय विद्यालङ्कार
1809 ओल्ड टेस्टामेण्ट : विलियम केरी
1812 इतिहासमाला : विलियम केरी
1814 पुरुष परीक्षा : हरप्रसाद राय
1815 वेदान्त ग्रन्थ : राममोहन राय
वेदान्तसार : राममोहन राय[1]

ऊपर की सूची से स्पष्ट है कि राममोहन के इस क्षेत्र में आने से पहले ही बैप्टिस्ट मिशन प्रेस और फोर्ट विलियम कॉलेज से कई पुस्तकें बांग्ला भाषा में प्रकाशित हो चुकी थीं। इन पुस्तकों की भाषा या शैली में कोई बानगी नहीं थी। प्रसिद्ध साहित्य इतिहासकार डॉ. सुकुमार सेन के शब्दों में, आधुनिक युग बांग्ला गद्य को गिर्जा (पादरियों) और पाठशाला (फोर्ट विलियम कालेज) के परिसर से बाहर निकालकर, विचार और विश्लेषण के उच्चतर चिन्तन के माध्यम के रूप में राममोहन ने पहली बार व्यवहार के धरातल पर प्रतिष्ठित किया।..... बहुभाषाविद राममोहन ने शैली विशेष की ओर ध्यान न देकर विषयवस्तु की ओर ध्यान दिया। इसी से उनके हाथों गद्य का जो रूप बना उसमें भले ही माधुर्य न रहा हो लेकिन स्पष्टता थी..... ।'[2]

उक्त तथ्य की सच्चाई को प्रायः सभी प्रमुख साहित्य शास्त्रियों ने स्वीकारा है। राममोहन ने ही सबसे पहले अनुभव किया कि संस्कृतनिष्ठ भाषा की अपेक्षा सरल-सीधी बोलचाल की भाषा अधिक उपयोगी और लोकप्रिय सिद्ध होगी। राममोहन ने जब 'वेदान्त ग्रन्थ' और 'वेदान्तसार' लिखना आरम्भ किया था उस समय उनके समक्ष इस प्रकार के गूढ़ विषयों पर लिखने के कोई भाषाई आदर्श नहीं थे क्योंकि इसके पूर्व किसी भी देशी या क्षेत्रीय भाषा में इस श्रेणी के ग्रन्थों की रचना नहीं हुई थी। 'वेदान्त ग्रन्थ' की भूमिका में राममोहन ने लिखा था :

> "विचारणीय वाक्य संस्कृत शब्दों को छोड़कर केवल स्वदेशी भाषा में वर्णन करना कठिन है इसी से मैंने अपनी क्षमतानुसार सरल बनाने की कोशिश की है। विद्वानों को कहीं कमी दिखाई दे तो कृपया सुधार लें और भाषा की विवशता से ऐसे कुछ शब्दों का व्यवहार हो गया हो तो इस त्रुटि को क्षमा करें।'[3]

गहन विषयों पर निबन्ध आदि लिखने के लिए कोई भाषाई आदर्श न होने के कारण राममोहन ने इस विषय पर विचार करते हुए लिखा था, "बांग्ला भाषा में घरेलू

व्यवहार के योग्य कुछ शब्द हैं और यह भाषा संस्कृत पर कितना निर्भर है इस बात का अनुभव दूसरी भाषा से इसकी तुलना करते हुए होता है।' यद्यपि सरल बांग्ला भाषा में गहन विषयों का अनुवाद कठिन कार्य था फिर भी उन्हें इस कार्य में पूरी सफलता मिली। इसी से स्पष्ट है कि राममोहन बांग्ला और संस्कृत भाषा की संरचनात्मक भिन्नता से अच्छी तरह परिचित थे और दोनों भाषाओं के व्याकरण सम्बन्धी भेद उन्हें मालूम था। जब उनके समसामयिक विद्वानों ने कथा-कहानियों से देशी भाषा की सेवा आरम्भ की तो राममोहन ने धर्म और दर्शन जैसे दुरूह विषयों से देशी भाषाओं का भण्डार भरना आरम्भ किया। सुकुमार सेन के शब्दों में—

> 'राममोहन को बांग्ला भाषा में सर्वप्रथम साहित्यिक गद्य लिखने का श्रेय प्राप्त है उन्होंने बांग्ला गद्य का उच्च विचारों और दर्शन की अभिव्यक्ति के लिए प्रयोग किया। उस काल में बांग्ला गद्य की परिस्थिति को देखते हुए इसे बहुत बड़ी उपलब्धि समझनी चाहिए।'

यद्यपि धर्म दर्शन जैसे गूढ़ विषयों पर बोलचाल की बांग्ला भाषा में लिखना कठिन था लेकिन एक संस्कृत पण्डित होते हुए भी उन्होंने ऐसे लेखों में अपनी बांग्ला भाषा को क्लिष्ट संस्कृत से बचाने का भरसक प्रयत्न किया। जिस भाषा की व्युत्पत्ति संस्कृत से है उसमें कुछ संस्कृत शब्दों का व्यवहार स्वाभाविक ही है। बांग्ला गद्य रचना की लेखन शैली को समझने के लिए राममोहन ने अपनी पुस्तक 'अनुष्ठान' की भूमिका में इसकी स्पष्ट व्याख्या की है :

> 'वाक्य का आरम्भ और समाप्ति इन दोनों की अच्छी परख होनी चाहिए। जिस-जिस स्थान पर जब, जो, और जैसे आदि शब्द आते हैं उनका प्रति शब्द तब वहाँ उसी रूप में पहले के साथ अन्वित करते हुए वाक्य समाप्त करना चाहिए। जब तक क्रिया का बोध न हो तब तक वाक्य का अर्थ ढूँढ़ने की कोशिश न करें। किस नाम के साथ क्रिया का अन्वय होगा, इसकी खोज अवश्य करें क्योंकि एक ही वाक्य में कभी-कभी कई नाम और कई क्रियाएँ पाई जाती हैं और इसमें किसके साथ किसका अन्वय है इसका ज्ञान न होने पर ठीक अर्थ नहीं समझा जाता..[4]

राममोहन ने इस दिशा में अथक परिश्रम किया। उनके शास्त्रार्थ सम्बन्धी लेख पत्रोत्तर और आगे चलकर पत्रकारिता के क्षेत्र में 'सम्वाद कौमुदी' के पृष्ठों में बांग्ला भाषा निखरने लगी थी। 1815 से 1830 तक राममोहन ने बांग्ला और अंगरेजी में पुस्तक और पुस्तिकाएँ प्रकाशित कीं और इनमें से भी अधिकतर उन्होंने अपने खर्चे पर छपवाकर बँटवायी। बांग्ला भाषा की उन रचनाओं को यदि ध्यान से देखें तो हमें ज्ञात होगा कि उन्होंने भाषा की सजीवता के लिए कितनी मेहनत की। 'वेदान्त ग्रन्थ' और 'वेदान्त सार' जैसी पुस्तकों और 'चीनी और ईसाई पादरी के बीच बातचीत' जैसी

पुस्तकों की भाषागत शैली में भारी भेद है जैसा कि होना ही चाहिए था। प्रसिद्ध साहित्यकार सजनीकान्त दास ने लिखा थाः

> 'यद्यपि राममोहन से पहले ही बांग्ला गद्य की नींव फोर्ट विलियम कालेज के पण्डितों और अध्यापकों के द्वारा पड़ चुकी थी...... फिर भी राम मोहन का कृतित्त्व कुछ कम नहीं थां बांग्ला गद्य में गम्भीर और गूढ़ विषयों पर पद्य रचना का प्रवर्तन राममोहन ने ही किया। उनके धर्मशास्त्रीय और वाद-विवाद ग्रन्थों में उनका गद्य निखरता चला गया। उन्होंने भाषा को केवल शैली से नहीं शब्द सम्पदा से अलंकृत कर गम्भीर, सजीव भाषा सौष्ठव का भी प्रवर्तन किया।'[5]

एक साहित्यकार के रूप में राममोहन की ख्याति उनके जीवनकाल में ही इतनी फैल चुकी थी कि कलकत्ता स्कूल बुक सोसाइटी ने उनसे छात्रों के उपयुक्त पुस्तकों के लिखने के लिए उनकी सेवाएँ प्राप्त की थी। उन्होंने 1826 में देशी लोगों की भाषाई समस्या को ध्यान में रखते हुए अंगरेजी के माध्यम से बांग्ला व्याकरण ग्रन्थ लिखा था।[6] इससे पहले हालहेड और केरी ने जो व्याकरण लिखे थे वे अंगरेज शिक्षार्थियों के लिए लिखा गया था। राममोहन ने बाद में बांग्ला माध्यम से बांग्ला-व्याकरण (गौड़ीय व्याकरण) प्रकाशित किया। यह व्याकरण उनके अंगरेजी में लिखे बांग्ला-व्याकरण का अनुवाद नहीं था। यह 1830 से पहले लिखी गई थी, लेकिन इसका प्रकाशन 1833 में कलकत्ता स्कूल बुक सोसाइटी ने किया था।

राममोहन ने ही सबसे पहले बांग्ला गद्य में विरामादि चिह्न का प्रयोग आरम्भ किया था। विराम चिह्न और अर्ध-विराम (कॉमा) का प्रयोग तक राममोहन ने अपने को सीमित रखा था। दूसरे चिह्न भाषा की प्रगति के साथ बाद में प्रयोग में लाए गए। सुकुमार सेन के शब्दों में यही कहा जा सकता है कि राममोहन ने ही बांग्ला भाषा को संस्कृत और फ़ारसी की जंजीर से मुक्त किया। वस्तुतः राममोहन के युग में बांग्ला भाषा इन दोनों भाषाओं के बीच पिसी जा रही थी। देशी भाषाओं के प्रति कोई विशेष रुचि नहीं थी। विद्वानों की भाषा या तो संस्कृत थी या फ़ारसी। साथ ही अंगरेजी भाषा ने अपना पाँव जमाना आरम्भ कर दिया था। ऐसी परिस्थितियों में राममोहन ने बांग्ला भाषा को आधुनिक रूप देने का प्रयास किया था। उनका "गौड़ीय व्याकरण" यद्यपि 1830 के आस-पास लिखा गया था लेकिन अपनी विदेश यात्रा की व्यस्ता के कारण छप न सका और उसे 1833 में स्कूल बुक सोसाइटी ने प्रकाशित किया था। इस व्याकरण की भूमिका से इस ग्रन्थ के प्रकाशन के इतिहास पर रोशनी डाली जा सकती है। कुछ प्रासंगिक अंश का भावानुवाद इस प्रकार है :

> "सभी देशों की भाषाओं का एक-एक व्याकरण प्रसिद्ध है जिनके द्वारा उक्त भाषा के शुद्धि-अशुद्धि के विवेचन के साथ सुव्यवस्थित लेखन और वाचन की ओर ध्यान देते हैं किन्तु गौड़ीय (बांग्ला) भाषा का कोई व्याकरण न होने से

इसके लेखन और वाचन में किसी उपयुक्त रीति या परिपाटी का ज्ञान नहीं होता और बच्चों को अपनी भाषा के व्याकरण का ज्ञान न होने पर दूसरी भाषाओं के व्याकरण की शिक्षा के समय कठिनाई होती है, अपनी भाषा का व्याकरण जो थोड़ा मेहनत से ही सीखी जा सकती है। सीख लेने पर दूसरी भाषाओं का व्याकरण ज्ञान सहज ही प्राप्त हो सकता है। इसी कारण स्कूल बुक सोसाइटी के अनुरोध पर श्रीयुत राजा राममोहन राय ने इस गौड़ीय भाषा व्याकरण को उसी भाषा में लिखना आरम्भ किया। परन्तु उनके इंगलैंड जाने का समय निकट आने पर व्यस्ता और समय के अभाव के कारण वे केवल पाण्डुलिपि ही तैयार कर सके इसको दुबारा पुनः परीक्षण का अवसर नहीं मिला। वे जब विदेश के लिए रवाना हुए तो पाण्डुलिपि के प्रामाणिकता और विवेचन का भार कलकत्ता बुक सोसाइटी के अध्यक्ष को सौंप गए थे, जिसे उन्होंने बड़े ध्यान से पूरा किया।....''[7]

राममोहन के पुत्र राधाप्रसाद ने इस पुस्तक की छपाई की देख रेख की थी। अप्रैल 1833 में पुस्तक छपकर तैयार हुई थी।

बांग्ला गद्य को राममोहन की देन के बारे में डा. सुकुमार सेन के शब्दों का भावानुवाद उद्धृत करना प्रासंगिक होगा—

यह राममोहन ही थे, जिन्होंने इस नवजात, बेडौल, निश्चल और भद्दी भाषा को एक सुन्दर, लचीली, सशक्त और प्रभावशाली भाषा में बदल दिया जो बाद में उच्च विचारों और अभिव्यञ्जना के वाहक के रूप में भविष्य के बांग्ला गद्य साहित्य की नींव बनी। जब हम बांग्ला भाषा और साहित्य के क्षेत्र में राममोहन को देन के बारे में विचार करते हैं तो कम से कम इतना तो कह ही सकते हैं कि उनके बिना सम्भवतः विद्यासागर, बंकिमचन्द्र और रवीन्द्र का अस्तित्त्व सम्भव न होता।''

हिन्दी गद्य की देन

बांग्ला गद्य के साथ-साथ हिन्दी गद्य के विकास में भी राममोहन की भूमिका महत्त्वपूर्ण रही। हिन्दी भाषा राममोहन के प्रयासों का सदैव ऋणी रहेगी। बहु भाषाविद् राममोहन बांग्ला के अलावा जिस भाषा में विशेष रुचि ले रहे थे वह हिन्दी या हिन्दुस्तानी भाषा थी। इस भाषा से उनका स्वाभाविक और अन्तरंग परिचय उनके वाराणसी और भागलपुर प्रवासकाल में हुआ। इस भाषा पर भी उनका अच्छा खासा अधिकार था, और वे इस भाषा के महत्त्व को समझते थे, यह इसी तथ्य से स्पष्ट होता है कि उन्होंने जब बांग्ला भाषा में वेदान्त का अनुवाद प्रकाशित किया तो साथ-ही-साथ हिन्दी या हिन्दुस्तानी भाषा में भी वेदान्त का अनुवाद प्रकाशित किया। हिन्दी या हिन्दुस्तानी में लिखे उनके प्रमुख पुस्तकों की तालिका इस प्रकार है—

(1) वेदान्त ग्रन्थ (मूल बांग्ला का अनुवाद) 1815

(2) वेदान्त सार (मूल बांग्ला ग्रन्थ का अनुवाद) 1815

(3) सुब्रह्मण्य शास्त्रीर सहित विचार (हिन्दी संस्करण) 1820

इसके अतिरिक्त उन्होंने और भी कई लेख और पुस्तिकाओं का प्रणयन एवं प्रकाशन हिन्दी भाषा में किया था। 'वेदान्त सार' और 'वेदान्त ग्रन्थ' की प्रतियाँ दुर्भाग्य से आज उपलब्ध नहीं हैं। पण्डित क्षितिमोहन सेन ने 'वेदान्त ग्रन्थ' की एक प्रति अपने बचपन में मिर्जापुर के अभयचरण भट्टाचार्य के घर पर देखी थी।[8] आचार्य हजारीप्रसाद द्विवेदी ने एक लेख में राममोहन की हिन्दी शैली पर विशद विवेचन किया था।[9] उन्होंने लिखा था कि आधुनिक हिन्दी भाषा के प्रथम प्रवर्तकों में सदसुखलाल फ़ारसी लिपि में लिखते थे। लल्लूजी लाल और सदल मिश्र ने देवनागरी लिपि का व्यवहार किया। इंशाअल्ला खाँ भी फ़ारसी लिपि में ही लिखते रहे। देवनागरी लिपि में लिखने वाले प्रवर्तकों में लल्लूजी लाल और सदल मिश्र के बाद, तीसरा स्थान राममोहन का है। यह तथ्य भी विचारणीय है कि सदल मिश्र और लल्लूजी लाल फोर्ट विलियम कॉलेज की नौकरी में थे। और उनका लेखन-कार्य एक सीमा तक उनके नौकरी के सिलसिले में सरकारी आज्ञा के अधीनस्थ था। लेकिन राममोहन ने ही व्यक्तिगत तौर पर सर्वप्रथम जनसाधारण की भलाई के लिए देवनागरी लिपि का प्रयोग किया। इसके अलावा विषय-वस्तु की दृष्टि से भी राममोहन की रचनाओं में तथा फोर्ट विलियम कालेज के शिक्षकों की रचनाओं में बड़ी भिन्नता थी। राममोहन ने ही पहले पहल धर्म और दर्शन जैसे गूढ़ विषयों को हिन्दी भाषा में प्रकाशित किया था। जब कि फोर्ट विलियम कालेज के शिक्षकों और पण्डितों द्वारा रचित पुस्तकें केवल किस्सा, कहानी और ऐतिहासिक रेखाचित्र मात्र थे।

पिछले अध्याय में पत्रकारिता के क्षेत्र में राममोहन के योगदान पर विचार करते हुए यह बताया जा चुका है कि देशी पत्रकारिता के क्षेत्र में राममोहन ने बांग्ला और हिन्दी दोनों भाषाओं में पत्रिका प्रकाशन क्षेत्र में समान रूप से पहल की। अंगरेजी पत्रिका 'बंगाल हेराल्ड' के साथ ही राममोहन ने इस पत्रिका के बांग्ला, हिन्दी और फ़ारसी संस्करण निकालने की योजना बनायी थी।[10] बांग्ला के साथ हिन्दी 'बंगदूत' का प्रकाशन भी 1829 में हुआ था। वस्तुतः युगल किशोर शुक्ल द्वारा सम्पादित उदन्त मार्तण्ड' (1826) हिन्दी की प्रथम पत्रिका थी। दुर्भाग्य से 1827 में ही इस पत्रिका का प्रकाशन बन्द हो गया। हिन्दी भाषा में दूसरी पत्रिका प्रकाशन का श्रेय राममोहन को जाता है। 'बंगदूत' के माध्यम से राममोहन अपने विचार हिन्दी भाषी जनता तक पहुँचाने का प्रयास करते थे। उस समय हिन्दी जानने समझने वालों की बहुत बड़ी संख्या कलकत्ता में थी इसी से सम्भवतः उन्होंने हिन्दी पत्रिका के प्रकाशन की बात सोची होगी।

'बंगदूत' के हिन्दी के स्वरूप का एक नमूना इस प्रकार है :

"जो सब ब्राह्मण साँगवेद अध्ययन नहीं करते सो सब ब्रात्य हैं, यह प्रमाण करने की इच्छा करके, ब्राह्मण धर्मपरायण श्री सुब्रह्मण्यम शास्त्री जी ने जो पत्र साँगवेदाध्याय-हीन अनेक इसके ब्राह्मणों के समीप पढ़ाया है उसमें देखा जो उन्होंने लिखा है—वेदाध्यायहीन मनुष्यों को स्वर्ग और मोक्ष होने शक्ता नहीं।"[11]

यह अंश आचार्य रामचन्द्र शुक्ल और पण्डित अम्बिकाप्रसाद वाजपेयी ने अपनी पुस्तकों में दिया था। डॉ. शारदा देवी वेदालङ्कार 27 मई 1829 के 'बंगदूत' और 1830 के 'ईस्ट इण्डिया मैगजीन' का हवाला देते हुए भी 'बंगदूत' का एक अंश उद्धृत किया है।[12]

"ए समाचार ऐसे ही रायल क्वार्टो चौड़े कागज पर छपेंगे और यही आठ पिठौता ऊपर की भाषों में औ सोलह पिठौते अंगरेजी भाषा में छपेंगे। सब किसी पर छीपी न रहे कि इन सब भाषाओं में जो समाचार और वृत्तान्त छपेगा वैसा ही उसका उलथा नहीं होगा पर भाषा की लिखावट अपने-अपने ढब पर अलग-अलग होगी फिर भी काम पड़ने से कभी उलथा भी होगा।"

'बंगदूत' का प्रकाशन कलकत्ता स्थित बाँसतल्ला लेन से होता था। इसके उद्देश्य पत्र में लिखा था :

'बंगदूत नामक क़ागज एशिया संज्ञा पृथ्वी के इस प्रसिद्ध खण्ड में जो कुछ बीते औ होय लिपि की रीति से लिखै इसलिए इस सम्बन्ध के प्रयोजन के उपयोगी समाचार जो कोई भेजेंगे वह बड़ा उपकार मानकर लिया जाएगा।"[13]

ये रहे 'बंगदूत' में प्रकाशित भाषा के नमूने। हिन्दी गद्य के विकासकाल में यह एक महत्त्वपूर्ण योगदान था। यह सोचकर आश्चर्य होता है कि आधुनिक भारत के इस संक्रान्ति काल में एक व्यक्ति भारत की दो प्रमुख भाषाओं के निर्माण में समान रूप से अपना योगदान दे रहा था। राममोहन की दूरदर्शिता का परिचय इसी बात से मिलता है कि उन्होंने बांग्ला के साथ हिन्दी भाषा के महत्त्व और सार्वभौम भूमिका को समझा। अपने हिन्दी अनुवादों, लेखों और पत्रकारिता के माध्यम से उन्होंने हिन्दी गद्य के निर्माण, आधुनिकीकरण और उसके स्वरूप को सँवारने में महत्त्वपूर्ण भूमिका निभाई। हिन्दी गद्य के प्रारम्भिक निर्माताओं में राममोहन का नाम सदैव स्मरण किया जाएगा।

ब्राह्म-संगीत

भाषा और साहित्य के अतिरिक्त राममोहन भजन या धर्मीय संगीत रचना में भी रुचि रखते थे। बांग्ला में वैदिक या ब्राह्म-संगीत के वही सम्भवतः प्रथम रचनाकार थे। ये ब्राह्म-संगीत अक्सर आत्मीय सभा और ब्रह्म समाज की बैठकों में गाये जाते। इस ब्राह्म-गीतों में मुख्यतः उनकी अद्वैतवादी भावना और निराकार ईश्वर साधना ही प्रतिपादित विषय हुआ करते थे। उनके जीवनकाल में ही ये गीत पुस्तकाकार

प्रकाशित हुए और दो-तीन संस्करण भी निकले। इस ग्रन्थ में उनके कुछ मित्रों और सहयोगियों द्वारा रचित गीत भी सम्मिलित थे। तत्कालीन विद्वानों के मतानुसार राममोहन बहुत ही सुन्दर गीत रचा करते थे। ये गीत विशुद्ध राग-रागिनियों पर आधारित थे। इनमें से कुछ गीत बहुत ही लोकप्रिय हुए। इस ब्राह्म-संगीत की परम्परा को रवीन्द्रनाथ ने आगे पराकाष्ठा पर पहुँचाया था। राममोहन रचित दो ब्राह्म-संगीत के नमूने मूल बांग्ला में उद्धृत हैं :

राग-राम केली, आड़ा ठेका

मने कर शेषेर से दिन भयंकर।
अन्ये वाक्य कबे, किन्तु तुमि रबे निरुत्तर।
जार प्रति जत माया, किबा पुत्र किबा जाया
तार मुख चेये तत हइबे कातर।
गृहे हाय हाय शब्द, सन्मुखे स्वजन स्तब्ध,
दृष्टिहीन नाड़ी हीन, हिमकलेवर।
अतएव सावधान, त्यज दम्भ अभिमान,
वैराग्य अभ्यास कर, सत्यते निर्भर।

राग-इमन कल्याण-तेवट

भाव सेइ एके।
जले स्थले शुन्ये ये समान भावे थाके।
ये रचिल एं संसार, आदि अन्त नाहि जार,
से जाने सकल, केह नाहि जाने ताके।
तमीश्वराणां परमं महेश्वरं तं देवतानां परमंच दैवतं।
पतिं पतीनां परमं परस्तात् विदाम् देवं भुवनेशमीदं। [14]

सन्दर्भ और टिप्पणियाँ

1. मुखोपाध्याय : पृ. 53 से उद्धृत। बी. एन. दासगुप्ता की पुस्तक *Life and Time of Raja Rammohun Roy* के पृ. 51 में भी ऐसी ही एक सूची दी गई है। इन दोनों सूचियों में पुस्तकों की प्रकाशन तिथियों में दो एक स्थानों पर थोड़ी भिन्नता है।
2. वही : पृ. 7-8 से उद्धृत।

3. वही : पृ. 329-330 से उद्धृत। पूरे पाठ के लिए राममोहन ग्रन्थावली (बांग्ला) देखें
4. ग्रंथावली देखें।
5. सजनीकान्त दास : *बांगला गद्य साहित्येर इतिहास,* पृ. 310-311.
6. मुखोपाध्याय : पृ. 332.
7. वही : पृ. 533 में राममोहन ग्रन्थावली से उद्धृत।
8. Collet : पृ. 532 में क्षितिमोहन सेन की बांग्ला पुस्तक "युगपुरुष राममोहन" से उद्धृत (सम्पादकीय टिप्पणी)।
9. *The Father of Modern India, Rammohun Centenary Commemoration Volume* में हजारीप्रसाद द्विवेदी के लेख "हिन्दी भाषाय राममोहन" के हवाले से।
10. मजूमदार : पृ. 326-327 में "बेंगाल हेराल्ड" का उद्देश्य-पत्र उद्धृत है।

    "A native paper to be printed in the Bengalee, Persian and Nagaree character, will be subjoined, but distinct and under the superindence of the most talented Hindoos"

    इस उद्देश्य से पत्र में राममोहन और उनके सहयोगी प्रकाशकों के नाम हैं।
11. कृष्ण बिहारी मिश्र : *हिन्दी पत्रकारिता,* पृ. 37 पर उद्धृत।
12. वही : पृ. 449 पर उद्धृत।
13. वही : पृ. 449 पर उद्धृत।
14. चट्टोपाध्याय : *राजा राममोहन रायेर जीवन चरित,* पृ. 147-153 पर राममोहन रचित ब्राह्म संगीत के नमूने देखें।

अध्याय–20

राजनैतिक चेतना का श्रीगणेश

राजनैतिक स्तर पर राममोहन के सामने दो प्रमुख स्थितियाँ थीं। एक ओर जहाँ मुगलों के पतन के साथ मध्ययुगीन शासन व्यवस्था पूरी तरह टूट चुकी थी और देश छोटे-छोटे स्वार्थों और रजवाड़ों में बँटा हुआ था, वहाँ दूसरी ओर देश में अंगरेजी शासन की नींव पड़ चुकी थी और नए शासक श्रेणी के साथ पश्चिमी ज्ञान-विज्ञान और आधुनिक अर्थव्यवस्था की नींव रखी जा रही थी। देश की ऐसी राजनीतिक और सामाजिक परिस्थिति में "राष्ट्रीयता" की एक नई परिभाषा का जन्म हो रहा था। इस संक्रान्तिकाल में देश को राजनैतिक स्थिरता देने और वैचारिक स्तर पर आधुनिकता के दरवाजे पर लाने में राममोहन ने जो कुछ भी किया वह ऐतिहासिक दृष्टि से बहुत ही महत्त्वपूर्ण था। उस समय तक भारत में राष्ट्रीय स्वाधीनता जैसी भावना का जन्म ही नहीं हुआ था। राजनीति या राष्ट्रनीति की ओर साधारण जनता की कोई रुचि नहीं थी। शिक्षित या सचेतन नागरिकों की कोई भी संस्था अभी तक संगठित नहीं थी। अराजकता के उस परिवेश में जनता केवल प्रशासनिक न्याय, धार्मिक स्वतन्त्रता और सुरक्षा की आवश्यकता को महत्त्व देती थी। इधर अंगरेजी शासन ने इन सम्भावनाओं को जन्म दिया था, और जनता के मन में विदेशी शासन के प्रति आस्था की भावना बढ़ चली थी। कुछ लोग इस शासन को अराजकता और सामन्तवादी अत्याचारों से मुक्ति का रास्ता समझने लगे थे।

राममोहन के लिए राजनैतिक मुक्ति की परिभाषा कुछ अधिक गहरी और व्यापक थी। इस परिभाषा में देश, जाति या सम्प्रदाय की सीमा रेखा का हस्तक्षेप नहीं था। हमने उनके जीवनी खण्ड में देखा है कि राममोहन ने अमेरिका, फ्रान्स, इटली, स्पेन जहाँ, कहीं भी स्वाधीनता का संघर्ष या विद्रोह चला, हृदय से समर्थन किया। क्योंकि उनका विश्वास था कि इन स्वतन्त्र संग्रामों से उद्‌भूत लोकतन्त्री भावनाएँ एक न एक दिन भारत में न्यायिक-प्रशासन की स्थापना में और राजनैतिक मुक्ति दिलाने में सहायक होंगी। डिगबी साहब और अंगरेजी पत्र-पत्रिकाओं के माध्यम से राममोहन

पाश्चात्य विचारधारा के संस्पर्श में आए थे। उस काल के प्रगतिशील और उदारवादी पश्चिमी विचारधाराओं ने राममोहन को प्रभावित भी किया था। बुद्धिवादी या युक्तिवादी जिन प्रमुख धाराओं ने उनके विचारों को सँवारने में योगदान दिया वे थे, अठारहवीं शताब्दी "ज्ञानोदय" या "एज ऑफ एनलाइटेनमेन्ट" काल के दार्शनिक, बेन्थम और जेम्स मिल जैसे उपयोगवादी दर्शनशास्त्री तथा राबर्ट ओवन जैसे समाजवादी दार्शनिक। इसके अतिरिक्त फ्रान्स, स्पेन और अमेरिका के विद्रोह या क्रान्ति का प्रभाव भी राममोहन के विचार-मानस पर पड़ा। इसी से हम राममोहन के विचारों में लोककल्याण और समाज सुधार की भावनाओं का समन्वय पाते हैं।

पाश्चात्य विचारधारा के एक और मूलतत्त्व जिसने राममोहन की विचारधारा को प्रभावित किया था, वह था स्वाधीनता "लिबर्टी" का आर्दश। "स्वाधीनता" राममोहन के लिए कोई नारा या कोरा सिद्धान्त नहीं थी। इस प्रत्यय का उनकी आन्तरिक प्रेरणा से सम्बन्ध था। उनके मित्र एडम साहब के शब्दों में "He would be free or not be at all.... Love to freedom was perhaps the strongest passion of his soul, freedom not of action merely, but of thought"[1] कर्म और विचार स्वातन्त्र्य के बिना उनका अस्तित्त्व ही नहीं था। स्वाधीनता के प्रति अनुराग उनके आत्मा की सबसे प्रबल भावना थी।

धर्म, समाज और राष्ट्रीय समस्याओं के समाधान के प्रयासों में राममोहन ने हमेशा इस आदर्श को सर्वोपरि रखा। उनके सार्वजनिक जीवन के सभी आन्दोलन इसी आदर्श पर आधारित थे। इस आदर्श के साथ उनके व्यक्तिगत आत्मसम्मान की भावना ने व्यापक अर्थ में धर्म, समाज और राष्ट्र के बारे में विचारों को प्रभावित किया। पाश्चात्य जगत के वैचारिक चिन्तन ने भी उन्हें प्रभावित किया। इन क्रान्तिकारी विचारों से भली-भाँति परिचित होने के कारण उन्होंने अपने धर्म संस्कार प्रवण, समाज सुधारों और राजनैतिक आन्दोलनों में लोककल्याण की भावना को सर्वोपरि रखा तो दूसरी ओर 'स्वतन्त्रता' का आदर्श। जब वे सतीदाह प्रथा के विरुद्ध आन्दोलन कर रहे थे तो उसके साथ ही हिन्दू नारी के सम्पत्ति के अधिकार का प्रश्न भी उठाया। सम्पत्ति के मामले में "मिताक्षरा" की अपेक्षा "दायभाग" के आधार पर सम्पत्ति का व्यक्तिगत अधिकार के लिए उन्होंने आन्दोलन किया। तत्कालीन राजनैतिक विचारों के द्वारा राममोहन प्रत्येक क्षेत्र में स्वशासन के अधिकार और स्वतन्त्रता संग्राम के प्रति खुले रूप में सहानुभूति जताते थे। बकिंघम साहब को लिखे एक पत्र में उन्होंने स्वाधीनता के शत्रु (Enemies of Liberty) और तानाशाही के समर्थकों (Friends of despotism) के प्रति अपनी तीव्र घृणा और भविष्य में मानव मुक्ति के संघर्ष में अन्तिम विजय में पूरा विश्वास प्रकट किया था।[2] अपने देश के मामले में भी राममोहन विदेशी शासनमुक्त स्वतन्त्र भारत की कल्पना अपने कई लेखों और पत्रों में करते रहे हैं। यद्यपि पाश्चात्य ज्ञान-विज्ञान, अंगरेजी शिक्षा, कल-कारखानों

और उद्योगों के बिना देश का आधुनिकीकरण सम्भव नहीं, वे इस सिद्धान्त के भी पक्षपाती थे लेकिन उनकी कल्पना में पराधीन भारत की सम्भावित समय सीमा पचास वर्ष से अधिक नहीं थी।[3] राष्ट्रीय स्तर पर वे प्रजातन्त्र में ही विश्वास रखते थे, इस तथ्य पर हम आगे विचार करेंगे।

राममोहन की राजनैतिक विचारधारा, उनके धार्मिक विचारधारा में निहित, उपनिषदों में वर्णित मानव के शाश्वत और स्वछन्द स्वरूपों पर आधारित है। उनके धार्मिक, सामाजिक सुधारवाद और राजनैतिक आन्दोलनों के बीच गहरा सम्बन्ध रहा है। इस विषय में राममोहन के विचार उनके डिगबी साहब को लिखे एक पत्र के इस अंश से स्पष्ट होता है: "The present system of religion adhered to by by the Hindus is not well calculated to promote their political interest. The distinction of castes, introducing innumrable divisions and subdivisions among them has entirely deprived them of patriotic feeling, and the multitude of religous rights and ceremonies and the laws of purifications have totally qualified them from undertaking any different enterprise.... It is I think, necessary that some change should take place in their religion, atleast for the sake of their political advantage and social comfort."[4]

अर्थात्, हिन्दुओं द्वारा अनुवर्तित धार्मिक पद्धति उनके राजनैतिक हितों के परिपन्थी हैं, समाज छोटे-छोटे अनगिनत वर्गों में बँटा होने के कारण देशभक्ति की भावना से वंचित है। धार्मिक रीति-रिवाजों की अधिकता और शुद्धीकरण के नियम उद्योग-धन्धों के मार्ग में बाधक स्वरूप हैं।

राममोहन के राजनैतिक विचारधारा को समझने के लिए यह पत्रांश महत्त्वपूर्ण है। यद्यपि सदियों की गुलामी ने देश और जाति को अधःपतन के दरवाजे तक पहुँचा दिया था फिर भी राममोहन को देश और जाति के पुनरुत्थान में विश्वास था, क्योंकि योग्यता की दृष्टि से वे भारतवासियों को किसी भी यूरोपीय से कम नहीं समझते थे। जातिभेद के विरुद्ध राममोहन ने स्पष्ट कहा था कि कोई भी व्यक्ति किसी से ऊँचा नहीं है। एशियाई लोगों पर लगाये गए पौरुषहीनता के आरोप का खण्डन करते हुए उन्होंने कहा था कि प्राचीन काल सभी महापुरुषों का जन्म एशिया खण्ड में ही हुआ। प्राचीन भारत की महानता पर प्रकाश डालते हुए राममोहन ने कहा था कि प्राचीन काल में ज्ञान का प्रकाश सर्वप्रथम भारत में ही हुआ और संसार को इस बात का ऋण स्वीकार करना चाहिए। आज यदि वे यूरोपीय लोगों से पिछड़ गए हैं तो इसका कारण केवल तकनीकी उन्नति और प्रजातन्त्री संस्थाओं की कमी मात्र है।[5]

इस पिछड़ेपन को दूर करने के उपाय के रूप में उन्होंने ब्रिटिश-शासन का इस्तेमाल करने की बात सोची थी। उनका विचार था कि विदेशी संस्पर्श में आने पर भारत के लोग विश्व संस्कृति से सम्बन्ध स्थापित कर सकेंगे और भारत में प्रजातन्त्र की स्थापना हो सकेगी। इस प्रकार भारत भी स्वतन्त्र और प्रबुद्ध राष्ट्रों की श्रेणी में आ जाएगा। क्रिश्चियन पब्लिक को लिखी गई अपनी 'अन्तिम अपील' के अन्त में उन्होंने लिखा था :

> I now conclude my essay by offering up thanks to the Supreme Disposer of the events of Universe for having unexpectedly delivered this country from the long-continued tyranny of its former rulers, and placed it under the government of the English – a nation who not only are blessed with enjoyment of civil and political liberty but also interest themselves in promoting liberty and social happiness, as well as free enquiry into literary and religious subjects, among those nations to which their influence extends."[6]

अर्थात्, भगवान का शुक्र है कि पूर्ववर्ती शासकों के लम्बे चले आ रहे निरंकुश शासन से देश को मुक्ति मिली है और अब देश अंगरेजों के शासनाधीन है जो स्वयं नागरिक और राजनैतिक स्वतन्त्रता से अभिमन्त्रित हैं और जिन्हें दूसरों की स्वाधीनता और सामाजिक उन्नति अभिप्रेत है।

इस उक्ति के पीछे कुछ वास्तविकता और कुछ सम्भावनाएँ थीं। तत्कालीन परिस्थिति और ब्रिटिश शासन की सुविधाओं को देखते हुए राममोहन दूरदर्शी और व्यावहारिक राजनीतिविद् थे। राममोहन अच्छी तरह समझते थे कि देश की शासन व्यवस्था को आधुनिक ढाँचे पर लाने में पाश्चात्य देशों की शासन व्यवस्था का किसी सीमा तक अनुकरण आवश्यक है। इसी से उस काल के उदार विचारकों के अनुरूप अंगरेजी शासन के मंगलकारी पक्ष की राममोहन ने हिमायत की। इसी से कई आलोचकों ने उन्हें अंगरेजी शासन का समर्थक होने की शिकायत की थी।

लेकिन यह उनकी अन्तिम राय नहीं थी। उनकी अपनी नारी अधिकार विषयक पुस्तिका (Encroachment on the ancient rights of the female) में लिखा था कि यद्यपि ब्रिटिश शासन से देश को कुछ लाभ हुए हैं—लेकिन आने वाली पीढ़ियाँ ही यह बताने की स्थिति में होंगी कि इस शासन से कितना लाभ हुआ है। यह वास्तविकता थी कि अंगरेजों के साथ नये राजनैतिक और सामाजिक विचारधारा का आगमन हुआ था। देश का युवक वर्ग स्वतन्त्रता, समानता और अन्तर्राष्ट्रीयता के प्रति आकृष्ट होने लगा था। एक नया बौद्धिक मध्यवर्ग का जन्म हो रहा था। राममोहन बचपन से ही स्वतन्त्र विचारों के व्यक्ति थे। इसी से देश-विदेशों में जहाँ

कहीं स्वतन्त्रता का संघर्ष चल रहा था राममोहन ने उसका पूरी तरह समर्थन किया। जब यूरोप में नेपल्स की स्वाधीनता का हनन हुआ तो राममोहन बड़े दुखी हुए थे। लेकिन जब दक्षिण अमेरिका में स्पेन के साम्राज्यवाद से मुक्त होने का संघर्ष चल रहा था तो राममोहन प्रसन्न थे। और इसी तरह जब स्पेन की जनता अपने अधिकारों के लिए संघर्ष कर रही थी तो राममोहन ने उनका पक्ष लिया। स्पेन की स्वाधीनता के प्रति राममोहन की सहानुभूति की बात स्पेन के लोगों को भी मालूम थी क्योंकि स्पेनिश संविधान (1812) की एक प्रति राममोहन राय के नाम पर समर्पित पाया गया है।[7] यह सभी को ज्ञात है कि उपनिवेशवाद के विरुद्ध एक सफल विद्रोह अमेरिका का स्वाधीनता संग्राम था। यह संग्राम भी राममोहन की प्रेरणा का प्रमुख स्रोत था। फ्रान्सीसी क्रान्ति ने राममोहन को कितना प्रभावित किया था, यह हम पहले पढ़ चुके हैं।

भारत में अंगरेजी राज की स्थापना ने युवा राममोहन के मन को कितना दुखी किया था यह उनके आत्मजीवनी परक पत्र से स्पष्ट झलकता है : "I proceeded on my travels and passed through different countries, chiefly within , but some beyound the bounds of Hindustan, with a feeling of great aversion to the establishment of the British power in India."

अर्थात्, राममोहन भारत में ब्रिटिश राज की स्थापना पर अत्यन्त दुखी होकर देश के भीतर और हिन्दुस्तान की सीमा से बाहर कुछ देशों की यात्रा पर चले गए थे।

लेकिन आगे चलकर जब वे पश्चिमी सभ्यता और ज्ञान-विज्ञान के संस्पर्श में आए तो उनके राजनैतिक विचारों में परिवर्तन आया। इस परिवर्तन के पीछे रंगपुर प्रवास के दौरान डिगबी साहब का साहचर्य प्रमुख था। धीरे-धीरे राममोहन इस निर्णय पर पहुँचे कि यद्यपि अंगरेजी शासन विदेशी गुलामी है फिर भी इसके कुछ परोक्ष लाभ हैं। यह तथ्य सर्वविदति है कि मुगल और पठान काल में अकसर लोगों के धार्मिक अधिकारों का हनन होता रहा है। सत्रहवीं और अठारहवीं शताब्दी तो अराजकता का ही काल था। अंगरेज शासन के अधीन आकर ही देश की राजनैतिक स्थिति में कुछ स्थिरता आयी। कानूनी प्रशासन में भी कुछ सुधार नजर आने लगा। राममोहन इस स्थिति का लाभ उठाना चाहते थे। क्योंकि देश की राजनैतिक प्रक्रिया को कायम करने का यही उपयुक्त समय था। एक जगह उन्होंने कहा था, "India required many more years of English Domination so that she might not have to lose many things while she was reclaiming her political independence."[8]

इस बारे में उनका स्पष्ट विचार था कि देश की प्रशासनिक भलाई के लिए कोई चालीस या पचास वर्ष तक अंगरेजी शासन कायम रहना चाहिए। इसी परिप्रेक्ष्य में

24 जुलाई 1832 को ब्रिटिश पार्लियामेण्ट के सम्मुख भारत में यूरोपीय नागरिकों के बसने के पक्ष में जो दस्तावेज़ पेश किया था उसमें उनकी दूरदर्शिता और परिपक्व राजनैतिक विचारों की झलक मिलती है।[9] लेख के पहले भाग में यूरोपीय नागरिकों के भारत में बसने से होने वाले लाभों का विशद वर्णन है और दूसरे भाग में सम्भावित नुकसानों का जायजा लिया गया है। उपयोगिताओं का विवरण संक्षेप में इस प्रकार है :

(1) भारत में पश्चिमी देशों के अनुरूप आधुनिक कृषि, व्यापार और मशीनीविधा का आरम्भ।

(2) संचार माध्यमों के विकास से देश में फैले अंधविश्वासों का दूरीकरण।

(3) कानून और न्यायिक व्यवस्था में सुधार।

(4) राजनैतिक सत्ता के दुरुपयोग को रोकना।

(5) यूरोपीय ज्ञान-विज्ञान का प्रचार और स्कूल और शिक्षण संस्थाओं के द्वारा अंगरेजी भाषा की शिक्षा।

(6) प्रशासनिक अधिकारियों के लिए देश के बारे में सही तथ्यों को प्राप्त करने में सहयोग।

(7) विदेशी आक्रमण से सुरक्षा।

(8) ग्रेट ब्रिटेन जैसे प्रबुद्ध उदारवादी प्रजातन्त्र के साथ निकट का सम्बन्ध जो इस देश के शासन को भी लम्बे समय तक प्रभावित करेगा।

(9) ऐसी स्थिति में जब दोनों देश एक दूसरे से अलग होने की स्थिति बन जाए तब भी इस देश में बसे यूरोपीय नागरिक इस देश की और पड़ोसी एशियाई देशों की प्रगति में सहयोग दे सकेंगे।

हानि का ब्योरा देते हुए उन्होंने लिखा था, शासक और भारत में बसने वाले यूरोपीय नागरिकों में जातिगत सम्बन्ध होने के कारण हो सकता है कि बसने वाले यूरोपीय मूल के लोग भारतीयों पर अपना प्रभुत्व जमाने की कोशिश करें और रंग और धार्मिक भिन्नता के कारण भेद-भाव बरतें। इस समस्या का समाधान पेश करते हुए राममोहन ने लिखा था कि पहले बीस वर्षों तक केवल शिक्षित, चरित्रवान और धनी यूरोपीय लोगों को भारत में आने दिया जाए क्योंकि ऐसे व्यक्ति आमतौर पर दूसरों के धर्म या संस्कृति में हस्तक्षेप नहीं करते।

शासक वर्ग से होने के कारण, इस देश में बसने वाले यूरोपीय, अक्सर देशी लोगों पर हावी होने की कोशिश करेंगे। इस समस्या के समाधान के लिए उन्होंने न्यायालयों में देशी और यूरोपीय अटार्नी को बराबरी का दर्जा दिये जाने का प्रस्ताव रखा।

स्वार्थों के टकराव से ऐसी स्थिति उत्पन्न की सम्भावना की ओर संकेत किया जब स्वदेशी और विदेशी स्वार्थों में खुलेआम संघर्ष हो जाए और सरकार देशी लोगों को काबू में लाने के लिए खून-खराबी का सहारा ले। ऐसी हालत में ब्रिटिश साम्राज्य के लगातार कमजोर पड़ने की सम्भावना होगी। इस स्थिति के समाधान के लिए भी राममोहन ने शिक्षित, चरित्रवान और धनी वर्ग के यूरोपीय लोगों को ही इस देश में बसाने का पक्ष लिया।

राममोहन ने आगे लिखा कि कुछ लोगों का विचार है कि यूरोपीय लोगों के बसने से ऐसी स्थिति उत्पन्न हो सकती है जब भारत भी अमेरिका की तरह अपने को स्वतन्त्र राष्ट्र घोषित कर दे। राममोहन के अनुसार ऐसी स्थिति में कम से कम दोनों राष्ट्रों में मित्रतापूर्ण सम्बन्ध और व्यापार कायम रह सकेंगे। इसके अतिरिक्त राममोहन ने इस लेख में कई एक छोटी-छोटी असुविधाओं या हानियों का उल्लेख किया गया है। राममोहन के इन विचारों से यह स्पष्ट है कि राममोहन कुछ वर्षों के लिए प्रगतिशील और उदारपन्थी ब्रिटिश शासन के पक्ष में थे, साथ ही उन्हें यह भी विश्वास था कि एक न एक दिन यह देश अपने अधिकारों के बल पर अवश्य ही स्वतन्त्र होगा। ब्रिटिश शासन केवल एक उद्देश्य की प्राप्ति में सहायक कड़ी का काम करेगी।

1828 में इंग्लैण्ड में अपने मित्र श्री क्रैफोर्ड को राममोहन ने जो चिट्ठी लिखी थी वह एक भविष्यवाणी ही थी।

"Supposing that some 100 years hence the Native characters become elevated from constant intercourse with Europeans and the acquirement of general and political knowledge as well as of modern arts and sciences, is it possible that they will not have the spirit as well as the inclination to resist effectually any unjust and oppressive measures serving to degrade them in the scale of society? It should not be lost sight of that the position of India is very different from that of lreland, to any quarter of which and English fleet may suddenly convey a body of troops that may force its way in the requisite direction and succeed in suppressing every effort of a refractory spirit. Were India to share one fourth of the Knowledge and energy of that country she would prove from her remote situation, her riches and her vast population, either useful and profitable as a willing province, an ally to the British Empire or troublesome and annoying as a determined enemy"[10]

अर्थात्, यदि कल्पना करें कि कोई सौ वर्ष बाद, यूरोपीय लोगों के संसर्ग से प्राप्त राजनैतिक ज्ञान, आधुनिक विज्ञान और तकनीकी दक्षता प्राप्त करने पर, देश के

लोगों में चारित्रिक परिवर्तन आता है, तब क्या यह सम्भव है कि उनमें अन्याय और अत्याचार के विरुद्ध आवाज उठाने या प्रतिरोध करने की भावना जागृत न होगी? यह भूलना नहीं चाहिए कि यह देश आयरलैण्ड की तरह नजदीक नहीं, कि जब चाहा ब्रिटिश बेड़ा विद्रोह दबाने के लिए भेज दिया। भारत, यदि उस देश की तुलना में एक चौथाई ज्ञान और शक्ति भी प्राप्त कर ले तो वह अपनी दूरी, जनशक्ति और वैभव के बल पर या तो ब्रिटिश साम्राज्य का लाभकारी और इच्छुक प्रदेश बना रहेगा अन्यथा एक उपद्रवी, परेशान करने वाला दृढ़प्रतिज्ञ शत्रु बन जायेगा।

इस पत्र में राममोहन ने भविष्य में आने वाले स्वतन्त्रता-संग्राम का स्पष्ट संकेत दिया है। इससे अंगरेजी शासन के परिप्रेक्ष्य में दो प्रकार की सम्भावनाओं का जिक्र है। भारत या तो ब्रिटेन के सहयोगी मित्र राष्ट्र के रूप में उभरेगा या फिर प्रबल शक्तिशाली शत्रु बन जायेगा, जिसको दबाना हजारों मील दूर ब्रिटेन के लिए सम्भव नहीं होगा।

इसी विषय में मिस कोलेट ने अपनी पुस्तक में राममोहन के साथ सुप्रसिद्ध फ्रान्सीसी विद्वान विक्टर जैकमों से बातचीत का जिक्र किया है, जिसमें राममोहन ने कहा था कि भारत को अपनी उन्नति के लिए अभी कई वर्षों तक अंगरेजी शासन की आवश्यकता होगी क्योंकि ऐसा न हो कि स्वाधीनता प्राप्ति के अवसर पर इस शासन के निहित लाभों से देश वंचित हो।

राममोहन की राजनैतिक दूरदर्शिता इसी में थी कि उन्हें अंगरेजी शासन की बुराइयों और पराधीनता के कष्टों को झेलते हुए भी देश के लिए एक योग्य प्रशासन की स्थापना के लिए तथा देश की आर्थिक और सामाजिक प्रगति के लिए कुछ वर्षों तक ब्रिटिश शासन और पराधीनता को स्वीकार करने में उन्हें कोई झिझक नहीं थी। कई आलोचकों ने राममोहन के इन विचारों को प्रतिक्रियावादी ठहराया है लेकिन ऐतिहासिक मूल्यांकन से स्पष्ट है कि राममोहन अपने समय में दूर भविष्य में देखने की क्षमता रखते थे। इसी प्रसंग में यहाँ स्पष्ट करना आवश्यक है कि अंगरेजी शासन ने एक नये बुर्जुआ और बौद्धिक मध्यवित्त श्रेणी को जन्म दिया, जिसका सामाजिक और आर्थिक प्रगति में भारी योगदान था। इस श्रेणी ने देश के आधुनिकीकरण, औद्योगीकरण, शिक्षा और संस्कृति के क्षेत्र में महत्त्वपूर्ण ऐतिहासिक भूमिका निभाई। इस बुर्जुआ श्रेणी की ऐतिहासिक भूमिका के बारे में मार्क्स ऐंजल्स की प्रसिद्ध पंक्तियों को याद करना उपयुक्त होगा—

"The bourgeoisie, historically has played a most revolutionary part. The bourgeoisie where ever it has got the upper hand, has put an end to all feudal patriarchal idyllic relation....It has been the first to show that man's activities can bring about..."[11]

यहाँ पर भारत में ब्रिटिश साम्राज्य की भूमिका के बारे में कार्ल मार्क्स के विचारों को उद्धृत करना भी प्रासंगिक होगा क्योंकि इन विचारों के साथ पूर्ववर्ती काल में राममोहन के विचारों का अद्भुत सामंजस्य पाया जाता है। अपनी प्रसिद्ध पुस्तक *"First Indian war of Independence 1857-59"* में मार्क्स ने लिखा था:

"England it is true is causing a social revolution in Hindustan, was actuated only by the vilest interests and was stupid in her manner of enforcing them. But that is not the question. The question is, can mankind fulfil its destiny without a fundamental revolution in the social state of Asia? if not, whatever may have been the crimes of England she was unconcious tool of history in bringing about that revolution.

England has to fulfil a double mission in India : one destructive, the other regenerating.—The annihilation of old Asiatic Society and laying of the material foundations of Western sociey in Asia.."

अर्थात्, अपने हीन उद्देश्यों के बावजूद इंग्लैण्ड भारत में एक सामाजिक क्रान्ति का निमित्त बन रहा है। चाहे इंग्लैण्ड का कुछ भी अपराध रहा हो लेकिन भारत में क्रान्ति लाने में उसने इतिहास के एक अनजान हथियार की भूमिका निभाई है। इंग्लैण्ड को भारत में दोहरा लक्ष्य पूरा करना होगा। पहला ध्वंसकारी और दूसरा पुनरुज्जीवन का लक्ष्य। एक के द्वारा पुराने एशियाई समाज का ध्वंस होगा और दूसरी ओर एशिया में यूरोपीय आर्थिक समाज व्यवस्था की नींव डाली जाएगी।

मार्क्स ने यह विचार 1853 में व्यक्त किए थे, जो कि इससे पहले, इसी शताब्दी में दो दशक पूर्व राममोहन द्वारा प्रतिपादित विचारों की प्रतिध्वनि मात्र कहा जाएगा। राममोहन ने भी मध्यवर्गीय श्रेणी की आवश्यकता को अनुभव किया था और मध्ययुगीन सामन्तवाद और अराजकता से देश को आधुनिकता के दरवाजे पर लाने के लिए अंगरेजी शासन की उपयोगिता को समझने वाले राममोहन ही पहले व्यक्ति थे। इंग्लैण्ड से अपने प्रिय शिष्य प्रसन्न कुमार ठाकुर को एक पत्र में उन्होंने लिखा था : यद्यपि किसी भी प्रबुद्ध व्यक्ति के लिए यह असम्भव है कि वह राजनैतिक पराधीनता और विदेशियों पर निर्भरशीलता की बुराइयों को महसूस न कर सके, लेकिन जब हम ग्रेट ब्रिटेन के साथ अपने सम्बन्धों से प्राप्त हुई सुविधाओं की ओर ध्यान देते हैं तो हमें वर्तमान स्थिति से सन्तोष करना पड़ता है क्योंकि इसी के द्वारा आने वाली पीढ़ियों को स्थाई लाभ की उम्मीद बँधेगी।"[12] इसी विषय पर राममोहन के बारे में उनके परम मित्र एडम साहब ने कहा था— " He saw —a man of his acute mind and local knowledge could not but see—the selfish, cruel and almost insane errors of the English in governing India, but he also saw that their system of government and policy had redeeming qualities not to be found in the native government.[13]

पाश्चात्य ज्ञान-विज्ञान और विदेशी शासन के गुणों का फायदा उठाकर राममोहन ने देश में नवजागरण की मशाल को प्रज्ज्वलित करने में जिस राजनैतिक सूझबूझ का परिचय दिया। वह उस काल और परिस्थिति के परिप्रेक्ष्य में महत्त्वपूर्ण था। इस नई राजनैतिक विचारधारा ने परवर्ती काल में हमारे स्वतन्त्रता संग्राम को प्रभावित किया था। काँग्रेस के नरमपन्थी दल और गाँधी जी की राजनीति में राममोहन का प्रभाव स्पष्ट दिखायी देता है। राममोहन की विचार प्रक्रिया के जिन मूल तत्त्वों ने भारत की राजनैतिक चेतना को जागृत करने में सहयोग दिया उनका सारांश इस प्रकार है :

(1) पाश्चात्य दर्शन, ज्ञान-विज्ञान और अंगरेजी शिक्षा के प्रचार-प्रसार में सक्रिय भूमिका;

(2) हिन्दू धर्म के शाश्वत और सार्वभौम मूल्यों का अनुशीलन एवं प्रचार;

(3) लोकमंगल की भावना से धर्म सुधार, समाज सुधार के लिए शास्त्रार्थ और आन्दोलन;

(4) विदेशी शासन और यूरोपीय प्रवासियों के प्रति सहानुभूति और सहयोग का रवैया;

(5) प्रशासनिक, न्यायिक और व्यक्ति स्वतन्त्रता के लिए आन्दोलन, अपील और जनसभाओं का संगठन;

(6) धर्म और जाति निरपेक्ष शासन तन्त्र की स्थापना का उपक्रम;

(7) पाश्चात्य दर्शन के अनुरूप स्वाधीनता, समानता और भ्रातृत्व के आदर्शों का देश में प्रचार;

(8) प्रकाशन और पत्रकारिता के क्षेत्र में पहल;

(9) ब्रिटिश पार्लियामेण्ट के सामने भारत के प्रशासनिक मसलों पर विचार करने का व्यावहारिक प्रयत्न एवं;

(10) अन्तर्राष्ट्रीयता के परिप्रेक्ष्य में भारतीय समस्याओं का अनुशीलन और सम्बन्धों की स्थापना।

हम देख चुके हैं कि राममोहन ने देश की राजनैतिक जीवन के प्रायः प्रत्येक क्षेत्र में अपनी छाप छोड़ी। प्रेस की स्वाधीनता के लिए उनके आन्दोलन के बारे में हम पिछले अध्याय में पढ़ चुके हैं। न्यायालयों और दूसरे प्रशासनिक मुद्दों पर सुधार के लिए राममोहन के आन्दोलन, कृषि और औद्योगिक मसलों पर उनकी पहल के बारे

में अगले अध्याय में कुछ विस्तार से विचार किया जाएगा। इस प्रकार देखा जाए तो आधुनिक भारत की राजनीति में राममोहन ही पहले युगपुरुष थे जिन्होंने देश में राजनैतिक चेतना को जागृत किया।

सन्दर्भ और टिप्पणियाँ

1. "W. Adam : *A lecture on the life and labours of Rammohun Roy* 2nd ed.Calcutta 1977: pg. 16-17 मूल पंक्तियाँ इस प्रकार हैं : He would be free or not be at all.... Love of freedom was perhaps the strongest passion of his soul, freedom not of action merely, but of thought.... The tenacity of personal Independence, this sensitive jealosy of the slightest approach to an encroachment on his mental freedom was accompanied with a very nice perception of the equal rights of others, even of those who differed most widely from him in religion and politics."
2. Collet : pg 130-131.11 Angust 1821 को अपने मित्र मि. बकिंघम को पत्र लिखा था कि वे यूरोप के दुखद समाचारों से उन्हें निराशा हो रही है ".... I am obliged to conclude that I shall not live to see liberty universally restored to the nations of Europe and Asiatic nations specially those that are European colonies, possessed of a greater degree of the same blessing that what they now enjoy under the circumstances I consider the cause of the Neopolitans as my own and heir enmies as ours. Enemies to liberty and friends of despotism have never been and never will be ultimately successful."
3. Crawford. S.C : *Rammohun Roy* pg. 118 में *स्टानफोर्ड आनर्ट* के लेख का सन्दर्भ।
4. वही : पृ. 115 के डिगबी साहब के पत्र से उद्धृत।
5. *English works,* pt. IV pg. 72.
6. वही : *Final appeal of the Christian public* से उद्धृत।
7. Collet पृ. 160-161 के उल्टी तरफ स्पेनिश संविधान के प्रथम पृष्ठ की और समर्पण-पृष्ठ की प्रतिलिपि प्रकाशित है। सम्भवतः किसी व्यक्ति ने संविधान की व्यक्तिगत प्रति पर राममोहन का नाम मुद्रित करा लिया हो।
8. वही : पृ. 386-387 पर सम्पादकीय टिप्पणी में फ्रान्सीसी दार्शनिक विक्टर जैकामों के राममोहन से सम्बन्धित संस्मरणों को उद्धृत किया है।

9. *English Works* : Remarks on Settlement in India by Europeans (Parliamentary Papers, House of Commons 1831-32, Vol VIII).
10. Collet : पृ. 267-268 से उद्धृत।
11. विश्वास : पृ. 20 से उद्धृत।
12. मजूमदार : *प्रोग्रेसिव मूवमेंट* : पृ. 394 पर उद्धृत पत्र की प्रतिलिपि देखें।
13. Collet पृ. 387 से उद्धृत।

●

अध्याय–21

न्यायिक और प्रशासनिक सुधार के लिए आन्दोलन

पिछले अध्याय में हमने देश में राजनैतिक चेतना को जागृत करने में राममोहन की भूमिका के बारे में पढ़ा इस अध्याय में इसी सन्दर्भ में उठाये गए कुछ न्यायालय सम्बन्धी और प्रशासनिक मुद्‌दों पर कुछ विस्तार से विचार करेंगे। हम पहले ही लिख चुके हैं कि राममोहन के सारे कार्यकलापों के पीछे लोक-मंगल की भावना ही प्रमुख थी। जहाँ कहीं अन्याय या भेदभाव बरता जा रहा था, वहीं उन्होंने डटकर उसका मुकाबला किया। वस्तुतः यहीं से हमारे देश में स्वराज आन्दोलन की नींव पड़ी, जिसने परवर्ती काल में काँग्रेस की स्थापना के साथ राष्ट्रीय आन्दोलन में ऐतिहासिक भूमिका निभाई।

राममोहन ने प्रशासनिक सुधारों के लिए जिन आन्दोलनों का श्रीगणेश किया था, उनमें न्यायपालिकाओं में सुधार का आन्दोलन प्रमुख था। ईस्ट इण्डिया कम्पनी के प्रारम्भिक काल में न्यायपालिका व्यवस्था अपने विकास के प्रारम्भिक दौर में था। न्यायपालिका के लिए न कोई संहिता थी और न ही कोई नियमावली। सभी नागरिकों के लिए समान कानूनी व्यवस्था भी नहीं थी। शासक श्रेणी और शासित देशी लोगों के बीच भेदभाव बरता जाता था। 1774 के जूरी कानून के अन्तर्गत केवल यूरोपीय नागरिकों को ही जूरी के पद पर आसीन होने का अधिकार था। देश के हिन्दू-मुसलमान के अलावा देशी ईसाई या एंग्लो इंडियन भी इस अधिकार से वंचित थे। भेदभाव की इस नीति के विरुद्ध 1816 में एक विरोध पत्र नागरिकों की ओर से कोर्ट ऑफ डाइरेक्टर्स के पास इंग्लैण्ड में भेजा गया था। उत्तर में केवल इतना कहा गया कि सुप्रीम कोर्ट के पास देशी नागरिकों को जूरी पद पर नियुक्त करने का अधिकार है,[1] यदि कोर्ट अपने इस अधिकार का प्रयोग नहीं करती है तो यह दूसरी बात है। 1817 में कलकत्ता के देशी नागरिकों ने एक बार फिर सुप्रीम कोर्ट के सामने अपनी माँग दोहरायी। लेकिन यह माँग यह कहकर टाल दी गई कि पार्लियामेण्ट ही इस दिशा में कोई कदम उठा सकती है। इस प्रकार बात कोई अगले चार-पाँच साल के लिए टल गई। 8 जनवरी 1822 को कलकत्ता के नागरिकों की ओर से एक और अपील

सुप्रीम कोर्ट के सामने पेश की गई। ऐसा लगता है कि लगभग इसी समय से राममोहन इस आन्दोलन में शामिल हो गए। राममोहन ने अपनी पत्रिका 'सम्वाद कौमुदी' के 11 दिसम्बर 1821 के अंक में लिखा था—

> "ब्रिटिश संविधान के सभी प्रशंसनीय संस्थाओं में फौजदारी मामलों में बारह निरपेक्ष ईमानदार और बुद्धिमान व्यक्तियों द्वारा निर्णय लेने की प्रथा या 'ट्रायल बाई जूरी' की प्रथा है जो इस महानगर के नागरिकों के लिए सौभाग्य और सन्तोष का कारण है।"[2]

क्योंकि मुगल शासन के दौरान इस प्रकार की न्यायिक व्यवस्था का प्रावधान नहीं था। इस व्यवस्था में राममोहन को भारत के प्राचीन 'पंचायत' पद्धति की झालक दिखाई दी हो, तो आश्चर्य नहीं। लेकिन इस प्रशंसनीय संस्था में भी प्रयुक्त भेदभाव की नीति ने राममोहन को आन्दोलन छेड़ने के लिए बाध्य किया। क्योंकि उन्हें स्पष्ट दिखाई दे रहा था कि न्यायिक प्रशासन के मामले में मोटे तौर पर भारतीयों के अधिकारों का हनन हो रहा है। उन्होंने इस मसले पर एक अनुभवी न्यायशास्त्री की तरह बड़ी योग्यता से आन्दोलन का संचालन किया।

इधर जब भारत में प्रचलित जूरी व्यवस्था के विरुद्ध आन्दोलन चल रहा था, तो उधर सीलोन (श्रीलंका) में वहाँ के तत्कालीन चीफ जस्टिस सर एलेक्जेण्डर जॉन्सटन स्थानीय नागरिकों को जूरी पद पर नियुक्त करके देशी लोगों में न्यायिक व्यवस्था के प्रति आस्था कायम करने में सफल हुए। इसी प्रयोग के आधार पर उन्होंने ईस्ट इण्डिया कम्पनी के डायरेक्टरों के सामने प्रस्ताव रखा कि श्रीलंका के अनुभव के आधार पर भारत में भी न्यायिक सुधार किया जा सकता है। इस सिफारिश के आधार पर और चल रहे आन्दोलन के परिप्रेक्ष्य में बिटिश सरकार ने सभी भारतीय नागरिकों को न्यायिक व्यवस्था के संचालन में शामिल करने की बात नीतिगत रूप से मान ली। चूँकि बोर्ड आफ़ कण्ट्रोल के प्रेसीडेण्ट चार्ल्स वाइन इस ओर सहानुभूतिपूर्ण विचार रखते थे इसी से न्यायिक प्रशासन के लिए एक नया ईस्ट इण्डिया जूरी बिल पेश किया गया। नए बिल में देशी नागरिकों को भी बराबरी के अधिकार दिये गये तो शासक वर्ग में खलबली मच गई। शासक और शासित बराबरी का दर्जा कैसे पाते भला। वाइन साहब पर काफ़ी दबाव डाला गया तो उक्त विधेयक में एक नई धारा जोड़ दी गई। इस धारा के अनुसार साधारण जूरी के पद पर देशी नागरिकों की नियुक्ति हो सकती थी लेकिन प्रधान जूरी के पद पर केवल ईसाई मतावलम्बी ही नियुक्त हो सकेगा। इसके अतिरिक्त यह प्रस्ताव भी रखा गया कि ऐसे मामलों में जहाँ विवाद का सम्बन्ध ईसाई धर्मावलम्बियों से होगा वहाँ सारे जूरी ईसाई ही होंगे। लेकिन हिन्दू या मुसलमानों से सम्बन्धित मामलों में ईसाई जूरी भी न्याय की गद्दी पर बैठ सकेंगे।[3] इस प्रकार धर्म के आधार पर यह भेदभाव पूर्ण ईस्ट इण्डिया जूरी बिल 5 मई 1826 को पार्लियामेण्ट ने पास कर दिया।

इस नये कानून का पूरे भारत में भारी विरोध हुआ। कलकत्ता और बंगाल के अलावा मद्रास और बम्बई में भी इस नए जाति भेद-भाव पूर्ण कानून के विरुद्ध विशिष्ट नागरिकों ने आवाज उठाई। राममोहन के लिए यह कानून अपमानजनक था क्योंकि यह, उनके विचार में ब्रिटिश संविधान, आचार-संहिता के विरुद्ध और न्याय संहिता के आधारभूत सिद्धांतों से हटकर था। उन्होंने अपनी पत्रिका 'सम्वाद कौमुदी'' के पृष्ठों में इस कानून के विरुद्ध आक्रमण आरम्भ कर दिया। उन्होंने 'कौमुदी' के लेख में कहा कि इस नए कानून के अन्तर्गत, हिन्दू और मुसलमानों को ईसाई के न्याय को मानना ही पड़ेगा जबकि हम लोगों को जो एक ही देश के वासी हैं ईसाइयों के दोष या गुणों पर विचार करने का कोई भी अधिकार नहीं होगा।[4]

ईसाइयों और भारत के दूसरे धर्मों के बीच इस असन्तुलित व्यवहार में राममोहन ने एक धार्मिक षड्यन्त्र की आशंका व्यक्त की। राममोहन ने कहा कि पिछले तीस सालों में ईसाई मिशनरी और पादरी किताबें बाँटकर या दूसरे तरीकों से ईसाई धर्म में एक भी सच्चे व्यक्ति को परिवर्तित नहीं कर सके। लेकिन इस नये कानून के कारण लोग शायद ईसाई धर्म की शरण में जायें।

"When rulers of the country use force or art, to win over their subjects to their own faith from that of their ancestors, who shall have the power to oppose."[5]

राममोहन ने स्पष्ट शब्दों में कहा कि यदि ईसाइयों को अपने न्याय के केवल ईसाई जूरी की व्यवस्था है तो हिन्दुओं और मुसलमानों के मामले में केवल उसी धर्म के जूरी नियुक्त किये जाने चाहिये अन्यथा जैसे हिन्दू-मुसलमानों के मुकदमों में ईसाई जूरी को अधिकार है उसी प्रकार ईसाइयों के मुकदमों में हिन्दू और मुसलमान जूरी को न्याय देने का अधिकार मिलना चाहिए।[6] इस प्रकार वे किसी हीनता को सहने के विरोधी थे। उन्होंने आगे कहा कि इस कानून से हिन्दू और मुसलमान सभी अपनी मान-मर्यादा और प्रतिष्ठा के बावजूद ईसाइयों के कदम को चूमने पर मजबूर होंगे। "The order of the parliamentary Act has laid all Hindoos and Musulmans without any regard to rank or respectablity prostrate at the feet of Christians, whether of this or any other place"[7]

इसके पश्चात् राममोहन ने इस आन्दोलन को आगे बढ़ाते हुए एक आवेदन पत्र इंग्लैण्ड में भारत के प्रभुओं के पास भेजने के लिए प्रस्तुत किया। इस आवेदन-पत्र पर राममोहन के अलावा अनेक विशिष्ट हिन्दू और मुसलमान नागरिकों ने हस्ताक्षर किये थे। यह आवेदन-पत्र भारतीयों की रक्षा की दिशा में एक भारी पहल थी। इसमें राममोहन ने जिस प्रकार जूरी कानून के विरोध में तर्क प्रस्तुत किए और कुछ एक मूल प्रश्न उठाये। उनसे वस्तुतः उनकी ऐतिहासिक दूरदर्शिता का ही परिचय मिलता

है। इस आवेदन-पत्र में जूरी कानून की तीसरी धारा से पैदा हुए भेदभाव के विरुद्ध कई एक तर्क प्रस्तुत किए गये। प्रमुख तर्क था कि धार्मिक आधार पर न्यायिक व्यवस्था में भेदभाव भविष्य के भारत के लिए बहुत ही हानिकारक सिद्ध होगा। देशी नागरिकों में इस प्रश्न को लेकर असन्तोष फैलना स्वाभाविक है। इस आवेदन-पत्र को राममोहन ने लंदन में श्री क्रेफोर्ड के माध्यम से पार्लियामेण्ट में पेश किया। श्री क्रेफोर्ड को लिखे अपने प्रसिद्ध पत्र में राममोहन ने भारत के भविष्य के बारे में जो विचार रखे थे उसका कुछ अंश पहले ही उद्धृत किया जा चुका है। आवेदन-पत्र के विचार बहुत सीमा तक राममोहन के "सम्वाद कौमुदी" में प्रकाशित लेख के विचारों के अनुरूप ही थे। इसी से स्पष्ट होता है कि आवेदन-पत्र भी राममोहन ने तैयार किया होगा। इसी आवेदन-पत्र के अन्त में कहा गया था कि यदि कानून में से इन असमानताओं को दूर न किया गया तो हो सकता है कि कोई भी हिन्दू या मुसलमान जूरी के पद पर काम करने को तैयार न हो।

"......if these disabilities are not removed in time no Hindu or Mohammedan inhabitant will willingly serve as a juror in any capacity"[8]

और घटनाएँ भी कुछ इस प्रकार हुई कि उस वर्ष कोई भी हिन्दू या मुसलमान जूरी के पद पर काम करने के लिए आगे नहीं आया। शायद यही भारत में पहला असहयोग आन्दोलन था। कलकत्ता के "जॉन बुल" पत्रिका ने 1 अगस्त 1828 के अंक में लिखा था कि शायद जूरी कानून में अयोग्यता की अपमानजनक धारा के कारण कोई भी हिन्दू-मुसलमान जूरी के पद पर काम करने को राजी नहीं हो रहे हैं। यदि यह अयोग्यता दूर कर दी जाए तो शायद वे लोग जूरी के पद पर काम करने को राजी हो जाएँगे।[9]

राममोहन और उनके साथियों द्वारा पेश किया गया आवेदन-पत्र 1829 के मध्य में 'हाउस ऑफ कॉमन्स' में पेश किया गया। काफी बहस और विचार-विनिमय के बाद बोर्ड ऑफ कण्ट्रोल के अध्यक्ष श्री वाइन ने केवल इतना कहा कि जूरी एक्ट की कमियों को सुधार दिया जाएगा। इसी बीच 1831 में मुम्बई के नागरिकों का आवेदन-पत्र भी पार्लियामेण्ट में पेश हुआ जिसमें कानून की इन विशेष धाराओं को हटाने की माँग की गई थी।

चार्ल्स ग्रान्ट इसी बीच 'बोर्ड आफ कन्ट्रोल' के अध्यक्ष के पद पर आए। वे इन आवेदन-पत्रों में उठायी गई माँगों के बारे में पूरी जानकारी रखते थे और इस दिशा में कुछ सुधार करना चाहते थे। उन्होंने एक जाँच समिति नियुक्त कर दी। इधर ईस्ट इण्डिया कम्पनी के कोर्ट आफ डाइरेक्टर्स को सूचित किया कि वे इस दिशा में एक नया विधेयक पार्लियामेण्ट में पेश करने जा रहे हैं जिसके अनुसार पहले जूरी कानून की कमियों को दूर कर सभी भारतीयों को न्याय व्यवस्था में बराबरी का दर्जा दिया जाएगा।

'कोर्ट आफ डाइरेक्टर्स' के अधिकतर सदस्य ऐसे उदार कानून बनाने के पक्ष में नहीं थे। उनका विचार था कि इस मामले में तेजी से आगे बढ़ने पर इसी गति से आखिरकार पीछे हटना पड़ेगा और लक्ष्य पर पहुँचना सम्भव नहीं होगा। इसी से उन्होंने ग्रान्ट साहब को बिल पेश न करने की सलाह दी।

8 दिसम्बर 1831 को कोर्ट आफ डाइरेक्टर्स की तरफ से ग्रान्ट साहब के पास प्रश्नों और आपत्तियों की एक लम्बी सूची भेज दी गई और आपत्तियों पर स्पष्टीकरण माँगा गया।

सौभाग्य से उस समय तक राममोहन इंग्लैण्ड की भूमि पर पहुँच चुके थे। ग्रांट साहब ने इस आपत्तियों को राममोहन के पास उनकी टिप्पणियों के लिए भेज दिया। राममोहन ने प्रत्येक आपत्ति का जोरदार खण्डन पेश करते हुए ग्रान्ट साहब के नए बिल का समर्थन किया। इन आपत्तियों का राममोहन द्वारा दिया गया उत्तर एक महत्त्वपूर्ण दस्तावेज है। नमूने के तौर पर थोड़े से आपत्तियों और उत्तरों का सारांश उद्धृत करना प्रासंगिक होगा।[10]

कम्पनी के बोर्ड आफ डाइरेक्टर्स के सदस्यों की ओर से पहली आपत्ति इस बात पर उठाई गई कि देशी लोगों से यह कतई आशा नहीं की जा सकती है कि वे स्वेच्छा से अंगरेजी कानून और संविधान की शिक्षा प्राप्त करेंगे और अपने को इस पद के अनुरूप योग्य बनाने की कोशिश करेंगे।

उत्तर में राममोहन की दलील थी कि प्रस्तावित कानून में देशी लोगों को योग्यता के अनुसार पद देने का प्रश्न है, पद को ग्रहण करने या न करने की अनिवार्यता का प्रश्न नहीं। केवल जो देशी लोग अंगरेजी कानून की शिक्षा लेंगे और ऐसी जिम्मेवारी लेने के इच्छुक होंगे, उन्हें ही पद दिया जाएगा।

दूसरी आपत्ति थी कि देशी लोगों से आशा नहीं की जा सकती कि वे अवैतनिक जूरी के पद पर कार्य करने को राजी होंगे जब उन्हें यह ज्ञात होगा कि भूल-चूक के लिए उन्हें सुप्रीम कोर्ट में दोषी ठहराया जा सकता है।

इसके उत्तर में उन्होंने कहा कि केवल उन्हीं लोगों को, जो इस खतरे को उठाते हुए जिम्मेवारी लेने को तैयार हों उन्हीं को नियुक्त किया जाए। इस प्रकार दोनों पक्षों को किसी असुविधा का सामना नहीं करना पड़ेगा। जबकि जजों की नियुक्ति के लिए अंगरेजी कानून का ज्ञान आवश्यक माना गया है लेकिन प्रमाणित किया जा सकता है कि ऐसे लोग जो जजों के पदों पर नियुक्त हैं वे सभी अंगरेजी संविधान से परिचित नहीं हैं।

तीसरी आपत्ति में कहा गया था कि देशी लोगों में जिस योग्यता की कमी पाई जाती है वह है विशेष रूप से चारित्रिक दृढ़ता की न्यायाधीश के पद पर रहते हुए कर्तव्य पालन में जो गुण आवश्यक है।

राममोहन ने उत्तर में कहा कि यह बिल्कुल अस्पष्ट अभियोग है क्योंकि बोर्ड आफ डाइरेक्टर्स के बयान में ही पहले कहा गया है कि "देशी लोगों को कई महत्त्वपूर्ण जिम्मेदारी के पदों पर नियुक्त किया गया है। इनमें न्यायपालिका, राजस्व, पुलिस और मजिस्ट्रेट जैसे पद भी हैं। प्रश्न उठता है कि इन लोगों को, जिनमें चारित्रिक दृढ़ता का अभाव है, ये पद कैसे दे दिये गए और केवल जूरी के पद पर आसीन होने से कौन-सी विशेष योग्यता की आवश्यकता होगी? एक ही व्यक्ति एक जिम्मेवारी के पद के योग्य ठहराया जाता है तो दूसरे बराबरी के पद के लिए योग्य क्यों नहीं हैं?

एक और आपत्ति इस बात पर उठायी गई कि इस व्यवस्था से देशी लोगों को यूरोपीय लोगों के व्यक्तिगत चरित्र के बारे में पर्याप्त आदर भाव नहीं रहेगा।

इसके उत्तर में राममोहन ने दलील दी कि यूरोपीय चरित्र और व्यवहार से देशी लोग अच्छी तरह परिचित हैं यहाँ तक कि देशी पुलिस को, कानून तोड़ने वाले यूरोपीय नागरिकों को गिरफ्तार करने का भी अधिकार है। प्रश्न यह है कि क्या इस प्रशासनिक बल-प्रयोग से यूरोपीय नागरिकों के सम्मान को कोई हानि पहुँची है, या ब्रिटिश शक्ति में कोई कमी आयी है?

एक और आपत्ति इस मुद्दे पर उठाई गई कि अंगरेज और ईसाईयों के मुकदमों का फैसला हिन्दू या मुसलमान जूरी करे यह स्थिति अंगरेजों के लिए असह्य होगी।

राममोहन ने उत्तर में कहा कि यह विचार कि अंगरेज और ईसाइयों का विचार हिन्दू या मुसलमान जूरी नहीं कर सकते क्योंकि वे उनके अपने जाति या धर्म के लोग नहीं हैं तो यही आपत्ति ईसाइयों के हिन्दू और मुसलमानों के मुकदमों में जूरी बनने पर हो सकती है। दोनों पक्षों के लिए एक ही सिद्धान्त होना चाहिए क्योंकि 'न्याय' किसी व्यक्ति विशेष का लिहाज या पक्षपात नहीं करता।

सारे प्रश्न पर राममोहन ने विस्तार से अपना विवेचन पेश किया था। इसके अतिरिक्त इसी प्रश्न पर राममोहन को 'हाउस ऑफ कॉमन्स' के सिलेक्ट कमेटी के सामने गवाही देने के लिए निमन्त्रित किया गया लेकिन उन्होंने व्यक्तिगत तौर पर उक्त कमेटी के सामने जाने से इनकार कर दिया और अपने विचार लिखित रूप से सरकार के पास भिजवा दिये। यह लेख जो प्रश्नोत्तर के रूप में है ब्रिटेन के सरकारी दस्तावेजों में सम्मिलित है, जो बाद में "Exposition of the practical operation of the judicial and Revenue system of India" के शीर्षक से प्रकाशित हुआ। इस लेख के अन्त में राममोहन ने लिखा था।

> "अन्त में मैं यह बता देना उचित समझता हूँ कि इन सवाल-जवाब का प्रारूप बनाने में मैं किसी व्यक्ति के व्यक्तिगत विचारों से प्रभावित नहीं हुआ, न ही मैंने किसी से परामर्श किया, और न ही भारत सम्बन्धी किसी पुस्तक का सहारा लिया। मैंने केवल अपनी स्मरण शक्ति और अनुभव का ही सहारा लिया

और अपने विवेक और चिन्तन का प्रयोग किया है जो सुधार मैंने सुझाए हैं उनमें मैंने शासक और शासित दोनों के स्वार्थों का ध्यान रखते हुए आर्थिक पहलू को भी ध्यान में रखा है। मेरी अन्तिम अभिलाषा है कि भारत में न्यायिक शासन सुदृढ़ नींव पर खड़ी हो।"[11]

राममोहन ने अपने विचार केवल जूरी पद पर बैठने के अधिकार तक ही सीमित नहीं रखा बल्कि देशी लोगों के जजों के पद पर नियुक्ति के अधिकार का प्रश्न भी उठाया। राममोहन की दलीलों ने ग्राण्ट साहब, जो इस मामले में सहानुभूतिशील थे; के हाथों को मजबूत किया और उन्होंने आसानी से आपत्तियों का खण्डन करते हुए अन्त में कहा था "that the native of a country sufficiently civilised should be deemed eligible to fill important offices in the administration of its affairs."

और आखिरकार कुछ और बातचीत के बाद जब ग्राण्ट साहब को लगा कि बोर्ड के सदस्यों से कोई सहयोग मिलने की आशा नहीं है तो उन्होंने स्वयं ही 18 जून 1832 को East India Justice of Peace and Juries Bill पार्लियामेण्ट से पारित करवा लिया। इस अधिनियम के अन्तर्गत जूरी कानून में भारतीयों की अयोग्यता की धारा में संशोधन कर दिया गया और साथ ही पहली बार देशी लोगों को न्यायाधीश के पद पर नियुक्त करने की योग्यता प्रदान की गई। यह बात ध्यान देने योग्य है कि शासक श्रेणी में अधिकतर पदाधिकारी इस विधेयक के विरोधी थे। बोर्ड के सदस्यों ने इन लोगों को उकसा कर पार्लियामेण्ट के सामने विरोध पत्र दाखिल करवा दिया। समाचार पत्रों में भी वाद-विवाद आरम्भ हो गया। लेकिन सन्तोष की बात थी कि इस विरोध का कोई विशेष प्रभाव नहीं पड़ा। इंगलैंड की कुछ पत्र-पत्रिकाओं के साथ भारत के एंग्लो-इण्डियन पत्रिकाओं ने भी इस उदार नीति की कड़ी आलोचना की। एक पत्रिका ने यहाँ तक लिखा था, कि बोर्ड के प्रेसीडेण्ट ग्राण्ट साहब पर राममोहन ने जादू कर दिया होगा।

इसी दौरान लार्ड बेंटिक ने एक और अधिनियम Regulation IV of 1832 of the Bengal Code पारित करवा लिया। इसके अन्तर्गत न्यायिक अर्थात् दीवानी और फौजदारी के मामलों के प्रशासन के लिए यूरोपीय शासकों को विशिष्ट देशी नागरिकों की सेवाएँ प्राप्त करने का अधिकार दे दिया। इसको एक प्रशासनिक प्रयोग कहा गया।

उन दिनों, अंग्रेजी शासन के प्रारम्भिक दौर में ये घटनाएँ बहुत ही महत्त्वपूर्ण थीं, क्योंकि यहीं से भारत में मौलिक अधिकारों और देशी लोगों की योग्यता को मान्यता मिलनी आरम्भ हुई। ग्राण्ट साहब के बिल और नए अधिनियम के पास होने पर चारों ओर खुशी की लहर दौड़ गई। श्रीरामपुर के ईसाई मिशनरियों की पत्रिका 'समाचार दर्पण' ने, जो अकसर राममोहन का विरोधी रहा था, राममोहन की भूरि-भूरि प्रशंसा की।

"We are partial to Rammohu Roy; we confess the charge and would now offer as an additional reason for that partiality that both the benevolent provisions of this Regulation have been distinctly recommended by him to parliament.[12]

एक और पत्रिका 'रिफार्मर' ने राममोहन की प्रशंसा करते हुए लिखा था कि यह भारत के लिए सौभाग्य की बात थी कि राममोहन इस समय इंगलैड की भूमि पर हाजिर थे और इन्होंने अपने अध्यवसाय और प्रभाव के प्रशासनिक सुधार के क्षेत्र में महत्त्वपूर्ण भूमिका निभाई। इसका सम्पूर्ण श्रेय उनको मिलना चाहिए।[13]

इस विजय से देश के नागरिकों पर कैसी सुखद प्रतिक्रिया हुई होगी यह अंदाजा लगाया जा सकता है। राममोहन स्वयं इस सुखद परिणति पर बहुत प्रसन्न हुए। उनकी प्रसन्नता का मुख्य कारण था कि धार्मिक आधार पर देश के नागरिकों में भेदभाव पैदा करने वाले एक अन्यायपूर्ण कानून से देश को मुक्ति मिली और दूसरी ओर देश के हिन्दू-मुसलमान की योग्यता को यूरोपीय और ईसाइयों के समकक्ष मान लिया गया था।

प्रशासनिक सुधार के प्रयास

हम पहलें ही पढ़ चुके हैं कि राममोहन को, व्यक्तिगत तथा भारत के प्रतिनिधि की गैरसरकारी हैसियत के होते हुए भी, इंगलैंड के 'हाउस ऑफ कॉमन्स' द्वारा नियुक्त सलेक्ट कमेटियों के सामने, न्याय, राजस्व भूमि व्यवस्था तथा दूसरे प्रशासनिक मुद्दों पर गवाही देने के लिए आमन्त्रित किया गया था। उन्होंने अपना बयान या उत्तर लिखित रूप में पेश किया था। ये सभी पार्लियामेण्टरी दस्तावेजों में (1831-33) परिशिष्ट के रूप में संलग्न है। प्रशासनिक मामलों पर ये प्रश्नोत्तर देश की तत्कालीन स्थिति को समझने के लिए बड़े महत्त्वपूर्ण हैं। यह दस्तावेज 1832 में लन्दन के स्मिथ एडलर एण्ड कम्पनी ने अलग पुस्तक के रूप में प्रकाशित की थी। शीर्षक था—

> " Exposition of the Practical operation of Judicial and Revenue systems in India and the general Character and condition of its Native inhabitants as submitted in Evidence to the Authorities in England with notes and illustrations and brief Preliminary sketch of Ancient and modern boundries and the history of that country elucidated by a map,"[14]

राममोहन ने इन विषयों पर गम्भीरपूर्वक सोच-विचार के बाद ही अपने विवेचनात्मक समाधान पेश किए थे। क्योंकि वे चाहते थे कि उनके विचारों का ईस्ट

इण्डिया कम्पनी के नए प्रशासनिक चार्टर में उपयोग हो। न्यायिक और प्रशासनिक विषयों पर राममोहन ने पाँच लेख प्रस्तुत किए थे :

(1) भारत में राजस्व प्रणाली पर : इसमें 54 प्रश्न थे, जिनका उन्होंने योग्यतापूर्वक उत्तर दिया था।

(2) भारत की न्याय व्यवस्था पर : इसमें 78 प्रश्न थे, जिनका उत्तर लेख के रूप में है।

(3) भारत की परिस्थिति के बारे में पूछे गए अतिरिक्त प्रश्न : इसमें 13 प्रश्न और उनके उत्तर हैं।

(4) देशी लोगों की विशिष्टता तथा आर्थिक दशा के बारे में।

(5) यूरोपीय लोगों के भारत में बसने की समस्या पर लेख।

इन प्रश्नोत्तरों और लेखों ने आगे चलकर ईस्ट इण्डिया कम्पनी के 1833 के चार्टर को प्रभावित किया था। इन दस्तावेजों में एक विशेष बात यह है कि यह उस व्यक्ति के चरित्र को उजागर करती है जिसने देश के प्रशासन में फैले अन्याय, अत्याचार और भ्रष्टाचार के विरोध में स्पष्ट रूप से साहस के साथ अपने विचार प्रकट किए और एक सुधारक के रूप में समस्याओं के व्यावहारिक समाधान भी प्रस्तुत किए।

राममोहन ने 19 सितम्बर 1831 को भारत के आन्तरिक प्रशासन के बारे में अठहत्तर प्रश्नों का उत्तर दिया था। न्यायिक प्रशासन के बारे में विचार व्यक्त करते हुए उन्होंने कहा था, 1793 में लार्ड कॉर्नवालिस द्वारा स्थापित व्यवस्था देश की परिस्थितियों के अनुरूप थी लेकिन उसके व्यावहारिक परिपालन में त्रुटियाँ आ गई थीं। इन त्रुटियों का विवरण देते हुए उन्होंने कहा था कि लोक संख्या को देखते हुए न्यायाधीशों और मजिस्ट्रेटों की बहुत कमी है। इसी से साधारण जनता के लिए न्याय के दरवाजे खटखटाने में कठिनाई होती है। एक और मुख्य कठिनाई थी जजों का स्थानीय भाषा और रीति रिवाजों से अनभिज्ञ होना। इस कारण साधारण जनता को न्यायालयों से अपेक्षित लाभ या न्याय नहीं मिलता था और लोगों का न्यायालयों पर पूरा विश्वास नहीं जमता था।

इन त्रुटियों को दूर करने के उपाय सुझाते हुए राममोहन ने कानूनों को देशी भाषाओं में उपलब्ध करने का सुझाव दिया था। न्यायिक प्रशासन के सही रूप से लागू करने के उपाय सुझाते हुए उन्होंने कहा था कि दूर-दराज के प्रदेशों के लिए छोटे न्यायालयों (सदर अमीन) की स्थापना की जाए। इसके साथ ही भारत की प्राचीन 'पंचायत' प्रथा का अनुमोदन करते हुए लिखा था कि यह व्यवस्था जो जूरी प्रथा के समतुल्य है, के लागू होने पर देश के लोगों को सुविधा होगी क्योंकि इससे देशी लोगों की विशिष्टताओं, उनके रीतिरिवाजों और भाषाई

समस्या का समाधान हो सकेगा। राममोहन का एक और महत्त्वपूर्ण सुझाव था न्यायपालिका को कार्यपालिका से अलग रखने का। उन्होंने एक ही प्रशासनिक अधिकारी को राजस्व या प्रशासनिक कार्य और न्यायपालिका कार्य सौंपने का विरोध किया क्योंकि उनका विचार था कि इस व्यवस्था से भ्रष्टाचार फैलेगा। समाधान के रूप में उन्होंने सुझाया था **"To seperate the duties between two distinct sets of officers and double the jurisdiction of each."**

इस प्रश्न शृंखला के अन्तिम प्रश्न का उत्तर देते हुए राममोहन का सुझाव था कि न्यायाधीशों का वेतनमान इतना होना चाहिए कि वे छोटे-मोटे लालच के शिकार न हों और धीरे-धीरे देशी लोगों को भी न्यायिक प्रशासन में शामिल किया जाये।

राजस्व विभाग के प्रशासन के बारे में भी उन्होंने सुधार के लिए प्रस्ताव पेश किए थे। यद्यपि राममोहन स्वयं जमींदार थे लेकिन जमींदारी प्रथा में फैले दुराचार का पर्दाफाश करने में जरा भी नहीं हिचकिचाए। उन्होंने इस सिलसिले में 'सेलेक्ट कमेटी' के सामने लगभग 54 प्रश्नों के उत्तर प्रस्तुत किए थे। इसमें उत्तर भारत में प्रचलित जमीदारी व्यवस्था और दक्षिणी भारत में प्रचलित रैयतवारी व्यवस्था के दोष-गुणों का विश्लेषण करते हुए दिखाया था कि दोनों ही व्यवस्था में भ्रष्टाचार के लिए काफी गुंजाइश है। इसी कारण गरीब किसानों का शोषण हो रहा है। कर का सारा बोझ वस्तुतः किसान के सिर पर होता है। जमींदारी व्यवस्था में किसान जमींदार की दया पर जीता है और रैयतवारी व्यवस्था में सरकारी अमले और पट्टेदारों की मेहरबानी पर। इस प्रकार जमींदारों और पट्टेदारों के अत्याचार और सरकारी उदासीनता के बारे में राममोहन के विचार बहुत ही स्पष्ट थे। किसानों की स्वार्थ रक्षा के लिए सुझाव रखा था कि लगान की दर किसी भी कीमत पर न बढ़ाई जाए और दोषी जमींदारों को उपयुक्त सजा देने की व्यवस्था की जाए तथा जिलाधीशों को लगातार अपने इलाके का दौरा करके किसानों की स्थिति पर नजर रखनी चाहिए।

एक और प्रश्न के उत्तर में राममोहन ने कहा था कि प्रचलित कानून राजस्व की अदायगी और सरकारी स्वार्थ की रक्षा के लिए पर्याप्त है लेकिन किसानों को अन्यायपूर्ण अदायगी से संरक्षण करने की कोई व्यवस्था नहीं है। उनका पहला सुझाव था कि कलेक्टरों को मजिस्ट्रेट के समान अधिकार न दिए जाएँ, और दूसरे, राजस्व अधिकारी के विरुद्ध किसी भी आरेप की तुरन्त न्यायिक जाँच की जाये चाहे मजिस्ट्रेट के सामने ही विचाराधीन मामले क्यों न पड़े हों।

इन्हीं प्रशासनिक सुधार से सम्बन्धित एक और विवादपूर्ण विषय था यूरोपीय नागरिकों के भारत में बसने का प्रश्न। इस पर हम अन्यत्र विचार करेंगे।

सन्दर्भ और टिप्पणियाँ

1. Sen, Amiya Kumar : *Raj Rammohun Roy* : A Representative Man , पृ. 172.
2. Majumdar J.K. *Raja Rammohun Roy and Progressive Movements in India*, पृ. 339-340 में 'सम्वाद कौमुदी' के लेख का अनुवाद 'कैलकटा जर्नल' से उद्धृत है। उद्धृत पंक्तियों का अंगरेजी पाठ इस प्रकार है।
"Among all the meritorious istitutions of the British constitution, that of the adjudication of Criminal cases by twelve disinterested, honest and intelligent men or in other words 'Trial by Jury' is a Source of Infinite satisfaction to those who have good fortune to reside in the Metropolis of India."
3. Crawford, S.C. *Ram Mohan Roy* पृ. 133, ईस्ट इण्डिया जूरी बिल में धारा 3 इस प्रकार जोड़ा गया :
"That the grand Juries in all cases and all Juries for the trial of persons professing the Christian religion shall consist wholly of persons professing the Christian Religion."
4. Sen : pg. 179 में 'सम्वाद कौमुदी' से उद्धृत अंश इस प्रकार है :
"The Consequences of this new Act is that in matter where a man's life is at stake or where banishment, imprisonments and severe punishment are awarded we Hindoos and Musalmans must submit to the verdict of Christians whether they be native of Britain or the off Springs of British fathers by Indian mothers, whether they be the Common Portugese or Armenians or the 'Rice Christians' of Serampur.'
5. Sen : पृ. 181 'सम्वाद कौमुदी' दिसम्बर 1826 से 'ओरियण्टल हेराल्ड' जुलाई 1827 में उद्धृत।
6. वही : पृ. 182.
7. वही : पृ. 182 में 'सम्वाद कौमुदी' से उद्धृत।
8. वही : पृ. 193 में *Petition of Natives against the India Jury* Act. अनुच्छेद 11 से उद्धृत।
9. वही : पृ. 194 में 'एशियाटिक जर्नल' 1829 से उद्धृत।
10. पूरे पाठ के लिए *English Works* देखें।
11. *English works* ed. by Nag and Burman pt. 3 पृ. 38 से उद्धृत।
12. Dasgupta : Vol 2, पृ. 129-130 में 'समाचार दर्पण' से उद्धृत।
13. वही : पृ. 130.
14. *English Works* द्रष्टव्य।

अध्याय–22

आर्थिक और औद्योगिक क्रान्ति के सूत्रधार

राममोहन ने 'हाउस ऑफ कामन्स' की 'सिलेक्ट कमेटी' के सामने 1831-32 में जो गवाहियाँ पेश की थीं उनमें उन्होंने देश के प्रशासन और आर्थिक प्रश्नों का समाधान ढूँढ़ने की कोशिश की थी। न्यायिक प्रशासन के क्षेत्र में भारतीय न्यायाधीश और जूरी की नियुक्ति के साथ नागरिक एवं फौजदारी कानून की लिखित व्याख्या की माँग की थी। देश के प्रशासनिक व्यय को कम करने की सलाह के साथ-साथ रक्षा व्यय में कमी करने के उपाय बताते हुए उन्होंने सैनिक शासन को समाप्त करके देश रक्षा के लिए देशी लोगों को प्रशिक्षित करने की सलाह दी थी। न्यायिक-प्रशासन के लिए भारत के प्राचीन पंचायत प्रथा की पैरवी भी की थी। न्यायिक और प्रशासनिक विषयों पर पिछले अध्याय में विचार किया जा चुका है। इस अध्याय में उनके कार्यकलाप और विचारधारा का आर्थिक और औद्योगिक परिप्रेक्ष्य में मूल्यांकन किया जाएगा।

आर्थिक-क्षेत्र में राममोहन ने जिन पहलुओं पर मुख्य रूप से आन्दोलन चलाया, उनमें किसानों की आर्थिक स्थिति, राजस्व-समस्या, ईस्ट इण्डिया कम्पनी के व्यावसायिक एकाधिकार का विरोध, फ्री ट्रेड या स्वतन्त्र व्यापार की पैरवी, और अन्त में शिक्षित, धनी और चरित्रवान यूरोपीय नागरिकों के भारत में बसने का अधिकार देकर देश की आर्थिक उन्नति में सहयोग देना मुख्य है।

1832 में 'पार्लियामेण्टरी कमेटी' के सामने अपनी गवाही में किसानों की अवस्था पर अपनी राय जाहिर करते हुए उन्होंने कहा था :

> "The condition of the cultivators is very miserable. They are placed at the mercy of the Zamidar's avarice and ambition..... the landlords have met with indulgence from government in the assessment of their revenue while no part of its is extended towards the poor cultivators."[1]

यद्यपि राममोहन की आर्थिक विचारधारा के बारे में हमें कम्पनी के व्यापारिक एकाधिकार विरोधी आन्दोलन में उनकी भूमिका, नमक मजदूरों के शोषण के खिलाफ

आन्दोलन और बाद में इंग्लैण्ड-प्रवास के दौरान पार्लियामेण्ट के सामने दी गई गवाही और प्रकाशित लेखों से विवरण मिलता है लेकिन देश की आर्थिक स्थिति और किसान-समस्या के बारे में राममोहन बहुत पहले से ही सजग थे और काफी अरसे से इन विषयों पर सोच-विचार कर रहे थे। 15 सितम्बर 1822 में उन्होंने सर जॉन बाउरिंग को एक पत्र में लिखा था :

> "Having being principally engaged in compiling my final appeal to the Christian public, I could not pay due attenton to my intended long memorial..... Revenue documents under the Moghul Government which my native firiends of upper provinces have not yet furnished me with.... I am afraid I shall not be able to prepare it before your departure from India. As this will be by first production in political affairs, I am therefore, very anxious to have it as perfect and well-authenticated as possible, so that having established it on a sane foundation no person can justly ascribe it to a party feeling or discontent with the government."[2]

इस पत्रांश से स्पष्ट होता है कि उस काल में अपने प्रसिद्ध धर्मविषयक तर्क-युद्ध में व्यस्त होते हुए भी राममोहन देश की राजनैतिक और आर्थिक स्थिति पर एक विस्तृत स्मारक-पत्र लार्ड हेस्टिंग्स के सामने पेश करना चाहते थे। उक्त पत्र से यह भी स्पष्ट है कि मुगलकालीन राजस्व और कर सम्बन्धी तथ्य और आँकड़े प्राप्त करने में उन्हें कठिनाई हो रही थी, इसी से इस स्मारक-पत्र को पूरा नहीं कर सके। इसके अतिरिक्त उनका विचार था कि यह उनका प्रथम राजनैतिक स्मारक पत्र होगा इसी से वे चाहते हैं कि यह पूरी तरह प्रामाणिक और तथ्यपूर्ण हो। इधर सामाजिक, धार्मिक सुधार आन्दोलनों और पारिवारिक झमेलों में व्यस्त रहने के कारण इस स्मारक पत्र को पूरा करने में काफ़ी समय लग गया। यह स्वाभाविक ही था और लगभग सात साल बाद 1829 में लार्ड बेन्टिक को, उन्होंने अपना वह 'लम्बा' और व्यक्तिगत स्मारक-पत्र पेश किया था। यह दस्तावेज नाटिंघम विश्वविद्यालय में लॉर्ड बेन्टिक के व्यक्तिग कागज़ात के साथ सुरक्षित है।[3] स्मारक-पत्र में उठाये गए प्रश्नों के साथ राममोहन के पार्लियामेण्ट के सिलेक्ट कमेटी के सामने दी गई गवाही और लेखों की विषय-वस्तु के साथ काफी समानता है। इस पाण्डुलिपि में भारत की आर्थिक और प्रशासनिक समस्याओं पर राममोहन के सुचिन्तित विचार विश्लेषण और समाधान हैं। इसमें ज़मींदार वर्ग के धन और सत्ता हथियाने का संक्षिप्त इतिहास है। साथ ही यह भी स्पष्ट कहा गया कि जब तक ईस्ट इण्डिया कम्पनी का व्यावसायिक एकाधिकार क़ायम रहेगा, देश की आर्थिक उन्नति नहीं हो सकती। उन्होंने आगे कहा कि जब इस मामले में कुछ उदारता बरती गई और यूरोपीय लोगों को धन लगाने

और बसने की सुविधा दी गई तभी से देश ने आर्थिक उन्नति की ओर कदम बढ़ाया। 1813 के चार्टर से यूरोपीय व्यापारियों को कुछ सुविधा दी गई तो उन लोगों ने गाँवों में फैलकर नील की खेती आरम्भ की। इससे अंग्रेज़ाों को ही नहीं भारतीयों को भी आर्थिक लाभ पहुँचा। इस स्मारक-पत्र में उन्होंने फ्री ट्रेड या स्वतन्त्र व्यापार की पैरवी की थी क्योंकि यही भारत में पूँजीवाद के प्रसारण का पहला कदम था। वस्तुतः ईस्ट इण्डिया कम्पनी के एकाधिकार के जंज़ीर में बँधे होने के कारण पूँजीवाद और मशीनी उद्योग की प्रगति में बाधा पड़ रही थी।

इस स्मारक-पत्र से स्पष्ट है कि राममोहन एक लम्बे अरसे से भारत की आर्थिक समस्या पर गम्भीरता से विचार कर रहे थे। दूसरे वे कर-भार से पीड़ित और शोषित किसानों की दुर्दशा के प्रति विशेष सहानुभूतिशील थे। बाद में उनके 'हाउस आफ कामन्स' में दिये गवाही से भी यह तथ्य स्पष्ट उभरकर सामने आया। वे किसानों की दुर्दशा पर दुखी थे। इसी से उन्होंने ज़मीदारों के लग़ान बढ़ाने के अधिकार का सदा विरोध किया, साथ ही, ज़मीदारों पर कर की दर में कमी करने की भी आवश्यकता पर जोर दिया क्योंकि इसी अनुपात में किसानों का बोझ भी कम हो सकता था। इसी प्रसंग में सरकारी आय को बढ़ाने के लिए अधिक कर लगाने की नीति का विरोध करते हुए उन्होंने कुछ सुझाव दिए थे :

(1) भोग विलास और अनावश्यक वस्तुओं पर अधिक कर लगाना।

(2) राजस्व विभाग के प्रशानिक खर्चे में कमी करना। हजार-डेढ़ हजार वेतन के यूरोपीय कलक्टरों की जगह तीन-चार सौ रुपये के भारतीय कलक्टरों की नियुक्ति का सुझाव। लगान घटने से प्रजा सन्तुष्ट होगी और सरकारी प्रशासनिक निपुणता बढ़ेगी।

(3) स्थायी विदेशी और देशी सेना के स्थान पर स्थानीय रक्षा-दल की स्थापना करने से प्रशासनिक व्यय में भारी कमी आएगी और जनसाधारण का सहयोग भी मिलेगा।

जिस चार्टर के अनुसार ईस्ट इण्डिया कम्पनी की स्थापना हुई थी उसी कानून के अनुसार कम्पनी को भारत में व्यापार करने का एकाधिकार मिला हुआ था। कोई भी यूरोपीय चाहे वह अंग्रेज ही क्यों न हो व्यापार या कृषि उद्देश्य से भारत में बसने के अधिकार का भार भी सम्पूर्ण रूप से कम्पनी पर ही था। अपने व्यापारिक एकाधिकार के प्रति कम्पनी पूरी तरह सजग थी क्योंकि उन्हें डर था कि अबाध या स्वतन्त्र व्यापार के चालू होने से उनकी अनियन्त्रित लूट पर रोक लग जाएगी। भारत में यूरोपीय मूल के बसने वालों के साथ-गुलाम भारतीयों जैसा व्यवहार करना सम्भव नहीं था, इसी से ईस्ट इण्डिया कम्पनी खुले व्यापार और भारत में यूरोपीय उपनिवेश स्थापित करने के पक्ष में नहीं थी। इधर इंग्लैण्ड में उन दिनों मुक्त या 'फ्री ट्रेड' के

पक्ष में एक प्रभावशाली वर्ग आन्दोलन कर रहा था। वे लोग भारत में उपनिवेश स्थापना के अधिकार के लिए भी लड़ रहे थे। इनका प्रभाव भारत स्थित यूरोपीय व्यापारियों पर पड़ना स्वाभाविक था। इसी बीच सीलोन (श्रीलंका) में इस ओर कुछ प्रयोगात्मक कदम उठाये गये। इस सिलसिले में सर एलेक्जेण्डर जॉन्सटन ने ब्रिटिश यूरोपियन लोगों के लिए इन उपनिवेशों के बसने की खुली छूट की जोरदार पैरवी की थी। इस प्रकार 1810 में सीलोन से यूरोपीय मूल के लोगों के उपनिवेश स्थापना के विरुद्ध कम्पनी के सारे प्रतिबन्ध हटा लिए गए थे। इस घटना का प्रभाव भारत में पड़ना स्वाभाविक था।

भारत के ग्रामीण इलाके में स्वतन्त्र रूप से ज़मीन खरीदकर बसने और खेती बाड़ी करने के अधिकार की माँग यूरोपीय लोग बहुत दिनों से करते आ रहे थे। यह सब है कि 1813 के चार्टर से थोड़ी सुविधाएँ दी गईं, लेकिन वे पर्याप्त नहीं थीं। 1824 में सर्वप्रथम बंगाल सरकार ने 'काफी' की खेती के लिए कुछ यूरोपीय व्यापारियों को ज़मीन खरीदने की सुविधा प्रदान की। 1827 में कलकत्ता के यूरोपीय नागरिकों की एक सभा में भारत में यूरोपीय पूँजी और औद्योगिक कारीगरी नियोजन की माँग की गई। साथ ही यह कहा गया कि इससे ब्रिटेन और भारत दोनों को ही लाभ होगा। लेकिन इस अपील का कोई विशेष लाभ नहीं हुआ।

इस घटना के कुछ ही दिनों बाद फरवरी 1829 में कलकत्ता के प्रमुख व्यापारियों ने गवर्नर जनरल के पास एक आवेदन पत्र भेजा जो उन्होंने 'कोर्ट आफ डाइरेक्टर्स' के विचारार्थ लन्दन भिजवा दिया। लेकिन डाइरेक्टर्स की ओर से दो टूक जवाब आया कि निर्धारित कानून के अनुसार ही सबको मानकर चलना होगा। इस हुक्मनामे के विरुद्ध विरोध प्रकट करने के लिए 15 दिसम्बर, 1829 को कलकत्ते के 'टाउन हॉल' में एक सभा बुलाई गई। इस सभा में प्रमुख यूरोपीय व्यापारी वर्ग, सम्भ्रान्त नागरिकों के अलावा कुछ विशिष्ट भारतीय नागरिक भी उपस्थित थे। इन भारतीयों में राममोहन राय, उनके परम मित्र प्रिन्स द्वारकानाथ ठाकुर और प्रसन्नकुमार ठाकुर जैसे उनके सहयोगी उपस्थित थे।[4] द्वारकानाथ ठाकुर ने एक महत्त्वपूर्ण प्रस्ताव पेश किया--ब्रिटिश प्रजा के जमीन पर अधिकार प्राप्त करने या जमीन खरीदने के विरुद्ध जो कानून है और कम्पनी शासित इलाके में स्वाधीनतापूर्वक रहने के विरुद्ध भी जो कानून है, ये कृषि, व्यापार और व्यवसाय की उन्नति और औद्योगिक उत्पादन के रास्ते में बाधक सिद्ध हो रहे हैं। यह विचार करके यह सभा पार्लियामेण्ट के समक्ष यह आवेदन भेज रहा है कि ब्रिटिश प्रजा को भारत में खुलेआम आकर बसने के बारे में जो कानूनी रुकावटें हैं वे दूर की जायें क्योंकि ये बाधाएँ देश की व्यापारिक और आर्थिक उन्नति के विरुद्ध हैं।

> "That this meeting considering one of the main legal obstuctions to the commercial, agricultural and manufacturing improvements to

consist in the obstacles which are opposed to the occupancy or acquistion of land by British subjects and against their free resort to and unmolested residence within the limit to the company's administration, does approve and confirm."[5]

इसी प्रस्ताव में आगे कहा गया कि नील की खेती और यूरोपियों के बसने से देश के सभी श्रेणी के लोगों को लाभ पहुँचा है। जमींदार भी धनवान बने हैं और किसानों की आर्थिक स्थिति में सुधार भी हुआ है। नील की खेती और कारखानों के इलाकों में जमीन की कीमत बढ़ने लगी है और कृषि उत्पादन में भी उन्नति दीख पड़ती है। अंगरेजों की कार्यकुशलता, पूँजीनिवेश और मेहनत से देश की आर्थिक उन्नति हो सकती है।

राममोहन ने प्रस्ताव का समर्थन करते हुए कहा कि जो प्रस्ताव अभी पढ़ा गया और इस सम्बन्ध में द्वारकानाथ ठाकुर ने जो कुछ कहा, उससे मैं पूरी तरह समहत हूँ।[6] उन्होंने आगे कहा कि उन्होंने बंगाल और बिहार के कई जिलों का दौरा किया है और देखा है कि नील कोठियों के आसपास के लोग दूसरे इलाकों के लोगों से अधिक समृद्ध हैं। नील उद्योग और खेती से ग्रामीण क्षेत्र में थोड़ा बहुत नुकसान हुआ होगा लेकिन नील उद्योग से मुख्यतः देश की आर्थिक उन्नति में सहयोग ही मिला है।[7] इस उद्योग की स्थापना से अर्जित धन का एक हिस्सा अब विदेश न जाकर देश में ही लगाया जाने लगा था।

प्रसन्न कुमार ठाकुर ने भी इस प्रस्ताव के समर्थन में अपने विचार व्यक्त किए। राममोहन और द्वारकानाथ ठाकुर के भाषणों से स्पष्ट होता है कि वे दोनों यूरोपीय पूँजी और कार्यकुशलता को देश की औद्योगिक और आर्थिक उन्नति के लिए उसका विनियोग बढ़ाने के पक्ष में थे। यूरोपीय सहायता के बिना देश में पूँजीनिवेश और औद्योगिक क्रान्ति सम्भव नहीं, यह बात राममोहन जैसे दूरदर्शी के लिए समझ पाना कठिन नहीं था।

देश के कुछ विशिष्ट नागरिकों द्वारा विदेशियों के अबाध व्यापार तथा प्रत्यक्ष रूप से विदेशियों को बसाने की माँग, और राममोहन के स्पष्ट समर्थन से कई लोग चकित रह गए थे क्योंकि उनके विचार से इस व्यवस्था से भारतीय आर्थिक स्वार्थों पर विदेशियों के हावी होने का प्रत्यक्ष डर था। लेकिन इन आशंकाओं के बावजूद राममोहन, द्वारकानाथ और उनके सहयोगियों ने आशंकाओं को निराधार ठहराते हुए प्रस्ताव की उपयोगिता को समझते हुए उसका जोरदार समर्थन किया।

राममोहन और उनके सहयोगियों ने इस समर्थन का इंग्लैण्ड के फ्री-ट्रेड समर्थक अंगरेज़ों ने प्रशंसा की। लेकिन देश के प्रतिक्रियाशील जमींदार और व्यापारी वर्ग ने इस प्रस्ताव का विरोध किया। अनुदारवादी देशी और विदेशी पत्र-पत्रिकाओं ने

राममोहन और उनके साथियों की खूब खबर ली। एक ओर 'जानबुल' और 'समाचार चंद्रिका' और दूसरी ओर 'सम्वाद कौमुदी' जैसी पत्रिकाओं में इस विषय ने विचारोत्तेजक वाद-विवाद का रूप ले लिया।

भारत में औद्योगिक क्रान्ति को लाने के लिए पुरानी उत्पादन प्रणाली को त्यागकर कल कारखाने की स्थापना करना उस युग की ऐतिहासिक आवश्कता थी। इस आवश्यकता की पूर्ति के लिए राममोहन और उनके सहयोगी देशी या विदेशी, किसी भी कार्यकुशलता का सहयोग लेने को तैयार थे। लेकिन प्रतिक्रियावादी जमींदार वर्ग और व्यापारी वर्ग ने कुटीर उद्योगों के नष्ट होने, किसानों को आर्थिक क्षति पहुँचाने का हौवा खड़ा कर दिया। उनका साथ, ईस्ट इण्डिया कम्पनी की एकाधिकारवादी कुछ सरकारी नौकरशाह और उनकी पत्र-पत्रिकाएँ भी दे रही थीं।

राममोहन विरोधी पत्रिका 'समाचार चंद्रिका' अचानक गरीब किसानों और मजदूरों का हमदर्द बन बैठी। इसने लिखा कि किसान ही नहीं, जुलाहे, लुहार, सुनार सभी, कल-कारखानों की स्थापना से बेकार हो जाएँगे। राममोहन की पत्रिका 'सवाद कौमुदी' में इसका मुँहतोड़ उत्तर देते हुए द्वारकानाथ ठाकुर ने, जो स्वयं एक बहुत बड़े जमींदार थे, 'एक निरपेक्ष जमींदार' के छद्मनाम से दो महत्त्वपूर्ण पत्र प्रकाशित किए। इन पत्रों में उन्होंने नील की खेती और कृषि के आधुनिकीकरण, कल-कारखानों की स्थापना और विदेशी कार्यकुशलता से होने वाले लाभ की जोरदार पैरवी की। उन्होंने स्पष्ट कहा कि औद्योगिक क्रान्ति के आरम्भिक दिनों में नए कल-कारखानों की स्थापना से कुटीर उद्योगों का नष्ट होना स्वाभाविक है। लेकिन औद्योगीकरण से निकट भविष्य में उत्पादन की मात्रा में कई गुणा बढ़ोतरी होगी। उपभोक्ता सामग्री जनसाधारण को कम मूल्य पर उपलब्ध होने लगेगी। कुटीर उद्योगों से जुड़े कुछ लोग शुरू-शुरू में बेकार अवश्य होंगे लेकिन इसी रास्ते से रोजगार के नए आयाम खुलेंगे और साधारण जनता का जीवन स्तर ऊँचा होगा। व्यापारियों को लताड़ते हुए द्वारकानाथ ने कहा कि ये लोग चाहते हैं कि उत्पादन में कमी बनी रहे, जिससे उपभोक्ता वस्तुओं के दाम न गिरें। इन स्वार्थी लोगों का उद्देश्य देश के हित में नहीं हो सकता। उन्होंने आगे लिखा था। कि मुट्ठी भर लोगों को बचाने के बहाने पूरी मानव जाति के कल्याण के लिए औद्योगिक क्रान्ति का रास्ता रोकना उचित नहीं है।

'समाचार चंद्रिका' में प्रकाशित आशंकाओं को गलत ठहराते हुए उन्होंने लिखा था—

'अब जो थोड़े से परिवर्तन हो रहे हैं, उनसे स्पष्ट है कि उपभोक्ता वस्तुओं का पर्याप्त मात्रा में उत्पादन होने से इनके मूल्य गिर रहे हैं। इनसे नुकसान तो हुआ ही नहीं बल्कि इसका नतीजा शुभ ही मानना होगा। पहले गरीब लोग अच्छे कपड़े पहना

चाहते थे लेकिन उनमें खरीदने की क्षमता नहीं थी अब अच्छे कपड़ों के दाम गिर जाने से उन्हें गरीब भी खरीद सकते हैं। जब अधिकाधिक लोगों को लाभ पहुँच रहा है तो उस समय थोड़े से लोगों का नुकसान भी होगा, इस आशंका को सामने रखकर हाय-हाय करना समाज का अहित सोचने के समान है।'[8]

व्यापार में एकाधिकार समाप्त होने पर व्यापार की उन्नति होगी, बहुत से लोगों को उद्योग-धन्धे कायम करने का मौका मिलेगा, जीवन का स्तर ऊँचा होगा, मजदूरों की मजदूरी बढ़ेगी और शिक्षा के विस्तार के साथ धर्मान्धता, पूर्वाग्रह और कुसंस्कारों से मुक्ति मिलेगी। नये बाजार खुलेंगे तो खरीददारों की संख्या बढ़ेगी, और उत्पादन भी बढ़ेगा। ये सारे स्तर पूँजीवाद और मशीनी उद्योगों प्रणाली की आवश्यक प्रक्रिया है। भारत में पूँजीवादी बुर्जुआ और औद्योगिक क्रान्ति को आगे बढ़ाने में राममोहन और उनके सहयोगी द्वाराकानाथ ठाकुर ने महत्त्वपूर्ण भूमिका निभाई। आगे चलकर ब्रिटिश पार्लियामेण्ट के सामने गवाही देते हुए हम इन्हीं विचारों का विकसित और प्रौढ़ रूप पाते हैं।

भारत में यूरोपीय मूल के लोगों को बसने के बारे में अपने प्रसिद्ध लेख में, जो राममोहन ने पार्लियामेण्ट के सामने पेश किया था, प्रस्ताव की सुविधाओं और असुविधाओं दोनों की पक्ष पर अपने विचार रखे थे। असुविधाओं के बावजूद वे देश की आर्थिक और सामाजिक नवजागरण और औद्योगिक क्रान्ति के लिए यूरोपीय पूँजी और कार्यकुशलता व्यवहार करने के पक्ष में थे। जिस समय राममोहन पार्लियामेण्ट के सामने अपने विचार पेश कर रहे थे ठीक उसी समय लार्ड बेंटिक ने भी 'बोर्ड ऑफ डाइरेक्टर्स' को अपने भेजे गए प्रपत्र में यूरोपीय लोगों को भारत में बसने का अधिकार देने की सिफारिश की थी।

राममोहन का यूरोपीय लोगों के बसने सम्बन्धी यह दस्तावेज[9] बहुत ही महत्त्वपूर्ण और ऐतिहासिक माना जाता है इसमें राममोहन ने यूरोपियों के बसने सम्बन्धी सुविधा और असुविधाओं का, बहुत ही स्पष्ट, तटस्थ और व्यावहारिक विश्लेषण पेश किया था। जो मुख्य प्रश्न उठाये गए उनके बारे में यहाँ कुछ विस्तार से विचार करना उचित होगा।

पहला मुख्य प्रश्न था कि क्या यूरोपीय मूल के लोगों को भारत में जायदाद खरीदने की और बसने की सुविधा देने से लाभ होगा? राममोहन ने इस प्रश्न के उत्तर में इसके आर्थिक पहलू की ओर ही नजर दौड़ाई। उन्होंने स्पष्ट कहा कि चरित्रवान प्रतिष्ठित और धनवान अंग्रेजों को देश में बसने दिया जाए तो देश की सम्पत्ति और साधन की उन्नति में सहायता मिलेगी। साथ ही, देश के लोगों की आर्थिक अवस्था के सुधार में भी यह एक सहायक कदम होगा। क्योंकि यूरोपीय लोगों के कार्यकुशलता का अनुकूल प्रभाव इस देश पर भी पड़ेगा।

एक और प्रश्न के उत्तर में राममोहन ने कहा था कि ऐसे यूरोपीय लोगों को बसाया जाए जो सुशिक्षित और धनवान हों क्योंकि ऐसे लोग ही दूसरे देश की सभ्यता और संस्कृति को आदर की दृष्टि से देख सकते हैं। साधारण यूरोपीय लोगों को बसाने से कोई लाभ नहीं होगा। इस गर्म देश में देशी लोगों के साथ काम करने में उन्हें असुविधा होगी और देश को भी कोई लाभ नहीं होगा।

एक अन्य मुख्य प्रश्न में राममोहन से पूछा गया था कि यूरोपीय लोगों के बसने और धन लगाने से देश की सम्पत्ति और साधन में कैसे सुधार होगा? अपने उत्तर में राममोहन ने बताया कि इस समय यूरोपीय लोग धन कमाकर अपने देश लौट जाते हैं और देश का धन विदेश में जा रहा है। उन्होंने देश की लूट को साबित करने के लिए कुछ आँकड़े तैयार किए और सिलेक्ट कमेटी के सामने अपने बयान में बताया कि भारत में प्राप्त होने वाले राजस्व का लगभग 30 लाख पौंड प्रतिवर्ष इंग्लैण्ड में लग रहा था, इसके अलावा लगभग साढ़े चार लाख पौंड की राशि दूसरे मदों में लगी थी। यूरोपीय लोग यहाँ सपरिवार बसने लगेंगे तो यह धन देश में ही रहेगा और इस प्रकार देश समृद्धि की ओर आगे बढ़ सकेगा। राममोहन ने इस विषय से जुड़ी अन्यान्य समस्याओं पर अपनी गवाही में निष्पक्ष भाव से अपने विचार प्रकट किए। राममोहन की गवाही लार्ड बेंटिक के डिस्पैच और राममोहन के इंगलैंड निवासकाल में 'हाउस ऑफ कॉमन्स' में उपस्थिति आदि का नतीजा यह हुआ कि 1833 के चार्टर में यूरोपीय लोगों को भारत में बसने की कुछ सुविधाएँ प्रदान कर दी गईं। इस निर्णय के दूरदर्शी परिणाम का साक्षी भारत का परवर्ती इतिहास है। देश की कृषि, व्यापार और उद्योग-धन्धों में प्रगति राममोहन और उनके सहयोगियों के सतत प्रयत्नों का ही फल था। यूरोपीय कार्यकुशलता और पूँजी से ही भारत औद्योगिक उन्नति के पथ पर आगे बढ़ा। भारत में पूँजीवाद का विकास और औद्योगिक विकास के इतिहास में यूरोपीय पूँजी और कार्यकुशलता की भूमिका से कोई भी इन्कार नहीं कर सकता। औद्योगिक, व्यापारिक और कृषि के क्षेत्र में भारत की आवश्यकताओं को समझकर इस दिशा में पहल करने का श्रेय राममोहन को देते हुए उनके सहयोगी द्वारकानाथ ठाकुर की भूमिका को भी हमेशा याद किया जाएगा।[10]

आर्थिक क्षेत्र में राममोहन का दूसरा प्रमुख आन्दोलन ईस्ट इण्डिया कम्पनी के व्यापारिक एकाधिकार के विरुद्ध था। इनमें नमक के व्यापार में कम्पनी के एकाधिकार के विरुद्ध आन्दोलन में राममोहन ने जोर-शोर से भाग लिया था। इसमें भी वे गरीब मजदूरों के हितों की रक्षा के लिए आगे आए। नमक बनाने वाले मजदूर बंगाल के सुन्दरबन इलाके में समुद्री दलदल में, बीमारी और प्राकृतिक विपत्तियों के अलावा शेर के मुँह में जाने के खतरों को झेलते हुए भी नमक बनाने के कार्य में जुटे थे। ये मुलंगी (नमक मजदूर) भयंकर आर्थिक दुर्दशा के शिकार थे और इनकी इस दुर्दशा का मुख्य कारण कम्पनी का एकाधिकार था। नमक के व्यापार में भी भारी

भ्रष्टाचार फैला था। वस्तुतः नमक का सारा व्यापार कलकत्ते के कुछ व्यापारियों के हाथ में था। इसी से नमक की जमाखोरी और ऊँची कीमतों के कारण नमक के व्यापार में कालेबाजारी का बोलबाला था। सिर्फ कालाबाजारी ही नहीं नमक में मिलावट भी की जाती थी। व्यापारी और उनके दलाल सिर्फ इस बात की कोशिश में रहते कि आयतित नमक पर भारी कर लगाकर बाहर से आए नमक को जनता की पहुँच से बाहर रखा जाये।

नमक के व्यापार में इस एकाधिकार, मिलावट, ऊँची कीमतों और नमक मजदूरों की दुर्दशा के विरुद्ध राममोहन ने देश में रहते हुए और इंगलैंड प्रवास के दौरान भी अपना आन्दोलन जारी रखा।

राममोहन ने 'रामहरिदास' के छद्मनाम से एक महत्त्वपूर्ण लम्बा पत्र सरकारी नमक-अफसर के नाम लिखा था जो 'गवर्नमेण्ट गजट' में प्रकाशित हुआ। पत्र का शीर्षक "Respect us! We are yet a people— a nation." इस पत्र में नमक व्यापार में चलते सरकारी एकाधिकार, धाँधली, जमाखोरी और काले व्यापार के बारे में व्यंग्यात्मक प्रहार है। व्यंग्य और चोट के नमूने के लिए पत्रांश का अनुवाद उद्धृत करना प्रासंगिक होगा—

> "मेरा नाम रामहरिदास है। मैं सरकार को सालाना 120 रुपये देता हूँ। मेरा बेटा उन लोगों में से है जिसने पालकी-सवार एक राजपत्रित, प्रतिष्ठित नमक अफसर की पिटाई करने में योगदान दिया और घर लौटकर शान से बताया कि कैसे टोपी वाला अफसर जान बचाने के लिए भागा था। प्रश्न है कि उसने ऐसा क्यों किया? और हममें से और भी लोग ऐसा क्यों न करें? यदि हमारे कटे घाव पर नमक छिड़कने की कोशिश की गई, तो असम्भव नहीं कि दुर्बल कीड़ा, पाँव तले रौंदे जाने पर, पलट कर चोट करें।
>
> "अब बहस छोड़कर तथ्यों पर आते हैं। क्या आपको कभी नहीं सूझा कि 325 रुपये प्रति सौ मन या सवा तीन रुपये प्रति मन नमक बहुत ही महँगा है जबकि तस्कर-व्यापारी डेढ़ रुपये मन ला रहे हैं। फिर भी आपका सवा तीन रुपये वाला नमक आठ रुपये प्रति मन बिक रहा है। जिसमें दो तिहाई नमक और एक तिहाई रेत की मिलावट है। आप इस सच्चाई पर विश्वास नहीं करते? मैं आपको इस मिश्रण का नमूना भिजवा दूँगा। यदि आप हरजाना अदा करने का वादा करें तो डेड़ रुपये प्रति मन के हिसाब से सौ मन नमक भिजवा सकता हूँ जो कम्पनी के गुदामों से ही लायी जाएगी"

इस लम्बे पत्र में सरकारी धाँधली और भ्रष्टाचार के विरुद्ध जन-विद्रोह का स्पष्ट इशारा है।

पत्र के अन्त में राममोहन ने खुलेआम कहा, कि मैं उन लोगों में से हूँ जो अंगरेजों को इस देश में घुसपैठिया समझते हैं—

" I am of those who look upon the whites as intruders into our country and who think they might in decency refrain from mockery of our 'Miseries.'[11]

पत्र के अन्त में पत्र-लेखक का पता दिया गया है 'गरीबपुर'। इसकी व्यंग्यात्मक अभिव्यञ्जना स्पष्ट है। अंगरेज व्यापारियों के विरुद्ध ऐसी करारी और तीखी चोट करने की हिम्मत उस जमाने में, शायद राममोहन के सिवा और किसी में होना सम्भव नहीं था। जिन कतिपय आलोचकों ने कभी-कभी राममोहन को विदेशी शासन के दलाल के रूप में चित्रित करने की भी कोशिश की उन आलोचकों को 1830 में प्रकाशित इस पत्र के आलोक में राममोहन को फिर से समझने की कोशिश करनी चाहिए। देश के किसानों और मजदूरों की दुर्दशा के विरुद्ध उनका आन्दोलन कलकत्ते से चलकर ब्रिटिश पार्लियामेण्ट तक पहुँचा। उन्होंने शासन व्यवस्था, न्यायिक प्रशासन के अतिरिक्त राजस्व और नमक के व्यापार में कम्पनी के एकाधिकार के विरुद्ध अपना आन्दोलन जारी रखा। नमक एकाधिकार के प्रश्न पर दो टूक उत्तर देते हुए उन्होंने नमक में किये जाने वाली मिलावट और ऊँची कीमतों के बारे में कहा था कि अच्छा आयतित नमक केवल अमीर लोग ही खा सकते हैं जबकि गरीबों के लिए मिलावट पूर्ण गन्दा नमक ही उपलब्ध है और वह भी अधिक कीमत चुकाने पर। नमक की यह ऐतिहासिक लड़ाई जिसका अन्तिम चरण गाँधीजी का 'नमक सत्याग्रह' था, जिसे वस्तुतः राममोहन ने 1830 में ही शुरू की थी। पार्लियामेण्ट के सामने राममोहन की दलीलों का नतीजा यह हुआ कि 'सिलेक्ट कमेटी' ने इस एकाधिकार के विरुद्ध कुछ प्रस्ताव रखे।

राममोहन की आर्थिक नीति में अन्तर्निहित मुख्य बातें थीं—पाश्चात्य शिक्षा का प्रचार-प्रसार, पश्चिमी ज्ञान-विज्ञान और टेकनॉलोजी के प्रयोग द्वारा एक नए बुर्जुआ वर्ग का जन्म और इन्हीं की मदद से देश की आर्थिक दशा का सुधार; साथ ही विदेशी शासन से उत्पन्न नागरिक अधिकारों के हनन के विरुद्ध आन्दोलन का उद्देश्य भी भारत की साधारण जनता की आर्थिक दशा में सुधार ही था। राममोहन और उनके मित्र द्वारकानाथ ठाकुर ने देश में अंगरेजों द्वारा उद्योग स्थापना का समर्थन इसलिए किया ताकि किसानों को जमीदारों के बर्बर अत्याचारों से बचने का एक रास्ता मिल सके। सामन्ती अर्थव्यवस्था का पूँजीवादी अर्थव्यवस्था में परिवर्तन का कोई आसान तरीका नहीं है। भारत में भी इस सारी प्रक्रिया को पूरी तरह चलना था। अंगरेजी शासन ही भारत को इस आर्थिक प्रक्रिया की धारा में लाने वाला प्रमुख घटक था। ब्रिटेन की औद्योगिक क्रान्ति, जाने-अनजाने भारत में भी आर्थिक क्रान्ति लाने का कारण बनी। राममोहन और उनके सहयोगी बने सूत्रधार और संवाहक।

सन्दर्भ और टिप्पणियाँ

1. ठाकुर सौम्येन्द्र नाथ : *भारतेर शिल्प विप्लव ओ राममोहन* : पृ. 3 में उद्धृत ।
2. विश्वास, दिलीपकुमार : *राममोहन समीक्षा* : पृ. 556-557 पत्र की पूरी प्रतिलिपि के लिए *इंगलिश वर्क्स* देखें।
3. वही : पृ. 558. यह पाण्डुलिपि नाटिंघम विश्वविद्यालय के पुस्तकालय में सुरक्षित है। लेख की पूरी प्रतिलिपि पृ. 561-566 में उद्धृत है।
4. ठाकुर : पृ. 77.
5. वही : पृ. 77.
6. वही : पृ. 78.
7. वही : पृ. 78 के पाद टिप्पणी में राममोहन के भाषण का कुछ अंश इस प्रकार उद्धृत है :

   "I fully agree with Dwarkanath Tagore, in the support of the resolution just read. As to the Indigo planters I beg to observe that I have travelled through several districts in Bengal and Bihar and I found the native residing in the neighbourhood of Indigo plantations evidently better clothed and better conditioned than those who lived at a distance from such stations. There may some partial injury done by the Indigo planters, but on the whole, they performed more good to the generality of the natives of this country, than any other class of Europeans, whether in or out of the service."
8. वही : पृ. 98
9. दस्तावेज की पूरी प्रतिलिपि के लिए मिस कोलेट की पुस्तक देखें।
10. Majumdar, J.K. *Progressive Movements in India* पृ. (भूमिका) 86-87.
11. वही : पृ. 461-463 पर 1830 के 'गवर्नमेण्ट गजट' से पूरे पत्र की प्रतिलिपि उद्धृत 1 पत्र में 22 अक्तूबर 1822 की तिथि है। पत्र का आरम्भ इस प्रकार होता है—

    ' My name is Ram Horee Doss. I pay annually to Government a sum of 120 rupees...... My son was one of those who assisted to thrash the palkee of an honourable convenanted Salt officer, and returned home triumphant to tell of how he had seen the Topee Walla run for his life. Why did he do all this? Why should more of us not repeat it ? if we find that insult is added to injury, may you not one day find that the worm will turn when it is trodden upon.

'Let us leave the declamation and come to facts. Did it never occur to you that Rs. 325 per 100 maunds or Rs. 3 1/4 per maund, was somewhat too dear when the smugglers would furnish it at 1 rupee 8 annas ? And then, too, your Rs. 3 1/4 per maund of salt was augmented here to Rs. 8 per maund of two-thirds salt and one third sand. Do you doubt the fact? I will send you some of the compound, and, if you furnish me with a bill of indemnity, will contract with you to deliver 100 maunds of salt at 1-8 per maund purchased from the ...... of the Company's golahs..... at any spot between Calcutta, Jessore and , Kishanagur.....,

●

अध्याय–23

राममोहन अन्तर्राष्ट्रीयता के परिप्रेक्ष्य में

राममोहन की धार्मिक, सामाजिक और राजनैतिक विचारधारा के विश्लेषण के समय हमने देखा है कि राममोहन ने विश्व के प्रमुख धर्म हिन्दू, इस्लाम और ईसाई तीनों का केवल अध्ययन ही नहीं किया बल्कि तीनों धर्मों में निहित मूल तत्त्वों को आत्मसात करते हुए एक धार्मिक समन्वय की ओर बढ़े। सामाजिक और राजनैतिक क्षेत्र राममोहन की मनीषा के विकास में यूरोप विशेष रूप से ब्रिटेन के समाजशास्त्रियों के विचारों ने भी काफी प्रभावित किया। हम यह भी देख चुके हैं कि जॉन डिगबी के सम्पर्क में आने से और अंग्रेजी पत्र पत्रिकाओं के माध्यम से वे उस काल में चल रहे सारे अन्तर्राष्ट्रीय घटनाओं और आन्दोलनों से केवल परिचित ही नहीं थे बल्कि उनमें पूरी तरह रुचि रखते थे। इन अन्तर्राष्ट्रीय घटनाओं तथा सामाजिक और बौद्धिक आन्दोलनों ने राममोहन की विचारधारा के साथ सम्बन्धित कार्यक्रमों को कितना प्रभावित किया इसका विशद विवरण हम अलग-अलग परिच्छेदों में दे चुके हैं। इस अध्याय में राममोहन के अन्तर्राष्ट्रीय सम्बन्ध और उनके विचारों के अन्तर्राष्ट्रीय प्रचार और प्रभाव के बारे में कुछ विस्तार से आलोचना की जाएगी।

अन्तर्राष्ट्रीयता की पृष्ठभूमि में राममोहन के सार्वभौम के विचारों की विकास प्रक्रिया को समझने के लिए अन्तर्राष्ट्रीय घटनाओं पर उनकीं प्रतिक्रियाओं का संक्षिप्त जायजा लेना प्रासंगिक होगा। यह आकस्मिक नहीं था कि संसार भर में जहाँ कहीं स्वाधीनता के लिए संग्राम हुए, सामाजिक या राजनैतिक आन्दोलन हुए, राममोहन ने हृदय से उनका समर्थन किया।

सन् 1820-21 में इटली के नेपल्स नगर के विद्रोह का उन्होंने समर्थन किया था। जब यह खबर पहुँची कि विद्रोह दबा दिया गया है तो राममोहन स्वाभाविक रूप से दुखी हुए उन्होंने कहा था :

' I am obliged to conclude that I shall not live to see liberty universally restored to the nations of Europe and Asiatic nations, especially those that are European colonies... under these circumstances I consider the cause of the Neapolitans as my own and their enemies as ours. Enemies of liberty and freinds of despotism have never been, and never will be ultimately successful."[1]

अर्थात्, मैं सम्भवतः उस दिन तक जीवित नहीं रहूँगा जब एशिया और यूरोप के देशों में सर्वत्र स्वतन्त्रता कायम होगी, विशेष रूप से उन देशों में जो आजकल यूरोपीय उपनिवेश हैं.....। ऐसी परिस्थिति में नेपल्स के लोगों का आन्दोलन में अपना आन्दोलन समझता हूँ। उनके शत्रु, मेरे शत्रु हैं। स्वतन्त्रता के शत्रु और निरंकुशता के मित्र कदापि अन्तिम लड़ाई में सफल नहीं हो सकते....।

सन् 1823 में जब दक्षिण अमेरिका के स्पेनिश उपनिवेशों के संघर्ष और स्वाधीनता का समाचार कलकत्ता पहुँचा तो वे इतने प्रसन्न हुए कि उन्होंने अपने घर में दिवाली मनाई और इस अवसर पर आयोजित भोज सभा में अपने मित्रों को निमन्त्रित किया। इस विषय पर विचार व्यक्त करते हुए उन्होंने अपने संक्षिप्त भाषण में कहा था, 'मैं इतना अनुभूतिहीन नहीं हो सकता कि अपने सहप्राणियों के दुख-दर्द से प्रभावित न होऊँ, चाहे धर्म, भाषा या स्थितियों में कितनी ही असमानता क्यों न हो।' इसी प्रकार इधर जब स्पेन में नागरिक स्वतन्त्रता के लिए उदारपंथियों ने आन्दोलन छेड़ा तो राममोहन की सहानुभूति उनके साथ थी। पुर्तगाल के गृह युद्ध में लिबर्टी पार्टी के विजय पर भी उन्होंने प्रसन्नता जाहिर की थी। फ्रान्सीसी क्रान्ति के बारे में राममोहन की सहानुभूति और आवेगपूर्ण भावनाओं का जिक्र पहले के अध्यायों में किया जा चुका है।

हम देख चुके हैं कि 'मिरात उल अखबार' के पृष्ठों में महत्त्वपूर्ण विदेशी घटनाओं पर समाचार और टिप्पणियाँ लगातार छपती थीं। इन्हीं पृष्ठों में उन्होंने बड़े-बड़े शब्दों में आयरलैण्ड के कैथोलिक ईसाइयों पर ब्रिटिश सरकार द्वारा ढाये जा रहे अत्याचारों का खुलेआम विरोध किया था। सन् 1821 के विद्रोह में ग्रीस की टर्की पर विजय की घटना से भी राममोहन काफी प्रसन्न थे।

अमेरिका के स्वाधीनता संग्राम और ब्रिटिश उपनिवेशवाद से मुक्ति ने राममोहन को अमेरिका का प्रशंसक बना दिया था। वर्षों से राममोहन का अमेरिका के विशिष्ट धार्मिक नेताओं के साथ पत्राचार होता रहा था। उन्होंने अमेरिका भ्रमण करने की इच्छा भी प्रकट की थी। दुर्भाग्य से अकाल मृत्यु के कारण उनकी यह मनोकामना पूरी न हो सकी।

राममोहन की विचारधारा को जिन पश्चिमी मनीषियों और विचारकों ने विशेषरूप से प्रभावित किया था। उनमें टामस पेइन के 'एज आफ रीज़न' के अतिरिक्त बेन्थम, ह्यूम, रिकार्डो, जेम्स मिल और जान स्टूअर्ट मिल थे। राममोहन भारत में इस 'एज

आफ रीज़न' या बौद्धिक मुक्ति के जनक थे।[2] यूरोपीय बुद्धिवादियों के साथ राममोहन की कितनी गहरी बौद्धिक एकात्मकता स्थापित हो गई थी इसका परिचय राममोहन के भारत में यूरोपीय नागरिकों को बसाने के बारे में उनके नीचे दिये गए वक्तव्य से स्पष्ट होता है। उन्होंने कहा था :

> "If European character and capital were allowed to settle in the country it would greatly improve the resources of the country, and also the condition of the native inhabitants, by showing them superior methods of cultivations and proper mode of treating their labourers and dependents."

राममोहन की अन्तर्राष्ट्रीय ख्याति के बारे में विचार करने पर हम पाते हैं कि इंगलैंड के विद्वत् समाज में राममोहन के धार्मिक विचार और हिन्दू धर्म शास्त्रों के अंगरेजी अनुवादों के माध्यम से उनका काफी परिचय हो गया था। उनके मित्र डिगबी साहब ने राममोहन की कृतियों को इंगलैंड में छपवाकर बँटवाया था। इस प्रकार उनकी प्रतिभा और कार्यकलाप से अंगरेजों को जानने का मौका पहले मिला। यद्यपि जीवन के अन्तिम काल में राममोहन फ्रान्स गये थे लेकिन उनके फ्रान्स पहुँचने से कई वर्ष पहले, जब वे भारत में अपना आन्दोलन चला रहे थे, तभी 1824 में फ्रान्स की सोसायटे एशियाटिक ने उनकी प्रतिभा का सम्मान करते हुए संस्था का सम्मानित मानद सदस्य नियुक्त किया था।[3] फ्रान्स में राममोहन की ख्याति 1818 के आसपास पहुँच चुकी थी। उन्हीं दिनों उनके *'वेदान्तसार'* और *'वेदान्त ग्रन्थ'* के अंगरेजी अनुवाद प्रकाशित हुए थे। इस बात के प्रमाण है कि कलकत्ता की एक पत्रिका 'टाइम्स' के सम्पादक डीकोस्टा ने फ्रान्स के बिशप एबे ग्रेगयर के पास राममोहन विषयक सामग्री और प्रकाशन भिजवा दिये थे। ग्रेगेयर ने फ्रेन्च भाषा में राममोहन के बारे में एक पुस्तिका प्रकाशित की थी, यही सामग्री बाद में 1819 के 'Chronique Religieuse' में भी छपा था।[4] इस लेख का अंगरेजी अनुवाद लन्दन के 'Monthly Repository' में भी छपा था।[5] सन् 1823 में फ्रेन्च एशियाटिक सोसाइटी की पत्रिका में राममोहन पर लेख और उनके रचनाओं की सूची छपी थी। सामाजिक क्रान्ति की जन्मभूमि फ्रान्स और प्रसिद्ध फ्रान्सीसी क्रान्ति के राममोहन कितने प्रशंसक रहे, यह हम अन्यत्र लिख चुके हैं। विदेश यात्रा के पूर्व ही यूरोप के कई देशों में राममोहन की ख्याति पहुँच चुकी थी। जर्मन-भाषा में उनकी वेदान्त विषयक पुस्तक का अनुवाद 1817 में ही हो चुका था।

यह जिक्र किया जा चुका है कि प्रसिद्ध फ्रान्सीसी विद्वान गार्सां द तासी के साथ राममोहन केवल परिचित ही नहीं थे बल्कि राममोहन के साथ हिन्दुस्तानी, फ़ारसी और अंगरेजी में नियमित रूप से पत्र-व्यवहार करते रहे। कहना न होगा कि इस पत्र

व्यवहार की विषयवस्तु भारत विद्या ही थी। एक दूसरे फ्रान्सीसी विद्वान विक्टर जैकमो राममोहन के कार्य और विचारों से इतने प्रभावित थे कि जब वे भारत की यात्रा पर आए तो 1829 में उन्होंने राममोहन से कलकत्ते में मुलाकात की। एक अन्य फ्रान्सीसी आलोचक ने 1832 में फ्रेन्च पत्रिका 'Revue Encyclopedique' के दिसम्बर के अंक में राममोहन के अनुवादों और दूसरे धार्मिक ग्रन्थों पर विस्तृत समालोचना प्रकाशित की। इस आलोचना से स्पष्ट होता है कि राममोहन की पुस्तकें फ्रान्स के विद्वत् समाज में पहले से ही प्रसिद्ध थीं। 1823 में ही फ्रान्स की पत्र-पत्रिकाओं में राममोहन की पुस्तकों के बारे में विज्ञापन प्रकाशित हो रहा था। इसके अतिरिक्त 'Jurnale Asiatique' की 1823 के अक्टूबर के अंक में M Lanjuinais ने राममोहन के ग्रन्थों की समालोचना प्रकाशित की थी। वस्तुतः इसी काल में यूरोप के देशों में भारतीय धर्म, दर्शन और साहित्य की ओर विद्वानों का ध्यान जाना आरम्भ हो गया था। उन्होंने राममोहन का सम्मान हिन्दू धर्म ग्रन्थों के व्याख्याकार के रूप में ही किया और उसके महत्त्वपूर्ण ग्रन्थों के बारे में समालोचना प्रकाशित की।

राममोहन ने विश्वव्यापी ख्याति के पीछे उनकी ईसाई धर्मविषयक पुस्तकें थी। उनकी पुस्तक *Precepts of Jesus* से उत्पन्न वाद-विवाद और उनकी तीन अपीलें जो उन्होंने ईसाई सम्प्रदाय का सम्बोधित की थी, वर्ष 1823 में लन्दन से प्रकाशित हुई। इन पुस्तकों के प्रकाशन में लन्दन के युनिटेरियन सोसायटी का हाथ था।[6] विलायत का युनिटेरियन समाज राममोहन के ईसाई धर्म सम्बन्धी विचारों और एकेश्वरवादी विचारों के पक्ष में था। इंग्लैण्ड में इन पुस्तकों के प्रकाशन के साथ विश्व भर के ईसाई समाज में राममोहन की प्रतिष्ठा क्रमशः फैलने लगी। 1826 में अमेरिका में, न्यूयार्क से भी राममोहन की ये पुस्तकें प्रकाशित हुईं। 1828 में बोस्टन से भी अलग से ये पुस्तकें प्रकाशित हुईं। इसके अतिरिक्त अमेरिकन पत्र-पत्रिकाओं में भी राममोहन के बारे में लेखादि प्रकाशित हो रहे थे! राममोहन की पुस्तकों के अतिरिक्त अमेरिका में उनके कुछ मित्र बन गए थे, जिसे उनका निरन्तर पत्र-व्यवहार बराबर चलता रहता था, राममोहन के बारे में पहला विशेष लेख 1818 में 'North American review' में प्रकाशित हुआ। जब युनिटेरियन और ट्रिनिटेरियन और ईसाइयों के बीच विवाद बढ़ा और एडम साहब राममोहन के साथ हो लिए तो अमेरिका के एकेश्वरवादी ईसाई भी उनकी ओर आकृष्ट हुए। ईसाई पत्रिकाओं में इसकी काफी चर्चा हुई। 'Boston Observer', 'Christian reformer' जैसी पत्रिकाओं में काफी लेख प्रकाशित हुए। राममोहन अमेरिका में अपने जीवित रहते ही काफी प्रसिद्ध हो चुके थे। राममोहन की मृत्यु का समाचार अमरीका की कई पत्रिकाओं में प्रकाशित हुआ। बोस्टन के Select Journal of Foreign Periodical Literature' में राममोहन पर पूरा लेख प्रकाशित हुआ। Adrienne Moore ने अपनी प्रसिद्ध पुस्तक *Rammohan Roy and America* में लिखा था :

'Until the advent of Roy, the orient had seemed far removed and impersonal to American thought. But with the coming of this great leader there took place a certain fusion of East and West, a realization that inspite of distance and difference, the Indian as personified in Rammohan Roy, was close kin to his American brother."[7]

भारत और अमेरिका को एक दूसरे के निकट लाने तथा प्राच्य और पाश्चात्य के बीच सेतु-बन्धन का श्रेय राममोहन को दिया जाता है। हिन्दू धर्म के व्याख्याता और युनिटेरियनवाद के प्रबल समर्थक के रूप में राममोहन का परिचय अमेरिका में हुआ था। यहाँ का बौद्धिक वर्ग राममोहन के विचारों और लेखों से इतना प्रभावित था कि अक्सर लोग अपने भाषणों और लेखों में राममोहन को उद्धृत किया करते थे। यहाँ तक कि मिस मूर ने बोस्टन पब्लिक लायब्रेरी में सुरक्षित एक पुस्तिका 'Tracts on slavery' से एक महत्त्वपूर्ण अंश उद्धृत किया है जिससे राममोहन के प्रभाव का स्पष्ट प्रमाण मिलता है–

"May no rule of equality, may no lust of power, that is revolting to an underpraved mind either to exert or to endure, tempt us also to destruction, and convert the garden of the union into a field of blood. In closing this address, allow me to assume the name of one of the most enlightened and benevolent of the human race now living, though not a white man, Rammohan Roy.[8]

दुर्भाग्य से पुस्तिका का आरम्भिक शीर्षक पृष्ठ फटा हुआ है। और लेखक का नाम मालूम नहीं। लेकिन लगता है यह अमेरिकन काँग्रेस में दिये गए भाषण का हिस्सा है। इसके अतिरिक्त एक युनिटेरियनवादी के रूप में उन्हें युनिटेरियन समाज में सम्मानपूर्ण स्थान प्राप्त था। 1818 से 1840 के बीच अमेरिकन पुस्तकों में लगभग 25 बार राममोहन के नाम का उल्लेख मूर ने अपने लेख में किया है। अकेले बोस्टन के 'क्रिश्चियन रजिस्टर' में ही 1821-1830 के बीच सौ से अधिक सन्दर्भ पाए जाते हैं।[9]

राममोहन की अमेरिका जाने की तीव्र इच्छा थी। अपने मित्रों को लिखे गये पत्रों में इसका उल्लेख था। उनकी अकाल मृत्यु ने इस सम्भावना को समाप्त कर दिया। अमेरिका में बड़ी संख्या में लोग उनके स्वागत की तैयारी कर रहे थे। इससे स्पष्ट है कि अमेरिका में राममोहन ने अपना प्रभाव अच्छी तरह जमा लिया था।

राममोहन के अन्तर्राष्ट्रीय प्रभाव के बारे में यह भी एक महत्त्वपूर्ण तथ्य है कि 1949 में पेरिस के मानव अधिकार सम्बन्धी अन्तर्राष्ट्रीय प्रदर्शनी में जो दस्तावेज प्रदर्शित किए गए, उनमें से चार राममोहन से ही सम्बन्धित थे–

(1) राजा राममोहन राय द्वारा 1831 में लिखे गए एक पत्र की प्रतिलिपि, जो उन्होंने फ्रान्स के तत्कालीन विदेशमन्त्री को लिखा था, जिसमें उन्होंने एक विश्व संस्था की स्थापना की बात कही थी 'All mankind are but one family.' (इण्डिया आफिस लाइब्रेरी से)

(2) 1823 में राममोहन राय द्वारा लिखे लार्ड एमहर्स्ट को पाश्चात्य शिक्षा के बारे में लिखे गए पत्र की प्रतिलिपि।

(3) प्रेस अधिनियम के विरुद्ध सुप्रीम कोर्ट में दिये गए राममोहन द्वारा प्रस्तुत प्रतिवेदन के सारांश की प्रतिलिपि। (1823)

(4) नारी अधिकार पर राममोहन के प्रसिद्ध लेख 'Brief remarks regarding modern encroachement on the ancient rights of females' के सारांश की प्रतिलिपि। इस लेख के द्वारा राममोहन उन्नीसवीं शताब्दी में नारी अधिकारों के सबसे बड़े हिमायती सिद्ध होते हैं।[10]

राममोहन के इंग्लैण्ड के उस काल के विद्वानों जिनमें बैन्थम, रास्को, राबर्ट ओवन जैसे महारथियों से राममोहन के परिचय के बारे में हम पहले ही लिख चुके हैं। इसके अतिरिक्त राममोहन अनगिनत राजनयिकों, प्रशासकों के संस्पर्श में आये और अपना प्रभाव विस्तार किया। ब्राह्म समाज की स्थापना के पीछे भी राममोहन ने एक उदार विश्वधर्म स्थापना का स्वप्न देखा था। राममोहन यह अच्छी तरह समझते थे कि भारत को यदि उन्नति के मार्ग पर ले जाना है तो इस बहुभाषी, बहुधर्मी और बहुजाति देश में अनेकता में ही एकता की स्थापना करती होगी। राममोहन इस राष्ट्रीय एकता के प्रथम मन्त्रदाता पुरोहित थे। उनकी यह भारत चेतना ही बाद में विश्व-चेतना में बदल गई। उन्होंने अपने देश के सर्वांगीण उत्थान के लिए पाश्चात्य शिक्षा, ज्ञान-विज्ञान, कृषि और टेक्नोलॉजी सभी का स्वागत किया। वे अपने देश को सामन्तवादी संकीर्णता से मुक्ति दिलाना चाहते थे। उनकी विचारधारा केवल मात्र राष्ट्रीयता तक ही सीमित नहीं रही वे संसार के सारे देशों और जनसाधारण के बीच मित्रता कायम करने का सतत् प्रयास करते रहे। 1831 में उन्होंने फ्रान्स के विदेशमन्त्री को जो प्रसिद्ध पत्र लिखा था, जिसमें विश्व संस्था की स्थापना और विश्व मैत्री की ओर स्पष्ट इशारा है। पत्र का कुछ अंश यहाँ प्रासंगिक होगा :

> "It is now generally admitted that not religion only but unbiased common sense as well as accurate deductions of scientific research lead to the conclusion that all mankind are one great family of which numerous nations and tribes existing are only various branches. Hence enlightened men in all countries must feel a wish to encougage and facilitate human intercourse, in every manner by removing as far as possible all impediments to it order to promote the reciprocal advantages and enjoyment of the whole human race."[11]

यह सर्वमान्य है कि केवल धर्म के आधार पर ही नहीं, बल्कि साधारण ज्ञान और वैज्ञानिक अनुसन्धान से इसी निष्कर्ष पर पहुँचे हैं कि सारा मानव समाज एक बड़ा परिवार है तथा विभिन्न राष्ट्र मात्र उसकी अलग-अलग शाखाएँ हैं। इसी से सभी देशों के प्रबुद्ध लोगों में स्वाभाविक इच्छा होनी चाहिए कि सारी बाधाएँ दूर करके वे एक दूसरे के निकट सम्पर्क में आयें। इस आदान-प्रदान की भावना से सभी को लाभ होगा और सारा मानव-समाज सुखी हो सकेगा।

लीग आफ नेशन की स्थापना के वर्षों पहले राममोहन ने इसी पत्र में एक ऐसी संस्था की स्थापना का सुझाव दिया था जिसके द्वारा विभिन्न राष्ट्रों की राजनैतिक समस्याओं का समाधान खोजा जा सके। उन्होंने फ्रान्स और इंगलैंड के बीच ऐसी ही एक काँग्रेस का प्रस्ताव किया था, जिससे उनके राजनैतिक और व्यावसायिक मतभदों को मैत्रीपूर्ण ढंग से सुलझाया जा सके और दोनों देशों में परस्पर मित्रता और शान्ति कायम रखी जा सके।

राममोहन का स्वदेश प्रेम इस प्रकार विश्वप्रेम में परिवर्तित हो गया था। राष्ट्रीयता और अन्तर्राष्ट्रीयता के बीच सहज समन्वय की यह भावना राममोहन की एक महत्त्वपूर्ण उपलब्धि थी।

सन्दर्भ और टिप्पणियाँ

1. Collet : *Raja Rammohun Roy,* पृ. 130-131 बकिंघम साहब को 11 अगस्त 1821 को लिखे एक पत्र से उद्धृत।
2. मुखोपाध्याय : *राममोहन तत्कालीन साहित्य ओ* समाज : पृ. 15
3. विश्वास : *राममोहन समीक्षा,* पृ. 499
4. वही : पृ. 500.
5. वही : पृ. 500.
6. विश्वास : *राममोहन समीक्षा,* पृ. 549 प्रीसेप्ट्स और ईसाइयों के नाम तीन अपील, बोस्टन, अमेरिका से 1828 में प्रकाशित हुई थी।
7. Moore, Adrienne : *Rammohun Roy and America,* पृ.164 से उद्धृत।
8. वही : पृ. 164 की पाद-टिप्पणी से।
9. Dasgupta : *Life and Times of Raja Rammohun Roy—last phase,* पृ. 245 में टिप्पणी देखें।
10. वही पृ. 212-213.
11. पूरे पत्र की प्रतिलिपि के लिए परिशिष्ट देखें।

अध्याय–24

नवजागरण के अग्रदूत

राममोहन भारतीय इतिहास के उस संक्रान्ति-काल में पैदा हुए थे जब एक ओर घोर अन्धकार व्याप्त था और दूसरी ओर अंगरेजों और दूसरे यूरोपीय व्यापारियों के माध्यम से पश्चिमी ज्ञान की पहली किरण का देश में आना आरम्भ हुआ था। राजनैतिक भारत सैकड़ों टुकड़ों में बँटा था। मुगल साम्राज्य अपनी अन्तिम साँस ले रहा था, और चारों ओर अराजकता का बोलबाला था। भारत में विदेशी साम्राज्य के उदय का इससे अच्छा समय भला और क्या हो सकता था? पुस्तक के पहले खण्ड में इसके ऐतिहासिक पृष्ठभूमि के बारे में विस्तार से लिखा जा चुका है।

इससे लगभग आठ-नौ सौ वर्ष पहले भारत में मुस्लिम धर्म और संस्कृति का आगमन हुआ था। दुर्भाग्य से धार्मिक और सांस्कृतिक समन्वय के स्थान पर विरोध और विघटनात्मक प्रवृत्तियों का ही बोलबाला रहा। हिन्दू और मुस्लिम संस्कृति के बीच की खाई कभी पाटी न जा सकी। पन्द्रहवीं और सोलहवीं शताब्दी में नानक, कबीर, दादू, महामति आदि सन्तों ने धर्मों के बीच समन्वय की भावना को स्थापित करने की भरसक कोशिश की लेकिन मध्ययुगीन संकीर्णता और धार्मिक रूढ़िवाद की बाढ़ में प्रगतिवादी स्रोतों के आगे बढ़ने ही न दिया। नतीजा यह हुआ कि लगभग एक हजार वर्ष तक साथ-साथ रहते हुए भी हिन्दू और मुस्लिम संस्कृतियों का परस्पर विरोध मिट न सका। दोनों ही धर्म अपनी-अपनी संकीर्णता की चहारदीवारियों के पीछे छिपे रहे। सत्रहवीं या अठारहवीं शती के भारत में कही भी समन्वय या एकीकरण का कोई केन्द्र न था।

इधर मुगल शासन व्यवस्था के पूरी तरह टूटने की प्रक्रिया में कुछ समय लगा। लेकिन अंगरेजी शासन की नींव पड़नी आरम्भ हो गई थी। यह नींव मराठा शक्ति के पतन तक पूरी तरह जम गई थी। 1818 में गवर्नर जनरल हेस्टिंग्स ने ईस्ट इण्डिया कम्पनी द्वारा भारत की भूमि पर सार्वभौम सत्ता स्थापित करने की घोषणा की। राममोहन ने अपने बचपन और यौवन में इस राजनैतिक नाटक को देखा था। उन्होंने यह भी देखा कि कैसे इस प्राचीन देश की शिथिल राष्ट्रीय एकता की भावना के साथ

एक नया विदेशी-शासन तत्त्व आ जुड़ा। आधुनिक भारत में राममोहन ने ही सबसे पहले अनुभव किया कि इस पाश्चात्य शासन के पीछे एक ऐसी आधुनिक सभ्यता है, जिसके सम्पर्क में आने से भारतीय सभ्यता और संस्कृति और औद्योगिक पुनर्निर्माण को सक्रिय बनाया जा सकता है। युग परिवर्तन के इस परिप्रेक्ष्य में भारत को मध्ययुगीन अन्धकार से निकाल कर आधुनिक युग की नई रोशनी में लाया जा सकेगा। इस बात को समझने में भी उन्हें देर न लगी कि इस ज्ञान के आलोक के साथ शिल्प-विज्ञान को देश में प्रतिष्ठित करने के लिए यूरोपीय पद्धति द्वारा संचालित किसी शासन-व्यवस्था को कायम करना आवश्यक है। लेकिन उन्होंने देश के पुनरुत्थान और निर्माण में पाश्चात्य आदर्शों को ही एकमात्र साधन नहीं माना बल्कि देश की सांस्कृतिक और सामाजिक विचारधारा के समन्वित स्वरूप को देश के पुनरुत्थान में सहायक तत्त्व के रूप में प्रतिष्ठित किया। राममोहन के जीवन और कार्य पर विचार करने से, हमें ज़रा भी झिझक नहीं होनी चाहिए कि आधुनिक भारत के निर्माताओं में राममोहन का स्थान सर्वोपरि है। यहाँ पर यह समझना आवश्यक है कि इतिहास के एक ऐसे काल में पश्चिमी आलोक ने इस देश में प्रवेश करना आरम्भ किया जब हम लोग धार्मिक, सामाजिक, आर्थिक और राजनैतिक सभी क्षेत्रों से एक अराजक परिस्थिति में गुजर रहे थे। ऐसा नहीं था कि भारत में शिक्षा का प्रचार-प्रसार ही न रहा हो। हमारे देश ने प्राचीन काल में शिक्षा, संस्कृति और प्रशासन के क्षेत्र में काफी उन्नति की थी। लेकिन मध्युगीन अंधकार के घटाटोप में हमारी उपलब्धियाँ छिपी पड़ी थीं। प्राचीन ही नहीं बल्कि मुगल काल में भी हमारा देश आर्थिक और औद्योगिक क्षेत्र में कोई पिछड़ा हुआ देश नहीं था। वस्तुतः यह इतना समृद्ध देश था कि इस 'सोने की चिड़िया' पर बार-बार हमला होता रहा। ईस्ट इण्डिया कम्पनी ने भी इसी उद्देश्य से इस देश में पाँव जमाना आरम्भ किया था। लेकिन मुगल साम्राज्य के विघटन प्रक्रिया के काल में, अर्थात् सत्रहवीं और अठारहवीं शताब्दी के आरम्भ में देश का आर्थिक और प्रशासनिक ढाँचा पूरी तरह ध्वस्त हो गया था। दूसरी ओर सामाजिक स्तर पर धार्मिक रूढ़िवाद और संकीर्णता ने समाज को खोखला बना दिया था। ऐसी स्थिति में देश प्रगतिशील विकास की कोई भी प्रक्रिया अपनाने की स्थिति में नहीं था।

विदेशी शासन के साथ-साथ स्वाभाविक रीति से पश्चिमी ज्ञान का आलोक इस देश में भी फैलने लगा। इतिहास बताता है कि पश्चिमी शिक्षा के विरुद्ध मुल्लाओं और पण्डों ने जोरदार आन्दोलन खड़ा किया था। इसका कारण केवल यही था कि इस देश में शिक्षा का प्रचार ईसाई-पादरियों के माध्यम से शुरू हुआ था जिनका मुख्य उद्देश्य धर्म प्रचार ही नहीं, धर्म परिवर्तन भी था। यह राममोहन ही थे जिन्होंने इस नए ज्ञान का स्वागत किया और धार्मिक चंगुल से निकालकर असाम्प्रदायिक शिक्षा की नींव रखी।

मुस्लिम भारत यद्यपि धार्मिक रूप से अधिक संगठित था लेकिन ऐतिहासिक कारणों से और अपनी रूढ़िवादी और साम्प्रदायिक संकीर्णता के कारण पश्चिमी विचारों और ज्ञान को ग्रहण करने की स्थिति में नहीं था। इसका नतीजा यह हुआ कि मुस्लिम जनता शिक्षा के क्षेत्र में पिछड़ गई और उन्होंने इसका यथोचित लाभ नहीं उठाया। लेकिन हिन्दुओं ने इस ओर काफी उत्साह दिखाया और उनके अगुआ बने, राममोहन।

राममोहन 1815 मे जब कलकत्ता आकर पूरी तरह बस गए और अपना सार्वजनिक कार्य आरम्भ किया तो उनके सामने एक ऐसा सड़ा-गला समाज था कि उनकी समझ में नहीं आ रहा था कि कार्य कहाँ से शुरू करें। वे बचपन से ही धर्म के रूढ़िवादी स्वरूप का विरोधी होने के कारण उन्होंने इस प्रश्न पर अपना घर छोड़ दिया था। सारे समाज पर संकीर्ण धार्मिक रूढ़ियों का कठमुल्ला नियन्त्रण था। समाज को इस धार्मिक संकीर्णता से मुक्त करने का बीड़ा राममोहन ने तत्काल उठाया। प्रारम्भिक उपाय के रूप में उन्होंने आधुनिक शिक्षा का प्रचार शुरू कर दिया। धर्म के शाश्वत मूल्यों को स्थापित करने और शिक्षा-प्रचार के रास्ते से उन्होंने देश को आधुनिकता के दरवाजे तक ले आने में पथ-प्रदर्शक का काम किया।

नवजागरण या रेनासां का पारिभाषिक अर्थ है। प्राचीन ज्ञान और संस्कृति को नये वातावरण और काल के परिप्रेक्ष्य में भविष्य के लिए परिवर्तित या रूपायित करना। एक नई चेतना के आधार पर ऐसी भविष्य का निर्माण जिसमें मानव के विचार शक्ति की सम्भावनाओं पर पूरी आस्था रखी जाए। इसके द्वारा मानव समाज की वैचारिक दृष्टि को अनुकूल आदर्शों के अनुरूप उदार और बौद्धिक आधार दिया जाता है। विभिन्न देशों की सामाजिक और आर्थिक विकास की पृष्ठभूमि पर रेनासां अलग-अलग देशों में अलग-अलग रूप लेता रहा है। कुछ देशों में नवजागरण का अंकुरण मुख्यतः साहित्य और कला के क्षेत्र में हुआ और कहीं धर्म दर्शन, विज्ञान, संगीत, स्थापत्य के क्षेत्र में हुआ। इटली में राष्ट्रीयता की भावना के उन्मेष के साथ-साथ क्लासिक्स या गौरव ग्रन्थों को फिर से मान्यता प्राप्त हुई। कला और स्थापत्य के क्षेत्र में विशेष उन्नति दिखाई दी। फ्रान्स में साहित्य और दर्शन नये रूप में निखर कर सामने आया। इंग्लैण्ड में साहित्य, दर्शन, धर्म और विज्ञान के क्षेत्र में, तथा जर्मनी में दर्शन शास्त्र की ओर रुचि बढ़ी और संगीत का भी व्यापक पुनरुत्थान हुआ। इस प्रकार रेनासां-युग यूरोप में पन्द्रहवीं शती में आरम्भ हुआ और परवर्ती चार शताब्दियों तक चलता रहा। लेकिन भारत में इस लहर को पहुँचते-पहुँचते कुछ समय लग गया। इसके ऐतिहासिक और राजनैतिक कारणों को समझना आवश्यक है। वस्तुतः भारत में नवजागरण का काल अठारहवीं शती के मध्य से आरम्भ होकर बीसवीं शताब्दी के आरम्भ तक मानना चाहिए अर्थात् इस प्रक्रिया में दो सौ वर्ष लग गए। नवजागरण या रेनासां की संकल्पना या इसके सैद्धान्तिक परिभाषा के बारे में

विद्वानों में सहमति नहीं है। कुछ विद्वानों की धारणा है कि यूरोपीय सांस्कृतिक पुनर्जागरण के प्रभाव में आकर गैर-यूरोपीय देशों में रेनासां की हवा चली। लेकिन कुछ दूसरे विद्वानों ने कहा है कि गैर-यूरोपीय देशों में रेनासां यूरोपीय आदर्शों पर नहीं बल्कि यूरोपीय आधुनिकता के संस्पर्श में आने पर भारतीय नवजागरण की लहर देश की स्थानीय विशेषताओं को साथ लेकर आगे बढ़ी। इस नवजागरण का काल निर्धारण भी एक समस्या है। यूरोपीय रेनासां की घटना-क्रम के साथ एशिया में पुनर्जागरण की समय-सारिणी को मिलाने की कोशिश करना भी न तो उचित होगा और न सर्वमान्य। इधर कई विद्वानों ने 'रेनासां' को पारम्परिक समाज व्यवस्था से सर्वथा अलग नई राष्ट्रीयता, या राष्ट्रीय संचेतना के उदय को पुनर्जागरण की परिभाषा दी है। वस्तुतः जब 'रेनासां' को राष्ट्रीय जागरण और आधुनिकता के सन्दर्भ में देखा जाने लगा तभी इस प्रत्यय का सही मूल्यांकन सम्भव हुआ। अठारहवीं शताब्दी में भारत में नव जागरण की प्रक्रिया के आरम्भ करने में दो सहायक तत्त्व थे। पहला था सार्वभौम मानव अधिकार की मान्यता के साथ राष्ट्रीयता और आधुनिकता की लहर, और दूसरा, ब्रिटिश शासकों में प्राच्य-विद्या सम्बन्धी रुचि। इसके द्वारा प्राचीन भारतीय संस्कृति और साहित्य की एक नई भावमूर्ति स्थापित की जा सकी।

भारत में रेनासां का इतिहास कमोबेश देश में अंगरेजी साम्राज्य की स्थापना के इतिहास से सम्बन्धित है। ईस्ट इण्डिया कम्पनी का अपने हाथों राजशासन सम्हालना, ईसाई धर्म के प्रचार के प्रयास में शिक्षा का प्रसार, साम्राज्य विस्तार के साथ-साथ प्रशासनिक आवश्यकताओं के लिए पश्चिमी शिक्षा और आधुनिक विचारों का प्रवर्तन आदि इसी काल में आरम्भ हुआ। ऐतिहासिक अनिवार्यता ने इस लहर को भारत की भूमि पर ला दिया।

भारत में नवजागरण का प्रारम्भिक चरण वारेन हेस्टिंग्स के शासन-काल (1772–1785) से आरम्भ होता है। इस काल में वारेन हेस्टिंग्स की प्रेरणा से सरकारी पदाधिकारियों में एक छोटे से बुद्धिजीवी दल ने सबसे पहले इस महान देश की प्राचीन-समृद्धि और परम्परा को जानने और उद्धार करने का प्रयत्न आरम्भ किया। इनमें से बंगाल और पूर्वी भारत में नैथानील हालहेड, कोलब्रुक, चार्ल्स विलकिन्स और सर विलियम जोन्स जैसे प्रमुख विद्वान और प्राच्यविद् थे। इन लोगों ने लगभग चार दशक तक इस देश की विभिन्न भाषाओं, बोलियों, साहित्य और गौरव ग्रन्थों के उद्धार एवं प्रकाशन के लिए महत्त्वपूर्ण प्रयत्न किया। सर विलियम जोन्स ने 1784 में एशियाटिक सोसाइटी की स्थापना की। इन लोगों ने भाषा और साहित्य के अलावा धर्म दर्शन से सम्बन्धित प्राचीन ग्रन्थों का भी पुनरुद्धार किया। अंगरेजी अनुवाद के माध्यम से विश्व के सामने भारतीय साहित्य और संस्कृति की गरिमा को प्रचारित किया। शायद भारत में नवजागरण का यही पहला चरण था। यहाँ एक विशेष बात ध्यान देने योग्य है कि इस अवधि में इन प्राच्यविदों के साथ कोई भी भारतीय सहयोगी

नहीं था और यही विदेशी विद्वान इस देश में नवजागरण के पुरोगामी बने। भारतीय विद्वान अभी तक अपने मठों, मकतबों में पर्दे के पीछे बैठे थे। क्योंकि उनके विचार से इस प्रकार का प्रचार परम्परा के अनुकूल नहीं पड़ता था। यहाँ तक कि जब जोन्स ने संस्कृत पढ़ने की इच्छा प्रकट की तो कोई भी ब्राह्मण इस म्लेच्छ को संस्कृत पढ़ाने के लिए राजी नहीं हुआ था। उन्होंने एक गैर-ब्राह्मण से संस्कृत की शिक्षा प्राप्त की थी।

1786 में कॉर्नवालिस ने गवर्नर जनरल का पदभार सम्हाला। वे हेस्टिंग्स की तरह भारत-विद्या या शास्त्रों के बारे में इतने उत्साही न थे, फिर भी अपने पहले गवर्नर जनरल द्वारा किए गए वादों और योजनाओं को उन्होंने निभाया। उनका अधिकतर समय भूमि-व्यवस्था और आर्थिक मामलों की ओर लगा। इसके बावजूद उन्होंने शिक्षा के क्षेत्र में कई एक महत्त्वपूर्ण कार्य किए। जोनाथन डंकन को बनारस के संस्कृत कालेज से कलकत्ता ले आए। शिक्षा के क्षेत्र में डंकन ने बहुत ही महत्त्वपूर्ण कार्य किए। इसके अलावा दूसरे क्षेत्रों में प्रगति कुछ ढीली चल रही थी। नवजागरण के क्षेत्र में दूसरा दौर लॉर्ड वेलेजली के शासन काल (1798-1805) में आया।

वेलेजली 1798 में गवर्नर जनरल बने और दो साल के भीतर उनका सबसे बड़ा कारनामा था, फोर्ट विलियम कॉलेज की स्थापना। 10 जुलाई 1800 को वेलेजली ने इस कॉलेज की स्थापना की घोषणा की। इसका मुख्य उद्देश्य था ब्रिटिश शासकों को देश शासन के लिए उपयोगी शिक्षा और प्रशिक्षण देना। इनकी कक्षाओं में केवल बौद्धिक आदान-प्रदान के अलावा रचनात्मक भाषा और साहित्य सम्बन्धी प्रशिक्षण आरम्भ हो गया। सैकड़ों की संख्या में मूल संस्कृत, फ़ारसी, उर्दू और कई देशी भाषाओं की पुस्तकों के प्रकाशन के लिए कॉलेज की ओर से आर्थिक सहायता दी गई। दक्षिण भारत, यहाँ तक कि सुदूर श्रीलंका तक संस्कृत हस्तलेखों की खोज में दल भेजे गए। एशियाटिक सोसाइटी के सहयोग से भारतीय गौरव ग्रन्थों के अंगरेजी और दूसरी यूरोपीय भाषाओं में अनुवाद प्रकाशित हुए। 1805 तक कॉलेज ने एक प्रयोगशाला का रूप ले लिया जहाँ विशिष्ट यूरोपीय और भारतीय विद्वान भारतीय भाषाओं के व्याकरण, ग्रन्थ-पाठ तथा रूपान्तर आदि को नियमित और व्यवस्थित रूप देने की चेष्टा कर रहे थे। कई एक कोश तैयार किए गए और आधुनिक भाषाओं के व्याकरण बनाने का काम आरम्भ हुआ। वस्तुतः उत्तर भारत की सारी आधुनिक भाषाएँ जिनमें हिन्दी, उर्दू, बांग्ला प्रमुख थीं उनका आधुनिक स्वरूप इसी प्रयोगशाला में जन्म ले रहा था।

उसी काल में इस नवजागरण-पर्व में एक और प्रमुख केन्द्र काम कर रहा था, श्रीरामपुर का बेप्टिस्ट मिशन। यद्यपि इस संस्था का मुख्य उद्देश्य ईसाई धर्म का प्रचार था, लेकिन यहाँ के पादरियों ने देशी भाषा और साहित्य के पुनरुत्थान में महत्त्वपूर्ण काम किया। आगे चलकर फोर्ट विलियम कालेज और श्रीरामपुर मिशन के बीच

सहयोग और भी घनिष्ठ हुआ क्योंकि उन्नीसवीं शती के आरम्भ तक श्रीरामपुर मिशन ही देशी भाषाओं और संस्कृति को जानने और समझने की बेहतर स्थिति में था। मिशन के विलियम केरी ने ही सभी देशी भाषाओं के अध्ययन और पठन-पाठन के लिए फोर्ट विलियम कॉलेज में व्यवस्था की थी। श्रीरामपुर मिशन के प्रेस में ही सबसे पहले भारत की कई भाषाओं में जैसे बांग्ला, उर्दू, उड़िया, तमिल, तेलुगु, कन्नड और मराठी भाषाओं में छपाई का काम होने लगा था। केरी ने कई एक भारतीय भाषाओं के व्याकरण और कोश तैयार करवाने में पहल की। यद्यपि उनका इन उपकरणों की सहायता से ईसाई धर्म का प्रचार ही प्रमुख उद्देश्य था।

इस प्रकार एशियाटिक सोसाइटी, फोर्ट विलियम कालेज और श्रीरामपुर का बेप्टिस्ट मिशन, तीनों ने, शताब्दी पुराने लुप्तप्राय शास्त्र, धर्म, न्याय, भाषा और साहित्य की पुस्तकों का उद्धार करके, सम्पादित और अंगरेजी के अलावा यूरोप की और भाषाओं में अनुवाद करके भारतीय संस्कृति को एक बार फिर से जागृत कर दिया।

लार्ड वेलेजली के संरक्षण में यह सारा कार्य सुचारु रूप से चलता रहा। यह कार्यक्रम आगे 1830 तक चला। 1815 के आसपास इस कार्य में एकमात्र भारतीय मनीषी सामने आए, वह थे राजा राममोहन राय। राममोहन के सामने सर विलियम जोन्स, कोलब्रुक और विलकिन्स जैसे महानुभावों का प्रयास, एशियाटिक सोसाइटी और श्रीरामपुर मिशन के महत्त्वपूर्ण कार्य-कलाप थे। इस वस्तुस्थिति ने उनको अवश्य प्रभावित किया होगा। राममोहन ने अपने छात्रावस्था में ही पटना प्रवास के दौरान इस्लाम के मूल तत्त्वों का अध्ययन पूरा कर लिया था इसके पश्चात् कई वर्ष वाराणसी में हिन्दू शास्त्रों के अध्ययन में लगाये। वहाँ से लौटे तो नौकरी के दौरान डिगबी और वुडफोर्ड जैसे सुसंस्कृत यूरोपीय लोगों के द्वारा पश्चिम विचारधारा और ज्ञान-विज्ञान के सम्पर्क में आए। वे शायद प्रथम भारतीय थे जिन्होंने प्राचीन भारतीय इतिहास, धर्म और साहित्यिक वैभव को आधुनिक ज्ञान के परिप्रेक्ष्य में सही मूल्यांकन और प्रचार-प्रसार की ओर ध्यान दिया। राममोहन ने गौरवपूर्ण वैदिक-युग के वैभव और विद्या की श्रेष्ठता का केवल प्रचार ही नहीं किया बल्कि इसकी अन्तःशक्ति का सांस्कृतिक और सामाजिक परिवर्तन के लिए विनियोग किया। राममोहन की यही सबसे बड़ी देन थी।

भारत में नवजागरण की लहर ऐतिहासिक कारणों से बंगाल से आरम्भ हुई। अठारहवीं शताब्दी में विश्वव्यापी यातायात और संचार व्यवस्था का आरम्भ, यूरोप और इंग्लैण्ड में रेनासां और औद्योगिक क्रान्ति, भारत में ब्रिटिश साम्राज्य की स्थापना और प्रशासन में कुछ व्यावहारिक नीतियों का प्रवेश, कई सुसंस्कृत पदाधिकारियों का इस देश में आगमन; ईसाई मिशनरियों का धर्म प्रचार के लिए कार्य और कलकत्ते का देश की राजधानी बनना, आदि कुछ प्रमुख कारण थे

यद्यपि इनमें से कुछ घटनाएँ आकस्मिक लगती हैं लेकिन ये ही नवजागरण के प्रमुख उपादान बने।

इनमें एक और प्रमुख उपकरण, जिसने नवजागरण की भावना को भारतीय स्वरूप प्रदान किया वह था राममोहन का इस आन्दोलन में शामिल होना। राममोहन के बहुमुखी कार्यक्रमों में जो एक विशेष संगति परिलक्षित होती है वह है, भारतीय परम्परा के बारे में उनके प्रौढ़ विचार। राममोहन के विचारों और लेखों से यह स्पष्ट है कि वे अपने भीतर भारतीय नवजागरण के बीज को पल्लवित कर रहे थे। राममोहन ने एक बार पादरी एलेक्जेण्डर डफ से कहा था मुझे लगता है कि यूरोपीय रेनासाँ के समानान्तर कुछ भारत में भी घटित हो रहा है।[1]

1815 में राममोहन जब कलकत्ता आकर बस गए और उन्होंने अपना सार्वजनिक कार्यक्रम आरम्भ किया तो उसमें पहला काम था, वेदान्त का बांग्ला और अंगरेजी अनुवाद। स्पष्ट है कि वे भारतीय धर्म और संस्कृति के शाश्वत मूल्यों के बारे में पूरी तरह सचेत और वचनबद्ध थे। इसी वचनबद्धता को उन्होंने मृत्युपर्यन्त निभाया। उन्होंने पश्चिमी संस्कृति और ईसाई धर्म दोनों को अच्छी तरह समझा था लेकिन विदेशी संस्कृति की चकाचौंध और लालच से वे बचते रहे और अपनी शक्ति देश की धार्मिक और सामाजिक मूल्यों की व्याख्या और पुनर्मूल्यांकन में लगाया। उन्होंने एक ओर श्रीरामपुर मिशन के पादरियों के हिन्दू धर्म विरोधी प्रचार का डटकर मुकाबला किया तो दूसरी ओर रूढ़िवादी संकीर्णता के विरुद्ध अपने पण्डों और पुरोहितों के विरुद्ध भी सतत संघर्ष चलाते रहे। नतीजा यह हुआ कि एक ओर यूरोपीय वर्ग उनका विरोधी बना तो दूसरी ओर देश का प्रतिष्ठित वर्ग भी उनका विरोधी बन गया।[2]

राममोहन ने सबसे पहले वेदान्त सूत्र, वेदान्त सार, कठोपनिषद्, केनोपनिषद्, मुण्डकोपनिषद् आदि का बांग्ला और अंगरेजी में अनुवाद किया। पौराणिक कहानियों और धार्मिक पाखण्डों को ही धर्म मान लेने की गलती और धार्मिक संकीर्णता के दलदल में फँसे हिन्दू धर्म को पुनर्जीवित करने का बीड़ा राममोहन ने उठाया। वे एक ओर हिन्दू धर्म के पण्डों और ठेकेदारों से मोर्चा ले रहे थे तो दूसरी ओर ईसाई मिशनरियों के साथ। ईसाइयों के इस झूठे प्रचार के विरुद्ध कि भारत के लोग सिर्फ मूर्तिपूजक और पाखण्डी हैं, राममोहन ने उपनिषद् के अद्वैतवाद और वैदिक एकेश्वरवाद की श्रेष्ठता को प्रमाणित किया। ईसाई धर्म के 'त्रित्वाद' के विरुद्ध भी उन्होंने श्रीरामपुर बेप्टिस्ट मिशन के पादरियों से बराबर तर्क-युद्ध करते करते रहे। ईसाई धर्म में प्रचलित पाखण्डों के विरुद्ध भी उस समय में, जब ईसाई धर्म राजधर्म था, खुले तौर पर आलोचना करने का साहस केवल राममोहन में ही था। इस तर्क-युद्ध में बड़े-बड़े महारथियों को परास्त किया, लेकिन साथ ही ईसामसीह के उपदेशों और नीतिवाक्यों का उन्होंने आदर किया, स्वयं संकलन प्रकाशित किया। यही नहीं

इस्लाम के निराकार-एकेश्वरवाद और सूफीवादी उदारता को भी देश के सामने रखा। लेकिन अन्त में उन्होंने उपनिषदों पर आधारित वैदिक हिन्दू धर्म की श्रेष्ठता को ही प्रतिपादित किया। इस प्रकार केवल भारत में ही नहीं शायद विश्व में वे पहले व्यक्ति थे जिन्होंने इन तीनों धर्मों के तुलनात्मक विवेचन की ओर ध्यान दिया।

केवल धर्म के क्षेत्र में ही नहीं बल्कि देश की राष्ट्रीय धारा में उनकी देन असाधारण मानी जायेगी। राममोहन ने 'आत्मीय सभा' की स्थापना करके कुलीन प्रथा (बहु विवाह), कन्याविक्रय, जाति-भेद प्रथा तथा पिता और पति की सम्पत्ति में नारी का समानाधिकार जैसे कई मूल सामाजिक प्रश्नों पर सफलतापूर्वक आन्दोलन का नेतृत्व किया।

देश में राजनैतिक आन्दोलन का आरम्भ भी राममोहन ने ही किया। न्यायालयों में देशी जूरी नियुक्ति के प्रश्न पर उन्होंने हिन्दुओं और मुसलमानों के दस्तखतों के साथ एक अपील ब्रिटिश पार्लियामेण्ट को भेजी थी। तीन वर्ष तक आन्दोलन चलाने के बाद किसी सीमा तक उनकी माँगों का मान लिया गया।

प्रेस की स्वाधीनता के लिए भी राममोहन ने भारी संघर्ष छेड़ा था। 'लाइसेंसिंग सिस्टम के खिलाफ़ उन्होंने सुप्रीम कोर्ट में भी अपील की थी। इसके विरोध स्वरूप अपना फ़ारसी भाषा का अखबार 'मिरातुल अखबार' बन्द कर दिया। इसके अलावा बांग्ला पत्रिका 'संवाद कौमुदी' का सफलतापूर्वक सम्पादन किया। कई एक अंगरेजी और बांग्ला अखबार 'द बेंगाल गजेट', 'बेंगाल हेरल्ड' और 'बंगदूत' जैसे पत्र-पत्रिकाओं से राममोहन घनिष्ठ रूप से सम्बन्धित रहे। इस प्रकार पत्रकारिता, विशेष रूप से देशी भाषाओं की पत्रकारिता के संस्थापकों में राममोहन का स्थान है।

उस काल में शायद राममोहन ही पहले व्यक्ति थे जिन्होंने इतिहास की पगध्वनि को पहचानकर अनुभव किया कि देश को आधुनिक बनाने के लिए सामाजिक, राजनैतिक और आर्थिक विषयों पर इस देश की आवश्यकताओं के अनुरूप विचार करना होगा। इसी से उन्होंने जहाँ एक ओर अंगरेजी का भरपूर समर्थन किया, बल्कि अंगरेजी और वैज्ञानिक शिक्षा के लिए जहाँ जी तोड़ प्रयत्न किया, वहाँ दूसरी ओर भारतीय भाषाओं के विशेषरूप से बांग्ला के आधुनिकीकरण में प्रभावी योगदान दिया। यहाँ तक कि हिन्दी भाषा के लिए किये गये प्रयत्नों के बारे में हम पढ़ चुके हैं। देशी भाषाओं में संस्कृत शास्त्रों के अनुवाद की परम्परा राममोहन ने ही कायम की। धार्मिक, सामाजिक और सुधारवादी आन्दोलन का श्रीगणेश इन्हीं अनुवादों के माध्यम से आरम्भ हुआ था। रूढ़िवादी पुरोहित, पण्डे और समाज के ठेकेदार राममोहन के शत्रु बने केवल इसलिए कि अब ये

धर्मशास्त्र, मुट्ठी भर ब्राह्मणों की सम्पत्ति न रहकर साधारण जनता तक पहुँचने लगे। लोगों को झूठे ढकोसलों से बहकाना मुश्किल हो गया। इसके अतिरिक्त राममोहन पहले भारतीय अनुवादक थे जिन्होंने धर्मशास्त्रों का अंगरेजी में प्रामाणिक अनुवाद प्रस्तुत किया। इसके अलावा अंगरेजी में उनके ईसाई धर्मसम्बन्धी लेख केवल भारत में नहीं उनके जीवन काल में ही इंग्लैण्ड, यूरोप, और अमेरिका में प्रचलित हो चुके थे। पश्चिम के कई विचारक और बुद्धिजीवी उनके लेखों और विचारों पर गम्भीरता से विचार करने पर मजबूर हो गये थे।

राममोहन ने अंगरेजी और बांग्ला में ही नहीं हिन्दी में भी महत्त्वपूर्ण अनुवाद प्रकाशित किए। बांग्ला भाषा उस समय अपरिपक्व अवस्था में थी। राममोहन के अथक प्रयत्नों का फल था कि भाषा ने आधुनिक रूप ग्रहण किया। राममोहन से पहले विलियम केरी ने बांग्ला भाषा के लिए काफ़ी काम किया था लेकिन उनका मुख्य उद्देश्य ईसाई धर्म का प्रचार था। 1778 में हालहेड ने बांग्ला व्याकरण बनाया था, लेकिन सही अर्थों में इस भाषा का प्रयोग राममोहन के लेखों, पुस्तकों, अनुवादों और पत्र-पत्रिकाओं के द्वारा ही प्रचलित हुआ।

राममोहन के राजनैतिक, न्यायिक, सामाजिक और आर्थिक कार्य-कलाप और विचारों के बारे में विस्तार से आलोचना किया जा चुका है। राममोहन समस्त विश्व के प्रगतिवादी, समाजवादी और स्वाधीनता आन्दोलनों के समर्थक रहे। उनके विचारों में इस प्रकार अन्तर्राष्ट्रीयता के संकेत स्पष्ट रूप से देखे जा सकते हैं।

राममोहन अपने युग के सबसे महत्त्वपूर्ण, आकर्षक किन्तु विवादास्पद व्यक्तित्व रहे। पश्चिमी विचारों और ज्ञान-विज्ञान के प्रणेता के रूप में जहाँ उन्हें प्रशंसा मिली वहीं भारी विरोध का भी सामना करना पड़ा। यह विचार करने योग्य है कि राममोहन के कार्यों और विचारों में कहीं-कहीं असंगतियाँ दिखाई देती हैं लेकिन इस बात से इनकार नहीं किया जा सकता है कि वे भारतीय धर्म और संस्कृत की शाश्वत परम्परा और वास्तविक शक्ति के बारे में पूरी तरह आश्वस्त थे। उनके विचारों के विकास की धारा का अध्ययन करने से स्पष्ट हो जाता है कि यह उनके बहुमुखी संघर्ष का नतीजा था। धार्मिक क्षेत्र में हिन्दू रूढ़िवाद और ईसाई त्रित्ववाद के विरुद्ध उनका ऐतिहासिक संघर्ष उनके विचारों को मूर्तरूप देने में सहायक हुआ। 1815 में जब उन्होंने वेदान्त का अनुवाद प्रकाशित किया था तब से जीवन के अन्तिम क्षण तक वे भारतीय संस्कृति और धर्म का समर्थन करते रहे। ईसाई धर्म के इतने निकट होने पर भी उन्होंने अपने धर्म को त्यागने का कभी विचार नहीं किया बल्कि उन्होंने अपना समय अपने धर्म ग्रन्थों की सही व्याख्या खोजने में लगाया।

इस युग विशेष में एक ओर जहाँ बुद्धिवाद ने धर्म, दर्शन और राजनीति में प्रवेश किया वहीं वैज्ञानिक विचारधारा ने जीवन के दूसरे हिस्सों में प्रवेश पाया। इस प्रकार मानव ने सदियों से चली आई रूढ़िगत संस्कारों की जंज़ीर को तोड़ने की पहलकदमी की। पाश्चात्य विचारधारा का भारत के नवयुवक बुद्धिजीवी वर्ग पर घातक प्रभाव पड़ना स्वाभाविक था। उस चकाचौंध करने वाली रोशनी के आगे अपने देश की संस्कृति, परम्परा सब कुछ तुच्छ लगने लगा था। ऐसे समय आवश्यकता थी एक ऐसी शक्ति की जो जनजीवन और जनमानस को पुनर्जीवित कर सके। अन्यथा अपना अस्तित्त्व ही खोने का डर था। इस काल में हिन्दू चेतना के अलावा सात-आठ सौ वर्षों की इस्लामी मानसिकता ने भारत में अपना स्थान बना लिया था और अब एक और नया मानस भारतीय सांस्कृतिक धारा से आ जुड़ा था वह था, ईसाई धर्म। प्रश्न यह था कि विश्व की इन प्रधान धर्मों की तीनों धाराओं का समन्वय कैसे हो। और इस मिली-जुली संस्कृति का स्वरूप क्या बने, जिस पर भविष्य के आधुनिक भारत का उत्थान निर्भर था। पूर्व और पश्चिम के चौराहे पर खड़े होकर राममोहन एक युग प्रतिनिधि के रूप में उभरे। राममोहन के सामने एक ओर पश्चिम का उपयोगवादी बुद्धिवाद, दूसरी ओर इस्लामी सूफ़ी रहस्यवाद का उदार दर्शन और तीसरी ओर ईसा मसीह के जीवन और नीति कथाओं की करुणाधारा प्रवाहित थी। इन सबके ऊपर शाश्वत वैदिक धर्म से भावात्मक योग था। वस्तुतः आपात दृष्टि से इन सारी भावनाओं में अन्तर्विरोधी तत्त्व थे। राममोहन के सामने ये सारे तत्त्व विद्यमान थे और जब पश्चिमी सभ्यता और संस्कृति की बाढ़ आई तो राममोहन को चिन्ता हुई कि कैसे बचा जाए। कहीं इस आधुनिकता के दलदल में हम फँस तो नहीं जाएँगे! नवजागरण के अग्रदूत के रूप में राममोहन विरोधात्मक भावनाओं के समन्वय की अनोखी चेष्टा कर रहे थे। यह स्वाभाविक ही था कि आने वाली पीढ़ी उन्हें देश के आधुनिकीकरण और पश्चिमी ज्ञान-विज्ञान के प्रवर्तक के रूप में मानती रहे, यहाँ तक कि उन्हें आधुनिक भारत के जनक का सम्मान भी दिया जाता रहा है। कई विद्वान वर्ष '1815' को, जब राममोहन कलकत्ता आकर बसे थे, ही भारतीय नवजागरण का आरम्भ मानते हैं, उनके विचार से राममोहन के व्यक्तिव में ही नवजागरण के बीज मौजूद थे।

संस्कृति-संक्रमण इस काल की विशेषता थी। ब्रिटिश सम्राज्य की राजधानी कलकत्ता में इस संक्रमण प्रक्रिया की आधारशिला रखी गई। वस्तुतः इसका आरम्भ वारेन हेस्टिंग्स के जमाने में हो चुका था जो आगे चलकर प्राच्यवादी और पाश्चात्यवादी गुटों में बँट गया था और लार्ड बेन्टिक के समय (1828) तक आते-आते पाश्चात्यवादी और अंगरेजी शिक्षा के समर्थकों ने प्राच्यविदों पर पूरी तरह अपना प्रभाव जमा लिया था । इस अनिश्चयता का अन्त 1835 में मैकॉले के अंगरेजी शिक्षा सम्बन्धी प्रस्ताव के पास होने पर हुआ, जो पाश्चात्य ज्ञान-विज्ञान के समर्थकों की प्राच्यविदों पर स्पष्ट

विजय थी। कलकत्ता महानगर और देश के कुछ और महानगरों में तब तक अंगरेजी शिक्षण संस्थाएँ स्थापित हो चुकी थीं। हिन्दू कॉलेज की स्थापना का इतिहास हम पढ़ चुके हैं। इसके अतिरिक्त अंगरेजी और भारतीय भाषाओं में पत्र-पत्रिकाओं और पुस्तकों का प्रकाशन भी आरम्भ हो गया था। इसी दौरान विशेषरूप से कलकत्ता महानगर में एक नया बुद्धिजीवी-वर्ग पैदा हो चुका था, जो अपनी समृद्ध ऐतिहासिक परम्परा के बारे में सजग होने के साथ ही देश को आधुनिकता के पथ पर ले जाने के लिए कृत संकल्प था। ब्रिटिश शासक वर्ग में भी जो प्रमुख प्राच्यविदों का दल पैदा हुआ उनमें विलियम जोन्स, कोलब्रुक, विलियम केरी, विलसन और जेम्स प्रिंसेप ने प्राच्य विद्याओं के अन्वेषण और प्रचार-प्रसार के द्वारा देश के बुद्धिजीवियों को केवल प्रभावित ही नहीं बल्कि अपनी साहित्य और संस्कृति के बारे में सजग प्रहरी बना दिया था। हमने यह देखा ही है कि राममोहन ने देश की प्राचीन सांस्कृतिक विरासत को बचाने के लिए उतना ही संघर्ष किया जितना अँगेरजी-शिक्षा के प्रचार और प्रसार के लिए।

इस काल की एक और महत्त्वपूर्ण घटना जिसने बंगाल क्षेत्र में नवजागरण की प्रक्रिया को तेज करने में विशिष्ट भूमिका निभाई, वह थी एक एंग्लो-इण्डियन प्रतिभाशाली युवक हेनरी डिरोज़िओ का शिक्षा और पत्रकारिता के क्षेत्र में आविर्भाव। हिन्दू स्कूल (कॉलेज) के अध्यापक के रूप में विद्यार्थियों में नयं युग चेतना और आधुनिकता के दर्शन को सम्मुख लाने का श्रेय इस प्रतिभाशाली और युवा शिक्षक को जाता है। अपने छोटे से जीवन काल (1809-1831) में हिन्दू कालेज में शिक्षक की हैसियत से केवल चार वर्ष (1828-1831) के दौरान उन्होंने अपने हिन्दू शिष्यों पर जैसी गहरी छाप और इतना प्रभाव डाला था वह आश्चर्यजनक घटना ही मानी जाएगी। डिरोज़िओ के जीवनीकार टॉमस एडवर्ड की ये पंक्तियाँ प्रासंगिक है—

> "The force of his individuality, his winning manner, his wide knowlegde of books, his own youth, which placed him in close sympathy with his pupils, his open, generous, chivalroious nature, his humour and playfulness his fearless love for truth, his hatred of all that was unmanly and mean, his love of India, evidenced in his conversations, ...his social intercourse with his pupils, his unrestricted effort for their growth in virtue, knowledge and manliness produced an intellectual and moral revolution in Hindu society since unparalleled, "[3]

इस प्रतिभाशाली शिक्षक के व्यक्तित्व के बारे में सन्देह का तनिक अवकाश नहीं है क्योंकि इसके तत्कालीन कई मौलिक प्रमाण उपलब्ध हैं। डिरोजिओ की दार्शनिक विचारधारा से सीधे-सीधे प्रभावित होने वाले प्रतिभाशाली शिष्यों का एक छोटा-सा दल

तैयार हो गया था जो बाद में 'यंग बंगाल' या 'यंग कैलकटा' के नाम से प्रसिद्ध हुआ। यह कोई आकस्मिक घटना नहीं थी। इसकी पृष्ठभूमि को समझने के लिए हमें राममोहन के 1815 से कलकत्ता में बसने, शिक्षा, समाज सुधार और धार्मिक आन्दोलनों के आरम्भ के साथ-साथ इस युवा-मानस में वैचारिक क्रान्ति पैदा हो गई थी। मानव मुक्ति का मार्ग खोजने की चेतना उस काल की विशिष्टता थी। नवजागरण की चेतना को जगाकर राममोहन ने जो हलचल पैदा की थी, उनमें 1817 में हिन्दू कालेज की स्थापना का इतिहास भी प्रमुख घटना थी। 1828 में डिरोज़िओ केवल उन्नीस वर्ष की उम्र में इस विद्यालय के शिक्षक नियुक्त हुए थे। इस प्रतिभाशाली के मधुर मिलनसार स्वभाव, पाण्डित्य, विशिष्ट शिक्षा पद्धति और आकर्षक चरित्र ने अपने शिष्यों को इतनी तीव्रता से आकर्षित किया कि डिरोज़िओ उनके गुरु, साथी, मित्र और प्रेरणा के केन्द्र बन बैठे। उनकी शिक्षा पद्धति के बारे में यहाँ इतना बताना उचित होगा कि वे अपने छात्रों को सर्वदा स्वतन्त्र चिन्तन के लिए उत्साहित करते थे। किसी भी प्रचलित संस्कार या रीति को बिना प्रश्न या बिना विचार ग्रहण न करने का ही उपदेश देते। उनका मुख्य उद्देश्य था युक्तिवाद या बुद्धिवाद की स्थापना और हर प्रकार की धूर्तता, झूठ-फरेब और सामाजिक अन्याय के विरुद्ध सर उठाने के लिए अपने छात्रों को तैयार करना। डिरोज़िओ का अपने शिष्यों से सम्बन्ध केवल स्कूल की कक्षाओं तक ही सीमित नहीं रहता था, वे कक्षा से बाहर भी उनका अपने शिष्यों के साथ अनौपचारिक सम्बन्ध रहता। उन्होंने एक एकेडमिक एसोसिएशन की स्थापना की थी जिसकी सभाओं में दर्शन, इतिहास, समाजशास्त्र पर वाद-विवाद चलता, मूर्ति-पूजा, जात-पात, भाग्यवाद, स्वदेश प्रेम आदि विषयों पर खुलकर आलोचना चलती। इस गुट द्वारा प्रकाशित पत्रिका 'पार्थेनन' में क्रान्तिकारी लेख प्रकाशित होते। केवल इतना ही डिरोज़िओ के विचार से प्रभावित सात और गोष्ठियाँ कलकत्ता शहर में स्थापित हो गये। डेविड हेयर ने अपने स्कूल में डिरोज़िओ के लिए नियमित व्याख्यान की व्यवस्था की थी। इस प्रकार थोड़े से समय के भीतर एक नया वैचारिक आन्दोलन तेजी से फैलने लगा। आक्रमण का मुख्य लक्ष्य स्वाभाविक रूप से हिन्दू धर्म ही था क्योंकि उनके सभी शिष्य हिन्दू धर्मावलम्बी थे। हिन्दुओं के रूढ़िगत संस्कारों, रीतिरिवाजों पर डिरोज़िओ-शिष्यों ने भारी हमला आरम्भ कर दिया। वे खुलेआम हिन्दू धर्म के रीति-रिवाजों का मखौल उड़ाने लगे। नतीजा यह हुआ कि पुरातनपन्थी हिन्दू नेता एक बार फिर चिन्तित हो उठे। एकजुट होकर उन्होंने डिरोज़िओ और उनके शिष्यों के कार्यकलाप को रोकने की ठानी। हिन्दू कालेज के प्रबन्ध समिति पर जोर डालकर ऐसी सभाएँ बन्द करवा दी गईं, पत्रिका का प्रकाशन रुकवा दिया गया। डिरोज़िओ और उनके शिष्यों के बारे में मनगढ़न्त झूठी अफवाहें फैलाकर प्रतिष्ठित हिन्दू समाज

में भय और आतंक फैला दिया गया। लोग अपने बेटों को हिन्दू कालेज से हटाने लगे। अन्त में कालेज की प्रबन्ध समिति ने अप्रैल 1831 को डिरोज़िओ को कालेज से निकालने का प्रस्ताव पास करवा दिया। डिरोज़िओ ने इस्तीफा दे दिया। इसी वर्ष के अन्त में केवल 23 वर्ष की आयु में डिरोज़िओ की मृत्यु हैजे की बीमारी से हो गई थी। जीवन के अन्तिम कुछ महीने उन्होंने पत्रकारिता और साहित्य सेवा में लगाये थे। इस प्रकार एक दैदीप्यमान होनहार जीवन पूरी तरह खिलने से पहले ही मुरझा गया।

शिक्षक के रूप में डिरोज़िओ का मुख्य उद्देश्य विद्यार्थियों में विचार-स्वातंत्र्य की भावना जगाना, नैतिक सच्चाई और चारित्रिक दृढ़ता पैदा करना था। वे स्वयं इन गुणों के परिपोषक थे और विद्यार्थियों को अनुप्राणित करने में सफल हुए। डिरोज़िओ का प्रभाव इतनी तीव्र गति से फैला कि उनके शिष्य वर्ग ने हिन्दू धर्म के रूढ़िवाद, रीति-रिवाजों और अन्धविश्वास के विरुद्ध तत्काल अपना विद्रोह आरम्भ कर दिया था। यहाँ तक कि बाद में उनके कुछ शिष्य ईसाई धर्म स्वीकार करने से भी नहीं हिचके। डिरोज़िओ स्वयं पूरी तरह धर्म निरपेक्ष और युक्तिवादी थे और उन्होंने अपने जीवनकाल में किसी को धर्म परिवर्तन के लिए नहीं उकसाया। वस्तुतः ईसाई धर्म स्वीकार करने के पीछे पादरी एलेक्जैण्डर डफ का प्रमुख हाथ था, जिन्होंने डिरोज़िओ के शिष्यों में फैले असन्तोष का फायदा उठाया था।

प्रश्न उठना स्वाभाविक है कि राममोहन के साथ डिरोज़िओ का परिचय था या नहीं। दोनों में उम्र के व्यवधान के बावजूद, डिरोज़िओ के जीवनीकार मैज[4] के अनुसार दोनों एक दूसरे से परिचित थे। लेकिन समसामयिक प्रमाण के अभाव में कुछ भी निश्चित रूप से कहा नहीं जा सकता। वैसे डिरोज़िओ ने अपने भाषणों, लेखों में राममोहन की समालोचना की थी। फिर भी इतना निश्चित कहा जा सकता है कि पुरातनपन्थी हिन्दू नेताओं ने डिरोज़िओ को हिन्दू कालेज से निकालने की साजिश की, उस समय यदि राममोहन कलकत्ता में होते तो यह निष्कासन इतना आसान नहीं होता।

कतिपय विद्वानों का विचार है कि राममोहन के सुधारवाद और प्रगतिवादी विचार और डिरोज़िओ का युक्तिवादी चिन्तन समानान्तर धाराओं में बहते रहे, और उनका मेल कहीं नहीं हुआ। लेकिन यह निष्कर्ष भ्रमपूर्ण है। यहाँ पर एक तथ्य ध्यान देने योग्य है कि 1830 में जब राममोहन ने देश छोड़ा उस समय डिरोज़िओ और उनके शिष्य दोनों ही से राममोहन की उम्र का व्यवधान काफी अधिक था। इसी से इन बालकों का राममोहन के आन्दोलन से या उनके विचारों से सीधे-सीधे सम्पर्क में आने का प्रश्न ही नहीं था। राममोहन की विचारधारा और सुधारवादी आन्दोलन को 'रिफार्मेशन' की संज्ञा दी गई और डिरोज़िओ के

चिन्तन को क्रान्तिकारी या रेनांसा कहा गया। लेकिन इस सारी प्रक्रिया को जरा गहराई से जाँचने पर यह स्पष्ट हो जाएगा कि धारा एक ही थी और फर्क सिर्फ इतना ही था कि राममोहन पहले आए डिरोज़िओ बाद में। दोनों ने ही अठारहवीं शताब्दी के मध्य से चले आ रहे परिवर्तन की धारा को आगे बढ़ाने में अपनी-अपनी भूमिका निभाई। दोनों के ध्येय और गन्तव्य तथा सीमा-सामर्थ्य में जो अन्तर था, उसका कारण ढूँढ़ना भी कठिन नहीं है। डिरोज़िओ विदेशी पिता और देशीमाता की सन्तान और ईसाई धर्मावलम्बी होने के कारण हिन्दू धर्म और संस्कृति के अन्तर्निहित मूल्यों को समझने और परखने की वैसी स्थिति में नहीं थे जैसी सुविधा राममोहन को थी। उनकी राष्ट्रीयता और भारतीयता की जड़ें उतनी गहरी नहीं थीं जितनी राममोहन की हो सकती थी। डिरोज़िओ और उनके शिष्यों ने राममोहन को खुलेआम 'हाफ लिबरल' या नीम-उदारवादी कहा था और आरोप लगाया था कि राममोहन हमेशा 'हिन्दू' ही रहे।[5]

'यंग-बंगाल' के प्रारम्भिक उत्साह के दौरान राममोहन के प्रति उनका रुख जैसा भी रहा हो लेकिन बाद में डिरोज़िओ के निकट शिष्यों में कई 'ब्राह्म समाज' के सदस्य बने और प्रायः सभी शिष्यों ने राममोहन के सुधारक भूमिका की सराहना की थी। इस प्रकार हम इस निष्कर्ष पर पहुँचते हैं कि राममोहन ने भारतीय संस्कृति और शाश्वत वैदिक धर्म की आधारभूमि पर रहते हुए जिस युक्तिवाद और नवजागरण की धारा का प्रवर्तन किया था, उसी को सम्पूरक धारा के रूप में डिरोज़िओ ने अपने युक्तिवाद और विचार-स्वातंत्र्य के माध्यम से आगे बढ़ाया। वस्तुतः भारत में पुनर्जागरण की चेतना अठारहवीं शती के मध्य में एक क्षीण धारा के रूप में आरम्भ हुई थी, 1815 में राममोहन के कलकत्ता आगमन के समय से एक शक्तिशाली प्रवाह के रूप में आगे बढ़ी और इसमें डिरोज़िओ का योगदान अवश्य ही महत्त्वपूर्ण कदम था।

आधुनिक औद्योगिक सभ्यता के मूल्यांकन के आधार पर जब किसी अविकसित समाज में बुद्धिजीवी वर्ग का अभ्युदय होने लगता है तो हम इसी निश्चित सिद्धान्त पर पहुँच सकते हैं कि यह इस अविकसित समाज के साथ किसी विकसित प्रगतिशील राष्ट्र के संघात-संगमन का ही फल है। भारत में उपनिवेशीय शासन कायम होने पर, एक नई आर्थिक प्रक्रिया के फलस्वरूप, विदेशी पूँजी के प्रवेश से यहाँ एक नया धनी-वर्ग और जमीदार वर्ग पैदा हुआ।[6] इस नए वर्ग के आदर्शपरक भावनाओं के प्रवक्ता के रूप में एक नया बुद्धिजीवी वर्ग भी जन्म ले रहा था। यह इस काल की स्वाभाविक ऐतिहासिक घटना थी। अठारहवीं शती के सामन्तवादी, ह्रासोन्मुख गलित भारतीय सभ्यता पर पाश्चात्य गतिशील, विकासोन्मुख सभ्यता के आक्रमण के फलस्वरूप एक नए प्रत्यय का विकास बुद्धिजीवी-वर्ग के आविर्भाव का कारण बना।

कलकत्ता शहर, जो संयोगवश तत्कालीन ब्रिटिश साम्राज्य की राजधानी बना, का परिवेश इस नई तलाश के बहुत ही अनुकूल था। यहाँ केवल सारे भारत से व्यापारी और धनी वर्ग का समावेश ही नहीं बल्कि सारे देश के विभिन्न संस्कृतियों का समावेश भी हुआ। इसके अतिरिक्त यूरोपीय प्रबुद्ध वर्ग के जमाव और सुसंस्कृत शासक-वर्ग के सम्पर्क में आने के कारण कलकत्ता में एक नए बुद्धिजीवी वर्ग का जन्म हो रहा था। इसी काल में कुछ यूरोपीय प्राच्यविदों की प्रचेष्टा से हिन्दू साहित्य और संस्कृति के पुनरुत्थान एवं पुनर्मूल्यांकन भी इस प्रक्रिया को तेज करने में सहायक सिद्ध हुई।

मध्ययुगीन परिप्रेक्ष्य में तथा आधुनिकता के इस युग-प्रवर्तन की प्रक्रिया के मूल में जिस सामाजिक परिवर्तन की आवश्यकता थी उसके बारे में राममोहन तथा उनके सहयोगियों के विचार कितने स्पष्ट थे, इस पर भी विचार करना आवश्यक है। पाश्चात्य ज्ञान-विज्ञान से राममोहन पूरी तरह प्रभावित थे और पश्चिमी सभ्यता के इतिहास से भी वह परिचित थे। उनके सामने यूरोप के बुर्जुआ श्रेणी के उद्‌भव और उनकी पूँजीवादी औद्योगिक अर्थनीति और शासन व्यवस्था के आमूल परिवर्तन का इतिहास था। यह कोई साधारण परिवर्तन नहीं था यह एक सामाजिक और आर्थिक क्रान्ति थी। अठारहवीं शती के इस औद्योगिक संक्रान्ति ने बुर्जुआ श्रेणी विकास में भारी तेजी ला दी। इसी समय फ्रान्सीसी क्रान्ति के माध्यम से आधुनिक युग में राजनैतिक मुक्ति और मानवाधिकार जैसी भावनाओं ने मूर्तरूप धारण किया। बुर्जुआ श्रेणी की इस ऐतिहासिक भूमिका के बारे में मार्क्स-एंगल्स की प्रसिद्ध उक्ति को उद्धृत करना प्रासंगिक होगा :

> "The Bourgeoisie historically, has played a most revolutionary part. The bourgeoisie where ever it has got the upper hand, has put an end to all feudal, patriarchal, idyllic relations....It has been the first to show what man's activity can bring about."[7]

यह ठीक है कि ये शब्द केवल बुर्जुआ श्रेणी के शोषण के स्वरूप की व्याख्या करने के लिए कहे गए थे लेकिन इस बुर्जुआ श्रेणी के उदय से ही मध्ययुगीन सभ्यता का आधुनिकीकरण सम्भव हो सका। राममोहन और उनके सहयोगी इस सामाजिक विवर्तन के परिचित थे। 'बेंगाल हेराल्ड' और 'सम्वाद कौमुदी' के पृष्ठों में बुर्जुआ मध्यवित्त श्रेणी की ऐतिहासिक भूमिका के बारे में कई लेखों में स्पष्ट इशारा मिलता है। 'हेराल्ड' के एक सम्पादकीय लेख का कुछ अंश उद्धृत करना प्रासंगिक होगा।

> "By means of this territorial value, a class of society has sprung into existence, that were before unknown, these are placed between aristocracy and poor and are daily forming a most influential class.

Previous to their formation, the wealth of the country was in the hands of few individuals, while all others were dependent on them...It is the dawn of a new era. Whenever such an order of men have been created, freedom has followed in its train."[8]

बुर्जुआ-मध्यवित्त श्रेणी की चेतना का परिचय इस सम्पादकीय में स्पष्ट है। पाश्चात्य सभ्यता से और युक्तिवाद से परिचय का भारतीय मनःस्थिति पर प्रभाव पड़ना स्वाभाविक था। भाग्यवाद, कर्मफल और जन्मान्तर के घेरे से निकलने की कसमसाहट पैदा होने लगी थी। सन् 1803-1804 में राममोहन की कृति *'तुहफ़ात-उल-मुवाहहिद्दीन'* इसी नई भावना का परिचायक था। वस्तुतः उस समय तक राममोहन प्रत्यक्ष रूप से ब्रिटिश प्रभाव में नहीं आए थे।

युक्तिवाद के समर्थन में राममोहन ने 'तुहफ़ात' में कहा था—'जिस विषय का कोई प्रमाण नहीं, जो युक्ति विरुद्ध है, उसकी एक युक्तिवादी कैसे ग्रहण या स्वीकार कर सकेगा? जिसकी दृष्टि है वे इसी से सावधान हों।' इसी लेख के उपसंहार में उन्होंने कहा था 'सभी जाति, रंग और धर्म के सभी मनुष्यों का हृदय प्रेम से जीतना ही इस प्रकृति के रचयिता ईश्वर की एकमात्र विशुद्ध पूजा है।'[9] इन विचारों के आधार पर कहा जा सकता है कि राममोहन शुरू से चले आ रहे अन्धविश्वासों और युक्तिहीन आचरणों से ऊपर उठकर मानवीय एकता और समन्वय की भूमिका बना रहे थे। बाद में जब वे शास्त्रार्थ में उतरे तो इस युक्तिवादी तर्क-पद्धति पर ही जमे रहे। धर्म सैद्धान्तिक तर्क युद्ध के लिए उन्होंने कितनी मेहनत से तैयारी की, यह हम पढ़ चुके हैं। अनेकानेक सामाजिक कार्यों में व्यस्त होने पर भी देशी और विदेशी भाषाओं में उन्होंने अच्छी योग्यता प्राप्त की थी क्योंकि इस ऐतिहासिक संधिकाल में वे अपने दायित्व के बारे में पूरी तरह सजग थे। इसी से ज्ञान के मूल स्रोतों को ढूँढ़ने के लिए उन्होंने अरबी, फ़ारसी, संस्कृत और अंग्रेजी के अलावा ग्रीक और हिब्रू भाषा का अध्ययन किया था।

बाद की पीढ़ियों ने राममोहन की आलोचना अनेकानेक दृष्टिकोण से की है। कुछ आलोचकों ने श्रद्धा और आदर से उनको 'आधुनिक भारत का जनक' कहा तो कुछ आलोचक उनकी भूमिका को 'विदेशी दलाल' जैसा फतवा देने तक से नहीं चूके। लेकिन इस वास्तविकता को मानना ही पड़ेगा कि उनकी विचारधारा का अभ्युदय बुद्धिवाद या युक्तिवाद के अनुसन्धान के रास्ते राष्ट्रीयता की सीमा को लाँघकर विश्वमानवता या सार्वभौमता के क्षेत्र में पहुँच गया था। हो सकता है कि उनका व्यक्तिगत या व्यावहारिक आचरण कभी-कभी उनके इन आदर्शों के अनुरूप न रहा हो, फिर भी यह मानना पड़ेगा कि उस काल में भारत में वे अकेले व्यक्ति थे जिनकी चेतना में सार्वभौम धर्म और मानव अखण्डता की भावनाओं का उन्मेष हुआ था। यह

विचारधारा पूर्व और पश्चिम के संघात से उत्पन्न बौद्धिक नवजागरण की पृष्ठभूमि थी।

यह हम पढ़ चुके हैं कि यूरोप और अमेरिका में जहाँ गुलामी और उपनिवेशवाद के विरुद्ध संग्राम हुए या क्रान्ति, उसका राममोहन ने हार्दिक स्वागत किया। विजय होने पर वे उत्सव मनाते थे और हार होने पर दुखी होते। इस बात में भी कोई सन्देह नहीं कि उस काल में जो बुद्धिवादी अंगरेजों के संस्पर्श में आया वह इंग्लैण्ड की ओर मुँह बाए समस्याओं का हल ढूँढ़ने लगा था। राममोहन भी किसी सीमा तक इस मोह के शिकार हुए थे। यह भी सत्य है कि राममोहन ने अपने देश के किसान और मजदूरों की समस्याओं की ओर उतना ध्यान नहीं दिया जितनी कि एक युग पुरुष से आशा की जाती थी। इन सबके बावजूद भावना और विचार के परिप्रेक्ष्य में राममोहन ने अपूर्व दूरदर्शिता का परिचय दिया था जो उनके बहुमुखी कार्यकलाप, लेखों, पुस्तकों, पुस्तिकाओं, स्मारक-पत्रों और पत्रों से स्पष्ट है। यह भी स्पष्ट है कि तमाम विश्व के स्वाधीन और प्रजातान्त्रिक आन्दोलनों के साथ उनका आत्मीय सम्बन्ध था। समकालीन उदारपन्थी, प्रगतिवादी मानस के प्रतीक के रूप में राममोहन ने विश्व भर के बौद्धिक समाज में सम्मानपूर्ण स्थान बना लिया था। सामग्रिक रूप से विचार किया जाए तो राममोहन पूर्व और पश्चिम की विचारधारा और सांस्कृतिक संघात की उपज थे, जिन्होंने एक अवरुद्ध समाज को गति प्रदान की।

यहाँ पर राममोहन की विचारधारा में निहित अन्तर्विरोध पर थोड़ा विवेचन करना उचित होगा। हम देख चुके हैं कि राममोहन ने यूरोप और अमेरिका में जहाँ कहीं भी स्वाधीनता या मानव अधिकार के लिए संघर्ष हुए, उनका समर्थन किया। लेकिन भारत में ब्रिटिश शासन को ईश्वर के आशीर्वाद के रूप में मानते रहे जो उनके पत्रों, कई अपील और स्मारक पत्रों से स्पष्ट है। उनके अनुसार एक विकासशील सभ्यता के प्रतिनिधि होने के नाते ब्रिटिश शासन को आक्रमणकारी, अत्याचारी शासन की संज्ञा नहीं दी जा सकती। राममोहन ने देश के तत्कालीन परिस्थिति में विदेशी शासन का विरोध नहीं किया बल्कि देश में अगले चालीस-पचास वर्ष तक विदेशी शासन के कायम रखने की पैरवी की। धनी, चरित्रवान और शिक्षित यूरोपीय लोगों को भारत में बसने की सिफारिश की। भारत में उस काल की अराजक परिस्थिति ने शायद राममोहन के विचारों को प्रभावित किया हो। इसका अर्थ यह नहीं कि उन्होंने ब्रिटिश शासन का कहीं भी विरोध नहीं किया—केवल इतना ही महत्त्वपूर्ण है कि विरोध से सहयोग का स्वर कहीं अधिक ऊँचा था। इस विषय पर एकाधिक समालोचकों ने अपनी राय जाहिर की है। लेकिन ऐतिहासिक परिप्रेक्ष्य में केवल इतना विचारणीय है कि देश को मध्ययुगीन पिछड़ेपन, अराजकता और रूढ़िवादी धार्मिक जीवन पद्धति से निकलकर देश को आधुनिकता के पथ पथ लाने और राष्ट्रीय संचेतना को जगाने में राममोहन की क्या भूमिका रही?

प्रत्येक व्यक्ति चाहे वह कितना ही महान क्यों न हो अपने सामाजिक, आर्थिक और राजनैतिक वातावरण या परिसर की उपज होता है। केवल वही दूरदर्शी नेता या नायक का स्थान लेता है जो अपने परिवेश का अतिक्रमण करके भविष्य की विधायक दिशा में सफल हो। राममोहन की पहली रचना *'तुहफ़ात'* में उन्होंने जिस निरपेक्ष और युक्तिवादी मानस का परिचय दिया था, वह उस युग में एक नई घटना थी। आगे चलकर उनका यही विवेक उनके धार्मिक, सामाजिक और राजनैतिक विचारधारा से समन्वित हुआ। इस युक्तिवादी चिन्तन में वे हमेशा अपने को कायम रखने में सफल हो सके या नहीं, यह विवादास्पद हो सकता है लेकिन इस चिन्तन प्रक्रिया के द्वारा उन्होंने एक नई चेतना और परम्परा को जन्म दिया जिस पर आधुनिक भारत की नींव रखी गई। यही उनकी सफलता थी।

राममोहन की पहली मृत्यु शतवार्षिकी (1933 ई.) के अवसर पर कलकत्ता में एक सभा हुई। उस सभा में महाकवि रवीन्द्रनाथ ठाकुर ने एक भाषण दिया था। जो बाद में 'भारतपथिक राममोहन' के शीर्षक से प्रकाशित हुआ। इसी लेख में राममोहन पर लिखी प्रसिद्ध बांग्ला कविता की कुछ पंक्तियों का भावानुवाद इस प्रकार है :

हे राममोहन आज एक शताब्दी बाद
सारा देश तुम्हें प्रणाम कर रहा है।
मृत्यु का आवरण भेद कर अपना अक्षय दान देते जाओ
जरा-जीर्ण में जगाओ प्राणों का स्पन्दन,
अपनी आत्मा के स्पर्श-मणि से व्याप्त मूढ़ता दूर करो,
अभिनव-शक्ति का करो संचार। [10]

इस पारस-मणि के प्रभाव से ही उत्तरकाल में दयानन्द, बंकिमचन्द्र, विवेकानन्द, सुरेन्द्रनाथ वन्द्योपाध्याय, विपिनचन्द्र पाल, गोखले, तिलक, अरविन्द, भारती और गाँधी आदि युगपुरुषों ने जन्म लेकर, देश में स्वाधीनता और वैचारिक स्वतन्त्रता की नींव डालने में सक्षम हो पाए।

सन्दर्भ और टिप्पणियाँ

1. विश्वास : *राममोहन समीक्षा,* पृ. 320-321 में जी. स्मिथ द्वारा लिखित *The Life of Alexander Duff* से उद्धृत मूल पाठ इस प्रकार है :

   Having read about the rise and progress of Christianity in apostolic times and its corruption in succeeding ages and then of Christian Reformation which shook off these corruption and restored it to its primitive purtity, I began to think that something similar might have taken place in India and similar results might follow here from a reformation of popular idolatry,"

2. Koff : *British Orientalism and Bengal Renaissance* : pg. 199.
3. Edwards Thomas : *Henry Derozio* (1980 ed.), pg 65.
4. Madge E. W. : *Henry Derozio* : *The Eurasian poet and Reformer* के अनुसार राममोहन और डिरोज़िओ में मित्रता थी। (विश्वास की पुस्तक में पृ. 432 पर उद्धृत)
5. विश्वास : *राममोहन समीक्षा,* पृ. 432-433.
6. पोद्दार अरविन्द : *राममोहन उत्तर पक्ष,* पृ. 9.
7. विश्वास : पृ. 20-21 में *कम्युनिस्ट मेनिफैस्टो* से उद्धृत।
8. Majumdar, J.K: *Raja Rammohun Roy, Progressive movements* पृ. 434-435 पूरी सम्पादकीय लेख के लिए देखें।
9. *तुहफ़ात इ मुवाहहिद्दीन* से उद्धृत।
10. मूल कविता की पंक्तियाँ इस प्रकार हैं—

"हे राममोहन, आजि शतेक वत्सर करि पार
मिलिल तोमार नामे देशेर सकल नमस्कार।
मृत्यु अन्तराल भेदि, दाओ तब अन्तहीन दान,
जाहा किछू जरा जीर्ण ताहाते जागाओ नवप्राण।
जाहा किछू मूढ़ ताहे चित्तेर परशमणि तब
एने दिक उद्‌बोधन, एने दिक शक्ति अभिनव।"

●

परिशिष्ट-1

(1823 में तत्कालीन गवर्नर जनरल द्वारा लगाये प्रेस-आर्डिनेन्स के विरोध में राममोहन राय ने अपने विशिष्ट सहयोगियों के साथ मिलकर एक विरोध-पत्र सुप्रीम कोर्ट में पेश किया था, जो प्रेस स्वाधीनता के पक्ष में पहला भारतीय विरोध, एक ऐतिहासिक दस्तावेज माना जाता है)

Memorial To The Supreme Court

To The Honourable Sir Francis Magnaghten,,

Sole Acting Judge of the Supreme Court of Judicature at Fort William in Bengal.

My Lord,

In consequence of the late Rule and Ordinance passed by His Excellency the Governor-General in Council, regarding the Publication of Periodical Works, Your Memorialists consider themselves called upon with due submission, to represent to you their feelings and sentiments on the subject.

Your Memorialists beg leave, in the first place, to bring to the notice of your Lordship, various proofs given by the Natives of this country of their unshaken loyalty to, and unlimited confidence in the British Government of India, which may remove from your mind any apprehension of the Government being brought into hatred and contempt, or the peace, harmony, and good order of society in this country, being liable to be interrupted and destroyed as implied in the preamble of the above Rule and Ordinance.

First your Lordship is well aware that the natives of Calcutta and its vicinity, have voluntarily entrusted Government with millions of there wealth, without indicating the least suspicion of its stability and good faith and reposing in the sanguine hope that their property being so secured, their interests will be as permanent as the British Power itself; while on the contrary, their fathers were invariably compelled to conceal their treasures in the bowels of the earth, in order to preserve them from the insatiable rapacity of their oppressive Rulers.

Secondly. Placing entire reliance on the promises made by the British Government at the time of the Perpetual Settlement of the landed property in this part of India, in 1793, the Landholders have since, by constantly improving their estates, been able to increase their produce, in general very considerably; whereas, prior to that period, and under former Governments, their forefathers were obliged to lay waste the greater part of their estates in order to make them appear of inferior value, that they might not excite the cupidity of Government , and thus cause their rents to be increased or themselves to be dispossessed of their lands— a pernicious practice which often incapacitated the landholders from discharging even their stipulated revenue to Government, and reduced their families to poverty,

Thirdly. During the last wars which the British Government were obliged to undertake against neighbouring Powers, it is well known, that the great body of Natives, of wealth and respectability, as well as the Landholders of consequence, offered up regular prayers to the objects of their worship for the success of the British arms from a deep conviction that under the sway of that nation, their improvement both mental and social, would be promoted, and their lives, religion, and property be secured. Actuated by such feelings, even in those critical times, which are the best test of the loyalty of the subject, they voluntarily came forward with a large portion of their property to enable to enable the British Government to carry into effect the measures necessary for its own defence, considering the cause of the British as their own, and firmly believing that on its success, their own happiness and prosperity depended,

Fourthly. It is manifest as the light of the day, that the general subjects of observation and the constant and the familiar topic of discourse among the Hindu community of Bengal, are the literary and political improvements which are continually going on in the state of the country under the present system of Government, and a comparison between their present auspicious prospects and their hopeless condition under their former Rulers.

Under these circumstances, Your Lordship cannot fail to be impressed with a full conviction that whoever charges the Natives of this country with disloyalty, or insinuates aught to the prejudice of their fidelity and attachment to the British Government, must either be totally ignorant of the affairs of this county and the feelings and sentiments of its inhabitants, as above stated, or, on the contrary, be desirous of misrepresenting the people and misleading the Government, both here and in England, for unworthy purposes of his own.

Your Memorialists must confess, that these feelings of loyalty and attachment of which the most unequivocal proofs stand on record, have been produced by the wisdom and liberality displayed by the British Government in the means adopted for the gradual improvement of their social and domestic condition, by the establishment of Colleges, Schools and other beneficial institutions in this city, among which the creation of a British Court of Judicature for the more effectual administration of Justice, deserves to be gratefully remembered.

A proof of the Natives of India being more and more attached to the British Rule in proportion as they experience from it the blessings of just and liberal treatment, is, that the Inhabitants of Calcutta, who enjoy in many respects very superior privileges to those of their fellow-subjects in other parts of the country, are known to be in like measure more warmly devoted to the existing Government; nor is it at all wonderful they Should in loyalty be not at all inferior to British-born Subjects, since they feel assured of the possession of he same civil and religious liberty, which is enjoyed in England, without being subjected to such heavy taxation as presses upon the people there.

Hence the population of Calcutta, as well as the value of land in this City, have rapidly increased of late years, notwithstanding the high rents of houses and the dearness of all the necessaries of life compared with other parts of the country, as well as the Inhabitants being subjected to additional taxes, and also liable to the heavy costs necessarily incurred in case of suits before the Supreme Court,

Your Lordship may have learned from the works of the Christian Missionaries, and also from other sources, that ever since the art of printing has become generally known among the Natives of Calcutta, numerous Publications have been circulated in the Bengalee Language, which by introducing free discussion among the Natives and inducing them to reflect and inquire after knowledge, have already served greatly to improve their minds and ameliorate their condition. This desirable object has been chiefly promoted by the establishment of four Naive Newspapers, two in the Bengalee and two in the Persian Languages published for the purpose of communicating to those residing in the interior of the country, accounts of whatever occurs worthy of notice at the Presidency or in the county, and also the interesting and valuable intelligence of what is passing in England and in other parts of the world, conveyed through the English Newspapers or other channels.

Your Memorialists are unable to discover any disturbance of the peace, harmony, and good order of society, that has arises from the English Press the influence of which must necessarily be confined to that part of the community who understand the language throughly, but they are quite confident, that the publications in the Native Languages, whether in the shape of a Newspaper or any other work, have none of them been calculated to bring the Government of the country into hatred and contempt, and that they have not proved, as far as can be ascertained by the strictest inquiry, in the slightest degree injurious; which has very lately been acknowledged in one of the most respectable English Missionary works. So far from obtruding upon Government groundless representations, Native Authors and Editors have always restrained themselves from publishing even such fact respecting the judicial proceedings in the Interior of the country as they thought were likely at first view to be obnoxious to Government.

While your Memorialists were indulging the hope that Government, from a conviction of the manifold advantages of being put in possession of full and impartial information regarding what is passing in all parts of the Country, would encourage the establishment of

Newspapers in the cities and districts under the special patronage and protection of Government, that they might furnish the Supreme Authorities in Calcutta with an accurate account of local occurrences and report of Judicial proceedings, —they have the misfortune to observe, that on the contrary, his Excellency the Governor General in Council has lately promulgated a Rule and Ordinance imposing severe restraints on the Press and prohibiting periodical Publication even at the Presidency and in the Native Languages, unless sanctioned by a License from Government, which is to be revocable at pleasure whenever it shall appear to Government that a publication has contained anything of an unsuitable character.

Those Natives who are in more favourable circumstances and of respectable character, have such an invincible prejudice against making a voluntary affidavit, or undergoing the solemnities of an oath, that they will never think of establishing a publication which can only be supported by a series of oaths and affidavits, abhorrent to their feelings and derogatory to their reputation amongst their countrymen.

After this Rule and Ordinance shall have been carried into execution, your Memorialists are therefore extremely sorry to observe, that a complete stop will be put to the diffusion of Knowledge and the consequent mental improvement now going on, either by translations into the popular dialect of this country from the learned languages of he East, or by the circulation of literary intelligence drawn from foreign publications. And the same cause will also prevent those Natives who are better versed in the laws and customs of the British Nation, from communicating to their fellow subjects a knowledge of the admirable system of Government established by the British, and the peculiar excellencies of the means they have adopted for the strict and impartial administration of justice. Another evil of equal importance in the eyes of a just Ruler, is that it will also preclude the Natives from making the Government readily acquainted with the errors and injustice that may be committed by its executive officers in the various parts of this extensive country; and it will also preclude the Natives from communicating frankly and honestly to their Gracious Sovereign in England and his Council, the real condition of his Majesty's faithful subjects in this distant part of his dominions and the treatment they experience from the local Government : since such information cannot in future be conveyed to England, as it has heretofore been, either by the translations from the Native publications inserted in the English Newspapers printed here and sent to Europe, or by the English publications which the Natives themselves had in contemplation to establish, before this Rule and Ordinance was proposed.

After this sudden deprivation of one of the most precious of their rights, which has been freely allowed them since the Establishment of the British Power, a right which they are not, and cannot be charged with having ever abused, the inhabitants of Calcutta would be no longer justified in boasting, that they are fortunately placed by Providence under the protection of the whole British Nation or that the King of England and Lords and Commons are their Legislators, and that they are secured in the enjoyment of the same civil and religious privileges that every Briton is entitled to in England.

Your Memorialists are persuaded that the British Government is not disposed to adopt the political maxim so often acted upon by Asiatic Princes, that the more a people are kept in darkness, their Rulers will derive the greater advantages from them ; since, by reference to History, it is found that this was but a short-sighted policy which did not ultimately answer the purpose of its authors. On the contrary, it rather proved disadvantageous to them ; for we find that as often as an ignorant people, when an opportunity offered , have revolted against their Rulers, all sorts of barbarous excesses and cruelties have been the consequence; whereas a people naturally disposed to peace and ease, when placed under a good Government from which they experience just and liberal treatment, must become the more attached to it, in proportion as they become enlightened and the great body of the people are taught to appreciate the value of the blessings they enjoy under its Rule.

Every good Ruler, who is convinced of the imperfection of human nature, and reverences the Eternal Governor of the world, must be conscious of the great liability to error in managing the affairs of a vast empire; and therefore he will be anxious to afford every individual the readiest means of bringing to his notice whatever may require his interference, To secure this important object, the unrestrained Liberty of Publication, is the only effectual means that can be employed. And should it ever be abused, the established Law of the Land is very properly armed with efficient powers to punish those who may be found guilty of misrepresenting the conduct or character of Government, which are effectually guarded by the same Laws to which individuals must look for protection of their reputation and good name.

Your memorialists conclude by humbly entreating your Lordship to take this Memorial into your gracious consideration ; and that you will be pleased by not registering the above Rule and Ordinance, to permit the Natives of this country to continue in possession of the Civil rights and privileges which they and their fathers have so long enjoyed under the auspices of the British nation, whose kindness, and confidence, they are not aware of having done anything, to forfeit.

Chunder Coomar Tagore
Dwarka Nauth Tagore
Rammohun Roy
Hurchunder Ghosh
Gowree Churn Bonnergee
Prosunno Coomar Tagore

•

परिशिष्ट–2

प्रेस कानून के विरोध में 'मिरातुल अख़बार' का अन्तिम सम्पादकीय लेख : (ईस्ट इण्डिया कम्पनी द्वारा प्रेस पर लगाये गए निषेधाज्ञा के विरोध में राममोहन ने अपने फ़ारसी समाचार-पत्र 'मिरातुल अख़बार' का प्रकाशन बन्द कर दिया था। इसके अन्तिम अंक में राममोहन ने एक सारगर्भित सम्पादकीय द्वारा सरकार पर चोट की। एक भारतीय द्वारा प्रेम-स्वाधीनता के पक्ष में सम्भवतः यह पहला वक्तव्य था। इस सम्पादकीय का अंगेरजी अनुवाद 10 अप्रैल 1823 के 'कैलकटा जर्नल' में प्रकाशित हुआ था।)

MIRAT-OOL-UKHBAR

Friday, April 4, 1823. (Not included in the Regular Numbers)

It was previously intimated, that a Rule and ordinance was promulgated by His Excellency Honourable The Governor General in Council, enacting, that a Daily, Weekly, or any Periodical paper should not be published in this city, without an affidavit being made by its proprietor in the Police Office, and without a License being procured for such publication from the Chief Secretary to Government ; and that after such License being obtained, it is optional with the Governor General to recall the same, whenever His Excellency may be dissatisfied with any part of the Paper. Be it known, that on the 31st of March, the Honourable Sir Francis Macnaghten, Judge of the Supreme Court, expressed his approbation of the Rule and Ordinance so passed. Under these circumstances, 1, the least of all the human race, in consideration of several difficulties, have, with much regret and reluctance, relinquished the publication of this Paper (MIRAT-OOL- UKHBAR). The difficulties are these:-

First--Although it is very easy for those European Gentlemen, who have the honour to be acquainted with the Chief Secretary to Government, to obtain a License according to the prescribed form; yet to a humble individual like myself, it is very hard to make his way through the porters and attendants of a great personage; or to enter the doors of the Police Court, crowded with people of all classes, for the purpose of obtaining what is in fact, already in my own option. As it is written--

Abrooe kih bu-sud khoon i jigur dust dihud

Bu-oomed-i- kurum-e , kha'juh, bu-durban mu-furosh

The respect which is purchased with a hundred drops of heart's blood, do not thou, in the hope of a favour, commit to the mercy of a porter.

Secondly--To make Affidavit voluntarily in an open Court, in the presence of respectable Magistrates, is looked upon as very mean and censurable by those who watch the conduct of their neighbours. Besides the publication of a Newspaper is not incumbent upon every person, so that he must resort to the evasion of establishing fictitious proprietors, which is contrary to law, and repugnant to conscience.

Thirdly--after incurring the disrepute of solicitation and suffering the dishonour of making Affidavit, the constant apprehension of the license being recalled by Government which would disgrace the person in the eyes of the world, must create such anxiety as entirely to destroy his peace of mind. Because a man by nature liable to err, in telling the real truth, cannot help sometimes making use of words and selecting phrases that might be unpleasant to Government. I however, here prefer silence to speaking out:

Guda--e goshuh nusheenee to khafiza mukhuosh

Roo mooz muslubut-i khesh khoos-rowan danund.

Thou O Hafiz, art a poor retired man, be silent :

Princes know the secrets of their own policy.

I now entreat those kind and liberal gentlemen of Persia and Hindoostan, who have honoured the MIRAT-OOL-UKHBAR with their patronage, that in consideration of the reasons above stated, they will excuse the non-fulfilment of my promise to make them acquainted with passing events, as stated in the introductory remarks in the First Number; and I earnestly hope from their liberality, that wherever and however I may be situated, they will always consider me, the humblest of the human race, as devoted to their service.

परिशिष्ट–3

(पाश्चात्य शिक्षा के समर्थन में लार्ड एमहर्स्ट को लिखा राममोहन का पत्र :

यद्यपि 1813 के सनद के अनुसार प्रतिवर्ष कोई एक लाख रुपया देशी साहित्य के पुनरुद्धार और ज्ञान-विज्ञान की शिक्षा प्रदान करने के लिए ख़र्च करने का प्रावधान था लेकिन सरकार की ओर से सारा धन एक संस्कृत कालेज की स्थापना पर ख़र्च करने का प्रस्ताव था। राममोहन अंगरेज़ी और पाश्चात्य ज्ञान-विज्ञान की शिक्षा के पक्ष में थे। इसी से उन्होंने अपने इस प्रसिद्ध पत्र में संस्कृत कालेज की स्थापना का विरोध किया और अंगरेज़ी के साथ गणित, जड़ और जीव-विज्ञान, रसायन-शास्त्र और शरीर-विज्ञान की शिक्षा के लिए इस धन का प्रयोग करने के लिए ज़ोरदार दलील पेश की थी। यह पत्र भारत में अंगरेज़ी और आधुनिक शिक्षा की स्थापना में एक महत्त्वपूर्ण दस्तावेज़ माना जाता है।)

RAMMOHUN ROY'S LETTER TO LORD AMHERST ON WESTERN EDUCATION.

To,

His Excellency the Right Hon'ble William Pitt
Lord Amherst.

My Lord,

Humbly reluctant as the natives of India are to obtrude upon the notice of Government the sentiments they entertain on any public measure, there are circumstances when silence would be carrying this respectful feeling to culpable excess. The present Rulers of India, coming from a distance of many thousand miles to govern a people whose language, literature, manners, customs, and ideas are almost entirely new and strange to them, cannot easily become so intimately acquainted with their real circumstances, as the natives of the country are themselves. We should therefore be guilty of a gross dereliction of duty to ourselves, and afford our Rulers just ground of complaint at our apathy, did we omit on occasions of importance like the present to supply them with such accurate information as might enable them to devise and adopt measures calculated to be beneficial to the country, and thus second by our local knowledge and experience their declared benevolent intentions for its improvement.

The establishment of a new Sanscrit School in Calcutta evince the laudable desire of Government to improve the Natives of India by education, a blessing for which they must ever be grateful; and every well wisher of the human race must be desirous that the efforts made to promote it, should be guided by the most enlightened principles, so that the stream of intelligence may flow into the most useful channels.

When this Seminary of learning was proposed, we understood that the Government in England had ordered a considerable sum of money to be annually devoted to the instruction of its Indian subjects, we were filled with sanguine hopes that this sum would be laid out in employing European Gentlemen of talents and education to instruct the natives of India in Mathematics, Natural Philosophy, Chemistry, Anatomy and other useful Sciences, which the nations of Europe have carried to a degree of perfection that has raised them above the inhabitants of other parts of world.

While we looked forward with pleasing hope to the dawn of knowledge thus promised to the rising generation, our hearts were filled with mingled feelings of delight and gratitudes; we already offered up thanks to providence for inspiring the most generous and enlightened of the Nations of the West with the glorious ambitions of planting in Asia the Arts and Sciences of modern Europe.

We now find that the Government are establishing a Sangscrit school under Hindoo pundits to impart such Knowledge as is already current in India. This seminary (Similar in character to those which existed in Europe before the time of Lord Bacon) can only be expected to load the minds of youth with grammatical niceties and metaphysical distinctions of little or no practicable use to the possessors or to society. The pupils will there acquire what was known two thousand years ago, with the addition of vain and empty subtleties since produced by speculative men, such as is already commonly taught in all parts of India.

The Sangscrit language so difficult that almost a life time is necessary for its perfect acquisition, is well known to have been for ages a lamentable check on the diffusion of Knowledge; and the learning concealed under the almost impervious veil is far from sufficient to reward the labour of acquiring it. But if it were thought necessary to perpetuate this language for the sake of the portion of the valuable information it contains, this might be much more easily accomplished by other means than the establishment of a new Sangscrit College; for there have been always and are now numerous professors of Sangscrit in the different parts of the country, engaged in teaching this language as well as the other branches of literature, which are to be the object of the new Seminary. Therefore their more diligent cultivation, if desirable, would be effectually promoted by holding out premiums and granting certain allowances to those most eminent professor, who have already undertaken on their own account to teach them, and would by such rewards be stimulated to still greater exertions.

Form these considerations, as the sum set apart for the instruction of the Natives of India was intended by the Government in England, for the improvement of its Indian subjects, I beg leave to state, with due deference to your Lordship's exalted situation, that if the plan now adopted be followed, it will, completely defeat the object proposed; since no improvement can be expected from inducing young men to consume dozen of years of the most valuable period of their lives in acquiring the niceties of the Byakurun or Sangscrit Grammar. For instance, in learning to discuss such points as the following : *Khad* signifying to eat, *Khaduti,* he or she or it eats. Query, whether does the word Khaduti taken as a whole, convey the meaning he, she, or it eats, or are separate parts of this meaning conveyed by distinct portions of the word? As if in the English language it were asked how much meaning is there in the eat, how much in this and is the whole meaning of the word conveyed by those two portions of it distinctly, or by them taken jointly?

Neither can such improvement arise from such speculations as the following, which are the themes suggested by the Vedant:- In what manner is the soul absorbed into the deity? What relation does it bear to the divine essence? Nor will youths be fitted to be better members of society by the Vedantic doctrines, which teach them to believe that all visible things have no real existence; that as father, brother, etc, have no actual entity, they consequently deserve no real affection, and therefore the sooner we escape from them and leave the world the better. Again, no essential benefit can be derived by the student of Meemangsa from Knowing what is that makes the killer of a goat sinless on pronouncing certain passages of the Veds and what it is the real nature and operative influence of passages of the Ved, etc.

Again the student of the Nyaya Shastra cannot be said to have improved his mind after he has learned it into how many ideal classes the objects in the Universe are divided, and what speculative relation the soul bears to the body, the body to the soul, the eye to the ear, etc.

In order to enable your Lordship to appreciate the utility of encouraging such imaginary learning as above characterised, I beg your Lordship will be pleased to compare the state of science and literature in Europe before the time of Lord Bacon, with the progress of Knowledge made since he wrote.

If it had been intended to keep the British nation in ignorance of real knowledge the Baconian philosophy would not have been allowed to displace the system of the school-men, which was the best calculated to perpetuate ignorance. In the same manner, the Sangscrit system of education would be best calculated to keep this country in darkness, if such had been the policy of the British Legislature. But as the improvement of the native population is the object of the Government, it will consequently promote a more liberal and enlightened system of instruction, embracing mathematics, natural philosohpy , chemistry and anatomy, with other useful sciences which may be accomplished with the sum proposed by employing a few gentlemen of talents and learning educated in Europe, and providing a college furnished with the necessary books, instruments and other apparatus.

In representing this subject to your Lordship I conceive myself discharging a solemn duty which I owe to my countrymen and also to that enlightened Sovereign and Legislature which have extended their benevolent cares to this distant land actuated by a desire to improve its inhabitants and I therefore humbly trust you will excuse the liberty I have taken in thus expressing my sentiments to your Lordship.

Calcutta,
The 11th December 1823.

I have etc.,
Rammohun Roy

परिशिष्ट 4

सती-प्रथा उन्मूलन पर लार्ड बेंटिक को दिये गए बधाई मानपत्र और लार्ड बेंटिक का उत्तरः

(4 दिसम्बर 1829 को सदियों से चले आ रहे घृणित सती-प्रथा उन्मूलन कानून पास होने पर राममोहन और उनके सहयोगियों ने इस ऐतिहासिक घटना पर खुशियाँ मनाईं। 16 जनवरी 1830 को एक सभा में लार्ड बेंटिक को इस सफलता के लिए बधाई का मानपत्र पेश किया गया। इसके उत्तर में 30 जनवरी को बेंटिक ने एक छोटा-सा उत्तर भेजा था। दोनों दस्तावेजों की मूल प्रतिलिपि।)

English Address

To the Right Honourable Lord William Cavendish Bentinck K.B.G.C.H Governor General in Council, Fort William.

My Lord— With hearts filled with the deepest gratitude, and impressed with the utmost reverence, we the undersigned Native inhabitants of Calcutta and its vicinity, beg to be permitted to approach your Lordship, to offer personally our humble but warmest acknowledgments for the invaluable protection which your Lordship's Government has recently afforded to the lives of the Hindoo Female part of your subjects and for your humane and successful exertions in rescuing us, for ever from the gross stigma hitherto attached to our character, as wilful murderers of females and zealous promoters of the practice of suicide.

Excessive jealousy of their female connections operating in the breasts of Hindoo Princes rendered those despots regardless of the common bonds of society, and of their incumbent duty as protectors of the weaker sex, in so much that with view to prevent every possibility of their Widows forming subsequent attachments, they availed themselves of their arbitrary power, and under cloak of religion, introduced the practice of burning Widows alive, under the first impressions of sorrow or despair, immediately after the demise of their Husbands. This system of female destruction, being admirably suited to the selfish and servile disposition of the populace, has been eagerly followed by them, in defiance of the most sacred authorities such as Oopunishuds or the principal part of the Veds and the Bhugvut Geeta, as well as of the direct commandment of Munoo, the first and the greatest of all the legislators, conveyed in the following words :-

"Let a Widow continue till death forgiving all injuries performing austere duties, avoiding every sensual pleasure, etc." (Ch.V.v. 158)

While in fact, fulfilling the suggestions of their jealousy, they pretended to justify this hideous practice by quoting some passages from authorities of evidently inferior weight, sanctioning the wilfull, (sic.) ascent of a widow on the flaming pile of her husband, as if they were offering such female sacrifices in obedience to the dictates of the Shastras, and not from the influence of jealousy. It is however very fortunate that the British Government, under whose protection the lives of both the males and females of India have been happily placed by Providence, has, after diligent enquiry, ascertained that even those inferior authorities, permitting wilful ascent by a window to the flaming pile, have been practically set aside, and that, in gross violation of their language and spirit, the relatives of Widows, have, in the burning of those infatuated females, almost invariably used to fasten them down on the pile and heap over them large quantities of wood and other materials adequate to the prevention of their escape, an outrage on humanity which has been frequently perpetrated under the indirect sanction of Native Officers undeservedly employed for the security of life and preservation of peace and tranquility.

In many instances in which the vigilance of the Magistrate has deterred the Native Officers of Police from indulging their own inclination, widows have either made their escape from the pile, after being partially burnt, or retraced their resolution to burn when brought to the awful task, to the mortifying disappointment of instigators; while in some instances, the resolution to die has been retraced on pointing out to the widows the impropriety of their intended undertaking, and on promising them safety and maintenance during life, notwithstanding the severe reproaches liable thereby to be heaped on them by their relatives and friends.

In consideration of circumstances so disgraceful in themselves and so incompatible with the principles of British Rule, your Lordship in Council, fully impressed with the duties required of you by justice and humanity, has deemed it incumbent on you for the honour of the British name, to come to the resolution that the lives of your female Hindoo subjects should be henceforth more efficiently protected, that the heinous sin of cruelty to females may no longer be committed and that the most ancient and purest system of Hindoo Religion should not any longer be set at nought by the Hindoos themselves. The Magistrates in consequence are, we understand, positively ordered to execute the resolution of the Government by all possible means.

We are, my Lord, reluctantly restrained by the consideration of the nature of your exalted situation from indicating our inward feelings by presenting any valuable offering as commonly adopted on such occasions, but we should consider ourselves highly guilty of insincerity and ingratitude, if we remained negligently silent, when urgently called upon by our feelings and conscience to express publicly the gratitude we feel for the everlasting obligation you have graciously conferred on the Hindoo Community at large. We however are at a loss to find language sufficiently indicative even of a small portion of the sentiments we are desirous of expressing on this occasion. We must therefore conclude this Address, with entreating, that your Lordship will condescendingly accept our most grateful acknowledgements for this act of benevolence towards us, and will pardon the silence of those who, though equally partaking of the blessing bestowed by your Lordship, have through ignorance or prejudice omitted to join us in this common cause.

We have the honour to be

My Lord

Your Lordship's Obdt. and Humble servts.

[Signed] Callynath Roy Choudhury

Rammohun Roy

Dwarakanth Tagore

Prossanno Comar Tagore

etc. etc. etc.

लार्ड बेंन्टिक का उत्तर :

It is very satisfactory to me to find that according to the opinions of so many respectable and intelligent Hindoos, the practice which has recently been prohibited, not only was not required by the rules of their religion, but was at variance with those writings which they deem to be of the greatest force and authority, Nothing but a reluctance to inflict punishment for acts which might conscientiously be believed to be enjoined by religious precepts, could have induced the British Government at any time to permit, within territories under its protection, an usage so violently opposed to the best feelings of human nature. Those who present this Address are right in supposing that, by every nation in the world, except the Hindoos themselves, this part of their customs has always been made a reproach against them, and nothing so strongly contrasted with the better features of their own national character , so inconsistent with the affections which unite families, so destructive of the moral principles on which society is founded, has ever subsisted amongst a people, in other respects so civilized. I trust that the reproach is removed for ever, and I feel a sincere pleasure in thinking that the Hindoos will thereby be exalted in the estimation of mankind to an extent in some degree proportioned to the repugnance which was felt for the usage which has now ceased.

Signed W.C Bentinck.

Calcutta, Jan. 16, 1830

•

परिशिष्ट 5

(फ्रान्स के तत्कालीन विदेश मन्त्री प्रिंस टेलेरेण्ड को लिखे प्रसिद्ध पत्र की प्रतिलिपि, जिसमें विश्व संस्था की स्थापना और विश्व मैत्री की ओर स्पष्ट इशारा है।)

To,

The Minister of Foreign Affairs of France, Paris.

Sir,

You may be surprised at receiving a letter from a Foreigner, the Native of a country situated many thousand miles from France, and I assuredly would not now have trespassed on your attention, were I not induced by a sense of what I consider due to myself and by the respect I feel towards a country standing in the foremost rank of free civilized nations.

2nd. For twelve years past I have entertained a wish (as noticed, I think, in severel French and English periodicals) to visit a country so favoured by nature and so richly adorned by the cultivation of arts and sciences, and above all blessed by the possession of a free constitution. After surmounting many difficulties interposed by religious and national distinctions and other circumstances, I am at last opposite your coast, where however, I am informed that I must not place my foot on your territory unless I previously solicit and obtain an express permission for my entrance from the Ambassador or Minister of France in England.

3rd. Such a regulation is quite unknown even among the Nations of Asia (though extremely hostile to each other from religious prejudices and political dissensions) with the exception of China, a country noted for its extreme jealousy of foreigners and apprehensions of the introduction of new customs and ideas. I am, therefore, quite at a loss to conceive how it should exist among a people so famed as the French are for courtesy and liberality in all other matters.

4th. It is now generally admitted that not religion only but unbiased common sense as well as the accurate deductions of scientific research lead to the conclusion that all mankind are one great family of which numerous nations and tribes existing are only various branches. Hence enlightened men in all countries must feel a wish to encourage and facilitate human intercourse in every manner by removing as far as possible all impediments to it in order to promote the reciprocal advantage and enjoyment of the whole human race.

5th. It may perhaps be urged that during the existence of war and hostile feelings between any two nations (arising probably from their not understanding their real interests), policy requires of them to adopt those precautions against each other. This, however, only applies to a state of warfare. If France, therefore, were at war with surrrounding nations or regarded their people as dangerous, the motive for such an extraordinary precaution might have been conceived.

6th. But as a general peace has existed in Europe for many years, and there is more particularly so harmonious an understanding between the people of France and England and even between their present Governments, I am utterly at a loss to discover the cause of a regulation which manifests, to say the least, a want of cordiality and confidence on the part of France.

7th. Even during peace the following excuses might perhaps be offered for the continuance of such restrictions though in my humble opinion they cannot stand a fair examination.

First : if it be said that persons of bad character should not be allowed to enter France : still it might I presume, be answered that the granting of passports by the French Ambassador here is not usually founded on certificates of character or investigation into the conduct of individuals. Therefore, it does not provide a remedy for that supposed evil.

Secondly : If it be intended to prevent felons escaping from justice; this case seems well-provided for by the treaties between different nations for the surrender of all criminals.

Thirdly : If it be meant to obstruct the flight of debtors from their creditors: in this respect likewise it appears superfluous, as the bankrupt laws themselves after a short imprisonment set the debtor free even in his own country; therefore, voluntary exile from his own country would be, I conceive, a greater punishment.

Fourthly : If it be intended to apply to political matters, it is in the first place not applicable to my case. But on general grounds I beg to observe that it appears to me, the ends of constitutional Government might be better attained by submitting every matter of political difference between two countries to a Congress composed of an equal number from the parliament of each; the decision of the majority to be acquiesced in by both nations and the Chairman to be chosen by each Nation alternately, for one year, and the place of meeting to be one year within the limits of one country and next within those of the other ; such as at Dover and Calais for England and France.

8th : By such a Congress all matters of difference., whether political or commercial, affecting the Natives of any two civilized countries with constitutional Governments, might be settled amicably and justly to the satisfaction of both and profound peace and friendly feelings might be preserved between them from generation to generation.

9th : I do not dwell on the inconvenience which the system of passports imposes in urgent matters of business and in cases of domestic affliction. But I may be permitted to observe that the mere circumstance of applying for passport seems a tacit admission that the character of the applicant stands in need of such a certificate or testimonial before he can be permitted to pass unquestioned. Therefore, any one may feel some delicacy in exposing himself to the possibility of refusal which would lead to an inference unfavourable to his character as a peaceable citizen.

My desire, however, to visit that country is so great that I shall conform to such conditions as are imposed on me, if the French Government, after taking the subject into consideration, judge it proper and expedient to continue restrictions, contrived for a different state of things, but to which they may have become reconciled by long habit; as I should be sorry to set up my opinion against that of the present enlightened Government of France.

I have the honour to be,

Sir,

Your most obedient servant

परिशिष्ट 6

राममोहन-साहित्य

अरबी फ़ारसी

1. तुहफ़ात-उल-मुवाहहिदीन—मुर्शिदाबाद से 1803-04 में प्रकाशित। इस पुस्तिका की भूमिका अरबी भाषा में, और पाठ फ़ारसी में है। 1884 में ढाका मदरसा के प्रसिद्ध विद्वान मौलवी ओबैदुल्लाह ने इसका अंगरेजी अनुवाद Tuhfat-ul-Muwahhidin or a Gift to Deists किया था, जिसका प्रकाशन आदि ब्राह्मो समाज ने 1884 में किया। बाद में मूल फ़ारसी से बांग्ला अनुवाद गिरीशचन्द्र सेन ने और अंगरेजी के माध्यम से बांग्ला अनुवाद ज्योतिरीन्द्र दास ने किया है।

2. मनजिरात-उल-आदियान—विभिन्न धर्मों पर विचार। यह पुस्तक कभी प्रकाशित हुई या नहीं, इस पर विद्वान एक मत नहीं हैं। वैसे राममोहन ने तुहफ़ात के पृष्ठों में इस रचना का हवाला दिया है। विद्वान काज़ी अब्दुल वदूद का विचार है कि यह पुस्तक सम्भवतः हस्तलिखित या मुद्रित आकार में सीमित रूप से वितरित किया गया था।

3. जवाब इ तुहफ़ात-उल-मुवाहहिदीन—An Anonymous defence of Rammohun Roy's Tuhfat.... against the attack of the Zoroastrians. Calcutta, 1820?

पुस्तिका में लेखक का नाम नहीं है। लन्दन के ब्रिटिश म्यूजियम में रखी प्रति में भी लेखक का नाम मुद्रित नहीं है। राममोहन विशेषज्ञ श्री दिलीपकुमार विश्वास का मत है कि पुस्तिका राममोहन के किसी सहयोगी मित्र ने जोराष्ट्रीयन धर्मावलंबी के आक्रमण के विरुद्ध यह उत्तर दिया था। इसका बांग्ला अनुवाद राममोहन समीक्षा (ले. दिलीपकुमार विश्वास) में परिशिष्ट के रूप में दिया गया है।

बांग्ला, संस्कृत, हिन्दी

1. वेदान्त ग्रंथ—(ब्रह्मसूत्र का भाषा विवरण) 1815. 17 + 166 पृ.

The Bengalee translation of the Vedant or Resolution of all the Veds; the most celebrated and revered work of Brahmanical theology, establishing the unity of Supreme Being, and that He is the only object of worship. Together with a preface by the translator. Calcutta. From the Press of Ferris and Co, 1815.

वेदान्त ग्रन्थ (हिन्दी या हिन्दुस्तानी अनुवाद बांग्ला से) 1815?

2. वेदान्त सार : 1815 22 पृ. (वेदान्त ग्रन्थ का संक्षिप्त रूप) वेदान्त सार (हिन्दी अनुवाद) 1815?

3. तलबकार उपनिषद् : (केनोपनिषद्) 1815. 17 पृ.। शंकराचार्य की टीका के अनुरूप बांग्ला अनुवाद।

4. ईशोपनिषद् : जुलाई 1816. 20 + 4 + 13 पृ.। शंकाराचार्य की टीका पर आधारित बांग्ला अनुवाद।

5. उत्सवानन्द विद्यावागीशेर सहित विचार : 1816-17, संस्कृत भाषा में इस शास्त्रार्थ ग्रन्थ के अन्तर्गत तीन पुस्तिकाएँ प्रकाशित हुई थीं। ये उत्सवानन्द बाद में राममोहन के अनुयायी बने।

6. भट्टाचार्येर सहित विचार : 1817 3 + 64 पृ.। मृत्युंजय विद्यालङ्कार से। वेदान्त चन्द्रिका के उत्तर में लिखित बांग्ला पुस्तिका।

7. कठोपनिषद् : (बांग्ला) 1817.57 पृ.। शंकराचार्य की टीका पर आधारित बांग्ला अनुवाद।

8. माण्डूक्योपनिषद् : (बांग्ला) 1817.23 + 19 पृ.10। शंकराचार्य की टीका पर आधारित बांग्ला अनुवाद।

9. गोस्वामीर सहित विचार : (बांग्ला) 1818. 50 पृ. । यह शास्त्रार्थ बांग्ला में किसी वैष्णव पण्डित के तर्कों के उत्तर में दिया गया था।

10. सहमरण विषये प्रवर्तक ओ निवर्तकेर सम्वाद : (बांग्ला) नवम्बर 1818 पृ. 22। सती-प्रथा विषयक पहली बांग्ला पुस्तक।

11. गायत्रीर अर्थ : (बांग्ला) 1818. प्रसिद्ध गायत्री मन्त्र का बांग्ला विवेचन।

12. मुण्डोकोपनिषद् : (बांग्ला) मार्च 1819। शंकराचार्य की टीका पर आधारित बांग्ला अनुवाद

13. आत्मानात्मविवेक : 1819? शंकराचार्यकृत ग्रन्थ का बांग्ला अनुवाद। इस ग्रन्थ की प्रकाशन तिथि के बारे में कुछ संदेह है।

14. सहमरण विषय प्रवर्तक निवर्तकेर द्वितीय सम्वाद : (बांग्ला) नवम्बर 1819. 33 पृ.। मिशन प्रेस में मुद्रित। सती-प्रथा विषय पर शास्त्रार्थ के ढंग पर दूसरा आक्रमण।

15. कविताकारेर सहित विचार : (बांग्ला) 1820. 23 + 49 पृ.। यह भी एक शास्त्रार्थ ग्रन्थ है।

16. सुब्रह्मण्यम शास्त्रीर सहित विचार : बंगीय साहित्य परिषद् ग्रन्थावली (बांग्ला, संस्कृत, हिन्दी और अंगरेजी भाषाओं में) 1820. 103 पृ.। यह भी एक शास्त्रार्थ ग्रन्थ है।

17. ब्राह्मण सेवधि : *ब्राह्मण ओ मिशनरी सम्वाद* : (बांग्ला) 1821.तीन अंक प्रकाशित हुए । इस लेख में ईसाई मिशनरियों के आक्रमण के विरुद्ध हिन्दू धर्म का समर्थन है। इसका अंगरेजी संस्करण *द ब्राह्मनिकल मैगजीन* : *द मिशनरी एण्ड द ब्राह्मण* भी प्रकाशित हुआ था।

18. चारि प्रश्नेर उत्तर : (बांग्ला) 1822. 26 पृ.। समाचार दर्पण में प्रकाशित पुरानपन्थी हिन्दुओं के चार प्रश्नों का उत्तर है। यह 'धर्मसंस्थापनाकांक्षी के छद्मनाम से प्रकाशित हुआ था।

19. प्रार्थना पत्र : 1823. 4 + 77 पृ. बांग्ला और अंगरेजी में एक साथ प्रकाशित हुआ।

20. पादरी ओ शिष्य सम्वाद : (बांग्ला) 1823? अंगरेजी अनुवाद भी साथ प्रकाशित हुआ। इस पुस्तिका में ईसाई धर्म के त्रित्ववाद की तीव्र आलोचना की गई थी।

21. गुरुपादुका : (बांग्ला) 1823. 6 पृ. *समाचार चन्द्रिका* के लेख के उत्तर में मूर्तिपूजा के विरुद्ध राममोहन का उत्तर।

22. पथ्य प्रदान : (बांग्ला) 1823. 261 पृ. पण्डित काशीनाथ तर्कपंचानन के पाषण्ड पीड़ण नामक पुस्तिका के उत्तर में लिखित। अंगरेजी अनुवाद भी इसी वर्ष प्रकाशित हुआ।

23. ब्रह्मनिष्ठ गृहस्थेर लक्षण : (बांग्ला) 1826।

24. कायस्थेर सहित मद्यपान विषयक विचार : (बांग्ला) 1826, रामचन्द्र दास के छद्मनाम से प्रकाशित।

25. वज्रसूची : 1872. 78पृ. संस्कृत पाठ और बांग्ला अनुवाद के साथ। महायान बौद्धग्रन्थ वज्रसूची उपनिषद् पर आधारित जातिप्रथा विरोधी ग्रन्थ।

26. गायत्र्या परमोपासनाविधानम् : 1827. संस्कृत-बांग्ला पुस्तिका। अंगरेजी अनुवाद भी इसी वर्ष प्रकाशित हुआ। गायत्री मन्त्र के द्वारा ईश्वरोपासना पद्धति।

27. ब्राह्मोपासना : 1828. ईश्वरोपासना पर पुस्तिका।

28. ब्राह्म संगीत : 1828. राममोहन और उनके सहयोगियों द्वारा रचित भजन और गीत जो ब्राह्म-समाज या आत्मीय सभा की सभाओं में गाये जाते थे।

29. अनुष्ठान : 1829. बांग्ला पुस्तिका। उपासना पद्धति पर राममोहन के विचारों पर प्रश्न-उत्तर के ढंग पर लिखित एक महत्त्वपूर्ण पुस्तिका। इसमें गीता,

उपनिषद्, ब्रह्मसूत्र, मनुसंहिता, महानिर्वाणतन्त्र से उद्धृतियाँ दी गई हैं।

30. सहमरण विषय : बंगाला पुस्तिका (1829) 11 पृ. यह सती-प्रथा पर राममोहन का अन्तिम बांग्ला लेख था।

31. क्षूद्र पत्री : (प्रकाशन तिथि अज्ञात) पुस्तिका में ब्रह्मविषयक कुछ मन्त्र और गीत हैं।

32. गौड़ीय व्याकरण : 1833. 97 पृ. अंगरेजी में अनुरूप व्याकरण के नमूने पर जो1826 में प्रकाशित हुई थी।

33. ब्राह्म पौत्तलिक सम्वाद : 1819-20? मूर्तिपूजा-विषयक पुस्तिका। यह ब्रजमोहन मजूमदार के नाम से प्रकाशित हुई थी। रेवरेण्ड लांग ने इस पुस्तिका को राममोहन की कृति माना है। रामामोहन अक्सर अपने सहयोगियों के या छद्मनाम से पुस्तकें प्रकाशित करते थे।

34. भगवद्गीता : 1819. 190 पृ. संस्कृत मूल पाठ के साथ बांग्ला पद्यानुवाद। बैकुण्ठनाथ बंद्योपाध्याय के नाम से प्रचारित। दुर्भाग्य से इस पुस्तक की प्रति आज भी उपलब्ध नहीं है।

संकलित रचना संग्रह (बांग्ला)

1. राजा राममोहन राय प्रणीत ग्रन्थावली : 1880. 814 पृ.। राजनारायण बसु और आनन्दचन्द्र वेदान्तवागीश द्वारा संकलित।

2. राममोहन ग्रन्थावली : कलकत्ता, बंगीय साहित्य परिषद्, 1944.7 खण्डों में प्रकाशित ब्रजेन्द्रनाथ बन्द्योपाध्याय और सजनीकान्त दास द्वारा सम्पादित और प्रकाशित।

अंगरेजी रचनाएँ–

1. Translation of an Abridgement of the Vedant or Resolution of all the Vedas; the most celebrated work of Brahmanical theology; establishing the unity of the Supreme Being and that alone is the object of propitiation and worship. Calcutta 1816 .3 +14 p.

यह 'वेदान्तसार' ग्रन्थ का अनुवाद है। इसका जर्मन अनुवाद *Auflosung des Wedant* 1817 में प्रकाशित हुआ।

2. Translation of the Cena (Kena) Upanishad, one of the chapters of Sama Veda. According to the gloss of the celebranted Shankaracharya .....Calcutta, 1816.

3. Translation of the Ishopanishad, one of the chapters of Yajur Veda : according to the commentary of the celebrated Shankaracharya. Calcutta 1816. 22 +8p.

4. A Defence of Hindoo Theism, in reply to the attack of an advocate for ldolatry at Madras. Calcutta, 1817.29p.

5. A Second Defence of the Monotheistical system of the Veds, in reply to an Apology for the present state of Hindoo worship. Calcutta, 1817. 58p. मृत्युञ्जय विद्यालंकार की पुस्तिका के उत्तर में।

6. Counter-Petition of the Hindoo inhabitants of Calcutta against Suttee. Calcutta 1818. बाद में यह एशियाटिक जर्नल में जुलाई 1819 में छपा था। विद्वानों का विचार है कि यह राममोहन की रचना थी।

7. Translation of a Conference between an Advocate for, and opponent, of the practice of Burning Widows Alive; from original Bungla. Calcutta 1818.

8. Translation of the Moonduk Oupunishad of the UthurvuVed : According to the gloss of the Celebrated Shunkuracharya. Calcutta, Times Press, 1819. 25p.

9. Translation of Kuth-Oupunishad of the Ujoor-Ved according to the gloss of the Celebrated Sunkurachrya. Calcutta 1819, 40p.

10. An Apology for the pursuit of Final Beatitude, independently of Brahmunical Observances. Calcutta 1820. 'सुब्रह्मण्य शास्त्रीर सहित विचार' का अंगरेजी अनुवाद।

11. A Second conference between an Advocate and the opponent of the practice of burning Widows Alive. Caluctta, Baptist Mission Press, 1820. मूल बांग्ला पुस्तिका का अनुवाद।

12. The Precepts of Jesus, the guide to peace and happiness, extracted from the books of New Testament, ascribed to the Four Evangelists, with translation into Sungscrit and Bengalee, Calcutta, Baptist Mission Press, 1820, 4+20 p. संस्कृत और बांग्ला अनुवाद सम्भवतः प्रकाशित नहीं हो सके।

13. An Appeal to the Christian public in Defenece of the 'Precepts of Jesus", by a Friend to Truth. Calcutta, 1820, 20p.

14. Second Appeal to the Christian public, in defence of the Precepts of Jesus. Calcutta 1821, 173 p.

15. The Brahmunical Magazine or the Missionary and the Brahmun. Being an vindication of Hindoo religion against the attacks of Christian Missionaries by Shivu Prusad Surma. Nos. 1,2,3, 1821. No. 4 Calcutta 1823. पहले तीन अंक अंगरेजी और बांग्ला में साथ-साथ प्रकाशित हुए थे। चौथा अंक केवल अंगरेजी में छपा था।

16. Brief remarks regarding modern encroachements on the ancient rights of Females, according to the Hindoo law of Inheritance. Calcutta, Unitarian Press, 1822.

17. Final Appeal to the Christian public in Defence of the Precepts of Jesus, Calcutta, Unitarian Press, 1823. 7+379p.

18. Humble suggestion to his countrymen who believe in the true God, Calcutta 1823. राममोहन के सहयोगी प्रसन्न कुमार ठाकुर के नाम से प्रकाशित।

19. Petitions against Press regulations.

(a) Memorial to Supreme Court 1823.

(b) Appeal to the king in Council 1825.

20. A Few queries for the serious considerations of Trinitarians. Pt. I&II Calcutta 1823.

21. Two Dialogues. Calcutta 1823. 8 p.

(a) Dialogue First between a Trinitarian Missionary and three Chinese Converts.

(b) Dialogue Second between a Unitarian Minister and an itinerant Bookseller.

इनमें दूसरी रचना 'राइट' नामक किसी अंगरेज की मानी जाती है।

22. A Vindication of the Incarnation of the Deity, as the common basis of Hindooism and Christianity, against the Schismatic attacks of R. Tytler, esq, M.D, by Ram Doss. Calcutta, Harkaru Press, 1823.

23. A letter to Lord Amherst on Western Education. Calcutta 1823.

24. A letter to the Reverend Henry Ware on the Prospects of Christianity in India, Calcutta, 1824.

25. Translation of a Sunskrit Tract on Different modes of worship by a Friend of the Author. Calcutta, 1825.

26. Bengalee Grammar in English language. 1826 Unitarian Press, Calcutta.

27. A Translation into English of a Sunskrit Tract inculcating the Divine worship; esteemed by those who believe in the Revelation of Veds as most appropriate to the nature of the Supreme Being. Calcutta, 1827.

28. Answer of a Hindoo to the question "why do you frequent a Unitarian place of worship instead of the numerously attended Established Churches?" Calcutta 1827.

29. Symbol of the Trinity. 1828 (Printed in Asiatic Journal July 1829).

30. The Universal Religion : Religious instructions founded on Sacred Authorities, Calcutta, 1829.

31. Petition of the Padishah (Akbar II) of Delhi to King George IV of England. 1829.

32. Petition to the Governemnt against Regulation III of 1828 for the Resumption of Lakheraj Lands. 1829. (1830 के एशियाटिक जर्नल में प्रकाशित)

33. Address to Lord William Bentinck , Governor General of India upon the passing of the act for the Abolition of the Suttee, 1830 (1830 के गवर्नमेण्ट गजट में अंगरेजी और बांग्ला बयान प्रकाशित हुआ)।

34. Abstract of the arguments regarding the burning of Widows, considered as a religious rite. Calcutta. 1830.

35. Essay on the right of Hindoos over ancestral property, according to law of Bengal. Calcutta, 1830.47p.

36. Letters on Hindoo law of inheritance, Calcutta, 1830.

37. Counter-Petition to the House of Commons to the Memorial of the advocates of Suttee, 1830 यह स्मारक पत्र हाउस आफ कामन्स में पेश किया गया।

38. On the possibility, practibility and expediency of substituting the Bengali language for the English (प्रकाशन तिथि अज्ञात। यह व्यंग्य-रचना सर्वप्रथम 1928 में मार्डन रिव्यू में प्रकाशित हुई। सम्भवतः अप्रकाशित रचना रही होगी)।

39. Hindu Authorities in favour of slaying the cow and eating its flesh.

40. Opinion on Grants Jury Bill 1833.

इंग्लैण्ड से प्रकाशित अंगरेजी पुस्तकों की सूची–

1. Translation of an Abridgement of the Vedanta by Rammohun Roy, London, T. and J. Hott, 1817.

2. The Precepts of Jesus.... to which are added the First and Second Appeal to the Christian Public, in reply to the observations of Dr. Marshman, of Serampore, London, 1823.

3. Final Appeal to the Christian public in defence of the 'Precepts of Jesus', London, Hunter, 1823.

4. Answers to queries by the Rev. H. Ware of Cambridge (U.S) C. Fox, 1825.

5. Treaty with the King of Delhi. Decision thereon by the Governor-General of India. Reports of the British Resident and Politcal Agent at Delhi with Remarks, London, John Nichols, 1831.

6. Some Remarks in Vindication of the Resolution passed by the Government of Bengal in 1829 abolishing the Practice of Female Sacrifices in India, Nichols and Sons, London, 1831.

7. Eassay on the Right of Hindoos over Ancestral Property according to the Law of Bengal. Second Edition : With an appendix, containing letters on the Hindoo Law of Inheritance. Smith, Elder and Co., 1832.

8. Exposition of the practical operation of the Judicial and Revenue systems of India, and of the general character and condition of the native inhabitants, as submitted in evidence to the Authorities in England. With notes and Illustrations; also a brief preliminary sketch of the ancient and modern boundaries, and of the historty of the country, Smith, Elder and Co., 1832.

9. Questions and Answers on the Judicial system of India, London, August 19, 1831.

10. Questions and Answeres on the Revenue System of India, London, September 19, 1831.

11. Paper on the Revenue System of India, London, August 19, 1831.

12. Additional queries respecting the condition of India, London, September 28, 1831.

13. Remarks on Settlement in India by Europeans, London, July 14, 1832.

14. Answers of Rammohum Roy to Queries on the Salt Monopoly, March 19, 1832.

15. Translation of several Principal Books, Passages and Texts of the Veds and of some controversial works in Brahmnical Theology. 2nd Edn. London, Parbury, Allen & Co 1832, P. 282 (इसका डच अनुवाद 1840 में प्रकाशित हुआ)।

16. Appeal to the British Nation against a violation of common Justice and a breach of public faith by the Supreme Government of India with the Native Inhabitants, London, 1832.

17. Translation of the Creed Maintained by the Ancient Brahmins, as founded on the sacred Authorities, 2nd Edn, London, Nichols and Son, 1833. p.16.

18. Autobiographical Sketch, October 1833. (published by S. Arnat after the death of Rajah in the Athenaenum.October 5, 1833).

Collected works–

1. English works of Raja Rammohan Roy including some additional letters and an English translation of the Tuhfatul Muwahiddin with an introduction by Ramananda Chatterjee, Allahabad Office, 1906.

2. The English Works of Raja Rammohan Roy. Edited by Jogendra Chandra Ghosh Vol. I 1885; Vol 2 1887.

3. The English works of Raja Rammohan Roy. Edited by Kalidas Nag and Debajyoti Burman. Calcutta, Sadharan Brahma Samaj, 1945-51 (I-VI pts.)

इनके अतिरिक्त अमेरिका से उनकी कई पुस्तकों के संस्करण प्रकाशित हुए। विशेष रूप से 'प्रीसेप्ट्स आफ जीसस' और ईसाई जनता के नाम उनके 'अपील' 1825, 1826, 1828 में प्रकाशित हुए थे। अंग्रेज़ी के अलावा जर्मन और डच भाषाओं में भी राममोहन की रचनाओं के अनुवाद हुए थे।

•

परिशिष्ट 7

निर्वाचित सन्दर्भ सूची

(इस ग्रन्थ की रचना में जिन पुस्तकों की सहायता ली गई है तथा राममोहन राय पर लिखित अन्य महत्त्वपूर्ण पुस्तकों की सूची—)

बांग्ला

1. अरविन्द पोद्दार। **राममोहन उत्तरपक्ष।** कलकत्ता, उच्चारण, 1982)

2. एबादत होसेन। **मार्क्सवादेर विचारे राममोहन।** कलकत्ता, सप्तर्षि, 1983

3. क्षितिमोहन सेन। **युगगुरु राममोहन।** कलकत्ता, 1952

4. दिलीप कुमार विश्वास। **राममोहन समीक्षा।** कलकत्ता, सारस्वत लाइब्रेरी, 1983

5. नगेन्द्र नाथ चट्टोपाध्याय। **महात्मा राजा राममोहन रायेर जीवन चरित।** कलकत्ता, 1881। (पाँचवाँ सं. इंडियन प्रेस 1928)। कलकत्ता, देज पब्लिशिंग (नया मुद्रण 1972)

6. प्रभात कुमार मुखोपाध्याय। **राममोहन ओ तत्कालीन समाज ओ साहित्य।** कलकत्ता, विश्वभारती ग्रन्थन विभाग, 1972

7. ब्रजेन्द्र नाथ बन्द्योपाध्याय। **राममोहन राय।** कलकत्ता, बंगीय साहित्य परिषद् चतुर्थ संस्करण 1946

8. प्रभातचन्द्र गांगुली । **राममोहन प्रसंग।** कलकत्ता, साधारण ब्राह्म समाज, 1946

9. मणि बागची। **राममोहन।** कलकत्ता, जिज्ञासा, 1958

10. रवीन्द्रनाथ ठाकुर। **भारत पथिक राममोहन राय** । कलकत्ता, विश्वभारती, 1959 (पुनर्मुद्रण)

11. शिवनाथ शास्त्री। **राममोहन राय।** कलकत्ता, 1886

12. सौम्येन्द्रनाथ ठाकुर। **भारतेर शिल्प विप्लव ओ राममोहन।** कलकत्ता, रूपा, 1963

13. सौरिन्द्रमोहन गंगोपाध्याय। **बांगालीर राष्ट्रचिन्ता; राममोहन थेके मानवेन्द्रनाथ।** कालिकाता, सुवर्ण रेखा, 1968

हिन्दी

1. सौम्येन्द्रनाथ ठाकुर। **राजा राममोहन राय,** नई दिल्ली, साहित्य अकादेमी 1972।

2. **राजा राममोहन राय।** पटना, ब्राह्म समाज 1972

English–

1. Carpenter, Lant. : *A Review of the Labours, Opinions, and Character of Raja Rammohun Roy* in a discourse on Occasion of Death delivered in Lewin's Mead Chapel, Bristol. London and Bristol 1833.

2. Carpenter, Mary : *Last days in England of the Rajah Rammohun Roy.* London, 1866.

3. Chanda, Ramaprasad & Majumdar, Jatindra Kumar (ed.): *Letters and Documents Relating to the Life of Raja Rammohun Roy* Vol.I (1791-1830) With an Introductory memoir. Calcutta, Orient Book Agency, 1938.

4. Chatterjee, Ramanand : *Rammohun Roy and Modern India*. Calcutta, 1918.

5. Collet, Sophia Dobson : *The life and letters of Raja Rammohun Roy*. 3rd Ed. by Dilip Kumar Biswas & Prabhat Chandra Ganguli. Calcutta, Sadharan Brahmo Samaj, 1962. (First Edition 1900)

6. Crawford, S. Cromwell. *Rammohun Roy* : *His era and Ethics*. New Delhi, Arnold Heinemann, 1984.

7. Dasgupta, B.N. : *The Life and Times of Rajah Rammohun Roy*. New Delhi, Ambika Publications, 1980.

8. Dasgupta, B.N. *Rajah Rammohun Roy* : *The Last Phase*. New Delhi, Uppal Publishing House, (1982)

9. *The Father of Modern India* : *Commemoration Volume of the Rammohun Roy Centenary Celebrations.* 1933. Calcutta, 1935.

10. Home, Amal : ed. *Rammohun Roy: The Man and his work* Calcutta, 1933.

11. Iqbal Singh, *Rammohun Roy : A Biographical enquiry into the making of Modern India.* 2nd rev. ed. Bombay, Asia Publishing House, 1983. (First ed. 1958)

12. Joshi. V.C. ed.: *Rammohun Roy and the Process of Modernization in India.* Delhi, Vikas, 1975.

13. Kopf, David : *British Orientalism and the Bengal Renaissance.* Calcutta, Firma K.L. Mukhopadhyay, 1969.

14. Majumdar, Jatindra Kumar (ed.) : *Raja Rammohun Roy and the Last Moghuls :* a selection from official records 1803-1859, with an historical introduction. Calcutta, Art Press. 1939.

15. Majumdar, Jatindra Kumar (ed.) : *Raja Rammohun Roy and progressive Movements in India* : a selection from Records 1775-1845 with an historical Introduction. Calcutta, Art Press, 1941.

16. Majumdar, R.C. : *Glimpses of Bengal in the Nineteenth Century.* Calcutta, Firma K.L. Mukhopadhyay, 1960.

17. Ray, Ajit Kumar : *The Religious Ideas of Rammohun Roy.* New Delhi, Kanak Publication. 1976.

18. Ray, Niharranjan, Ed.: *Rammohun Roy a Bi-Centenary Tribute,* New Delhi, National Book Trust, 1974.

19. Sarkar, S.C. Ed. : *Rammohun Roy on Indian Economy.* Calcutta, Rare Book Publishing Syndicate, 1965.

20. Sen, Amiya Kumar : *Raja Rammohun Roy: The Representative man.* Calcutta, Calcutta Text Book Society, 1967.

21. Sinha, N.K.: *Economic History of India.*

22. Tarachand. *: History of Freedom Movement in India,* Vol. 1.

23. Robertson, B.C. : *Raja Rammohun Roy : The Father of Modern India.* Delhi, Oxford University Press. 1995.

●

अनुक्रमणिका

●●●

transnational organised crime and on successful practices for combating it;

(c) Cooperating with relevant international and regional organisations and non-governmental organisations;

(d) Reviewing periodically the implementation of this Convention;

(e) Making recommendations to improve this Convention and its implementation.

4. For the purpose of paragraphs 3 (d) and (e) of this article, the Conference of the Parties shall acquire the necessary knowledge of the measures taken by States Parties in implementing this Convention and the difficulties encountered by them in doing so through information provided by them and through such supplemental review mechanisms as may be established by the Conference of the Parties.

5. Each State Party shall provide the Conference of the Parties with information on its programmes, plans and practices, as well as legislative and administrative measures to implement this Convention, as required by the Conference of the Parties.

Article 33
Secretariat

1. The Secretary-General of the United Nations shall provide the necessary secretariat services to the Conference of the Parties to the Convention.

2. The secretariat shall:

(a) Assist the Conference of the Parties in carrying out the activities set forth in article 32 of this Convention and make arrangements and provide the necessary services for the sessions of the Conference of the Parties;

(b) Upon request, assist States Parties in providing information to the Conference of the Parties as envisaged in article 32, paragraph 5, of this Convention; and

(c) Ensure the necessary coordination with the secretariats of relevant international and regional organisations.

Article 34
Implementation of the Convention

1. Each State Party shall take the necessary measures, including legislative and administrative measures, in accordance with fundamental principles of its domestic law, to ensure the implementation of its obligations under this Convention.

2. The offences established in accordance with articles 5, 6, 8 and 23 of this Convention shall be established in the domestic law of each State Party independently of the transnational nature or the involvement of an organised criminal group as described in article 3, paragraph 1, of this Convention, except to the extent that article 5 of this Convention would require the involvement of an organised criminal group.

3. Each State Party may adopt more strict or severe measures than those provided for by this Convention for preventing and combating transnational organised crime.

Article 35
Settlement of disputes

1. States Parties shall endeavour to settle disputes

concerning the interpretation or application of this Convention through negotiation.

2. Any dispute between two or more States Parties conce-rning the interpretation or application of this Convention that cannot be settled through negotiation within a reasonable time shall, at the request of one of those States Parties, be submitted to arbitration. If, six months after the date of the request for arbitration, those States Parties are unable to agree on the organisation of the arbitration, any one of those States Parties may refer the dispute to the International Court of Justice by request in accordance with the Statute of the Court.

3. Each State Party may, at the time of signature, ratification, acceptance or approval of or accession to this Convention, declare that it does not consider itself bound by paragraph 2 of this article. The other States Parties shall not be bound by paragraph 2 of this article with respect to any State Party that has made such a reservation.

4. Any State Party that has made a reservation in accordance with paragraph 3 of this article may at any time withdraw that reservation by notification to the Secretary-General of the United Nations.

ARTICLE 36
SIGNATURE, RATIFICATION, ACCEPTANCE, APPROVAL AND ACCESSION

1. This Convention shall be open to all States for signature from 12 to 15 December 2000 in Palermo, Italy, and thereafter at United Nations Headquarters in New York until 12 December 2002.

2. This Convention shall also be open for signature by regional economic integration organisations provided

that at least one member State of such organisation has signed this Convention in accordance with paragraph 1 of this article.

3. This Convention is subject to ratification, acceptance or approval. Instruments of ratification, acceptance or approval shall be deposited with the Secretary-General of the United Nations. A regional economic integration organisation may deposit its instrument of ratification, acceptance or approval if at least one of its member States has done likewise. In that instrument of ratification, acceptance or approval, such organisation shall declare the extent of its competence with respect to the matters governed by this Convention. Such organisation shall also inform the depositary of any relevant modification in the extent of its competence.

4. This Convention is open for accession by any State or any regional economic integration organisation of which at least one member State is a Party to this Convention. Instruments of accession shall be deposited with the Secretary-General of the United Nations. At the time of its accession, a regional economic integration organisation shall declare the extent of its competence with respect to matters governed by this Convention. Such organisation shall also inform the depositary of any relevant modification in the extent of its competence.

ARTICLE 37
RELATION WITH PROTOCOLS

1. This Convention may be supplemented by one or more protocols.

2. In order to become a Party to a protocol, a State or a regional economic integration organisation must also be a Party to this Convention.

3. A State Party to this Convention is not bound by a protocol unless it becomes a Party to the protocol in accordance with the provisions thereof.

4. Any protocol to this Convention shall be interpreted together with this Convention, taking into account the purpose of that protocol.

Article 38
Entry into force

1. This Convention shall enter into force on the ninetieth day after the date of deposit of the fortieth instrument of ratification, acceptance, approval or accession. For the purpose of this paragraph, any instrument deposited by a regional economic integration organisation shall not be counted as additional to those deposited by member States of such organisation.

2. For each State or regional economic integration organisation ratifying, accepting, approving or acceding to this Convention after the deposit of the fortieth instrument of such action, this Convention shall enter into force on the thirtieth day after the date of deposit by such State or organisation of the relevant instrument.

Article 39
Amendment

1. After the expiry of five years from the entry into force of this Convention, a State Party may propose an amendment and file it with the Secretary-General of the United Nations, who shall thereupon communicate the proposed amendment to the States Parties and to the Conference of the Parties to the Convention for the purpose of considering and deciding on the

proposal. The Conference of the Parties shall make every effort to achieve consensus on each amendment. If all efforts at consensus have been exhausted and no agreement has been reached, the amendment shall, as a last resort, require for its adoption a two-thirds majority vote of the States Parties present and voting at the meeting of the Conference of the Parties.

2. Regional economic integration organisations, in matters within their competence, shall exercise their right to vote under this article with a number of votes equal to the number of their member States that are Parties to this Convention. Such organisations shall not exercise their right to vote if their member States exercise theirs and vice versa.

3. An amendment adopted in accordance with paragraph 1 of this article is subject to ratification, acceptance or approval by States Parties.

4. An amendment adopted in accordance with paragraph 1 of this article shall enter into force in respect of a State Party ninety days after the date of the deposit with the Secretary-General of the United Nations of an instrument of ratification, acceptance or approval of such amendment.

5. When an amendment enters into force, it shall be binding on those States Parties which have expressed their consent to be bound by it. Other States Parties shall still be bound by the provisions of this Convention and any earlier amendments that they have ratified, accepted or approved.

Article 40
Denunciation

1. A State Party may denounce this Convention by written notification to the Secretary-General of the

United Nations. Such denunciation shall become effective one year after the date of receipt of the notification by the Secretary-General.

2. A regional economic integration organisation shall cease to be a Party to this Convention when all of its member States have denounced it.

3. Denunciation of this Convention in accordance with paragraph 1 of this article shall entail the denunciation of any protocols thereto.

Article 41
Depositary and languages

1. The Secretary-General of the United Nations is designated depositary of this Convention.

2. The original of this Convention, of which the Arabic, Chinese, English, French, Russian and Spanish texts are equally authentic, shall be deposited with the Secretary-General of the United Nations.

In witness Whereof, the undersigned plenipotentiaries, being duly authorised thereto by their respective Governments, have signed this Convention.

Index